Stefan Berger, Wolfgang Jäger, Ulf Teichmann (Hg.)
Gewerkschaften im Gedächtnis der Demokratie

Forschung aus der Hans-Böckler-Stiftung | Band 197

Editorial

Die Reihe **Forschung aus der Hans-Böckler-Stiftung** bietet einem breiten Leserkreis wissenschaftliche Expertise aus Forschungsprojekten, die die Hans-Böckler-Stiftung gefördert hat. Die Hans-Böckler-Stiftung ist das Mitbestimmungs-, Forschungs- und Studienförderungswerk des DGB. Die Bände erscheinen in den drei Bereichen »Arbeit, Beschäftigung, Bildung«, »Transformationen im Wohlfahrtsstaat« und »Mitbestimmung und wirtschaftlicher Wandel«.
Forschung aus der Hans-Böckler-Stiftung bei transcript führt mit fortlaufender Zählung die bislang bei der edition sigma unter gleichem Namen erschienene Reihe weiter.

Die Reihe wird herausgegeben von der Hans-Böckler-Stiftung.

Stefan Berger ist Professor für Sozialgeschichte und Direktor des Instituts für soziale Bewegungen an der Ruhr-Universität Bochum. Er ist zudem Vorstandsvorsitzender der Stiftung Geschichte des Ruhrgebiets und Honorary Professor der Cardiff University.
Wolfgang Jäger (Dr. phil.) ist Research Fellow am Institut für soziale Bewegungen und Lehrbeauftragter der Ruhr-Universität Bochum. Von 2004 bis 2017 war er einer der beiden Geschäftsführer der Hans-Böckler-Stiftung.
Ulf Teichmann forscht zur Geschichte der Gewerkschaften und sozialer Bewegungen und war wissenschaftlicher Mitarbeiter der Kommission Erinnerungskulturen der sozialen Demokratie am Institut für soziale Bewegungen der Ruhr-Universität Bochum.

Stefan Berger, Wolfgang Jäger, Ulf Teichmann (Hg.)
Gewerkschaften im Gedächtnis der Demokratie
Welche Rolle spielen soziale Kämpfe in der Erinnerungskultur?

[transcript]

Bibliografische Information der Deutschen Nationalbibliothek
Die Deutsche Nationalbibliothek verzeichnet diese Publikation in der Deutschen Nationalbibliografie; detaillierte bibliografische Daten sind im Internet über http://dnb.d-nb.de abrufbar.

© 2022 transcript Verlag, Bielefeld

Alle Rechte vorbehalten. Die Verwertung der Texte und Bilder ist ohne Zustimmung des Verlages urheberrechtswidrig und strafbar. Das gilt auch für Vervielfältigungen, Übersetzungen, Mikroverfilmungen und für die Verarbeitung mit elektronischen Systemen.

Umschlaggestaltung: Kordula Röckenhaus, Bielefeld
Umschlagabbildung: Michael Kerstgens, Oberhausen
Redaktion: Julia Sittmann, Bochum
Lektorat: Heike Herrberg, Bielefeld
Satz: Michael Rauscher, Bielefeld
Druck: CPI – Clausen & Bosse, Leck
Print-ISBN 978-3-8376-5380-9
PDF-ISBN 978-3-8394-5380-3
https://doi.org/10.14361/9783839453803
Buchreihen-ISSN: 2702-9255
Buchreihen-eISSN: 2702-9263

Gedruckt auf alterungsbeständigem Papier mit chlorfrei gebleichtem Zellstoff.
Besuchen Sie uns im Internet: *https://www.transcript-verlag.de*
Unsere aktuelle Vorschau finden Sie unter *www.transcript-verlag.de/vorschau-download*

Inhalt

Vorwort der Herausgeber | 11

Erinnerungsgeschichte sozialer Demokratie
Stefan Berger, Wolfgang Jäger, Ulf Teichmann | 13

Methodische und konzeptionelle Vorüberlegungen

Erinnerungskulturen zwischen Traditionspflege und Konflikt
Ansätze in Memory Studies
Jenny Wüstenberg | 43

Soziale Demokratie
Begriff, Elemente, Entwicklung und ihre Bedeutung für die Erinnerungskultur
in Zeiten tiefer gesellschaftlicher Transformationsprozesse
Ulrich Heinemann, Manfred Wannöffel | 57

**Die marginale Repräsentation sozialer Demokratie
im kulturhistorischen Museum**
Wolfgang Jäger | 75

Gleichheit

**Gleichheitsversprechen und ihr Erinnern im geteilten
und vereinten Deutschland**
Christoph Lorke | 101

Gleichstellung der Geschlechter

Die eigene Geschichte erzählen
Erinnerungskulturen der deutschen Frauenbewegungen
Kirsten Heinsohn | 125

Warum finden Frauen in der Demokratiegeschichte so wenig Beachtung?
Hedwig Richter | 147

Gewerkschafterinnen in der Erinnerungskultur der Gewerkschaften
Uwe Fuhrmann | 161

Migration

Welche Erinnerungskultur braucht die Einwanderungsgesellschaft?
Maria Alexopoulou | 189

Gewerkschaftliche Erinnerung an Migration
Simon Goeke | 207

Ausländische Arbeitsmigrant*innen im »Arbeiter-und-Bauern-Staat«
Die sogenannten Vertragsarbeiter in der DDR
Patrice G. Poutrus | 227

Sozialversicherung

Die deutschen Gewerkschaften und die IAO (1919 bis 1970er Jahre)
Keine Erinnerungsgemeinschaft
Sandrine Kott | 249

Die Sozialversicherung in der Erinnerungskultur der Gewerkschaften
Ein Erinnerungsort?
Wilfried Rudloff | 273

Gewerkschaften

Traditionspflege – Selbstkritische Aufarbeitung – Diskursfähigkeit
Zur Entwicklung der gewerkschaftlichen Erinnerungskultur
in der Bundesrepublik Deutschland
Michael Schneider | 297

Die Generalkommission der Gewerkschaften Deutschlands
Der vergessene Gründungs-Dachverband?
Jürgen Schmidt | 315

Gewerkschaften und NS-Vergangenheit
Erinnern, Gedenken und Aufarbeitung
Kristina Meyer | 335

Arbeitskämpfe und Tarifpolitik

Demokratisierung von Erinnerungskultur
Der Septemberstreik 1969 bei Hoesch
Peter Birke | 363

Streik und Erinnerung
Der Bergarbeiterstreik 1889 als vergangenheitspolitische Ressource
Jan Kellershohn | 383

Arbeit am Gedächtnis
Archipel der Erinnerungen an den Tarifvertrag
Rudolf Tschirbs | 403

Mitbestimmung

Fluides Gedächtnis
Betriebsräte in der gewerkschaftlichen Erinnerungskultur
Werner Milert | 431

Vom Meilenstein demokratischer Neuordnung zum Auslaufmodell
Erinnerungsgeschichte der Montanmitbestimmung
Karl Lauschke | 459

Ein schöngeredeter Misserfolg?
Erinnerungen an das Mitbestimmungsgesetz von 1976
Bernhard Gotto | 481

Europa

»Europa« als Ressource?
Institutionelle Vorbilder, Europa-Ideen und die Europäisierung
der Gewerkschaften
Heike Wieters | 503

Der DGB, die deutschen Gewerkschaften und Europa
Geschichte einer verlorenen Erinnerung
Willy Buschak | 525

Neue soziale Bewegungen

Das Vergessen der Lehrlingsbewegung
Anmerkungen zur Erinnerungsarbeit in Gewerkschaften
Knud Andresen | 545

Gemeinsame Traditionen?
Erinnerungspolitik zwischen Gewerkschaften und Neuen sozialen Bewegungen
Ulf Teichmann | 567

DDR/Transformation

Zwischen Straße, Hinterzimmer und Betrieb
Gewerkschaften und Treuhandanstalt nach 1990 in Praxis und Erinnerung
Marcus Böick, Christian Rau | 591

Erinnerungskultur und Erinnerungspolitik
Der FDGB vor und nach 1990
Detlev Brunner | 617

**Abschlussempfehlungen der Kommission
»Erinnerungskulturen der sozialen Demokratie«** | 633

Autorinnen und Autoren | 645

Vorwort der Herausgeber

Über mehr als drei Jahre haben wir in der Kommission »Erinnerungskulturen der sozialen Demokratie« eng mit verschiedenen Kommissionsmitgliedern zusammengearbeitet. Ohne sie wäre dieser Band nicht entstanden. Für die jederzeit produktive und offene Diskussions- und Gesprächskultur bei den insgesamt zehn Sitzungen der Kommission im Haus der Geschichte des Ruhrgebiets in Bochum danken wir sehr herzlich Sabine Blum-Geenen (IG Metall), Detlev Brunner (Universität Leipzig), Willi Dzielak (IG BAU), Hans-Georg Golz (Bundeszentrale für politische Bildung), Bernhard Gotto (Institut für Zeitgeschichte, München), Hilmar Höhn (IG BCE), Michaela Kuhnhenne (Hans-Böckler-Stiftung), Kristina Meyer (Bundeskanzler-Willy-Brandt-Stiftung), Stefan Müller (Friedrich-Ebert-Stiftung), Dieter Pougin (DGB), Hedwig Richter (Universität der Bundeswehr, München), Hartmut Simon (ver.di), Sebastian Voigt (Institut für Zeitgeschichte, München), Jenny Wüstenberg (Nottingham Trent University) und – als kooptiertes Mitglied – Manfred Wannöffel (Gemeinsame Arbeitsstelle RUB/IG Metall).

Dieser Band wäre nicht entstanden ohne die Mitwirkung seiner Autor*innen, die ihre Forschungen zu ihren jeweiligen Themen in der Kommission zur Diskussion gestellt und in der Nachfolge für diesen Band überarbeitet haben. Viele von ihnen mussten feststellen, dass die Erinnerungsgeschichte ihrer Themen noch weitgehend ein Desiderat der Forschung darstellt. Von daher skizzieren viele auch eher ein erst noch in der Zukunft einzulösendes Forschungsprogramm, als bereits Forschungsergebnisse vorlegen zu können. Dennoch: Dank ihnen ist ein Anfang gemacht! Von daher gilt unser ausdrücklicher Dank unseren Autor*innen, die geduldig unseren zahlreichen Wünschen nach Überarbeitungen nachgekommen sind.

Unser besonderer Dank gilt Anne Tilse und Claudia Weber, die die Korrespondenz der Kommission erledigt, deren Veranstaltungen vorbereitet, die Social-Media-Arbeit unterstützt und die Publikationen auf der Website der Hans-Böckler-Stiftung und für diesen Sammelband vielfältig begleitet haben. Gleiches gilt für Julia Sittmann, die in der Spätphase des Projekts all diese Tätigkeiten und zugleich die wissenschaftliche Mitarbeit in der Kommission, die Planung der Abschlussveranstaltung und die Endredaktion dieses Bandes übernommen hat. Ihnen sei ausdrücklich gedankt.

Schließlich wollen wir uns auch ganz herzlich bei der Hans-Böckler-Stiftung bedanken, ohne deren großzügige finanzielle Förderung die Arbeit der Kommission nicht möglich gewesen wäre.

Unser größter Dank gilt dem DGB-Vorsitzenden Reiner Hoffmann, der die Idee einer solchen Kommission aus dem damals in seiner Verantwortung stehenden Gesprächskreis zur Sozial- und Wirtschaftsgeschichte heraus entwickelt und die Arbeit der Kommission stets nachhaltig unterstützt hat. Es ist durchaus nicht selbstverständlich, dass ein DGB-Vorsitzender die Bedeutung von Geschichte und Erinnerung als Ressource für Akteure der sozialen Demokratie, wie Gewerkschaften, erkennt und fördert.

Bochum, September 2021
Stefan Berger, Wolfgang Jäger und Ulf Teichmann

Erinnerungsgeschichte sozialer Demokratie

Stefan Berger, Wolfgang Jäger, Ulf Teichmann

Frage: »Was sind eigentlich Gewerkschaften?« – Antwort: »Gewerkschaften... [lange Pause]... ist das nicht was für Professoren?« Ein Dialog zwischen Filmemacher und Berufsschüler*innen aus einem Film des DGB Sachsen 2014, in dem ein Filmteam eine Berufsschule besucht, um mit Berufsschüler*innen über Gewerkschaften zu sprechen. Gewerkschaften sind zentrale Akteure der sozialen Demokratie, aber zumindest unter diesen Schüler*innen, so das Fazit des Films, gibt es keine Erinnerungen an das, was Gewerkschaften in der Vergangenheit gemacht und erreicht haben – auch und gerade für die soziale Demokratie in der Bundesrepublik.

Diese kleine Szene unterstreicht schlaglichtartig, wie wichtig eine aktive Erinnerungsgeschichte der sozialen Demokratie für die Gewerkschaften und alle anderen Akteure einer sozialen Demokratie in der Bundesrepublik ist. Die Gewerkschaften waren, wie im ersten Abschnitt dieser Einleitung diskutiert, beileibe nicht die einzigen Akteure der sozialen Demokratie. Gemeinsam mit anderen müssen sie sich daher in der Gegenwart darum kümmern, die Erinnerungskulturen an soziale Demokratie zu stärken, um diese zukunftsfähig zu machen.

Als ersten Schritt in diese Richtung hat der Vorsitzende des Vorstandes der Hans-Böckler-Stiftung und DGB-Vorsitzende Reiner Hoffmann 2017 eine Kommission ins Leben gerufen, die drei Jahre lang die Erinnerungskulturen der sozialen Demokratie in der Bundesrepublik untersucht hat, um im Anschluss an diese hier versammelten empirischen Untersuchungen Empfehlungen an die Hans-Böckler-Stiftung und den DGB zu formulieren, wie in Zukunft diese Erinnerungskulturen gestärkt werden können. Auch diese Empfehlungen sind hier abgedruckt.

Dabei war es Reiner Hoffmann wichtig, dass die 18-köpfige Kommission, die aus Wissenschaftler*innen und Gewerkschafter*innen aus DGB und den Einzelgewerkschaften des DGB bestand, nicht im engen Sinne sich nur um die Rolle von Gewerkschaften in diesen Erinnerungskulturen der sozialen Demokratie kümmert, sondern ein breiteres Spektrum an Akteuren in den Blick nimmt. Daher haben wir in diesem Band durchaus Beiträge zu den Gewerkschaften, zur Mitbestimmung und zur Erinnerungsgeschichte des Streiks versammelt, aber eben auch Beiträge zu neuen sozialen Bewegungen, zu Europa, zu Frauen und einer Vielzahl anderer gesellschaftlicher Akteur*innen, die sich für die soziale Demokratie engagiert haben.

In dieser Einleitung wollen die Autoren zunächst noch einmal die Entwicklung der Idee der sozialen Demokratie und ihrer Bedeutungsgehalte in Erinnerung rufen. In einem zweiten Schritt soll das Konzept der Erinnerungskultur und der Erinnerungsgeschichte kurz umrissen werden, sodass die zentralen Begrifflichkeiten dieses Bandes, »soziale Demokratie« und »Erinnerungskulturen« – denen jeweils auch noch einmal eigene Kapitel gewidmet sind – eingeführt werden. Im Anschluss daran werden Verbindungslinien zwischen den hier vorgelegten Kapiteln sowie Argumentationsstränge, die diese Untersuchungen miteinander verbinden, hervorgehoben, um einige zentrale Ergebnisse der Kommissionsarbeit herauszustellen.

Soziale Demokratie

»Die Mitgliederentwicklung von Gewerkschaften ist kein Detail für Hobby-Historiker der Bundesrepublik. Sie ist ein Qualitätskriterium für Demokratie«, so die *Süddeutsche Zeitung* unter dem Titel »Gewerkschaften, eine bedrohte Art« am 11. Februar 2021, in der die Politikredaktion über den weiteren Rückgang der Mitgliedszahlen des DGB im vorherigen Jahr berichtet. Es kommt sicher nicht oft vor, dass beim Begriff »Demokratie« sofort Gewerkschaften genannt werden.

Mit Demokratie werden gemeinhin Parlament und Regierung und natürlich vor allem Wahlen assoziiert. Und da es um Macht und Herrschaft in Staat und Gesellschaft geht, eben um Politik, ist von politischer Demokratie die Rede. Soziale Demokratie hingegen ist ein schillernder Begriff, der darauf verweist, dass es über die politischen Institutionen im engeren Sinne hinaus sozialer Grundlagen und sozialer Regulierungen in einem demokratischen Staat bedarf. Davon wird in diesem Band viel die Rede sein, sodass im Folgenden einzelne Facetten der Geschichte der sozialen Demokratie kurz entfaltet werden sollen.

Während in der im Entstehen begriffenen Arbeiterbewegung um 1848 die Begriffe »Demokratie« und »Kommunismus« gebräuchlich waren, wurde der Begriff der »socialen Demokratie« erstmals Mitte des 19. Jahrhunderts vom Staatsrechtler Lorenz von Stein verwendet. Von Stein war ein bedeutender Vertreter der politischen Ideengeschichte und wirkte über 30 Jahre als Professor für Politische Ökonomie an der Universität Wien.

Er analysierte im Anschluss an die französischen Frühsozialisten den Widerspruch von Kapital und Arbeit in der nachfeudalen Gesellschaft und erkannte die zentrale Bedeutung der sozialen Frage für den Zusammenhalt von Staat und Gesellschaft. Zur Überwindung der Klassenspaltung plädierte er für ein »soziales Königtum«, das durch Reformen die soziale Lage des Proletariats verbessern sollte.

Von Stein verfolgte den Gedanken einer »aufsteigenden Klassenbewegung«, einer Form von sozialer Mobilität, durch die die Klassenschranken durchlässig werden würden. Das Privateigentum stellte er nicht in Frage, sondern behauptete die »innere Identität des freien Besitzes und der Freiheit der Persönlichkeit« (Blasius 1977, S. 45). Akteur der sozialen Reform sollte der Staat sein, wobei die Frage der Verfassungsform für Lorenz von Stein ohne Bedeutung war. Sein Demokratieverständnis im Begriff der »socialen Demokratie« rekurrierte vielmehr im Sinne der rechtsstaatlichen Gleichheit auf eine sozialstaatliche Gleichheit, die an keine demokratische Herrschaftsordnung gekoppelt war (Pankoke 1977, S. 123).

Die skizzierten zentralen Eckpunkte der Konzeption Lorenz von Steins finden sich in der wirkmächtigen bürgerlichen Sozialreform vom Vormärz bis zur Weimarer Republik (vom Bruch 1985). Die Sozialreform sollte die Arbeiterschaft in den Nationalstaat integrieren, und der Staat hatte die Verantwortung, zu diesem Zweck Sozialpolitik zu betreiben. Die bürgerliche Sozialreform ignorierte die Frage der Form politischer Herrschaft und fixierte sich ausschließlich auf das Gebiet der Sozialpolitik – ein beschränktes Politikverständnis.

Träger der bürgerlichen Sozialreform waren drei bedeutende Vereinigungen, die sich in der zeitlichen Reihenfolge in gewisser Weise ablösten. Es begann 1844 mit dem Centralverein für das Wohl der arbeitenden Klassen; 1872 gründete sich der Verein für Socialpolitik und 1901 die Gesellschaft für soziale Reform (vom Bruch 1985, S. 21–179). Die sich aus hohen Staatsbeamten und Wissenschaftlern zusammensetzenden Vereine verstanden sich als Protagonisten einer vom Staat zu realisierenden Sozialpolitik, die die Ungleichheit der Verteilung durch gesetzgeberische Maßnahmen lindern und Beteiligungsrechte der Arbeiterschaft schaffen sollten.

Lange bevor die Gewerkschaftsbewegung sich unmissverständlich zum Tarifvertrag und zu Arbeiterausschüssen bekannte, hatten die sogenannten Kathedersozialisten dies schon im Verein für Socialpolitik propagiert (Reulecke 1985, S. 45–46). Bedeutsam ist, dass sich die sozialdemokratische Arbeiterbewegung mit ihrem politischen wie gewerkschaftlichen Flügel ab den 1890er Jahren der bürgerlichen Sozialreform immer mehr annäherte und die freien Gewerkschaften 1916 Mitglied der Gesellschaft für soziale Reform wurden, in der der ADGB-Vorsitzende Theodor Leipart später das Amt des stellvertretenden Vorsitzenden bekleidete (Prinz 1985, S. 227).

Neben der bürgerlichen Sozialreform ist auch die konfessionelle Sozialreform von großer Bedeutung für die Entwicklung der sozialen Demokratie gewesen. Insbesondere der soziale Katholizismus begnügte sich nicht damit, nur auf die Verantwortung des Staates für die Abstellung der sozialen Missstände zu verweisen – was er mit der bürgerlichen Sozialreform gemein hatte –, sondern mit dem 1890 gegründeten »Volksverein für das katholische Deutschland« entstand eine breite Bildungsbewegung, die mit ihrem großen Vertrauensmännernetz eine moderne Organisationsstruktur besaß (Klein 1996).

Zugleich verabschiedete sich der soziale Katholizismus vom Konzept der patriarchalischen Fürsorge, das den vormaligen katholischen Unternehmerverband Arbeiterwohl in den 1880er Jahren noch geprägt hatte. Jetzt war der Weg frei für die Gründung eigenständiger Gewerkschaften, die nicht mehr wie die früheren katholischen Arbeitervereine in die lokale Kirchengemeinde eingebunden waren.

Mit der 1894 erfolgenden Gründung des Gewerkvereins christlicher Bergarbeiter begann die Geschichte der interkonfessionellen christlichen Gewerkschaften, die vorwiegend in der katholischen Arbeiterschaft ihren Rückhalt hatten (Jäger 1996, S. 75–82).

Ein zentrales Merkmal des sozialen Katholizismus war seine berufsständische Orientierung, die davon ausging, dass die Klassenkonflikte in einer am Gemeinwohl orientierten Selbstverwaltung von Arbeitgebern und Arbeitnehmern aufgehoben werden könnten. Deshalb maß er der Staatsverfassung keine große Bedeutung bei und entwickelte erst nach der Novemberrevolution ein positives Verhältnis zur Demokratie (Schulz 1985, S. 197–199).

Die christlichen Gewerkschaften gaben sich 1899 mit den »Mainzer Leitsätzen« ein Grundsatzprogramm, in dem sie feststellten, dass sie zur »Hebung der leiblichen und geistigen Lage der Berufsgenossen« zum einen »gesetzliche[] Reformen auf dem Boden der bestehenden Gesellschaftsordnung« herbeiführen wollten und zum anderen tarifvertragliche Regelungen anstrebten, allerdings ohne das Wort »Tarifvertrag« zu benutzen (Schneider 1982, S. 122–124). Trotz der damaligen heftigen Klassenkonflikte zielten die »Mainzer Leitsätze« auf eine Sozialpartnerschaft von Kapital und Arbeit ab (ebd., S. 150–154).

Die von ihren Mitgliedszahlen her weniger bedeutsame liberale Hirsch-Dunckersche Gewerkschaftsbewegung bekannte sich ebenso wie die christliche

Gewerkschaftsbewegung zum Ziel der »vollen Gleichberechtigung« von Kapital und Arbeit und zum Instrument des Tarifvertrages. Das Bekenntnis zur Reform »auf dem Boden der bestehenden Gesellschaftsordnung« wurde noch durch die Betonung des nationalen Ideals unterstrichen. Anders als die christlichen Gewerkschaften forderten die liberalen Gewerkschaften in ihrem neuen Programm von 1907 »die soziale und wirtschaftliche Gleichberechtigung beider Geschlechter« und die »gleiche Entlohnung von Männer- und Frauenarbeit« (ebd., S. 421–423).

Die freien sozialdemokratisch orientierten Gewerkschaften sind im Kaiserreich nicht mit vergleichbaren programmatischen Positionierungen an die Öffentlichkeit getreten, was der Arbeitsteilung zwischen SPD und Gewerkschaften und dem Schwanken der sozialdemokratischen Arbeiterbewegung zwischen reformerischer Praxis und revolutionärer Naherwartung geschuldet sein dürfte. Es bedurfte eines durch den Arbeitsalltag getriebenen Selbstverständigungsprozesses, bis sich die freien Gewerkschaften mehrheitlich zum Ziel der tarifvertraglichen Regelung der Arbeitgeber-/Arbeiternehmerbeziehungen bekannten, sich an den Wahlen zu Arbeiterausschüssen – den Vorläufern der Betriebsräte – beteiligten und die Selbstverwaltungsorgane der Sozialversicherung eroberten.

In den auf demokratischer Grundlage gewählten Organen der Selbstverwaltung waren vor allem freie Gewerkschafter als Versichertenvertreter präsent und konnten mit ihrer Zweidrittelmehrheit in den Gremien die Organisation und Leistungen der Versicherung erheblich beeinflussen (Kott 2014, S. 102–115). Die Selbstverwaltung war ein Ort sozialer Demokratie, der in einem merkwürdigen Spannungsverhältnis mit der plutokratisch geprägten Ordnung im Kaiserreich stand. Nicht nur das Dreiklassenwahlrecht in Preußen widersprach der staatsbürgerlichen Gleichheit, sondern auch der generelle Ausschluss der Frauen, an parlamentarischen Wahlen mitzuwirken.

Die Wahlrechtsfrage ist für die Frauenbewegung im Kaiserreich ein wesentlicher Impuls ihres Wirkens gewesen. Hatte sich der Allgemeine Deutsche Frauenverein von 1865 den Aufgaben der höheren Bildung für Frauen und der »Befreiung der weiblichen Arbeit« verschrieben, so rückte nach der Jahrhundertwende die Wahlrechtsfrage immer mehr in den Mittelpunkt, da nur das Wahlrecht für Frauen eine Angleichung sozialrechtlicher Leistungen versprach. »Einer weitgehend maskulinisierten Versicherung stand […] eine überwiegend feminisierte Armenhilfe gegenüber« (Kott 2014, S. 124).

Der gesetzliche Arbeitsschutz für erwerbstätige Frauen hatte seit den 1890er Jahren die Lage der Frauen geringfügig verbessert, an ihrer Rechtlosigkeit aber wenig geändert. Zentral war der Anspruch der Frauenbewegung bürgerlicher und proletarischer Provenienz auf staatsrechtliche Gleichbehandlung mit den

Männern, von der sie sich eine Änderung ihrer Lage versprachen (Richter et al. 2018). Im politischen Flügel der sozialdemokratischen Arbeiterbewegung konzentrierte sich die Diskussion auf das Verhältnis von Demokratie und Sozialismus. Schon im Eisenacher Programm der sozialdemokratischen Arbeiterpartei von 1869 wird festgestellt: »Die soziale Frage ist [...] untrennbar von der politischen, ihre Lösung durch diese bedingt und nur möglich im demokratischen Staat« (Miller/Potthoff 1991, S. 330). Anders als die bürgerliche und konfessionelle Sozialreform war aus Sicht der Sozialdemokratie eine Lösung der sozialen Frage also nur durch eine grundlegende Änderung der Verfassungsordnung möglich.

Der sich im Kaiserreich immer stärker durchsetzende Reformismus in der Sozialdemokratie, der in akademischen Kreisen als Rückbildung des Sozialismus zur sozialen Demokratie tituliert wurde, kulminierte in der Revolutionszeit nach dem Ersten Weltkrieg in einem weitverbreiteten Verständnis von sozialer Demokratie als Synthese von Demokratie und Sozialismus (Lehnert 2020, S. 63–77). Der Austromarxist Max Adler ging 1926 sogar so weit, die soziale Demokratie mit sozialistischer Gesellschaft und die politische Demokratie mit Klassenstaat in eins zu setzen (Adler 1926, S. 49–54).

Der klar erkennbaren kritischen Haltung gegenüber dem Kapitalismus sollte durch fortschreitende Demokratisierung von Wirtschaft und Gesellschaft Genüge getan werden, wobei der Sozialpolitik eine entscheidende Rolle zugewiesen wurde. Der bedeutende sozialdemokratische Theoretiker Eduard Heimann stellte dazu 1929 fest: »Sozialpolitik ist der institutionelle Niederschlag der sozialen Idee im Kapitalismus und gegen den Kapitalismus, der Idee von einer sozialen Freiheitsordnung, welche die arbeitenden Menschen umfassen und tragen soll« (Heimann 1929/1980, S. 290).

Dasselbe gradualistische Konzept steht auch hinter dem für die freien Gewerkschaften in der Weimarer Republik so bedeutsamen Konzept der Wirtschaftsdemokratie, das Reformen im Kapitalismus propagiert, zugleich aber auch konstatiert, dass »der Kapitalismus, bevor er gebrochen wird, auch gebogen werden kann« (Naphtali 1928/1977, S. 28).

Der politischen sozialdemokratischen Arbeiterbewegung war der Zusammenhang von politischer und sozialer Reform wohl bewusst, wobei im Grunde bis zum Godesberger Parteitag der SPD von 1959 die Hoffnung auf eine Systemtransformation, die Abschaffung des Kapitalismus, virulent blieb. Heute findet sich das politische Ziel der sozialen Demokratie wie auch des demokratischen Sozialismus im gültigen Hamburger Grundsatzprogramm der SPD von 2007.

Heinemann und Wannöffel haben in ihrem Beitrag in diesem Band die Konzepte von sozialer Demokratie und demokratischem Sozialismus verglichen, wobei sie von oft überlappenden Begriffen reden. Sie zeigen auf, dass sich mit demokratischem Sozialismus ein stärkerer Akzent zur Befestigung der politischen Demokratie verbindet, die eben nicht allein durch die Gewährung sozialer Rechte garantiert werden könne. Bei der sozialen Demokratie liegt der Akzent auf den sozialen und wirtschaftlichen Teilhaberechten.

Alle Akteur*innen der sozialen Demokratie zeichnet aus, dass sie sich den Herausforderungen der sozialen Frage stellten und Konzepte und Strategien entwickelten, die eine Verbesserung der Lebens- und Arbeitsbedingungen der breiten Bevölkerung versprachen. Während die sozialdemokratische Arbeiterbewegung Sozialreform und Demokratisierung zusammen dachte, stellte die bürgerliche und konfessionelle Sozialreform Fragen der Verfassungsordnung hinten an, die den Begriff der sozialen Demokratie problematisch erscheinen lassen.

Nach der Systematik des englischen Soziologen und Theoretikers der Bürgerrechte Thomas H. Marshall geht der Gewährung von sozialen Rechten zunächst die Gewährung politischer Rechte voran, wie er es in seiner 1947 entstandenen berühmten Studie über Staatsbürgerrechte und soziale Klassen postuliert hat. Marshall differenziert die Herausbildung des Staatsbürgerstatus in England vom 19. Jahrhundert bis in die Mitte des 20. Jahrhunderts in die Gewährung von zivilen, politischen und sozialen Freiheitsrechten (Marshall 1947/1992, S. 40).

Zivile oder bürgerliche Freiheitsrechte versteht er als individuelle Freiheitsrechte, die die Freiheit der Person, die Freiheit des Eigentums und rechtsstaatliche Grundsätze umfassen. Politische Freiheitsrechte ruhen auf den bürgerlichen Freiheitsrechten und umfassen die Möglichkeit der Beteiligung am Gebrauch politischer Macht, insbesondere durch ein aktives und passives Wahlrecht.

Soziale Freiheitsrechte schließlich ergänzen die bürgerlichen und politischen Freiheitsrechte um ein Mindestmaß an sozialem Ausgleich, sozialer Sicherung und der Gewährleistung eines zivilisierten Lebens für alle. Diesen drei Bestandteilen des Staatsbürgerstatus, die sich auf das Individuum beziehen, treten noch die wirtschaftlichen Staatsbürgerrechte (industrial citizenship) zur Seite, die sich explizit auf die Sphäre von Wirtschaft und Arbeitswelt beziehen. Dabei geht es vor allem um die Kollektivrechte von Arbeitnehmer*innen (Müller-Jentsch 2020, S. 322–323).

So hilfreich Marshalls Typologie für das Verständnis der Dimensionen von Staatsbürgerrechten ist – die für die englische Geschichte zutreffende Entwicklung kann nicht auf Deutschland übertragen werden. Das deutsche Beispiel zeigt, dass soziale Rechte politischen Bürgerrechten vorangehen konnten. Dies mindert aber nicht den Wert der dreiteiligen Typologie. Der Kern der sozialen Demokratie ist die Gewährung sozialer Rechte. Für Marshall sind die sozialen Rechte, einschließlich der wirtschaftlichen Staatsbürgerrechte, die Garantie, dass kapitalistische Märkte, deren gewünschte produktive Wirkungen zur Entfaltung kommen sollen, hinsichtlich der mit ihnen verbundenen negativen Wirkungen eingeschränkt werden können.

Soziale Ungleichheit in kapitalistischen Gesellschaften ist also nach Marshall nur akzeptabel, wenn es die Gleichheit des umfassenden Staatsbürgerstatus für alle gibt, was Chancen und Möglichkeiten impliziert, die Veränderungen und Verbesserungen für die Einzelnen in Aussicht stellen. Soziale Rechte sind somit auch die Voraussetzung dafür, dass die Formalgeltung bürgerlicher und politischer Rechte für alle überhaupt reale Wirkung bekommt. Gesellschaftliche und demokratische Integration in marktkapitalistischen Gesellschaften kann auf Dauer nur gelingen, wenn die Menschen ihre Interessen ausreichend aufgehoben sehen.

Aus demokratietheoretischer Sicht hat Thomas Meyer die Unverzichtbarkeit sozialer Rechte betont:

»Ohne ein soziales Fundament, das politische Gleichheit und Handlungsfähigkeit unabhängig macht vom sozialen Status, ohne reale Teilhabechancen am gesellschaftlichen Leben für alle Bürger und ohne ein von allen geteiltes Verständnis fairer und gerechter Ordnung bleibt Demokratie ein Torso, weil sie viele Bürger von der gleichberechtigten Teilhabe am gesellschaftlichen und politischen Leben ausschließt« (Meyer 2006, S. 12).

Soziale Rechte im Sinne Marshalls und gleichberechtigte Teilhabe nach Thomas Meyer sind somit Essentials der sozialen Demokratie.

Wie bedeutsam wirtschaftliche Staatsbürgerrechte zur Stärkung und Festigung der Demokratie sind, ist jüngst in der Leipziger Autoritarismus-Studie aufgezeigt worden (Kiess/Schmidt 2020, S. 119–147). Mit dem Instrument der repräsentativen Befragung sind Arbeitnehmer*innen hinsichtlich ihrer Erfahrungen von Partizipation und Kooperation und ihrer politischen Orientierung untersucht worden, wobei eine positive Korrelation von gelingender Mitbestimmung und Demokratieakzeptanz festgestellt wurde. Die Forscher resümieren: »Industrial citizenship – im Sinne von positiven (Alltags-)Erfahrungen der Beteiligung, Solidarität und Anerkennung in der Arbeitswelt – erweist sich als wichtiger protektiver Faktor für Demokratie« (ebd., S. 142).

Wenn soziale Demokratie sich über die Gewährung sozialer Rechte definiert, ist die Frage zentral, wem diese sozialen Rechte zustehen. Es bedurfte eines langen Kampfes der Frauenbewegung, dass auch Frauen in den Genuss dieser Rechte kamen, wobei zum Teil die sozialen den politischen Rechten vorangingen. Im Zeitalter der Nationalstaaten wurde und wird die Frage des Zugangs zu staatsbürgerlichen Rechten insgesamt durch Migration kontinuierlich aufgeworfen. Welche gewaltige Herausforderung sich hier verbirgt, wird deutlich, wenn man sich vergegenwärtigt, dass rund zehn Millionen Menschen in Deutschland keinen vollen Staatsbürgerstatus – konkret keinen deutschen Pass – besitzen. Migration und die Rechte von Migrant*innen sind somit auch ein zentrales Thema der sozialen Demokratie.

Die Wohlfahrtsstaaten westlicher Prägung haben Marshalls Staatsbürgerrechte in unterschiedlicher Weise institutionalisiert. Auf der europäischen Ebene ist in einer 1999 veröffentlichten großen Untersuchung »zum Wandel der Arbeit und der Zukunft des Arbeitsrechts in Europa« der Begriff der Sozialbürgerschaft als »Zielstellung für die Entwicklung eines europäischen Arbeits- und Sozialrechts« definiert worden (Raphael 2019, S. 205–207), was allerdings nichts über die derzeitige soziale Verfassung der Europäischen Union sagt. Das bundesdeutsche Grundgesetz definiert die Bundesrepublik Deutschland als demokratischen und sozialen Bundesstaat und hat dem Sozialstaatsgebot Verfassungsrang gegeben. Dem Ziel der sozialen Demokratie, die demokratische Partizipation durch soziale Integration zu stärken, ist somit ein besonderer Stellenwert gegeben worden.

In den programmatischen Äußerungen des DGB seit 1949 ist eine sehr sparsame Verwendung des Begriffs der sozialen Demokratie zu konstatieren. Die Münchener Grundsätze von 1949 fokussierten sich auf eine grundlegende Neugestaltung der Wirtschaft mit volkswirtschaftlicher Gesamtplanung, umfassender Mitbestimmung auf allen Ebenen und Überführung der Schlüsselindustrien in Gemeineigentum. In den folgenden, weniger spektakulären »Sozialpolitischen Grundsätzen« wurde als Aufgabe des Staates definiert, einen ausreichenden Schutz des Arbeitnehmers zu gewährleisten (DGB 1950, S. 318–330). Es war nicht vom Sozialstaat die Rede, und in München reichte es auch nicht für ein Programm, sondern nur für Grundsätze.

Das Düsseldorfer Programm von 1963 verzichtete auf die Endziele von 1949, sah die Gewerkschaften als »Integrationsfaktor der Demokratie« und forderte den Ausbau des sozialen Rechtsstaats (Hemmer 1984, S. 358–359). Eine prominente Verwendung des Begriffs der sozialen Demokratie im gewerkschaftlichen Kontext findet sich lediglich in einzelnen Reden, so in der Rede des DGB-Vorsitzenden Ludwig Rosenberg mit dem Titel »Soziale Demokratie verwirklichen« auf einer DGB-Kundgebung in Düsseldorf von 1968. Gegen das unternehmerische Konzept der »Sozialen Symmetrie« setzte Rosenberg das politische Ziel der sozialen Demokratie, das für ihn eine umfassende soziale Gestaltung von Wirtschaft und Gesellschaft bedeutete (Rosenberg 1968, S. 14).

Ging es beim Grundsatzprogramm von 1981 vor allem darum, den Streit um die politisch-weltanschaulichen Grundlagen der Einheitsgewerkschaft einzuhegen, fokussiert das gültige Dresdner Grundsatzprogramm von 1996 stärker auf die Rolle der Gewerkschaften in der sozialen Marktwirtschaft. Die »sozial regulierte Marktwirtschaft« wird als großer historischer Fortschritt gegenüber dem »ungebändigten Kapitalismus« und der Sozialstaat als »die soziale Grundlage von Demokratie« beschrieben (DGB 1996, S. 4 und 19). Den Begriff der sozialen Demokratie sucht man erneut vergeblich.

Dass schon ein Vierteljahrhundert seit dem letzten DGB-Grundsatzprogramm vergangen ist, beweist schlagend, wie gering die Bedeutung einer übergreifenden programmatischen Vision für Gewerkschaften ist. Gewerkschaften beziehen ihre Legitimation aus den handfesten alltäglichen Verbesserungen der Lebens- und Arbeitsbedingungen abhängig Beschäftigter und ihrer Angehörigen und nicht aus einer geschliffenen Programmatik (Hemmer 1984, S. 351).

Erinnerungswissenschaftliche Perspektiven

Nachdem nun der erste zentrale Begriff dieser Einleitung und des Sammelbandes – »soziale Demokratie« – eingeführt wurde, soll in einem nächsten Schritt auch der zweite zentrale Begriff – »Erinnerungskultur« – in seinen Dimensionen knapp umrissen werden. Eine ausführlichere Beschäftigung mit seinen Voraussetzungen, Implikationen und auch Fallstricken erfolgt im Beitrag von Jenny Wüstenberg in dem hier vorgelegten Sammelband.

Die wissenschaftliche Beschäftigung mit Erinnerung erfreut sich seit den 1980er Jahren zunehmender Beliebtheit. Das Konzept der »Erinnerungsorte« des französischen Historikers Pierre Nora produzierte nicht nur eine siebenbändige Geschichte der Erinnerungsorte der französischen Nation (Nora 1992), sondern wurde zu einem zentralen Erfolgskonzept in den Kulturwissenschaften. (Berger/Seiffert 2014). Bereits in den 1920er Jahren formulierte der französische Soziologe Maurice Halbwachs, der der Annales-Schule nahestand, dass jede individuelle Erinnerung kollektive Rahmen hat und dass diese kollektive Rahmung von Erinnerung wiederum das individuelle Gedächtnis stark prägt (Halbwachs 1985).

Seit der Wiederentdeckung des von den Nazis ermordeten und nach 1945 nahezu vergessenen Halbwachs durch Nora, gibt es in den Erinnerungswissenschaften eine breite Debatte darüber, ob und in welcher Form man von kollektiver Erinnerung sprechen kann und inwiefern man deren Konzept ggfs. durch andere, weniger homogenisierende Konzepte ersetzen sollte (Erll 2011).

Die Erinnerungswissenschaften gehen heute auf breiter Front davon aus, dass Erinnerung nicht natürlich biologisch, sondern kulturell vermittelt ist. Unter Verwendung sozialkonstruktivistischer Theoreme (Berger/Luckmann 1966) postulieren die Erinnerungswissenschaften, um mit Andreas Huyssen zu sprechen: »the past is not simply there in memory... it must be articulated to become memory« (Huyssen 1995, S. 2–3). Die auf Jan und Aleida Assmann zurückgehende Unterscheidung zwischen individueller, kommunikativer und kultureller Erinnerung ist in den Erinnerungswissenschaften weitgehend akzeptiert worden (A. Assmann 1999; J. Assmann 1997).

Subjektive Formen der Erinnerung können somit abgegrenzt werden von der Erinnerung sozialer Gruppen, wobei hier wiederum unterschieden wird zwischen der Erinnerung der noch Lebenden und daher miteinander Kommunizierenden (circa drei Generationen) und der institutionalisierten Erinnerung, die nicht unbedingt mehr der aktiv sich Erinnernden bedarf, weil sie in kulturellen Institutionen und Gebilden – wie Museen, Gedenkstätten, Monumenten, Filmen, Bildern, Büchern und anderen kulturellen Produkten – weitergetragen und daher oft auch mit dem Begriff der kulturellen Erinnerung belegt wird.

Staatliche Überformungen von kommunikativen und kulturellen Erinnerungsprozessen haben viel Aufmerksamkeit auf sich gezogen (z. B. Jelin 2003; Wilson 2001). Aber auch zivilgesellschaftliche Erinnerungsaktivitäten finden zunehmend Interesse bei Erinnerungswissenschaftler*innen und den Historiker*innen, die sich mit zivilgesellschaftlichen Institutionen und Prozessen auseinandersetzen. Die politische Dynamik kultureller Erinnerung ist in vielerlei Hinsicht erst durch diesen Fokus auf den zivilgesellschaftlichen Bereich, zu dem auch Gewerkschaften und andere Akteure der sozialen Demokratie gehören, voll auszuleuchten.

Die politische Performanz zivilgesellschaftlicher Akteure schließt Prozesse der Erinnerung an Traditionen und Gewohnheiten mit ein: Das Erzählen von Geschichten und ikonische Texte spielen für zivilgesellschaftliche Akteure oft eine bedeutende Rolle, um Identitätskonstruktionen hervorzubringen, die dann wiederum starke Bande innerhalb der zivilgesellschaftlichen Gruppierung fundieren. Erinnerung ist hier eng verknüpft mit Sinn- und Identitätsbildung (Langenbacher/Niven/Wittlinger 2012).

So ist es bezeichnend, dass sich erinnerungswissenschaftliche Studien in den letzten drei bis vier Jahrzehnten sehr stark in Verbindung mit Fragen zu kollektiven Identitäten entwickelt haben. Es gibt mittlerweile unzählige Studien zu nationalen Erinnerungsräumen, doch andere räumliche wie nicht räumliche Identitätskonstrukte – etwa Region, Europa, Klasse, Ethnizität, Geschlecht und Religion, um nur einige der offensichtlichsten zu nennen – haben ebenfalls viel Aufmerksamkeit auf sich gezogen.

Seit etlichen Jahren gibt es auch Versuche, die Arbeiterbewegung und soziale Bewegungen bzw. Protestbewegungen allgemein stärker mit der Erinnerungsforschung zu verbinden. Erinnerungsforscher*innen wie Ann Rigney haben betont, dass die Erinnerungswissenschaftler*innen sich nicht mehr ausschließlich mit traumatischen, sondern auch mit hoffnungsvollen Ereignissen, wie sozialen Mobilisierungen im Rahmen einer »Politik der Hoffnung« beschäftigen (Rigney 2018). Die Friedrich-Ebert-Stiftung hat eine webbasierte Initiative zu den Erinnerungsorten der Sozialdemokratie gestartet (http://erinnerungsorte.fes.de/).

Besonders die Erinnerungskulturen der internationalen 1968er-Bewegung und der sogenannten neuen sozialen Bewegungen seit den 1970er Jahren haben inzwischen das Interesse sozialer Bewegungsforscher*innen gefunden (Neveu 2014; Hajek 2013; Portelli 1991; Farro/Lustiger-Thaler 2014, besonders Teil 1; Eyerman 2015; Zamponi 2019; Merrill/Keightley/Daphi 2020; Daphi 2017; Daphi/Zamponi 2019; della Porta et al. 2018; Kelland 2018). Auch die Bürgerrechtsbewegung in den USA, um ein weiteres Beispiel zu geben, hat zahlreiche erinnerungsgeschichtliche Arbeiten hervorgebracht (Harris 2006; Romano/Raiford 2006). »Erinnerungsaktivist*innen« stehen zunehmend im Mittelpunkt von Studien zu zivilgesellschaftlichem Engagement (Gluck 2007, S. 57; Wüstenberg 2017; Gutman 2017).

Je mehr Studien zur Erinnerungsgeschichte von sozialen Bewegungen veröffentlicht werden, desto interessanter wird es, einem methodisch-theoretischen Ansatz von Michael Rothberg zu folgen und danach zu fragen, wie »multidirektional« Erinnerung ist (Rothberg 2009). Verschiedene Bewegungen haben sich unterschiedliche Formen der Erinnerungspraxis von anderen Bewegungen geborgt, um sie jeweils in ihren spezifischen Kontexten fruchtbar zu machen. Die Erinnerung bezieht sich dabei sowohl auf materielle als auch immaterielle Orte: die Imagination, die Ideen und die Musik sind ebenso wirkmächtig wie das konkrete Ereignis oder der konkrete Ort.

Die Erinnerungswissenschaften haben seit den 2000er Jahren eine dezidert transnationale Richtung eingeschlagen (de Cesari/Rigney 2015), indem Forscher*innen danach gefragt haben, wie ähnliche Phänomene in unterschiedlichen Gesellschaften erinnert wurden. Holocausterinnerung, Genoziderinnerung sowie die Erinnerung an Kriege und Bürgerkriege sind hier herausragende Beispiele, und auch die Forschungen zu Erinnerung und sozialen Bewegungen, etwa im Umfeld der 1968er-Revolte, haben transnationale Studien hervorgebracht (Cornlis/Waters 2010).

Erinnerung begegnet einem in Form von Narrativisierungen. Sie gründet auf Erfahrung und verarbeitet Erfahrung, wobei sie keinen direkten, unmittelbaren Zugriff auf Erfahrung hat, sondern selbige immer rekonfiguriert und reinterpretiert. Eine direkte Abbildung von Erfahrung über Erinnerung ist somit unmöglich. Erfahrung ist immer vermittelt über Narrative.

In den Erinnerungswissenschaften geht es daher um die Untersuchung von Erinnerungsnarrativen. Sie fragen nach Narrativitätsmustern, die kollektive Erinnerungen prägen, wie etwa Aufstiegs-, Abstiegs- oder Fortschrittsnarrative. Erinnerung kann auch in verschiedenen, miteinander konkurrierenden Narrativen verpackt werden. Erinnerungspolitik basiert häufig auf der Suche nach hegemonialen Erinnerungsnarrativen. Die Untersuchung derselben hat somit eine hohe gesellschaftspolitische Relevanz, gerade weil Erinnerungsorte oft umkämpfte und umstrittene Orte sind.

Streit um die Erinnerung gehört konstitutiv zur politischen Demokratie (Sabrow 2008). Bestimmte politische Bewegungen oder Entscheidungen werden gerechtfertigt oder auch delegitimiert im Hinblick auf Formen der Erinnerung. Gesellschaftliche Anerkennung erfolgt über Erinnerungsdiskurse, weshalb Erinnerung für unterschiedliche gesellschaftliche Gruppierungen eine wichtige Ressource im politischen Kampf darstellt.

Warum, so mag man fragen, hat es so lange gedauert, bis die Geschichte von sozialen Bewegungen, Protestbewegungen und Arbeiterbewegungen und die Geschichte der Erinnerung zueinanderfanden? Während letztere sich aus den Kulturwissenschaften entwickelte, hatten erstere von jeher eine viel stärkere Affinität zu den Sozialwissenschaften.

Waren die Sozialwissenschaften lange Zeit eher quantitativen Methoden verpflichtet und gegenwarts- bzw. zukunftsorientiert, beschäftigten sich die Kulturwissenschaften eher mit qualitativen Methoden und vorzugsweise mit der Vergangenheit. Erst der in den letzten Jahrzehnten erfolgte Brückenschlag zwischen den Kultur- und den Sozialwissenschaften ermöglichte somit eine Annäherung von sozialer Bewegungsgeschichte und Erinnerungsgeschichte (Berger/ Scalmer/Wicke 2021).

Erinnerungsgeschichte der sozialen Demokratie – Ergebnisse und Potenziale

Bringt man das bisher Geschriebene mit Blick auf die folgenden Beiträge zusammen, ist deren gemeinsame Frage, wann, wie, von wem und mit welchem Interesse Ereignisse, Prozesse und Personen aus der Geschichte der sozialen Demokratie, der Arbeiterbewegung und der Gewerkschaften erinnert wurden.

Wie veränderte sich beispielsweise die Erinnerung an die Kämpfe der Arbeiterbewegung vom frühen 20. Jahrhundert bis in die Gegenwart, und inwiefern beeinflusst das den gegenwärtigen Zustand von Erinnerungskulturen? Wie wurden über kollektive Erinnerungen gegenwärtige, politische Auseinandersetzungen geführt und in politischen Organisationen und Bewegungen Identitätsangebote konstruiert? Was sind »Erinnerungsorte« der sozialen Demokratie, der Arbeiterbewegung und der Gewerkschaften?

Zur Beantwortung dieser Fragen haben die Autor*innen zwei grundsätzliche Perspektiven eingenommen: Eine Perspektive von innen schaut, wie sich Gewerkschaften und andere Akteure der sozialen Demokratie an ihre eigene Geschichte erinnerten und erinnern und erforscht auf diese Weise Erinnerungskulturen der sozialen Demokratie. Eine Perspektive von außen fragt danach, welche Rolle die angesprochenen Themen in allgemeinen, gesamtgesellschaftlichen Erinnerungsdiskursen und -praktiken spielen und beleuchtet so den Platz der sozialen Demokratie in der Erinnerungskultur.

Ein solches Forschungsinteresse kann auf wenig Vorarbeit zurückgreifen. Die Bände von Berger (2015) zur Erinnerungsgeschichte des 2. Mai 1933 und von Mittag und Unfried (2011) zur globalen Erinnerungsgeschichte von Arbeiterbewegungen sowie Kotts (2001) Beitrag über den Sozialstaat aus den »Deutschen Erinnerungsorten« bieten zwar bereits beispielhafte Einblicke, doch betraten die Historiker*innen, die zu unserem Band beigetragen haben, zumeist Neuland.

Vor diesem Hintergrund möchten wir im Folgenden ausloten, inwiefern sich übergreifende Thesen und Überlegungen aus den Beiträgen ableiten lassen. Dabei greifen wir bestimmte Aspekte heraus und vernachlässigen andere Erkenntnisse der Autor*innen. Eine umfassende Zusammenfassung der Beiträge ist hier weder angestrebt noch machbar.

Zunächst bestätigen die Beiträge dieses Bandes eine Beobachtung, die am Beginn der Kommission »Erinnerungskulturen der sozialen Demokratie« stand: In Erinnerungen an Demokratie in Deutschland fristete und fristet die soziale Demokratie ein Schattendasein.

In den großen kulturhistorischen Museen ist ihre Geschichte meist nicht mehr als eine Randnotiz. Verzichtet die in die Jahre gekommene Dauerausstellung im Deutschen Historischen Museum in Berlin fast vollständig darauf, die Geschichte der Demokratie zu präsentieren, beschränkt sich das Haus der Geschichte der Bundesrepublik Deutschland in Bonn auf eine Meistererzählung der gelungenen politischen Demokratie, die sich auf das politische System im engeren Sinne beschränkt (Jäger; hier und im Folgenden verweisen Autor*innen-Nennungen ohne weitere Angaben auf Beiträge in diesem Band).

Die Erinnerung an das Mitbestimmungsgesetz von 1976 – immerhin ein Meilenstein einer zentralen Institution sozialer Demokratie – reichte über Gewerkschaften und ihr Umfeld nie wirklich hinaus (Gotto). Und dennoch verblasste dahinter die betriebliche Mitbestimmung als massenwirksamste Form der Demokratie in der Wirtschaft selbst unter Gewerkschafter*innen (Milert).

Die Erinnerungsgeschichte des Tarifvertrages deutet zudem darauf hin, dass eine erinnerungskulturelle Repräsentanz der Institutionen sozialer Demokratie ohne Anerkennung und Bearbeitung des Gegenstandes in der historischen Forschung kaum zu erwarten ist (Tschirbs).

Dass auch Akteure der sozialen Demokratie wie die Gewerkschaften selbst ihre Erinnerungsarbeit seit den 1990er Jahren zunächst deutlich zurückgefahren haben, hat ebenso seinen Teil zu der geringen Repräsentanz beigetragen. Allerdings ist hier seit einigen Jahren wieder ein Anwachsen der Aktivitäten zu verzeichnen (Schneider).

Die Akteur*innen und Institutionen sozialer Demokratie stehen zudem vor dem Problem, dass sich komplexe Aushandlungsprozesse, wie sie beispielsweise die Geschichte des Tarifvertrages oder des Mitbestimmungsgesetzes von 1976 prägten, sich im sozialen Erinnern nicht so leicht verankern wie Mythen und Symbole (Tschirbs, Gotto). Streiks als verdichtete, konflikthafte Prozesse, lassen sich noch leicht narrativieren: Es gibt Gewinner*innen und Verlierer*innen, Held*innen und Schurk*innen und nicht zuletzt auch Bilder (Kellershohn, Birke). Für die Vertragsverhandlungen in diesen Konflikten selbst und ihre Ergebnisse gilt das nicht: Die Entgelttabelle ist kein Erinnerungsort (Tschirbs).

Mit Blick auf genuin gewerkschaftliche Erinnerungskulturen zeigt sich eine Tendenz, die Erfolge der eigenen Geschichte in den Fokus zu stellen und sie mit den offenbar seit Jahrzehnten beendeten »goldenen Jahren« des Rheinischen Kapitalismus in Verbindung zu setzen. Mit der abnehmenden Gestaltungskraft der Gewerkschaften wurden die eigenen Erfolge verstärkt in die Erfolgsgeschichte von sozialer Marktwirtschaft, deutschem Sozialstaat und Sozialpartnerschaft eingeschrieben. So wurde an das Erreichte erinnert, um es zu erhalten, und dabei zugleich die gesellschaftliche Ordnungsfunktion der Institutionen sozialer Demokratie betont (Gotto).

Dabei schlug sich das jedem Erinnern vorgängige Gegenwartsinteresse nieder: Je mehr die Institutionen der Mitbestimmung in ihrer bestehenden Form als Teil einer Erfolgsgeschichte der sozialen Marktwirtschaft gesehen wurden, desto weniger wurde der ihre Geschichte lange begleitende, weitergehende Demokratisierungsanspruch erinnert (Gotto, Milert, Lauschke).

Und die Erinnerung an die Sozialversicherung entfernte sich mit der breiten Akzeptanz des Sozialstaates, als dessen Kernbestandteil sie galt, immer weiter von ihrer konflikthaften Entstehungsgeschichte und damit dem Anteil an dieser, den die Gewerkschaften für sich reklamierten (Rudloff). Zwar macht der Beitrag von Rudloff auch deutlich, wie die Gewerkschaften versuchten, den Gründungsmythos der Sozialversicherung durch eigene Narrative zu überschreiben, doch bleibt fraglich, ob diese Versuche über die eigene Organisation hinaus wirksam wurden.

Allerdings tendierten Erinnerungstopoi wie Sozialstaat und soziale Marktwirtschaft dazu, die für soziale Verbesserungen streitenden Akteur*innen beinahe unsichtbar zu machen. Dies nicht nur, weil die Zuschreibung tariflicher Leistungen oder der Absicherung durch Sozialversicherungen zu einem vermeintlich konsensualen Gesellschaftsmodell konkrete Akteur*innen entbehrlich zu machen scheint, da sie als gemeinsame nationale Leistung erscheinen. Und auch, dass sich diese Perspektive besser in Erfolgserzählungen der nationalen Erinnerungskultur fügt, die genretypisch eher Gemeinsames betonen als soziale Konflikte, erklärt die geringe Sichtbarkeit von Kämpfen und Kämpfenden in der hegemonialen Erinnerungskultur nicht hinreichend.

Diese Erkenntnisse machen darauf aufmerksam, dass eine Erinnerungsgeschichte des Topos »soziale Marktwirtschaft« – obwohl er über (fast) alle politischen Spektren hinweg fester Bestandteil von Erzählungen über die Geschichte der Bundesrepublik und eine Säule gegenwärtiger politischer Kultur ist – noch zu schreiben wäre (Fuhrmann 2017, insb. S. 319–330; Krüger 2020).

Dass soziale Fortschritte in der Regel auch ein Ergebnis sozialer Kämpfe waren, fand und findet in vielen Erzählungen hegemonialer Erinnerungskultur, etwa in Museen (Jäger) auch deshalb keinen Platz, weil Konzepte wie das der sozialen Marktwirtschaft zur diskursiven Befriedung der immanenten Konflikthaftigkeit kapitalistischer Gesellschaften genutzt werden können.

Vor diesem Hintergrund kann gefragt werden, ob aus einer antihegemonialen erinnerungskulturellen Position heraus nicht die Erinnerung an die der sozialen Marktwirtschaft innewohnende »Konfliktpartnerschaft« (Müller-Jentsch 1999) stärker hervorgehoben werden müsste. Dies wäre umso notwendiger, als soziale Kämpfe in der Erinnerung oftmals der Stiftung beziehungsweise Perpetuierung kollektiver Identifikation dienen.

So lässt sich am Beispiel des Bergarbeiterstreiks von 1889 feststellen, dass die Erinnerung an diesen Gründungsmythos der Bergarbeiterbewegung – nachdem er für die Gewerkschaften nicht mehr in (tarif-)politischen Auseinandersetzungen nutzbar war – für die regionale Identität zu einem Teil des Gründungsmythos des Ruhrgebiets umgewidmet wurde. Die Aufrechterhaltung des Konfliktes im sozialen Erinnern gab es in diesem Fall nur um den Preis seiner erinnerungspolitischen Befriedung (Kellershohn).

Mit Blick auf Organisationen der sozialen Demokratie lässt sich feststellen, dass Gegenstände, die auch organisationsintern konfliktbehaftet waren, in der Regel erst gar nicht Teil des sozialen Erinnerns werden – zumindest nicht über Fraktionen der Bewegungen hinaus.

Soziales Erinnern ist in (politischen) Organisationen immer umstritten. Doch gerade die Gewerkschaften, deren Erinnerungsnarrative im Großen und Ganzen auf Einheit der Organisation und sozialen Fortschritt abzielen, tun sich schwer mit der Erinnerung an interne Konflikte (Andresen). Dies wiederum trägt seinen Teil dazu bei, dass Gewerkschaften in ihrem erinnerungskulturell fundierten öffentlichen Bild monolithisch erscheinen, obgleich sie über eine vielfältige, von Konflikt und Kooperation geprägte Geschichte verfügen (Teichmann).

Aus dieser organisationssoziologisch nachvollziehbaren erinnerungspolitischen Konfliktscheuheit folgt auch, dass Erinnerungskulturen der sozialen Demokratie dazu neigten, historisch innerhalb der Bewegung stattfindende Marginalisierungen in der Erinnerungsarbeit zu reproduzieren. Die Erinnerungsgeschichte von Streiks und Arbeitskämpfen zeigt jedoch, dass sich auch die bewegungsinternen Konflikte als Auseinandersetzungen um die konkrete Ausgestaltung von Einheit erzählen lassen (Birke).

Dass Erinnerungsarbeit immer ein politischer Diskurs über Zugehörigkeiten und Ausgrenzungen ist, zeigt ebenfalls die Untersuchung der Erinnerungskulturen der deutschen Frauenbewegung (Heinsohn). In diesem Sinne öffnet sich in jüngerer Zeit die gewerkschaftliche Erinnerungskultur stärker der Migrationsgeschichte. Hier wie im Bereich der Frauengeschichte zeigen die Untersuchungen, dass die erinnerungskulturelle Repräsentanz marginalisierter Perspektiven ihrem Aufgreifen in der historischen Forschung erst mit einigem Zeitverzug folgt und auch diese hier noch vor einigen Desideraten steht (Goeke, Fuhrmann, Poutrus).

Interessant ist dabei nicht zuletzt die Wechselwirkung zwischen Erinnerungskultur und Forschung, da jüngere Forschungen zur Gewerkschaftsgeschichte als Geschlechter- und Frauengeschichte durchaus auch erinnerungspolitischen Impulsen folgen. Dies gilt für Uwe Fuhrmanns Biografie von Paula Thiede, der die Entdeckung dieser Vorsitzenden einer Vorläufergewerkschaft durch den ver.di-Archivar Hartmut Simon vorangegangen war (Fuhrmann 2019, S. 226 f.), ebenso wie für die Entdeckung der »Pionierinnen der Mitbestimmung« durch das Hugo-Sinzheimer-Institut. Dessen Aufriss des Forschungsdesiderats entstand als Reaktion auf die Unsichtbarkeit von Frauen in den Erinnerungen anlässlich des 100-jährigen Jubiläums des Betriebsrätegesetzes von 1920 (Fattmann 2021, S. 3), die auch ein Blick auf die Erinnerten und die Erinnerungsakteure in den hier vorliegenden Aufsätzen zur Erinnerungsgeschichte der Mitbestimmung bestätigt (Milert, Gotto).

Mit Blick auf frauenpolitische Fortschritte lässt sich die erinnerungskulturelle Repräsentationslücke zudem damit erklären, dass solche Fortschritte eher auf kleinschrittige, langfristige Reformanstrengungen zurückzuführen sind, die im sozialen Erinnern weniger aufgegriffen werden als – häufig – männliche (Arbeits-)Kämpfe und revolutionäre Gewalt (Richter).

Dass sich die Erinnerungskulturen der Gewerkschaften hier nur langsam änderten, mag auch mit der Beharrungskraft von sozialem Erinnern in und durch Organisationen zusammenhängen. Am Beispiel der NS-Zeit – quantitativ der Schwerpunkt gewerkschaftlicher Erinnerungspolitik – lässt sich eine bemerkenswerte Pfadabhängigkeit feststellen. So lassen sich Erinnerungsschwerpunkte, Argumentationen und Darstellungsweisen, die auf dem Höhepunkt des Memory-Booms in den 1980er Jahren entstanden sind, bei gewerkschaftlichen Gedenkveranstaltungen bis in die jüngste Vergangenheit finden. Zu dieser Zeit hatte sich eine selbstkritische Auseinandersetzung auch mit Fehlern der Gewerkschaften entwickelt.

Bemerkenswert ist jedoch, dass gewerkschaftliches Erinnern an den Nationalsozialismus stark auf die Fehler des Frühjahres 1933 und den Widerstand von Wilhelm Leuschner und anderen Gewerkschaftern im Zusammenhang mit dem Attentat auf Hitler am 20. Juli 1944 konzentriert blieb. Sowohl »die facettenreiche Gesellschafts- und Erfahrungsgeschichte von Gewerkschafter*innen zwischen Widerstand, Verfolgung und Anpassung« als auch der in den ersten Jahrzehnten der Bundesrepublik ambivalente Umgang der Gewerkschaften mit dem NS-Erbe wurden und werden kaum thematisiert (Meyer).

Stattdessen bleibt bis heute ganz vorrangig für die Erinnerungspolitik der Gewerkschaften im Hinblick auf den Nationalsozialismus zum einen die innerorganisatorische Schlussfolgerung, dass die Einheitsgewerkschaft als bleibende Errungenschaft im gemeinsamen Widerstand von Gewerkschafter*innen gegen den Nationalsozialismus entstanden ist. Zum anderen geht es gesamtgesellschaftlich um die Bestätigung von Gewerkschaften als zentralem Bollwerk der sozialen Demokratie gegen totalitäre Bedrohungen.

Ein Desiderat erinnerungsgeschichtlicher Forschung zur sozialen Demokratie ist die Untersuchung gegenseitiger Beeinflussung nationaler Erinnerungskulturen oder gar die Herausbildung transnationaler Erinnerungskulturen. Einige Beiträge dieses Bandes liefern hier erste Erkenntnisse: Im Rahmen der Internationalen Arbeitsorganisation (IAO) haben zwar deutsche Beamte, nicht jedoch Gewerkschafter für die deutsche Sozialversicherung geworben. Nach dem Nationalsozialismus war aber der erinnerungskulturell aufgeladene Topos des deutschen Sozialmodells durch die Nutzung in der NS-Agitation international in Verruf geraten, sodass das Potenzial der IAO als mögliche transnationale Erinnerungsakteurin kaum genutzt wurde (Kott).

Auch der Internationalisierung gewerkschaftlicher Erinnerungskulturen über das Thema Europa stand entgegen, dass die deutschen Gewerkschaften aufgrund der nationalsozialistischen Inanspruchnahme des Konzeptes Europa es zunächst kaum aufgriffen. Später wurde dieses Thema in gewerkschaftlichen Erinnerungskulturen innerhalb der Bundesrepublik lange kaum berücksichtigt (Buschak). Ein gemeinsames gewerkschaftliches Europaerinnern konnte sich auch darüber hinaus allerdings kaum entwickeln (Wieters).

Eine weitere auffällige Leerstelle in Erinnerungskulturen der Gewerkschaften und der sozialen Demokratie ist die DDR, in der soziale Rechte von hohem Rang waren und auch Gewerkschaften, wenn auch in anderer Funktion – als Herrschaftsinstrument wie auch als »lebensweltliche Erfahrung« – elementare Bedeutung hatten (Brunner).

Intensiv erinnert wird hingegen die Geschichte der Treuhandanstalt als »erinnerungskulturelle[] ›Bad Bank‹« (Goschler/Böick 2017, S. 115). Für eine Erinnerungsgeschichte der sozialen Demokratie dennoch bemerkenswert ist, dass die Rolle der Gewerkschaften in den entsprechenden Auseinandersetzungen kaum erinnert wurde und wird, was sich wiederum mit dem erwähnten Drang zu einheitlichen Narrativen in Organisationen erklären lässt, war doch die gewerkschaftliche Praxis schon zeitgenössisch umstritten (Böick/Rau).

Eine Leerstelle markiert jedoch nicht nur die Erinnerung an die DDR, sondern auch die Erforschung der Erinnerung während und in der DDR (wichtigste Ausnahme bisher ist Sabrow 2008). Während sich für die Zeit vor 1933 eine Spaltung der Erinnerungskulturen der Arbeiterbewegung entlang der Grenze zwischen Sozialdemokratie und Parteikommunismus feststellen lässt, wurde die Perspektive der reformerischen Strömungen in SPD und Gewerkschaften in der Bundesrepublik erinnerungskulturell hegemonial (Milert). In der DDR entwickelte Erinnerungskulturen knüpften währenddessen an die Narrative der KPD vor 1933 an (Heinsohn) und wirkten auch auf erinnerungskulturelle Konflikte in der BRD ein (Schneider).

Auch die Erinnerung an die Generalkommission der Gewerkschaften Deutschlands, die als Vorläuferorganisation sowohl des DGB in der Bundesrepublik als auch des FDGB in der DDR gelten kann, wurde erwartungsgemäß in größere Deutungslinien der Geschichte der Arbeiterbewegung eingeordnet (Schmidt). Dies alles zeigt, dass eine stärker deutsch-deutsch ausgerichtete Erinnerungsgeschichte der Arbeiterbewegung, die auch untersucht, inwiefern die gespaltenen Traditionslinien nach 1990 erinnerungspolitisch wieder aufeinandertrafen, ein lohnenswertes Unterfangen wäre. Beispielhaft deutlich wird dies an den Aushandlungen von sozialer (Un-)Gleichheit in der Transformationszeit, in denen zwei konträre Verarbeitungen deutscher Sozialstaatsgeschichte aufeinandertrafen (Lorke).

Viele Autor*innen dieses Bandes standen vor der Herausforderung, überhaupt Quellen zu finden, aus denen sich Erinnerungsakte rekonstruieren lassen oder die selbst zur Erinnerung erstellt worden waren. Auch dort, wo Erinnerungsquellen überliefert sind, sind die Erinnernden meist Organisationen und Personen – meist Männer – in hohen Funktionen.

Ob sich eine Erinnerungsgeschichte marginalisierter Personen und Gruppen, eine Geschichte der countermemories (Alexopoulou), schreiben lässt oder ob sich auch nur die Perspektive der »Basis« vor Ort und in den Betrieben adäquat berücksichtigen lässt, entscheidet zunächst die Quellenlage (Milert). Oral-History-Projekte, die es in Ansätzen gibt (Andresen 2014), können diese Lücke jedoch lediglich teilweise schließen, da sie immer nur das gegenwärtige Erinnern untersuchen können und sich einer diachronen Analyse verschließen (Wierling 2003).

Zukunft durch Erinnerung? Erinnerungskulturen sozialer Demokratie für eine solidarische Gesellschaft

Wenn wir soziale Demokratie, wie oben dargestellt, als für die Stabilität demokratischer Gesellschaften zentrale Grundvoraussetzung verstehen können, was folgt dann aus den vorgestellten erinnerungsgeschichtlichen Erkundungen für die Zukunft des Gemeinwesens? Diese Frage hat die Kommission »Erinnerungskulturen der sozialen Demokratie« in ihrer Arbeit dauerhaft begleitet und sie kam zu der Überzeugung, dass eine stärkere und anders akzentuierte Berücksichtigung der hier betrachteten Institutionen sozialer Demokratie in Erinnerungskulturen dazu beitragen kann, dass soziale Rechte und Partizipation über ein eng verstandenes politisches Feld hinaus gesellschaftlich wieder mehr Beachtung finden können. Die Ergebnisse, Thesen und Empfehlungen der Kommission, die hier nur verkürzt aufgegriffen werden, sind im Anhang des Bandes dokumentiert.

So deuten die Ergebnisse der Forschungen und Erarbeitungen der Kommission darauf hin, dass es nötig sein wird, verstärkt an Errungenschaften und Erfolge im Feld der sozialen Demokratie sowie an die Kämpfe und Auseinandersetzungen auf vielen Ebenen, die diese möglich gemacht haben, zu erinnern. Andernfalls erscheinen soziale Rechte als gegeben und die Mitwirkung an der sozialen Verfassung der Gesellschaft entbehrlich.

Die Erinnerung an Erfolge sollte aber die ihnen immanenten Ausschlüsse stärker mitthematisieren, da sie sonst Gefahr läuft, ein anachronistisches – und auch in historischer Perspektive schiefes – Bild von Gesellschaft und Wirtschaft zu konservieren, nämlich das der »goldenen Jahre« des Rheinischen Kapitalismus. Dessen Errungenschaften haben schließlich einen ambivalenten Charakter, der jedoch durch die heute übliche Einbindung in eine Meistererzählung der sozialpartnerschaftlich aufgebauten sozialen Marktwirtschaft verdeckt wird: Tariflich abgesicherte Teilhabe am Wohlstand für viele, Arbeitszeitverkürzungen und Urlaubsansprüche sind ein wichtiger Strang der Erzählung.

Ein anderer, nicht weniger bedeutsamer, müsste erzählen, dass dies zuvorderst für deutsche, männliche Facharbeiter einiger Industrien galt und ohne die geringer entlohnte Arbeit von Migrant*innen und Frauen sowie die unentgeltliche Reproduktionsarbeit außerhalb der Betriebe kaum zu erreichen gewesen wäre.

Daher scheint eine bereits im Gang befindliche, jedoch der – ebenfalls noch lückenhaften – historischen Forschung hinterherhinkende Erweiterung geboten. Sollen Erinnerungskulturen der sozialen Demokratie mehr sein als mythische Erzählungen über »Malocher« in dem, was früher Schlüsselindustrien genannt wurde, ist es notwendig, weibliche, migrantische und andere marginalisierte Perspektiven stärker zu berücksichtigen. Damit einhergehen sollte zudem, auch prekäre Arbeitsverhältnisse zu thematisieren und folglich Branchen, bei denen die sonst erinnerten Errungenschaften wie Mitbestimmung und Tarifbindung nie angekommen sind. Nur so können sie anschlussfähig werden an die gegenwärtige Gesellschaft und Arbeitswelt.

Ferner könnten Erinnerungskulturen sozialer Demokratie angesichts bevorstehender Herausforderungen in diesem Feld konstruktiver wirken, würden sie sich von der Gegenwart als Fluchtpunkt ihrer Erzählungen lösen. Gerade die nicht auf den Status quo hinauslaufenden Aspekte ihrer Geschichte, abgebrochene Experimente sowie aufgegebene Demokratisierungsansprüche könnten von vergessenen Potenzialen zu erinnerten Möglichkeiten werden. Zu einer Neubewertung der Geschichte gehört aber nicht nur die Suche nach positiven Anknüpfungspunkten. Akteure der sozialen Demokratie können sich in diesem Zusammenhang auch mit Fehlern in der Geschichte der eigenen Organisation auseinandersetzen, Ausschlüsse thematisieren und sich – statt auf lineare Erfolgsgeschichten zu setzen – als lernfähig präsentieren.

Die Kommission hat sich neben der Frage, wie Erinnerungskulturen der sozialen Demokratie neu aufgestellt werden könnten, auch damit beschäftigt, welche Themen die Vergangenheit, Gegenwart und Zukunft sozialer Demokratie so miteinander verbinden, dass sie sich als Schwerpunktthemen künftiger Erinnerungspolitik anböten. Die fünf dabei identifizierten Themenfelder sind

- *Demokratie und Mitbestimmung*, da hier das wachsende Interesse jüngerer Generationen an Partizipation mit den vielfältigen Demokratisierungserfolgen und -ansprüchen aus der Geschichte der Arbeiterbewegung und der sozialen Demokratie in Dialog kommen kann;
- *Tarifpolitik und Arbeitskämpfe,* um die historische Vielfalt von Arbeitskampfformen über den Streik hinaus und die Bedeutung von Tarifverträgen für soziale Sicherheit angesichts sinkender Tarifbindung und sich verändernder Voraussetzungen für Arbeitskämpfe bekannter zu machen;
- das Agieren von *Akteuren sozialer Demokratie in der Vereinigungs- und Transformationszeit,* weil damit die mehrheitlich westdeutsche Ausrichtung von Erinnerungskulturen sozialer Demokratie um die Agency und die Erinnerungen von Aktiven aus der (ehemaligen) DDR ergänzt würde und die für das Verständnis der Lage sozialer Demokratie im Osten Deutschlands bis heute wichtigen sozialen Auseinandersetzungen der Transformationszeit ein stärkeres Gewicht bekämen;
- der *Wandel der Arbeitswelt,* um für die demokratische Gestaltung der anstehenden Umwälzungen Vergleichsfolien aus den zahlreichen vergangenen Auseinandersetzungen um die Zukunft der Arbeit anbieten zu können;
- *Ökologie und Klimaschutz,* da ein genauerer Blick auf die Geschichte von sozialer Demokratie, Gewerkschaften, Nachhaltigkeit und Ökologie die dichotome Gegenüberstellung von Arbeit und Umwelt differenzieren und eine Grundlage sein kann für die felderübergreifende gemeinsame Anstrengung, die notwendig sein wird, um die ökologischen Voraussetzungen sozialer Demokratie langfristig zu erhalten.

Erinnerungskulturen der sozialen Demokratie sind immer auf die Zukunft gerichtet. Die Werte der sozialen Demokratie waren und sind Vertretern eines entfesselten Kapitalismus ein Dorn im Auge. Unter neoliberalen Auspizien haben diese seit den 1980er Jahren versucht, die soziale Demokratie zu unterminieren und ihre Vertreter*innen zu desavouieren.

Doch gab und gibt es Gegenwehr. Um lediglich ein Beispiel zu nennen: Die Beliebtheit der Schriften von Joseph Stieglitz (Stieglitz 2020), der unter Bezugnahme auf Karl Polanyi (Polanyi 1944/2001) versucht, im Interesse einer Förderung von sozialer Demokratie den entfesselten Kapitalismus erneut einzuhegen, ist ein Exempel für den intellektuellen Widerstand gegen den neoliberalen Mainstream. Gewerkschaften, Occupy und andere soziale Bewegungen,

Kirchenvertreter*innen ebenso wie linke bzw. linksliberale Parteien waren und sind die institutionalisierten Zentren eines praktizierten Widerstands.

Der hier vorgelegte Band verweist darauf, dass Erinnerung, Erinnerungskultur und Erinnerungspolitik eine wichtige Resssource im andauernden politischen Kampf um die Werte der sozialen Demokratie sind. Der heutige DGB-Vorsitzende Reiner Hoffmann hat vor mehr als 30 Jahren, im Februar 1990, in den *Gewerkschaftlichen Monatsheften* ein Plädoyer für die Sozialgeschichte der Gewerkschaften gehalten, um deren Bedeutung für die Entwicklung des Sozialstaats zu unterstreichen (Hoffmann 1990).

Aus heutiger Sicht bedarf diese sozialgeschichtliche Orientierung einer erinnerungsgeschichtlichen Ergänzung. Beide gemeinsam stellen Orientierungs- und Handlungswissen für gegenwärtige Positionierungen der Vertreter*innen der sozialen Demokratie bereit, die selbstkritische Reflexionen im Hinblick auf vergangenes Handeln durchaus miteinschließen müssen.

Eine solche Erinnerungsgeschichte kann auch den verschütteten und vergessenen Zukunftsvorstellungen der Vergangenheit wieder Raum geben, insofern diese Potenziale für einen Ausbau von sozialer Demokratie in der Gegenwart enthalten. So wäre, um nur ein Beispiel zu geben, die Wiederentdeckung genossenschaftlicher und gemeinwirtschaftlicher Ideen und Praktiken über erinnerungsgeschichtliche Vergegenwärtigungen eine mögliche Aktualisierung vergangener Zukünfte (zum Konzept vergangener Zukünfte siehe Hölscher 2016).

Die Erinnerungskulturen der sozialen Demokratie werden dadurch gestärkt, dass man die Erinnerungsnarrative der unterschiedlichen Akteure miteinander vernetzt. In diesem Sinne gehören Erinnerungsgeschichten von Gewerkschaften zusammen mit Demokratiegeschichten, mit Geschichten anderer emanzipatorischer, auf soziale Gleichheit ausgerichteter Bewegungen sowie mit Geschichten der Frauenbewegungen, von Migrantenorganisationen und politischen Parteien. Die Kräfte der sozialen Demokratie waren und sind immer tief in der Gesellschaft verankert und miteinander vernetzt. Der Kampf mit ihren politischen Gegnern war und ist auch immer ein Kampf um eine umstrittene Vergangenheit, in deren Licht sich Wege in die Zukunft öffnen oder schließen. Wie es Walter Benjamin in seinen Thesen *Über den Begriff der Geschichte* 1940, kurz vor seinem Selbstmord auf der Flucht vor den Nationalsozialisten, formuliert hat:

»Nur dem Geschichtsschreiber wohnt die Gabe bei, im Vergangenen den Funken der Hoffnung anzufachen, der davon durchdrungen ist: auch die Toten werden vor dem Feind, wenn er siegt, nicht sicher sein« (Benjamin 1980, S. 695).

Literatur und Quellen

Adler, Max (1926): Politische oder soziale Demokratie. Ein Beitrag zur sozialistischen Erziehung. Berlin: E. Laubsche.

Assmann, Aleida (1999): Erinnerungsräume. Formen und Wandlungen des kulturellen Gedächtnisses. München: C. H. Beck.

Assmann, Jan (1997): Das kulturelle Gedächtnis: Schrift, Erinnerung und politische Identität in den frühen Hochkulturen. München: C. H. Beck.

Benjamin, Walter (1980): Über den Begriff der Geschichte. In: Schweppenhäuser, Hermann/Tiedemann, Rolf (Hrsg.): Gesammelte Schriften, I.2. Frankfurt am Main: Suhrkamp, S. 693–704.

Berger, Peter/Luckmann, Thomas (1966): The Social Construction of Reality: A Treatise in the Sociology of Knowledge. New York: Anchor Books.

Berger, Stefan (Hrsg.) (2015): Gewerkschaftsgeschichte als Erinnerungsgeschichte. Der 2. Mai 1933 in der gewerkschaftlichen Erinnerung und Positionierung, Essen: Klartext.

Berger, Stefan/Scalmer, Sean/Wicke, Christian (2021): Memory and Social Movements: an Introduction. In: Berger, Stefan/Scalmer, Sean/Wicke, Christian (Hrsg.): Remembering Social Movements: Activism and Memory. London: Routledge, S. 1–25.

Berger, Stefan/Seiffert, Joana (Hrsg.) (2014): Erinnerungsorte: Chancen, Grenzen und Perspektiven eines Erfolgskonzepts in den Kulturwissenschaften. Essen: Klartext.

Blasius, Dirk (1977): Lorenz von Stein als Geschichtsdenker. In: Blasius, Dirk/Pankoke, Eckart (Hrsg.): Lorenz von Stein. Geschichts- und gesellschaftswissenschaftliche Perspektiven. Darmstadt: Wissenschaftliche Buchgesellschaft, S. 1–76.

Bruch, Rüdiger vom (Hrsg.) (1985): Weder Kommunismus noch Kapitalismus. Bürgerliche Sozialreform vom Vormärz bis zur Ära Adenauer. München: C. H. Beck.

Cornlis, Ingo/Waters, Sarah (Hrsg.) (2010): Memories of 1968: International Perspectives. Bern: Peter Lang.

Daphi, Priska (2017): Becoming a Movement. Identity, Narrative and Memory in the European Global Justice Movement. New York: Rowman & Littlefield.

Daphi, Priska/Zamponi, Lorenzo (Hrsg.) (2019): Movements and Memory, Sondernummer der Zeitschrift Mobilization 24, H. 4, S. 399–524.

de Cesari, Chiara/Rigney, Ann (Hrsg.) (2015): Transnational Memory: Circulation, Articulation, Scales. Berlin: De Gruyter.

della Porta, Donatella/Andretta, Massimiliano/Fernandes, Tiago/Romanos, Eduardo/Vogiatzoglou, Markos (2018): Legacies and Memories in Movements: Justice and Democracy in Southern Europe. Oxford: University Press.

DGB (1950): Protokoll Gründungskongress des Deutschen Gewerkschaftsbundes, München, 12.–14. Oktober 1949. Köln: Bund.

DGB (1996): Grundsatzprogramm des DGB, Dresden.

Erll, Astrid (2011): Kollektives Gedächtnis und Erinnerungskulturen. 2. Auflage. Stuttgart: Metzler.

Eyerman, Ron (2015): Social Movements and Memory. In: Tota, Anna Lisa/Hagen, Trever (Hrsg.): International Handbook of Memory Studies. London: Routledge, S. 79–83.

Farro, Antimo L./Lustiger-Thaler, Henri (Hrsg.) (2014): Reimagining Social Movements. From Collectives to Individuals. Avebury: Ashgate.

Fuhrmann, Uwe (2017): Die Entstehung der »Sozialen Marktwirtschaft« 1948/49. Eine historische Dispositivanalyse. Konstanz: UVK.

Gluck, Carol (2007): Operations of Memory: »Comfort Women« and the World. In: Miyoshi Jager, Sheila/Mitter, Rana (Hrsg.): Ruptured Histories. War, Memory, and the Post-Cold War in Asia. Cambridge, MA: Harvard University Press, S. 47–77.

Gutman, Yifat (2017): Memory Activism. Reimagining the Past for the Future in Israel/Palestine. Nashville, TN: Vanderbilt University Press.

Hajek, Andrea (2013): Negotiating Memory of Protest in Western Europe. The Case of Italy. Basingstoke: Palgrave Macmillan.

Halbwachs, Maurice (1985): Das kollektive Gedächtnis. Frankfurt am Main: Suhrkamp.

Harris, Frederick C. (2006): It Takes a Tragedy to Arouse Them. Collective Memory and Collective Action during the Civil Rights Movement. In: Social Movement Studies 5, H. 1, S. 19–43.

Heimann, Eduard (1929/1980): Soziale Theorie des Kapitalismus. Theorie der Sozialpolitik. Frankfurt am Main: Suhrkamp.

Hemmer, Hans-Otto (1984): Stationen gewerkschaftlicher Programmatik. Zu den Grundsatzprogrammen des DGB und ihrer Vorgeschichte. In: Matthias, Erich/Schönhoven, Klaus (Hrsg.): Solidarität und Menschenwürde. Etappen der deutschen Gewerkschaftsgeschichte von den Anfängen bis zur Gegenwart. Bonn: Verlag Neue Gesellschaft, S. 349–367.

Hölscher, Lucian (2016): Die Entdeckung der Zukunft. Göttingen: Wallstein.

Hoffmann, Reiner (1990): Sozialgeschichte gewerkschaftlicher Interessenvertretung. In: Gewerkschaftliche Monatshefte 2, S. 125–128.

Huyssen, Andreas (1995): Twilight Memories. Marking Time in a Culture of Amnesia. London: Routledge.

Jäger, Wolfgang (1996): Bergarbeitermilieus und Parteien im Ruhrgebiet. Zum Wahlverhalten des katholischen Bergarbeitermilieus bis 1933. München: C. H. Beck.

Jelin, Elizabeth (2003): State Repression and the Labor of Memory. Minneapolis: University of Minnesota Press.

Kelland, Lara Leigh (2018): Clio's Foot Soldiers: Twentieth-Century US Social Movements and Collective Memory. Amherst: University of Massachusetts Press.

Kiess, Johannes/Schmidt, Andre (2020): Beteiligung, Solidarität und Anerkennung in der Arbeitswelt: industrial citizenship zur Stärkung der Demokratie. In: Decker, Oliver/Brähler, Elmar (Hrsg.): Autoritäre Dynamiken. Neue Radikalität – alte Ressentiments. Leipziger Autoritarismus Studie 2020. Gießen: Psychosozial-Verlag, S. 119–147.

Klein, Gotthard (1996): Der Volksverein für das katholische Deutschland, 1890–1933: Geschichte, Bedeutung, Untergang. Stuttgart: Schöningh.

Kott, Sandrine (2001): Der Sozialstaat. In: François, Etienne/Schulze, Hagen (Hrsg.): Deutsche Erinnerungsorte, Bd. 2. München: Beck, S. 485–502.

Kott, Sandrine (2014): Sozialstaat und Gesellschaft. Das deutsche Kaiserreich in Europa. Göttingen: Vandenhoeck & Ruprecht.

Krüger, Kai (2020): Wirtschaftswunder und Mangelwirtschaft. Zur Produktion einer Erfolgsgeschichte in der deutschen Geschichtskultur. Bielefeld: transcript.

Langenbacher, Eric/Niven, Bill/Wittlinger, Ruth (Hrsg.) (2012): Dynamics of Memory and Identity in Contemporary Europe. Oxford: University Press.

Lehnert, Detlef (2020): Soziale Demokratie als Synthese von Demokratie und Sozialismus? In: Berger, Stefan/Jäger, Wolfgang/Kruke, Anja (Hrsg.): Gewerkschaften in revolutionären Zeiten. Deutschland in Europa 1917 bis 1923. Essen: Klartext, S. 63–77.

Marshall, Thomas H. (1947/1992): Bürgerrechte und soziale Klassen. Zur Soziologie des Wohlfahrtsstaates. Frankfurt am Main: Campus.

Merrill, Samuel/Keightley, Emily/Daphi, Priska (Hrsg.) (2020): Social Movements, Cultural Memory and Digital Media. Mobilising Mediated Remembrance. Basingstoke: Palgrave Macmillan.

Miller, Susanne/Potthoff, Heinrich (Hrsg.) (1991): Kleine Geschichte der SPD. Darstellung und Dokumentation 1848–1990. 7. Auflage. Bonn: Dietz.

Mittag, Jürgen/Unfried, Berthold (Hrsg.) (2011): Arbeiter- und soziale Bewegungen in der öffentlichen Erinnerung. Eine globale Perspektive, Leipzig: Akademische Verlagsanstalt.

Müller-Jentsch, Walther (Hrsg.) (1999): Konfliktpartnerschaft: Akteure und Institutionen der industriellen Beziehungen. München: Hampp.

Müller-Jentsch, Walther (2020): Die Montanmitbestimmung aus sozialwissenschaftlicher Perspektive: Entstehung – Wirkung – Rechtfertigung. In: Jäger, Wolfgang/Lauschke, Karl/Mittag, Jürgen (Hrsg.): Mitbestimmung im Zeichen von Kohle und Stahl. Debatten um die Montanmitbestimmung im nationalen und europäischen Kontext. Essen: Klartext, S. 307–329.

Neveu, Eric (2014): Memory Battles over May 68. In: Baumgarten, Britta/Daphi, Priska/Ulrich, Peter (Hrsg.): Conceptualizing Culture in Social Movement Research. Basingstoke: Palgrave Macmillan, S. 275–299.

Nora, Pierre (1992): Les Lieux de Mémoire. 7 Bde. Paris: Gallimard.

Pankoke, Eckart (1977): Lorenz von Steins staats- und gesellschaftswissenschaftliche Orientierung. In: Blasius, Dirk/Pankoke, Eckart (Hrsg.): Lorenz von Stein. Geschichts- und gesellschaftswissenschaftliche Perspektiven. Darmstadt: Wissenschaftliche Buchgesellschaft, S. 79–179.

Polanyi, Karl (1944/2001): The Great Transformation. The Political and Economic Origins of Our Time. Boston: Harvard Press.

Portelli, Alessandro (1991): The Death of Luigi Trastulli and Other Stories. Albany: State University of New York Press.

Prinz, Michael (1985): »Sozialpolitik im Wandel der Staatspolitik«? Das Dritte Reich und die Tradition bürgerlicher Sozialreform. In: Bruch, Rüdiger vom (Hrsg.): Weder Kommunismus noch Kapitalismus. Bürgerliche Sozialreform vom Vormärz bis zur Ära Adenauer. München: C. H. Beck, S. 219–244.

Raphael, Lutz (2019): Jenseits von Kohle und Stahl. Eine Gesellschaftsgeschichte Westeuropas nach dem Boom. Berlin: Suhrkamp.

Reulecke, Jürgen (1985): Die Anfänge der organisierten Sozialreform in Deutschland. In: Bruch, Rüdiger vom (Hrsg.): Weder Kommunismus noch Kapitalismus. Bürgerliche Sozialreform vom Vormärz bis zur Ära Adenauer. München: C. H. Beck, S. 21–59.

Richter, Hedwig/Wolff, Kerstin (Hrsg.) (2018): Frauenwahlrecht. Demokratisierung der Demokratie in Deutschland und Europa. Hamburg: Hamburger Edition.

Rigney, Ann (2018): Remembering Hope: Transnational Activism beyond the Traumatic. In: Memory Studies 11, H. 3, S. 368–380.

Romano, Renee C./Raiford, Leigh (Hrsg.) (2006): The Civil Rights Movement in American Memory. Athens: The University of Georgia Press.

Rosenberg, Ludwig (1968): Soziale Demokratie verwirklichen. Ansprache auf einer Kundgebung des DGB am 19.2.1968 in Düsseldorf.

Rothberg, Michael (2009): Multidirectional Memory: Remembering the Holocaust in the Age of Decolonisation. Stanford, CA: University Press.

Sabrow, Martin (Hrsg.) (2008): Der Streit um Erinnerung. Leipzig: Leipziger Universitätsverlag.

Schneider, Michael (1982): Die Christlichen Gewerkschaften 1894–1933. Bonn: Dietz.

Schulz, Günther (1985): Sozialreform in der Weimarer Republik. In: Bruch, Rüdiger vom (Hrsg.): Weder Kommunismus noch Kapitalismus. Bürgerliche Sozialreform vom Vormärz bis zur Ära Adenauer. München: C. H. Beck, S. 181–217.

Stieglitz, Joseph (2020): Der Preis des Profits. Wir müssen den Kapitalismus vor sich selber retten! München: Siedler.

Wierling, Dorothee (2003): Oral History. In: Maurer, Michael (Hrsg.): Aufriß der historischen Wissenschaften. Bd. 7: Neue Themen und Methoden der Geschichtswissenschaft. Stuttgart: Reclam, S. 81–151.

Wilson, Richard A. (2001): The Politics of Truth and Reconciliation in South Africa: Legitimizing the Post-Apartheid State. Cambridge: University Press.

Wüstenberg, Jenny (2017): Civil Society and Memory in Post-War Germany. Cambridge: University Press.

Zamponi, Lorenzo (2019): Social Movements, Memory and Media. Narrative in Action in the Italian and Spanish Student Movements. Basingstoke: Palgrave Macmillan.

Methodische und konzeptionelle Vorüberlegungen

Erinnerungskulturen zwischen Traditionspflege und Konflikt
Ansätze in Memory Studies

Jenny Wüstenberg

Das Fachgebiet Erinnerungsstudien hat in den letzten Jahrzehnten großen Zuspruch gefunden und ist in beeindruckender Weise gewachsen. Daran beteiligt sind die verschiedensten etablierten Disziplinen – von Neurowissenschaften und Psychologie über die Sozialwissenschaften bis hin zu den Geisteswissenschaften –, sodass man von »Memory Studies« als multi- oder sogar interdisziplinärem Forschungsfeld ausgehen kann (Dutceac Segesten/Wüstenberg 2017). Diese Vielfalt macht Memory Studies besonders attraktiv, um eine konzeptionelle Grundlage der Arbeit dieser Kommission zu finden, da hier das Werkzeug vorhanden ist, um die Erinnerungskulturen der sozialen Demokratie auf sehr differenzierte Weise zu beleuchten.

Gleichzeitig sind Memory Studies mittlerweile so verzweigt, dass es unmöglich wäre, an dieser Stelle auch nur eine halbwegs vollständige Übersicht zu liefern. Auch gehe ich hier nicht näher auf die Beziehung zwischen Erinnerung und Geschichte ein, zu der eine komplexe und lang währende Debatte stattgefunden hat (z. B. Confino 1997; Le Goff 1992; Ricoeur 2004).

Grundsätzlich sind wir als Mitglieder der Kommission – und der Gesellschaft – mit dem Problem eines geringen durchschnittlichen Geschichtsbewusstseins in Bezug auf die soziale Demokratie konfrontiert. Auch wenn hier ein direkter Zusammenhang mit dem Stand der Erinnerungskulturen der sozialen Demokratie besteht, ging es für die Kommission an erster Stelle nicht darum, an der Verbesserung des Geschichtswissens und dessen Verankerung zu arbeiten. Stattdessen steht an zu überlegen, wie (bestehende und zu schaffende) Erinnerungen an die soziale Demokratie in ihren vielen Facetten für die Gegenwart bedeutsam gemacht werden können und wie sie brauchbar sein können, um erkämpfte Errungenschaften zu bewahren – und um Neues zu erreichen.

Mir geht es in diesem Beitrag also darum, theoretische Entwicklungen und Konzepte der Erinnerungsstudien zu nennen, die mir für die Arbeit der Kommission relevant erscheinen. Daher gehe ich kurz auf die wichtigsten Entwicklungen der Memory Studies ein, die sich in drei »Wellen« einteilen lassen, auch wenn es sich dabei nicht wirklich um trennbare Zeitabschnitte handelt.

Dann richte ich die Aufmerksamkeit auf zwei zentrale Debatten. Erstens geht es um die Begriffe »Erinnerungskultur« im Gegensatz zu »Erinnerungs- oder Geschichtspolitik«. Zweitens greife ich die – besonders von Jan und Aleida Assmann bekannt gemachte – Unterscheidung zwischen dem »kommunikativen« und dem »kulturellen« Gedächtnis auf. Dabei geht es sowohl um die Beziehung des Individuums zum Kollektivgedächtnis als auch um generationalen Wandel.

Eine wiederkehrende Frage betrifft die Machtstellung und Repräsentanz von öffentlicher Erinnerung: Wann ist eine Erinnerungskultur der Ausdruck einer gesellschaftlichen Mehrheit, wann von den Machthabenden diktiert? Memory Studies befasste sich lange hauptsächlich mit staatlich gelenkten und elitären Gedenkinitiativen. Inwiefern werden diese von oppositioneller Erinnerung »von unten« in Frage gestellt oder auch mitgestaltet?

Schon jetzt sei grundsätzlich festgestellt, wie bedeutend die plurale Form »Erinnerungskulturen« im Titel dieser Kommission ist. Denn an die soziale Demokratie muss in ihrer Komplexität und Vielfalt erinnert werden. Erinnerungskulturen entstehen durch verschiedene beteiligte Akteure, positive wie negative historische Erfahrungen, identitätsbildende Traditionspflege sowie transformative Errungenschaften, Mitarbeit an der Errichtung eines demokratischen und sozialen Staatsgebildes (und dessen Unterstützung) sowie durch die Herausforderung der Machthabenden. Dabei ist es wichtig, in der größtenteils traumaorientierten Erinnerungsforschung neuere Ansätze, die sich verstärkt positivem Gedenken widmen, nicht zu vernachlässigen.

Drei Wellen der Erinnerungsstudien

Die Entwicklung der Memory Studies wird von Fachvertreter*innen in drei Hauptphasen eingeteilt. Laut Astrid Erll beginnt die erste im frühen 20. Jahrhundert mit Theoretikern wie Maurice Halbwachs, Walter Benjamin und Frederic Bartlett und die zweite mit dem Werk des französischen Historikers Pierre Nora in den 1980er Jahren. Die dritte Phase ist noch sehr frisch und befasst sich besonders mit mobilen, transnationalen und ambivalenten Aspekten von Erinnerungskulturen (Erll 2011; Feindt et al. 2014). Diese Kategorisierung ist nicht so zu verstehen, dass eine Phase die nächste feinsäuberlich ablöste und überholte. Vielmehr werden die diversen Ansätze weiterhin diskutiert, stützen sich aber auf verschiedene theoretische Traditionen und Grundannahmen.

Die erste Welle gründet sich vor allem auf dem Werk des allseits als Gründungsvater anerkannten Maurice Halbwachs, der aber erst mit dem Memory-Boom der 1980er/90er Jahre zu voller Anerkennung gelangte. Der französische Soziologe, der im Konzentrationslager Buchenwald umkam, erfasste, dass das kollektive Gedächtnis nur in einem sozialen Rahmen möglich ist und daher intersubjektiv konstruiert wird. Erinnerungen von Individuen entstehen im Kontext ihres sozialen Umfelds und sind eng verbunden mit ihrer Gruppenzugehörigkeit. Daher haben verschiedene Gruppierungen in der Gesellschaft (Familien, Religionen, soziale Schichten) auch verschiedene kollektive Gedächtnisse, die für sie identitätsstiftend sind (Halbwachs 1992).

Die kollektive Erinnerung als Grundlage für die Gruppenbildung und interne Solidarität ist darüber hinaus ein wichtiges Grundprinzip (z. B. Misztal 2005), etwa um die Rolle des sozialen Gedächtnisses innerhalb sozialer Bewegungen zu verstehen. So schreibt Ron Eyerman: »Individual participants in social movements are empowered through identifying themselves with history and the sense of making history. As collective action, social movements are equally empowered through historical reference« (Eyerman 2015, S. 79).

Ein weiteres wichtiges Merkmal der Theorie von Halbwachs ist seine Erkundung von Prozessen der Verräumlichung des kollektiven Gedächtnisses, also einer unvermeidlichen Manifestation von Erinnerung in – konkreten oder imaginären – Orten (Reichel 1999, S. 14). Diese Verbindung zwischen Erinnerung und Raum hat der französische Historiker Pierre Nora aufgegriffen, weiterentwickelt und damit die zweite Welle der Memory Studies in Gang gebracht. Noras siebenbändiges Werk versucht, die identitätsstiftenden Orte der Erinnerung Frankreichs zu katalogisieren und zu analysieren, wobei nicht nur materielle, sondern auch immaterielle »Orte« (wie die Marseillaise) behandelt werden.

Für Nora ist die große Bedeutung von Erinnerungsorten ein Phänomen der Moderne, denn erst mit der wachsenden Komplexität der Gesellschaft ist es nötig, dass »Milieus der Erinnerung« – also gelebte und weitergereichte Traditionen – durch Erinnerungsorte ersetzt werden, um die nationale Identität zu untermauern (Nora 1996). Für die Erforschung des Gedächtnisses der sozialen Demokratie ist der Ansatz der Erinnerungsorte einerseits hoch relevant, denn so ließe sich auf sehr systematische Weise sammeln, wo und wie diese Erinnerung konkret erfahrbar gemacht wird (bzw. in Zukunft werden könnte). Wolfgang Jägers Studie *Soziale Bürgerrechte im Museum. Die Repräsentation sozialer Demokratie in neun kulturhistorischen Museen* macht dies deutlich (Jäger 2020). Das Forschungsprogramm von Nora und die vielen Folgeprojekte konzentrieren sich vor allem darauf zu eruieren, welche Erinnerungsorte für nationale Gemeinschaften bedeutsam sind (Francois 2003; Noras Ansatz wurde auch für transnationale Projekte verwandt, z. B. den Boer/Duchhardt/Kreis 2011; Hahn/Traba 2013).

Anderseits hat der Begriff des Erinnerungsortes Schwächen, die nicht vernachlässigt werden dürfen. Zahlreiche Kritiker*innen monieren, dass Nora und Kolleg*innen transnationale Verflechtungen ausklammern und ein sehr statisches Bild der Nation zeichnen.

Noch grundsätzlicher fällt die Beurteilung von Stefan Berger und Joana Seiffert aus, die im Rahmen eines Projekts zu Erinnerungsorten des Ruhrgebiets den Begriff einer Prüfung unterzogen haben. Sie argumentieren, dass die Sprache der Erinnerungsorte zur Kanonisierung verleitet, und »die Denkfigur des Ortes, ob dieser nun materiell ist oder nicht, neigt zusätzlich zu einer Verfestigung der Erinnerung in der Zeit« (Berger/Seiffert 2014, S. 34). Mit anderen Worten: »Erinnerungsort« liefert laut Berger und Seiffert nicht das, was ein nützliches analytisches Konzept ausmacht – nämlich zum besseren Verständnis des Umgangs mit der Vergangenheit beizutragen, indem es dessen Wandelbarkeit, temporale Kontingenz und Funktion im gesellschaftlichen Machtgefüge beleuchtet.

Auch wenn sich der von Berger und Seiffert vorgeschlagene Alternativbegriff der »Zeit-Räume« bis dato nicht hat durchsetzen können, dient er als wichtiger Hinweis dafür, dass wir die Zeitlosigkeit, Statik und Etabliertheit, die Erinnerungsorte heraufbeschwören, stets hinterfragen sollten. Mit Rogers Brubaker kann man sagen: Man sollte Erinnerungsorte als Kategorie der Praxis – also als für die Akteur*innen bedeutsame Konzepte – betrachten statt als Kategorie der Analyse, von der Wissenschaftler*innen unkritisch Gebrauch machen sollten (Brubaker 1996, S. 15).

Die Forscher*innen der dritten Welle der Memory Studies versuchen gerade, ein »nationales Containerdenken« und den implizierten gleichbleibenden Charakter des kollektiven Gedächtnisses in der vorausgegangenen Erinnerungsforschung aufzubrechen. Aleida Assmann und Sebastian Conrad stellen fest:

»Global conditions have powerfully impacted on memory debates and, at the same time, memory has entered the global stage and global discourse. Today, memory and the global have to be studied together, as it has become impossible to understand the trajectories of memory outside a global frame of reference« (Assmann/Conrad 2010).

Eine der ersten und meist zitierten Studien der dritten Welle stammt von Daniel Levy und Natan Sznaider: *Erinnerung im globalen Zeitalter: Der Holocaust*. Darin wird argumentiert, dass der Holocaust mittlerweile eine universelle Gestalt angenommen habe, die eine kosmopolitische Erinnerung stütze und damit das globale Regime der Menschenrechte untermauere (Levy/Sznaider 2001). Trotz ihres richtungsweisenden Charakters wurde dieses Forschungsprogramm stark dafür angegriffen, dass es Nuancen und Widersprüchlichkeiten in transnationalen Erinnerungsprozessen vernachlässige und selbst ein bestimmtes politisches Projekt befürworte.

Anna Cento Bull und Hans Lauge Hansen argumentieren, dass kosmopolitische Erinnerungsprojekte (wie die von Levy und Sznaider beschriebenen) vermehrt von antagonistischen, populistischen Erinnerungsakteur*innen herausgefordert würden und nicht adäquat ausgestattet seien, darauf zu antworten, weil sie gegen die Identitätsangebote der Populist*innen mit ihren Mitteln nicht anzukommen vermöchten. In Anlehnung an Chantal Mouffe plädieren Cento Bull und Hansen für »agonistic memory«, also eines

»that would rely on a multiplicity of perspectives in order to bring to light the socio-political struggles of the past and reconstruct the historical context in ways which restore the importance of civic and political passions« (Cento Bull/Hansen 2016, S. 401).

Dieser Ansatz bezieht Emotionen, aber auch Offenheit für den Dialog mit erinnerungspolitischen Gegner*innen, explizit mit ein.

In den Erinnerungsstudien der dritten Welle geht es nicht nur darum, aktuelle Globalisierungsprozesse (und Gegenreaktionen) in Betracht zu ziehen, sondern darum, eine Sichtweise zu entwickeln, die die Interaktionen und Bewegungen der Erinnerung über lokale und nationale Praktiken hinaus systematisch analysiert – historisch wie gegenwärtig.

Dabei werden Staaten und Nationen nicht vernachlässigt, denn sie bleiben machtvolle Akteure und Strukturen, aber sie werden nicht automatisch als wichtigster Bezugsrahmen angenommen. Neue Begriffe (multidirectional, transnational, unbound, moving, traveling memories) können dazu dienen, sowohl grenzüberschreitendes Erinnern zu analysieren als auch die manchmal überraschende Stärke von nationalen Identitäten (z. B. aktuell in den Vereinigten Staaten, Polen oder Ungarn) in der Erinnerungspolitik neu zu ergründen (Rothberg 2009; de Cesari/Rigney 2014; Bond/Craps/Vermeulen 2016; Erll 2011; Sierp/Wüstenberg 2015).

Gerade für das Thema der internationalen Traditionen und Solidaritäten der Arbeiterbewegung in der deutschen Erinnerungslandschaft scheint mir ein transnationaler Ansatz unabdingbar. Er sollte aber nicht auf automatisierte Weise eingesetzt werden – denn viel Erinnerungsaktivität ist weiterhin lokal oder national – sondern explizit die Transnationalität der bestehenden Praxis ausloten und analysieren.

Aus allen Phasen der Memory Studies lassen sich also wichtige Fragestellungen und Konzepte für die Kommissionsarbeit ableiten: Wie (und wie lokal, regional, national, global) erinnern sich Gewerkschaften und andere an die Traditionen und Ereignisse der Arbeiterbewegung? Inwiefern bedingt es ihre Identitäten? An welchen Orten und durch welche Räume und Zeitschichten wird die Erfahrung der sozialen Demokratie konkret wahrnehmbar? Inwiefern ist die Erinnerung an die soziale Demokratie mit einem nationalen Selbstverständnis verflochten? Welche transnationalen Verbindungen und Einflüsse sind erkennbar bzw. sollten sichtbar gemacht werden? Wie geht man mit populistischen oder anderen Gegenbewegungen zu transnationalen oder abstrakt gewordenen Erinnerungsprojekten um? Wie lassen sich Emotionen und leidenschaftliches Engagement in Erinnerungskulturen integrieren?

Erinnerungskultur

Die Literaturwissenschaftlerin Astrid Erll verwendet den Begriff »Erinnerungskulturen« von vornherein in der Pluralform, um zu betonen, dass wir es – wie schon Halbwachs unterstrich – »auch nicht in den homogensten Kulturen, mit nur einer einzigen Erinnerungsgemeinschaft zu tun haben«. Erinnerungskulturen sind für Erll »historisch und kulturell variable Ausprägungen von kollektivem Gedächtnis«, das erst durch konkrete Erinnerungsakte als kollektives Konstrukt erforschbar wird (Erll 2008, S. 176).

Auch wenn »Erinnerungskulturen« als Begriff an sich sehr allgemein gefasst ist, verbindet sich damit für mich das Bild einer relativ beständigen (oder sich nur langsam wandelnden) »erfundenen« (also aktiv konstruierten) Tradition im Sinne von Eric Hobsbawm. Nach Hobsbawm ist eine »invented tradition«

»a set of practices, normally governed by overtly or tacitly accepted rules and of a ritual or symbolic nature, which seek to inculcate certain values and norms of behavior by repetition, which automatically implies continuity with the past. In fact, where possible, they normally attempt to establish continuity with a suitable historic past« (Hobsbawm 1983, S. 1).

Auch wenn Erinnerungskulturen nicht von selbst entstehen, sondern aktiv errichtet, aufrechterhalten und potenziell auch in Frage gestellt werden, soll doch möglichst der Eindruck entstehen, dass sie »natürlich« und nicht zu hinterfragen sind. Die konkrete Praxis, durch die Erinnerungskulturen konstruiert werden, beinhaltet beispielsweise Rituale des Trauerns, Feierns und Gedenkens; prominent-platzierte Erzählungen (in Reden, Publikationen, Medien usw.) über die Identität der Gemeinschaft und deren Gründungsmythen, deren Religionszugehörigkeit und geographische Abgrenzungen; das Errichten von Denkmälern,

Museen, Straßennamen oder Versammlungsorten, die an die Vergangenheit anknüpfen; staatliche Regularien bezüglich Schulbildung, Geschichtsschreibung oder öffentlicher Meinungsäußerung; die Förderung und Produktion von Kulturgütern wie Architektur, bildender Kunst, Literatur und Musik. Die Manifestation der gesellschaftlichen Erinnerung in konkreten Objekten, Bauten, Narrativen und Ritualen erklärt wohl auch die Faszination, die sie sowohl in Forscher*innen, als auch in Protagonist*innen weckt.

Es wird also auf vielfältige Weise Kontinuität mit einer Vergangenheit heraufbeschworen, die weit oder weniger weit zurückliegen kann. Die dadurch ritualisierten Erinnerungskulturen haben eine legitimierende Funktion für die Gesellschaftsordnung und sind daher in Zeiten von Aufruhr und Transformation besonders wichtig (Hobsbawn 1983, S. 4–5; siehe auch Reichel 1999, S. 14). Machthabende sind meist bemüht, durch eine strategische Erinnerungspolitik etablierte (oder auch neu errichtete) Erinnerungskulturen zu verteidigen – oft gegen Herausforderungen »von unten« – also z. B. von der Arbeiterbewegung.

Erinnerungspolitik

Im Gegensatz zur Erinnerungskultur beinhaltet »Erinnerungspolitik« als Konzept die Vorstellung, dass der gesellschaftliche Umgang mit der Vergangenheit von verschiedenen Akteur*innen und durch eine (mehr oder weniger konfliktreiche) Auseinandersetzung bestimmt wird. Generell wird die Politik mit der Erinnerung, im Sinne von »policy making« als staatliche (oder zumindest als elitäre) Tätigkeit behandelt. Dabei wird Erinnerungspolitik (und oft synonym Geschichtspolitik) als Teil einer Machterhaltungsstrategie und als manipulatives und manchmal antidemokratisches Instrument verstanden (Kubik/Bernhard 2014). Erinnerungspolitik wird jedoch in allen politischen Systemen eingesetzt und sollte somit nicht normativ aufgeladen werden, sondern ist als reguläres Politikfeld zu betrachten (Wolfrum 1999; Landkammer/Noetzel/Zimmerli 2006; Leggewie/Meyer 2005).

Viel spezifischer verwendet Norbert Frei den ähnlich klingenden Begriff »Vergangenheitspolitik«, deren Ziel es im Nachkriegsdeutschland war, sich von der NS-Vergangenheit loszusagen und die Täter*innen zu entlasten und zu reintegrieren (Frei 1997). Erik Meyer verwendet Vergangenheitspolitik parallel dazu, aber in erweiterter und vergleichender Form, als »policies« in den ersten Jahren von post-diktatorischen Gesellschaften, an deren Machtstrukturen meist Personen beteiligt sind, die persönlich in Menschenrechtsverbrechen des vorherigen Regimes involviert waren (Meyer 2008, S. 175).

Wichtig ist, dass in der einschlägigen Literatur zur Erinnerungspolitik bis dato der Fokus auf den gesellschaftlichen Eliten lag – Politiker*innen, Religionsführer*innen, Intellektuelle, Journalist*innen. Studien zu Erinnerungskulturen dagegen konzentrierten sich oft auf akteursleere Analysen von Gebräuchen und Narrativen. Bei beiden werden also Graswurzelbewegungen, oppositionelle Erinnerung und auch die Rolle großer sozioökonomischer Transformationen (z. B. industrielle Revolution) oft ausgeklammert.

Kommunikatives und kulturelles Gedächtnis

Aleida und Jan Assmann unterscheiden zwischen dem kommunikativen und dem kulturellen Gedächtnis. Aufbauend auf Halbwachs bezeichnet das kommunikative Gedächtnis den sozialen Aspekt der individuellen Erinnerung, also die soziale Praxis des Erinnerns, die durch die Interaktion von Individuen entsteht. Dabei sind Prozesse des Vergessens ebenso fundamental, denn nur wenn manche Ereignisse in den Hintergrund gedrängt werden, erhalten andere eine besondere Bedeutung (J. Assmann 2006, S. 3). Für Aleida Assmann und Ute Frevert war das aktive Vergessen des Holocaust oder dessen »kommunikatives Beschweigen« (Hermann Lübbe) einer der zentralen Entlastungsmechanismen der Nachkriegszeit, der »die Komplizenschaft der NS-Volksgemeinschaft in die neue Demokratie hinein« verlängerte (Assmann/Frevert 1999, S. 141).

Das gelebte kommunikative Gedächtnis ist also maßgeblich für die kollektive Identität der Gemeinschaft. Das kulturelle Gedächtnis entsteht dagegen im Laufe des generationellen Wandels, also wenn die Erlebnisgeneration schwindet und sich bemüht, erlebte Erfahrungen zu verstetigen – durch Mythen, Geschichten, Erinnerungsorte. Das kommunikative Gedächtnis beruht laut Jan Assmann also auf Kommunikation, ist nicht institutionell verankert und dauert an die achtzig Jahre. Das kulturelle Gedächtnis basiert auf Traditionen oder Institutionen (Assmann/Frevert 1999; J. Assmann 2008).

Beide haben somit unterschiedliche Zeithorizonte und sind in potenziell unterschiedlicher Weise den Erhaltungs- und Transformationsbestrebungen verschiedener Akteure ausgesetzt. Wenn es beispielsweise um »Transitional Justice« geht, also um konkrete Maßnahmen zur Errichtung demokratischer Institutionen und den Umgang mit Täter*innen und Gewalttaten in der jüngsten Vergangenheit – im Zeithorizont des kommunikativen Gedächtnisses –, kann man davon ausgehen, dass Erinnerungsstrukturen noch wandelbar (aber auch fragil) sind.

Die Unterscheidung zwischen kommunikativem und kulturellem Gedächtnis ist hilfreich, um temporalen und generationellen Wandel zu verstehen, sollte aber nicht überbewertet werden. Manchmal bilden sich Institutionen des kollektiven Gedächtnisses sehr schnell, trotz einer aktiven Erlebnisgeneration. Und manchmal sind individuelle Erinnerungen an Traumata so überwältigend, dass sie an folgende Generationen weitergereicht werden, wie Marianne Hirsch argumentiert. Die Literaturwissenschaftlerin hat am Beispiel der Nachkommen von Holocaustüberlebenden gezeigt, dass individuelle und kollektive Traumaerfahrungen zu »Postmemory« werden können – also zu Erinnerungen, die nicht auf direkter Erfahrung, sondern auf geerbten Erzählungen und Imagination beruhen, aber deswegen nicht weniger mächtig sind (Hirsch 2008).

Aufgrund verschiedener historischer Erfahrungen – basierend auf Generationszugehörigkeit, Verortung im (sozialen) Raum oder Gruppenmitgliedschaft (wie bei Halbwachs) – gehören Menschen einer oder mehreren Erinnerungsgemeinschaften an. Wie James Booth herausgearbeitet hat, beinhaltet die Idee einer »memory community« ein Verständnis der politischen Gemeinschaft, die zeitlich weiterbesteht, sowohl in die Vergangenheit als auch in die Zukunft hinein. Dies ist bedeutsam für die Bildung einer kollektiven Identität und gleichsam für die politische und gesellschaftliche Übernahme von Verantwortung (Booth 1999).

Durch die Konstruktion einer Erinnerungsgemeinschaft wird es also möglich, historische Errungenschaften in der Gegenwart für sich zu beanspruchen, und notwendig, für begangene Verbrechen geradezustehen. Es stellt sich die Frage, ob es sinnvoll ist, die Erinnerungsgemeinschaftszugehörigkeit in der Erinnerungskultur zu betonen, um dadurch identitätsbildend zu agieren, zugleich aber zwangsläufig etwaige Widersprüche oder Diskontinuitäten zu übertünchen. Das Konzept der Erinnerungsgemeinschaft ließe sich sowohl auf Teilgruppen wie soziale Bewegungen oder Gewerkschaftsmitglieder als auch auf ganze Nationen oder sogar auf transnationale Verbünde (Assmann 2007) beziehen, sodass es ganz unterschiedlichen politischen Zielen dienen könnte.

Wie besonders im Werk der Assmanns klar wird, ist die Beziehung des Individuums zu einer (wie auch immer konstituierten) Erinnerungsgemeinschaft ein umstrittenes Thema und hat laut Jeffrey Olick Erinnerungsstudien als Forschungsgebiet gespalten. Olick unterscheidet zwischen »collected memory« (gesammeltes Gedächtnis) und »collective memory« (gemeinsames Gedächtnis). Das erste gründet sich auf aggregierte individuelle Erinnerungen in ihrem sozialen Rahmenwerk und ist somit offen für neurologische und psychologische Studien. Das zweite ist ein kollektives Phänomen sui generis, das durch die Analyse kultureller und sozialer Muster verstanden werden muss (Olick 1999).

Jan-Werner Müller benutzt ähnliche Begriffe: »collective memory« und »mass individual memory« (Müller 2002). Während diese Ausführungen eine theoretische Relevanz haben, sind sie meines Erachtens auch von praktischer Bedeutung. Denn das kollektive (oder kulturelle, institutionalisierte) Gedächtnis kann mit individuellen Erinnerungen (mass individual memory) einer Minderheit oder auch der Mehrheit einer Gesellschaft in Konflikt stehen oder Erinnerungsgemeinschaften gegeneinander aufbringen.

Im Zeitalter des Internets, in dem die Öffentlichkeit sich immer mehr spaltet, Menschen in der virtuellen Realität sozial agieren und somit auch dort gedenken, scheint solch eine Diskrepanz wahrscheinlicher. Das Schwinden einheitlich konsumierter Erzählungen über die Vergangenheit könnte den Effekt haben, dass das kollektive Gedächtnis an Einfluss auf Identitätsbildung verliert und neue Strategien gebraucht werden, um Erinnerungspolitik effektiv zu gestalten. Wenn im kollektiven Gedächtnis die breite Masse an historischen Erfahrungen (oder Interpretationen dieser Erfahrungen) nicht repräsentiert sind, ist dessen demokratischer Charakter in Frage gestellt und für Initiativen »von unten« angreifbar – von links und rechts.

Erinnerung von oben und von unten

Wie schon mehrmals angedeutet, wird Erinnerungspolitik oft als Instrument der Mächtigen verstanden, die damit die Erinnerungskultur für ihre Zwecke gestalten möchten. Diese Vorstellung war noch nie wirklich akkurat, denn früher wie heute wurde das Gedenken staatlicher und anderer Autoritäten durch Grasswurzelbewegungen in Frage gestellt – oder diese bauten parallele, alternative Erinnerungskulturen auf – sogenanntes »countermemory«. Außerdem gibt es in jeder Epoche alltagskulturelles Gedenken, das nicht immer mit jenem »von oben« im Einklang steht und sich auf Dauer zu einer Herausforderung für die Herrschenden entwickeln kann (zur Erinnerung durch Alltagskultur siehe z. B. Bach 2017). Gerade in den letzten Jahren hat sich Memory Studies verstärkt für die Erinnerungspolitik von marginalisierten und nicht konventionell mächtigen Akteuren interessiert (Reading/Katriel 2015; Gutman 2017; Kovras 2017).

Ich plädiere dafür, gerade im Fall der bundesdeutschen Erinnerungspolitik, Staat und Zivilgesellschaft nicht dogmatisch zu trennen. Insbesondere seit den 1980er Jahren, im Zuge der Gedenkstätten- und Geschichtswerkstättenbewegungen – an denen auch Gewerkschaftsgruppen beteiligt waren –, gestalten »memory activists« nicht nur die Erinnerungslandschaft, sondern auch die Institutionen und das staatliche »policy making« maßgeblich mit (Wüstenberg 2017/2020). Statt Erinnerungspolitik als nur aus zwei Richtungen (von oben und unten) kommend zu betrachten, ist es sinnvoll, nach den Werten, Strategien und

Zielen verschiedener Akteur*innen zu fragen, und auch nach etwaigen Allianzen, nach kollektiven Identitäten und Konfliktlinien.

Es geht also darum, Erinnerungskulturen in ihrer breiten Pluralität und auch Ambivalenz zu ergründen (Naumann 2004). Gerade in der Gestaltung der Erinnerung an die soziale Demokratie sollten die Arbeiterbewegung und die Gewerkschaften nicht einseitig als Träger von »countermemory« begriffen werden, sondern auch manchmal als Teil oder Verteidiger staatlicher oder supranationaler Institutionen. Willy Buschak hat eindrücklich dargestellt, dass es vielfältige Möglichkeiten gäbe, die Rolle der Gewerkschaften als Mitgestalter der europäischen Integration in der eigenen Erinnerungskultur stärker zu verankern (Buschak in diesem Band).

Memory Studies hat sich entscheidend durch die Konfrontation mit der Gewalt des 20. Jahrhunderts, und besonders des Holocausts, entwickelt. Die theoretischen Fundamente des Forschungsgebiets sind deswegen eng mit dem Traumabegriff verbunden. Ein neuer Ansatz versucht jetzt, sich verstärkt freudigen, positiven Erinnerungen zuzuwenden. Dies erscheint mir sehr relevant, um die historischen Beiträge der Arbeiterbewegung und der Gewerkschaften herauszuarbeiten.

Traditionelle Feiertage wie etwa der »Arbeiterkampftag« (1. Mai) oder der Antikriegstag bieten hier offensichtlich Anknüpfungspunkte (Teichmann in diesem Band). Wie werden revolutionäre Ereignisse, aber auch graduelle Errungenschaften für die Verbesserung der Lebens- und Arbeitsbedingungen, alltägliche Erfahrungen von Solidarität oder gemeinsamer Freizeitgestaltung für die Öffentlichkeit oder innerhalb von Organisationen konkret dargestellt? Wie wird an die Praxis der Gewerkschaftsarbeit und an fundamental prägende Aktionen – vor allem an den Streik (Kellershohn und Birke in diesem Band) – erinnert? Wie werden traumatische und positive Erinnerungen miteinander in Verbindung gebracht? Was bedeutet heute Traditionspflege in der sozialen Demokratie? Die scheinbaren Gegensätze Erinnerungskultur und Erinnerungspolitik, kommunikatives und kulturelles Gedächtnis, Traditionspflege und Konflikt – dies sei abschließend noch einmal betont – sind in der Praxis eng miteinander verwoben.

Literatur und Quellen

Assmann, Aleida (2007): Europe: A Community of Memory? Twentieth Annual Lecture of the GHI. In: Bulletin of the German Historical Institute, S. 11–25.
Assmann, Aleida/Conrad, Sebastian (2010): Introduction. In: Assmann, Aleida/Conrad, Sebastian (Hrsg.): Memory in a Global Age. Discourses, Practices and Trajectories. Basingstoke: Palgrave Macmillan, S. 1–16.

Assmann, Aleida/Frevert, Ute (1999): Geschichtsvergessenheit – Geschichtsversessenheit. Vom Umgang mit deutschen Vergangenheiten nach 1945. Stuttgart: Deutsche Verlags-Anstalt.
Assmann, Jan (2006): Religion and Cultural Memory – Ten Studies. Trans. Rodney Livingstone. Stanford: Stanford University Press.
Assmann, Jan (2008): Communicative and Cultural Memory. In: Erll, Astrid/Nünning, Ansgar (Hrsg.): Cultural Memory Studies – An International and Interdisciplinary Handbook. Berlin: De Gruyter.
Bach, Jonathan (2017): What Remains: Everyday Encounters with the Socialist Past in Germany. New York: Columbia University Press.
Berger, Stefan/Seiffert, Joana (Hrsg.) (2014): Erinnerungsorte: Chancen, Grenzen und Perspektiven eines Erfolgskonzepts in den Kulturwissenschaften. Essen: Klartext.
Brubaker, Rogers (1996): Nationalism Reframed – Nationhood and the National Question in the New Europe. Cambridge: Cambridge University Press.
Bond, Lucy/Craps, Stef/Vermeulen, Pieter (Hrsg.) (2016): Memory Unbound: Tracing the Dynamics of Memory Studies. New York: Berghahn.
Booth, W. James (1999): Communities of Memory: On Identity, Memory, and Debt. In: American Political Science Review 93, S. 249–263.
Bull, Anna Cento/Hansen, Hans Lauge (2016): On Agonistic Memory. In: Memory Studies 9, S. 390–404.
Confino, Alon (1997). Collective Memory and Cultural History: Problems of Method. In: American Historical Review 102, S. 1386–1403.
de Cesari, Chiara/Rigney, Ann (Hrsg.) (2015): Transnational Memory: Circulation, Articulation, Scales. Berlin: De Gruyter.
den Boer, Pim/Duchhardt, Heinz/Kreis, Georg (Hrsg.) (2011): Europäische Erinnerungsorte. Vol. 1–3. Berlin: De Gruyter.
Dutceac Segesten, Anamaria/Wüstenberg, Jenny (2017): Memory Studies – the state of an emergent field. In: Memory Studies 10, S. 474–489.
Erll, Astrid (2008): Kollektives Gedächtnis und Erinnerungskulturen. In: Nünning, Ansgar/Nünning, Vera (Hrsg.): Einführung in die Kulturwissenschaften. Theoretische Grundlagen – Ansätze – Perspektiven. Stuttgart: Springer.
Erll, Astrid (2011): Travelling Memory. In: parallax 17, H. 4, S. 4–18.
Eyerman, Ron (2015): Social Movements and Memory. In: Tota, Anna Lisa/Hagen, Trever (Hrsg.): International Handbook of Memory Studies. London: Routledge, S. 79–83.
Feindt, Gregor/Krawatzek, Felix/Mehler, Daniela/Pestel, Friedemann/Trimçev, Rieke (2014): Entangled Memory. Toward a Third Wave in Memory Studies. In: History and Theory 53, S. 24–44.

François, Etienne (Hrsg.) (2003): Deutsche Erinnerungsorte. Vol. 1–3. München: C. H. Beck.
Frei, Norbert (1997): Vergangenheitspolitik – Die Anfänge der Bundesrepublik und die NS-Vergangenheit. München: C. H. Beck.
Gutman, Yifat (2017): Memory Activism: Reimagining the Past for the Future in Israel/Palestine. Nashville, TN: Vanderbilt University Press.
Hahn, Hans Henning/Traba, Robert (Hrsg.) (2013): Deutsch-Polnische Erinnerungsorte. Vol. 1–5. Paderborn: Schöningh.
Halbwachs, Maurice (1992): On Collective Memory. Trans. Lewis A. Coser. Chicago: University of Chicago Press.
Hirsch, Marianne (2008): The Generation of Postmemory. In: Poetics Today 29, H. 1, S. 103–128.
Hobsbawm, Eric (1983): Introduction: Inventing Traditions. In: Hobsbawm, Eric/Ranger, Terence (Hrsg.): The Invention of Tradition. Cambridge: Cambridge University Press.
Jäger, Wolfgang (2020): Soziale Bürgerrechte im Museum. Die Repräsentation sozialer Demokratie in neun kulturhistorischen Museen. Bielefeld: transcript.
Kovras, Iosif (2017): Grassroots Activism and the Evolution of Transitional Justice. Cambridge: Cambridge University Press.
Kubik, Jan/Bernhard, Michael (2014): A Theory of the Politics of Memory. In: Kubik, Jan/Bernhard, Michael (Hrsg.): Twenty Years After Communism. The Politics of Memory and Commemoration. Oxford: Oxford University Press.
Landkammer, Joachim/Noetzel, Thomas/Zimmerli, Walter (Hrsg.) (2006): Erinnerungsmanagement. Systemtransformation und Vergangenheitspolitik im internationalen Vergleich. München: Fink.
Leggewie, Claus/Meyer, Erik (2005): »Ein Ort, an den man gerne geht«. Das Holocaust-Mahnmal und die deutsche Geschichtspolitik nach 1989. München: Hanser.
Le Goff, Jacques (1992): History and Memory. New York: Columbia University Press.
Levy, Daniel/Sznaider, Natan (2001): Erinnerung im globalen Zeitalter: Der Holocaust. Frankfurt am Main: Suhrkamp.
Meyer, Erik (2008): Memory and Politics. In: Erll, Astrid/Nünning, Ansgar (Hrsg.): Cultural Memory Studies – An International and Interdisciplinary Handbook. Berlin: De Gruyter.
Misztal, Barbara A. (2005): Memory and Democracy. In: The American Behavioral Scientist 48, H. 10, S. 1320–1338.
Müller, Jan-Werner (2002): Introduction: the power of memory, the memory of power and the power over memory. In: Müller, Jan-Werner (Hrsg.): Memory

& Power in Post-War Europe – Studies in the Presence of the Past. Cambridge: Cambridge University Press.

Naumann, Klaus (2004): Institutionalisierte Ambivalenz. Deutsche Erinnerungspolitik und Gedenkkultur nach 1945. In: Mittelweg 36, H. 2, S. 64–75.

Nora, Pierre (1996): General Introduction: Between Memory and History. In: Nora, Pierre/Kritzman, Lawrence D. (Hrsg.): Realms of Memory. New York: Columbia University Press.

Olick, Jeffrey (1999): Collective Memory: The Two Cultures. In: Sociological Theory 17, H. 3, S. 333–348.

Reading, Anna/Katriel, Tamar (Hrsg.) (2015): Cultural Memories of Nonviolent Struggles. Powerful Times. Basingstoke: Palgrave Macmillan.

Reichel, Peter (1999): Politik mit der Erinnerung – Gedächtnisorte im Streit um die nationalsozialistische Vergangenheit. München: Hanser.

Ricoeur, Paul (2004): Memory, History, Forgetting. Chicago: University of Chicago Press.

Rothberg, Michael (2009): Multidirectional Memory: Remembering the Holocaust in the Age of Decolonisation. Stanford, CA: University Press.

Sierp, Aline/Wüstenberg, Jenny (2015). Linking the Local and the Transnational: Rethinking Memory Politics in Europe. In: Journal of Contemporary European Studies 23, H. 3, S. 321–329.

Wolfrum, Edgar (1999): Geschichtspolitik in der Bundesrepublik Deutschland: der Weg zur bundesrepublikanischen Erinnerung 1948–1990. Darmstadt: Wissenschaftliche Buchgesellschaft.

Wüstenberg, Jenny (2017): Civil Society and Memory in Post-War Germany. Cambridge: Cambridge University Press.

Wüstenberg, Jenny (2020): Zivilgesellschaft und Erinnerungspolitik in Deutschland seit 1945. Berlin: Lit Verlag.

Soziale Demokratie
Begriff, Elemente, Entwicklung und ihre Bedeutung
für die Erinnerungskultur in Zeiten tiefer gesellschaftlicher
Transformationsprozesse

Ulrich Heinemann, Manfred Wannöffel

> »Mann der Arbeit, aufgewacht, und erkenne deine Macht, alle Räder stehen still, wenn dein starker Arm es will«
>
> *SPD Baden-Württemberg o. J.*

Wer erinnert sich an das Gründungslied des Allgemeinen Deutschen Arbeitervereins aus dem Jahr 1863, aus dem später die Sozialdemokratische Partei Deutschland hervorgegangen ist? Was in den Fabrikhallen und den Kohlegruben vor Ort mit tausenden von Arbeiter*innen galt, hat für die fortschreitende Digitalisierung der Arbeitswelten keinesfalls an struktureller Bedeutung verloren. Werden allerdings die arbeitsbezogenen Kooperationsformen in den großen Organisationen von Wirtschaft und Verwaltung verschlankt, durch Standortverlagerungen und marktförmige Konkurrenzbeziehungen auf Plattformen ersetzt sowie schließlich durch digitale Techniken zunehmend in individuelle Homeoffices verlagert, werden soziale Interaktionen in der Erwerbsarbeit nicht mehr per se vorgegeben, sondern müssen durch neue Formen der Zusammenarbeit erschlossen werden. Denn alltägliche Kooperationserfahrungen in der Arbeitswelt schwinden und die Macht der Solidarität der Beschäftigten verliert dadurch ihre kohäsive Kraft.

Welche schwerwiegenden Folgen die Veränderungen der Produktionsweise und die Restrukturierungen von Erwerbsarbeit in den letzten 40 Jahren für das Modell der sozialen Demokratie zutage gefördert haben, ist Gegenstand aktueller kontroverser wissenschaftlicher Debatten (Schroeder 2020; Wannöffel 2019).

Absicht des vorliegenden Beitrags ist, den Begriff, ausgewählte Elemente und aktuelle Entwicklungslinien der sozialen Demokratie in Abgrenzung zu programmatisch verwandten Konzepten wie des demokratischen Sozialismus zu diskutieren. Gefragt wird nach der Bedeutung der sozialen Demokratie für die Revitalisierung von Erinnerungs- und demokratischer Kultur in Deutschland. Der Text beschäftigt sich mit dem Konzept der Erinnerungskultur im Sinne einer kritischen Besinnung auf die Ideen und Inhalte einer sozialen Demokratie im aktuellen Kontext einer tiefgreifenden Transformation des gesellschaftlichen Verhältnisses von Kapitalismus und Demokratie, das sich nach Ende des Zweiten Weltkrieges mehrheitlich in den westlichen Industrienationen herausgebildet hat (Streeck 2014; Aglietta 1976).

Die Entwicklung des Verhältnisses zwischen den Freiheitsinteressen des Kapitals und den sozialen Interessen der Erwerbstätigen ist eine Geschichte von strukturellen Konflikten in der Erwerbsarbeit, ihrer politischen Regulierung und schließlich der Institutionalisierung von sozialen Kompromissen durch gesetzliche Regelungen. Den Ausgangspunkt für das Zustandekommen sozialer Kompromisse in Arbeit und Wirtschaft bildet die Konfliktfähigkeit der Erwerbstätigen. Ihr politischer Einfluss auf die Bildung von Interessenorganisationen und den Prozess der Institutionalisierung von sozialen Kompromissen ist dann besonders ausgeprägt, wenn es ihnen gelingt, ihre primäre Marktmacht in der Erwerbsarbeit durch sekundäre Machtressourcen auf gesellschaftlicher Ebene nachhaltig zu verankern.

Die Primärmacht ist durch die Stellung der Erwerbstätigen im Wertschöpfungsprozess gekennzeichnet. Die Organisation verbindet die Erwerbstätigen durch den Ort, die Zeit und das Erfahrungswissen im alltäglichen Arbeitsprozess. Die Sekundärmacht der Erwerbstätigen wächst im sozialen Raum der Wertschöpfung auf der Basis geteilter Arbeits-, Konflikt- und Solidarerfahrungen. Die Organisation von Betriebsräten und Gewerkschaften stellen erkämpfte Resultate dieser alltäglichen Kooperationsformen dar. Diese Organisationen sind Sprachrohr der alltäglichen Kooperation und haben besonders in Großorganisationen weitgehend Solidarität unter den Erwerbstätigen organisiert. Die Macht der Solidarität ist dabei eine wesentliche Ressource, ohne die sich keine reziproken Verbindlichkeiten herausbilden können.

Um individuelle und kollektive Arbeitsrechte über die Gestaltung der Erwerbsarbeit hinaus institutionell in der Gesellschaft zu verankern, bedarf es jedoch politischer Organisationen, die diese Zielsetzungen in den Parlamenten der Länder und des Bundes unterstützen. Als Resultat von sozialen Konflikten und Aushandlungsprozessen bildet sich schließlich die institutionelle Macht der Erwerbstätigen heraus. Es handelt sich hierbei um in sozialen Konflikten erkämpfte Institutionen mit vergleichsweise zeitlicher Beständigkeit, wie sie etwa in der Koalitions- und Tarifvertragsfreiheit zum Ausdruck kommen. Die Betriebsverfassung, die Tarifautonomie sowie die Arbeits- und Sozialgesetzgebung kennzeichnen bedeutsame Resultate der relativen gesellschaftspolitischen Macht der Erwerbstätigen als Sozialbürger*innen. Das Konzept der sozialen Demokratie basiert somit ursächlich auf einem in der Arbeitswelt gewachsenen, spezifischen sozialen Milieu, das sich durch die enge Kooperation betrieblicher, gewerkschaftlicher Organisationen der Erwerbstätigen und politischer Parteien auszeichnet.

Konzept der sozialen Demokratie

Das Konzept der sozialen Demokratie bildete sich unter den historischen Rahmenbedingungen der ersten industriellen Revolution im Laufe des 19. Jahrhunderts heraus. Dampfmaschine und Elektrizität ermöglichten zunächst nur neue Formen der Arbeits- und Fabrikorganisation, doch die Gewerbefreiheit brachte einen Umbruch der gesellschaftlichen Arbeitsteilung hervor (Jürgens 2018, S. 440). Als Folge der Befreiung von den feudalistischen und ständischen Institutionen verfügte die Arbeiterschaft nun zwar über individuelle Freiheitsrechte, wurde jedoch gleichsam aus den sozialen Schutzmechanismen ständischer Bindungen befreit. Die elenden Arbeits- und Beschäftigungsbedingungen der nun »doppeltfreien Lohnarbeiter« (Marx) unter frühkapitalistischen Verhältnissen bildeten somit im 19. Jahrhundert den Ausgangspunkt für die kontroversen politischen und wissenschaftlichen Debatten, wie die erkämpfte, individuelle Freiheit mit sozialer Gerechtigkeit verknüpft werden konnte: mit entsprechenden Reformanstrengungen unter den Bedingungen kapitalistischer Produktionsverhältnisse als soziale Demokratie oder vielmehr durch deren revolutionäre Überwindung als Sozialismus?

Der Begriff der sozialen Demokratie entstand unter den Rahmenbedingungen der freiheitlichen Gewerbeordnung, die den ökonomischen Liberalismus Mitte des 19. Jahrhunderts institutionalisierte und politische Liberalisierungsbestrebungen mit dem Konzept der sozialen Gerechtigkeit zu verknüpfen versuchte (Meyer 2011). Vorläufergedanken der sozialen Demokratie zielten unter den Rahmenbedingungen des Liberalismus auf eine reformorientierte Gesellschaftspolitik ab mit der Zielperspektive einer sozialen Statusangleichung zwischen formal freien und gleichen Bürger*innen in einer Gesellschaftsordnung, die sich an den Prinzipien der Französischen Revolution orientierte: Freiheit – Gleichheit – Brüderlichkeit. Während frühsozialistische Theoretiker*innen und im weiteren Verlauf vor allem Marx überzeugt waren von der praktischen Unvereinbarkeit des revolutionären Versprechens von individueller Freiheit und Brüderlichkeit unter antagonistischen kapitalistischen Produktionsverhältnissen – »Was allein hier herrscht, ist Freiheit, Gleichheit, Eigentum und Bentham. Freiheit!« (Marx 1869/1975, S. 189) –, präsentiert Axel Honneth in seinem Buch *Die Idee des Sozialismus* (Honneth 2017, S. 23 ff.) zahlreiche Quellen, die ab Mitte des 19. Jahrhunderts intellektuelle Anstrengungen dokumentieren, den liberalen Freiheitsbegriff eines ausschließlich privaten Egoismus auf eine Weise zu erweitern, sodass er mit dem revolutionären Versprechen der Brüderlichkeit eines solidarischen Füreinandereinstehens vereinbar würde.

Eine erste Annäherung an den Begriff der sozialen Demokratie zeigt sich darin, dass die wirtschaftlichen Beziehungen der kapitalistischen Gesellschaftsordnung, die die individuelle Freiheit im Sinne Benthams begreifen, der strukturellen Einbettung in gesellschaftliche Institutionen bedürfen, die die private Interessenverfolgung in Richtung eines solidarischen Sich-Ergänzens regulieren. Wirtschaftliche Aktivitäten der Marktteilnehmer sollen in einen allgemeinen gesellschaftlichen bzw. politischen Willensbildungsprozess eingebettet sein. Eine liberale Demokratie wird erst dann sozial, wenn sich individuelle Freiheit und Solidarität in einem Prozess der gegenseitigen Akzeptanz und Angleichung in Richtung sozialer Gerechtigkeit befinden. Wird der Markt, der auch immer Weltmarkt ist, hingegen gesellschaftlich entbettet, entwickelt er sich für die arbeitende Mehrheit der Gesellschaftsmitglieder zu einer »Teufelsmühle« (Polanyi 1977).

Solidarität wird als die zentrale Bedingung begriffen, unter der die Individuen einer Gesellschaft erst über die sozialen Voraussetzungen verfügen, ihre unvollständigen Handlungspläne zu erreichen. Die Grundidee der sozialen Demokratie lautet, dass die Erlangung von individueller Freiheit aller Gesellschaftsmitglieder direkt an die Voraussetzung eines solidarischen Zusammenlebens gebunden ist. Die Menschen handeln in einer sozialen und demokratisch verfassten Gesellschaftsordnung somit nicht nur miteinander, sondern immer auch füreinander. Das Ziel ist das Ausüben einer solidarischen Selbstkontrolle.

Den Begriff der sozialen Demokratie charakterisiert schließlich das Streben nach einem hohen Maß an sozialer Freiheit für alle Gesellschaftsmitglieder unter den Bedingungen kapitalistischer Produktionsverhältnisse, ohne diese schließlich zu überwinden. Politische Bürgerrechte (freies und allgemeines Wahlrecht) und zivile Bürgerrechte (Geschlechtergerechtigkeit, Presse-, Meinungs- und Religionsfreiheit) werden als entscheidende Grundbedingungen zur Verwirklichung sozialer Freiheit verstanden. Denn die mehrheitlich erwerbstätige Bevölkerung kann von ihrer formalen Freiheit so lange real keinen Gebrauch machen, wie sie nicht in einer Gesellschaft lebt, die ihr die Voraussetzungen zur Realisierung ihrer individuellen Freiheitsziele bietet.

Auf die politische Kategorie der sozialen Freiheit verweist insbesondere der ehemalige Vorsitzende der IG Metall Otto Brenner in einer Rede aus dem Jahr 1961:

»Der Gedanke der Mitbestimmung bedeutet im Grunde nichts anderes als eine Ausprägung der gewerkschaftlichen Idee der Freiheit. Freiheit ist nicht nur ein politischer Begriff, sondern vor allem auch eine soziale Kategorie. Wir wissen, dass die Freiheit des Menschen außerhalb seines Arbeitslebens nicht vollständig und gesichert ist, solange der Mensch in seinem Arbeitsleben der Herrschaft anderer unterworfen bleibt. Die Demokratisierung des öffentlichen Lebens, das freie Wahl-, Versammlungs-, Rede- und Presserecht bedarf der Ergänzung durch die Demokratisierung der Wirtschaft, durch Mitbestimmung der arbeitenden Menschen über die Verwendung ihrer Arbeitskraft und der von ihnen geschaffenen Werte. Die Forderung nach Mitbestimmung der arbeitenden Menschen ist historisch entstanden in einer Wirtschaftsordnung, die auf dem privaten Besitz an Produktionsmitteln beruht, auf der Trennung des Arbeiters von den Produktionsmitteln und vom Produkt seiner Arbeit und auf der damit gegebenen Bevorzugung der Produktionsmittelbesitzer. Mit anderen Worten: Wir haben es mit einer Wirtschaftsordnung zu tun, in der es keine Freiheit im sozialen Bereich und keine Demokratie im Wirtschaftsleben gibt. Der Gedanke der Mitbestimmung bedeutet nichts anderes als einen Versuch, Freiheit und Demokratie auch im Bereich der Wirtschaft, auch für die Arbeitnehmer zu verwirklichen« (Brenner 1961, S. 58).

Nach Brenner bedeutet die Kategorie der sozialen Freiheit, dass die sozialen Interessen der erwerbstätigen Bevölkerung an einem hohen Maß individueller Freiheit nur in einem entsprechend verfassten gesellschaftlichen Kollektiv realisiert werden können. Schließlich entwickelt die liberale politische Demokratie nur dann eine nachhaltige gesellschaftliche Integrationskraft, wenn die Formalgeltung von Freiheit und Gleichheit dauerhaft ergänzt wird durch die reale Schutzwirkung gesellschaftlicher Institutionen gegenüber den Risiken einer kapitalistischen Wirtschaftsordnung. Auf diesen Zusammenhang zwischen Formalgeltung von Freiheit und Gleichheit in einer liberalen Demokratie und Realwirkung gesellschaftlicher Solidarität in einer sozialen Demokratie verweist auch Thomas Meyer:

»Demokratie hat auf die Dauer keinen unangefochtenen Bestand, wenn sie sich in einem formalen politischen Institutionen-System erschöpft, während gesellschaftliche und wirtschaftliche Macht sich der Mitverantwortung der von ihr Betroffenen entzieht und die Voraussetzungen ihrer Bürger zur erfolgversprechenden Mitwirkung an den politischen Entscheidungen hochgradig ungleich verteilt sind. Die generative Idee der Sozialen Demokratie ist die systematisch gestellte Frage nach dem Verhältnis der Formalgeltung der im demokratischen Legitimationsanspruch enthaltenen und in den Pakten der Vereinten Nationen von 1966 völkerrechtlich verbrieften universellen Grundrechte zu den sozialen Bedingungen ihrer Realwirkung für alle Personen« (Meyer 2011, S. 13).

Das Konzept der sozialen Freiheit lässt sich somit nicht auf die Idee des Sozialismus beschränken, wie es Axel Honneth in erster Linie unternimmt (Honneth

2017). Denn die Erlangung eines hohen Maßes an sozialer Freiheit für alle Gesellschaftsmitglieder unter den Rahmenbedingungen kapitalistischer Produktionsverhältnisse ist ebenso ein wesentliches Element von Reformbestrebungen der sozialen Demokratie. Soziale Freiheit als Kernelement der sozialen Demokratie wird zuallererst durch die Regulierung der Erwerbsarbeit erreicht, von der ausgehend die Reproduktion der gesamten Gesellschaft organisiert wird (Aglietta 1976).

Soziale Bürgerrechte als Elemente der sozialen Demokratie

Soziale Demokratie basiert auf der Integration von politischen und zivilen Bürgerrechten in Arbeit und Wirtschaft. In Anlehnung an Thomas H. Marshalls Konzept der sozialen Bürgerrechte (Marshall 1950) stellen politische und zivile Rechte (formale Freiheit und Gleichheit) zunächst die Voraussetzungen dar, um die persönliche Freiheit und die rechtliche Gleichstellung in einer liberalen Demokratie zu sichern. Diese politischen Teilhaberechte garantieren den Bürger*innen die verschiedenen Formen der politischen Teilhabe und Machtausübung in der liberalen Demokratie. Sie bieten gleichsam die Grundvoraussetzungen für die Durchsetzung sozialer Bürgerrechte. Denn die formale Gleichberechtigung reicht nicht aus, weil ein großer Teil der arbeitenden Bevölkerung physisch wie psychisch außerstande ist, seine politischen und zivilen Rechte angemessen zu nutzen. Die Sorge um den Arbeitsplatz und die Furcht vor Krankheit, Alter oder Invalidität hält viele davon ab, sich mit den allgemeinen gesellschaftlichen Angelegenheiten zu beschäftigen, obwohl diese zugleich auch ihre eigenen sind. Durch die Bedingungen der Erwerbsarbeit fehlt ihnen die Zeit für eine angemessene Weiterbildung, die erforderlich ist, um die eigenen politischen Interessen zu verfolgen. Erst durch die Integration politischer und ziviler Beteiligungsrechte, Mitbestimmung und Partizipation in Wirtschaft und Arbeit bilden sich soziale Bürgerrechte heraus.

Müller-Jentsch charakterisiert die Kategorie der sozialen Bürgerrechte als die Verwirklichung des Bürgerstatus für die Mitarbeiter*innen in Betrieben und Unternehmen. Demokratie darf nicht an den Fabriktoren haltmachen (Müller-Jentsch 2007/2017). Die am engsten mit der Durchsetzung des Sozialbürgerstatus verbundenen Institutionen sind die industriellen Beziehungen, die die Arbeits-, Beschäftigungs- und Partizipationsbedingungen politisch regulieren.

Nach Meyer ist die Unterfütterung der politischen und zivilen Grundrechte mit sozialen Bürgerrechten die entscheidende Grundbedingung der Realisierung ihrer wirklichen, universellen Geltung für alle Bürger*innen in einer sozialen Demokratie. Der Übergang von einer liberalen zu einer sozialen Demokratie stellt keineswegs einen gesellschaftlichen Evolutionsprozess dar. Soziale Bürgerrechte konnten unter den Rahmenbedingungen einer kapitalistischen Wirtschaftsordnung immer erst nach tiefen sozialen Konflikten errungen werden, insbesondere durch revolutionäre Bewegungen zum Ende des Ersten Weltkrieges, und sind bis heute Auslöser sozialer Konflikte. Die Realwirkung der sozialen Bürgerrechte in Arbeit und Wirtschaft zur Geltung zu bringen, steht schließlich im Zentrum einer reformorientierten Politik der sozialen Statusangleichung (Meyer 2011).

Sowohl die Sozialversicherungen als auch das Steuersystem finanzieren sich bislang zu einem überwiegenden Teil über Erwerbsbeteiligung und basieren auf Beiträgen und Steuerbeiträgen der mehrheitlich erwerbstätigen Bevölkerung. Insbesondere in den stabilen Nachkriegsjahrzehnten konnte ein gesellschaftspolitisch reguliertes Beschäftigungsverhältnis gesellschaftliche Normalität erlangen, weil es auf individueller Ebene die vorherrschende Form der Erwerbsarbeit darstellte und bis heute für eine (allerdings stetig abnehmende) Mehrheit der arbeitenden Bevölkerung weiterhin Gültigkeit hat. Vor allem auf gesamtgesellschaftlicher Ebene hat das regulierte Beschäftigungsverhältnis für die soziale Demokratie eine wichtige Ordnungsfunktion. Die seit den letzten vier Dekaden zu beobachtenden gesellschaftlichen Spaltungstendenzen, die sich mittlerweile auch politisch mit dem Aufkommen neuer rechter Parteien wie der AfD manifestieren, untermauern die These, dass die gesellschaftliche Integration vornehmlich über das Konzept einer sozialpolitisch eingebetteten Erwerbsarbeit erfolgt (Jürgens 2018).

Entwicklungstrends der sozialen Demokratie

Nach Ende des Nachkriegszyklus, infolge der Nachwirkungen der Weltwirtschaftskrise Mitte der 1970er Jahre und der zunehmenden Verschuldung der öffentlichen Haushalte, vollzog sich nach Streeck (2014) eine politische Wende, die – neoklassischen Annahmen folgend – auf die »Erneuerung des Sozialstaates« abzielte. Diese beinhaltete eine Neuinterpretation der sozialen Frage und gipfelte in einem strategischen Transformationsprozess. Marktrisiken, die der kapitalistischen Erwerbsarbeit konstitutiv sind, wurden zunehmend auf die Erwerbstätigen übertragen und die gesellschaftlichen Schutzmechanismen wurden reduziert. Nachtwey (2009) bezeichnet diese Wende als »Marktsozialdemokratie«.

In diesem Kontext erfolgten Deregulierungsmaßnahmen diverser Bundesregierungen. Insbesondere mit den »Hartz-Gesetzen« kam es während der zweiten rot-grünen Legislaturperiode unter Bundeskanzler Gerhard Schröder zu einer drastischen Hinwendung zur Deregulierungspolitik. Besondere in dieser Phase hat die regierende SPD zusammen mit den Grünen die Forderung nach sozialer Gerechtigkeit der Verwirklichung eher ziviler Bürgerrechte untergeordnet. Die Hartz-Gesetzgebung zwischen 2003 und 2005 ist maßgeblich für die abnehmende Integrationskraft der Erwerbsarbeit und die Prekarisierung von Erwerbsarbeit – Leiharbeit, Werkvertragsnehmer*innen, Solo-Selbstständige – verantwortlich (Schroeder 2020).

Die nachlassende Realentwicklung der sozialen Demokratie ab den 2000er Jahren war dann auch die Ursache für die Erosion der Sozialdemokratischen Partei Deutschlands, die sich bis heute auch an den Wahlergebnissen der SPD bei Bundestagswahlen manifestiert, und die spätere Gründung der Partei »Die Linke« sowie für die zwischenzeitliche Entfremdung großer DGB-Gewerkschaften von der SPD. Insbesondere Streeck konstatiert, dass durch den Prozess der nationalen Verschuldungskrisen und damit einhergehend des zunehmenden Einflusses internationaler Finanzorganisationen auf nationale Politiken sich Kapitalismus und Demokratie in den letzten Dekaden auseinanderentwickelt haben. Die kapitalistische Wirtschaftsordnung büßte ihre national definierte Legitimationsbasis ein, die sich in der Nachkriegszeit in autonomen Aushandlungsprozessen zwischen den legitimierten Interessenorganisationen der Arbeitnehmer*innen und der Arbeitgeber*innen etabliert hatte. Streecks These lautet, dass es in den westlichen Industrieländern seit den 1980er Jahren zu einer Entdemokratisierung des Kapitalismus mittels einer Ökonomisierung der Demokratie kam.

Als besonders kritisch erweise sich das Verhältnis zwischen kapitalistischer Wirtschaftsordnung und Demokratie im Rahmen der Etablierung des gemeinschaftlichen Marktes der Europäischen Union ab 1992. Als supranationale Agentur umgehe die EU-Kommission diejenigen gesellschaftlichen Institutionen, die sich der forcierten wirtschaftlichen Liberalisierung hätten entgegenstellen können. Dies seien vor allem Gewerkschaften, denen für die Institutionalisierung einer europäischen Tarifpolitik handlungsmächtige korporative Akteure wie Arbeitgeberorganisationen fehlten und weiterhin fehlen. Da zudem die Sozialpolitik weiterhin Aufgabe der Nationalstaaten sei, könnten die Europäische Kommission und der Europäische Gerichtshof das Programm einer liberalen Marktgesellschaft weitgehend ungehindert durchsetzen. Somit entwickelte sich im Rahmen der Europäischen Union ein ökonomisches Regime auf der Grundlage der Prinzipien einer liberalen Demokratie (Freiheit und Gleichheit) ohne demokratische Grundlage.

Die Markterweiterung ohne die ausreichende Entwicklung von regulierenden Institutionen habe die Beziehung zwischen Kapitalismus und sozialer Demokratie nachhaltig gesprengt, während im gleichen Zeitraum auf dem Weltmarkt Nationen Ostasiens erstarkten, die eindeutig einem Modell eines autoritären Kapitalismus folgen:

»›Wenn China‹, erklärt das Parlamentsmitglied Stapelton seinen Wählern, ›wenn China ein großes Industrieland wird, so sehe ich nicht ein, wie die europäische Arbeiterbevölkerung den Kampf aushalten könnte, ohne auf das Niveau seiner Konkurrenten herabzusteigen‹« (Delane 1873).

Damit wiederholt sich eine Beobachtung, die Marx bereits im *Kapital* gemacht hatte: »Nicht mehr kontinentale, nein chinesische Löhne, das ist jetzt das ersehnte Ziel des englischen Kapitals« (Marx 1869/1975, S. 627 f.).

Das Konzept des demokratischen Sozialismus

»Sozialismus wird nur durch die Demokratie verwirklicht, die Demokratie durch den Sozialismus erfüllt« (SPD 1959/2004). Dieses Zitat aus dem Godesberger Programm der SPD aus dem Jahr 1959 verdeutlicht, dass eine Abgrenzung zwischen Konzepten der sozialen Demokratie und des demokratischen Sozialismus kein einfaches Unterfangen darstellt, denn beide Konzepte stammen aus der gemeinsamen, programmatischen Tradition der sozialistischen Arbeiterbewegung Mitte des 19. Jahrhunderts. Die unterschiedlichen Interpretationen der Konzepte sind in erster Linie dem Spannungsverhältnis zwischen gemeinsamer Programmatik und unterschiedlicher politischer Praxis reformistischer und revolutionärer Fraktionen der Arbeiterbewegung geschuldet.

Wilhelm Liebknecht bezeichnete Mitte des 19. Jahrhunderts die politische Demokratie und den Sozialismus als einander ergänzende Elemente einer künftigen Gesellschaft mit sozialer Gerechtigkeit (Schieder 1984, S. 979). Die formale bzw. liberale Demokratie sollte demnach mit sozialen Institutionen ausgestattet werden, um die Folgen von wirtschaftlicher Ungleichheit abzumildern, sodass die nunmehr doppelt freien Lohnarbeiter*innen sowohl über ein gesichertes Auskommen als auch über reale Chancen der Bildung und Ausbildung verfügen, und eben nicht nur über formale. Einige Jahrzehnte später grenzte Rosa Luxemburg eine im revolutionären Prozess durchzusetzende Partizipation der erwerbstätigen Massen an politischen Entscheidungen dezidiert ab gegenüber der sich in der Sowjetunion herausbildenden Diktatur der kommunistischen Parteielite. Luxemburgs politische Zielvorstellung war die einer roten Demokratie, die auf die Spontaneität der Massen als gewissermaßen »sozialistischer Schwarmintelligenz« avant la lettre gründete. Damit unterschied sich Luxemburgs Vorstellung sowohl vom sozialdemokratischen Modell eines gesellschaftlich eingebetteten Kapitalismus als auch vom bürokratischen Staatssozialismus (Luxemburg 1918/1974).

Festere Umrisse eines Konzeptes des demokratischen Sozialismus bildeten sich in den Umbruchjahren des Ersten Weltkrieges und der Revolution 1918/1919 heraus. Mit der praktischen Abwendung vom Internationalismus der Arbeiterbewegung (Zustimmung zu den Kriegskrediten, Burgfrieden zu Beginn des Ersten Weltkrieges im August 1914) dominierten politisch die Mehrheits-Sozialdemokrat*innen, die dann im revolutionären Umbruch wiederum aus Furcht vor einer Revolution sowjetischen Vorbildes in Deutschland schließlich mit den traditionellen Machteliten des Militärs zusammenarbeiteten. Die Ermordung von Karl Liebknecht und Rosa Luxemburg am 15. Januar 1919 durch rechtsextremistische Mitglieder des Militärs und die Hinwendung der am 1. Januar 1919 gegründeten KPD zur KPdSU und zur Komintern in Moskau vollzog dann die praktische Spaltung der politischen Arbeiterbewegung in Deutschland.

Insbesondere die Auseinandersetzungen zwischen den verschiedenen Fraktionen der Arbeiterbewegung hatten dramatische gesellschaftliche und politische Folgen für die Entwicklung der Weimarer Republik, etwa die praktische Unfähigkeit der Arbeiterbewegung, dem Aufstieg der Nationalsozialisten Einhalt zu gebieten. Der kommunistische Flügel der Arbeiterbewegung verlor sich in der teleologischen Annahme, dass die Überwindung der kapitalistischen Gesellschaftsverhältnisse mit einer gewissen Zwangsläufigkeit durch die Verelendung der arbeitenden Massen per se stattfinden würde. Der reformistische Flügel der Arbeiterbewegung hingegen versuchte unter den gegebenen gesellschaftlichen Verhältnissen graduelle sozialpolitische Reformen zu verwirklichen, um gerade dieser Verelendung der Erwerbstätigen zum Ende der Weimarer Republik entgegenzuwirken. Ein Beispiel für diese reformorientierte Politik ist die Ausweitung des Sozialversicherungssystems durch Einführung der Arbeitslosenversicherung im Juli 1927, die durch das Kabinett Wilhelm Marx (Zentrum) mit großer parlamentarischer Mehrheit angenommen wurde. Die institutionelle Absicherung gegenüber den Risiken abhängiger Erwerbsarbeit, wirtschaftlichen Krisen und Arbeitslosigkeit basierte auf der Überzeugung, dass eine solidarische Gemeinschaft die Grundbedingung für ein Mindestmaß an sozialer Freiheit für die Erwerbstätigen ist.

Für die Vertreter*innen des demokratischen Sozialismus reichten die Sicherung des Lebensstandards und die Herstellung von Chancengleichheit jedoch nicht aus, um die politische Demokratie mit sozialer Gerechtigkeit zu füllen

(Fetscher 1972). Aber auch die Mehrheit der Sozialdemokrat*innen in der Weimarer Republik stellte zumindest programmatisch den Sozialismus über die soziale Demokratie: Die damals verbreitete Parole »Die Demokratie, das ist nicht viel, der Sozialismus ist das Ziel« drückt diese Rangstellung exemplarisch aus.

Die Demokratisierung des politischen Lebens sollte durch die Demokratisierung der Wirtschaft ergänzt werden, um schrittweise die Verfügungs- und Gestaltungsmacht des Kapitals zu begrenzen. Neben Mitbestimmungsforderungen der Erwerbstätigen in Betrieben durch Betriebsräte und in Unternehmen durch gewerkschaftliche Aufsichtsräte wurde in den 1920er Jahren das Konzept der Wirtschaftsdemokratie entwickelt. Im Mittelpunkt stehen die Demokratisierung der staatlichen Wirtschaftspolitik, die Verstaatlichung von Schlüsselindustrien, die Förderung öffentlicher Unternehmen, die Ausweitung der Sozialversicherungssysteme sowie die Demokratisierung der Bildungspolitik. Nach Fritz Naphtali sind Sozialismus und Wirtschaftsdemokratie als gesellschaftspolitische Zielsetzung untrennbar miteinander verknüpft (Naphtali 1928/1977, S. 25).

Auch intellektuelle Vertreter*innen der heutigen Sozialdemokratie gehen nach der Wirtschafts- und Finanzkrise der Jahre 2008/2009 und der Corona-Krise im Jahr 2020 davon aus, dass die gegenwärtigen politischen Demokratien ohne die Verwirklichung einer Wirtschaftsdemokratie im Kontext eines entfesselten Finanzmarktkapitalismus und von global operierenden, gesellschaftlich entbetteten Plattformunternehmen langfristig keine nachhaltige Zukunft haben (Negt 2011).

Somit kann eine kritische Auseinandersetzung mit dem Konzept der Wirtschaftsdemokratie und die Erinnerung an die kontroversen Debatten im Allgemeinen Deutschen Gewerkschaftsbund (ADGB) sowohl in der Phase der Weimarer Republik als auch im DGB über die teils praktische Umsetzung in der Gründungsphase der Bundesrepublik (Montanmitbestimmung) für eine differenzierte Diskussion über die oftmals überlappenden Begriffe der sozialen Demokratie und des demokratischen Sozialismus im Kontext der nachhaltigen Auswirkungen der Corona-Pandemie auf Arbeit und Wirtschaft nützlich sein (Borsdorf 1986).

Erinnerungskultur und soziale Demokratie

Die Erinnerungskultur, in deren Zentrum der Holocaust und die kritische Auseinandersetzung mit dem Nationalsozialismus standen und stehen (Institut für Kulturpolitik der Kulturpolitischen Gesellschaft 2009), droht schon seit Längerem zu einem staatstragenden Ritual zu versteinern (Heinemann 2009). Der zivilreligiös aufgeladene Menschenrechtstopos, getragen nicht zuletzt von vielen jüngeren Menschen, steht seit einigen Jahren unter dem Verdikt einer kulturellen Hegemonie linken Denkens sowie »repressiv-toleranter« Political Correctness. Rechtspopulistisches, teils rechtsintellektuell unterfüttertes Gedankengut gewinnt dagegen auch in Deutschland in breiteren Bevölkerungskreisen an Boden. Das belegen die Wahlerfolge der AfD, aber auch der aktuelle Rechtsschwenk in Teilen der Union sowie der FDP, nicht zuletzt bei deren jüngeren Mitgliedern.

Blicken wir über die Bundesrepublik hinaus, bringt die Übernahme der Regierungsverantwortung durch rechtsautoritäre Kräfte und Bewegungen in Ost- und Südosteuropa, in Brasilien, Ostasien und den USA das westlich-freiheitliche Demokratiemodell noch einmal zusätzlich in die Defensive. Der globale Prozess fortschreitender Individualisierung als ein zentrales Merkmal unseres Gemeinwesens, das der Soziologe Andreas Reckwitz »Gesellschaft der Singularitäten« genannt hat (Reckwitz 2017), stützt diese demokratieskeptische bis -feindliche Entwicklung.

Die Folge ist nicht nur ein Legitimitätsverlust des Politischen, sondern auch des Allgemeinen, des Sozialen und Solidarischen und eine bislang unbekannte Aufwertung individueller, durchaus egoistischer Interessen. In dieselbe Richtung deutet der erneute Strukturwandel der Öffentlichkeit, der im Zeichen weltweiter Digitalisierung zu einer endemischen Ausbreitung von isolierenden Echokammern, wahrheitsverzerrenden Fake-News und ebenso abstrusen wie wirkmächtigen Verschwörungserzählungen geführt hat. Ein Ende dieser Entwicklung ist unter den aktuellen Corona-Bedingungen nicht abzusehen.

Die Verfechter*innen der freiheitlichen Demokratie, einer (selbst-)kritischen Vergangenheitsbewältigung und einer friedlichen, toleranten und respektvollen Kultur der Vielfalt, die in Deutschland noch immer die Mehrheit bilden, stemmen sich gegen die beschriebenen rechtspopulistischen Entwicklungen, gegen historisches Schlussstrich-Denken und sowohl nationalistische als auch identitär-ausgrenzende Tendenzen. Ihr an sich richtiger Bezug auf die Wertordnung des Grundgesetzes und ihr Appell an den Verfassungspatriotismus kommen allerdings zu abstrakt und emotionslos daher, um auf Dauer ein überzeugendes narratives Gegengewicht gegen einen immer stärker rechtsgewendeten Zeitgeist bilden zu können. Das umso weniger, als es dieser Zeitgeist versteht, aus der oben dargelegten, weiter zunehmenden ökonomischen, sozialen und soziokulturellen Spaltung der deutschen Gesellschaft (und auch aus den emotionalen Verletzungen und realen Abwertungen durch den deutschen Einigungsprozess) kräftig Kapital zu schlagen. Jedenfalls bleiben die verbalen Attacken der AfD gegen die »Systemparteien«, den vorgeblichen Ausverkauf nationaler Interessen, die angebliche deutsche »Schuldbesessenheit« und natürlich die vermeintliche »Überfremdung« des Landes nicht ohne öffentliche und politische Wirkung.

Soziale Demokratie

Gegenüber den oben erwähnten entweder allzu abstrakten oder in Ritualisierung erstarrten »Gegenerzählungen« könnten die o. g. Ziele und Werte der sozialen Demokratie ein geeignetes narratives Substrat bilden, um der freiheitlichen Demokratie, die nach einem berühmten Diktum von Ernst-Wolfgang Böckenförde von Voraussetzungen lebt, die sie nicht selbst schaffen kann, zu neuer Plausibilität und Plastizität zu verhelfen. Denn ihrem Begriff nach zielt die soziale Demokratie eben nicht auf Ausgrenzung und Abwehr, sondern auf politische, zivile und vor allem soziale Inklusion.

Diese dreifache Inklusion zählt nach den Standardergebnissen der vergleichenden empirischen Demokratieforschung zu den zentralen Faktoren, die die Funktionsfähigkeit und Stabilität von Demokratien in signifikanter Weise wahrscheinlicher machen. Diese Ergänzung der bürgerlichen und politischen um schließlich soziale Bürgerrechte und die Gedanken der gesellschaftlichen Inklusion, der wertschätzenden Anerkennung und der Solidarität, deren Elemente konstitutiv zur sozialen Demokratie gehören, sind heute – da nach Oliver Nachtwey selbst die gesellschaftliche Mitte immer abstiegsgefährdeter lebt (Nachtwey 2016) – wichtiger denn je.

Wie aber gelingt es, den Begriff der sozialen Demokratie, der in seiner traditionellen Form in der digitalen Arbeitswelt verblasst ist, wieder zu rekonstruieren und mit kräftigen, lebendigen Farben zu versehen? Wie gewinnt soziale Demokratie, diese humane Vision der reformistischen Arbeiterbewegung, die den Industriekapitalismus etwa in Skandinavien, aber auch in Deutschland nach den Zerstörungen des Zweiten Weltkrieges vergleichsweise erfolgreich gesellschaftlich einzubetten vermochte, neuen Schwung? Wie kann die soziale Demokratie, der es in Deutschland gelang, den Kapitalismus des 20. Jahrhunderts in der Nachkriegszeit im sogenannten Rheinischen Kapitalismus qua erfolgreicher Sozial- und Tarifpolitik sowie gewerkschaftlicher Gegenmacht erfolgreich einzuhegen, künftig wieder zur orientierenden Kraft der menschenwürdigen Eindämmung und der sozialen Transformation des digitalen Kapitalismus werden?

Ein unbestreitbarer Vorteil des Konzeptes der sozialen Demokratie liegt in den oben beschriebenen, sehr anschaulichen Möglichkeiten ihrer konkreten, für alle verständlichen Auffächerung und Ausdifferenzierung, wie es auch im vorliegenden Projekt versucht wird. Um die Erinnerung zu stimulieren, muss man historisch gar nicht allzu weit zurückgehen: Der Blick auf das, was in unserer Arbeits- und sozialen Welt verloren gegangen ist, kann seinen Haltepunkt in der »arbeitsbezogenen Sozialbürgerschaft« (Raphael 2019) finden, wie sie sich nicht zuletzt in Deutschland im Laufe der 1960er und 1970er Jahre – und damit vor dem Prozess der Deindustrialisierung – herauskristallisiert hat.

Die Hauptmerkmale dieser Sozialbürgerschaft reichten von der kollektiven tarifrechtlichen Absicherung bei Lohn, Arbeitszeit und Weiterbildung über betriebliche und unternehmerische Mitbestimmung (im Aufsichtsrat) über gesicherten Arbeitsschutz, bezahlte Rehabilitation bis zu den arbeitsbasierten Ansprüchen auf Sozialversicherungsleistungen wie Arbeitslosengeld (das seinen Namen verdiente) und – noch nicht gekürzten – Altersrenten. Die vor allem auch im gewerkschaftlichen Kampf erstrittene, politisch durchgesetzte und gesellschaftlich akzeptierte Sozialbürgerschaft hat erst aus der vormals unsicheren Lohnarbeit eine sichere und allseits respektierte Berufs- und Lebensperspektive gemacht und dazu eine gute Grundlage für die politische Teilhabe am Gemeinwesen (Raphael 2019, S. 243). Sie blieb freilich ein role model für männliche (im Übrigen auch migrantische) Industriearbeiter, und diese Beschränkung muss in der erinnerungskulturellen Vergegenwärtigung selbstverständlich kritisch reflektiert werden. Die sich dabei ergebenden Aktualisierungen betreffen in diesem Zusammenhang beispielsweise die Gleichstellung der Geschlechter überall, aber gerade in Lohn- und Gehaltsfragen, und last not least gehört der konsequente Abbau von Bildungsbenachteiligungen aller Art und besonders aufgrund der sozialen und ethnischen Herkunft dazu.

Doch es geht nicht nur um eine zeitgemäße Rekonstruktion des Begriffs und der prägenden Elemente, die das Bild der sozialen Demokratie und der Sozialbürgerschaft ausgemacht haben. Darüber hinaus bedarf es einer sinnvollen Erweiterung, wie das vorliegende Projekt sie ebenfalls im Auge hat. So kann der Fokus nicht mehr überwiegend auf die männerorientierten Industriearbeitsplätze gerichtet sein. Wie es ihrer mittlerweile erreichten Bedeutung angemessen ist, sind auch die Tätigkeiten im tarifschwachen Dienstleistungs- und Handels- sowie Logistikgewerbe ebenso wie in der Fleischindustrie (und hier nicht zuletzt Frauen und Arbeitsmigranten aus Süd- und Südosteuropa) mit ihren meist schlechter bezahlten Arbeitsplätzen stärker zu berücksichtigen. Dem Bild der sozialen Demokratie sind Elemente wie die Allgemeinen Menschenrechte und die natürlichen Umweltrechte hinzuzufügen.

Darüber hinaus ist in dieses Bild für die Einwanderungsgesellschaft Bundesrepublik die große Aufgabe der kulturellen Integration einzuschreiben – nicht als einseitiger Integrationszwang für Menschen mit Zuwanderungsgeschichte in eine (pseudo-)homogene deutsche »Leitkultur«, sondern als das Versprechen einer diversitätssensiblen Inklusion, die für Einwander*innen genauso gilt wie für Einheimische und gleichermaßen für verschiedene Milieus und soziale Klassen.

Den einbettenden Rahmen für dieses Bild könnte eine neue »Kultur der Reziprozität bilden, in der sich die Individuen weit mehr als gegenwärtig für andere und für die Gesellschaft verpflichten« (Reckwitz 2017, S. 301), und in der der

Staat – im Gegensatz zur lange herrschenden neoliberalen Ideologie – neue und verbindliche Verantwortung für alle öffentlichen Infrastrukturen übernimmt, die aus leidvoller Erfahrung – letztlich während der Corona-Krise – nicht den Gesetzen des Marktes überlassen werden können.

So wichtig alle diese Elemente sind, um die traditionellen Ziele und Inhalte der sozialen Demokratie zeitgemäß zu erneuern, so wichtig ist zunächst einmal eine kritische Reflexion: zum einen über die gängige Erinnerungskultur, die sich mit ihrem legitimen Fokus auf den Nationalsozialismus und seine Verbrechen mittlerweile, wie Volkhard Knigge schon vor einiger Zeit bemerkte, in »vordergründiger Symbolpolitik« erschöpft (Knigge 2010); zum anderen über den bisherigen Umgang mit der Geschichte und den Idealen der sozialen Demokratie selbst.

Rekonstruktion, Erweiterung, (selbst-)kritische Besinnung sind in diesem Zusammenhang notwendige Bedingungen, um die Ideen und Inhalte der sozialen Demokratie und der Sozialbürgerschaft in breiteren Bevölkerungskreisen wieder populärer zu machen. Die eigentlich hinreichende Gelingensbedingung ist aber natürlich ihre Realisierung durch praktische Politik sowohl der Regierungen als auch der Tarifpartner. Daneben müssen Ziele, Werte und Inhalte der sozialen Demokratie und der durch sie realisierten Sozialbürgerschaft auch in neue, zeitgemäße Erzählformen gekleidet werden. Dabei sollte besonders den vornehmlich digitalen Sichtweisen und Sehformen eines jüngeren Publikums Beachtung geschenkt werden. Denn nicht zuletzt bei digital affinen jungen Menschen, die etwa in Start-ups oder Fintech-Firmen arbeiten, verlieren sich Betriebsräte und Gewerkschaften bislang in Bedeutungslosigkeit. Dazu kommt, dass in der Logistik und der Nahrungs- und hier besonders in der Fleischindustrie Ansätze betriebsrätlicher und gewerkschaftlicher Arbeit rüde unterbunden werden.

Die Krise, in die Covid-19 die Gesellschaft und Wirtschaft weltweit gestürzt hat, könnte hier durchaus eine große Chance sein, zweierlei zu bewirken: Zum einen gewinnen durch sie die sozial- und arbeitspolitischen Anliegen, die sich im Bild der sozialen Demokratie fokussieren, eine ganz neue Aktualität und Plausibilität auch in den o.g. Branchen. Zum anderen erweisen sich gesundheits- und sozialpolitisch verantwortlich handelnde demokratische Regierungen in der weltumspannenden, singulären Krisensituation als vergleichsweise erfolgreicher als postdemokratische, autoritäre und libertäre Regimes – ein Umstand, der der Demokratie als Staats- und Lebensform wie auch ihrer stärker sozial- und interventionsstaatlichen Ausprägung neue Reputation und Legitimation verleihen könnte.

Auf das Ganze gesehen, kann die Erzählung von der sozialen Demokratie und der Sozialbürgerschaft in und nach den Zeiten der Pandemie in dreifacher Weise wirken: erstens als erweiternde Belebung des steril gewordenen erinnerungskulturellen Ansatzes, ohne dessen »natürliches« Zentrum – die Beschäftigung mit den deutschen Verbrechen unter dem Nationalsozialismus – negativ zu tangieren; zweitens als markante Konkretisierung des Wertes einer freiheitlichen demokratischen Ordnung, die in den Idealen und Zielen der sozialen Demokratie im Sinne Böckenfördes an eine wesentliche Voraussetzung der politischen Demokratie erinnern kann, und drittens als eine Revitalisierung der Kooperation von Gewerkschaften und politischen Parteien, die in einem solidarischen und humanen Sinne als Blaupause dienen können für Möglichkeiten sowohl der Regulierung der globalen Corona-Pandemie als auch des digitalen Kapitalismus im 21. Jahrhundert. Auch von daher hat ein klug modernisiertes Narrativ der sozialen Demokratie in der krisengeschüttelten Gegenwart eine besondere politische Bedeutung. Die Mehrheit der Gesellschaft in Deutschland nimmt heute noch immer die Sozialbürgerschaft als selbstverständlich hin. Doch das ist sie nicht, wie der Blick Mattiks auf die Krisenentwicklung in der Welt unterstreicht:

»In gewissem Sinn ist jede Krise schwerwiegender als die vorangegangene, weil der Produktionsprozess und das allgemeine gesellschaftliche Leben immer mehr voneinander abhängig werden. Anders betrachtet hat jede folgende Krise größere Aufgaben und Möglichkeiten, weil der Kapitalismus für seine weitere Expansion in immer stärkerem Maß verändert wird. Ab einem bestimmten Punkt der Entwicklung trifft die für die Expansion nötige Ausdehnung jedoch auf die nationalen Schranken, innerhalb derer der Kapitalismus gewachsen ist. Die sich in der Krise befindenden Länder versuchen, diese Schwierigkeiten auf Kosten anderer zu lösen. Wirtschaftliche Möglichkeiten verschieben sich von einem Land in das andere, von einem Kontinent zum anderen; und nicht mehr nur die Rationalisierung der Industrie ist wirtschaftlich notwendig, sondern eine allgemeine Reorganisation der wirtschaftlichen, gesellschaftlichen und politischen Strukturen der Welt« (Mattik 1973, S. 92 f.).

Im Kontext dieser Reorganisation von Arbeit und Wirtschaft sind die sozialen, zivilen und politischen Freiheitsrechte immer wieder in sozialen Konflikten zu erkämpfen und dem nach Expansion strebenden marktwirtschaftlichen System in harten Kämpfen abzuringen. An diese kontinuierliche Anstrengung ist stets neu zu erinnern und sie ist zu bekräftigen, mit Leben zu erfüllen und gegen ihre Gegner*innen zu verteidigen. Immer jedoch mit den politischen Mitteln der sozialen Demokratie oder des demokratischen Sozialismus. Und diese besagen, die politischen und zivilen Bürgerrechte auch ihren Gegner*innen zu gewähren, solange diese nicht die rechtsstaatliche Ordnung infrage stellen. Oder mit den Worten Rosa Luxemburgs: »Freiheit ist immer Freiheit der Andersdenkenden« (Luxemburg 1918/1974, S. 359).

Literatur und Quellen

Aglietta, Michel (1976): Régulation et crises du capitalisme. L'expériences des Etats-Unis. Paris: Calmann-Lévy.

Borsdorf, Ulrich (1986): Wirtschaftsdemokratie und Mitbestimmung. Historische Stufen der Annäherung an den Kapitalismus. In: WSI-Mitteilungen, H. 3, S. 264–278.

Brenner, Otto (1961): Aus einem Referat im Juni 1961. In: Brenner, Otto (Hrsg.): Aus Reden und Aufsätzen. Frankfurt am Main.

Delane, John (Hrsg.) (1873): The Times, 3. September.

Fetscher, Iring (1972): Was ist demokratischer Sozialismus. In: Die Zeit, 3. November 1972.

Heinemann, Ulrich (2009): Erfüllte Träume. Erinnerungskultur als staatliche Veranstaltung. In: Forum Industriedenkmalpflege und Geschichtskultur, H. 2, S. 51–53.

Honneth, Axel (2017): Die Idee des Sozialismus. Erweiterte Ausgabe. Berlin: Suhrkamp.

Institut für Kulturpolitik der Kulturpolitischen Gesellschaft (Hrsg.) (2009): Jahrbuch für Kulturpolitik 2009. Thema: Erinnerungskulturen und Geschichtspolitik. Essen: Klartext.

Jürgens, Kerstin (2018): Die gesellschaftliche Integrationskraft der Arbeit. In: WSI-Mitteilungen, H. 6, S. 439–447.

Knigge, Volkhard (2010): Jenseits der Erinnerung. Zu einer Zivilgeschichte der Zukunft. In: Kulturpolitische Mitteilungen, H. 128, S. 62–65.

Luxemburg, Rosa (1918/1974): Zur russischen Revolution. In: Gesammelte Werke, Bd. 4. Berlin: Dietz, S. 332–365.

Marshall, Thomas H. (1950): Citizenship and social class and other essays. Cambridge: University Press.

Marx, Karl (1869/1975): Das Kapital, Bd. 1. Der Produktionsprozess des Kapitals. 21. Auflage. Berlin: Dietz.

Mattik, Paul (1973): Marx und Keynes. Die Grenzen des gemischten Wirtschaftssystems. Wien: Räteverlag.

Meyer, Thomas (2011): Theorie der Sozialen Demokratie. Wiesbaden: Springer VS.

Müller-Jentsch, Walther (2007/2017): Strukturwandel der industriellen Beziehungen. »Industrial Citizenship« zwischen Markt und Regulierung. Wiesbaden: Springer VS.

Nachtwey, Oliver (2009): Marktsozialdemokratie. Die Transformation von SPD und Labour Party. Göttinger Studien zur Parteienforschung. Wiesbaden: Springer VS.

Nachtwey, Oliver (2016): Die Abstiegsgesellschaft. Über das Aufbegehren in der regressiven Moderne. Berlin: Suhrkamp.

Naphtali, Fritz (1928/1977): Wirtschaftsdemokratie. Ihr Wesen, Weg und Ziel. Hamburg.

Negt, Oskar (2011): Keine Zukunft der Demokratie ohne Wirtschaftsdemokratie. In: Meine, Hartmut/Schumann, Michael/Urban, Hans-Jürgen (Hrsg.): Mehr Wirtschaftsdemokratie wagen! Hamburg: VSA, S. 7–15.

Polanyi, Karl (1977): The Great Transformation. Politische und ökonomische Ursprünge von Gesellschaften und Wirtschaftssystemen. Wien: Europaverlag.

Raphael, Lutz (2019): Jenseits von Kohle und Stahl. Eine Gesellschaftsgeschichte Westeuropas nach dem Boom. Berlin: Suhrkamp.

Reckwitz, Andreas (2017): Die Gesellschaft der Singularitäten. Zum Strukturwandel der Moderne. Berlin: Suhrkamp.

Schieder, Wolfgang (1984): Sozialismus. In: Brunner, Otto/Conze, Werner/Koselleck, Reinhart (Hrsg.): Geschichtliche Grundbegriffe. Historisches Lexikon zur politisch-sozialen Sprache in Deutschland, Bd. 5. Stuttgart: Klett, S. 923–996.

Schroeder, Wolfgang (2020): Sozialdemokratie und Gewerkschaften. Eine besondere Verbindung. In: WSI-Mitteilungen, H. 4, S. 247–255.

SPD (1959/2004): Grundsatzprogramm der Sozialdemokratischen Partei Deutschlands, beschlossen auf dem außerordentlichen Parteitag in Bad Godesberg 1959. In: Dowe, Dieter/Klotzbach, Kurt (Hrsg.): Programmatische Dokumente der deutschen Sozialdemokratie. Bonn: Dietz, S. 324–345.

SPD Baden-Württemberg (o.J.): »Alle Räder stehen still...«. Die ersten Anfänge der Lassalleaner im deutschen Südwesten, http://geschichte.spd-bw.de/de/um-freiheit-und-soziale-demokratie/1869-alle-raeder-stehen-still.html (Abruf am 2.5.2021).

Streeck, Wolfgang (2014): Gekaufte Zeit. Die vertagte Krise des demokratischen Kapitalismus. 5. Auflage. Berlin: Suhrkamp.

Wannöffel, Manfred (2019): Umbruch der Produktionsweise und die Krise des sozialdemokratischen Modells. In: PROKLA, H. 196, S. 371–386.

Die marginale Repräsentation sozialer Demokratie im kulturhistorischen Museum

Wolfgang Jäger

Wer nach dem Umfang und den Formen der Repräsentation sozialer Demokratie im Museum fragt, wird sich zuerst ein Bild über das allgemeine Verständnis kulturhistorischer Museen und die aktuelle museologische Debatte machen müssen. Daran anschließend wird zu diskutieren sein, was die Kernbereiche der sozialen Demokratie sind, die in der musealen Präsentation vorkommen sollten. Hierauf folgend werden dann die Dauerausstellungen bedeutender Museen befragt werden, wie sie mit den zentralen Themen der Geschichte und Gegenwart der sozialen Demokratie umgehen.

Zum Verständnis des kulturhistorischen Museums

Die maßgebliche Definition des Museums stammt vom Internationalen Museumsrat ICOM, dessen gültige Fassung wie folgt lautet:

»Ein Museum ist eine dauerhafte Einrichtung, die keinen Gewinn erzielen will, öffentlich zugänglich ist und im Dienst der Gesellschaft und deren Entwicklung steht. Sie erwirbt, bewahrt, beforscht, präsentiert und vermittelt das materielle und immaterielle Erbe der Menschheit und deren Umwelt zum Zweck von Studien, der Bildung und des Genusses« (zit. nach Thiemeyer 2018, S. 6).

Aufschlussreich ist, dass die erstmals 1946 vorgelegte Definition in den Jahren 1974 und 2007 auf die jetzt gültige Form erweitert wurde. Waren in der Fassung von 1946 nur die Museumsaufgaben »Bewahren« und »Ausstellen« festgeschrieben, kamen 1974 »Forschen«, »Erwerben« und »Vermitteln« hinzu. Im Jahr 2007 wurde noch das immaterielle Kulturerbe aufgenommen.

Die Kernaufgaben des Museums sind demgemäß rein funktional definiert: Sammeln, Bewahren, Forschen, Ausstellen und Vermitteln. Der Zweck des Museums – nämlich Studien, Bildung und Genuss – bleibt äußerst unspezifisch. Und mit Blick auf das kulturhistorische Museum, das keine ähnlich elaborierte Definition vorweisen kann, bleibt zu ergänzen, dass es sich mit Geschichte und ihrer Bedeutung für die Gegenwart befasst und dabei nicht nur auf die Geschichts-, sondern auch auf die Kulturwissenschaft im umfassenden Sinne rekurriert.

Schon die Erweiterung der Museumsdefinition des ICOM Mitte der 1970er Jahre zeigt, dass das Verständnis des Museums sich in einem Veränderungsprozess befindet. Die Definition von 1974 spiegelt dramatische Veränderungen im Museumswesen und der Museologie im internationalen Rahmen, die in Deutschland mit dem programmatischen Titel »Das Museum. Lernort contra Musentempel« treffend zum Ausdruck kamen (Spickernagel/Walbe 1979). In vielen historischen Museen entstanden in den 1970er Jahren neue Ausstellungen, die sich mit ihren Themen und ihrer Form der Präsentation an ein breiteres Publikum richteten.

Unter dem Schlagwort »Kultur für alle« wandten sich viele Museen neuen alltagsgeschichtlichen Themen zu, thematisierten die industrielle Arbeitswelt, die Geschichte der Arbeit und der Arbeiter*innenbewegung und scheuten sich nicht, auch aktuelle politische Auseinandersetzungen zum Gegenstand musealer Präsentationen zu machen. Zugleich begann die Blütezeit der Museografie, die der Gestaltung der Ausstellungen ein völlig neues Gesicht gab. Anstelle der oftmals nur einem bürgerlichen Fachpublikum verständlichen Klassifikation musealer Exponate trat die einer Storyline folgende aufwendige, museale Inszenierung bis hin zur szenografischen Gestaltung ganzer Räume (Jäger 2020, S. 35–41).

Waren viele historische Museen nicht nur in Deutschland der formalen Definition des Internationalen Museumsrates schon weit voraus, so nimmt es nicht Wunder, dass im ICOM derzeit eine intensive Debatte über eine neue Definition stattfindet. Seit 2017 arbeitet ein ICOM-Komitee an einer neuen Museumsdefinition. Es versteht unter Museen

»democratizing, inclusive and polyhonic spaces for critical dialogue about the pasts and the futures. Acknowledging and addressing the conflicts and challenges of the present, they hold artefacts and specimens in trust of society, safeguard diverse memories for future generations and guarantee equal rights and equal access to heritage of all people. Museums are not for profit. They are participatory and transparent, and work in active partnership with and for diverse communities to collect, preserve, research, interpret, exhibit, and enhance understandings of the world, aiming to contribute to human dignity and social justice, global equality and planetary wellbeing« (zit. nach Thiemeyer 2019, S. 114/115).

Diese Definition ist fraglos eine »museumspolitische Zäsur«, wenngleich nicht abzusehen ist, ob die ICOM-Generalversammlung 2022 sie sich zu eigen machen wird (Thiemeyer 2019, S. 115; Kritter 2020, S. 38–42). Die neue Definition positioniert das Museum in einer diversen Gesellschaft explizit als einen politischen Ort, der sich seiner sozialen Verantwortung stellt, Rechenschaft gegenüber der Öffentlichkeit ablegt und partizipativ mit den Museumsbesucher*innen zusammenarbeitet. Mit dieser Definition wäre das ICOM auf der Höhe der aktuellen museologischen Debatte, die das Museum im 21. Jahrhundert »nicht mehr als Ort der alleinigen Deutungsmacht über Geschichte«, sondern als »contact zone« und Reflexionsraum sieht (Radonic/Uhl 2020, S. 11; Baur 2013, S. 41–42; Gesser/Gorgus/Jannelli 2020).

Was aber heißt Reflexion im kulturhistorischen Museum? Es geht zuallererst um Erinnerung – die allerdings sehr unterschiedlich konturiert sein kann. Die Kulturwissenschaftler*innen Anna Cento Bull und Hans Lauge Hansen haben eine Systematik unterschiedlicher Formen der Erinnerung vorgelegt, in der sie sich für die Form des agonalen Erinnerns als überlegene Form aussprechen (Bull/Hansen 2016, S. 390–404). Sie unterscheiden drei Formen der Erinnerung: das antagonistische, das kosmopolitische und das agonale Erinnern. Das antagonistische Erinnern zeichnet sich dadurch aus, dass klare Grenzen zwischen Gruppen gezogen und Wertungen gefällt werden, die die eigene Gruppe als die moralisch überlegene sehen. Es gibt die verehrungswürdigen Herrscher und Helden der eigenen Nation und die zu verachtenden Feinde – ein Muster der Erinnerung, das in den konkurrierenden Nationalstaaten im 19. Jahrhundert stilbildend war. Dieselbe Denkfigur des »Wir« und »die Anderen« zeichnet heute den politischen Rechtspopulismus aus.

Als die derzeit dominierende Form der Erinnerung sehen Bull und Hansen das kosmopolitische Erinnern. Es sprengt den nationalstaatlichen Rahmen und rekurriert auf universelle Menschenrechte als die fundamentale Antwort auf das Menschheitsverbrechen des Holocaust. Die Erinnerung an den Holocaust hat eine neue Form der Erinnerung geschaffen, die Grundlage für eine globale, vernunftgesteuerte Menschenrechtspolitik ist (Levy/Sznaider 2001). Diese berechtigte Identifikation mit den Opfern im kosmopolitischen Erinnern wird jedoch der Auseinandersetzung mit den Ursachen ihres Opfergangs und den Rollen und der Verantwortung der Verfolger und Mitläufer nicht wirklich gerecht.

Die Politikwissenschaftlerin Chantal Mouffe kritisiert das dem kosmopolitischen Erinnern zugrunde liegende deliberative Politikmodell, das bei der Lösung von Widersprüchen und Konflikten auf die Macht der Vernunft und Moral sowie die Konsensfindung setzt (Mouffe 2016). Sie plädiert dafür, den Antagonismus als ein Wesensmerkmal liberaler Gesellschaften anzuerkennen und sich von der konsensualen Lösung aller Konflikte zu verabschieden. Agonales Erinnern meint demnach, den Ursachen von Konflikt und Gewalt auf den Grund zu gehen, aus den unterschiedlichen Perspektiven der Menschen in den

Konflikten zu lernen, Leidenschaften und Emotionen für eine lebendige Demokratie zu wecken, die den produktiven Streit fördert und die unterschiedlichen Interessen im Raum stehen lässt.

Dieser Streit, so Mouffe, darf nicht zu einem Antagonismus, einem Kampf zwischen Feinden, sondern zu einem Agonismus, einem Kampf zwischen Konkurrenten, führen, die die Regeln der Demokratie beachten. Agonales Erinnern ist reflexiv, zeichnet sich durch eine radikale Multiperspektivität aus und stellt dominante Narrative in Frage. Es bietet keinen Platz für antiquarische Nostalgie und macht sich dagegen für eine reflexive Nostalgie stark, die alle Licht- und Schattenseiten offenbart und damit Perspektiven für Zukunftsdebatten eröffnet (Berger 2019).

Der österreichische Museologe Gottfried Fliedl hat sich in seinem beeindruckenden Manifest »Mein ideales Museum« in prononcierter Weise für ein »agonistisches Museum« ausgesprochen (Fliedl 2016):

»Museen haben es im Grunde immer mit konflikthaften Stoffen zu tun. Es gibt nie nur einen Standpunkt des Wissens, der Deutung, der Erzählweise. Museen tendieren […] dazu, Konflikte zu harmonisieren, zu verleugnen oder zu verdrängen. Sie sind ›Unschuldskomödien‹«. Daraus folgert er: »Museen müssen […] fähig gemacht werden, die Verdinglichung zu durchbrechen und Konflikte anzusprechen und auszutragen, Interessen, Ideologien, Machtverhältnisse offenzulegen«.

Im agonistischen Museum werden im »Umlauf befindliche Chiffren für kollektive Identität, wie Nation, Heimat oder Religion […] immer wieder neu befragt und durchgearbeitet«. Ein derart verstandenes Museum wird zum »Ort agonaler, also konfliktfähiger, streitbarer Öffentlichkeit« und mit Blick auf das wohlfahrtsstaatliche Versprechen der Inklusion aller Bürger*innen »ein aktiver Moderator sozialer Demokratie«.

Inklusion setzt Partizipation voraus, die sich auf unterschiedliche Felder erstrecken und die Klientel des Museums durchaus in alle Aktivitäten »ihres« Museums einbinden kann. Das Museum und insbesondere dessen professionelle Akteure werden damit vor völlig neue Aufgaben gestellt (Piontek 2017, S. 373–478). Insbesondere die Rolle der Kurator*innen ändert sich dramatisch: War die alte Rolle geprägt durch die fachwissenschaftliche Kompetenz und den souveränen Umgang mit den Objekten der musealen Sammlung, ist die neue Rolle bestimmt durch die Aufgabe der Anleitung und Moderation von Laien, die ihre eigene Geschichte präsentieren wollen. Der Weg führt jetzt nicht mehr in die Sammlung, sondern auf die Straße, in den Stadtteil, um im Gespräch zu ergründen, was in die Ausstellung gehört.

Partizipation im Museum kann eine wichtige Wegweisung für die Weiterentwicklung des kulturhistorischen Museums sein. An die Stelle des monologischen Belehrens im Museum tritt der Dialog mit den Laien, ihre Subjektivität wird zum Orientierungspunkt der Bemühungen und an die Stelle der (bildungsbürgerlichen) Affirmation und Kontemplation tritt die Diskussion, der produktive Streit und die eigene Meinungsbildung, die dann sogar in der musealen Repräsentation ihren Ausdruck findet. Das Museum als Forum bringt Menschen zusammen, die sich sonst nicht begegnen, und kann zum Ort der Bearbeitung gesellschaftlicher Probleme werden. Partizipation ist auch die Chance dafür, dass das Museum neue Nutzergruppen finden kann, die in der Wissensgesellschaft immer mehr an Bedeutung gewinnen.

Das hier nun dargelegte Verständnis des kulturhistorischen Museums ist das Ergebnis aktueller museologischer Debatten, von denen man nicht erwarten kann, dass sie in allen Museen angekommen sind oder in allen Nuancen geteilt werden. Es dient an dieser Stelle somit nur dafür, einen heuristischen Maßstab zu haben, der im Folgenden benutzt werden wird.

Die Kernthemen der sozialen Demokratie

Der französische Literat Anatole France hat 1894 mit einem Bonmot das zentrale Anliegen der sozialen Demokratie ironisch formuliert:»Das Gesetz in seiner majestätischen Gleichheit verbietet es Reichen wie Armen, unter Brücken zu schlafen, auf Straßen zu betteln und Brot zu stehlen« (France 1894/1925, S. 116). Der Liberalismus gründete die bürgerliche Gesellschaft auf einem Verständnis von formaler Freiheit, ohne die soziale Ungleichheit zum Thema zu machen. Dagegen war es das Ziel der Arbeiterbewegung – wie auch der bürgerlichen Sozialreform –, die formale Freiheit im Sinne einer sittlichen Idee der Freiheit weiterzuentwickeln. Eine so verstandene Freiheit setzt materielle Bedingungen voraus, die ein selbstbestimmtes Leben möglich machen, und garantiert eine Gleichheit als das gleiche Recht aller auf eine volle Freiheit (Meyer 2020, S. 49). Dafür hat der französische Philosoph Etienne Balibar das sperrige, aber vielsagende Kofferwort »Gleichfreiheit« (Egaliberté) erfunden. Er beschwört damit die Gleichheit von Mensch und Bürger und will die Kluft im Diskurs über Menschenrechte und Bürgerrechte überwinden (Balibar 1989/2012, S. 72–120). Sozialer Demokratie geht es also im Kern darum, die Werte »Freiheit« und »Gleichheit« zu vereinen, zivile, politische und soziale Freiheitsrechte zu verbinden.

Der englische Soziologe und Theoretiker der Bürgerrechte Thomas H. Marshall hat eine Systematik ziviler, politischer und sozialer Freiheitsrechte entwickelt, deren Durchsetzung er am Beispiel Englands als einen aufeinanderfolgenden evolutionären Prozess beschreibt (Marshall 1947/1992). Zivile oder bürgerliche Freiheitsrechte versteht er als individuelle Freiheitsrechte, die die Freiheit der Person, die Freiheit des Eigentums und rechtsstaatliche Grundsätze umfassen. Politische Freiheitsrechte ruhen auf den bürgerlichen Freiheitsrechten und umfassen die Möglichkeit zur Beteiligung am Gebrauch politischer Macht, insbesondere durch ein aktives und passives Wahlrecht. Soziale Freiheitsrechte schließlich ergänzen die bürgerlichen und politischen Freiheitsrechte um ein Mindestmaß an sozialem Ausgleich, sozialer Sicherung und der Gewährleistung eines zivilisierten Lebens für alle. Diese drei Bestandteile des Staatsbürgerstatus, die sich auf das Individuum beziehen, werden noch durch die wirtschaftlichen Staatsbürgerrechte (industrial citizenship) ergänzt, womit »alle mit dem Gewerkschafts- und Kollektivvertragswesen zusammenhängenden Rechte« gemeint sind (Müller-Jentsch 2020, S. 321–324). Der Kern der sozialen Demokratie ist also die Gewährung und Garantie sozialer Rechte.

Für Marshall sind die sozialen Rechte, einschließlich der »wirtschaftlichen Staatsbürgerrechte«, die Garantie, dass kapitalistische Märkte, deren gewünschte produktive Wirkungen zur Entfaltung kommen sollen, hinsichtlich der mit ihnen verbundenen negativen Wirkungen eingeschränkt werden können. Insoweit liegen, so Marshall, »im zwanzigsten Jahrhundert Staatsbürgerrechte und kapitalistisches Klassensystem miteinander im Krieg« (Marshall 1947/1992, S. 81). Und weiter:

»In ihrer modernen Form implizieren soziale Rechte ein Eindringen des Status in den Vertrag, die Unterwerfung des Marktpreises unter die soziale Gerechtigkeit, die Ersetzung des freien Tausches durch die Erklärung von Rechten« (ebd., S. 82).

Soziale Ungleichheit in kapitalistischen Gesellschaften ist also nach Marshall nur akzeptabel, wenn es die Gleichheit des umfassenden Staatsbürgerstatus für alle gibt, was Chancen und Möglichkeiten impliziert, die Veränderungen und Verbesserungen für die Einzelnen in Aussicht stellen. Soziale Rechte sind somit auch die Voraussetzung, dass die Formalgeltung bürgerlicher und politischer Rechte für alle überhaupt reale Wirkung bekommt. Gesellschaftliche und demokratische Integration in marktkapitalistischen Gesellschaften kann auf Dauer nur gelingen, wenn die Menschen ihre Interessen ausreichend aufgehoben sehen. Aus demokratietheoretischer Sicht hat Thomas Meyer die Unverzichtbarkeit sozialer Rechte betont:

»Ohne ein soziales Fundament, das politische Gleichheit und Handlungsfähigkeit unabhängig macht vom sozialen Status, ohne reale Teilhabechancen am gesellschaftlichen Leben für alle Bürger und ohne ein von allen geteiltes Verständnis fairer und gerechter Ordnung bleibt Demokratie ein Torso, weil sie viele Bürger von der gleichberechtigten Teilhabe am gesellschaftlichen und politischen Leben ausschließt« (Meyer 2006, S. 12).

Soziale Rechte im Sinne Marshalls und gleichberechtigte Teilhabe nach Thomas Meyer sind somit also Essentials der sozialen Demokratie.

Es muss hier darauf verzichtet werden, das weite Feld der Themen der sozialen Demokratie – z. B. das System der sozialen Sicherung, die Gleichstellung der Geschlechter, die Integration von Migrant*innen oder die Chancengleichheit im Bildungswesen – umfassend zu bearbeiten (ausführlicher dazu Jäger 2020). In den Fokus soll hier gerückt werden, wie im Museum zum einen (Un-)Gleichheit und zum anderen Partizipation im Sinne wirtschaftlicher Staatsbürgerrechte repräsentiert werden. Die Fragen der Gleichheit/Ungleichheit in historischer Perspektive sind aktuell derartig relevant geworden, dass ihnen eine besondere Aufmerksamkeit gegeben wird (Piketty 2020).

Es geht im Folgenden somit um zwei zentrale Fragestellungen: Wie werden die Ungleichheit der Lebens- und Arbeitsverhältnisse und die Veränderungen von Armut und Reichtum im Zeitverlauf repräsentiert? Und: Wie werden die wirtschaftlichen Staatsbürgerrechte, das Koalitionsrecht und vor allem der Tarifvertrag und die Mitbestimmung repräsentiert?

Zur Repräsentation sozialer Demokratie in ausgewählten Museen

Der Museumsboom der letzten Jahrzehnte hat eine Vielzahl von Museen hervorgebracht, die durchaus lohnende Untersuchungsfälle sein könnten. Die Beschäftigung mit der Demokratiegeschichte im Museum erlebt eine regelrechte Konjunktur (Hertfelder/Lappenküper/Lillteicher 2016). Zahlreiche Wechsel- oder Sonderausstellungen haben sich mit einzelnen Themen der (sozialen) Demokratie befasst (z. B. Linnemann 2019). Doch sind diese Ausstellungsformate nur auf eine kurze Zeit befristet und schnell wieder verschwunden.

Aufschlussreicher ist es, die Dauerausstellung im Museum in den Blick zu nehmen, weil sie das Bild eines Museums nachhaltig prägt. Anders als Wechsel- oder Sonderausstellungen werden Dauerausstellungen für einen längeren Zeitraum gemacht, sind mit vergleichsweise größerem Aufwand produziert worden und nehmen in der Regel den meisten Platz im Museum ein. Dauerausstellungen sind »Visitenkarten« eines Hauses und spiegeln in gewisser Weise das Selbstverständnis der Leitung und der Mitarbeiter*innen des Museums wider (Habsburg-Lothringen 2012, S. 9–18). Das Untersuchungsfeld wird im Folgenden daher auf das Format »Dauerausstellung« beschränkt und auf sieben bedeutende Museeen eingegrenzt:

- Deutsches Historisches Museum in Berlin
- Haus der Geschichte der Bundesrepublik Deutschland in Bonn
- Zeitgeschichtliches Forum Leipzig
- Museum der Arbeit in Hamburg
- Ruhr Museum in Essen
- Deutsches Bergbau-Museum Bochum
- Haus der Europäischen Geschichte in Brüssel

In den Blick kommen somit die beiden zentralen staatlichen Museen in Berlin und Bonn, die in gewisser Weise den Status von Nationalmuseen haben. Das Zeitgeschichtliche Forum in Leipzig als Dependance des Bonner Hauses ermöglicht die Vertiefung des Blickes auf Ostdeutschland. Das Museum der Arbeit in Hamburg steht für den Typ einer zivilgesellschaftlich inspirierten Museumsgründung, die sich als erste dem Thema der Geschichte der Arbeit gewidmet hat. Das Ruhr Museum in Essen dient als Beispiel für ein Regionalmuseum, das tief mit der besonderen Industriekultur an der Ruhr verbunden ist. Das Deutsche Bergbau-Museum in Bochum hat als klassisches Technikmuseum eine neue Dauerausstellung präsentiert, die erstmalig ein sozialgeschichtliches Narrativ enthält. Und das Haus der Europäischen Geschichte in Brüssel kommt in den Blick, um die nationale Sicht auf die europäische Ebene zu erweitern. Diese Auswahl der Museen folgt also dem Ziel, ein möglichst breites Spektrum der Repräsentation der sozialen Demokratie im Museum zu gewinnen.

Soziale Ungleichheit

Die schon 2006 unter ihrem Direktor Hans Ottomeyer eröffnete Dauerausstellung des Deutschen Historischen Museums in Berlin erhebt den Anspruch, einen orientierenden Gesamtüberblick über die deutsche Geschichte im europäischen Kontext zur »Verbreitung der Geschichtskenntnis« (Ottomeyer/Czech 2015, S. 7) zu geben. Dabei ist sie einer »konservativen Museumsästhetik« (Kocka 2006, S. 398–411) verpflichtet, die vollständig auf die auratische, authentische Qualität von Originalobjekten setzt, ein im Grunde kunsthistorischer Ansatz. Museale Kontextualisierung und Inszenierung müssen sich darauf beschränken, das Objekt »ins rechte Licht« zu rücken, und es können nur die Geschichten aufgerufen werden, für die (Kunst-)Objekte vorhanden sind. Dass damit die

Geschichte der Unterschichten, ihrer Lebens- und Arbeitsbedingungen, ihres Emanzipationskampfes – die Alltagsgeschichte insgesamt – keinen prominenten, wenn überhaupt einen Platz einnehmen kann, liegt auf der Hand. Die Geschichte der Unterschichten, so die befremdliche Argumentation Hans Ottomeyers, entziehe »sich aufgrund der schlechten Überlieferungslage der kontinuierlichen Darstellung im Medium einer Ausstellung durch das Fehlen authentischer historischer Zeugnisse« (Ottomeyer/Czech 2015, S. 8). Zudem verschließen die in der Ausstellung dominierende Beschränkung auf die politische Geschichte und die durchgängige Elitenperspektive, dass Themen der sozialen Ungleichheit angemessen behandelt werden können. Was ist trotzdem zu finden?

Für die Industrialisierung wird bezeichnenderweise anhand eines zeitgenössischen Ölgemäldes das Beispiel der schlesischen Weber präsentiert, das die Missstände in der Leinenweberei zeigen soll, eine Szene, in der die Weber ihr Tuch an den Zwischenhändler zu verkaufen versuchen. Die im Rahmentext genannte »große Not« der »neuen Arbeiterklasse« ist dem Bild nur schwerlich zu entnehmen (Jäger 2020, S. 73).

Für die Wilhelminische Zeit wird das »Leben in der Mietskaserne« thematisiert. Das Foto aus dem Hinterhof einer Berliner Mietskaserne von 1910 und das kleinformatige Modell einer Berliner Mietskaserne, das die Verhältnisse im Prenzlauer Berg um 1880 abbilden soll, sowie »Ess- und Kochgeschirr, Waschutensilien und Haushaltsgegenstände aus einfachen Verhältnissen« um die Jahrhundertwende können einen Eindruck von der miserablen Wohnsituation vermitteln (ebd., S. 73 f.). Kontrastiert wird das Ensemble mit der Garnitur eines großbürgerlichen Wohnzimmers der Neu-Renaissance von 1890 (Ottomeyer/Czech 2015, S. 192).

Für die Zwischenkriegszeit werden Hunger und Armut infolge des Ersten Weltkrieges thematisiert. Eine Grafik von George Grosz zur Unterstützung der Internationalen Arbeiterhilfe – ohne Erläuterungen zu dieser Organisation – und ein Foto »Hungernde Kinder an den Feldküchen der Regierungstruppen« in Berlin-Lichtenberg um 1919 illustrieren »den Alltag vieler Deutscher«.

Die soziale Lage der Arbeiterschaft taucht erst wieder für die Nachkriegszeit unter dem Rubrum »Leben im Wirtschaftswunder« auf. Umrahmt vom VW-Käfer, dem Quellekatalog und der »Rekonstruktion einer modernen Wohnzimmereinrichtung« erfahren die Besucher*innen, wofür die »Bundesbürger« ihr Geld ausgaben. Der Begleittext im Katalog erläutert:

»Sinkende Arbeitslosigkeit und steigendes Lohnniveau führten zu wachsender Kaufkraft. Das Konzept der sozialen Marktwirtschaft zielte auf den sozialen Ausgleich zwischen den Arbeitern und Arbeitgebern. Dazu dienten sozialpolitische Maßnahmen wie

Fürsorgeleistungen, Renten- und Lastenausgleichszahlungen oder Wohngeldzuschüsse. Der wachsende Wohlstand wurde zu einem Grundkonsens und erfasste zunehmend alle gesellschaftlichen Schichten« (Ottomeyer/Czech 2015, S. 366).

Es wird suggeriert, dass der soziale Ausgleich zu einer einigermaßen gleichen Einkommensverteilung geführt habe und der wachsende Wohlstand soziale Ungleichheit gleichsam beseitigen würde. Es muss somit für die Berliner Dauerausstellung festgehalten werden, dass die Einkommens- und Vermögensverteilung in der deutschen Gesellschaft, einmal abgesehen von der Darstellung der unterschiedlichen Wohnsituation, so gut wie überhaupt nicht thematisiert wird.

Die Bonner Ausstellung zur deutschen Geschichte seit 1945 kann als Gegenmodell zur Berliner Ausstellung gesehen werden, wenngleich beide ihre Entstehung der geschichtspolitischen Initiative von Bundeskanzler Helmut Kohl verdanken. Das Haus der Geschichte der Bundesrepublik Deutschland setzt auf eine vermittlungsorientierte Museumsästhetik, die die deutsche Geschichte mithilfe von Kulissen und Installationen in Szene setzt, ohne jedoch auf herausragende Originalobjekte zu verzichten. Es sieht seinen Auftrag darin, historisch aufklärend zu wirken und damit einen »Beitrag zur Demokratieerziehung« zu leisten, so ihr Direktor Hans Walter Hütter (Stiftung HdG 2012, S. 13). Der rote Faden der Ausstellung ist die Geschichte der deutschen Demokratie seit 1945, das Narrativ die gelungene politische Demokratie, eine Meistererzählung der Demokratie (Hertfelder/Lappenküper/Lillteicher 2016, S. 155–168), die eine starke kosmopolitische Färbung hat. Bezüge zu den Erinnerungskulturen der sozialen Demokratie finden sich an vielen Stellen in der Ausstellung, zum Teil mit beeindruckenden szenografischen Gestaltungen, wie etwa zur Bergbaukrise, zur Gastarbeiteranwerbung oder zum Arbeitsplatz Fabrik.

Die Lebens- und Arbeitsbedingungen der abhängig Beschäftigten und Arbeitslosen werden an vielen Stellen thematisiert. Für die ersten Nachkriegsjahre, Alltag und Wirtschaft 1945–1949, geht es um die weit verbreitete Not, die vermeintlich keine sozialen Unterschiede kannte. Erst in Schubläden zur Währungsreform von 1948 erfährt man, was der Umtausch für Sparguthaben und Sachwerte bedeutete. Der Katalog allerdings thematisiert dies an anderer Stelle ausschließlich aus der Sicht der Inhaber von Sparguthaben und nicht der Besitzer von sächlichem Kapitalvermögen (Stiftung HdG 2019, S. 55). Aber dieser Hinweis ist der einzige Bezug zur Frage der sozialen Ungleichheit. Wir erfahren, dass das Bruttoinlandsprodukt sich in Westdeutschland von 1949 bis 1955 nominal um mehr als das Dreieinhalbfache vermehrt hat, aber nichts über seine Verteilung, dass die Realeinkommen der Arbeitnehmer sich in den 1950er Jahren verdoppeln, aber nichts zur Entwicklung der Einkommen aus Kapitalvermögen (ebd., S. 116, 156, 239).

Die Lebensverhältnisse der Menschen werden in vielerlei Hinsicht – Wohnung, Konsum, Arbeit, Familie – geschildert, aber nie in der Dimension sozialer Ungleichheit thematisiert. Hier wird der Mythos der nivellierten Mittelstandsgesellschaft bedient (Schelsky 1953/1965, S. 331–336).

Die Veränderungen der Arbeitswelt und ihre Auswirkungen auf die abhängig Beschäftigten werden durchgehend behandelt, wobei der Bergbaukrise seit 1959 und den Herausforderungen in der Stahl- und Druckindustrie in den 1970er und 1980er Jahren ein besonderes Interesse gilt. Doch Arbeit ist nicht das erste Thema der Dauerausstellung, sondern es wird in die breit dargestellte politische Geschichte eingestreut. Soziale Ungleichheit scheint in Bonn ein regelrechtes Tabu zu sein. Dies ist gerade deshalb bedauerlich, weil die Gleichheit in der Demokratie in eine doppelte Krise eingetreten ist, die die Bonner Meistererzählung der Demokratie in besonderer Weise tangiert. Es ist die Erosion der politischen Gleichheit, die durch die rückläufige Wahlbeteiligung gerade sozial marginalisierter Gruppen zu konstatieren ist (Schäfer 2015), ein schlagender Beleg für die Interdependenz von politischer und sozialer Demokratie.

Als ein Instrument der Partizipation hat das Bonner Haus einen zwölfköpfigen »Arbeitskreis gesellschaftlicher Gruppen«, in dem von den Kirchen über die Sozialpartner, Vertreter*innen der Vertriebenen, der Frauen und Jugend bis hin zu Vertreter*innen der Kommunalen Spitzenverbände entsandte Repräsentant*innen ihre Erwartungen an die Arbeit des Hauses zweimal im Jahr einbringen können.

Das 1999 eröffnete Zeitgeschichtliche Forum in Leipzig, eine Dependance des Bonner Hauses der Geschichte, sollte von Anfang an ein »Ort lebendigen Gedächtnisses« sein (Jäger 2020, S. 107–119). Die friedliche Revolution von 1989/1990 ist »das Herzstück der Ausstellung«, und dem Widerstand, der Verweigerung, der Resistenz zu DDR-Zeiten wird ein großer Platz eingeräumt. Die Ausstellung bespielt vor allem ein Diktaturgedächtnis, das die DDR als Unrechtsstaat sieht. Nur punktuell wird ein Arrangementgedächtnis bedient, das den Eigenwert der Lebenswelt in der DDR betont.

Die Geschichte und Gegenwart der sozialen Demokratie bleibt in der Dauerausstellung ein nur sehr punktuell beachteter Gegenstand. Dies ist vor allem der ausgeprägten alltags- und politikgeschichtlichen Orientierung der Ausstellung geschuldet. Soziale Ungleichheit hat es in der DDR scheinbar nicht gegeben. Der Prozess der deutschen Einigung wird ausschließlich mit Blick auf die politischen und wirtschaftlichen Veränderungen durch den Staatsvertrag zur Währungs-, Wirtschafts- und Sozialunion dargestellt. Die Sozialunion bleibt außen vor. Zur Transformation nach 1989 werden in Grafiken harte Daten im Ost-West-Vergleich von 1991 bis zur Gegenwart zum durchschnittlich verfügbaren Jahreseinkommen je Einwohner*in, zur Lebenserwartung von Männern und Frauen und zur Arbeitslosigkeit wie zur durchschnittlichen Bruttorente gezeigt. Hinzu kommen grafisch aufbereitete Zahlen zum Abbau von Industriearbeitsplätzen in den wichtigsten Branchen Ostdeutschlands zwischen 1989 und 1993.

Eine Geschichte der Gewinner*innen und Verlierer*innen der Transformation wird nicht präsentiert. Die Karosserie eines Porsche Cayenne aus der Leipziger Fabrik ist die Ikone der erfolgreichen Transformation, ohne deren Schattenseiten, wie die hohe Zahl der Leiharbeiter im Porschewerk, zu thematisieren. Gerade die Verwerfungen auf dem ostdeutschen Arbeitsmarkt wären es wert, historisiert zu werden. Wenn im Leipziger Museum soziale Ungleichheit thematisiert wird, dann nur die zwischen West- und Ostdeutschland.

Anders als bei den drei bisher vorgestellten großen Geschichtsmuseen geht es dem Museum der Arbeit in Hamburg darum, nur einen speziellen Ausschnitt der Geschichte des 19. und 20. Jahrhunderts zu präsentieren. Sein zentrales Anliegen ist die Musealisierung untergegangener industrieller Arbeitsplätze (Jäger 2020, S. 121–134). Als Beispiele dienen eine mittelständische Metallwarenfabrik, das Buchdruckergewerbe, ein Handelskontor und die Kautschuk- und Gummi-Verarbeitung. Sowohl die technische als auch die arbeitspolitische Seite der Arbeitsplätze kommen in den Blick. Auch wenn die ungleichen Machtverhältnisse am Arbeitsplatz thematisiert werden, geht es im Kern nicht um Fragen der Einkommensverteilung zwischen den Arbeitsmarktparteien. Der Fokus liegt vielmehr auf Geschlechtergeschichte, die sich durch alle Teile der Ausstellung zieht. Darüber wird später mit Blick auf die wirtschaftlichen Staatsbürger*innenrechte noch zu sprechen sein. Das Museum der Arbeit ist nicht nur ein Mitmachmuseum, sondern es integriert Zeitzeug*innen als eigenständige Akteur*innen und lädt das Publikum ein, seine eigenen bedeutsamen historischen Dinge zur Sammlung beizutragen. Und nicht zuletzt gibt es einen regen Verein der Freunde mit über 1.200 Mitgliedern.

Das Ruhr Museum auf dem Weltkulturerbe Zollverein in Essen versteht sich als Regionalmuseum, als »das Schaufenster und das Gedächtnis der Metropole Ruhr« (Borsdorf/Grütter 2010, S. 24). Mit seiner Dauerausstellung greift es weit über eine politische oder sozialgeschichtlich fokussierte Ausstellung hinaus: Sie reklamiert, eine Natur- und Kulturgeschichte des Ruhrgebiets zu präsentieren. Mit der Kohlenwäsche der Zeche Zollverein hat das Ruhr Museum einen idealen Ort, der eigentlich eine Fokussierung auf die Industrialisierungsgeschichte nahelegt. Mehr als zwei Drittel der Dauerausstellung beschäftigen sich aber mit der erdgeschichtlichen Entwicklung, der Geschichte von Flora und Fauna der

Region, der vorindustriellen Geschichte bis hin zu den antiken Objekten aus der Sammlung des ehemaligen Ruhrlandmuseums und der gegenwärtigen Situation und Wahrnehmung des Ruhrgebiets.

So interessant diese Teile der Ausstellung sind, sie begrenzen die Möglichkeiten der Präsentation der Sozialgeschichte des 19. und 20. Jahrhunderts. In der gestalterisch imposanten und überaus vielfältigen Dauerausstellung werden die Lebens- und Arbeitsverhältnisse der »kleinen Leute« von der Industrialisierung bis zur Gegenwart ausführlich präsentiert (Kritter 2020, S. 191–268; Jäger 2020, S. 135–154). Die Machtverhältnisse in den betrieblichen Arbeitsbeziehungen werden thematisiert, doch Armut und Reichtum im Vergleich stehen nicht auf der Agenda. Nur an einer einzigen Stelle werden die Wohnverhältnisse anhand von zwei Fotos verglichen: die graue Arbeitersiedlung in Essen und die imposante Außenansicht von Schloss Landsberg in Ratingen, der Wohnsitz von August Thyssen (Borsdorf/Grütter 2010, S. 331). Insgesamt entsteht das Bild der befriedeten Region, die die Klassenkämpfe der Vergangenheit hinter sich gelassen hat und in der Verteilungsfragen obsolet geworden sind – ein kosmopolitischer Konsens aller gesellschaftlichen Gruppen.

Einen ähnlichen Eindruck vermittelt auch die neue Dauerausstellung des Deutschen Bergbau-Museums in Bochum. Der Rundgang »Steinkohle. Motor der Industrialisierung« ist eine sehr ansprechende Darstellung der Geschichte des Steinkohlenbergbaus in geologischer, sozialgeschichtlicher und technikgeschichtlicher Hinsicht (Jäger 2020, S. 153–173). Mit der Sozialgeschichte hat das Deutsche Bergbau-Museum in seiner Dauerausstellung neuen Boden betreten. Ein weites Feld der Erinnerungskulturen der sozialen Demokratie wird bestellt, mit einem starken Fokus auf die Bergbaugewerkschaften als erfolgreiche Akteure der sozialen Demokratie. Darüber wird noch zu sprechen sein. Die Arbeits- und Lebensbedingungen der Bergarbeiter und ihrer Familien haben einen hohen Stellenwert.

Der Arbeitsplatz des Bergmanns wird im Teil »Arbeitswelt und Technik« ausführlich dargestellt. In zahlreichen Medienstationen wird mit einmaligem Bild- und Filmmaterial die Vielfältigkeit des bergmännischen Arbeitsplatzes sowie die Schwere und Gefährlichkeit der Untertage-Arbeit gezeigt. Auch die Sorgen und Nöte der Bergarbeiterfamilien und ihre über lange Zeit insgesamt prekäre Lebenssituation werden thematisiert. Aber über die Verteilung des Reichtums durch die gewonnenen Bodenschätze erfährt man gar nichts. Bergbauunternehmer erscheinen nur als Kontrahenten am Arbeitsmarkt, ihr Reichtum bleibt ein Geheimnis. Der Rundgang hat Züge einer antiquarischen Nostalgie und bedient ein kosmopolitisches Gedächtnis für den 2018 in Deutschland beendeten Steinkohlenbergbau. der sich durch seinen sozialpartnerschaftlich gestalteten, sozialverträglichen Strukturwandel ohne betriebsbedingte Kündigungen auszeichnet.

Auch die Dauerausstellung im Haus der Europäischen Geschichte in Brüssel widmet der Verteilungsfrage keine Aufmerksamkeit. Sie bewegt sich auf supranationaler Ebene und beansprucht, ein Reservoir des europäischen Gedächtnisses zu sein (Jäger 2020, S. 205–220). Mit Blick auf die Darstellung der Geschichte der sozialen Demokratie in Europa hält sich die Ausstellung streng an die europäische Arbeitsteilung, die Kernbereiche der sozialen Demokratie, wie das Koalitions- und Streikrecht, in nationaler Zuständigkeit sieht. Dagegen hätte die in der Ausstellung ansatzweise erzählte Geschichte der europäischen Wohlfahrtsstaaten das Potenzial für eine Integration der Verteilungsfrage. Die Form des Erinnerns im Brüsseler Museum trägt stark kosmopolitische Züge. Die prominent präsentierte Auseinandersetzung mit der nationalsozialistischen und sowjetischen Gewaltherrschaft ist stark verbunden mit einer Opferorientierung, die durch den Bezug zum Holocaust unterstrichen wird. Das Haus der Europäischen Geschichte erzählt die Geschichte der europäischen Einigung als vernunftgetriebene Friedensdividende nach den Weltkriegserfahrungen.

In allen sieben hier skizzierten Dauerausstellungen ist die für die soziale Demokratie so zentrale Verteilungsfrage, sofern sie überhaupt thematisiert wird, eine Marginale. Wenn die Frage einer gerechten Einkommens- und Vermögensverteilung eine zentrale Voraussetzung für eine alle Staatsbürger*innen inkludierende politische Demokratie ist, dann ist hier für die untersuchten Dauerausstellungen – sofern sie den Anspruch einer umfassenden gesellschafts-, politik- und kulturgeschichtlichen Darstellung erheben – ein eklatanter Mangel zu konstatieren.

Der folgende Blick richtet sich nun auf die Repräsentation von Partizipation in den sieben Dauerausstellungen, konzentriert auf die zentralen wirtschaftlichen Staatsbürgerrechte, die auf Grundlage des Koalitionsrechts mit den Institutionen Tarifvertrag und Mitbestimmung verbunden sind.

Tarifvertrag und Mitbestimmung

Beim Themenkreis der kollektiven Interessenvertretung ist in der Dauerausstellung des Deutschen Historischen Museums eine, um es vorsichtig zu formulieren, sehr große Zurückhaltung festzustellen. Die Gewerkschaftsbewegung als eigenständiger Teil der Arbeiterbewegung wird mit dem Beginn der Weimarer Republik erstmals und nur am Rande erwähnt, der ADGB als Teil der Eisernen Front und die Zerschlagung der Gewerkschaften 1933. Kein Thema sind die bis in die bundesdeutsche Zeit wirkende sozialstaatliche Begründung der Weimarer Republik mit dem Stinnes-Legien-Abkommen und der Einführung des Flächentarifvertrages sowie die Beteiligung der Gewerkschaften am Widerstand gegen die NS-Diktatur. Die betriebliche Mitbestimmung mit ihrer im Grundsatz bis heute gültigen Fixierung im Betriebsrätegesetz von 1920 ist ebenfalls kein Thema.

Für die Entwicklung nach 1945 werden die Informationen dichter und einzelne Details der sozialen Demokratie werden etwas genauer ausgeleuchtet. Zur Entwicklung der sozialen Marktwirtschaft im Westen werden die Auseinandersetzung um die Sozialisierung angesprochen und die sozialpolitischen Veränderungen in der Arbeitswelt – Montanmitbestimmung, Betriebsverfassungsgesetz, Kampf um Arbeitszeitverkürzung – in Texten und Plakaten aufgerufen. Die Krise um den Belegschaftsabbau in der Steinkohle wird zusätzlich auf einem Monitor mit Filmen aus der Wochenschau und anderen Quellen unterlegt (Jäger 2020, S. 75–83).

Auch die museumspädagogischen Begleitmaterialien können die gravierenden Lücken in der Ausstellung nicht schließen. Im Heft mit dem Titel »Die Kleinen Leute – Spuren in der deutschen Geschichte« werden viele Details einer Sozial- und Alltagsgeschichte der »kleinen Leute« vom Mittelalter bis in die Gegenwart präsentiert. Für die Zeit seit dem Beginn der Industrialisierung wird in einer dichten Folge die Entstehung der Arbeiterbewegung, die Entwicklung der staatlichen Sozialpolitik, der Beginn des Sozialstaates einschließlich der Weichenstellungen in der Weimarer Republik bis in die Zeit der Bundesrepublik und der DDR erzählt. Man vermisst die bedeutende Weichenstellung mit der Einführung der Montanmitbestimmung 1951 und eine Erzählung, die den Zuwachs der Arbeitnehmerrechte im Betrieb und Unternehmen sowie die Rolle der Gewerkschaften als Tarifpartei auf dem Arbeitsmarkt erwähnt.

Der Fokus der Materialien liegt eindeutig auf der Geschichte des Systems der sozialen Sicherung und nicht auf der Geschichte des Tarifwesens. Dass diese in die Jahre gekommene Repräsentation von Kernelementen der sozialen Demokratie berechtigten Erwartungen nicht entsprechen kann, hat die 2019 präsentierte Wechselausstellung »Weimar: Vom Wesen und Wert der Demokratie« (DHM 2019) gezeigt. Sie räumte z. B. der Entstehung der Arbeitslosenversicherung 1927 einen angemessenen Platz ein. Das gleichzeitig mit der Wechselausstellung eröffnete innovative »Demokratie-Labor« dagegen verzichtete leider darauf, das Thema Demokratie in der Wirtschaft aufzurufen. Man darf gespannt sein, wie die in Angriff genommene neue Dauerausstellung die Thematik behandeln wird.

Das Bonner Haus der Geschichte hat den Themen »Tarifvertrag« und »Mitbestimmung« zwei eigene Inszenierungen gewidmet, die in der Form eines Rondells präsentiert werden. Am Rondell Mitbestimmung erfährt man: »Die Mitbestimmungsgesetze von 1951/52 beteiligen die Beschäftigten an Entscheidungen der Unternehmen«. Gemeint sind das Montanmitbestimmungsgesetz von 1951 und das Betriebsverfassungsgesetz von 1952. Im Katalog ist zu lesen, dass das Betriebsverfassungsgesetz nur eine Drittelbeteilung der Arbeitnehmer*innen in Aufsichtsräten von Kapitalgesellschaften vorsieht – eine Regelung, die jedoch mit dem Mitbestimmungsgesetz von 1976 für Kapitalgesellschaften mit mehr als 2.000 Beschäftigten der paritätischen Mitbestimmung angenähert worden ist (Stiftung HdG 2019, S. 120–122). Dies bleibt in der Ausstellung unerwähnt, denn das Rondell zeigt den Stand von Anfang der 1950er Jahre.

Im zweiten Rondell geht es um Tarifautonomie und als Beispiel für »Erste Tarifauseinandersetzungen« um den Streik der IG Metall in Bayern 1954. Der Katalog geht auf den Bayernstreik nicht ein, vielleicht auch deshalb, weil es sich um einen untypischen Streik gehandelt hat. Er war keine schlichte Lohnbewegung, wie es sie schon in den Jahren zuvor zahlreich gegeben hatte. Der von der IG Metall dilettantisch geführte Streik war ein innergewerkschaftlicher Prestigekampf, der schließlich die sozialpartnerschaftliche Zusammenarbeit in Bayern vorerst zerrüttete, zur Maßregelung gewerkschaftlicher Vertrauensleute und sogar zur Entlassung von Betriebsräten führte, die sich rechtswidrig aktiv am Streik beteiligt hatten. Auf Arbeitgeberseite und in Teilen der Öffentlichkeit machte das Wort vom »sozialen Bürgerkrieg« die Runde. Der sich über viele Wochen hinziehende Streik wäre beinahe mit einer vollständigen Niederlage der IG Metall geendet (Schmidt 1995). Organisationspolitisch war dieser Streik für die IG Metall die schwerste Niederlage seit 1945 (Kittner 2005, S. 633–635).

Die in den Glasvitrinen des Rondells ausgestellten Dokumente geben erfreulicherweise detailliert Auskunft. Doch stellt sich schon die Frage, ob anhand dieses Beispiels die Funktionsweise der Tarifautonomie dargestellt werden kann. Das Streikgeschehen in der Bundesrepublik – organisierte und wilde Streiks sowie Aussperrungen – ist so vielfältig gewesen, dass eine multiperspektivische Darstellung wünschenswert wäre. Es ist deshalb erfreulich, dass das Thema Streik auch an anderen Stellen der Ausstellung berührt wird, wie etwa der Streik der Drucker von 1978, der in einen Tarifvertrag für den sozialverträglichen Umbau der Druckindustrie mündete (Stiftung HdG 2019, S. 237).

An anderer Stelle geht es – beeindruckend inszeniert – um den IG-Metall-Streik in Schleswig-Holstein von 1956/57. Im Katalog wird zutreffend ausgeführt, dass dieser längste Arbeitskampf in der Geschichte der Bundesrepublik um die Lohnfortzahlung für Arbeiter im Krankheitsfall geführt wurde und das Ziel des Arbeitskampfes nur teilweise erreicht werden konnte. Allerdings werden wichtige Details des Streiks in der Ausstellung unzutreffend wiedergegeben und die nachfolgende Verhandlung vor dem Bundesarbeitsgericht nicht erwähnt (Jäger 2020, S. 99/100).

Die Darstellung der Themen »Mitbestimmung« und »Tarifautonomie« hat einen klaren Fokus auf die 1950er Jahren und kann so die bedeutsamen Entwicklungen der folgenden rund 70 Jahre nicht erfassen. Vom nicht erwähnten Mitbestimmungsgesetz 1976 war schon die Rede. Die faktische Neufassung des Betriebsverfassungsgesetzes von 1972, die Einführung Europäischer Betriebsräte seit 1996 und die Weiterentwicklung der Unternehmensmitbestimmung in der Europäischen Aktiengesellschaft seit 2004 sind Etappen, die in der Geschichte der Mitbestimmung erzählt werden müssen. Dazu gehört auch, die rückläufige Anwendung der Gesetze zu thematisieren, die die Möglichkeiten der Mitbestimmung immer weiter einengen.

Auch die Tarifautonomie hat seit den 1950er Jahren bedeutsame Entwicklungen durchgemacht. Neben dem Streik war die Aussperrung ein häufig eingesetztes Kampfmittel von Arbeitgeberseite. Die Änderung des »Streikparagrafen« 116 AFG/146 SGB III im Jahr 1986 bedeutete eine gewichtige Einschränkung des Streikrechts, da nun »kalt« Ausgesperrte kein Arbeitslosengeld mehr erhielten. Grundlegend hat sich die Tarifautonomie mit der Einführung des gesetzlichen Mindestlohns verändert. Der Staat übernimmt mehr Verantwortung. Und der immer weiter voranschreitende Ausstieg von Unternehmen aus der Tarifbindung befördert schon seit Jahren die verstärkten Bemühungen, mithilfe des Instruments der Allgemeinverbindlicherklärung von Tarifverträgen die wachsenden Lücken zu schließen. Wie viel von diesen Themen man in einer Ausstellung zur Geschichte Deutschlands seit 1945 zeigen kann, ist sicher diskussionswürdig. Aber mehr als bisher dürfte man in der kommenden neuen Dauerausstellung sicher erwarten.

Im Zeitgeschichtlichen Forum in Leipzig wird die Entwicklung der ersten Nachkriegsjahre kurz gestreift: Der 1946 als Einheitsgewerkschaft gegründete FDGB wurde zum »Transmissionsriemen« der SED umfunktioniert und die zahlenmäßig größte Massenorganisation der DDR. Die Bitterfelder Konferenz des FDGB von 1948 »markierte den endgültigen Bruch mit alten Gewerkschaftstraditionen«, wird im Katalog zu Recht festgestellt, ohne jedoch auf die Abschaffung der Betriebsräte und ihre Ersetzung durch die Betriebsgewerkschaftsleitungen hinzuweisen (Stiftung HdG 2012, S. 39 f.). Der Prozess der deutschen Einigung ab 1989 wird ausschließlich mit Blick auf die politischen und wirtschaftlichen Veränderungen durch den Staatsvertrag zur Währungs-, Wirtschafts- und Sozialunion dargestellt. Dass mit der Sozialunion auch das soziale Sicherungssystem und das duale System der Interessenvertretung der Bundesrepublik Deutschland auf die damals noch existierende DDR übertragen wurden, ist überhaupt kein Thema. Gesamtdeutsche Gewerkschaften entstanden und die Mitbestimmung im Betrieb und in den Unternehmen wurde eingeführt. Dazu erfährt man leider gar nichts. In den mittlerweile mehr als 30 Jahren Transformationsgeschichte kommen in Multimediastationen Politiker*innen sowie der Wirtschaftsexperte, der Treuhandvorstand, der Betriebsdirektor und die Existenzgründerin zu Wort. Aber Betriebsräte oder Gewerkschafter*innen sind nicht gefragt worden. Lediglich in einer Installation zur Gründungsgeschichte von Opel Eisenach wird die Gedankenskizze eines Betriebsrates präsentiert.

Die anderen untersuchten Dauerausstellungen erheben nicht den Anspruch, eine umfassende chronologische Gesellschaftsgeschichte zu präsentieren. Verweise auf Tarifvertrag und Mitbestimmung sind nur sporadisch zu finden, sodass lediglich noch knappe Schlaglichter geworfen werden sollen.

Das Museum der Arbeit setzt sich in seiner Abteilung zur Geschichte des Buchdrucks mit dem ersten Flächentarifvertrag im Druckgewerbe von 1873 auseinander, einem Meilenstein der Tarifgeschichte (Jäger 2020, S. 127–128). In diesem Kontext wird auf die Diskriminierung von Frauen im Druckgewerbe hingewiesen. Der Flächentarifvertrag sei das Instrument gewesen, mit dem die Buchdruckergehilfen sich gegen den Einsatz von Nicht-Fachkräften bei der Einrichtung von Druckmaschinen gesperrt hätten, und dies seien vor allem Frauen gewesen. Der Tarifvertrag regelte auch die Frage der Maschinenbesetzung einvernehmlich zwischen Unternehmern und Gehilfen – auf Kosten der Angelernten und besonders der Frauen. Diese berechtigte geschlechtergeschichtliche Perspektive abstrahiert aber völlig davon, dass der Tarifvertrag eben die Einschränkung der Konkurrenz auf Seiten der abhängig Beschäftigten zum Ziel hat. Dass dieses Ziel in den 1870er Jahren und viele Jahrzehnte danach auch um den Preis des Ausschlusses von Frauen verfolgt wurde, ist ein besonderer, wichtiger Akzent dieser Ausstellung, eine agonale Erinnerung, die die Diskussion um die immer noch bestehende Lohnungleichheit der Geschlechter nur bereichern kann.

Das Ruhr Museum in Essen gibt der Geschichte des sozialen Konflikts einen breiten Platz. Beginnend mit der Etappe der Hochindustrialisierung ab 1870 steht die Darstellung der sozialen Kämpfe an der Ruhr im Mittelpunkt der Ausstellung. Wird die Entstehungsgeschichte der organisierten Bergarbeiterbewegung nur sparsam vorgestellt, werden die großen Bergarbeiterstreiks von 1872 bis 1912 anhand von Zeitungsausschnitten, Flugblättern, Fotos und Bildern ausführlicher präsentiert und mit einer kleinen Inszenierung – Pickelhaube und Degen als Symbol staatlicher Unterdrückung – begleitet. Einen ähnlich prominenten Platz haben der Ruhrkampf von 1920 und ab den 1950er Jahren die Kämpfe für den Erhalt von Bergwerken und Stahlhütten mit vielfältigen Plakaten, Bildern und Medienstationen mit überaus beeindruckenden Filmdokumenten. Die Regulierung dieser Konflikte kommt dagegen nur am Rande vor. Gewerkschaften, betriebliche Mitbestimmung und Unternehmensmitbestimmung werden erwähnt, allerdings ausführlicher nur in drei von rund dreißig Themeninseln. Der Betriebsrat als besondere Institution der sozialen Demokratie findet keine explizite Erwähnung. Fast scheint es, als seien Tarifvertrag und Mitbestimmung eine solche Selbstverständlichkeit an der Ruhr, dass man sie nicht prominenter thematisieren müsse. Dazu passt aber nicht, dass die Montanmitbestimmung mit dem Ende des Steinkohlenbergbaus zum Auslaufmodell geworden ist.

In ähnlicher Weise wird im hier betrachteten Teil der neuen Dauerausstellung im Deutschen Bergbau-Museum die Geschichte der industriellen Beziehungen im Bergbau erzählt. Der Klassenkonflikt wird visualisiert, indem die Bergbauunternehmer und die Bergleute auf gegenüberliegenden Seiten platziert werden. Während man die führenden Köpfe der Unternehmer als Gemälde und Büste auf der Vorderseite ihrer Vitrine präsentiert hat, werden auf der gegenüberliegenden Vitrine Gruppenbilder von Bergleuten gezeigt und eine Bergarbeiterbiografie ausführlicher präsentiert (Jäger 2020, S. 155–173). Die Geschichte sozialer Konflikte an der Ruhr im Ersten Weltkrieg und in der Weimarer Zeit wird nur kurz abgehandelt: »Rüstung, Reparationen, Umsturz«. Die Essener Sozialisierungsbewegung ist mit wenigen Originaldokumenten vertreten, der Ruhrkampf 1920 mit der Roten Ruhr-Armee im Nachgang zum Kapp-Putsch wird nicht erwähnt. Auch das Ringen um den Tarifvertrag im Ruhrbergbau, der ab 1923 nur durch staatliche Zwangsschlichtung am Leben erhalten werden konnte, ist kein Thema.

Am meisten verwundert, dass die Betriebsratswahlen im Ruhrbergbau, die seit 1920 in der Regel jährlich stattfanden, überhaupt keine Erwähnung finden. Dies ändert sich für die Zeit nach 1945. Die Geschichte der kollektiven Interessenvertretung wird anhand zahlreicher Ausstellungsstücke präsentiert, wie die epochale Durchsetzung der Montanmitbestimmung nach der Streikandrohung 1951. Jedoch ist insgesamt die Rolle des Steinkohlenbergbaus als das Laboratorium der deutschen Sozialpolitik und als ein entscheidender Motor der Demokratisierung nur in Ansätzen entfaltet (Mitchell 2013, S. 12–42; Brüggemeier 2018, S. 210–213). Man wird fragen dürfen: Ist die Geschichte der Steinkohle jetzt Vergangenheit, die der Gegenwart und Zukunft nichts mehr zu sagen hat? Was wird aus der Montanmitbestimmung nach dem Ende des Steinkohlenbergbaus? Wie können die Erfahrungen der Bergarbeiterbewegung weitergegeben werden und was sagen sie den Besucher*innen für die heutigen und kommenden Herausforderungen? Das Narrativ des erfolgreichen Kampfes der Bergarbeiterbewegung sollte deutlicher im Sinne einer reflexiven, zukunftsgewandten Nostalgie gewendet werden.

Wolfgang Jäger

Das Brüsseler Geschichtsmuseum präsentiert europäische Geschichte, ohne das Thema der industriellen Beziehungen substantiell zu bearbeiten. In der Industrialisierungsgeschichte tauchen die Gewerkschaften auf, die die neu entstandene Arbeiterklasse repräsentieren und denen die Bourgeoisie gegenübersteht, was inszenatorisch durch die mittige Präsentation eines Dampfhammers zwischen Proletariat und Bourgeoisie sehr ansprechend in Szene gesetzt ist. Zahlreiche Fotografien geben einen ersten Eindruck von der Entwicklung der Arbeiterbewegung in verschiedenen europäischen Ländern (Jäger 2020, S. 214–215).

Die Entwicklung des Wohlfahrtsstaates wird in der Ausstellung noch einmal im Zusammenhang mit dem Ende des Booms aufgegriffen und mit der Rolle der Gewerkschaften thematisiert. Der erste »European March against Unemployment« von 1978 und der Bergarbeiterstreik in Großbritannien 1984/1985 werden als Beispiele für die Zeitenwende dokumentiert. Damit ist die Geschichte des Wohlfahrtsstaates in Europa beendet.

Eine Ausstellung zum europäischen Sozialmodell steht in der Tat vor dem Dilemma, dass es eine große Vielfalt an nationalstaatlich geprägten Wohlfahrtsstaaten gibt. Die Europäische Union als supranationale Einheit hinkt auf dem Gebiet der Sozialpolitik ihrer Entwicklung in wirtschafts- und gesellschaftsrechtlicher Hinsicht weit hinterher. Auf dem Gebiet der industriellen Beziehungen ist einzig die Richtlinie über Europäische Betriebsräte von 1994 ein europäischer Gesetzesakt, der ein Tor zur Harmonisierung der Mitbestimmung in Europa öffnete (Müller-Jentsch 2019, S. 41–48). Wenn das Haus der Europäischen Geschichte nur Geschichten erzählen möchte, die Europa als Ganzes angehen, wäre der Europäische Betriebsrat ein geeigneter Gegenstand. Das geschieht aber nicht.

Schluss

Soziale Demokratie ist nur ein Nischenthema im kulturhistorischen Museum. Es gibt zumindest in Deutschland kein Museum, das sich der Geschichte und Zukunft der sozialen Demokratie wenigstens in einer Sonderausstellung gewidmet hätte. Die Sonderausstellungen in den vergangenen Jahren rückten das Thema Arbeit oder die Geschichte der Arbeiterbewegung in den Mittelpunkt, doch die Institutionen der sozialen Demokratie blieben außen vor. Es gibt beeindruckende Wanderausstellungen zur Geschichte der Mitbestimmung, die jedoch ohne dreidimensionale Exponate und Originaldokumente auskommen müssen.

Die Museen, die den Anspruch haben, Demokratiegeschichte auszustellen, sind besonders gefordert, die soziale Demokratie in die Gesamtgeschichte der Demokratie zu integrieren, wenn sie ihren Besucher*innen nicht nur eine halbe

Demokratie bieten wollen. Und es ist an der Zeit, dass nicht nur anlässlich eines Landesjubiläums ein ganzes Museum geschaffen wird, sondern auch die Geschichte der sozialen Demokratie einen eigenen Ort findet. Dafür gibt es in den kommenden Jahren zahlreiche Jahrestage und Zehntausende von Betriebs- und Personalrät*innen, die viel beitragen könnten. Partizipation im kulturhistorischen Museum ist mehr als entwicklungsfähig.

Literatur und Quellen

Balibar, Etienne (1989/2012): Gleichfreiheit – Politische Essays. Berlin: Suhrkamp.
Baur, Joachim (Hrsg.) (2013): Museumsanalyse. Methoden und Konturen eines neuen Forschungsfeldes, 2. Auflage. Bielefeld: transcript.
Berger, Stefan (2019): Industrial Heritage and the Ambiguities of Nostalgia for an Industrial Past in the Ruhr Valley, Germany. In: Labor. Studies in Working-Class History 16, S. 37–64.
Borsdorf, Ulrich/Grütter, Heinrich Theodor (Hrsg.) (2010): Ruhr Museum. Natur. Kultur. Geschichte (Katalog). Essen: Klartext.
Brüggemeier, Franz-Josef (2018): Grubengold. Das Zeitalter der Kohle von 1750 bis heute. München: C. H. Beck.
Bull, Anna Cento/Hansen, Hans Lauge (2016): On Agonistic Memory. In: Memory Studies 9, S. 390–404.
DHM (2019): Deutsches Historisches Museum: Weimar – Vom Wesen und Wert der Demokratie, www.dhm.de/ausstellungen/2019/demokratie-2019/weimar/ (Abruf am 28.5.2021).
Fliedl, Gottfried (2016): Mein ideales Museum, http://museologien.blogspot.com/2016/08/mein-idealoes-museum-eine-vorlaufige.html (Abruf am 28.5.2021).
France, Anatole (1894/1925): Die rote Lilie. München: Reclam.
Gesser, Susanne/Gorgus, Nina/Jannelli, Angela (Hrsg.) (2020): Das Subjektive Museum. Partizipative Museumsarbeit zwischen Selbstvergewisserung und gesellschaftspolitischem Engagement. Bielefeld: transcript.
Habsburg-Lothringen, Bettina (Hrsg.) (2012): Dauerausstellungen. Schlaglichter auf ein Format. Bielefeld: transcript.
Hertfelder, Thomas/Lappenküper, Ulrich/Lillteicher, Jürgen (Hrsg.) (2016): Erinnern an Demokratie in Deutschland. Demokratiegeschichte in Museen und Erinnerungsstätten der Bundesrepublik. Göttingen: Vandenhoeck & Ruprecht.
Jäger, Wolfgang (2020): Soziale Bürgerrechte im Museum. Die Repräsentation sozialer Demokratie in neun kulturhistorischen Museen. Bielefeld: transcript.

Kittner, Michael (2005): Arbeitskampf. Geschichte – Recht – Gegenwart. München: C. H. Beck.

Kocka, Jürgen (2006): Ein chronologischer Bandwurm. Die Dauerausstellung des Deutschen Historischen Museums. In: Geschichte und Gesellschaft 32, S. 398–411.

Kritter, Sabine (2020): Museale Repräsentationen von Arbeit. Das Ruhr Museum und das Chicago Museum. Diss., Bochum.

Levy, Daniel/Sznaider, Natan (2001): Erinnerung im globalen Zeitalter: Der Holocaust. Frankfurt am Main: Suhrkamp.

Linnemann, Dorothee (Hrsg.) (2018): Damenwahl! 100 Jahre Frauenwahlrecht. Ausstellungskatalog. Frankfurt am Main: Societäts-Verlag.

Lüdtke, Hartwig (2015): 25 Jahre Technoseum. Nichts ist spannender als Technik. Mannheim: Theiss.

Marshall, Thomas H. (1947/1992): Bürgerrechte und soziale Klassen. Zur Soziologie des Wohlfahrtsstaates. Frankfurt am Main: Campus.

Meyer, Thomas (2020): Was von der Arbeiterbewegung bleibt. In: Kruke, Anja/Berger, Stefan/Rudolph, Karsten (Hrsg.): Helga Grebing. Wissenschaft in gesellschaftlicher Verantwortung. Bonn: Friedrich-Ebert-Stiftung, S. 47–56.

Müller-Jentsch, Walther (2019): Mitbestimmung. Arbeitnehmerrechte im Betrieb und Unternehmen. Wiesbaden: Springer VS.

Müller-Jentsch, Walther (2020): Die Montanmitbestimmung aus sozialwissenschaftlicher Perspektive: Entstehung – Wirkung – Rechtfertigung. In: Jäger, Wolfgang/Lauschke, Karl/Mittag, Jürgen (Hrsg.): Mitbestimmung im Zeichen von Kohle und Stahl. Debatten um die Montanmitbestimmung im nationalen und europäischen Kontext. Essen: Klartext, S. 307–329.

Ottomeyer, Hans/Czech, Hans-Jörg (Hrsg.) (2015): Deutsche Geschichte in Bildern und Zeugnissen. 3. Auflage. Berlin: Deutsches Historisches Museum.

Piketty, Thomas (2017/2020): Kapital und Ideologie. München: C. H. Beck.

Piontek, Anja (2017): Museum und Partizipation. Theorie und Praxis kooperativer Ausstellungsprojekte und Beteiligungsangebote. Bielefeld: transcript.

Radonic, Ljiljana/Uhl, Heidemarie (Hrsg.) (2020): Das umkämpfte Museum. Zeitgeschichte ausstellen zwischen Dekonstruktion und Sinnstiftung. Bielefeld: transcript.

Schelsky, Helmut (1953/1965): Die Bedeutung des Schichtungsbegriffs für die Analyse der gegenwärtigen deutschen Gesellschaft. In: Schelsky, Helmut (Hrsg.): Auf der Suche nach der Wirklichkeit. Düsseldorf, S. 331–336.

Schmidt, Rudi (1995): Der Streik in der bayerischen Metallindustrie von 1954. Lehrstück eines sozialen Konflikts. Frankfurt am Main: Bund.

Spickernagel, Ellen/Walbe, Brigitte (Hrsg.) (1979): Das Museum. Lernort contra Musentempel. Gießen: Anabas.

Stiftung HdG – Stiftung Haus der Geschichte der Bundesrepublik Deutschland (Hrsg.) (2012): Unsere Geschichte. Deutschland seit 1945. Bielefeld: Kerber.

Stiftung HdG – Stiftung Haus der Geschichte der Bundesrepublik Deutschland (Hrsg.) (2019): Unsere Geschichte. Deutschland seit 1945. Bielefeld: Kerber.

Stiftung Haus der Geschichte der Bundesrepublik Deutschland/Zeitgeschichtliches Forum Leipzig (Hrsg.) (2012): Demokratie jetzt oder nie! Diktatur – Widerstand – Alltag, 3. aktualisierte Auflage. Leipzig.

Thiemeyer, Thomas (2018): Geschichte im Museum. Theorie – Praxis – Berufsfelder. Tübingen: UTB.

Thiemeyer, Thomas (2019): Politisch oder nicht: Was ist ein Museum im 21. Jahrhundert. In: Blätter für deutsche und internationale Politik 10, S. 113–119.

Gleichheit

Gleichheitsversprechen und ihr Erinnern im geteilten und vereinten Deutschland

Christoph Lorke

Die Beschäftigung mit sozialer Ungleichheit führt theoretisch, ideologisch und empirisch auf ein komplexes Feld. Sprech- und Denkweisen hierüber spiegeln nicht nur das Verhandeln sozioökonomischer Infrastrukturen einer bestimmten Gesellschaft, sondern letztlich immer auch Akzeptanz- und Machtfragen. Diese Beobachtung gilt insbesondere für die Erinnerungen an (Un-)Gleichheitsdeutungen, -wahrnehmungen und -interpretationen, wurden bzw. werden doch daraus aktuelle politische Forderungen abgeleitet und vergangene legitimiert. Diese Kontroversität ist vorrangig auf die relative Unbestimmtheit und Offenheit des Begriffs »(Un-)Gleichheit« zurückzuführen.

Es ist immer eine Frage politisch-ethischer Normen, worin und in welchem Umfang Gleichheit konkret hergestellt werden soll (Ebert 2015). Weil die Rede von »Gleichheit« immer Verschiedenes meint, lösen Meinungsvielfalt und diskrepante Ansichten teils heftige Deutungskämpfe und abweichende Erinnerungsformen aus. Da Definitionen und Diagnosen sozialer Ungleichheit historisch wandelbar sind und diese erst durch normative Definitions- und Konstruktionsleistungen sichtbar wird – denn letztlich erlangt nicht die Ungleichheit an sich Bedeutung, sondern vielmehr deren Wahrnehmung, Kommentierung und interpretatorische Einbettung in das herrschende gesellschaftliche Selbstverständnis (Nußberger 2010, S. 336) –, sind erinnerungskulturelle Aneignungen umso deutungsoffener.

Nachfolgend werden Erzählungen über »Gleichheit« in Erinnerung und Geschichte nach 1945 analysiert – und zwar für das geteilte und vereinte Deutschland. Anhand verschiedener Fallbeispiele werden hierfür Konjunkturen, Dynamiken und Konflikte beim Wahrnehmen, Diskutieren und Erinnern von »Gleichheit« skizziert. Dabei wird deutlich: Soziale Gleichheit wurde intellektuell und parteipolitisch weniger als Ist-Zustand, sondern vielmehr als ein dynamischer Prozess verstanden. Wenn nun danach gefragt wird, wann soziale Ungleichheiten von wem und mit welchen erinnerungsrelevanten Verweisen als »korrekturbedürftig« (Nußberger 2010, S. 341) identifiziert worden sind, wird damit ein wichtiges Problemfeld für die zeithistorische Forschung angesprochen – denn soziale Ungleichheit ist konstitutives Moment jeder Gesellschaft (Mergel 2013).

Indem im Folgenden die Kategorie »soziale Ungleichheit« im Spiegel der jeweiligen »Erinnerungshaushalte« profiliert wird, geraten sozial- bzw. wohlfahrtsstaatliche Entwicklungen aus der Perspektive einer deutsch-deutschen Geschichte der Gleichheitsvorstellungen in den Blick. Die konkurrierenden Leitbilder sozialer Gerechtigkeit, unterschiedliche sozialpolitische Gestaltungsprinzipien, abweichende Reformmodelle und Zukunftsszenarien versprechen kontroverse inner- wie zwischenstaatliche Aushandlungskämpfe und Einblicke in die wichtigsten erinnerungskulturellen Referenzen und Dynamiken.

Akteure, Praktiken, (retrospektive) Deutungen: »Gleichheit« und Konjunkturen von Erinnerungsmustern vor 1989/90

Bundesrepublik Deutschland

Das Grundversprechen moderner Sozialstaatlichkeit lautete von Anfang an, aufgrund der begrifflichen Vorbelastung und vor dem Hintergrund des Kalten Krieges, weniger Gleichheit, sondern Sicherheit. Acht Jahre nach dem Ende des Zweiten Weltkrieges erinnerte die Bundesregierung an Vergangenes und nutzte die (Über-)Betonung sozialer Sicherheit in geschickter Manier zur affirmativen Rückbesinnung und somit Werbung in eigener Sache (Presse- und Informationsamt 1953). Diese Fokussierung hatte auch mit der dramatischen Umbrucherfahrung der »Zusammenbruchgesellschaft« (Christoph Kleßmann) und dem notorischen Unsicherheitsempfinden nach 1945 zu tun (Hockerts 2011, S. 286).

Bereits in der Frühphase der Bundesrepublik, als die Grundpfeiler für die sozialmarktwirtschaftliche Ausrichtung gelegt wurden, zeigte sich das Spannungsverhältnis zwischen Freiheit und Gleichheit, das sodann zunächst vor allem auf eben jene Sicherheit fokussierte und dadurch harmonisierend wirkte: Ordoliberale Vertreter der »Freiburger Schule« präferierten einerseits die Freiheit der Bürger auf dem Markt und eine klar antiegalitäre Stoßrichtung. Sie vermuteten in einem gewissen Grad an Ungleichheit einen Stimulus wirtschaftlicher Dynamik (Eigenvorsorge statt Kollektivsorge, privat-individualisierte statt gesellschaftlich-solidarisierte Sozialpolitik).

Die christliche Soziallehre bewegte sich zwischen umverteilendem Wohlfahrtsstaat und einem radikalfreiheitlichen Minimalstaat. Sie akzentuierte die Ideen der Solidarität und das bereits aus Weimarer Zeit bekannte Prinzip der

Subsidiarität. Beide sollten zu zentralen Bestandteilen bundesdeutscher Sozialstaatlichkeit avancieren: Solidarität im Falle der Erwerbsunfähigkeit bzw. -losigkeit auf der einen, klar markierte Grenzen des Sozialstaates durch Subsidiarität und folglich Schaffung von Angeboten für eine Hilfe zur Selbsthilfe und Eigeninitiative auf der anderen Seite.

Die sich hieraus entwickelnden frühen sozialpolitischen Maßnahmen sind stets im Zusammenhang einer umfassenden »Versicherheitlichung« des Sozialen zu interpretieren, die sich zwischen den Polen »Freiheit« und »Gleichheit« bewegte. Bereits in der Regierungserklärung Adenauers aus dem Jahr 1953 lassen sich die gängigen Ordnungskonzepte ablesen, die von einer Gleichheit der Startvoraussetzungen nach Kriegsende ausgingen, welche es individuell zu nutzen galt (Adenauer 1953, S. 3).

Für die SPD taucht der Begriff der sozialen Sicherheit nebst Gerechtigkeit – nicht jedoch der Begriff »Gleichheit« – im Godesberger Programm einige Jahre später und somit in Reaktion darauf gleich mehrfach auf. Dies sollte die sicherheitsaffine und gleichzeitig egalitäre Grundausrichtung ihrer Politik unterstreichen und zugleich Unterschiede zur regierenden CDU oder zu den Liberalen konturieren. Wollten Letztere anders als die Sozialdemokrat*innen Forderungen nach gleicher Freiheit nicht auf alle Lebensbereiche ausdehnen, sprach die SPD von den gegebenen Voraussetzungen, den »Lebensstandard stärker als bisher zu erhöhen und die Not und das Elend zu beseitigen, die noch immer viele Menschen bedrücken« (SPD 1959, S. 142, 226).

Zwar knüpfte die Sozialdemokratie damit begrifflich und auch in der Erinnerung an die Prinzipien der Französischen Revolution an, präzisierte indes den traditionellen Gleichheitsbegriff, indem sie auf die Herstellung gleicher Freiheit – im Sinne einer Gleichwertigkeit der Start- und Lebenschancen – zielte (Meyer 1981). Mit dem Parteiprogramm des Jahres 1959 war der Übergang von der Klassen- zur (linken) Volkspartei vollzogen, nachdem die SPD registriert hatte, dass das Postulat einer Überwindung des Kapitalismus und damit verbundene Forderungen nach Gleichheitsherstellung keine Wählermehrheiten zu generieren vermochten. Das Ergebnis war neben dem Bekenntnis zur sozialen Marktwirtschaft ein wohlfahrtsstaatlich-keynesianisch gesteuerter Kapitalismus als Grundpfeiler künftiger sozialdemokratischer Gesellschaftspolitik mit einer charakteristischen Verschränkung aus Wachstumsversprechen, Umverteilung und Konjunkturpolitik. Mit der sozialen Demokratie sollte sich fortan das Versprechen wirtschaftlicher, sozialer und kultureller Teilhabe für alle verbinden.

Abgesehen von diesen innerparteilichen ideologischen Unterschieden, die zentrale Anknüpfungspunkte für spätere Erinnerungsformen werden sollten, strukturierte eine weitere Besonderheit das sozialpolitische Sprechen und Handeln maßgeblich mit: Denn verschiedene sozialpolitisch revolutionäre Maßnahmen – insbesondere die post festum als »größte Sozialreform« (Weiß 2007, S. 47 f.) bezeichnete Einführung der dynamischen Altersrente 1957 und ihre sodann erinnerungskulturell von CDU wie SPD (Vogel 1989, S. 164) perpetuierte Bedeutung – können kaum losgelöst von deutschlandpolitischen Konstellationen betrachtet werden.

Sozialpolitische Maßnahmen wie diese sollten nicht nur innenpolitische Zweifler*innen überzeugen, sondern auch gen Osten ausstrahlen, um dadurch die Überlegenheit des demokratisch-kapitalistischen Systems gegenüber dem Sozialismus zu demonstrieren. Denn Sozialpolitik in jenen Jahren war stets Ideologie-, Legitimitäts- und somit immer auch erinnerungskulturell aufgeladene Symbolpolitik. Die Erarbeitung trag- und zukunftsfähiger Gesellschaftspolitik und die Überwindung überkommener Ungleichheit (das »bessere« Deutschland) war den jeweiligen Regierungsverantwortlichen stets Spiegel und Gradmesser für Freiheit, Gerechtigkeit und ein sozial wie ökonomisch fortschrittlicheres Leben. Sozialpolitik innerhalb des Systemwettkampfes galt folglich als Maßstab hinsichtlich der Frage, welcher der beiden Teilstaaten die günstigeren gesellschaftlichen Bedingungen für die Entfaltung seiner Bevölkerung offerieren würde.

Diese besondere Konkurrenzsituation, die zumal unter dem Eindruck des deutschen »Wirtschaftswunders« und dem wirkmächtigen, nach innen wie außen ausstrahlenden Erhard'schen Label »Wohlstand für alle« stand, begründet auch den Erfolg sozialwissenschaftlicher, »gleichheitsrelevanter« Großentwürfe jener Jahre. Vermeintlich auf soziale Nivellierung und das Aufgehen der Bevölkerungsmehrheit in einer einzigen Gesellschaftsschicht abzielende Gesellschaftsbilder – Theodor Geigers »Klassengesellschaft im Schmelztiegel« oder Helmut Schelskys »nivellierte Mittelstandsgesellschaft« – stehen erstens für die um sich greifende Sehnsucht nach einer entdifferenzierten Gesellschaft und knüpften in ihrer sozialharmonisierenden Ausrichtung wohl kaum zufällig an vergangene Konzeptionen einer »Volksgemeinschaft« an. Zweitens repräsentieren sie einen deutlichen Kontrast zu »ungleicheren« Gesellschaftsimaginationen.

Sowohl mit Blick auf die Vergangenheit – hier wurde vor allem die Zwischenkriegszeit und noch genauer: die Spätphase der Weimarer Republik als soziales Negativbild bemüht, der Nationalsozialismus indes weitgehend ausgeblendet – als auch auf das ostdeutsche Pendant lässt sich in diesem doppelten Referenzraum eine Besonderheit im gesellschaftlichen Umgang mit bestehender sozialer Ungleichheit ablesen.

Dieser wirkmächtige Interpretationsrahmen sollte maßgebend auch späteres Sprechen hierüber prädeterminieren. Zahlreiche Autor*innen und Politiker*innen waren nämlich überzeugt, der Sozialstaat sei derart leistungsfähig, dass niemand Not leiden müsse. Gewissermaßen als »Nebeneffekt« wurde dadurch das Deutungsmuster einer Individualisierung noch bestehender sozialer Nöte bereits zeitgenössisch befördert. »Das Versorgungsproblem der breitesten Schichten konnte gelöst werden«, so das retrospektive Urteil Müller-Armacks, der 1966 gleichzeitig erinnerte wie vorausblickte: »In dieser klassenlosen Gesellschaft ist nicht mehr Stand und Klasse das Problem, sondern der einzelne« (Müller-Armack 1966, S. 270f.).

Vor dem Hintergrund des stetigen Ausbaus des Systems sozialer Sicherheit, von Wirtschaftswachstum, Vollbeschäftigung und steigenden Reallöhnen herrschte verbreiteter Optimismus, Gesellschaft aktiv steuern und soziale Probleme grundsätzlich beherrschen zu können – allein durch eine individuelle Beteiligung am wirtschaftlichen Aufschwung und somit durch das Versprechen der Verwirklichung formaler Gleichheit. In jener expansiven Phase des bundesdeutschen Sozialstaats und insbesondere ab den ausgehenden 1960er Jahren waren die wohlfahrtsstaatlichen Leitbilder vor allem Chancengleichheit und Teilhabe – ein Begriffspaar, das bereits in der zeitgenössischen Erinnerungsarbeit prominent prononciert wurde.

In seiner Regierungserklärung im Oktober 1969 versprach Willy Brandt, man wolle sich künftig und anders als die Vorgängerregierungen besonders um diejenigen kümmern, die »trotz Hochkonjunktur und Vollbeschäftigung im Schatten leben müssen« (Brandt 1969, S. 29). Die nun auf Bundesebene regierende SPD glaubte an eine politische Plan-, Steuer- und Gestaltbarkeit ökonomischer und sozialer Verhältnisse. Fortschrittsoptimismus und Sicherheitsdenken als vereinende Maxime wurden nunmehr verstärkt auch auf soziale Randgruppen ausgedehnt. Dies sollte auf deren gesellschaftliche Marginalisierung, Chancenungleichheit und Stigmatisierung aufmerksam machen und schloss immer auch Erinnerungsformen an frühere, weitaus stärker exkludierende soziale Zustände an, was die eigene Sozialpolitik als progressiv konturieren sollte.

Die sozialstaatlichen und insbesondere die Sozialhilfeleistungen wurden vor dem Hintergrund dieser stark erinnerungskulturell und zugleich zukunftsoptimistisch argumentierenden Rhetorik deutlich ausgeweitet und der hilfeberechtigte Personenkreis vergrößert. Der vorherrschende Trend sowie die dahinterstehenden Gleichheitsüberlegungen waren von einer gezielten Inklusionsdynamik konturiert. Soziale Gerechtigkeit und Sicherung sollten demnach und in Abkehr von vorherigen Konzeptionen nicht allein in Notfällen greifen, sondern einen gewissen Lebensstandard auch für die sogenannten Wechselfälle des Lebens garantieren (Ehmke 1969, S. 136).

Dieser (Selbst-)Anspruch aus wirtschaftlicher Sicherheit und sozialem Fortschritt wurde bereits zeitgenössisch in Zwischenbilanzen zur sozialliberalen Regierungstätigkeit stetig betont und dadurch popularisiert (Presse- und Informationsamt der Bundesregierung 1971). Aktive Erinnerungsarbeit setzte demnach bereits frühzeitig ein – und die damit verbundenen Ziele sozialliberaler Gesellschaftspolitik (Teilhabe, Gleichheit der Lebenschancen, mehr Verteilungsgerechtigkeit) dominierten folglich auch in den späteren Erinnerungsmustern. Im Orientierungsrahmen '85 wurde etwa mit Blick auf jene Jahre vermerkt, »reale Freiheit und Gleichheit der Menschen« seien »zum erstenmal in der menschlichen Geschichte möglich geworden« (SPD 1975, S. 1, 8, 11).

Dass der US-amerikanische Philosoph John Rawls just in jenen Jahren mit seiner »Theorie der Gerechtigkeit« ein einflussreiches Konzept sozialer Gleichheit vorlegte, das die fundamentale und historisch tradierte Spannung zwischen Freiheit und Gleichheit aufgriff, passt in das Bild: Klassisch liberale Grundrechte wie Meinungs- und Religionsfreiheit würden mit einem »Differenzprinzip« (»So gleich wie möglich, so ungleich wie nötig«) hinsichtlich der Verteilung verfügbarer sozialer Güter konkurrieren. Nach dieser Auffassung seien soziale und wirtschaftliche Ungleichheiten so zu gestalten, dass sie jedem zum Vorteil dienten. Soziale Gleichheit sei demnach Voraussetzung für Gerechtigkeit, wobei Ungleichheit unter bestimmten Umständen legitim, da produktiv und somit vorteilhaft sei.

Umverteilungsmechanismen betrachtete Rawls grundsätzlich als nützlich, um ungerechtfertigte Ungleichheiten innerhalb einer Gesellschaft zu nivellieren – eben wie es bis zur Mitte der 1970er Jahre in vielen westlichen Gesellschaften durch keynesianistische Regulierung geschehen war (Rawls 1979). Gleichwohl war diese sozialpolitische Expansionspolitik nur dank hinreichender Wachstumsraten möglich. Die Sozialleistungsquote erreichte 1975 ihren Höchststand; das Sozialbudget betrug zu dieser Zeit ein Drittel des BIP und erreichte damit eine Rekordmarke. Recht abrupt endete dann (nicht nur) in der Bundesrepublik die »Blütezeit des Wohlfahrtsstaates« (Hartmut Kaelble). Auch die Konflikte um den Wohlfahrtsstaat wurden just seit dieser Zeit schärfer. Die Bundesregierung fühlte sich Mitte der 1970er Jahre zu Kürzungen, einer Haushaltskonsolidierung und Einsparungen bei der Arbeitsmarktpolitik veranlasst (Faulenbach 2011, S. 575–582). Spätestens mit der zweiten »Ölkrise« in den frühen 1980er Jahren erwachten die Westdeutschen aus ihrem »kurze[n] Traum immerwährender Prosperität« (Burkart Lutz).

Derart soziologisch, politisch und erinnerungskulturell etablierte Gleichheitsvorstellungen standen im Lichte des zusehenden Verlustes staatlicher Steuerungsfähigkeit und im Angesicht der »Grenzen des Wachstums« fortan stärker als zuvor auf dem Prüfstand. So betrachteten intellektuelle Kritiker wie Milton Friedman oder Friedrich August von Hayek soziale Ungleichheit als Triebfeder für das Funktionieren kapitalistischer Gesellschaften. Umbau (des Sozialstaates als Ganzes), Unsicherheit (etwa der Renten), Unter-/Überversorgung (bei den Sozialleistungen): Gerade von (liberal-)konservativer Seite mehrte sich die Kritik an der Idee und Wirklichkeit des bundesdeutschen Sozialstaates und abermals an der Dialektik und den Widersprüchen zwischen Freiheit und Gleichheit.

Die Parole »Freiheit statt Sozialismus« der CDU im Bundestagswahlkampf 1976 ist ganz prominent in dieser Reihe zu nennen, da sie einen Überdruss an linken Gesellschaftsentwürfen repräsentierte sowie ein Gegennarrativ zu den zuvor etablierten Erinnerungsmodi zu etablieren suchte – und damit gleichzeitig in der Kontinuität eigener Erinnerungsmodi stand. »Alle Wege des Sozialismus führen nach Moskau« (1953): Mehr Markt und weniger sozialstaatliche Daseinsvorsorge würden die aufkommenden Probleme lösen können, argumentierten Verfechter dieses Ansatzes. Mitunter wurden das sozialliberale Gleichheitsbestreben und der vermeintliche Gleichheitswahn gar mittels unverkennbarer Verbrämung der erfolgten Sozialpolitik zurückgewiesen (Schoeck 1979).

Dies alles bildet den Hintergrund für die zeitgleich um sich greifenden »Unregierbarkeits«-Debatten in den 1970er Jahren, die über das grundsätzliche Verhältnis von Staat und Gesellschaft geführt wurden. Die Erörterung zielte auch auf den Wohlfahrtsstaat, der, so die Implikation, bei den Bürger*innen immer größere Erwartungen schürte. Das damalige Reden von »Anspruchsinflation«, einem leistungsfeindlichen Sozialstaat und einer Überforderung staatlicher Leistungen fügt sich in dieses Bild. Sozialstaatlichkeit und die Verwirklichung von Gerechtigkeitsideen galten nicht wenigen als überflüssiger Luxus, welchen sich die Bundesrepublik angesichts aktueller Krisensymptome schlicht nicht mehr habe leisten können (Klages 1981). Auch mittels solcher Argumente funktionierte eine tagespolitisch strukturierte und stark gegenwartsorientierte Erinnerungsarbeit ex negativo und versuchte, Zustimmung durch gezielte Diskreditierung des sozialpolitisch Vergangenen zu generieren. Eines der bekanntesten Beispiele für diesen Paradigmenwechsel ist wohl die »Neue Soziale Frage«, die weniger mit ihrem intellektuellen Vordenker Kurt Biedenkopf, sondern vielmehr mit dem damaligen rheinland-pfälzischen Sozialminister Heiner Geißler identifiziert wurde und konservative gesellschaftspolitische Gerechtigkeitsbestrebungen (Rekultivierung der Familienpolitik, mehr Selbsthilfe und Eigeninitiative, weniger Staat) retrospektiv wie auch prospektiv affirmieren wollte.

Derartige sozialkonservative Überlegungen wurden in direkter Abgrenzung zum sozialdemokratischen Politikstil artikuliert und vereinten die (erinnerungsspezifisch überkommene wie politisch akute) Kritik an einer Überlastung gesellschaftlicher Systeme und den vermuteten Folgen unkontrollierbarer Verwaltungskosten. Dabei betrachtet dieser Ansatz die Grundwerte einer freiheitlichen Politik – Solidarität, Subsidiarität, Gleichheit und Gerechtigkeit – als gleichwertig, wobei eine Chancengleichheit gegenüber einer Ergebnisgleichheit bevorzugt wurde (Biedenkopf 1974). Der zentrale Befund Geißlers, in der Bundesrepublik lebten ungeachtet aller Investitionen und einer immensen Sozialstaatsexpansion sechs Millionen Menschen in Armut, brach jäh mit dem bisherigen Erinnerungskonsens bundesdeutscher Nachkriegsgeschichte, die Existenz jener Problemlagen in absehbarer Zeit effektiv bekämpfen zu können.

Diese Hinweise auf fragile sozialstaatliche Arrangements und dräuende Gleichheitsdefizite bargen einiges an Irritationspotenzial und kreisten um die Frage, wie soziale Sicherung angesichts veränderter Bedingungen (alternde Gesellschaft, veränderte Geschlechterrollen, fortschreitende Internationalisierung der Arbeitswelt usw.) zu realisieren sei. Die regierende SPD hielt dem auch erinnerungspolitisch entgegen: Während CDU/CSU seit 15 Jahren von den »Grenzen des Sozialstaates« gesprochen hatten, betonten führende Sozialdemokrat*innen die Sicherung und Festigung des sozialen Netzes und verwiesen auf das über 100-jährige Bekenntnis zu den Grundwerten »Freiheit«, »Gerechtigkeit«, »Solidarität«. Akzentuiert wurden – wie im Regierungsprogramm 1976 – die seit 1969 »beispielhaften Erfolge«, weshalb die bundesdeutsche soziale Ordnung »einzigartig in der Welt« sei (SPD 1976, S. 21). Aussagen wie diese und viele vergleichbare strukturierten die positiven Erinnerungsrahmen insbesondere hinsichtlich der sozialpolitischen Maßnahmen, die die sozialliberale Bundesregierung ergriffen hatte: Eine eigens installierte Kommission beim SPD-Parteivorstand erkannte »Grundwerte in einer gefährdeten Welt«, der man verschiedene, auf Solidarität abhebende Maßnahmen entgegensetzen wollte (Grundwerte-Kommission 1977).

Noch 1989 hob der damalige Vorsitzende der SPD Hans-Jochen Vogel, an die einzelnen gesetzgeberischen Maßnahmen erinnernd, jene Etappe als »Zeit eindrucksvoller innerer Reformen« hervor, die eine »neue und bessere Ordnung der Gesellschaft« verwirklicht hätten (Vogel 1989, S 164 f.). Andere Parteimitglieder erinnerten hingegen in größeren geschichtlichen Zusammenhängen an die durch sozialdemokratische Politik erzielten sozialen Errungenschaften, nachdem die »ausbeuterischen Züge des Kapitalismus« in der Bundesrepublik überwunden worden seien: Der Minister für Arbeit, Gesundheit und Soziales des Landes Nordrhein-Westfalen Friedhelm Farthmann betonte im Jahr 1980 selbstbewusst die »fortschrittliche Sozialpolitik seit Beginn der 1970er Jahre«, wodurch ein ähnliches Elend wie aus der finalen Phase der Weimarer Republik habe abgewendet werden können (Farthmann 1931/1980, S. 6).

Dass die Krisenjahre der frühen 1930er Jahre wichtiger Referenz- und Erinnerungshorizont waren, zeigen die Entwicklungen seit dem Regierungswechsel

1982. Die sozialpolitische Reform- als Reduktionsgesetzgebung führte zu heftigen Kontroversen und Widerspruch auf Seiten der SPD. Ungleichheitsdiagnosen nahmen dabei verschiedene Gestalt an. Auffällig ist da der Verweis auf »glücklichere« Jahre, der mit dem vermeintlichen Entstehen einer gespaltenen »Zweidrittelgesellschaft«, in der das Prinzip der Chancengleichheit außer Kraft gesetzt sei, in Beziehung gesetzt wurde (Glotz 1984). Besonders polarisierend war in der bundesdeutschen Öffentlichkeit in jenen Jahren die Formel einer »Neuen Armut«, die einen Großteil ihres Erfolgs sicherlich ihren historischen Vergleichen verdankte. Insbesondere der DGB machte unablässig die »Kahlschlag-Politik« für die Produktion neuer Armut unter Arbeiter*innen verantwortlich und scheute dabei auch nicht den Vergleich mit dem Untergang der Weimarer Republik.

Gleichzeitig fungierte die »Neue Soziale Frage« ihrerseits als wichtige Erinnerungsreferenz und damit Impulsgeberin für eine breite öffentliche und (sozial-)wissenschaftliche Diskussion, die sich an der konstatierten ungerechten Verteilung des gesellschaftlichen Reichtums abarbeitete. Jene taufrischen Erinnerungen an Gleichheitsüberlegungen der nun auf Bundesebene regierenden CDU aufgreifend, dienten Abstiegsszenarien und die mutmaßlich systematische Ausgrenzung Erwerbsloser als Argumente gegen eine »marktradikale Krisenbewältigung« und die Zurückdrängung zuvor etablierter solidarischer Sozialleistungen und Schutzrechte (DGB-Bundesvorstand 1985).

Auch vermittels zahlreicher Publikationen, Veranstaltungen und Demonstrationen wurde letztlich davor gewarnt, soziale Gerechtigkeit könne als gesellschaftlicher Maßstab verdrängt werden: »Nicht die Hand, die hilft, sondern der Ellenbogen, der sich freie Bahn schafft, wird zur Verhaltensnorm« (Schuster 1991, S. 100), lautete etwa der Aufruf des DGB anlässlich der Maikundgebung im Jahr 1988, womit in unverkennbarem Bezug auf frühere Zeiten ein bedrohlicher Paradigmenwechsel diagnostiziert wurde. Sekundiert wurden solche Vorstöße von der SPD, die ebenfalls mit historischen Vergleichen zum Sozialabbau in Weimar argumentierte (z.B. SPD 1988). Die Partei versuchte auf diese Weise, ihren neuen Platz in der Oppositionsrolle zu definieren und Profilierungsmöglichkeiten zu finden – und betonte dabei ihren Wunsch nach Erhalt des sozialen Konsenses. So charakterisierte sie sich mit eingestreuten Erinnerungsfragmenten als »Hüterin des Sozialstaats«, die sich für dessen Bewahrung, Weiterentwicklung und Ausbau einsetzte, um so den gesellschaftlichen Frieden bewahren zu können (Nawrat 2012, S. 71).

Regierungsverantwortliche sahen sich durch solche durchaus provokanten Erinnerungs- und unmissverständlichen Angriffsmuster herausgefordert, vermuteten in der Formel »Neue Armut« wiewohl nicht mehr als ein Schlagwort aus der »Klamottenkiste des Klassenkampfes« (Horst Seehofer) bzw. gar den »größte[n] sozialdemagogische[n] Schwindel der SPD« (Heiner Geißler). Der Leiter des Bonner Instituts für Wirtschafts- und Gesellschaftspolitik Meinhard Miegel sah im Jahr 1983 die allenfalls relative Armut von maximal vier Prozent der Gesamtbevölkerung »vor dem Hintergrund einer äußerst wohlhabenden Gesellschaft« (Miegel 1983, S. 129), die es folglich nicht zu dramatisieren gelte. Die von Seiten der Opposition angeklagte Ungleichheit wurde mittels solcher Lesarten in zweierlei Hinsicht zurückgewiesen: zum einen durch einen Vergleich mit der eigenen Geschichte, zum anderen durch internationale Maßstäbe.

Das Ergebnis dieser erinnerungspolitisch argumentierenden doppelten Ablehnung schien eindeutig: Das letztlich aus Miegels Sicht »überwältigende« Resultat einer positiven Einkommens- und Vermögensentwicklung in den vergangenen drei Jahrzehnten führe zum Befund »Massenwohlstand« statt »Armut«, was schlechterdings eine »verkannte Revolution« gewesen sei.

DDR

Für die DDR lassen sich andere Rhythmen in den Erinnerungsformen zu gesellschaftlicher Gleichheit konstatieren – trotz oder gerade wegen einer ungleich stärker ideologischen wie begrifflich-rhetorischen Ausrichtung in Propagandapraktik und Gedächtnisarbeit des selbst ernannten »Arbeiter- und Bauernstaates«: Nach marxistisch-leninistischer Interpretation galten Armut und soziale Ungleichheit als eindeutig gesellschaftlich bedingt und somit »Überbleibsel« des kapitalistischen Gesellschaftssystems, die nur in einer sozialistischen Gesellschaftsordnung überwunden werden könnten. Verband sich die Vorstellung sozialer Gleichheit im Sinne der Formel »Jeder nach seinen Fähigkeiten, jedem nach seinen Bedürfnissen« (Karl Marx) mit der Vision einer klassenlosen Gesellschaft, sollten die Abschaffung des Privateigentums und der kapitalistisch-bürgerlichen Ausbeutung des Menschen durch den Menschen eine homogene Gemeinschaft etablieren.

Diese Postulate repräsentierten loyalitätsstiftende Verheißungen, wobei »Gleichheit« in der »sozialistischen Menschengemeinschaft« maximale Chancengleichheit meinte. Realiter bedeutete dies freilich trotz einer vergleichsweise geringen Differenz zwischen dem höchsten und dem niedrigsten Einkommen nicht zwangsläufig auch Lohn- und Versorgungsgleichheit. Stattdessen verlagerte sich Ungleichheit in der DDR von materiellem Besitz hin zu (teils extrem) ungleich verteilten Chancen bezogen auf die Verwirklichung von Lebenszielen (Adler 1991). Ungeachtet dieser Besonderheiten war die Bezugnahme und Zurschaustellung »sozialistischer Errungenschaften« in puncto Gleichheitsversprechen von Anfang an inhärenter, wenn auch oft stark abstrakter Bestandteil des immerwährenden Systemvergleichs.

Anlässlich von zehn Jahren Sozialfürsorge konnte beispielsweise die Leiterin der Hauptabteilung Sozialwesen im Ministerium für Gesundheitswesen Käthe Kern in ihrem Resümee stolz verkünden, dass es im Gegensatz zu Westdeutschland in der DDR keinen Bettler mehr auf der Straße gebe, und auch die »Furcht vor Krisen und Arbeitslosigkeit«, die in der Bundesrepublik »das Leben und die Existenz der Werktätigen immer wieder bedrohen« würde, spiele östlich der Elbe keine Rolle mehr, was die »Überlegenheit der sozialistischen Gesellschaftsordnung in der DDR gegenüber dem klerikal-militaristischen Bonner Obrigkeitsstaat unter Beweis« stellen könne (Kern 1959, S. 629 f.).

Die DDR als vermeintliche Garantin sozialer Gleichheitsversprechen: Auch in der Gesetzgebung wurde die Realisierung sozialer Egalität betont. Gleichheit galt als Grundwert und war in den Artikeln 19 und 20 der Verfassung von 1968 verankert. Das »Recht auf Arbeit« (und ein existenzsicherndes Arbeitseinkommen) gehörte ebenfalls zu den sozialen Grundrechten (Art. 24), galt Zeitgenoss*innen wie nachträglichen Deuter*innen als »Prunkstück der Sozialpolitik« (Gerhard A. Ritter) und war in der Auseinandersetzung mit der Vergangenheit und im Systemwettkampf mit der Bundesrepublik fortwährend bemühtes propagandistisches Argument.

Gleiches galt für das verfassungsmäßig verankerte »Recht auf Wohnraum« (Art. 37). Gemeinsam waren diese beiden Fundamentalrechte schwergewichtige rhetorische Flaggschiffe und dienten als Fingerzeig und Seismograph für Gerechtigkeit, vor allem dann, wenn im kapitalistischen System Krisenerscheinungen und besonders krasse Formen von Armut wie die Obdachlosigkeit von Familien und Arbeiter*innen beobachtet werden konnten (Lorke 2015). Die DDR-Führung grenzte sich in dieser Situation doppelter Glaubwürdigkeitslegitimierung ganz bewusst und dezidiert von der Bundesrepublik ab: Eine soziale (Grund-)Sicherung wurde durch die Etablierung eines engmaschigen sozialen Netzes, zudem durch Transferzahlungen wie Renten, eine umfassende Kinder- und Familienförderung sowie sehr niedrige Wohnungsmieten verbürgt. Hinzu kamen Subventionen für Güter und Dienstleistungen des Grundbedarfs, denen die wesentliche Funktion zukam, »soziale Gerechtigkeit und Gleichheit herzustellen und zu vermitteln« (Merkel 1999, S. 44).

Diese staatlichen Einflussnahmen waren allesamt Bestandteile des Wettstreites mit der Bundesrepublik, letztlich aber auch Resultat einer gezielten sozialpolitischen Identitäts- und Image-PR, die die Versäumnisse bürgerlicher Vorgängergesellschaften ex positivo vergessen machen wollte. Ein weiterer wesentlicher Unterschied zur Bundesrepublik war die enge Verknüpfung zwischen Lebenslauf und Sozialpolitik: Weitgehend standardisierte sozialpolitische Leistungen beförderten eine relative Homogenisierung der Biografien, wodurch das Leben letztlich weniger individuelle Risiken bergen sollte. Mit solchen Präventivmaßnahmen wollte man sich von kapitalistisch-bürgerlichen Arbeits-, Moral- und Familienvorstellungen abheben.

Es entsprach dem Selbstverständnis in der DDR, die »uralte […] Sehnsucht des Menschen nach Freiheit, Gleichheit und Brüderlichkeit, nach Frieden, Menschlichkeit und Gerechtigkeit« zu erfüllen, weshalb sich die DDR Zeit ihrer Existenz als fortschrittlicherer und rechtmäßiger deutscher Staat (und zwar in synchroner wie diachroner Hinsicht) sowie als »Bollwerk des Kampfes des ganzen deutschen Volkes für Frieden, Demokratie und Sozialismus« (SED 1966, S. 232) verstand.

Beispiele entsprechender Selbstbeschreibungsformeln, die immer auch erinnerungsprägend wirkten, finden sich zuhauf: Im Rahmen der Feierlichkeiten zum 20. Jahrestag seit Gründung der DDR im Jahr 1969 wurde selbige als Wendepunkt in der deutschen Geschichte interpretiert und selbstbewusst eine »stolze Bilanz« verkündet: »Wir gehören zu den Siegern der Geschichte«. Partei- und Staatsführung sahen sich nach sieben Jahrzehnten Imperialismus und Krieg als Staat des Friedens und der sozialen Gerechtigkeit (Komitee 1969, S. 13).

Nur fünf Jahre später wurde deutlich, inwiefern jener Jahrestag neben dem der »Großen Sozialistischen Oktoberrevolution« gewissermaßen ein »klassischer« Erinnerungsort geworden war. 1974 wurde im Rückblick geurteilt, man habe nach dem Kriegsende die richtigen Schlüsse gezogen (Enteignung, Bodenreform) und dabei an humanistische Traditionen angeknüpft. Mit dem sozialpolitischen Programm der SED sei den Grundsätzen der Arbeiterbewegung in puncto Familien-, Wohn- und Bildungspolitik entsprochen und somit seien »Unterschiede in der sozioökonomischen Struktur, im Grade der Industrialisierung und im Lebensniveau der Menschen Schritt für Schritt« überwunden worden – und diese verknüpft mit dem Ziel einer weiteren »sozialen Annäherung der Klassen und Schichten« und einem Abbau bestehender Unterschiede (Honecker 1974, S. 17, 8).

Zentraler erinnerungspolitischer Referenzrahmen waren in solchen und vergleichbaren, beinahe ritualisiert vorgetragenen Verlautbarungen häufig die Sozial- und Wohnungspolitik Weimarer Prägung und somit die Kindheits- und Jugendjahre vieler Funktionäre. Zuweilen gingen die Vergangenheitshorizonte gar noch weiter zurück, etwa bis in die Gründerjahre »des Kapitalismus […], mit Mietskasernen und düsteren Hinterhöfen«, wie Erich Honecker bei der Einweihung der zweimillionsten neu gebauten Wohnung seit 1971 im Jahr 1984 verkündete (Honecker 1984). »Weimar« war und blieb aufgrund der personellen

Kontinuitäten im Politbüro wenig überraschend bis zum Ende der DDR wesentliches erfahrungsgeschichtliches Begründungsmoment im Osten Deutschlands.

Die SED-Oberen huldigten während des gesamten Bestehens der DDR einer Gleichheitsideologie und propagierten unablässig die Vision eines egalitären Staates, die zu unzähligen Anlässen wie Jahrestagen in gebetsmühlenartiger Monotonie repetiert wurde. Nur zwei erinnerungskulturell aufgeladene Beispiele aus der Spätzeit der DDR zeigen exemplarisch, inwiefern die Selbstbilder von Erfolgsbilanzen geprägt waren – zunächst in einer Rede Erich Honeckers auf dem XI. Parteitag in Berlin 1986, in der er die Einmaligkeit des errungenen gesellschaftlichen Standes prononcierte (Honecker 1986, S. 6); ein Jahr später bekräftigte der Generalsekretär mit Blick auf Krisenerscheinungen jenseits des »Eisernen Vorhangs« das »humanistische Anliegen des Sozialismus«, weshalb die Notwendigkeit zum Ausdruck komme, »Verhältnisse zu schaffen, in denen keine Bürger ausgeschlossen werden, in denen keine ›Randgruppen‹ entstehen und wo keine soziale Degradation« zugelassen werden dürfe (Honecker 1987, S. 11).

Dass soziale Gruppen, insbesondere solche, die nicht im Produktionsprozess standen, auch in der DDR unter teils dürftigen Bedingungen zu leben hatten, konnte das soziale Sicherungssystem indes nicht verhindern. Gleichheit, etwa in Form der Inklusion benachteiligter gesellschaftlicher Schichten (Kinderreiche, Frauen, Altersrentner*innen) oder der Korrekturen zwischen unteren und oberen Einkommensgruppen, so stellten verschiedene Zeitgenossen fest, war nur bedingt zu realisieren (Bernard 1966, S. 180–183). Doch kontrastierten Gleichheitspostulate nicht nur an den hier angedeuteten Sollbruchstellen mit der sozialen Wirklichkeit. Das Wiederaufleben des überkommenen »Asozialiäts«-Topos, der 1968 auch Eingang in die Strafgesetzgebung fand, stellte eine besonders perfide Form von »Erinnerungsarbeit« dar: Jener Rückgriff diente dazu, die »Unangepassten« strafrechtlich in das sozialsymbolische DDR-Kräfteparallelogramm einordnen zu können, wobei dieses Bestreben frappierende Analogien zu überkommenen Armutsdeutungen aufwies.

Die später variierte programmatische Maßgabe in »Jeder nach seinen Fähigkeiten, jedem nach seinen Leistungen« bedeutete zwar einerseits eine Individualisierung – mit allerdings stark eingeschränkten bürgerlichen Freiheiten –, andererseits die Anerkennung des gleichen Rechts aller Bürger*innen auf Bildung, Gesundheit, unabhängig von der Höhe des Einkommens. Als besonders problematisch wurde gerade in den letzten Jahren der DDR die Existenz gering entlohnter Arbeitsplätze mit geringen Qualifikationsanforderungen und monotoner Tätigkeitsstruktur gesehen, weshalb einzelne Soziologen rigoros gar deren Abschaffung forderten (Lötsch 1981, S. 64). Derartige Überlegungen verweisen auf die zunehmende Bedeutung funktionalistischer Ungleichheitstheorien, die folglich auch in der DDR Anklang fanden, was gängige Überzeugungen und erinnerungskulturelle Grundsätze konterkarierte. Demnach wurde Ungleichheit gar als »nützlich« begriffen, da sie gewisse Belohnungsanreize verspreche, während das Leistungsprinzip als wichtigstes Distributionsprinzip für Einkommen und zur Stimulierung als nötig erachtet wurde (Bernard 1987).

Eine parteiinterne Broschüre aus der späten DDR brachte beispielsweise eine transparente leistungsgerechte soziale Differenzierung ins Spiel. Insbesondere die norm- und maßstabsetzenden, anspornenden Potenziale von Spitzenkadern und -kollektiven sowie herausragenden Forscher*innen verdienten nach dieser neuen Gleichheitslogik eine »angemessene materielle Leistungsanerkennung sowie effektivere Produktions- und überdurchschnittliche Reproduktionsbedingungen« – denn nur so könne die DDR auf dem von kapitalistischen Konzernen beherrschten Weltmarkt bestehen (Adler 1987, S. 32, 62). Derartige alternative Gleichheitskonzeptionen führten die zuvor intensiv betriebene Erinnerungsarbeit zumindest theoretisch ab absurdum, ohne dabei jedoch prominent in der inszenierten staatssozialistischen Öffentlichkeit Anker zu werfen. So taucht in Modrows Regierungserklärung der Begriff »Gleichheit« als weiterhin unangefochtenes, zentrales Erinnerungsmoment wie auch Zukunftsversprechen auf (Modrow 1989).

Fazit und Ausblick

Während die Ideengeber*innen sozialpolitischer Maßnahmen der »alten Bundesrepublik« ihr Agieren wenigstens bis in die mittleren 1970er Jahre hinein explizit als etwas historisch Neues, ja sozialstaatlich Revolutionäres verstanden und sich als dezidierter Gegenentwurf paralleler sowie früherer – jedenfalls unzureichender, ungerechter und Ungleichheit beförderner – Gleichheitsideen abzuheben bemühten, war die DDR ganz grundsätzlich darum bemüht, die bis 1945 in Deutschland geltenden »bürgerlich-kapitalistischen« Gleichheitspostulate ein für alle Mal ad acta zu legen. Sie selbst war eine Art permanente Erinnerung an das überkommene Alte (inklusive unentwegter rhetorisch-symbolischer Disqualifizierung des »Klassenfeindes«), während die eigenen Errungenschaften als Verifizierung dieser auch erinnerungspolitischen »Wende« herhielten. Dass jene DDR-Gleichheitspostulate nur bedingt mit der sozialen Realität korrespondierten, war vielen bereits vor 1989 klar. Welches Ausmaß soziale Unterschiede tatsächlich annehmen konnten, offenbarten die sensationsheischenden Berichte über »Wandlitz« direkt nach dem Ende der DDR – wenngleich der dortige

Wohlstand aus Sicht vieler westdeutscher Beobachter*innen nur vergleichsweise bescheidene Ausmaße angenommen hatte. Dekadenter Exzess sah gewiss anders aus.

Soziale Gleichheit hieß vor 1990 jedenfalls ganz zentral: Arbeit als Status; das Recht auf Arbeit wiederum bedeutete Garantie des gleichen sozialen Status sowie Teilhabe am Wohlstand. Was in den kommenden Wochen folgen sollte, war allerdings eine kaum vorhersehbare »soziale Revolution« (Konrad Jarausch): Nach Mauerfall und Wiedervereinigung, einer umfassenden Deindustrialisierung und Betriebsstilllegungen im Osten Deutschlands verdoppelte sich die Arbeitslosenquote im Zeitraum von 1990 bis 1997 von fünf auf zehn Prozent. Der »Preis der Freiheit« (Andreas Wirsching) war die Zunahme sozialer Ungleichheiten und neuer persönlicher Risiken. Gleichzeitig war mit der politischen die soziale Einheit längst noch nicht vollendet, ja haben im Gegenteil viele Verwerfungen und in Teilen bis heute bestehende Disparitäten in jenen Jahren ihren Ausgangspunkt. Die hochkontroversen Aushandlungskämpfe der 1990er Jahre zeigen, inwiefern es sich bei den Aspekten »Gleichheit« und »Gerechtigkeit« auch ohne eine Partikularsituation »Vereinigungskrise« (Jürgen Kocka) um hoch normative gesellschaftliche Selbstverständigungs- und Positionierungsfragen handelt. Wie soziale Ungleichheit zu deuten ist, war vermutlich selten so umstritten und ideologisch aufgeladen wie seinerzeit. Was sich hier komprimiert darstellt, ist das kumulierte, zunächst getrennte, dann rasch zusammengeführte Produkt jahrzehntelanger Sinnfragen und Suchbewegungen.

In jenen Jahren waren es sowohl Interpretationen des Gestern und der Gegenwart sowie zusätzlich zwischen den beiden Teilgesellschaften, die je eigene und voraussetzungsreiche Erinnerungsmodalitäten an »Gleichheit« in den Einheitsprozess mitbrachten. Gerechtigkeit als grundlegendes Ziel politischer Herrschaft und Rechtfertigung einer politischen Ordnung wurde auch in der »Vereinigungsgesellschaft« grob betrachtet von zwei Denkrichtungen umrahmt, die jeweils unterschiedliche Erinnerungsschichten aufgriffen: die liberale und marktwirtschaftliche Position – Freiheitlichkeit, Wettbewerb, individuelle Potenziale zum größten gemeinsamen Nutzen – gegenüber jener Sichtweise, wonach der Staat mit seinen Mitteln und Möglichkeiten dafür zu sorgen habe, dass gesellschaftlicher Fortschritt – hier: die Moderation des Übergangs zu Demokratie und sozialer Marktwirtschaft – nicht Menschlichkeit und Solidarität riskiert (Billerbeck 1998).

Angesichts dieser Vorbedingung musste sich etwa die SPD eine eigene Ausdeutung sozialdemokratischen Denkens und Handelns zurechtlegen und auf Gleichheitserinnerungen basierend anknüpfungsfähige wie auch überzeugende Zukunftsentwürfe des Sozialen entwickeln. Das wenige Wochen nach dem

Mauerfall konzipierte Berliner Programm war auch Ergebnis der Integration ökologischer Themen, von Geschlechtergerechtigkeit und Frieden, zielte damit auf egalitäre Verteilungsgerechtigkeit sowie Chancengleichheit und war der Versuch einer Antwort auf zeitgenössische Herausforderungen. Als »Grundwerte des Demokratischen Sozialismus« wurden in Anlehnung an frühere Überlegungen soziale wie politische Teilhabe, soziale Sicherung, Gerechtigkeit und Gleichheit bei Verteilung der Einkommen, von Eigentum und Macht benannt. Nachdem, so das zentrale Erinnerungsmoment, die Arbeiterbewegung den Sozialstaat erkämpft habe, hieß das Motto nunmehr sozialstaatlicher »Umbau statt Abbau«, um das Recht auf soziale Sicherung auch weiterhin garantieren zu können (SPD 1989).

Nach der politischen Vereinigung stand bei Sozialdemokrat*innen zunächst ebenfalls die Frage nach der Schnelligkeit des wirtschaftlichen wie sozialen Zusammenwachsens im Raum, die wiederum eng mit der Verwirklichung von Gleichheit verbunden wurde. In den frühen 1990er Jahren war es die Grundwertekommission beim Parteivorstand der SPD unter dem Vorsitz von Wolfgang Thierse, die an Ursprünge sowie die Spaltung der Arbeiterbewegung ebenso erinnerte wie an die Folgen des Kalten Krieges und der Systemauseinandersetzung. Besonders im Fokus stand der Begriff »Sozialismus«, ging es doch um die brisante Frage nach dessen etwaiger Weiterverwendung und um das grundsätzliche Problem, auf welche Weise eine Abgrenzung zu den als verraten betrachteten sozialistischen Ideen erfolgen müsste. Die damaligen kontroversen Diskussionen spiegeln auch das erinnerungskulturell herausgeforderte Unbehagen vieler (SPD, o.J.).

Diese Erfahrungen, Ahnungen und Erinnerungen waren es auch, die dazu führten, dass die SPD die Entwicklung in Ostdeutschland zum Anlass nahm, das Thema soziale Ungleichheit in den Mittelpunkt ihres Bundestagswahlkampfes 1994 zu rücken. Darüber hinaus warnte die Partei vor Deregulierung, Sozialstaatsabbau und somit einer politisch bewusst hingenommenen Vergrößerung sozialer Ungleichheit. Die Bundesregierung sah sich durch diese provozierenden Sozialnarrative, die im Gegensatz zur Lesart »blühender Landschaften« standen, und eines wirtschaftlich erfolgreichen Vereinigungsprozesses zunehmender Kritik ausgesetzt. Dabei prophezeiten verschiedene Mahner*innen, eine nunmehr doppelte Spaltung des Landes – zwischen und innerhalb von Ost und West – könne als neue Ungleichheitsdimension die Tendenz zur gesellschaftlichen Polarisierung und Segmentierung verstärken.

Regierungsverantwortliche reagierten auf solche Vorwürfe grob gesagt in zweierlei Verfahren. Zum einen wurde die DDR-Vergangenheit als delegitimierende Ressource gesehen. Dieses Vorgehen zielte darauf, damalige Gleichheitspostulate als soziales Trugbild zu entlarven und gleichzeitig auf aufkommende

Gleichheitsversprechen und ihr Erinnern im geteilten und vereinten Deutschland

(n-)ostalgische Erinnerungsmuster zu reagieren. Jene Erinnerungsmodi bezogen sich vorranging auf Elemente der sozialen Sicherheit und kreisten insbesondere um das Recht auf Arbeit, die Entwicklungen in puncto Wohnraum, Bildung, Gesundheitsversorgung und gleiche Löhne – und dies war keineswegs nur bei ehemaligen Funktionären und Mitgliedern von SED und PDS der Fall, sondern auch darüber hinaus. Um jenem verbreiteten Verlustgefühl sozialer Gleichheit bei gleichzeitigem Hinzugewinn politischer Freiheit und rechtlicher Gleichheit zu begegnen, wurde in gezielt dichotomem Kalten-Kriegs-Modus einer grundsätzlichen Diskreditierung der DDR auch auf sozialem Terrain Vorschub geleistet. Der Wert der Gleichheit, so zeigte sich hier nicht zum ersten Mal, »lud zum Vergleich ein« (Tschammer 2019, S. 716): Das Recht auf Arbeit etwa wurde als »Scharlatanerie« und als die Produktivität hemmendes Element, die vermeintliche Vollbeschäftigung als »verdeckte Arbeitslosigkeit« interpretiert, die DDR-Wirtschaftsstruktur hingegen als »Erblast« klassifiziert, die allenfalls zu hohe Löhne, fehlenden Unternehmergeist und Einstellungsdefizite hervorgebracht habe (z. B. Merklein 1990).

Diese relativierenden und externalisierenden, häufig unüberhörbar von antikommunistischen Ressentiments getragenen komparativen Versuche der De-Legitimierung einer unliebsamen Teil-Vergangenheit zielten erstens darauf ab, von ökonomischen Fehlentwicklungen nach 1990 abzulenken. Zweitens war es Ziel, den jähen sozialen Wandel auf Versäumnisse des untergegangenen Staates zurückzuführen. Drittens dienten diese erinnerungskulturellen bzw. vergangenheitspolitischen Verweise der Einschwörung auf gemeinsame, vereinigungsgesellschaftlich relevante Zielvorstellungen und die Etablierung und Selbstvergewisserung neuer Erwartungshaltungen (hier und folgend Lorke 2017). Dieses durch überkommene, letztlich aber einseitig fokussierte Erinnerungshaushalte strukturierte Herangehen hatte direkte Auswirkungen auf diskursiv-symbolische Sprechweisen über das Soziale, sollte auf vermeintliche sozialstaatliche Defizite deuten und dadurch frühere (Un-)Gleichheitsnarrative revitalisieren. Jene Rhetorik und implizite Erinnerung war wiederum stark gegenwartsorientiert und zementierte die diskurssemantische Grundfigur ostdeutsch/westdeutsch.

Derartige Interpretationen der sozialen Gegenwart blieben wenig überraschend nicht unwidersprochen; vielmehr traten durch unterschiedliche Protestformen nach 1990 andere Akteur*innen in den Vordergrund, die eigene und abweichende erinnerungskulturelle Auslegungen greifbar machten. Ein prominentes Beispiel wären die »Montagsdemonstrationen«, die sich nach den ersten Stilllegungen und Massenentlassungen entwickelt hatten. Aufgerufen hatten allen voran Gewerkschaften und die PDS, die Privatisierungen und einen kapitalistischen »Ausverkauf« anmahnten. Am 18. März 1990 gingen in Berlin (Ost),

Leipzig und anderswo mehrere Zehntausende Menschen auf die Straße und knüpften damit dezidert an Tradiertes an.

Blicken wir ein paar Jahre weiter, so äußerte sich auch in anderen Kontexten reichlich Unmut. 2005 wurde das »Vierte Gesetz für moderne Dienstleistungen am Arbeitsmarkt« (kurz: »Hartz IV«) im Rahmen der »Agenda 2010« verabschiedet. Bundeskanzler Gerhard Schröder hatte diese aus seiner Sicht »unabweisbaren« Maßnahmen in seiner Regierungserklärung 2003 auch mit der Geschichte des Sozialstaates legitimiert, die darauf zielten, dessen »Substanz [...] zu erhalten« (Presse- und Informationsamt der Bundesregierung 2003, S. 12). In der Folge demonstrierten auf den 2003/04 initiierten, ebenfalls montags terminierten »Hartz-IV«-Demonstration mehrere zehntausend Teilnehmer*innen gegen den »Sozialkahlschlag«. Seit Oktober 2014 erleben wir eine neue Form des Unbehagens: Wenn die »Pegida«-Bewegung in Dresden und anderswo ihren Unmut artikuliert, lässt sich daran eine Gemengelage aus Demokratieverdrossenheit, Migrations-, Islam- und Europakritik sowie Kulturpessimismus ablesen – aber eben auch erinnerungskulturelles wie soziales Unbehagen, das sich auf die Entwicklungen der vergangenen knapp 30 Jahre bezieht, dabei allerdings unverkennbar ethnonationalistisch gefärbte Gleichheitsziele verfolgt.

Solche und weitere Beispiele zeigen, inwiefern das Sprechen und Erinnern um soziale Gleichheit immer auch auf die Wechselwirkungen zwischen Inklusion und Exklusion und somit auf tiefergehende Prozesse gesellschaftlicher Selbstverständigung rekurriert, auf historisch tief verwurzelte Gerechtigkeitsvorstellungen und Selbstbilder. Deutlich wird dabei außerdem, welche je gegenwärtige Relevanz die Erinnerungen etwa für sozialpolitische Entscheidungen hatten und wie umstritten diese jeweils sein konnten. Gerade solche Aushandlungsdynamiken historisch einzuordnen und mit ihren erinnerungskulturellen Kontexten und Hintergründen in Beziehung zu setzen, kann helfen, Kontinuitäten zu identifizieren, die über politikgeschichtliche Zäsuren hinweg Wirkung entfalten konnten und in vielerlei Variationen bis heute nachhallen.

Literatur und Quellen

Adenauer, Konrad (1953): Regierungserklärung, 20. Oktober 1953: Abgegeben vor dem Deutschen Bundestag, Bonn.

Adler, Frank (1987): »Jeder nach seinen Fähigkeiten, jedem nach seiner Leistung«. Soziologische Analyse zur Durchsetzung des Leistungsprinzips in unserer Gesellschaft. Diss., Berlin: Akademie für Gesellschaftswissenschaften beim ZK der SED.

Adler, Frank (1991): Ansätze zur Rekonstruktion der Sozialstruktur des DDR-Realsozialismus. In: Berliner Journal für Soziologie 1, S. 157–175.

Bernard, Josef (1966): Das persönliche Eigentum und der Stand der Versorgung der Arbeiter- und Angestelltenhaushalte mit langlebigen Konsumgütern. Halle/Saale.

Bernard, Josef (Hrsg.) (1987): Sozialistisches Leistungsprinzip und umfassende Intensivierung. Halle/Saale.

Biedenkopf, Kurt H. (1974): Fortschritt in Freiheit. Umrisse einer politischen Strategie. München: Piper.

Billerbeck, Rudolf (1998): Gerechtigkeitsverlangen – Ostdeutsche Landtagsdebatten 1990–1994. Berlin: A. Spitz.

Brandt, Willy (1969): Regierungserklärung, 28.10.1969, http://dip21.bundestag.de/dip21/btp/06/06005.pdf (Abruf am 28.5.2021).

DGB-Bundesvorstand (Hrsg.) (1985): Die im Dunkeln sieht man nicht...Gewerkschaftliche Strategien gegen die »Neue Armut«. Essen: Klartext.

Ebert, Thomas (2015): Soziale Gerechtigkeit. Ideen – Geschichte – Kontroversen. 2. Auflage. Bonn: bpb.

Ehmke, Horst (1969): Perspektiven. Sozialdemokratische Politik im Übergang zu den siebziger Jahren. Reinbek: Rowohlt.

Farthmann, Friedhelm (1931/1980): Einführung. In: Stenbock-Fermor, Alexander Graf (Hrsg.): Deutschland von unten. Reisen durch die proletarische Provinz 1930. Luzern.

Faulenbach, Bernd (2011): Das sozialdemokratische Jahrzehnt: Von der Reformeuphorie zur Neuen Unübersichtlichkeit. Die SPD 1969–1982. Bonn: Dietz.

Glotz, Peter (1984): Die Arbeit der Zuspitzung. Berlin: Siedler.

Grundwerte-Kommission beim SPD-Parteivorstand (Hrsg.) (1977): Grundwerte in einer gefährdeten Welt. Bonn.

Hockerts, Hans Günter (2011): Soziale Ungleichheit im Sozialstaat. In: Hockerts, Hans Günter (Hrsg.): Der deutsche Sozialstaat. Entfaltung und Gefährdung seit 1945. Göttingen: Vandenhoeck & Ruprecht, S. 285–293.

Honecker, Erich (1974): Siegesbewußt auf sozialistischem Weg. Rede auf der Festveranstaltung zum 25. Jahrestag der Deutschen Demokratischen Republik. Berlin, 6. Oktober.

Honecker, Erich (1984): Ansprache. In: Zweimillionste Wohnung wurde feierlich übergeben. Neue Zeit, 10.2.1984.

Honecker, Erich (1986): Bericht des Zentralkomitees der Sozialistischen Einheitspartei Deutschlands an den XI. Parteitag. Berlin.

Honecker, Erich (1987): Die Aufgaben der Parteiorganisation bei der weiteren Verwirklichung der Beschlüsse des XI. Parteitages der SED. Referat auf der

Beratung des Sekretariats des ZK der SED mit den 1. Sekretären der Kreisleitungen. In: Neues Deutschland, 7./8.2.1987.

Kern, Käthe (1959): Zehn Jahre Sozialfürsorge in der DDR. In: Arbeit und Sozialfürsorge 14.

Klages, Helmut (1981): Überlasteter Staat – verdrossene Bürger. Zu den Dissonanzen der Wohlfahrtsgesellschaft. Frankfurt am Main: Campus.

Komitee zum 20. Jahrestag der Deutschen Demokratischen Republik (1969). In: dass. (Hrsg.): 20 Jahre DDR. Staat des Friedens und des Sozialismus. Berlin, S. 11–20.

Lorke, Christoph (2015): Armut im geteilten Deutschland. Die Wahrnehmung sozialer Randlagen in der Bundesrepublik und der DDR. Frankfurt am Main: Campus.

Lorke, Christoph (2017): Von alten und neuen Ungleichheiten. »Armut« in der Vereinigungsgesellschaft. In: Großbölting, Thomas/Lorke, Christoph (Hrsg.): Deutschland seit 1990. Wege in die Vereinigungsgesellschaft. Stuttgart: Franz Steiner, S. 271–295.

Lötsch, Manfred (1981): Sozialstruktur und Wirtschaftswachstum. In: Wirtschaftswissenschaft 29, S. 56–69.

Mergel, Thomas (2013): Gleichheit und Ungleichheit als zeithistorisches und soziologisches Problem. In: Zeithistorische Forschungen 10, H. 2, S. 307–320.

Merkel, Ina (1999): Utopie und Bedürfnis. Die Geschichte der Konsumkultur in der DDR. Köln: Böhlau.

Merklein, Renate (1990): Das Gegenteil von gut ist gut gemeint. In: Die Welt, 17.4.1990.

Miegel, Meinhard (1983): Die verkannte Revolution (1). Einkommen und Vermögen der privaten Haushalte. Stuttgart: Springer.

Modrow, Hans (1989): Regierungserklärung. In: Neues Deutschland, 18.11.1989.

Müller-Armack, Alfred (1966): Die zweite Phase der Sozialen Marktwirtschaft. Ihre Ergänzungen durch das Leitbild einer neuen Gesellschaftspolitik. In: Müller-Armack, Alfred (Hrsg.): Wirtschaftsordnung und Wirtschaftspolitik. Studien und Konzepte zur Sozialen Marktwirtschaft und zur Europäischen Integration. Freiburg: Haupt, S. 267–291.

Nawrat, Sebastian (2012): Agenda 2010 – ein Überraschungscoup? Kontinuität und Wandel in den wirtschafts- und sozialpolitischen Programmdebatten der SPD seit 1982. Bonn: Dietz.

Nußberger, Angelika (2010): Soziale Gleichheit – Voraussetzung oder Aufgabe des Staates? In: ZSR 56, H. 3, S. 335–345.

Presse- und Informationsamt der Bundesregierung (1971): Aufbruch in die 70er Jahre. Regierung Brandt-Scheel. Bilanz der ersten zwei Jahre. Bonn.

Presse- und Informationsamt der Bundesregierung (Hrsg.) (2003): Agenda 2010. Mit zum Frieden und Mut zur Veränderung. Regierungserklärung von Bundeskanzler Gerhard Schröder. Berlin, 14. März 2003.

Rawls, John (1979): Eine Theorie der Gerechtigkeit. Frankfurt am Main: Campus.

Schoeck, Helmut (1979): Das Recht auf Ungleichheit. München: Ullstein.

Schuster, Dieter (1991): Zur Geschichte des 1. Mai in Deutschland. 2. Auflage. Frankfurt am Main: Campus.

SED (1966): Das Programm des Sozialismus. Berlin.

SPD (o.J.): »Sozialismus« – Von den Schwierigkeiten im Umgang mit einem Begriff. Eine Handreichung der Grundwertekommission beim Parteivorstand der SPD.

SPD (1959): Grundsatzprogramm der Sozialdemokratischen Partei Deutschlands. Beschlossen vom Außerordentlichen Parteitag der Sozialdemokratischen Partei Deutschlands in Bad Godesberg vom 13. bis 15. November 1959. Bonn.

SPD (1975): Ökonomisch-politischer Orientierungsrahmen für die Jahre 1975–1985. In der vom Mannheimer Parteitag der SPD am 14. November 1975 beschlossenen Fassung. Bonn.

SPD (1976): Regierungsprogramm 1976–1980. Beschluß des Außerordentlichen Parteitages in Dortmund, 18./19. Juni 1976. Bonn.

SPD (1988): Die soziale Frage braucht neue soziale Bewegung. Neue Armut in der Bundesrepublik. Eine Arbeitshilfe. Bonn.

SPD (1989): Grundsatzprogramm der SPD. Beschlossen vom Programm-Parteitag der Sozialdemokratischen Partei Deutschlands am 20. Dezember 1989 in Berlin, geändert auf dem Parteitag in Leipzig am 17.4.1998.

Tschammer, Anne-Kerstin (2019): Sprache der Einheit. Repräsentation in der Rhetorik der Wiedervereinigung 1989/90. Wiesbaden: Springer VS.

Vogel, Hans-Jochen (1989): Dem Sozialstaatsgebot verpflichtet. Der Beitrag der Sozialdemokratischen Partei Deutschlands zur Sozialpolitik in der Bundesrepublik. In: Blüm, Norbert (Hrsg.): 40 Jahre Sozialstaat Bundesrepublik Deutschland. Baden-Baden: Nomos, S. 161–168.

Gleichstellung der Geschlechter

Die eigene Geschichte erzählen
Erinnerungskulturen der deutschen Frauenbewegungen

Kirsten Heinsohn

Frauenbewegungen gehören zu den wichtigen Akteur*innen einer sozialen Demokratie, insofern sie sich für die Demokratisierung von Politik, Wirtschaft und Gesellschaft aus der Perspektive von Frauen einsetzen. Ihre kollektiven Aktivitäten zielen darauf ab, Ungleichheiten zwischen den Geschlechtern in allen gesellschaftlichen, politischen und ökonomischen Bereichen zu erkennen und abzubauen. Wie die Gewerkschaften und andere soziale Bewegungen auch, stoßen Frauenbewegungen dabei auf Widerstände, Vorurteile und Gewohnheitsrechte und lösen somit gesellschaftliche Diskussionen aus. Bis heute haben Frauenbewegungen sehr viele Ziele erreicht, weil sie immer wieder Gleichstellungs- und Anerkennungsthemen in die gesellschaftliche Diskussion eingebracht und damit auf politische Entscheidungsträger*innen ebenso eingewirkt haben wie auf kulturelle Deutungen des Geschlechterverhältnisses (Schaser 2020; Lenz 2008; Nave-Herz 1997; Schenk 1992).

Erinnern (sich) Aktivistinnen der Frauenbewegungen an diese wichtigen Beiträge zum Aufbau einer sozialen Demokratie? Gibt es also spezifische Erinnerungskulturen der Frauenbewegungen? Mit Erinnerungskulturen ist ein »Oberbegriff« gemeint, der »alle denkbaren Formen der bewussten Erinnerung an historische Ereignisse, Persönlichkeiten und Prozesse« meint, »seien sie ästhetischer, politischer oder kognitiver Natur« (Cornelißen 2012, S. 2). Astrid Erll spricht von Erinnerungskulturen als »historisch und kulturell variable(n) Ausprägungen« des kollektiven Gedächtnisses, das sich in konkreten Erinnerungsakten manifestiere und damit erforschbar werde (Erll 2018, S. 176).

Unter diesem Begriff wird eine Vielzahl unterschiedlicher Ausdrucksformen des kollektiven Gedächtnisses zusammengefasst und es kann dabei sowohl um Feiertage und Rituale gehen als auch um Gründungsmythen und Erzählungen, Erinnerungsorte, Museen und Archive, um künstlerische Darstellungen oder auch Geschichtsschreibung und Lehrplaninhalte (Wüstenberg in diesem Band). Im vorliegenden Beitrag steht nur eine dieser mannigfaltigen Ausdrucksformen im Zentrum, nämlich die Geschichtsschreibung über Frauenbewegungen in Deutschland, insbesondere die Eigengeschichte. Wie stellten die Frauenbewegungen ihre eigene Vergangenheit dar? An welche Themen und welche Gruppen knüpften nachfolgende Generationen an oder taten dies auch gerade nicht?

Die Frage nach den Erinnerungskulturen einer sozialen Bewegung beinhaltet zwei Problemebereiche. Erstens bestehen soziale Bewegungen aus verschiedenen Akteur*innen, die sich sowohl hinsichtlich ihrer sozialen Zusammensetzung als auch mit Blick auf Selbstverständnis, Aktionsformen und direkte Ziele erheblich unterscheiden können (Roth/Rucht 2008; Kern 2008). Zwar eint diese Gruppen in der Regel das Streben nach einem übergeordneten, gemeinsamen Ziel, wie etwa die Befreiung der Frauen aus Unmündigkeit und männlicher Herrschaft, doch der Weg dorthin und die Themenfelder sind sehr variantenreich. Der von einer sozialen Bewegung intendierte und forcierte soziale Wandel verändert dann nochmals die Struktur dieser Bewegung oder kann sogar zu ihrer Auflösung führen.

Zweitens sind die Akteur*innen in der Regel an der Gegenwart und ihrer positiven Transformation orientiert. Ihr Blick geht daher meist eben nicht zurück in die Vergangenheit, sondern nach vorn in die erstrebte bessere Zukunft. Die Vorzeit der eigenen Gegenwart als Kontrastfolie zu nutzen, war und ist daher eher ein politisches Argument als eine Auseinandersetzung mit der eigenen Geschichte. Allerdings gibt es auch Gegenbeispiele. Die Beschäftigung mit dem Mythos des Matriarchats etwa hat viele Feministinnen dazu inspiriert, über alternative Gesellschaftsmodelle jenseits des Patriachats nachzudenken (Göttner-Abendroth 2010).

Vor diesem Hintergrund sind die folgenden Überlegungen einzuordnen bzw. vor allem einzuschränken. Nur wenige Akteurinnen und Gruppen der Frauenbewegung beschäftigten sich überhaupt mit ihrer eigenen Vergangenheit, und die Heterogenität der Frauenbewegungen erschwert es zusätzlich, von einem *gemeinsamen* Akt des Erinnerns zu sprechen. Ein Untersuchungsansatz muss daher wohl sein, zunächst einmal zu rekonstruieren, welche Gruppen bzw. welche Akteurinnen sich mit der Vergangenheit ihrer Anliegen und ihrer Bewegung beschäftigt haben. Dazu liegen erst vereinzelt Arbeiten vor (Paulus/Wolff 2015; Schaser/Schraut/Steymans-Kurz 2019; Das Argument 2014; Ariadne 2006; Ariadne 2014).

Eigengeschichte: Narrative der Frauenbewegungen vor 1933

Sowohl die sogenannte bürgerliche als auch die proletarische Frauenbewegung begannen in den ersten Jahrzehnten des 20. Jahrhunderts mit einer je eigenen Geschichtsschreibung. Sie taten dies, um die gesellschaftlichen und politischen Fortschritte und ihren Anteil daran zu dokumentieren. Die organisierten Gruppen der bürgerlichen Frauen, vor allem der Allgemeine Deutsche Frauenverein (ADF) sowie viele aus dem Bund Deutscher Frauenvereine (BDF), pflegten eine vereinsgebundene Geschichtsschreibung, die sich an den Gründungsdaten ihrer Vereine orientierte.

In der Regel erschienen zu solchen Tagen kleine Jubiläumsschriften, die aus der Binnenperspektive die historische Entwicklung sowie die zentralen Persönlichkeiten vorstellten, oder es wurden öffentliche Festveranstaltungen mit Reden abgehalten, über die in der regionalen oder auch überregionalen Presse berichtet wurde. Diese Artikel wurden sehr häufig von den Vertreterinnen der Frauenvereine, also den Objekten der Berichterstattung, selbst geschrieben. Jubiläumshefte und Presseberichte sind bis heute zentrale Quellen zur Erforschung der Frauenbewegung. Die Eigengeschichtsschreibung der Vereine bestimmt daher die geschichtswissenschaftliche Forschung zur Frauenbewegung (bis heute) stark.

Zudem sind die expliziten Geschichtsdeutungen aus den Frauenbewegungen selbst eine wichtige Grundlage für die Geschichtsschreibungen (Lange/Bäumer 1901/1980; Zetkin 1971 [1958]; Zahn-Harnack 1928). An diesen zeitgenössischen Standardwerken lassen sich spezifische Strukturmerkmale der Erinnerungskulturen von Frauenbewegungen ausmachen. Vor dem Hintergrund theoretischer Überlegungen zur Gedächtnisforschung überrascht es kaum, dass in diesen Darstellungen Narrative entworfen wurden, die sich stark aus den zeitgenössischen Themenstellungen (Erfahrungsraum) und Fortschrittsideen (Erwartungshorizont) speisten. Gleichzeitig trugen diese Narrative dazu bei, gegenläufige Tendenzen oder abweichende Analysen sowie Lösungsvorschläge nicht zu nennen oder zumindest in der Darstellung zu marginalisieren.

Die Herausgeberinnen des »Handbuchs zur Frauenbewegung« achteten beispielsweise sehr genau darauf, dass weder die katholische Frauenbewegung noch die sogenannten fortschrittlichen Vereine (»Radikale«, dazu Briatte 2020) und schon gar nicht die sozialistische Frauenbewegung angemessen in den einzelnen Beiträgen zur Geschichte der deutschen Frauenbewegungen repräsentiert waren. Wie Angelika Schaser festhält, wurde damit aus der bürgerlichen Frauenbewegung eine »allgemeine« Bewegung gemacht, die die sozialistische Bewegung »ebenso zum Nebenschauplatz« erklärte wie es sozialistische Theoretiker mit der »Frauenfrage« getan haben (Schaser 2019, S. 180). Das Handbuch legte eine Genealogie der Frauenbewegungsgeschichte vor, die bis heute als Gerüst und Themensetzung in den meisten Darstellungen zur bürgerlichen Frauenbewegung nachwirkt.

Zu dieser Pfadabhängigkeit der Erzählung über deutsche Frauenbewegungen gehört auch, dass nachfolgend Ergänzungsnarrative entworfen wurden, um die Einseitigkeit der Darstellung von Lange und Bäumer aufzulösen. Für dieses Problemfeld ist insbesondere auf die Versuche hinzuweisen, die Geschichte der »Radikalen« in die Narration zu integrieren (z.B. Gerhard 1990; Schenk 1992). Die Geschichtsschreibung zur katholischen Frauenbewegung ist bis heute von der Zielsetzung geprägt, den narrativen Ausschluss zu überwinden (Muschiol 2003; Illemann 2016), während die sozialistische Erzählung nach wie vor als Gegenerzählung und vorrangig als Eigengeschichtsschreibung aufgebaut ist.

Diese Eigengeschichtsschreibung der sozialistischen oder sozialdemokratischen Frauenbewegung war und ist nach meinem Eindruck aber nur in Ansätzen vorhanden und nur wenig auf eine systematische Bewegungsgeschichte, sondern mehr auf Persönlichkeiten konzentriert (Fuhrmann in diesem Band; Schenk 1992, S. 48–52; Hervé 1998; Scharinger 2009). Sehr lange war dabei Clara Zetkins Buch zur proletarischen Frauenbewegung der klassische Grundlagentext, neben August Bebels Buch »Die Frau und der Sozialismus« (1879). Zetkin legte ebenso wie Bäumer/Lange eine klare Narration vor, in der die »bürgerliche« Bewegung als »ernste, gefährliche Macht der Gegenrevolution« charakterisiert wurde, die »bei ihrem Tun und Treiben die starke reformistische, sozialdemokratische Frauenbewegung in ihr Schlepptau« nehme (Zetkin 1971, S. 210–213). Zetkin beschrieb die Entwicklungen der kommunistischen Frauenbewegung als Reifeprozess, in dessen Verlauf die »frauenrechtlerischen Strömungen hinter die Anforderungen des Klassenkampfes« zurücktraten. Damit interpretierte sie die Bewegungsgeschichte entsprechend ihrer eigenen politischen Agenda, blendete widersprechende Stimmen aus und thematisierte auch nicht ihren eigenen Anteil an diesen Entwicklungen, beispielsweise als Redakteurin der Zeitschrift *Die Gleichheit*.

Die kommunistische Frauenbewegung wird als theoretische und praktische Avantgarde präsentiert, die das von der Sozialdemokratie »verratene Werk« fortsetze (Zetkin 1971, S. 225). In allen Passagen dominiert eine allgemeine, abstrakte Erzählung ohne historische Details. Diese Darstellung folgt einem Fortschrittsnarrativ, das an die kommunistische Bewegung und vor allem die Entwicklungen in Russland seit 1917 gekoppelt ist. Konkrete Personen, Ereignisse und Politikbereiche werden dagegen nicht beschrieben, sodass faktisches

Wissen über die proletarische/kommunistische Frauenbewegung – und damit auch die Erinnerung daran – nur sehr eingeschränkt aus diesem Buch zu gewinnen ist.

Aufschlussreich für die Frage nach der Erinnerungskultur von Frauenbewegungen ist vor allem der spätere Umgang mit Zetkins Buch. Die historischen Passagen zur Entstehung der Bewegung gehen bekanntlich auf ihre Artikel aus dem Jahr 1906 zurück und spiegeln ihre damalige Absicht, eine eigenständige Genealogie der proletarischen Frauenbewegung in Abgrenzung zur »bürgerlichen« Frauenbewegung zu entwerfen. Die gegen Ende der 1920er Jahre geschriebenen Teile behandeln ausführlich die Differenzierung in »bürgerliche«, »sozialdemokratische« und »kommunistische« Frauenbewegung. Zu diesem Zeitpunkt war Zetkin in der Kommunistischen Internationale und der KPD schon an den Rand gedrängt; sie schrieb diese Passagen in politischer Isolation und ohne Aussicht auf eine Publikation (Puschnerat 2003).

Zetkins Buch wurde in der heute bekannten Fassung erst lange nach ihrem Tod 1958 vom Institut für Marxismus-Leninismus beim Zentralkomitee der SED publiziert. Zur Zeit der Weimarer Republik gab es die Eigengeschichtsschreibung von Zetkin noch gar nicht und es wäre zu prüfen, ob ihre Artikel aus der Zeit vor dem Ersten Weltkrieg überhaupt noch in der Arbeiterinnenbewegung bekannt waren oder ob es nicht vorrangig die zeitgenössischen tages- und bewegungspolitischen Artikel von Zetkin (und anderen Politikerinnen) bis Mitte der 1920er Jahre waren, die gelesen wurden. Die Literatur zur kommunistischen Frauenbewegung ist dazu leider wenig ergiebig (Grossmann 1998, S. 135–168; Mallmann 1996, S. 131–141; Kontos 1979; Piiper 1988). Insofern muss zum jetzigen Zeitpunkt offenbleiben, wie in der Weimarer Republik im linken Milieu an die Geschichte der Frauenbewegungen, ihre Errungenschaften und vor allem die eigene Geschichte erinnert wurde.

Vor 1933 waren also verschiedene Narrative der Frauenbewegungen zu ihren eigenen Geschichten entworfen, doch setzte sich der »bürgerliche« Entwurf als »allgemeine« Geschichte der Frauenbewegung durch (Schraut 2014). Die linke Erzählung blieb marginalisiert und wurde vermutlich nur in den Kreisen der Sozialdemokratie bzw. der Kommunist*innen gepflegt – diese Traditionspflege wäre allerdings erst noch genauer zu erforschen, etwa durch eine Untersuchung regionaler Parteigruppierungen und deren Umgang mit der Geschichte von Frauenbewegungen. Karen Hagemann hat allerdings in ihrer Studie zum politischen Handeln von Arbeiterfrauen in der Weimarer Republik gezeigt, dass die radikalen politischen Theorien der Parteiführungen schon vor dem Krieg nur wenig verankert in der weiblichen Basis waren und dort eher die praktische Reformtätigkeit im Vordergrund stand (Hagemann 1990, S. 509–551).

Ähnliche Beobachtungen macht Atina Grossmann mit Blick auf kommunistische Frauenorganisationen, allerdings mit dem Unterschied, dass innerhalb der kommunistischen männlichen Führung sehr traditionelle Vorstellungen über die Politikfähigkeit von Frauen herrschten, während kommunistische Frauengruppen sich an radikalen (geschlechter-)politischen Kampagnen beteiligten, etwa in der Debatte über die freie Ehe oder auch die Paragraph-218-Kampagne (Grossmann 1998). Mit anderen Worten: Sowohl die kommunistische Frauenbewegung als auch die Sozialdemokratie waren in der Weimarer Republik vor allem mit der eigenen Gegenwart beschäftigt.

Die tiefe Spaltung der Arbeiterbewegung zeigte auch ihr Umgang mit einem der wichtigsten Daten der linken Frauenbewegungen, dem Internationalen Frauentag (Vorstand der IG Metall 1985, S. 48–59; Wolff 2006; Wolff 2020). Nachdem der Frauentag 1910 auf der II. Internationalen Sozialistischen Frauenkonferenz ins Leben gerufen worden war, nutzten Sozialdemokratie und Gewerkschaften den Tag vor allem zur Mobilisierung für das demokratische Frauenwahlrecht. Im Prozess der Spaltung der Sozialdemokratie wurde der Frauentag nach 1919 als Agitationstag der neuen Kommunistischen Partei gestaltet. Clara Zetkin setzte durch, dass der Internationale Frauentag stets am 8. März begangen wurde. Die SPD dagegen tat sich schwer damit, diesen Tag zu organisieren; erst 1926 geschah dies zum ersten Mal nach dem Krieg. In der Weimarer Republik gab es daher stets zwei Frauentage: einen kommunistischen am 8. März und einen sozialdemokratischen an wechselnden Tagen.

Traditionslinien der Frauenbewegungen in Ost und West nach dem Zweiten Weltkrieg

Die politische Spaltung im Umgang mit dem Internationalen Frauentag setzte sich in der DDR und der Bundesrepublik fort. In der DDR entwickelte sich der 8. März zum sozialistischen Feiertag, in der BRD feierten Kommunistinnen ihn ebenfalls, bis ihre Partei 1956 verboten wurde. Sozialdemokratische Frauen erinnerten sich noch länger an diesen Tag, feierten ihn aber seit Mitte der 1960er Jahre nicht mehr. Susanne Miller, Sozialdemokratin, Historikerin und Zeitzeugin, führt dies auf die Entwicklung der SPD zu einer Volkspartei zurück (Vorstand der IG Metall 1985, S. 82). Er »verschwand aus dem kollektiven Gedächtnis« (Wolff 2006, S. 70), bis neue Impulse von sozialistischen und gewerkschaftlichen Frauengruppen seit Mitte der 1970er Jahre eine Reanimierung einleiteten.

Diese Entwicklung hatte viel mit der nationalen und internationalen Aufmerksamkeit für frauenpolitische Fragen zu tun, unter anderem dem UN-Jahr der Frau 1975. Der DGB beschloss 1982, den Internationalen Frauentag als Teil seiner Arbeit anzuerkennen und regelmäßig zu begehen, nachdem Gewerkschafterinnen den Umgang ihrer eigenen Gewerkschaften mit »Frauenfragen« heftig kritisiert hatten (Vorstand der IG Metall 1985, S. 95–105). Auch erinnerten sich Teile der autonomen Frauenbewegung in den 1980er Jahren wieder an diesen Kampftag für Frauenrechte – eine keineswegs erfundene, aber zeitweise verschwundene Tradition entstand aufs Neue, nicht nur in Deutschland (Grever 1997).

In den Jahrzehnten nach 1945 blieben die Erinnerungen an die Geschichte der demokratischen Frauenbewegungen weiterhin heterogen, gespalten und widersprüchlich und wurden zusätzlich von der Ideologie des Kalten Krieges geprägt. Die Erinnerung an die kommunistische Frauenbewegung wurde vorrangig in der DDR gepflegt, während sich in den parteiunabhängigen bundesdeutschen Frauengruppen der 1950er Jahre ein strammer Antikommunismus ausprägte (Stoehr 2012). In der DDR sah sich der »Demokratische Frauenbund Deutschlands« (DFD) der Traditionslinie der proletarischen Bewegung zugehörig; die ersten Frauenorganisationen im Westen betonten demgegenüber die Kontinuitäten der sogenannten bürgerlichen Bewegung. Die Geschichte des DFD zeigt diese Spaltung entlang der Systemgrenzen eindrücklich: 1947 in Berlin von Vertreterinnen aus Ost und West gegründet, wurde der DFD in den kommenden Jahren zur führenden Frauenorganisation in der DDR ausgebaut, während die in der BRD gegründeten Landesverbände allesamt 1957 verboten wurden, da man sie als Tarnorganisationen der SED in Westdeutschland und damit als verfassungswidrig und staatsgefährdend ansah (Nödinger 1998, S. 151).

Traditionspflege in der DDR: Clara Zetkin weist den Weg

Der Bezug auf die kommunistische Frauenbewegung, vor allem auf Clara Zetkins Schriften, bildete die Basis der staatlichen Frauenbewegung der DDR. Im Gegensatz zur Bundesrepublik setzte die Frauenpolitik der DDR auf eine Integration von möglichst vielen Frauen in den Produktionsprozess, weil es ökonomisch notwendig war. Dies entsprach zudem auch der kommunistischen Emanzipationsidee (Dölling 1993). Dass das Buch von Zetkin erstmals 1958 in Ost-Berlin publiziert wurde, verweist darauf, dass es notwendig erschien, die DDR-Frauenpolitik nicht nur aktuell, sondern auch historisch zu legitimieren (Partisch 1982). Ebenso betonte der DFD in seiner Jubiläumsschrift aus dem Jahr 1989, er sei »aus der mehr als 140-jährigen Geschichte der fortschrittlichen deutschen Frauenbewegung hervorgegangen« (Bundesvorstand des DFD 1989, S. 5).

Als in den 1950er Jahren der Aufbau des Sozialismus als wichtigstes Ziel der ökonomischen und politischen Entwicklungen in der DDR propagiert wurde, erhielten auch der DFD sowie die betrieblichen Frauenausschüsse entsprechende Leitlinien, die ausdrücklich mit der revolutionären Aufgabenstellung Zetkins begründet wurden (Partisch 1982).

Die Frauenausschüsse sollten weibliche Arbeitskräfte innerhalb der Betriebe zu erhöhten Leistungen motivieren, neue Arbeiterinnen gewinnen und die Frauen politisch schulen (»die Ideen des Marxismus-Leninismus unter die Arbeiterinnen tragen«). Die Erhöhung der weiblichen Erwerbstätigkeit war allerdings weder bei den Funktionären noch bei Frauen unumstritten. Hielten männliche Kader noch an einer traditionellen, bürgerlichen Arbeitsteilung der Geschlechter fest, die auch im entwickelten Sozialismus bestehen bleiben sollte, kritisierten Frauen die vielfältigen Mehrbelastungen für berufstätige Mütter und Ehefrauen (Partisch 1982, S. 115; Schröter 2014). Funktionärinnen der SED verurteilten solche Vorstellungen und die Kritik von Frauen als »revisionistische Auffassungen zur Frage der Gleichberechtigung der Frau«, die mit Hinweis auf die Zetkin'sche Emanzipationstheorie überwunden werden sollten (Partisch 1982, S. 115–116).

Dieses Leitbild, und damit auch die historische Einordnung und Aufgabenstellung der staatlich organisierten Frauenbewegung, änderte sich in der DDR nicht grundsätzlich, sondern wurde phasenweise, je nach ökonomischen oder politischen Umständen, anders akzentuiert. So wurde seit den 1960er Jahren das Ideal der erwerbstätigen Frau als Grundvoraussetzung für Emanzipation mit der Mutterrolle ergänzt und auch gesetzlich fixiert, beispielsweise im Familiengesetzbuch. Eine nachhaltige Revision der bürgerlich geprägten Geschlechterordnung war damit in der DDR ad acta gelegt worden – trotz kommunistischem Emanzipationskonzept (Dölling 1993).

Traditionspflege in der Bundesrepublik: Bürgerlich und antikommunistisch

In der Bundesrepublik schlossen sich die seit 1947 gegründeten Frauenausschüsse zum Deutschen Frauenring (DFR) zusammen, der sich als Nachfolgeorganisation des BDF verstand. Die Sozialdemokratinnen dagegen organisierten sich ausschließlich innerhalb ihrer Partei und begannen erst später, Frauenpolitik auch außerhalb dieses Rahmens zu entwickeln (Notz 2001). Der DFR beschränkte seine Traditionspflege auf bestimmte Richtungen der Frauenbewegungen – weder die radikale Bewegung noch die Pazifistinnen oder Sozialistinnen wurden als Vorbilder berücksichtigt (Schüller 2006).

Diese spezifische Traditionspflege lässt sich sowohl für den DFR zeigen als auch für verschiedene regionale Organisationen, etwa in München oder Hamburg (Höfner 2019; Rentschler 2019). Drei Kennzeichen dieser einseitigen Erinnerungspolitik sind hervorzuheben.

Erstens setzten sich die Frauenorganisationen in der frühen Bundesrepublik nicht aktiv mit der NS-Vergangenheit auseinander, womit sie in der bundesdeutschen Gesellschaft keine Ausnahme darstellten. Personelle Kontinuitäten wurden nicht problematisiert, etwa in München, wo die stellvertretende Vorsitzende des Vereins für Fraueninteressen von 1929 bis 1945 ohne Kontroversen (!) zur neuen Vorsitzenden ab 1945 gewählt wurde (Höfner 2019, S. 132–135). Außerdem führte die Interpretation des NS-Regimes als patriarchale Herrschaft dazu, Frauen grundsätzlich nicht als »Täterinnen« anzusehen, sondern als missbrauchte Opfer eines totalitären Systems. Die schon lange von der bürgerlichen Frauenbewegung propagierte »organisierte Mütterlichkeit« (Stoehr 1987) galt nicht als Einfallstor für mögliche NS-Verstrickungen, sondern als Gegenmodell zur nationalsozialistischen Männerherrschaft.

Zweitens wurde diese (erste) Erinnerungsarbeit vor allem von älteren Frauen gepflegt, die entweder selbst in der Weimarer Zeit aktiv gewesen waren oder in diesen Jahren erste Begegnungen mit den »alten Damen der Bewegung« hatten (Schüller 2006, S. 175–176). Dies kann auch als Ausdruck der allgemeinen Tendenz in der frühen Bundesrepublik verstanden werden, sich auf das private Leben zu konzentrieren, zumal die Bedingungen für politische Partizipation von Frauen in diesem Zeitraum sowieso eingeschränkt waren (Ariadne 2001; Hoecker 1998).

Drittens fällt auf, dass die Traditionspflege in den Frauenorganisationen zu Beginn noch eine Rolle spielte, dann aber zunehmend vernachlässigt wurde. Das Beispiel der »Arbeitsgemeinschaft Hamburger Frauenorganisationen« zeigt etwa, dass erst in der allgemeinen bundesdeutschen geschichtspolitischen Diskussion seit 1979 (wieder) eine bewusste Anknüpfung an die Frauenbewegungen vor 1933 einsetzte (Rentschler 2019, S. 72–75).

Diese letzte Beobachtung bestätigt sich auch bei einer kursorischen Durchsicht gewerkschaftlicher Zeitungen für den Zeitraum 1950er bis Mitte der 1970er Jahre. Es gibt in dieser Zeit so gut wie keine historischen Bezüge auf die Frauenbewegungen und ihre Errungenschaften vor 1933. Beschäftigen sich Beiträge mit »Frauenfragen«, so geht es um Organisations- oder Lohndiskussionen. Dies gilt auch für die Zeitschriften, die eine eigene Rubrik für Frauengruppen hatten oder einer Gewerkschaft gehörten, in der viele Frauen organisiert waren. In der *Frauenstimme*, der Zeitschrift der DAG-Frauengruppen, ging es in der ersten Ausgabe noch um die Klarstellung, dass die berufstätige Frau in einem »Lebenskampf« stehe und daher der Solidarität der männlichen Kollegen bedürfe. In den 1950er Jahren wurden die organisierten Frauengruppen selbstbewusster dargestellt und erstmals gab es auch historische Bezüge – aber nicht zur sozialdemokratischen oder gar kommunistischen Frauenbewegung, sondern zu den Aktivitäten der Handlungsgehilfinnen bzw. zum Allgemeinen Deutschen Frauenverein (Wingerath 1952; Krause 1959; 100 Jahre Frauenbewegung 1965). 1955 erinnerte die DAG an die Wiedergründung einzelner Angestelltenverbände im Jahr 1945 und in diesem Kontext ließen auch die weiblichen Angestellten ihre zehnjährige Organisationsgeschichte Revue passieren; eine weitere historische Einordnung erfolgte jedoch nicht.

Diese wenig systematischen Befunde bedeuten nicht, dass es keine erinnerungspolitischen Aktivitäten von Frauengruppen innerhalb der Gewerkschaften gegeben hat, doch sind diese wohl nicht dokumentiert bzw. galten möglicherweise als weniger berichtenswert als die üblichen gewerkschaftlichen Aktivitäten und Forderungen (Pinl 1977). In einer Broschüre der Schriftenreihe der IG Metall aus dem Jahr 1967, einer Auftragsarbeit der Abteilung Frauen beim Vorstand der Gewerkschaft, wird dagegen explizit historisch argumentiert, um den »Weg zur Gleichberechtigung der Frau in Deutschland« aufzuzeigen. Es werden Ereignisse in Form einer Chronik seit dem 18. Jahrhundert benannt, die als Wegmarken bis 1967 gelten. In jenem Jahr verabschiedete die IG Metall »Richtlinien für die Frauenarbeit« (IG Metall Abteilung Frauen 1967).

In fast allen Zeitungen tauchten dann in den 1970er Jahren einzelne Beiträge zur Geschichte der Frauenbewegungen bzw. der Emanzipation der Frauen auf. Der gesellschaftliche Kontext hatte sich mit der Entstehung der neuen Frauenbewegung sowie der Politik der sozialliberalen Bundesregierung verändert.

Die neue Frauenbewegung

Die zweite Frauenbewegung entstand im Kontext des studentischen Protestes Ende der 1960er Jahre. Sie löste sich schnell von dieser Herkunft und erhielt viele Impulse aus internationalen Kontexten (Schenk 1992, S. 83–103; Notz 2004; Schulz 2007; Lenz 2008, S. 21–43). Neue Emanzipationskonzepte wurden entworfen, die auf individuelle Selbstverwirklichung, Autonomie und Bewusstwerdung rekurrierten, darüber aber auch gesellschaftliche Veränderungen induzieren wollten. Im weiteren Verlauf differenzierte sich die Bewegung stark aus; es gab zwar verbindende Themen, etwa die Abschaffung des Paragraphen 218 oder Gewalt gegen Frauen, doch kein gemeinsames Forum oder gar einen Dachverband. Gerade dieser Punkt markiert einen deutlichen Unterschied zu den traditionellen Frauenvereinen und erschwert auch eine Geschichtsschreibung zur neuen Frauenbewegung.

In den ersten Jahren nahmen die Akteurinnen der neuen Frauenbewegung sich selbst und ihre Aktivitäten als einen radikalen Bruch mit gesellschaftlichen Traditionen wahr, als neu und geschichtslos (Wolff 2012). Kenntnisse über die älteren Frauenorganisationen waren kaum vorhanden, und diese wurden auch nicht als Teil einer emanzipativen Frauenbewegung verstanden. Etwa ab Ende der 1970er Jahre wurden dann Teile der frühen Frauenbewegungsgeschichte »entdeckt«, zum einen, weil auch Historikerinnen in der Bewegung aktiv waren und sich auf die Suche nach einer »herstory« machten, zum anderen, weil insgesamt eine stärkere gesellschaftliche Auseinandersetzung mit (deutscher) Geschichte einsetzte (Frei 2005, S. 23–40).

Die Gruppen der autonomen Frauenbewegung ordneten sich schnell der »anderen« Traditionslinie in der deutschen Geschichte zu, vor allem nahmen sie dabei Bezug auf die Radikalen und Pazifistinnen und teilweise auch auf die proletarische Frauenbewegung (Feministische Studien 1984). Erst durch die neue Frauenbewegung sei wieder eine gewisse »Vollständigkeit« entstanden, betont Kerstin Wolff: eine breite soziale Bewegung von Frauen für ihre Emanzipation, mit je unterschiedlichen Wegen dahin (Wolff 2012, S. 273).

Hinsichtlich der politischen Praxis sowie der Erinnerungskultur ist diese Deutung zu diskutieren. Wie regionale Beispiele zeigen, haben die traditionellen Verbände und die autonomen Gruppen nur sehr punktuell (und wenn, erst nach der Jahrtausendwende) zu gemeinsamen Aktionen gefunden (Rentschler 2019; Stuckmann 2011; für Österreich Niederkofler 2011). Erinnerungskulturell waren die Bewegungen und Gruppen getrennt und eine gemeinsame Gedächtnisarbeit ist auch in den 1980er Jahren nicht entstanden. Diese These wäre allerdings genauer zu prüfen, beispielsweise anhand einer Untersuchung zu regionalen und überregionalen Aktivitäten zum Internationalen Frauentag am 8. März (Stuckmann 2011). Allein die Abteilung Frauenpolitik des DGB hat dazu seit den 1980er Jahren viele Broschüren herausgegeben, ebenso das Frauenreferat beim Vorstand der SPD oder andere Parteigruppen wie die ASF.

Die neue Frauenbewegung wird zwar oft als »geschichtslos« wahrgenommen, sie war es aber nicht. Vertreterinnen der Bewegung ordneten sich und ihre Anliegen in bestimmten Traditionen ein und nutzten diese Bezüge, wenn es politisch sinnvoll erschien oder auf ein öffentliches Interesse stieß. Insgesamt erscheint der gesamtgesellschaftliche Umgang mit (deutscher) Geschichte seit den 1970er Jahren ein wichtiger Kontext für die Erinnerungskultur der neuen Frauenbewegung zu sein. Es ist also gezielter zu fragen, aus welchen Anlässen, mit welchen Motiven und zu welchen Zeitpunkten sich Gruppen der neuen Frauenbewegung an die Geschichte ihrer Vorgängerinnen erinnern.

Neue Frauenbewegung und Frauengeschichte – getrennte Welten?

Arbeiten zur historischen Entwicklung der Frauengeschichte in der Bundesrepublik verweisen auf die Verankerung der Protagonistinnen und der Themenstellungen in der Frauenbewegung (Bock 2015b; Hagemann/Quataert 2008; Opitz-Belakhal 2018, S. 12). Ausgehend von autonomen Gruppen entstanden seit Mitte der 1970er Jahre Initiativen, die Wissenschaft und Frauenbewegung zusammenbringen wollten, so etwa die Sommeruniversitäten für Frauen 1976 bis 1983 oder die Historikerinnentreffen, die von 1978 bis 1985/1986 stattfanden. Immer ging es darum, Wissenschaft zu verändern, Themen und Anliegen der Frauenbewegung wissenschaftlich zu bearbeiten und mehr Frauen in die Universitäten zu bringen, vor allem als Dozentinnen und Professorinnen (Gruppe Berliner Dozentinnen 1977; Hageman/Quataert 2008, S. 33).

Unklar ist zum jetzigen Zeitpunkt, welche Wirkungen diese Treffen innerhalb der Frauenbewegung entfalteten. Das Wissen über Frauen in der Geschichte, seien es »Hexen«, Hebammen oder herausragende Persönlichkeiten, nahm zu, nicht zuletzt durch die Editionen von Frauenkalendern, in denen beispielsweise »Berühmte Frauen« vorgestellt wurden. Aber wurde auch in den Diskussionen über Gewalt gegen Frauen, Entlohnung und Frauenarbeit, Körperpolitiken und Gesundheit oder Identitätsfragen auf historische Vorbilder und Entwicklungen verwiesen und an die Beiträge von Frauenbewegungen erinnert? Entwickelte sich also eine Erinnerungskultur im oben definierten Sinne? Diese Fragen sind noch nicht definitiv zu beantworten. Es gibt aber einige Indizien, die darauf hindeuten, dass eine nach Teilgruppen differenzierte Erinnerung gepflegt wurde. So ist etwa die professionelle Geschichtsschreibung über Frauenbewegungen seit Mitte der 1970er Jahre gut vorangekommen (Schaser 2020). Vor allem Historikerinnen, die sich den Frauenbewegungen verbunden fühlen, haben diese Entwicklung getragen (Notz 2007; Mehl 2018).

Eine genauere Analyse der damals etablierten Zeitungen und Zeitschriften unter der Fragestellung, wie darin über die Geschichte der Frauenbewegung reflektiert wurde, wäre wünschenswert. Zu diesen Publikationen gehören neben der *Courage* auch die von Alice Schwarzer herausgegebene Zeitung *Emma* (seit 1977), die *beiträge zur feministischen theorie und praxis* (1978–2008), *feministische studien* (seit 1982), *Die Schwarze Botin* (1976–1987) und viele andere, auch regionale Zeitschriftenprojekte.

In den 1970er und 1980er Jahren nahmen Publikationen zur Geschichte oder auch zu Quellen der Frauenbewegungen deutlich zu. So wurde im Fischer Taschenbuchverlag 1975 die Reihe »Die Frau in der Gesellschaft: Frühe Texte«, herausgegeben von Gisela Brinker-Gabler, etabliert, in der auch Quelleneditionen erschienen. Florence Hervé und Herrad Schenk legten 1980 bzw. 1982 Überblickswerke zur Geschichte der Bewegungen vor (zuerst Evans 1976). Hervé und Schenk thematisierten das nicht vorhandene historische Wissen über die Frauenbewegungen. So stellte Herrad Schenk fest, dass ihr erst in der Auseinandersetzung mit der Ideengeschichte des Feminismus »der Mangel an Geschichtsbewusstsein innerhalb der Frauenbewegung« bewusst geworden sei. Sie verstand ihr Buch wohl auch als einen Beitrag zum Geschichtsbewusstsein der neuen Bewegung (Schenk 1992, S. 7–8). Dass eine solche Anknüpfung schwierig ist, zeigt Schenk in ihrer vergleichenden Betrachtung von Themen, Organisationsformen und Emanzipationskonzepten, vor allem aber hält sie die erste Frauenbewegung für ein »abgeschlossenes historisches Phänomen«.

Diese Form der Darstellung prägt so gut wie alle historischen Darstellungen zur Frauenbewegung bis heute: Das Jahr 1933 als Ende der ersten Frauenbewegung, das Jahr 1968 als Beginn der neuen Frauenbewegung – zwei Phänomene, ohne Bezug zueinander. Diese Darstellungsweise erschwert es, an Personen, Ereignisse oder Organisationen im Sinne einer eigenen Traditionsbindung – ob nun erfunden oder nicht – zu erinnern.

Ähnliche Erfahrungen wie Herrad Schenk machten einige Journalistinnen im öffentlich-rechtlichen Rundfunk. Auch sie wussten so gut wie nichts über die alte Frauenbewegung und stellten fest, dass schon zur Jahrhundertwende so manches Thema diskutiert wurde, das auch in ihren eigenen Gruppen eine Rolle spielte. Die Redakteurin Barbara Schönefeldt entwickelte zusammen mit Kolleginnen die Idee, eine Fernsehserie zur Geschichte der Bewegung zu produzieren. 1987 wurde diese unter dem Titel »Unerhört – Die Geschichte der deutschen Frauenbewegung von 1830 bis heute« in zwölf Teilen in den dritten Programmen der ARD ausgestrahlt. Historikerinnen waren in die inhaltliche Gestaltung der Sendungen einbezogen, später wurde auch ein Buch dazu herausgegeben (Gerhard 1990). Die Beteiligten berichten, dass es noch sehr viele Lücken im Wissen um die Frauenbewegungen gab und zudem wissenschaftliche Texte und schriftliche Quellen wenig geeignet für die Präsentation im Fernsehen waren. Die Einschaltquoten lagen zwischen einem und acht Prozent; mehr als 200 Zuschriften gingen bei den Redaktionen dazu ein. Über 70 Artikel erschienen zu dieser Serie in der Presse (Hagemann 1989) – die Serie kann also als ein kleiner Erfolg bezeichnet werden.

Auffällig ist, dass die Zuschauer*innen mit Vorwissen die Sendungen wegen inhaltlicher und formaler Mängel kritisierten, während viele andere begeistert waren, etwas über die Geschichte der Frauenbewegungen zu erfahren. Die Reaktionen zeigen, dass diese Geschichte zu einem zentralen Faktor in der Identitätsbildung selbstbewusster Frauen erklärt wurde. Wissen über die eigene

Geschichte sollte zur »Bewußtseins- und Handlungsveränderungen« beitragen. Vor diesem Hintergrund erschien es auch wichtig, die Geschichte der neuen Frauenbewegung ebenso in Erinnerung zu rufen (Wolf-Graaf 1987).

Der angeblichen Geschichtslosigkeit der neuen Frauenbewegung sollte mit Wissensvermittlung abgeholfen werden, jedoch stets mit Bezug auf aktuelle Probleme. Die professionelle feministische Geschichtsforschung hat dazu einen Beitrag geleistet, ebenso Aktionsgruppen oder Einzelpersonen, die zu frauenrelevanten Themen historische Entwicklungen thematisierten oder Quellen dazu herausgaben (Zwerenz 1980).

Erstaunlich ist aber schon, dass immer wieder über die Geschichtslosigkeit der Frauenbewegung geklagt wurde, denn schon seit den 1970er Jahren gab es Archive zur Geschichte von Frauen und Frauenbewegungen, Frauenbuchläden und Frauenverlage (Bock/Hauser 2019). Diese waren regional oder lokal organisiert, viele mussten auch nach wenigen Jahren wieder aufgeben, aber eine beträchtliche Zahl hat sich dennoch halten können und ist seit 1994 in einem gemeinsamen Dachverband organisiert. Seit 2018 bietet der Verband das »Digitale Deutsche Frauenarchiv« an.

Was all diese Aktivitäten in Universitäten, Archiven, Frauengruppen, Volkshochschulen und Medien an Geschichtsbewusstsein innerhalb der Frauenbewegungen selbst oder auch der interessierten Öffentlichkeit bewirkten, ist jedoch nicht erforscht. Einschlägige Feiertage sind nicht etabliert; zu sehr stehen die aktuellen Problemlagen im Vordergrund. Der 8. März wird seit einigen Jahren wieder verstärkt als internationaler Kampftag für Frauenrechte gefeiert, ist damit aber eben genau dies: ein Tag, an dem die unvollendete Emanzipation und die mangelnde Gleichheit von Frauen angeklagt und nicht die Fortschritte erinnert werden, die durch die Aktivitäten der Frauenbewegungen entstanden sind.

Erst zum 100. Jahrestag der Einführung des Wahlrechts für Frauen hat es eine gesellschaftlich sichtbare Würdigung von Frauenbewegungen gegeben – eingebettet in eine Geschichte der Demokratie (Richter/Wolff 2018; Linnemann 2018). Davor blieben diese Erinnerungen innerhalb der interessierten Gruppen der linken Parteien und Gewerkschaften sowie der Frauenbewegungen gefangen (Abels 2011; Ferner/Birsl 2008; Schaser 2009; Wickert 1990). Inzwischen ist außerdem nicht mehr nur die Geschichte der ersten Frauenbewegung ein potenzielles Reservoir für identitätsstiftende Erinnerungsarbeit, sondern auch die der zweiten Frauenbewegung (Dörr 2019).

Die neue Frauenbewegung hat sich also vor allem punktuell, phasenweise und oft mit identitätspolitischen Fragen der Geschichte ihrer Vorgängerinnen genähert. Seit den 1980er Jahren hat es vermehrt Initiativen gegeben, diese Geschichte auch zu sichern – in Form von Forschungen, publizistischen Beiträgen,

Vermittlung durch Erwachsenenbildung und medialen Formaten. Ergänzt wurde dies durch das Bestreben, eigene Archive zu etablieren, worin sich sowohl die deutliche Kritik an der etablierten Geschichtswissenschaft als auch an den Überlieferungskonzepten staatlicher Archive zeigte. Schließlich wird seit Ende des 20. Jahrhunderts nun auch die Geschichte der neuen Frauenbewegung als erinnerungswürdig erachtet – damit beginnt eine weitere Phase in der Erinnerungskultur der Frauenbewegungen.

Fazit

Der kursorische Blick über die Eigengeschichtserzählungen der deutschen Frauenbewegungen ergibt kein einheitliches Bild. Zeitliche und politische Brüche, aber auch narrative Pfadabhängigkeiten, thematische Konjunkturen und vor allem identitätspolitische Diskurse prägten die Beschäftigung mit der eigenen Geschichte. Ein »allgemeines« Geschichtsbewusstsein hinsichtlich der Leistungen der Frauenbewegungen für den Aufbau und den Erhalt einer sozialen Demokratie existiert nach wie vor nicht und die Eigengeschichtsschreibung bietet dafür auch nicht viele Anknüpfungspunkte. Doch sie könnte viel stärker aus diesem Blickwinkel gelesen werden. Dafür wäre es notwendig, die Erinnerungskulturen der Frauenbewegungen unter drei Aspekten zu betrachten:

Erstens sollten Erinnerungsarbeit und -kultur nicht als ein normatives historisches Projekt erforscht werden, sondern als eine politische Diskursgeschichte über Zugehörigkeiten und Ausgrenzungen. Das zeigt insbesondere die Eigengeschichtsschreibung der ersten Frauenbewegungen sehr deutlich, und auch in den politischen Debatten innerhalb der neuen Frauenbewegung spielen diese Diskurse eine wichtige Rolle.

Zweitens müssten Akteur*innen, Inhalte und Praxen der Erinnerungskultur von Frauenbewegungen sehr viel genauer, vor allem regionaler, und im internationalen Vergleich untersucht werden. Erst dann ist eine Bewertung möglich, ob sich in den deutschen Frauenbewegungen ein besonderer Umgang mit der eigenen Geschichte zeigt und welche Rolle regionale Entwicklungen spielen.

Drittens wäre es sinnvoll, Frauenbewegungen weniger hinsichtlich der Erinnerungskulturen als Akteurinnen der sozialen Demokratie zu analysieren, sondern mehr auf Themenfelder zu schauen. So wäre beispielsweise das Thema Gleichheit der Geschlechter eine gute Wahl, um Errungenschaften und Defizite einer sozialen Demokratie zu diskutieren und dabei dann auch die Erfolge durch die Aktivitäten der Frauenbewegungen zu würdigen. Andere Themen, etwa Care-Arbeit oder das Verständnis von Arbeit generell, bieten darüber hinaus gemeinsame Interessenspunkte zwischen Frauenbewegungen und Gewerkschaften. Eine thematische Profilierung könnte helfen, Frauenbewegungen nicht als »die Anderen« mit einer eigenen Geschichte anzusehen, sondern als elementare Akteurinnen im Feld der sozialen Demokratie. Denn es sollte ja nicht nur Aufgabe der Frauenbewegungen sein, ihre eigene Geschichte zu würdigen, sondern auch die der anderen Akteur*innen, diese Geschichte als Teil der eigenen Kämpfe zu begreifen.

Literatur und Quellen

100 Jahre Frauenbewegung in Deutschland (1965): In: Frauenstimme 17, H. 3, S. 3–5.

Abels, Gabriele (2011): 90 Jahre Frauenwahlrecht in Deutschland. Zum Wandel von Geschlechterverhältnissen in der Politik. In: Abels, Gabriele (Hrsg.): Deutschland im Jubiläumsjahr 2009. Blick zurück nach vorn. Theodor Eschenburg-Vorlesung. Baden-Baden: Nomos, S. 197–219.

Ariadne. Forum für Frauen- und Geschlechtergeschichte (2001): Heft 4: Parteilichkeiten. Politische Partizipation von Frauen – Erfahrungen mit männlichen Politikbereichen. Hamburg: Argument.

Ariadne. Forum für Frauen- und Geschlechtergeschichte (2006): Heft 50: Erinnerungswege. Jubiläen und Gedenken in den Frauenbewegungen. Hamburg: Argument.

Ariadne. Forum für Frauen- und Geschlechtergeschichte (2014): Heft 65: Generation F. Wie vererbt sich die Frauenbewegung? Hamburg: Argument.

Bock, Jessica (2015a): Die Revolution war eine Frau. Die Fraueninitiative Leipzig 1989/90. In: Ariadne. Forum für Frauen- und Geschlechtergeschichte, H. 67–68, S. 154–162.

Bock, Ulla (2015b): Pionierarbeit. Die ersten Professorinnen für Frauen- und Geschlechterforschung an deutschsprachigen Hochschulen 1984–2014. Frankfurt am Main: Campus.

Bock, Maren/Hauser, Margit (2019): i.d.a. – Dachverband der deutschsprachigen Lesben-/Frauenarchive, -bibliotheken und -informationsstellen e.V., www.digitales-deutsches-frauenarchiv.de/akteurinnen/ida-dachverband-der-deutschsprachigen-lesben-frauenarchive (Abruf am 28.5.2021).

Briatte, Anne-Laure (2020): Bevormundete Staatsbürgerinnen. Die »radikale« Frauenbewegung im Deutschen Kaiserreich. Frankfurt am Main: Campus.

Bühner, Maria (2018): »Wir haben einen Zustand zu analysieren, der uns zu Aussenseitern macht«. Lesbischer Aktivismus in Ost-Berlin in den 1980er-Jahren. In: Bühner, Maria/Möhring, Maren (Hrsg.): Europäische Geschlechtergeschichten. Stuttgart: Franz Steiner, S. 111–131.

Bundesvorstand des DFD (Hrsg.) (1989): Geschichte des DFD. Leipzig: Verlag für die Frau.

Cornelißen, Christoph (2012): Erinnerungskulturen. https://zeitgeschichte-digital.de/doks/frontdoor/deliver/index/docId/265/file/docupedia_cornelissen_erinnerungskulturen_v2_de_2012.pdf (Abruf am 28.5.2021).

Das Argument (2014): Heft 308: Frauenbewegung Erinnern. Hamburg: Argument.

Dölling, Irene (1993): Gespaltenes Bewußtsein – Frauen- und Männerbilder in der DDR. In: Helwig, Gisela/Nickel, Hildegard Maria (Hrsg.): Frauen in Deutschland 1945–1992. Bonn: bpb, S. 23–52.

Dörr, Bea (2019): In der Provinz. Frauengeschichte machen und schreiben, www.digitales-deutsches-frauenarchiv.de/themen/der-provinz-frauengeschichte-machen-und-schreiben (Abruf am 28.5.2021).

Erll, Astrid (2008): Kollektives Gedächtnis und Erinnerungskulturen. In: Nünning, Ansgar/Nünning, Vera (Hrsg.): Einführung in die Kulturwissenschaften. Theoretische Grundlagen – Ansätze – Perspektiven. Stuttgart: Springer, S. 156–185.

Evans, Richard (1976): The Feminist Movement in Germany 1894–1933. London: Sage.

Fannrich-Lautenschläger, Isabel (2020): Verfolgt und eigensinnig. Unangepasste Frauen in der DDR, www.digitales-deutsches-frauenarchiv.de/angebote/dossiers/30-jahre-geteilter-feminismus/verfolgt-und-eigensinnig-unangepasste-frauen-der (Abruf am 28.5.2021).

Feministische Studien (1984): Heft 1: Die Radikalen in der alten Frauenbewegung. Stuttgart.

Ferner, Elke/Birsl, Ursula (Hrsg.) (2008): 90 Jahre Frauenwahlrecht! Eine Dokumentation. Berlin: Vorwärts-Buch.

Frei, Norbert (2005): 1945 und Wir. Das Dritte Reich im Bewußtsein der Deutschen. München: C. H. Beck.

Gerhard, Ute (1990): Unerhört. Die Geschichte der deutschen Frauenbewegung. Reinbek: Rowohlt.

Göttner-Abendroth, Heide (2010): Matriarchat. Forschung und Zukunftsvision. In: Becker, Ruth/Kortendiek, Beate (Hrsg.): Handbuch Frauen- und Geschlechterforschung. Theorie, Methoden, Empirie. Wiesbaden: Springer VS, S. 23–29.

Grever, Maria (1997): The Pantheon of Feminist Culture. Women's Movements and the Organization of Memory. In: Gender & History 9, S. 364–374.

Grossmann, Atina (1998): German Communism and New Women. Dilemmas and Contradictions. In: Gruber, Helmut/Graves, Pamela (Hrsg.): Women and Socialism, Socialism and Women. Europe Between the Two World Wars. New York: Berghahn, S. 135–168.

Gruppe Berliner Dozentinnen (Hrsg.) (1977): Frauen und Wissenschaft. Beiträge zur Berliner Sommeruniversität der Frauen, Juli 1976. Berlin: Courage.

Hagemann, Karen (1989): Frauen als handelnde Objekte der Geschichte zeigen. Nachbereitung der Fernsehserie »Unerhört«. In: Weiterbildung und Medien 12, H. 2, S. 56–48.

Hagemann, Karen (1990): Frauenalltag und Männerpolitik. Alltagsleben und gesellschaftliches Handeln von Arbeiterfrauen in der Weimarer Republik. Bonn: Dietz.

Hagemann, Karen/Quataert, Jean H. (2008): Einführung. Geschichte und Geschlechter. Geschichtsschreibung und akademische Kultur in Westdeutschland und den USA im Vergleich. In: Hagemann, Karen/Quataert, Jean H. (Hrsg.): Geschichte und Geschlechter. Revisionen der neueren deutschen Geschichte. Frankfurt am Main: Campus, S. 11–63.

Hervé, Florence (Hrsg.) (1998): Geschichte der deutschen Frauenbewegung. 6. Auflage. Köln: PapyRossa.

Hoecker, Beate (Hrsg.) (1998): Handbuch politische Partizipation von Frauen in Europa. Bd. 1. Opladen: Leske + Budrich.

Höfner, Mirjam (2019): »[…] wichtig zur Orientierung der jüngeren Generation«. Erinnerungskultur nach 1945 im Münchner Verein für Traueninteressen und Frauenarbeit. In: Schaser, Angelika/Schraut, Sylvia/Steymans-Kurz, Petra (Hrsg.): Erinnern, vergessen, umdeuten? Europäische Frauenbewegungen im 19. und 20. Jahrhundert. Frankfurt am Main: Campus, S. 124–151.

IG Metall (1967): So ist es geworden. Der Weg zur Gleichberechtigung der Frau in Deutschland. Frankfurt am Main: IG Metall für die Bundesrepublik.

Illemann, Regina (2016): Katholische Frauenbewegung in Deutschland 1945–1962. Politik, Geschlecht und Religiosität im Katholischen Deutschen Frauenbund. Paderborn: Schöningh.

Kenawi, Samirah (1996): Frauengruppen in der DDR der 80er Jahre. Eine Dokumentation. Berlin: GrauZone.

Kern, Thomas (2008): Soziale Bewegungen. Ursachen, Wirkungen, Mechanismen. Wiesbaden: Springer VS.

Kontos, Silvia (1979): Die Partei kämpft wie ein Mann. Frauenpolitik der KPD in der Weimarer Republik. Frankfurt am Main: Stroemfeld/Roter Stern.

Krause, Maria (1959): 1889/1959. In: Frauenstimme 11, H. 2, S. 1–3.

Lange, Helene/Bäumer, Gertrud (1901): Handbuch der Frauenbewegung. Bd. 1: Geschichte der Frauenbewegung in den Kulturländern. Berlin 1901–1906, Band 1. Weinheim: Beltz.

Lenz, Ilse (Hrsg.) (2008): Die Neue Frauenbewegung in Deutschland. Abschied vom kleinen Unterschied. Eine Quellensammlung. Wiesbaden: Springer VS.

Linnemann, Dorothee (Hrsg.) (2018): Damenwahl! 100 Jahre Frauenwahlrecht. Ausstellungskatalog. Frankfurt am Main: Societäts-Verlag.

Mallmann, Klaus-Michael (1996): Kommunisten in der Weimarer Republik. Sozialgeschichte einer revolutionären Bewegung. Darmstadt: Wissenschaftliche Buchgesellschaft.

Mehl, Friederike (2018): Die Zeitschrift Courage, www.digitales-deutsches-frauenarchiv.de/akteurinnen/die-zeitschrift-courage (Abruf am 22.6.2020).

Muschiol, Gisela (2003): Katholikinnen und Moderne. Katholische Frauenbewegung zwischen Tradition und Emanzipation. Münster: Aschendorff.

Nave-Herz, Rosemarie (1997): Die Geschichte der Frauenbewegung in Deutschland. 5. Auflage. Hannover: Niedersächsische Landeszentrale für politische Bildung.

Niederkofler, Heidi (Hrsg.) (2011): Frauentag! Erfindung und Karriere einer Tradition. Begleitbuch zur Ausstellung »Feste. Kämpfe. 100 Jahre Frauentag«. Wien: Löcker.

Nödinger, Ingeborg (1998): Für Frieden und Gleichberechtigung. Der Demokratische Frauenbund Deutschlands und die Westdeutsche Frauenfriedensbewegung in den 50er und 60er Jahren. In: Hervé, Florence (Hrsg.): Geschichte der deutschen Frauenbewegung. Köln: PapyRossa, S. 139–154.

Notz, Gisela (2001): »Ihr seid, wenn ihr wollt, diejenigen, die alle Arbeit in der Partei machen können«. Sozialdemokratische Frauenpolitik im Nachkriegsdeutschland. In: Ariadne. Forum für Frauen- und Geschlechtergeschichte 40, S. 58–63.

Notz, Gisela (2004): Die autonomen Frauenbewegungen der Siebzigerjahre. Entstehungsgeschichte – Organisationsformen – politische Konzepte. In: Archiv für Sozialgeschichte 44, S. 123–148.

Notz, Gisela (Hrsg.) (2007): Als die Frauenbewegung noch Courage hatte. Die »Berliner Frauenzeitung Courage« und die autonomen Frauenbewegungen der 1970er und 1980er Jahre. Bonn: Friedrich-Ebert-Stiftung, Historisches Forschungszentrum.

Opitz-Belakhal, Claudia (2018): Geschlechtergeschichte. 2. Auflage. Frankfurt am Main: Campus.

Partisch, Gudrun (1982): Die Frauenausschüsse erfüllen Clara Zetkins Vermächtnis im Kampf um Frieden und Sozialismus. In: »Geschichte des Kampfes der

Arbeiterklasse um die Befreiung der Frau« der Sektion Geschichte der Pädagogischen Hochschule »Clara Zetkin«. Leipzig: Pädagogische Hochschule »Clara Zetkin«, S. 111–117.

Paulus, Julia/Wolff, Kerstin (2015): Selber schreiben – Beschrieben werden – Erforscht werden. 150 Jahre Frauenbewegung in Deutschland im Spiegel der (Selbst-)Erforschung. In: Ariadne. Forum für Frauen- und Geschlechtergeschichte 67–68, S. 20–29.

Piiper, Johanna (1988): Die Frauenpolitik der KPD in Hamburg 1928 bis 1933. Köln: Pahl-Rugenstein.

Pinl, Claudia (1977): Das Arbeitnehmerpatriarchat. Frauenpolitik der Gewerkschaften. Köln: Kiepenheuer & Witsch.

Puschnerat, Tânia (2003): Clara Zetkin. Bürgerlichkeit und Marxismus. Eine Biographie. Essen: Klartext.

Rentschler, Hannah (2019): »… ob wir nicht alle Feministinnen sind«. Die Arbeitsgemeinschaft Hamburger Frauenorganisationen 1966–1986. München: Dölling und Galitz.

Richter, Hedwig/Wolff, Kerstin (Hrsg.) (2018): Frauenwahlrecht. Demokratisierung der Demokratie in Deutschland und Europa. Hamburg: Hamburger Edition.

Roth, Roland/Rucht, Dieter (Hrsg.) (2008): Die sozialen Bewegungen in Deutschland seit 1945. Frankfurt am Main: Campus.

Scharinger, Manfred (2009): Proletarische Frauenbewegung. Kritische Bilanz und politische Lehren. Wien: Revolutionär Sozialistische Organisation.

Schaser, Angelika (2009): Zur Einführung des Frauenwahlrechts vor 90 Jahren am 12. November 1918. In: Feministische Studien 27, S. 97–110.

Schaser, Angelika (2019): Helene Lange und Gertrud Bäumer als Historiographinnen der Frauenbewegung. In: Schaser, Angelika/Schraut, Sylvia/Steymans-Kurz, Petra (Hrsg.) (2019): Erinnern, vergessen, umdeuten? Europäische Frauenbewegungen im 19. und 20. Jahrhundert. Frankfurt am Main: Campus, S. 170–197.

Schaser, Angelika (2020): Frauenbewegung in Deutschland 1848–1933. 2. Auflage. Darmstadt: Wissenschaftliche Buchgesellschaft.

Schaser, Angelika/Schraut, Sylvia/Steymans-Kurz, Petra (Hrsg.) (2019): Erinnern, vergessen, umdeuten? Europäische Frauenbewegungen im 19. und 20. Jahrhundert. Frankfurt am Main: Campus.

Schenk, Herrad (1992): Die feministische Herausforderung. 150 Jahre Frauenbewegung in Deutschland. 6. Auflage. München: C. H. Beck.

Schraut, Sylvia (2014): Strategien und Blockaden frauenbewegter Traditionsstiftung. In: Das Argument 56, S. 387–397.

Schröter, Ursula (2014): Abbruch eines Aufbruchs. Zur Frauenpolitik der DDR. In: Das Argument 56, S. 376–386.

Schüller, Elke (2006): Westdeutsche Frauenorganisationen der Nachkriegszeit – ein »missing link« zwischen alter und neuer Frauenbewegung. In: Weckwert, Anja/Wischermann, Ulla (Hrsg.): Das Jahrhundert des Feminismus. Königstein im Taunus: Ulrike Helmer, S. 171–182.

Schulz, Kristina (2007): Frauen in Bewegung. Mit der Neuen Linken über die Linke(n) hinaus. In: Klimke, Martin (Hrsg.): 1968. Handbuch zur Kultur- und Mediengeschichte der Studentenbewegung. Stuttgart: Metzler, S. 247–277.

Stoehr, Irene (1987): »Organisierte Mütterlichkeit«. Zur Politik der deutschen Frauenbewegung um 1900. In: Hausen, Karin (Hrsg.): Frauen suchen ihre Geschichte. Historische Studien zum 19. und 20. Jahrhundert. München: C. H. Beck, S. 221–249.

Stoehr, Irene (2012): Friedensklärchens Feindinnen. Klara-Maria Fassbinder und das antikommunistische Frauennetzwerk. In: Paulus, Julia/Silies, Eva-Maria/Wolff, Kerstin (Hrsg.): Zeitgeschichte als Geschlechtergeschichte. Neue Perspektiven auf die Bundesrepublik. Frankfurt am Main: Campus, S. 69–91.

Stuckmann, Dagmar (2011): »Gebt Raum den Frauen«. 100 Jahre Internationaler Frauentag in Bremen. Wiesbaden: Thrun.

Unerhört. Die Geschichte der deutschen Frauenbewegung von 1830 bis heute – ab April in den Dritten Programmen. In: Weiterbildung und Medien 10, H. 2, S. 15–44.

Vorstand der IG Metall (Hrsg.) (1985): Internationaler Frauentag. Tag der Frauen seit 75 Jahren. Frankfurt am Main.

Wickert, Christl (Hrsg.) (1990): »Heraus mit dem Frauenwahlrecht«. Die Kämpfe der Frauen in Deutschland und England um die politische Gleichberechtigung. Pfaffenweiler: Centaurus.

Wingerath, Prof. (Emmy) (1952): Gestaltung der Frauenpersönlichkeit durch Berufsarbeit. In: Frauenstimme 4, H. 2–3, S. 3–11.

Wolff, Kerstin (2006): Alle Jahre wieder… Der Internationale Frauentag – ein Feiertag für die Frauenbewegung? In: Ariadne. Forum für Frauen- und Geschlechtergeschichte 50, S. 66–71.

Wolff, Kerstin (2012): Ein Traditionsbruch? Warum sich die autonome Frauenbewegung als geschichtslos erlebte. In: Paulus, Julia/Silies, Eva-Maria/Wolff, Kerstin (Hrsg.): Zeitgeschichte als Geschlechtergeschichte. Frankfurt am Main: Campus, S. 257–275.

Wolff, Kerstin (2020): Die Geschichte(n) des Internationalen Frauentages, www.digitales-deutsches-frauenarchiv.de/themen/die-geschichten-des-internationalen-frauentages (Abruf am 28.5.2021).

Wolf-Graaf, Anke (1987): Her-story – die andere Geschichte. Historische Themen in der Bildungsarbeit mit Frauen. In: Weiterbildung und Medien 10, H. 2, S. 32–34.
Zahn-Harnack, Agnes (1928): Die Frauenbewegung. Geschichte, Probleme, Ziele. Berlin: Deutsche Buch-Gemeinschaft.
Zetkin, Clara (1958/1971): Zur Geschichte der proletarischen Frauenbewegung Deutschlands. Frankfurt am Main: Roter Stern.
Zwerenz, Ingrid (1980): Frauen. Die Geschichte des § 218. Frankfurt am Main: Fischer.

Warum finden Frauen in der Demokratiegeschichte so wenig Beachtung?

Hedwig Richter

Die Frage, warum Frauen in Demokratiegeschichten kaum vorkommen, steht selbstverständlich in einem größeren Kontext: Frauen gelten als das andere Geschlecht, als das Gegenüber zum eigentlichen Menschen, dem Mann, der seine Geschichte macht und schreibt, weshalb sie allenfalls als Randfiguren und als Gast ihren Auftritt finden (Epple/Schaser 2009). »Die Geschichte der Debatten über die kulturellen Funktionen der Frauen«, so die Literaturwissenschaftlerin Silvia Bovenschen, sei »eine Geschichte des Vergessens, der Aussparung und daher einer steten, obschon modifizierten, Wiederholung des schon einmal Gedachten« (Bovenschen 2003, S. 65).

Nicht nur die Geschichtsschreibung generell hat sich damit schwergetan, Frauen in den Blick zu nehmen und sie als erinnerungswürdig anzusehen. Gerade feministische Autor*innen hätten zudem »oftmals gar keine Kenntnis mehr von den Arbeiten ihrer Vorläufer(-innen)«, so Bovenschen (ebd.). Diese starke Tendenz zum Vergessenwerden zeigt sich besonders eindrücklich bei der Frauenbewegung um 1900, die den Feminist*innen der zweiten Frauenbewegung um 1970 vielfach völlig unbekannt war. In Deutschland wurde das Vergessen durch zwei weitere Faktoren verstärkt. Zum einen mussten etliche Frauenrechtlerinnen vor dem Nationalsozialismus fliehen und viele Nachlässe wurden von den Nazis zerstört (Schaser/Schraut 2019, S. 8 f.). Zum anderen wirkt es sich hier massiv aus, dass die bundesrepublikanische Geschichtsschreibung die Neigung hat, demokratische Traditionslinien entweder zu übergehen oder in einem dunklen Licht darzustellen. So wurde etwa die positive Rolle von Frauenrechtlerinnen wie Getrud Bäumer herabgewürdigt; teilweise wurden die Frauenrechtlerinnen der Vor- und Zwischenkriegszeit in die Nähe des Nationalsozialismus gerückt, selbst dann, wenn sie nach 1933 Repressionen erlitten haben (ebd.).

Trotz einer breiten Forschung in den letzten drei Jahrzehnten über die Frauenbewegung um 1900 und ihre internationale Verflechtung wird immer wieder eine besondere Rückständigkeit der deutschen Frauenbewegung beschworen. Doch die weitgehende Ausblendung von Frauen aus der Demokratiegeschichte – oder ihre Verbannung in ein Extra-Kapitel (sodass es die Demokratiegeschichte des Menschen und dann die kleine Extrageschichte der Frau gibt) – verdient besondere Beachtung. Denn die neuere Geschichtsschreibung ist längst dabei, Frauen zu integrieren, sodass ihr Fehlen in der Demokratiegeschichte auffällig und erklärungsbedürftig ist.

Ihre Abwesenheit ist umso erstaunlicher, als die Geschichte der modernen Demokratie wesentlich geprägt war von Vorstellungen über Geschlecht und seit dem ausgehenden 19. Jahrhundert speziell von jener Hälfte der Menschheit, die über Klassengrenzen hinweg eine ganz eigene Emanzipationsgeschichte aufweist. So ist es beispielsweise trotz aller Forschung manchen Historikern immer noch möglich, eine Geschichte der Demokratie in der Weimarer Republik vorzulegen, in der kaum an das Frauenwahlrecht erinnert wird (zum Forschungsstand Wolff 2018).

Wie also lässt es sich erklären, dass Frauen in der Demokratiegeschichte so oft übergangen werden? Die amerikanische Politikwissenschaftlerin Dawn Teele sieht für die Ausblendung der Frauen drei Gründe: Erstens gehe die Forschung meist von einer einheitlichen Theorie für den gesamten Demokratisierungsprozess aus, zweitens arbeite sie häufig mit dem Schema des Klassenkampfes, und drittens sei die Demokratieforschung in vielerlei Hinsicht dem Revolutionsnarrativ verfallen (Teele 2018).

Demokratiegeschichte als Revolutionsgeschichte

In der Geschichtsschreibung fallen alle drei Punkte zusammen. Jakob Tanner bringt es beispielhaft auf den Punkt: »Die Demokratie ist, historisch betrachtet, das Resultat von Revolutionen« (Tanner 2018, S. 4). Der zentrale Aspekt dieses geradezu globalen Demokratienarrativs lautet: Demokratiegeschichte ist ein revolutionärer Kampf von unten gegen oben. Der Stoff der Frauengeschichte aber passt nicht in diese Revolutionsgeschichten, denn die Durchsetzung des Frauenwahlrechts gestaltete sich weitgehend unrevolutionär: Die Akteurinnen sind vielfach Bürgerinnen, Frauen in langen Röcken und langwierigen Vereinssitzungen, Petitionen und Artikel schreibend, Bildungsarbeit betreibend und um gesellschaftliche Reformen bemüht.

Häufig fand ihre Arbeit im kirchlichen Rahmen statt, zumeist im kommunalen Zusammenhang und dort in der revolutionsunverdächtigen Wohltätigkeitsarbeit (Heinsohn 1997). Frauenrechtlerinnen waren außerdem oftmals in Gesellschaften aktiv, in denen das Rechtsstaatsprinzip herrschte und in denen damit grundlegende Menschenrechte bereits galten, in denen ein Parlament mindestens an der Herrschaft beteiligt war und Massenpartizipation mehr oder weniger als akzeptiert galt. Sie agierten also nicht in einer revolutionsträchtigen Umwelt.

In der gewaltaffinen globalen Erinnerungskultur erhalten am ehesten die gewalttätigen Suffragetten in Großbritannien ein Denkmal. Das Bedürfnis, Demokratiegeschichte als Geschichte des gewalttätigen Kampfes zu erzählen, verleitet also dazu, ausgerechnet jene kleine und ausgesprochen untypische Minderheit unter den Frauenrechtlerinnen in den Fokus zu rücken. Für Deutschland wird entsprechend häufig behauptet, es sei die Revolution am Ende des Ersten Weltkrieges gewesen, die das gleiche und allgemeine Wahlrecht hervorgebracht habe; und immer noch findet sich die Meinung, der Krieg sei eigentlich der Vater des Frauenwahlrechts in Deutschland, aber auch in den USA oder im Vereinigten Königreich.

Nun kämpften selbstverständlich immer wieder Frauen in Revolutionen mit; es gibt eine intensive historische Forschung, die sie aufspürt und völlig zurecht würdigt (Hauch 1990; Lipp/Bechtold-Comforty 1986). Doch ein Großteil der Frauenrechtlerinnen und Aktivistinnen sprachen sich gegen Gewalt aus. Das gilt auch schon für die relativ wenigen frühen Frauenrechtlerinnen wie Olympe de Gouges (1748–1793). Sie ist heute bekannt, weil sie während der Französischen Revolution die damals allgemein als abwegig geltende Forderung aufstellte, Menschenrechte müssten auch für Frauen gelten.

»Die Frau wird frei geboren und bleibt dem Mann an Rechten gleich«, schrieb de Gouges in einem als Bittschrift an die Königin gekleideten Aufruf »Déclaration des droits de la femme et de la citoyenne«. Die Autorin sah ihren Appell als Gegenstück zur Menschenrechtserklärung von 1789, der »Déclaration des droits de l'homme et du citoyen«. Ihr Appell scherte die Revolutionäre im Übrigen wenig. Im Jahr 1793 wurde die bekennende Royalistin und Gegnerin der Todesstrafe, die öffentlich den Terror der Revolutionäre verurteilte und Mitleid für den König gefordert hatte, guillotiniert.

Die meisten Frauen aber legten bei diesem Thema mehr Nüchternheit an den Tag als die gebildete Olympe de Gouges. Bürgerliche Rechte, so die Historikerin Olwen Hufton, waren für die allermeisten Frauen bis weit ins 19. Jahrhundert wenig relevant, denn sie als weibliche Rechte zu denken, war geradezu sinnwidrig und wenig alltagstauglich. Frauen, so Hufton, zettelten eher keine Revolutionen an, sondern allenfalls Revolten, und zwar dann, wenn es um Hunger ging (Hufton 1998, S. 624–627 und 649).

Der Zug der »Fischweiber« nach Versailles, der prominenteste Ausdruck der Beteiligung von Frauen an der großen Revolution, lässt sich als eine solche Revolte verstehen, denn die rund 6.000 Marktfrauen aus den Pariser Arbeitervierteln forderten in Versailles die Senkung der Brotpreise. Die weit überwiegende Mehrheit der Frauen erlebte Revolution und Gewalt wohl in dieser Matrix. Gleichheit und Brüderlichkeit, Barrikadentrunkenheit, Lynchen und Waffenklirren waren das Geschäft der Männer.

Das gilt ganz ähnlich für das Jahr 1848, als die Barrikadenkämpfe auch in Deutschland ausbrachen. Bei den Märzaufständen in Berlin zählte man unter den rund 270 Toten elf Frauen. Es gab also die Barrikadenkämpferinnen, doch blieben sie eine kleine Minderheit, während Arbeiter und Handwerker den Großteil der Kämpfenden bildeten. Revolutionen waren meist Neuordnungen von Männern für Männer.

Als weiterer Aspekt kommt hinzu: Gerade in den umstürzenden Zeiten der Revolution wuchs die Sehnsucht nach Sicherheit, und die Menschen bedurften eines Ankers. Dazu diente in aller Regel auch eine der ältesten gesellschaftlichen Strukturen überhaupt: die Geschlechterordnung mit dem übergeordneten Mann und der dienenden Frau. So umsorgten, pflegten und verbanden die Frauen auch 1848 die Revolutionäre weit häufiger, als dass sie selbst auf die Barrikaden stiegen. Letztlich habe »die kurze Zeit der Revolution nur eine Manifestierung und pathetische Überhöhung des Geschlechterverhältnisses« hervorgebracht, urteilt die Historikerin Susanne Asch über die Jahre 1848/49 (Asch 1998, S. 4).

Auf Revolutionen folgt recht zuverlässig eine Zeit der Reaktion und Restauration, in der gerade die Rechte der Frauen unter die Räder geraten. Auch nach 1848/49 bot das patriarchalische Gesellschaftsmodell die ersehnte Sicherheit. Zu den Neuerungen nach 1848/49 gehörte nicht nur, dass es nun fast überall Parlamente, Verfassungen und ein weites Männerwahlrecht gab (denn 1848 war für Männer keineswegs eine gescheiterte Revolution), sondern auch das Verbot für Frauen, sich an Partei- und politischer Vereinsarbeit zu beteiligen. Physische Gewalt kommt Frauen selten zugute, und möglicherweise gilt dies auch für revolutionäre Gewalt.

Die Revolutions-Ikonografie ist ohnehin eindeutig: Erhöht auf Trümmern und Barrikaden jauchzen Männer mit wehenden Fahnen, mit Bart und in Waffen. Die Welt steht in Flammen, sie aber triumphieren. Die revolutionäre Marianne, die als Freiheit in Delacroix' Gemälde von 1830 das Volk anführt, ist eine Allegorie, die mit freiem Busen an eine griechische Göttin denken lässt; sie ist keine reale Frau, und schon gar nicht eine Figur des Volkes – und tatsächlich sind alle revolutionären Akteure rings um diese überirdische Gestalt Männer oder Knaben.

Haben Frauen also schlicht deshalb keinen Auftritt in so vielen Demokratiegeschichten, weil sie in Revolutionen – und damit in der Demokratiegeschichte – keine aktive Rolle spielten und ihnen überhaupt Revolutionen wenig nutzten? Es gibt noch eine weitere Erklärung, warum Frauen in der Demokratiegeschichte kaum als Akteurinnen in Erscheinung treten: Ihnen sei im 19. Jahrhundert die private

Sphäre zugeteilt worden, Männern hingegen die öffentliche (Hausen 1976). Doch ist das nicht ganz überzeugend. Nicht nur, weil die Forschung seit längerer Zeit zeigt, dass die Sphären gar nicht so strikt getrennt waren (Weckel 1991, S. 162f.). Es fragt sich auch, warum gerade dieser Diskurs so besonders stabil gewesen sein soll, wenn doch andere Exklusionsmuster – wie Religion, Klasse und Rasse – in Anbetracht der egalisierenden Kraft des Konzeptes »Nation« und der Staatsbürgerschaft so erfolgreich infrage gestellt wurden. Frauen bildeten eine der wenigen Gruppen, die intensiv und über einen längeren Zeitraum hinweg um ihr Wahlrecht gekämpft haben. Während die Einbeziehung von immer mehr Männern im Verlauf des 19. Jahrhunderts häufig sogar von oben oktroyiert wurde, blieb Frauen das Wahlrecht trotz ihres Engagements über viele Jahre verwehrt (Keyssar 2009, S. 854–863; Sabato 1992, S. 139–163; Collier 1999). Und dieser Ausschluss gestaltete sich bis zum Ende des 19. Jahrhunderts bemerkenswert unumstritten und stabil (Bartley 2003).

Warum hielt die Exklusion von Frauen aus dem Gleichheitsverständnis so problemlos an? Diese immer wieder gestellte Frage bleibt essenziell, und die Forschung dazu reißt nicht ab (z.B. Smith 2016; Kergomad 2017). Sie gehört mit zu dem Problemfeld, warum Frauen in Demokratiegeschichten wenig Beachtung finden. Gewiss ist eine Antwort, dass Demokratie und Männlichkeit intensiv zusammen gedacht wurden. Gisela Bock spricht von der »expliziten Maskulinisierung der politischen Partizipation« im 19. und frühen 20. Jahrhundert (Bock 2000, S. 183). Wahlen dienten nicht nur als ein Spiegel der männlichen Ordnung: Die Männer schritten in der Öffentlichkeit zum Wahllokal, durchmaßen den Raum, gaben ihre Stimme ab. Hinzu kamen Verhaltensweisen, die nach dem damaligen Verständnis Männlichkeit markierten: lautes Diskutieren und Welt-Erklären, Rauchen, Alkoholkonsum, Prügelei; der eigentliche Wahlakt freilich galt als zutiefst rationale Entscheidung, und Rationalität wurde Frauen in der Regel abgesprochen. Wahlen erwiesen sich als eine »große rituelle Zeremonie«, wie Pierre Bourdieu es nennt, um die männliche Herrschaft immer und immer wieder zu reproduzieren (Bourdieu 1997, S. 156).

Doch der Blick ändert sich, wenn wir das Narrativ der Demokratisierung öffnen. Folgende drei Perspektiverweiterungen erscheinen dabei vielversprechend: Erstens kann Demokratiegeschichte breiter gefasst werden – nicht nur als Geschichte der revolutionären Bewegung, sondern auch als die Geschichte von Reformen. Zweitens ist es sinnvoll, historische Demokratie- und Wahlforschung – wie in der Frauengeschichte schon vielfach eingelöst – stärker transnational zu konzipieren (Daley/Nolan 1994; Schüler 2004). Drittens geht es um die Analyse, warum und inwiefern Demokratie geschlechtlich praktiziert und erzählt wird – eine Erweiterung, über die in der politikwissenschaftlichen Forschung viel nachgedacht wird, weniger jedoch in der demokratiehistorischen Forschung (Pateman 1994; Holland-Cunz 2003; Ludwig 2010).

Was ist Demokratie?

Es ist bei dieser Erweiterung sinnvoll, zunächst zu klären, wie Demokratie definiert werden soll. Ich fasse Demokratie weit als ein Projekt von Gleichheit, Freiheit und Gerechtigkeit. Definitionen sind Konventionen, Übereinkommen, damit klar ist, wovon die Rede ist. Es ist genauso legitim, nach dem Begriff »Demokratie« zu fragen, wann und wie er verwendet wurde, von Anarchisten im 19. Jahrhundert etwa oder von Theoretikern des Nationalsozialismus. Hier aber geht es um das normative Projekt Demokratie, das sich mit der Moderne seit der Sattelzeit und in enger Verbindung mit Vorstellungen von Menschenwürde herausgebildet hat. In historischen Studien führen engere Definitionen, die Demokratie als eine bestimmte Staatsform mit bestimmten verfassungsrechtlichen Garantien verstehen, häufig dazu, den Blick auf die oft widersprüchlichen Anfänge und die teils divergierenden Entwicklungen von Demokratie zu verstellen.

Eine weite Definition hat den Vorteil, dass sie die vielfältigen demokratischen Frühformen einzubeziehen vermag, aber auch die ungeheure Faszinationskraft von Demokratie als ein normatives Projekt im Blick behält. Demokratie entwickelte sich nicht aus einer Idee, sondern aus einem ungeordneten Konglomerat an Ideen und Praktiken, die sich oft genug widersprachen. Die liberale Demokratie, die aus dieser Geschichte hervorgegangen ist, erweist sich daher nicht als Gebilde aus einem Guss, sondern ist vielmehr ein Flickwerk, ein um Ausbalancierung ringendes Gefüge, in dem es darum geht, Kräfte und Gegenkräfte im Zaum zu halten, und die sich in vielerlei Hinsicht widersprechenden Ideale von Gleichheit und Freiheit und Gerechtigkeit voreinander zu schützen und gegeneinander zu stärken. »Demokratie«, so der Historiker Paul Nolte, »handelt von der Kontingenz der Dinge, von dem Auch-anders-sein-Können, eher von der Suche als von der definitiven Lösung« (Nolte 2012, S. 73; Rosanvallon 2011).

Neu an Demokratievorstellungen der Moderne war die Vorstellung der Gleichheit für alle – die Grundlage für Freiheit und Gerechtigkeit. Gleichheit für wenige, das gab es schon in der Antike, aber auch in mittelalterlichen oder frühneuzeitlichen Wahlgremien. Doch mit der Aufklärung brach sich die Idee einer inkludierenden Gleichheit immer radikaler Bahn. Dabei bleibt die Ambivalenz »universaler Gleichheit« hoch problematisch, besonders die Frage, warum immer mehr Personengruppen in diese Gleichheitsvorstellung einbezogen wurden, Frauen jedoch so lange außen vor blieben.

Demokratie und Reformen

Mit diesem weiteren Demokratiebegriff öffnet sich der historische Horizont. Nicht zuletzt rücken Reformen in den Vordergrund. Das ist umso wichtiger, als Reformen – wie Studien aus der aktuellen Transformationsforschung zeigen – viel eher zu einem funktionierenden, stabilen Parlamentarismus führen als Revolutionen (Chenoweth/Stephan 2011; Teorell 2010).

Die Historikerin Paula Baker untersucht den Reformimpetus im 19. Jahrhundert und sieht als wesentlichen Teil davon die »domestication of politics« während des Jahrhunderts: Das bedeutet einerseits die Inkorporation der häuslichen Sphäre in die Politik, andererseits die »Zähmung« des zuvor als männlich gedachten politisch-öffentlichen Einflussbereichs (Baker 1984). Die Frauenrechtlerinnen und Reformerinnen, so die These von Baker, organisierten sich seit der Jahrhundertmitte vereinzelt und dann verstärkt um die Jahrhundertwende und verschafften sich politisch Gehör, indem sie ihre Kompetenzfelder in die Öffentlichkeit brachten und vielfach als politisches Feld interpretierten: beispielsweise Kindergärten, Jugendfürsorge, die kommunale Armenhilfe oder den Kampf gegen die diskriminierenden Prostitutionsregulierungen. Zu ihnen zählen Frauen wie die Reformpädagogin Maria Montessori, die Gewerkschafterin Paula Thiede oder die Sozialreformerinnen Alice Salomon und Helene Stöcker. Sie richteten Frauen-Lesesäle oder Rechtberatungsstellen ein und engagierten sich für Mutterschutz, für eine gewaltfreie Pädagogik oder für hygienischere Wohnverhältnisse für alle.

Häufig (nicht immer) dachten diese Frauen Familien- und Wahlrecht zusammen. Wer diese »domestication of politics« und Reformgeschichte nicht ausblendet, bezieht einen gewichtigen Teil der Demokratiegeschichte in die Analyse ein, denn die Reformen trugen wesentlich zur Herausbildung des Sozialstaats bei – eine der zentralen Säulen von Demokratie (Meyer 2011). Gemeinsam mit der Frauenbewegung fand die Reformbewegung bereits vor dem Ersten Weltkrieg einen Höhepunkt (z. B. Freitag 2014; Rodgers 2010).

Demokratiegeschichte transnational

Zur Frauenbewegung gehörte die zunehmende internationale Vernetzung der Welt um 1900, die häufig als erste Globalisierung bezeichnet wird (Geyer/Bright 1995, hier S. 1044–1047). Und das ist die *zweite* Perspektiverweiterung: Es lohnt sich, Demokratiegeschichte transnational zu verstehen. Die Geschichte der Frauenwahlrechtsbewegung muss als integraler Teil dieser ersten Globalisierung verstanden werden. Auch wenn sich Aktivistinnen häufig innerhalb dezidiert nationalistischer Diskurse bewegten, engagierten sie sich besonders im nordatlantischen Raum für die gleichen Anliegen; ihre Organisationsformen ähnelten sich in vielen Ländern, und die Frauenrechtlerinnen betteten das Wahlrecht fast immer in einen größeren Zusammenhang von Sozialreformen und speziellen Frauenrechten ein. Die Aktivistinnen befanden sich in einem intensiven Austausch und ihre prominentesten Vertreterinnen reisten rund um die Welt. Es ist daher kein Zufall, dass gerade die Studien zur Frauengeschichte den globalhistorischen und transnationalen Aspekt der Demokratiegeschichte betonen (Huber/Pietsch/Rietzler 2019; Blom 2012).

Dabei bleibt für die Analyse die Frage wichtig, warum Demokratiegeschichten nationalen Narrativen folgen. Seit Demokratie in der ersten Hälfte des 20. Jahrhunderts ein globales Renommee errungen hatte und weithin zur Verheißung wurde (Tooze 2015; Macpherson 1977, S. 64–69), betrifft Demokratie das Selbstbild, die Selbstdarstellung – das, was Nationen als ihre Identität präsentieren. Nun sind nationale Erinnerungskulturen und Historiografien unverzichtbar für diese Selbstkonstruktionen. Demokratiegeschichte hängt also eng mit Identitätserzählungen zusammen – mit Vorstellungen von Gesellschaft, Nation und Staat und mit dem Verständnis von Herrschaft –, die allesamt häufig geschlechtlich konnotiert sind (Maihofer 1995; Young 1993).

Das erklärt auch die zahlreichen Exzeptionalismusgeschichten, die nationale Forschungen in verschiedenen Ländern zur Einführung des Frauenwahlrechts hervorgebracht haben – obwohl doch schon der Umstand, dass das Frauenwahlrecht in zahlreichen Ländern innerhalb weniger Jahre parallel eingeführt wurde, verdeutlicht, wie unzulänglich rein nationale Erklärungen sind. Für Historiker*innen in der jungen Bundesrepublik beispielsweise war es wichtig, die Frauenbewegung in das historische Narrativ einer von jeher deutschen Demokratiefeindlichkeit einzubetten: Unter Missachtung zahlreicher Parallelen in anderen Ländern diagnostizierten sie einen besonders starken deutschen Antifeminismus, eine besonders schwache oder besonders nationalistisch oder besonders auf »Mütterlichkeit« verengte Frauenbewegung im Deutschen Reich; in Deutschland sei die Frauenbewegung stark zerstritten gewesen und habe nicht an einem Strang gezogen (Bussemer 1992; Hackett 1972; Holland-Cunz 2003).

Die Phänomene glichen sich in den verschiedenen Staaten (Planert 2009, S. 172). Wie die jüngere Forschung immer wieder betont, hat sich eben nicht nur der sozialistische oder ein kleiner, radikaler Flügel, sondern ein großer Teil der deutschen Frauenbewegung für das Wahlrecht interessiert und engagiert. Wie auch in anderen Ländern forderten dabei nicht alle Frauenrechtlerinnen das allgemeine und gleiche Wahlrecht für alle, sondern oft lediglich dasselbe

Wahlrecht, das die Männer hatten, auch wenn dieses – was vor dem Weltkrieg oft vorkam – ein eingeschränktes war (Wolff 2018). Gisela Bock hat detailliert gezeigt, dass die Geschichte des Frauenwahlrechts in Deutschland nicht als außergewöhnlich gelten kann (Bock 2014).

Zu einer Verstärkung der nationalen Sondererzählungen tragen auch die Revolutionsnarrative bei. Die Demokratieunfähigkeit der Deutschen beispielsweise wird daran festgemacht, dass allein die Revolution von 1918/19 diesem Land das Frauenwahlrecht aufzwingen konnte. Das ist umso bemerkenswerter, als ansonsten die deutsche Demokratieaversion an der angeblichen Unfähigkeit zur Revolution nachgewiesen wird und die Reformen als »Revolution von oben« in Preußen oder Baden im 19. Jahrhundert oft als ein typisch deutscher Weg gelten, obwohl auch sie schlicht der gängige europäische Pfad zu demokratischen Frühformen waren.

So wird verständlich, warum Großbritannien seine militanten Suffragetten feiert und warum die deutsche Öffentlichkeit sich kaum an die Rolle der deutschen Frauen zu erinnern vermag, von der es im Zentralorgan der internationalen Frauenwahlrechtsbewegung *Ius Suffragii* 1919 hieß: Die Einführung des Frauenwahlrechts in Deutschland sei »zweifellos der bedeutendste Sieg«, der bisher je für die Sache gewonnen worden sei. »Deutschland«, so hieß es weiter, komme »die Ehre zu, die erste Republik zu sein, die auf wahrhaften Prinzipien der Demokratie gründet, dem allgemeinen und gleichen Wahlrecht für alle Männer und Frauen« (Ius Suffragii 1919, S. 41).

Der internationale Zugriff ignoriert allerdings nicht die Kategorie »Nation«; es geht vielmehr darum, die nationalen Geschichten transnational oder auch national vergleichend zu reflektieren und zu interpretieren.

Demokratie und Geschlecht

Mit einem erweiterten Blick auf Demokratie lässt sich abschließend die Reflexion darüber intensivieren, wie die nahezu exklusive Verbindung der Demokratiegeschichte mit Männlichkeit zu erklären ist. Zusammenfassend kann gesagt werden, dass bei dieser Verbindung zwei Ebenen unterschieden werden können. Einerseits wurden Demokratie und Partizipation tatsächlich bis ins 20. Jahrhundert und teilweise bis heute als männlich gedacht, konzipiert und praktiziert (wobei die Dinge in der zweiten Hälfte des 19. Jahrhunderts in Bewegung kamen und um die Jahrhundertwende ernsthaft die politische Lage aufmischten) – man denke etwa an die oben erwähnte dezidiert maskulinen Inszenierungen der Stimmabgabe im 19. Jahrhundert (Bensel 2004).

Andererseits aber ermöglicht ein breiter Begriff von Demokratie und Demokratisierung, den Blick zu weiten und den großen Bereich der sozialen Demokratie mit den Reformbewegungen einzubeziehen, in dem Frauen wesentlich mitgewirkt haben und entscheidende Akteurinnen waren – Paula Baker sprach von »domestication of politics«, mit der es Frauen gelang, Öffentlichkeit für sich zu beanspruchen und ihren Aktionsradius in die Politik einzubringen. Bei diesem Zugang werden Entwicklungen einbezogen, die für Demokratisierungsprozesse unverzichtbar waren, wie etwa der Ausbau des Sozialstaats oder der Aktionsraum der Kommunen oder Gewerkschaften.

Ein gewichtiger Teil der Forschung hat die tiefe geschlechtliche Durchdringung von Demokratiegeschichte kaum mitreflektiert und beispielsweise die demokratische Männlichkeit tatsächlich wie die Zeitgenossen als »Universalität« verstanden. Nicht zuletzt der ideengeschichtliche Zugang zur Demokratiegeschichte spiegelt zuweilen eher die historische Geschlechtlichkeit von Demokratie wider, als dass er ihn analysiert, wenn er von den Männern auf der Agora bis zu den Arbeitern in Massenparteien alles integriert, aber mit den Frauen konsequent die Hälfte der Menschheit ausblendet. »The study of the historic texts is an important part of political theory«, erklärt Carole Pateman, »but most standard interpretations of the texts still overlook the fact that virtually every theory is formulated around men as political actors« (Pateman 1994, S. 337).

Geschlechter- und insbesondere Frauengeschichte drängt die Demokratieforschung dazu, sich erneut und konsequenter mit dem Konzept von Gleichheit auseinanderzusetzen. Die Forderung nach universaler Gleichheit und Freiheit stand seit dem Revolutionszeitalter im ausgehenden 18. Jahrhundert im Zentrum demokratischer Reflexionen: der Anspruch, dass die Gleichen Kraft ihrer Freiheit die Herrschaft ausüben und in Freiheit ihr Leben gestalten (Möllers 2008). Moderne Demokratie heißt in letzter Konsequenz die egalitäre Relevanz aller Menschen – gerade auch für die Herrschaft. Und damit rückt Geschlecht ins Herz der Forschung über Macht und Politik. Geschlecht, das zu den wirkmächtigsten Produzenten von Ungleichheit gehört, konstituiert Vorstellungen von Herrschaft und trägt wesentlich zur Konstruktion des modernen Staates bei (Scott 1986; Young 1993).

Literatur und Quellen

Anderson, Margaret L. (2009): Lehrjahre der Demokratie. Wahlen und politische Kultur im deutschen Kaiserreich. Stuttgart: Franz Steiner.

Asch, Susanne (1998): Frauen ohne Furcht und Nadel. Geschlechterverhältnisse in der Revolution 1848/49. In: Ariadne 33, S. 4–11.

Baker, Paula (1984): The Domestication of Politics. Women and American Political Society, 1780–1920. In: American Historical Review 89, H. 3, S. 620–647.

Bartley, Paula (2003): Votes for Women 1860–1928. London: Hodder Arnold.

Bensel, Richard (2004): The American Ballot Box in the Mid-Nineteenth Century. Cambridge: University Press.

Blom, Ida (2012): Structures and Agency. A Transnational Comparison of the Struggle for Women's Suffrage in the Nordic Countries During the Long 19th Century. In: Scandinavian Journal of History 37, H. 5, S. 600–620.

Bock, Gisela (2000): Frauen in der europäischen Geschichte. Vom Mittelalter bis zur Gegenwart. München: C. H. Beck.

Bock, Gisela (2014): Das politische Denken des Suffragismus. Deutschland um 1900 im internationalen Vergleich. In: Bock, Gisela (Hrsg.): Geschlechtergeschichten der Neuzeit. Ideen, Politik, Praxis. Göttingen: Vandenhoeck & Ruprecht, S. 168–203.

Bourdieu, Pierre (1997): Die männliche Herrschaft. In: Dölling, Irene/Krais, Beate (Hrsg.): Ein alltägliches Spiel. Geschlechterkonstruktion in der sozialen Praxis. Frankfurt am Main: Suhrkamp, S. 153–217.

Bovenschen, Silvia (2003): Die imaginierte Weiblichkeit. Exemplarische Untersuchungen zu kulturgeschichtlichen und literarischen Präsentationsformen des Weiblichen. Frankfurt am Main: Suhrkamp.

Bussemer, Herrad-Ulrike (1992): Frauenwahlrecht. In: Bussemer, Herrad-Ulrike, et al. (Hrsg.): Debatte um das Frauenwahlrecht in Deutschland. Hagen: Fernuniversität, S. 5–19.

Chenoweth, Erica/Stephan, Maria J. (2011): Why Civil Resistance Works. The Strategic Logic of Nonviolent Conflict. New York: Columbia University Press.

Collier, Ruth B. (1999): Paths toward Democracy. The Working Class and Elites in Western Europe and South America. Cambridge: University Press.

Crook, Malcolm (2013): L'Avènement du suffrage féminin dans une perspective globale (1890–1914). In: Charrier, Landry (Hrsg.): Circulations et réseaux transnationaux en Europe (XVIIIe-XXe siècles). Bern: Peter Lang, S. 57–68.

Daley, Caroline/Nolan, Melanie (Hrsg.) (1994): Suffrage and Beyond. International Feminist Perspectives. New York: University Press.

Epple, Angelika/Schaser, Angelika (Hrsg.) (2009): Gendering Historiography. Beyond National Canons. Frankfurt am Main: Campus.

Evans, Richard (1976): The Feminist Movement in Germany, 1894–1933. London: Sage.

Freitag, Sabine (2014): Kriminologie in der Zivilgesellschaft. Wissenschaftsdiskurse und die britische Öffentlichkeit. 1830–1945. München: Oldenbourg.

Fuhrmann, Uwe (2019): »Frau Berlin« – Paula Thiede (1870–1919). Vom Arbeiterkind zur Gewerkschaftsvorsitzenden. Konstanz: UVK.

Geyer, Michael/Bright, Charles (1995): World History in a Global Age. In: American Historical Review 100, S. 1034–1060.

Hackett, Amy (1972): The German Women's Movement and Suffrage. In: Bezucha, Robert J. (Hrsg.): Modern European Social History, S. 354–386.

Hauch, Gabrielle (1990): Frau Biedermann auf den Barrikaden. Frauenleben in der Wiener Revolution 1848. Wien: Döcker.

Hausen, Karin (1976): Die Polarisierung der »Geschlechtscharaktere«. Eine Spiegelung der Dissoziation von Erwerbs- und Familienleben. In: Conze, Werner (Hrsg.): Sozialgeschichte der Familie in der Neuzeit Europas. Stuttgart: Klett, S. 363–392.

Heinsohn, Kirsten (1997): Politik und Geschlecht. Zur Politischen Kultur bürgerlicher Frauenvereine in Hamburg 1871–1918. Hamburg: Verein für Hamburger Geschichte.

Holland-Cunz, Barbara (2003): Die alte neue Frauenfrage. Frankfurt am Main: Campus.

Huber, Valeska/Pietsch, Tamson/Rietzler, Katharina (2019): Women's International Thought and the New Professions, 1900–1940. In: Modern Intellectual History 16, H. 5, S. 1–25.

Hufton, Olwen (1998): Frauenleben. Eine europäische Geschichte 1500–1800. Darmstadt: Wissenschaftliche Buchgesellschaft.

Ius Suffragii (1919): International Woman Suffrage News.

Kergomad, Zoé (2017): An die Urnen, Schweizerinnen! Die Erfindung der Wählerin im eidgenössischen Wahlkampf von 1971. In: Richter, Hedwig/Buchstein, Hubertus (Hrsg.): Kultur und Praxis der Wahlen. Eine Geschichte der modernen Demokratie. Wiesbaden: Springer VS, S. 237–265.

Keyssar, Alexander (2009): Voting. In: Kazin, Michael, et al. (Hrsg.): Princeton Encyclopedia of American Political History. Princeton: University Press, S. 854–863.

Lipp, Carola/Bechtold-Comforty, Beate (Hrsg.) (1986): Schimpfende Weiber und patriotische Jungfrauen. Frauen im Vormärz und in der Revolution 1848/49. Bern: Elster.

Ludwig, Gundula (2010): Zur Dekonstruktion von »Frauen«, »Männern« und »dem Staat«. Foucaults Gouvernementalitätsvorlesungen als Beitrag zur Weiterentwicklung feministischer poststrukturalistischer Staatstheorie. In: femina politica 2, S. 39–49.

Macpherson, Crawford. B. (1977): The Life and Times of Liberal Democracy. Oxford: University Press.

Maihofer, Andrea (1995): Geschlecht als Existenzweise. Macht, Moral, Recht und Geschlechterdifferenz. Frankfurt am Main: Ulrike Helmer.

Meyer, Thomas (2011): Theorie der Sozialen Demokratie. 2., durchgesehene und aktualisierte Auflage. Wiesbaden: Springer VS.

Möllers, Christoph (2008): Demokratie. Zumutungen und Versprechen. Berlin: Wagenbach.

Müller, Tim B. (2014): Nach dem Ersten Weltkrieg. Lebensversuche moderner Demokratien. Hamburg: Hamburger Edition.

Nolte, Paul (2012): Was ist Demokratie? Geschichte und Gegenwart. München: C. H. Beck.

Pateman, Carole (1994): Beyond Suffrage. Three Questions About Woman Suffrage. In: Daley, Caroline/Nolan, Melanie (Hrsg.): Suffrage and Beyond. International Feminist Perspectives. New York: University Press, S. 331–348.

Planert, Ute (2009): Wie reformfähig war das Kaiserreich? Ein westeuropäischer Vergleich aus geschlechtergeschichtlicher Perspektive. In: Müller, Sven Oliver/Torp, Cornelius (Hrsg.): Das Deutsche Kaiserreich in der Kontroverse. Göttingen: Vandenhoeck & Ruprecht, S. 165–184.

Rodgers, Daniel (2010): Atlantiküberquerungen. Die Politik der Sozialreform. 1870–1945. Stuttgart: Steiner.

Röwekamp, Marion (2018): »The Double Bind«. Von den Interdependenzen des Frauenwahlrechts und des Familienrechts vor und nach 1918. In: Richter, Hedwig/Wolff, Kerstin (Hrsg.): Frauenwahlrecht. Demokratisierung der Demokratie in Deutschland und Europa. Hamburg: Hamburger Edition, S. 99–121.

Rosanvallon, Pierre (2011): Für eine Begriffs- und Problemgeschichte des Politischen. In: Mittelweg 36, S. 43–66.

Sabato, Hilda (1992): Citizenship, Political Participation and the Formation of the Public Sphere in Buenos Aires 1850s–1880s. In: Past and Present 136, S. 139–163.

Schaser, Angelika (2020): Frauenbewegung in Deutschland 1848–1933. 2. Auflage. Darmstadt: Wissenschaftliche Buchgesellschaft.

Schaser, Angelika/Schrau, Sylviat (2019): Die (fehlende) Historiographie zu den Frauenbewegungen in Europa. In: Schaser, Angelika/Schrau, Sylviat (Hrsg.):

Erinnern, vergessen, umdeuten? Europäische Frauenbewegung im 19. und 20. Jahrhundert. Frankfurt am Main: Campus, S. 7–21.

Schötz, Susanne (2018): Politische Partizipation und Frauenwahlrecht bei Louise Otto-Peters. In: Richter, Hedwig/Wolff, Kerstin (Hrsg.): Frauenwahlrecht. Demokratisierung der Demokratie in Deutschland und Europa. Hamburg: Hamburger Edition, S. 187–220.

Schüler, Anja (2004): Frauenbewegung und soziale Reform. Jane Addams und Alice Salomon im transatlantischen Dialog. 1889–1933. Stuttgart: Steiner.

Scott, Joan W. (1986): Gender. A Useful Category of Historical Analysis. In: American Historical Review 91, S. 1053–1075.

Smith, Angela K. (2016): Suffrage Discourse in Britain during the First World War. Basingstoke: Palgrave Macmillan.

Sogner, Solvi/Hagemann, Gro (Hrsg.) (2000): Women's Politics and Women in Politics. In Honor of Ida Blom. Oslo: Cappelen.

Tanner, Jakob (2018): Ist die Revolution reaktionär? In: Das Magazin 14, S. 4.

Teele, Dawn L. (2018): Forging the Franchise. The Political Origins of the Women's Vote. Princeton: University Press.

Teorell, Jan (2010): Determinants of Democratization. Explaining Regime Change in the World. 1972–2008. Cambridge: University Press.

Tooze, Adam (2015): Ein globaler Krieg unter demokratischen Bedingungen. In: Müller, Tim B./Tooze, Adam (Hrsg.): Normalität und Fragilität. Demokratie nach dem Ersten Weltkrieg. Hamburg: Hamburger Edition, S. 37–70.

van Burkleo, Sandra F. (2015): Gender Remade. Suffrage, Citizenship, and Statehood in the New Northwest. 1879–1912. Cambridge: University Press.

Weckel, Ulrike (1991): Öffentliches Räsonnement über die gesellschaftliche Stellung der Frau: »Frauenzeitung« und »Frauen-Spiegel« 1838–1841. In: Othenin-Girard, Mireille/Gossenreiter, Anna/Trautweiler, Sabine (Hrsg.): Frauen und Öffentlichkeit. Beiträge der 6. Schweizerischen Historikerinnentagung. Zürich: Chronos, S. 161–184.

Wolff, Kerstin (2017): Pappritz. Die Rittergutstochter und die Prostitution. Roßdorf: Ulrike Helmer.

Wolff, Kerstin (2018): Noch einmal von vorn und neu erzählt: Die Geschichte des Kampfes um das Frauenwahlrecht in Deutschland. In: Richter, Hedwig/Wolff, Kerstin (Hrsg.): Frauenwahlrecht. Demokratisierung der Demokratie in Deutschland und Europa. Hamburg: Hamburger Edition, S. 35–56.

Young, Iris M. (1993): Das politische Gemeinwesen und die Gruppendifferenz. Eine Kritik am Ideal des universalen Staatsbürgerstatus. In: Nagl-Docekal, Herta/Pauer-Studer, Gerlinde (Hrsg.): Jenseits der Geschlechtermoral. Beiträge zur feministischen Ethik. Frankfurt am Main: Fischer.

Gewerkschafterinnen in der Erinnerungskultur der Gewerkschaften

Uwe Fuhrmann

Wenn wir über die gewerkschaftliche (Nicht-)Erinnerung an Gewerkschafterinnen reden, sprechen wir zugleich über die Gewerkschaften selbst. Das jeweils aktuelle gewerkschaftliche Selbstverständnis hat enormen Einfluss auf die eigene Erinnerungskultur – gleichzeitig gilt aber auch umgekehrt, dass Impulse aus der professionellen Forschung oder der laieninduzierten Erinnerungspraxis das Bild der Gewerkschaften von sich selbst verändern konnten und können. Und wie in kaum einer anderen gesellschaftlichen Gruppe sind die Geschlechterbilder der Gewerkschaft direkt mit den Arbeitsverhältnissen bzw. mit dem tatsächlichen oder erwünschten Verhältnis zur Lohnarbeit verbunden.

Diese hier vorgenommene Betrachtung geht davon aus, dass es eine an Strukturen, Begebenheiten und Personen erinnerungswürdige Geschichte von Frauen in Gewerkschaften gibt, doch dass diese Vergangenheit im Wesentlichen ignoriert wurde. Es gab zwar Versuche, dies zu ändern – etwa bei gewerkschaftlichen Frauenkonferenzen in den 1980er Jahren –, aber in den schmalen Geschichtskanon der Gewerkschaften haben es diese Vorstöße nicht geschafft. Wissenschaftliche Arbeiten blieben solitäre Ereignisse, die wenig rezipiert wurden (Losseff-Tillmanns 1978; Schneider 1988; Kassel 1997; Gabel 1988).

Im Folgenden werden nicht diese (marginalisierten) Bemühungen aufgezählt oder charakterisiert. Stattdessen werden mögliche strukturelle Ursachen diskutiert. In einem ersten Abschnitt skizziere ich jedoch eine mögliche Geschlechtergeschichte der deutschen Gewerkschaftsbewegung. Darin wird die lebendige Geschichte der gewerkschaftlichen Organisation von Arbeiterinnen in Deutschland bis zur Revolution 1918 eine wichtige Rolle spielen. Anschließend wird diese Entwicklung auf die Frage nach der (Nicht-)Erinnerung an Gewerkschafterinnen bezogen und ausgewertet. Warum wurden die Gewerkschafterinnen des Kaiserreiches nicht in das gewerkschaftseigene Geschichtsbild aufgenommen? Insbesondere die Zeit nach 1945 wird hier nicht auf Grundlage einer erschöpfenden Recherche beurteilt, und einige Überlegungen sind thesenhaft zugespitzt.

Eine kurze Geschlechtergeschichte der Gewerkschaften

Eine Geschichte der Gewerkschaften unter Aspekten der Geschlechtergeschichte verlangt nach einer anderen Periodisierung, als sie normalerweise vorgenommen wird. Im Ergebnis stehen eine Aufbruchsphase bis zum Ersten Weltkrieg und daran anschließend die gesellschaftliche Formation »Fordismus«, die auch nach 1968 in den Gewerkschaften nur sehr langsam an Einfluss verlor. Erst in jüngerer und jüngster Zeit werden die damit verbundenen Ideale auch in den Gewerkschaften allmählich abgelöst.

Aufbrüche im Kaiserreich

Im Kaiserreich gab es für Frauen wichtige gesetzliche Grenzen und große diskursive Hürden für ihr Handeln. Auch in den freien Gewerkschaften hatten Arbeiterinnen es keineswegs einfach. Selbst von Frauen geprägte Gewerkschaften wie der Textilarbeiterverband hatten fast ausschließlich männliche Vorsitzende. In der Generalkommission der Gewerkschaften (gegründet 1890/91) scheiterten nach dem Ausscheiden von Wilhelmine Kähler 1899 sämtliche Versuche, eine Frau in das höchste siebenköpfige Gremium der deutschen Gewerkschaften wählen zu lassen. Paula Thiede etwa (s. u.) stellte sich auf den Kongressen zwar immer wieder zur Wahl, bekam aber nie auch nur annähernd genug Stimmen der überwiegend männlichen Delegierten.

Auch im sogenannten Gewerkschaftsausschuss, der alle Vorsitzenden der Einzelgewerkschaften und die Mitglieder der Generalkommission versammelte, war der Frauenanteil verschwindend gering. Über die beiden Jahrzehnte vor 1918 haben einige Hundert Funktionäre daran teilgenommen. Insgesamt waren aber in den 22 Jahren dort nur sechs Frauen zugegen: Emma Ihrer, Paula Thiede, Ida Altmann, Ida Baar und – bereits in den 1890er Jahren – Wilhelmine Kähler und Sophie Teske (Gewerkschaftsausschuss, Protokolle 1896–1913). Diese Grenzen für weibliche Beteiligung an der Gewerkschaftspolitik sind mehr als deutlich – und wurden von der Bewegung selbst gesetzt, denn es waren keine juristischen Vorgaben.

Vermutlich unbekannter als diese Grenzen sind jedoch die Aufbrüche und Spielräume der proletarischen Frauenbewegung, die sich im deutschen Kaiserreich beobachten lassen. Diese können durch einige Schlaglichter verdeutlicht werden, die vor allem im Vergleich mit den späteren Zeiten an Gewicht gewinnen (dazu ausführlich: Fuhrmann 2019).

Programmatische Gleichberechtigung
Die sozialistische Bewegung bzw. die SPD (und die mit ihr assoziierten freien Gewerkschaften) bekannten sich früh – mit dem Erfurter Programm von 1891 – vollumfänglich zur formalen Gleichberechtigung der Geschlechter. Dies geschah nicht unter »ferner liefen«, sondern an prominenter Stelle. Die neun Postulate des Programms beginnen mit der Forderung:

»Allgemeines, gleiches, direktes Wahl- und Stimmrecht mit geheimer Stimmabgabe aller über 20 Jahre alten Reichsangehörigen ohne Unterschied des Geschlechts für alle Wahlen und Abstimmungen« (SPD 1891/2004, S. 174).

Das Programm greift außerdem als vierten Punkt nochmal die Gleichberechtigung auf: »Abschaffung aller Gesetze, welche die Frau in öffentlich- und privatrechtlicher Beziehung gegenüber dem Manne benachteiligen«. Das waren besonders vor dem Zeithorizont äußerst weitreichende Bekenntnisse, die in der politischen Landschaft des 19. Jahrhunderts ihresgleichen suchten.

In der alltäglichen Politik und in den sozialdemokratischen Familien war dies keinesfalls gelebte Realität, aber die Grundsätze der Bewegung waren eindeutig. Diese Diskurslage erleichterte die gewerkschaftliche Frauenorganisierung bis hin zur Leitung gemischtgeschlechtlicher Verbände durch Frauen (Paula Thiede, Emma Ihrer).

Eine anspruchsvolle proletarische Frauenzeitung
1890 wurde *Die Arbeiterin* von der Gewerkschafterin Emma Ihrer gegründet und die Redaktion im Jahr 1892 bei Namensänderung in *Die Gleichheit. Zeitschrift für die Interessen der Arbeiterinnen* an Clara Zetkin übergeben. *Die Gleichheit* galt als nicht leicht zu lesendes Theorieblatt, stellte aber eine eigenständige und wichtige Diskursmacht dar. Die Auflage dieser alle zwei Wochen erscheinenden Zeitung mit dem programmatischen Titel lag um 1900 bei mehreren Tausend, Tendenz steigend. Bereits vor dem Ersten Weltkrieg überschritt die Zahl der Abonnements 100.000 (Niggemann 1981, S. 75). Schon vorher war *Die Gleichheit* so bedeutsam, dass sie seit der internationalen Frauenkonferenz von 1907 in Stuttgart per Beschluss als Organ der gesamten internationalen sozialistischen Frauenorganisationen diente.

Uwe Fuhrmann

Eine Frauengewerkschaft

Im März 1890 gründete sich in Berlin der »Verein der Arbeiterinnen an Buchdruck-Schnellpressen«, eine lokale Frauengewerkschaft mit mehreren hundert Mitgliedern. Die Verantwortung für jede einzelne Aufgabe in dieser Gewerkschaft lag ausschließlich bei Frauen. Acht Jahre lang organisierten sie eine eigene Stellenvermittlung, führten große und kleine Arbeitskämpfe und waren schließlich 1898 einer der Aktivposten bei der Gründung einer reichsweiten Buchdruckereihilfsarbeiter*innen-Gewerkschaft. Die männlichen Kollegen hatten sich parallel in einer Männergewerkschaft organisiert, doch beide Vereine bestritten zusammen Arbeitskämpfe. Selbst nach der reichsweiten Verbandsgründung bewahrten sich diese Frauen bis 1909 organisatorische Eigenständigkeit innerhalb der übergreifenden Gewerkschaft.

Die weltweit erste Frau als Vorsitzende

Die vorgängige Frauenorganisierung der Buchdruckereihilfsarbeiterinnen ermöglichte es, dass mit Paula Thiede 1898 eine Frau zur Gründungsvorsitzenden des reichsweiten »Verbandes der Buch- und Steindruckerei-Hilfsarbeiter und -Arbeiterinnen Deutschlands« gewählt wurde, der bis zu 17.000 Personen organisierte. Bemerkenswert ist außerdem, dass Paula Thiede – anders als Emma Ihrer, Ida Altmann, Rosa Luxemburg und Clara Zetkin – einen durch und durch proletarischen Hintergrund hatte. Von 1898 bis zu ihrem Tod im Jahr 1919 blieb Paula Thiede Vorsitzende des Verbandes und war damit, soweit bekannt, weltweit die erste Frau an der Spitze einer gemischtgeschlechtlichen Gewerkschaft. Auch diese internationale Dimension ist aufschlussreich, wenn man die Potenziale der Emanzipation im Kaiserreich betrachten möchte.

Emma Ihrer führte ebenfalls einige Jahre lang eine (wesentlich kleinere) Gewerkschaft und zugleich stand der Vorsitzende der Generalkommission der Gewerkschaften (Carl Legien) der gewerkschaftlichen Frauen(selbst)organisierung sehr aufgeschlossen gegenüber.

Weibliche Gewerkschaftspolitik

Die von einer Frau geleitete Gewerkschaft der Buchdruckereihilfsarbeiter*innen führte geschlechtsunabhängige Beitragshöhen ein (als erste), bezahlte eine Wöchnerinnenunterstützung (ebenfalls als erste) und kooperierte mit dem gewerkschaftlichen Arbeiterinnensekretariat (welches sie mit durchgesetzt hatten), um ihre Vertrauensfrauen weiterzubilden und zu schulen. Auch die Metallgewerkschafterinnen hatten ein weitverzweigtes Vertrauensfrauennetzwerk aufgebaut. Immer wieder forderten Paula Thiede und viele andere Lohngleichheit, Anerkennung von Sorgearbeiten, gleichberechtigte Mitarbeit in der Gewerkschaft. So veränderten sie sogar das Verhalten ihrer männlichen Kollegen – zumindest im Verband der Buch- und Steindruckerei-Hilfsarbeiter und -Arbeiterinnen Deutschlands. Das verbandseigene Empowerment hatte unter anderem zur Folge, dass einige Frauen aus dem Verband es sich später zutrauten, in die verschiedenen Weimarer Parlamente einzuziehen (Gertrud Lodahl, Gertrud Hanna, Johanna Reitze).

Etablierung des Weltfrauentags 1910/11
Die Frauen der deutschen Gewerkschaftsbewegung stellten zusammen mit den SPD-Frauen die deutsche Delegation für die zweite Internationale Sozialistische Frauenkonferenz, die im Jahr 1910 in Kopenhagen stattfand. Die Konferenz beschloss auf Vorschlag dieser Delegation den Weltfrauentag. In Gewerkschaftszeitungen, etwa der *Solidarität* (Buchdruckereihilfsarbeiter*innen), wurde äußerst prominent für die Kundgebungen geworben. Bei der ersten Durchführung im März 1911 sprachen Paula Thiede und viele andere Gewerkschafter*innen zu den bis zu einer Million Besucher*innen der Kundgebungen. Sie brachten sich so über die Gewerkschaftsarbeit hinaus in den Kampf für die Gleichberechtigung ein.

Weibliche Handlungsmacht: die Gebärstreikdebatte
Für die deutlich sinkende Geburtenrate in den Jahren vor 1914 wurde den Sozialdemokrat*innen von den Bürgerlichen die Schuld gegeben. Die Parteiführung der SPD reagierte darauf, indem sie sich gegen die (größtenteils illegale) Geburtenkontrolle ihrer eigenen Basis wandte.

In zwei denkwürdigen Großveranstaltungen am Berliner Hermannplatz im Jahr 1913 erzwang aber die weibliche proletarische Basis der SPD schließlich einen Kurswechsel ihrer Partei – und zwar gegen die gesamte Parteiführung, einschließlich Clara Zetkin und Rosa Luxemburg. Die Parole der SPD lautete danach nicht mehr »Gegen den Gebärstreik« (wie noch zuvor), sondern »Gegen den staatlichen Gebärzwang« – ein beeindruckender Moment von Handlungsmacht seitens der Arbeiterinnen.

Intersektionale Politik
Clara Zetkin gilt als führender Kopf der proletarischen Frauenbewegung des Kaiserreiches. Sie vertrat die Meinung, Frauenbefreiung sei erst im Sozialismus zu erreichen, und forderte eine entsprechende Priorisierung der Kämpfe. Außerdem grenzte sie sich scharf von allen Facetten der bürgerlichen Frauenbewegung ab (»reinliche Scheidung«, Zetkin 1894/1981). Entgegen der landläufigen Einschätzung ist die proletarische Frauenbewegung aber diesem Diktum nicht bedingungslos gefolgt.

Im März 1904 organisierten die Gewerkschafterinnen und Sozialdemokratinnen (Paula Thiede, Emma Ihrer, Ottilie Baader, Ida Altmann, Lily Braun, Louise Zietz und viele andere – sogar Zetkin nahm teil) zusammen mit der Generalkommission und zahlreichen bürgerlichen Frauen (Alice Salomon, Else Lüders, Minna Cauer usw.) und auch Männern (Alfred Weber, Bruder von Max Weber, vom »Verein für Socialpolitik«, Werner Sombart usw.) einen Heimarbeiterschutzkongress, der eine unmittelbare Verbesserung der Lage der meist weiblichen Heimarbeitenden anstrebte. Neben den knapp 200 Delegierten zahlreicher Vereine wurden Dutzende von Gästen einschließlich 16 Reichstagsabgeordneter gezählt.

An den Kongress schloss sich 1906 die »Deutsche Heimarbeit-Ausstellung« an, die hohe Wellen schlug und eine Publikation herausgab, die von Sozialreformerinnen und Gewerkschafterinnen (Thiede, Ihrer) gemeinsam erstellt wurde (Literarische Kommission 1906). Dieser Kongress legt die eigenständige Agenda der proletarischen Frauenbewegung offen, die sich nicht ausschließlich aus der Klassenposition speiste, sondern auch aus dem Begreifen der Lage als Frau – inklusive entsprechender Allianzen.

Um 1918: Ein vielgestaltiger Bruch

Die Situation im Ersten Weltkrieg verstärkte zunächst noch weibliches Selbstbewusstsein in der Arbeitswelt. Mit dem Kriegsende folgte aber ein geschlechterpolitischer Backlash in den Gewerkschaften, der nicht nur ein Zurück, sondern eine Verschlechterung im Vergleich mit dem Kaiserreich bedeutete. Dafür gab es verschiedene Gründe.

Staatswerdung der Arbeiterbewegung

Schon vor der Revolution, den Wahlen und dem Regierungseintritt der SPD waren die Gewerkschaften mit der Burgfriedenspolitik nahe an staatliche Stellen herangerückt. Die Gewerkschaftsspitzen avancierten bald zum Akteur auf höchster gesellschaftlicher Ebene und wurden entsprechend stärker in die bereits bestehenden hegemonialen Diskurse eingebunden. Die geschlossene Vorstellung von Geschlechterdichotomie fand in der bürgerlichen Absolutheit Eingang in die Arbeiterbewegung.

In Vorbereitung des Kriegsendes und der erwarteten Demobilisierung hatten Vertreter der Gewerkschaften in einer vertraulichen Besprechung von etwa 100 Vertretern aus Wirtschaft und Verwaltung bereits im April 1918 Maßnahmen vorbereitet, um Frauen aus den Produktionsstätten wieder herauszudrängen (Landesarchiv Berlin 1918, Blattnr. 118c).

Diese Maßnahmen hatten unweigerlich zur Folge, dass Frauen »in großer Zahl aus dem Arbeitsverhältnis ausscheiden« und »den Männern Platz [...] machen« mussten. Und unter Punkt 4 des Stinnes-Legien-Abkommens zwischen Gewerkschaften und Unternehmern (15. November 1918) hieß es schließlich:

»Sämtliche aus dem Heeresdienst zurückkehrenden Arbeitnehmer haben Anspruch darauf, sofort nach Meldung in die Arbeitsstelle wieder einzutreten, die sie vor dem Kriege innehatten« (»November-Abkommen« von Arbeitgeberverbänden und Gewerkschaften vom 15. November 1918, abgedruckt in: Schneider 1989, S. 426f.).

Einer der ersten Akte der neuen Zuständigen nach der Revolution – eine ganz große Koalition von Männern aus Staat, Unternehmen und Gewerkschaften – war also, die arbeitenden Frauen wieder an die ihnen zugedachten Plätze zurückzudrängen (»Rückführung in die Familie« wurde das in der Verwaltung genannt; Kriegsministerium 1918). Bereitwillig übernahmen hohe Gewerkschaftsstellen verstärkt die bürgerlichen Geschlechter- und Familienideale, die bislang in Teilen noch an der proletarischen Realität zerschellt waren.

(Personelle) Diskontinuitäten

Um 1918 kam es zu einer ganzen Reihe personeller Brüche in der Arbeiterbewegung, die die Verschärfung des Geschlechterregimes in den Gewerkschaften erleichterten. Emma Ihrer verstarb bereits 1911, und August Bebel, der mit seinem 1879 veröffentlichten Klassiker »Die Frau und der Sozialismus« eine wichtige Stimme der an Emanzipation interessierten Fraktion der SPD war, starb 1913. Kurz nach dem Ende des Weltkrieges erlag im März 1919 Paula Thiede einem schweren, mehrjährigen Leiden. Ida Altmann hatte sich ins Privatleben zurückgezogen (Losseff-Tillmanns 2015, S. 172) und Wilhelmine Kähler hatte sich wie so viele andere auf die Arbeit in der SPD und in den Parlamenten verlegt.

Mit der Ermordung Rosa Luxemburgs verschwand ein Vorbild dafür, dass Frauen Politik auch jenseits von Erziehungs- und Familienpolitik machen konnten. Auch der für die Idee gleichberechtigter Mitarbeit von Frauen in den Gewerkschaften offene Carl Legien verstarb Ende 1920 und wurde vom misogynen Theodor Leipart an der Spitze des ADGB abgelöst. Zu diesen personellen Brüchen kommen noch einige institutionelle Veränderungen, insbesondere trat 1916 die *Gewerkschaftliche Frauenzeitung* an die Stelle der *Gleichheit*. Sie war weniger theoretisch ausgerichtet und akzeptierte die geschlechtliche Rollenteilung in hohem Maße (Red. Gertrud Hanna) (Losseff-Tillmanns 1978, S. 369–371). Die *Gleichheit* selbst wurde wiederum 1917 von der MSPD-Frau Marie Juchacz übernommen (zu Juchacz siehe unten).

Fordismus und fordistische Regulation

Per definitionem sind Gewerkschaften eng an die Arbeitswelt gebunden. In den Produktionsverhältnissen und damit auch in der Arbeitswelt gab es in den Jahren rund um den Ersten Weltkrieg erhebliche Veränderungen. Die Produktionsweise des Fordismus begann Ende der 1910er Jahre seinen weltweiten Siegeszug, der durch den Ersten Weltkrieg beschleunigt wurde.

Mit dem Fordismus ist nicht nur die Organisation der industriellen Produktion gemeint – also maschinengestützte Fließbandfertigung –, sondern auch und gerade die verhältnismäßig hohen Löhne, oft in Kombination mit einem ausgeprägten Wohlfahrtsstaat. Zum Fordismus müssen aber auch die zugehörigen diskursiven Formationen gerechnet werden, die unter anderem Auswirkungen auf die Geschlechterverhältnisse hatten. Die Beteiligung der Sozialdemokratie am Staatsapparat (1918–1933 und nach 1945) war Ausdruck und Verstärker dieser (Produktions-)Verhältnisse.

Die (im historischen Vergleich) hohen Löhne – als »Beteiligung am Wohlstand« ideologisiert – und daran gekoppelten Sozialleistungen waren freilich fast ausschließlich männlichen Arbeitern vorbehalten. Frauen dagegen konnten an wirtschaftlicher Sicherheit eigentlich nur partizipieren, wenn sie sich an einen Verdiener (durch Heirat) banden – meist im Tausch gegen unbezahlte und gesellschaftlich nicht wertgeschätzte Reproduktionsarbeit. Die im Vergleich zum 19. Jahrhundert höheren Löhne ermöglichten dieses Arrangement erst (Kohler-Gehrig 2007, S. 14; auch Bock 2012).

Weibliche Erwerbsarbeit galt in der fordistischen Gesellschaft (weiterhin) als biografischer Übergang oder als »Zuverdienst«. Im Gegensatz zu der Zeit vor 1918 waren diese Zustände ab 1919 aber nicht nur üblich, sondern wurden zunehmend ideologisch überhöht und schließlich nicht mehr grundlegend in Frage gestellt.

Folgen des Fordismus in den Gewerkschaften

Die oben genannte Kooperation von Behörden, Unternehmen und Gewerkschaften mit dem Ziel, die Frauen nach Kriegsende wieder an Heim und Herd zu drängen, markierte den geschlechterpolitischen Beginn von Weimar. Ideologisch gesehen befand sich hier eine Art fordistisch-patriarchales Lohnarbeits- und Gesellschaftsmodell auf einem ersten Höhepunkt. Zentral war die Trennung der Zuständigkeiten, auch und ganz besonders hinsichtlich des Familien- und Arbeitsmodells. Dieses »Ernährermodell« hatte auf die Gewerkschaften besonders drastische Auswirkungen, weil Fabrik und Büro ganz besonders männlich sein sollten. Und weil die Gewerkschaftsidentität damit an die konkrete Lohnarbeit gebunden wurde, blieben Frauen in der Organisation oft außen vor.

Gleichberechtigung war kein Ziel der Gewerkschaften. Bis 1933 gab es keine einzige Frau im Vorstand des ADGB und die Quote von Frauen auf den Gewerkschaftskongressen lag teilweise unter einem Prozent (trotz viel höherer Quoten in der Mitgliedschaft). Im Jahr 1922 gab es statt den der Mitgliedszahl angemessenen 145 nur sieben weibliche Delegierte auf den ADGB-Kongressen (Losseff-Tillmanns 1978, S. 306).

Sogar in den Parlamenten lag die Frauenquote mit etwa sechs bis zehn Prozent (Hindenburg 2018, Hindenburg 2017) um ein Vielfaches höher als bei den Kongressen der Gewerkschaften. Während von 1890 bis 1899 zumindest jeweils eine Frau in der Generalkommission vertreten war (1890–1892 Emma Ihrer, 1892–1899 Wilhelmine Kähler) und zwischen 1899 und dem Ersten Weltkrieg verschiedene Frauen die erforderlichen Mehrheiten verpassten, kandidierten für das Nachfolgegremium (den ADGB-Vorstand, 1919–1933) nicht einmal mehr Frauen (Losseff-Tillmanns 1978, S. 108). In den gewerkschaftseigenen Lohnarbeitsanalysen schließlich wurden Care-Aufgaben systematisch vernachlässigt und man konzentrierte sich ausschließlich auf betriebliche Arbeitsplätze. In Kombination mit einer rigorosen geschlechtlichen Rollenzuweisung hat dies zu einem geschlechterpolitischen Desaster geführt.

Zu Beginn der Weimarer Republik spitzten sich bereits vorhandene Tendenzen also zu und erreichten so eine neue Qualität. Für die Gleichberechtigung von (Arbeiter-)Frauen trat damit ein Rückschritt ein, weil ein ökonomisch unabhängiges Leben diskursiv schwerer wurde. Für männliche Arbeiter erleichterten Sozialleistungen und höhere Löhne die Akzeptanz des neuen Regimes, während ihre Organisationen (insb. ADGB und SPD) näher an den Staat rückten. So gingen die Gewerkschaften in den Jahren vor und nach der NS-Zeit zur Affirmation des Fordismus über. Ein schon im Kaiserreich (auch im Proletariat) vorhandenes patriarchales Geschlechterbild wurde durch den Siegeszug des Fordismus katalysiert und floss als Ideologie tief in die deutschen Gewerkschaften ein. Das prägte als Altlast viele Gewerkschaften bis in die jüngste Vergangenheit.

1918–1968: Frauenwahlrecht und Fordismus

Die Rückführung der arbeitenden Frauen in die Familie (Stinnes-Legien-Abkommen) wurde zum gleichen Zeitpunkt beschlossen wie das Frauenwahlrecht. Im November 1918 erlangten Frauen durch einen Beschluss des Rates der Volksbeauftragten mitten in der (und durch die) Revolution das aktive und passive

Wahlrecht. Ein großer und wichtiger Schritt, der in vielen anderen europäischen Ländern, in denen keine Revolution stattgefunden hatte, noch auf sich warten ließ. Und tatsächlich zogen viele Frauen, auch und gerade solche der Arbeiterbewegung, in die verschiedenen Weimarer Parlamente ein. Vor dem Hintergrund dieser wahlrechtlichen Emanzipation, die sozialdemokratische Politikerinnen in erster Reihe gestalteten, klingt die vorhergehende These eines Rückschritts in Sachen Emanzipation paradox und verlangt nach einer Erklärung.

Beim Frauenwahlrecht handelte es sich zweifellos um etwas epochal Bedeutsames. Die Mandatsträgerinnen wurden jedoch in die klar geschlechtlich getrennte (und um 1918 sogar noch verschärfte) Rollenzuweisung integriert. Das Wahlrecht und parlamentarische Teilhabe waren mitnichten gleichbedeutend mit einer umfassenden Gleichbehandlung der Geschlechter. Denn die neu gewählten Parlamentarierinnen waren in dieser Phase mit Familienpolitik, mit Fürsorgeeinrichtungen und bestenfalls noch mit Bildungsfragen befasst – aber nicht mit Wirtschaft oder Außenpolitik. Das wurde von Beginn an deutlich.

In der ersten Rede, die eine Frau als Mitglied eines deutschen Parlaments jemals gehalten hat, demonstrierte Marie Juchacz, dass und wie patriarchale Rollenbilder und parlamentarische Tätigkeit zusammengingen. Dabei ist es unerheblich, ob sie hier ausschließlich eigenen Überzeugungen Ausdruck verlieh oder ihre eigenen Spielräume durch eine Verortung in hegemonialen Diskursen vergrößern wollte. Juchacz forderte unter anderem eine staatliche Stelle, in der Frauen selbstständig arbeiten sollten – und zwar »bei der Witwen- und Waisenfürsorge, bei der Regelung der Fürsorge für Kriegshinterbliebene«. Juchacz biologisierte in ihrer programmatischen Rede diese hegemonialen Geschlechterverhältnisse:

»Das ist ein Gebiet, in welches die Frauen einfach hineinpassen und hineingehören nach ihrer ganzen Veranlagung und wo sie für das Wohl des Volkes Ersprießliches leisten können. Wir Frauen werden mit ganz besonderem Eifer tätig sein auf dem Gebiet des Schulwesens, auf dem Gebiet der allgemeinen Volksbildung […]. Die gesamte Sozialpolitik überhaupt, einschließlich des Mutterschutzes, der Säuglings- und Kinderfürsorge, wird im weitesten Sinne Spezialgebiet der Frauen sein müssen. Die Wohnungsfrage, die Volksgesundheit, die Jugendpflege, die Arbeitslosenfürsorge sind Gebiete, an denen das weibliche Geschlecht besonders interessiert ist und für welche das weibliche Geschlecht ganz besonders geeignet ist. (Sehr richtig! links)« (Nationalversammlung 1919).

Die Diskurse, die im ausgehenden 19. Jahrhundert zunächst im Bürgertum hegemonial geworden waren (Kohler-Gehrig 2007, S. 7 f.) – es gäbe jeweils eine geschlechtsspezifische Natur, die ausnahmslos jede Frau zu bestimmten Aufgaben prädestiniere und für andere disqualifiziere –, werden hier von Juchacz ausbuchstabiert und von links gelobt.

Die Rede von Marie Juchacz symbolisiert einen wichtigen Übergang zu einem neuen, dem fordistischen Geschlechterregime, das Tendenzen des Kaiserreichs universalisierte und radikalisierte (wie oben beschrieben). Während bis zur Revolution 1918 Frauen in der Arbeiter*innenbewegung noch eher die Möglichkeit hatten, in erster Linie als Arbeiterin aufzutreten, wurden sie ab 1919 vermehrt auf geschlechtsspezifische Handlungsfelder reduziert. Von nun an galten 50 Jahre lang im Wesentlichen auch in der Arbeiterbewegung zwei Wahrheiten:

- Männer und Frauen (und zwar jeweils alle) haben unterschiedliche Wünsche, Neigungen und Stärken: Männer sind politisch, öffentlich und rational, Frauen dagegen aufs Soziale, Familiäre und Emotionale festgelegt.
- Die Idealfamilie besteht aus einem männlichen Arbeiter, der (qualifizierte) Arbeit hat, die sicher ist und einen so hohen Verdienst einbringt, dass die Frau sich allein und ausschließlich um Familie, Kinder, Haushalt kümmern kann (Memmen 2019, S. 37).

Es war dieses Verständnis, welches bis »1968« vorherrschte. Mit der NS-Mutter-Ideologie hatte sich dieser Zustand noch verschärft und Alternativen dazu wurden attackiert. Auch in der Ära Adenauer gehörte die Frau idealerweise in die Familie, nicht in die Öffentlichkeit oder die Lohnarbeit. Noch in der zweiten Frauenbewegung hallten die Vorstellungen von Juchacz als »Differenzfeminismus« nach; und selbst heute erscheint es, als ob Frauen, die »sich in die Arena des Politischen« begeben, immer auch die »Geschlechtergrenze« übertreten müssen (Gatzka 2019).

Nach 1968: Gewerkschaft, Geschlecht und das Ende des Fordismus

Die Zeit zwischen 1918 und 1968 war die Hochzeit des Fordismus. Doch mit seiner schrittweisen Transformation zum »Postfordismus« (ökonomisch um 1970 herum, politisch in Deutschland spätestens ab 1982) verschwand die Zielvorstellung des Ernährermodells keineswegs automatisch aus den Gewerkschafterköpfen. Als Mindset hat es das Ende der Produktionsweise und der entsprechenden politischen Regulation überdauert.

Wie auch die zweite Frauenbewegung 1968 nicht aus dem Nichts kam, gab es in der gewerkschaftlichen Frauenarbeit seit den 1950er Jahren ebenfalls kleinere Fortschritte (Plogstedt 2013, S. 223 f.). Das änderte aber wenig an der Gesamtlage. Maria Weber – Mitglied des Bundesvorstandes des DGB, unter anderem zuständig für die Frauenpolitik – musste auf der fünften Bundesfrauenkonferenz der Gewerkschaften 1965 feststellen:

»Die Bereitschaft der Männer, die erwerbstätige Frau als gleichberechtigt zu akzeptieren, ist oft in den sogenannten bürgerlichen Kreisen weiter verbreitet als in unseren Kreisen« (zit. nach Plogstedt 2013, S. 224).

Das deckt sich mit Ergebnissen entsprechender Umfragen, die dazu in jener Zeit vorgenommen wurden (Hodenberg 2018, S. 113).

Die »bürgerlichen Kreise« waren also ab der zweiten Hälfte der 1960er dabei, ihre eigene Rigorosität der patriarchalen Geschlechterbilder wieder aufzulösen, während die Lohnabhängigen noch in der alten Ideologie verharrten. Die gesamtgesellschaftliche Hegemonie der alten Geschlechterideale war wiederum auf das Bürgertum im langen 19. Jahrhundert zurückzuführen. Das schien im Jahr 1965 auch Maria Weber klar zu sein:

»Es ist, als hätten viele Arbeitnehmer die frühere Auffassung des Mannes aus dem Bürgertum übernommen – und sehen in der Erwerbstätigkeit der Frau eine Abwertung des eigenen sozialen Ansehens« (Rede auf der 5. Bundesfrauenkonferenz, BFK 1965, zitiert nach Plogstedt 2013, S. 225).

Der ganze Komplex ist im Übrigen anscheinend eng verbunden mit einer Kopplung von Berufsethos und männlicher Identität. Forschungen zum Druckereiwesen in den USA legen nahe, dass gerade gut ausgebildete Arbeiter ihre männliche Identität stark an den Beruf koppelten (Baron 1989). Folgerichtig wurde die selbstständige Arbeit der DGB-Frauen zwischen 1965 und 1967 formal und finanziell sogar noch erschwert (Plogstedt 2013, S. 238 f.).

Während also einige studentische Bewegungen ab 1967 Gleichberechtigung voranzubringen versuchten, lehnte beispielsweise die männliche Mehrheit im DGB 1971 die von Frauen vorgeschlagenen Satzungsänderungen samt und sonders ab, obwohl diese alles andere als weitreichend waren (Plogstedt 2013, S. 263–265). Dass ein großer (männlicher) Teil der 68er anfing, die (ebenfalls männlichen) Industriearbeiter als »revolutionäres Subjekt« zu verehren, wird die Sache nicht besser gemacht haben.

Von Hans Mayr (im Vorstand und ab 1981 Vorsitzender der IG Metall) soll ein »berühmter Satz« stammen, der noch Mitte der 1970er Jahre die Sache auf den Punkt brachte: »Theoretisch kämpfe ich mit dir um Gleichberechtigung. In der Praxis werde ich sie zu verhindern suchen« (Interview Anke Fuchs 2010, in Plogstedt 2013, S. 255). Der erste Teil der Aussage war neu und vermutlich »1968« geschuldet, der zweite Teil dagegen war die Verlängerung jahrzehntelanger Überzeugungen, mit denen sich Gewerkschaftsführer in ganz Europa gegen einen »falschen Egalitarismus« ausgesprochen hatten (de Graaf 2019, S. 27 f.).

Diese Überlegungen führen zu einer Neubewertung einiger Teile der Gewerkschaftsgeschichte. Ein Beispiel: Im Jahr 1969 planten und bereiteten in Berlin Frauen – oft aus dem neu entstandenen Kinderladen-Milieu – einen großen Kita-Streik vor. Akteure (Streikende) wären fast ausschließlich Frauen gewesen. Dies wäre an sich schon ein Ereignis gewesen – und die geforderte verbesserte Tagesbetreuung von Kindern hätte die geschlechtliche Arbeitsteilung in Arbeiter-Haushalten auch noch in dieser Hinsicht offensiv in Frage gestellt. Mit der hier entwickelten Perspektive ist nun erklärbar, dass die bürgerliche Gewerkschaft komba (Kommunale Beamte) sich offen gezeigt hatte, den Streik zu unterstützen, die ÖTV diesen aber aktiv sabotierte (Memmen 2019, S. 45 f.).

Thesen zu Gewerkschafterinnen und Erinnerung

Vor diesem Hintergrund lässt sich aufzeigen, warum die Erinnerung an Gewerkschafterinnen hinsichtlich Umfang, Reichweite und politischer Relevanz weit unter ihren Möglichkeiten bleibt – aber nicht bleiben muss.

Gewerkschaft und Geschichte

Um die gewerkschaftliche Erinnerungskultur war es bis in die jüngste Vergangenheit im Allgemeinen nicht sonderlich gut bestellt. Es mangelte generell an Geschichtsbewusstsein und an dem Wissen darum, welche Chancen in einer gezielten Traditionsbildung liegen – Identität, Bindungen – und welche Erfahrungsschätze, die auch handlungsleitend sein könnten, ungeborgen herumliegen. Das an sich durchaus vorhandene historische Interesse der Mitglieder kanalisierte sich überwiegend in allgemeinpolitischen Fragestellungen, in Organisationsgeschichte oder in männlichen Biografien.

Eine Verankerung von Geschichte und Erinnerungsarbeit war (jenseits der Hans-Böckler-Stiftung) nur anlassbezogen oder außerinstitutionell festzustellen. Ein durchdachter Ansatz dazu, Geschichte – ob im universitären Kontext oder außerhalb – strategisch (z. B. für die eigenen Identitätsbildung) zu nutzen, scheint nicht vorhanden.

Lohnarbeit, Geschlecht, Identität, Erinnerung

Die Themen »gewerkschaftliche Geschlechtergeschichte«, »Gewerkschafterinnen« sowie der Bereich der Sorgearbeit (»Care«) sind in der an sich bereits rudimentären Erinnerungskultur der deutschen Gewerkschaften – trotz 1968 – deutlich unterrepräsentiert. Seit dem 19. Jahrhundert sind Sorgetätigkeiten weitestgehend weiblich konnotiert. Entsprechend dem vorherrschenden Verständnis von Arbeit – als außerhäusliche und bezahlte Arbeit von Männern – wird auch die Arbeiterbewegung analog zu den patriarchalen Lohnarbeitsverhältnissen in erster Linie männlich gedacht. Die starre Rollenzuweisung für Lohnabhängige – Männer sollten gute Ausbildung und sichere Arbeitsplätze bekommen, Frauen durch Heirat daran partizipieren – ließ insbesondere nach 1918 keinen Bedarf für die Erinnerung an die selbstständige Organisierung berufstätiger Frauen in den Gewerkschaften (wie es sie im Kaiserreich gegeben hatte).

Erinnerungskultur ist oft eine Rückprojektion des eigenen Selbstbildes. Männliche gedachte Berufsbilder – »Der Drucker«, »Der Arbeiter« – formten auch die Erinnerungen und Geschichtsbilder mit.

Verstärkt wurde das durch die daran gekoppelten Aktionsformen, nämlich hauptsächlich und vorherrschend: Streik. Nur wer (nicht prekär) beschäftigt ist, kann gut streiken. Ort ist der Betrieb und zentrale Teile der Gewerkschaftsaktivitäten sind ohne Streikfähigkeit nicht denkbar (einschließlich Tarifverträge und -verhandlungen). In Kombination mit der idealisierten Familienvorstellung hieß dies: Männer verdienen, Männer streiken, Männer sind Gewerkschaft.

Wie zentral dieses Moment für die Gewerkschaftsbewegung war, wird klar, wenn diese Dimension ausnahmsweise wegfällt, etwa im Herbst 1948: Von 1939 bis Ende 1948 galt ein gesetzlicher Lohnstopp in Deutschland. Als im Spätsommer und Herbst 1948 die Preise für Güter des täglichen Bedarfs aufgrund der Politik Ludwig Erhards enorm in die Höhe schnellten, war den Gewerkschaften der klassische Weg – Streik für Lohnerhöhungen – verstellt. Die Proteste verlagerten sich auf Wochenmärkte, in Gemüsegroßhandelshallen und vor die Rathäuser. Frauen konnten sich einfacher beteiligen (sie organisierten z. B. »Kaufstreiks«) und waren auf einmal auch in der Medienlandschaft gut sichtbar. Doch wer als »Hausfrau« in der Presse auftauchte, protestierte tatsächlich als Teil der Arbeiterbewegung und war genauso von Lohnzahlungen abhängig wie die streikfähigen männlichen Industriearbeiter und Bergleute (Fuhrmann 2017, S. 52, 172–187, 229).

Solchen Ausnahmen zum Trotz waren Geschlechtermodell, Familienideal und Gewerkschaftsidee an patriarchale, starre Rollenmuster gebunden und die Erinnerungskultur bis vor einigen Jahren strikt daran ausgerichtet.

Zweite Frauenbewegung und Erinnerung an Gewerkschafterinnen

Aus verschiedenen Gründen war der Einfluss der zweiten Frauenbewegung für die gewerkschaftliche Sicht auf die eigene Geschichte unter Genderaspekten nur gering bzw. langsam und mittelbar. Das hatte unter anderem natürlich damit zu tun, dass – trotz bemerkenswerter Kontakte (Plogstedt 2013, S. 349–365) – die sozialen Milieus von Studentinnen und Gewerkschafterinnen sich oft nur wenig überschnitten (Plogstedt 2013, S. 356). Aber es gab weitere bedeutende Faktoren.

Wichtige Teile der zweiten Frauenbewegung entdeckten erst sehr spät, dass es vor dem Ersten Weltkrieg bereits Emanzipationsbewegungen gegeben hatte. Als 1974 der *Frauenkalender* konzipiert wurde, stießen einige Protagonistinnen zum ersten Mal auf die erste Frauenbewegung, waren konsterniert, dass sie noch nie etwas davon gehört hatten und nahmen die Traditionslinie auf (Eubel/Sauerbrey 2019; Hodenberg 2018; Schallner 2016). Ihre gewerkschaftlichen Vorläuferinnen ließen sie in den folgenden Jahren aber weiter außer Acht, vielleicht waren deren Geschichten noch stärker verschüttet oder sie vermuteten bei Thiede, Ihrer, Altmann und anderen Gewerkschaftsfrauen nichts Hilfreiches für die Befreiung aus patriarchalen Denk- und Verhaltensmustern.

Maria Weber, die damals wichtigste Frauen-Funktionärin im DGB, beklagte gegen Ende der 1970er eine »Geschichtslosigkeit« der Neuen Frauenbewegung. Weber bezog sich aber mit »Geschichte« ihrerseits nur auf die Jahre nach 1945. Und tatsächlich: Auch im DGB spielten erste Frauenbewegung sowie die gewerkschaftlich organisierten Frauen des Kaiserreichs und der Weimarer Republik keine große Rolle. Und im Gegensatz zur bürgerlichen Geschichtsschreibung blieb es bei den Gewerkschaften erst mal dabei. Die weiterlaufende Affirmation des Idealbildes »männlicher Facharbeiter + Hausfrau + Kinder« verhinderte über das Ende des Fordismus hinaus ein neues gewerkschaftliches Selbstverständnis und eine modernisierte Erinnerungskultur.

Aktuelle Forschungstendenzen

Der mittlerweile auch in Deutschland aufgenommene Intersektionalitätsansatz hat den Anspruch, verschiedene Machtstrukturen (insb. *race*, class und gender) gleichzeitig und in ihren Verflechtungen zu analysieren. Er entstammt US-amerikanischen Debatten, aber seine Anwendung auf die deutsche Geschichte hat die Anfänge bereits hinter sich. Doch trotz häufiger werdenden Intersektionalitätsbekundungen fehlte in geschlechtergeschichtlichen Beiträgen oft die Klassendimension bzw. hatten anspruchsvolle Texte, in denen die soziale Lage reflektiert wurde, oft »Bürgerinnen« und nicht Arbeiterinnen zum Gegenstand. Andersherum war in den Texten zur Geschichte der Arbeiterbewegung bis in die jüngere Zeit hinein die Geschlechterfrage oftmals eine Leerstelle oder ein pflichtschuldiges Anhängsel (glänzende Ausnahme z. B.: Arni 2000).

Aber bei der jüngsten Forschung scheint Bewegung in die Szenerie zu kommen. Sybille Plogstedt hat in zwei Bänden Arbeiten zur Geschichte der Frauen im DGB vorgelegt (Plogstedt 2013; Plogstedt 2015). Die Zeitschrift *Arbeit – Bewegung – Geschichte*, die sich in den letzten Jahren zum wichtigsten deutschsprachigen Periodikum in Sachen Arbeiterbewegungsgeschichte entwickelt hat, widmet ihre neueste Ausgabe dem Themenschwerpunkt »Klasse und Geschlecht«. Die internationale Ebene der weiblichen Gewerkschaftsarbeit im Rahmen der ILO wurde ebenfalls aufgegriffen (Boris 2018).

Außerdem sind einige Biografien von Frauen der Arbeiterbewegung erschienen oder neu bearbeitet worden (von Gélieu 2007, S. 92–104; Losseff-Tillmanns/Altmann-Bronn/Kühne 2015; Haake 2018; Struck 2017), etliche Publikationen von Gisela Notz bereiten zahlreiche Biografien für ein breiteres Publikum auf, darunter auch solche der Arbeiter*innenbewegung (Notz 2018). Die Grundlagenforschung vereinfacht zumindest neue Ansätze der geschlechterbewussten Gewerkschaftsgeschichtsschreibung, obwohl es weiterhin eklatante Leerstellen gibt.

Vielleicht wird bald nachgeholt, was die zweite Frauenbewegung mit den bürgerlichen Vorläuferinnen bereits Mitte der 1970er Jahre begonnen hat. Und es gab in den letzten Jahren sogar Ansätze, die Reproduktionssphäre in die Betrachtung von Streiks zu integrieren (»Pride« 2014; »Keiner schiebt uns weg« 2018; Tügel 2016). Trotzdem bleibt die Tatsache einer institutionellen Marginalisierung bestehen und oftmals handelt es sich um ein mühsames Erkämpfen von Wissen und Erinnerung unter teilweise prekären Bedingungen.

Wie erinnern?

Der tatsächlich nötige materielle Aufwand, um an Gewerkschafterinnen zu erinnern und sie als Teil der eigenen Geschichte zu begreifen, ist nach institutionellen Maßstäben überschaubar. An den Konjunkturen der Erinnerungspolitik im Fall von Paula Thiede soll dies zunächst beispielhaft verdeutlicht werden: In den Nachrufen nach ihrem Tod im März 1919 wurde ihr Wirken als »unvergesslich« bezeichnet und ihre Gewerkschaft beschloss Anfang der 1920er Jahre die Errichtung eines heute noch bestehenden Grabdenkmals. Der Vorschlag einiger Funktionäre, zusätzlich eine Paula-Thiede-Stiftung zu gründen, konnte sich damals allerdings nicht durchsetzen. Noch in einer Publikation anlässlich des neunten Verbandstages und des dreißigjährigen Bestehens des Verbandes (Juni 1928) wird prominent an die herausragende Rolle Paula Thiedes beim Aufbau des Verbandes erinnert.

Doch bereits zehn Jahre nach ihrem Tod beginnt in der nun männlich geprägten Gewerkschaft die Erinnerung an Paula Thiede zu verblassen. In der Zeitschrift der Gewerkschaft (Verband der graphischen Hilfsarbeiter und -Arbeiterinnen) sind zu einschlägigen Daten keine Reminiszenzen an die erste Vorsitzende mehr zu finden.

Die Ereignisse zwischen 1929 und 1949 ließen in ihrer Atemlosigkeit anschließend auch keinen Raum mehr, die Verbandsgeschichte oder das Leben von Paula Thiede explizit aufzuarbeiten. In den Jahren 1933 bis 1945 wurden von der Gewaltherrschaft der Nazis nicht nur die politischen Aktivitäten der Gewerkschaften verfolgt, sondern auch deren kulturelles Leben unterdrückt. Viele ihrer Mitglieder starben in SA-Folterkellern oder Konzentrationslagern, aber auch auf den Schlachtfeldern des Zweiten Weltkriegs. Mit ihnen wurden viele Erinnerungen ausgelöscht, während gleichzeitig die kulturelle Weitergabe unterbrochen wurde.

In der Nachkriegszeit und mit Beginn der Bundesrepublik wiederum hatten sich die Gewerkschaften neu sortiert und von den fragmentierten Erinnerungen ging Weiteres verloren. Die Person Paula Thiede und ihr Grab auf dem Friedhof Friedrichsfelde gerieten in Vergessenheit. Und nach momentanem Kenntnisstand gab es vor dem Mauerfall weder im Osten noch im Westen eine Erinnerung an die erste Frau, die jemals eine Gewerkschaft leitete.

Die diesbezüglich oben vorgenommene Ursachenforschung bezieht sich für den Teil zwischen 1945 und 1989 ausschließlich auf Westdeutschland. In der DDR gab es andere Gründe, die anscheinend zu einem ähnlichen Ergebnis führten. Die genauen Zusammenhänge wären noch zu untersuchen, doch der Erinnerungsfokus auf die ausgebildete Industriefacharbeiterschaft als Speerspitze der Arbeiterbewegung und auf revolutionäre Kader wird in der DDR sicher eine Rolle gespielt haben. Zum anderen lag die Politik von Paula Thiede und Co quer zu Clara Zetkin, die von der dogmatischen Arbeiterbewegung (einschließlich der DDR) als Heldin verehrt wurde.

In dem einschlägigen Standardwerk zur Geschichte der »graphischen Arbeiter« tauchen jedenfalls noch nicht einmal die Hilfsarbeiter im Druckgewerbe auf, geschweige denn die Hilfsarbeiterinnen (Zentralvorstand der IG Druck und Papier 1966). Und an der ehemaligen Pädagogischen Hochschule Clara Zetkin in Leipzig, an der viele historische Arbeiten zur Frauenbewegung entstanden – unter anderem im Rahmen der Forschungsgemeinschaft Geschichte des Kampfes der Arbeiterklasse um die Befreiung der Frau –, sind Gewerkschafterinnen fast gänzlich unberücksichtigt geblieben (Forschungsgemeinschaft »Geschichte des Kampfes der Arbeiterklasse für die Befreiung der Frau« 1989; Peuser 1979).

Erst in einer Erweiterung eines Berliner Stadtführers – »Geschichte der Frauenbewegung erfahren« von Claudia von Gélieu – wird 1991, also nach dem Mauerfall, wieder (in wenigen Zeilen) auf Paula Thiede bzw. ihr Grabmal verwiesen (von Gélieu 1991, S. 64f.). Im gleichen Jahr verfasste Helga Zoller für einen Band der IG Medien einen Aufsatz über die graphische Hilfsarbeiterschaft, in welchem sie auf Paula Thiede aufmerksam machte (Zoller 1992). Ein Hinweis auf das Grabmal Thiedes fehlt in ihrem Text, weshalb von einer parallelen Entstehung der Texte ausgegangen werden kann. Zollers Ausgangspunkt war vielmehr die oben bereits erwähnte Magisterarbeit von Angela Gabel aus dem Jahr 1988 (dazu Zoller 1990).

Es dauerte nochmals über zwölf Jahre, bis weitere Bewegung in die Sache kam. Eine Straße, die aufgrund des Neubaus der ver.di-Bundesverwaltung (zwischen Ostbahnhof und Mariannenplatz) neu entstanden war, brauchte einen Namen. Auf Anregung des Bezirksamtes Friedrichshain-Kreuzberg – aber noch vor dessen formalem Zielbeschluss zur Neubenennung von Straßennamen nach Frauen (BVV Friedrichshain-Kreuzberg 2005) – suchte ver.di dafür nach einer weiblichen Gewerkschafterin.

Der mit der Suche betraute ver.di-Archivar Hartmut Simon schlug schließlich Paula Thiede vor – wofür wiederum der o.g. Beitrag von Helga Zoller eine wichtige Rolle spielte. Eine gute Wahl, denn die Gewerkschaft der Buchdruckereihilfsarbeiter*innen wurde 1920 zum Verband der Graphischen Hilfsarbeiter und -Arbeiterinnen, der nach 1945 seinerseits via IG Druck und Papier in der IG Medien aufging. Die IG Medien wiederum ist eine der fünf Quellgewerkschaften von ver.di. Paula Thiede war also Vorsitzende einer direkten Vorläuferorganisation von ver.di und wäre auch ohne ihre spektakuläre Biografie eine richtige Entscheidung gewesen. Die Spreeuferstraße auf dem ehemaligen Mauerstreifen an der Schillingbrücke (Berlin-Mitte) wurde am 25. Oktober 2004 offiziell – inoffiziell seit dem 1. Juli 2004 (Kauperts o. D.) – nach Paula Thiede benannt (Kulturring 2012). Und so ist ver.di heute am Paula-Thiede-Ufer 10 in 10179 Berlin zu finden.

Die Straßenbenennung regte im Folgenden einige Interneteinträge an, einschließlich eines erst 2007 angelegten Wikipedia-Artikels, die aber auf einige zentrale Informationen beschränkt waren – und bleiben mussten, denn viel war über Paula Thiede nicht bekannt (Wikipedia 2007). In den Publikationen des Förderkreises Erinnerungsstätte der deutschen Arbeiterbewegung Berlin-Friedrichsfelde e. V. taucht Paula Thiedes Grabmal nun – spätestens seit 2006 – im offiziellen Rundweg auf und wird entsprechend erläutert (Förderkreis 2006a).

Nachdem ver.di von diesem Förderkreis einen Hinweis erhalten hatte, dass das Bronzerelief an Thiedes Grabdenkmal zu einem unbekannten Zeitpunkt, jedoch vor 1991 (Foto in Gélieu 1991, S. 65), entwendet worden war, beauftragte ver.di eine Grabsanierung.

»Seit dem 6. März 2007 ist in moderner künstlerischer Form eine Wiedergabe der einstigen Bronzeplakette mit dem Reliefporträt Paula Thiedes an den Grabstein zurückgekehrt. Die Herstellung geht auf eine Anregung des Förderkreises zurück. Ausgeführt wurde sie von der Berliner Künstlerin Erika Klagge im Auftrag der Gewerkschaft ver.di« (Förderkreis 2006b).

Es vergingen jedoch noch einige Jahre, bis 2015 die Gewerkschaft ver.di in ihrer Mitgliederzeitung *publik* einen ersten biografischen Artikel veröffentlichte, der von Petra Welzel unter Verwendung von Originalquellen verfasst wurde und ein neues Foto präsentierte, das Paula Thiede 1906 inmitten zahlreicher Verbandsfunktionär*innen zeigt (Welzel 2015). Das Foto stammt aus dem einzigen bislang bekannten Nachlass aus der Hilfsarbeiterschaft, und zwar vom langjährigen Verbandsfunktionär Hermann Lohse. Dieser wenige Posten umfassende Fund war kurz zuvor im ver.di-Landesbezirk Hamburg entdeckt und dem ver.di-Archiv überlassen worden.

Es liegt auf der Hand, Paula Thiede (stellvertretend für Gewerkschafterinnen der Vergangenheit) zu einem zentralen Pfeiler der ver.di-Geschichte zu machen, nicht zuletzt weil ver.di heute als »die größte Frauenorganisation in ganz Deutschland« gilt (Ver.di 2021; Ver.di 2014, min. 00:20 ff.). Die potenziell identitätsstiftende Wirkung der Erinnerung an Thiede wurde im oben genannten publik-Artikel von 2015 aufgenommen: »ver.di wäre nicht ver.di ohne Paula Thiede«, hieß es im Teaser und der Artikel schließt mit den Worten: »Die Gewerkschafterin Paula Thiede hatte ein starkes Fundament gelegt. Es hält bis heute« (Welzel 2015). Auch die auf die Gegenwart übertragbare Wirkung einer Frau in einer Spitzenposition wurde erkannt und durch ein Zitat von Thiedes Kollegin Auguste Bosse plastisch gemacht: »Wir bekamen Mut, wenn wir sie sprechen hörten, wenn wir sahen, was auch eine Frau vermag im großen Kampf« (Welzel 2015; Solidarität 1919).

Im November 2017 konnte nach über einjähriger Vorbereitungszeit das von der HBS und ver.di finanzierte Forschungsprojekt »Geschlecht und Klasse um 1900« begonnen werden (Hans-Böckler-Stiftung 2017), in dessen Rahmen unter anderem die Biografie Thiedes (vom Autor dieses Beitrags) eingehender erforscht wurde (Fuhrmann 2019a). Bereits zu ihrem 100. Todestag im März 2019 erschien in diesem Zusammenhang ein weiterer ausführlicher publik-Artikel und das entsprechende Editorial demonstriert die Anschlussfähigkeit der Geschichte von Paula Thiede für ver.di: »sie war unsere Erste« (Fuhrmann 2019b; Kniesburges 2019). Auch ein biografischer Vortrag vor dem Gewerkschaftsrat von ver.di Anfang März 2019 erhöhte die Aufmerksamkeit für dieses bislang unbekannte Kapitel der eigenen Geschichte. Im gleichen Zeitraum drehte ver.di TV einen sehenswerten dreiminütigen Film über das Leben von Thiede. Ob und wie sich diese Entwicklung in den nächsten Jahren fortsetzen wird, bleibt zu beobachten.

Wenn wir von einer Wechselwirkung zwischen Gewerkschaftsidentität und Erinnerungskultur ausgehen, lassen sich auch von geschichtspolitischer Seite Impulse für aktuelle Fragestellungen setzen. An Anlässen wäre kein Mangel. Die Dauerdebatte um prekäre Arbeitsverhältnisse wäre beispielsweise ein guter Grund, in die Geschichte gewerkschaftlicher Frauenorganisierung zurückzublicken, denn es waren Frauen, die von dieser Beschäftigungsform historisch stets begleitet wurden. Wenn wir in der Geschichte Inspiration und Erkenntnisse für gewerkschaftliche Strategien – gegen zementierte Geschlechterverhältnisse genauso wie für den Umgang mit prekärer Beschäftigung – finden wollen, sollten wir sie auch in der Arbeiterinnenorganisierung suchen, z. B. in der Nutzung der gewerkschaftlichen Arbeitsvermittlung als Kampfinstrument (Fuhrmann 2020).

Ein Aufhänger könnte auch der Weltfrauentag sein, der 2019 erstmalig Feiertag in Berlin war. Die begleitende feministische Mobilisierung zu einem Frauenstreik am 8. März 2019 könnte sich in den nächsten Jahren wiederholen. Die deutsche Delegation, die 1910 in Kopenhagen diesen Tag überhaupt erst anregte, bestand nicht nur aus SPD-Parteidelegierten (wie Clara Zetkin und Luise Zietz), sondern auch aus den Gewerkschafterinnen Gertrud Hanna, Emma Ihrer und Paula Thiede – und diese hatten dafür gute Gründe. Der mögliche Anlass »8. März« zur Erinnerung an Gewerkschafterinnen bietet sich jedes Jahr.

Wissenschaftliche Bücher und Artikel, Quelleneditionen und teilweise auch Ausstellungen entstehen aus Forschungszusammenhängen, doch Erinnerungskultur ist auch auf Erzählungen und verkürzende Darstellungen angewiesen. Es sind nahezu alle Glieder dieser Kette, die hinsichtlich der Gewerkschafterinnen bislang entweder fehlen oder unsystematisiert und daher schwer zusammenzufügen sind. Die historische Forschung wird nicht von selbst aus den Universitäten zu den Gewerkschaften kommen; dafür sind entsprechende Lehrstühle und institutionelle Verankerungen viel zu selten. Erinnerung und Forschung müssten die Gewerkschaften aus eigener Initiative angehen.

Wenn verstärkte Erinnerung überhaupt als wünschenswert begriffen wird, gilt es natürlich auch, die Logiken von Erinnerungskultur zu beachten. Denn wissenschaftliche Grundlagenwerke sind vielleicht notwendig, aber sicher nicht hinreichend, um Erinnerungen in der Öffentlichkeit zu verankern. Um erinnerungsmächtig zu werden, braucht es weitere Übersetzungsleistung und vielleicht – wie Wüstenberg und Schneider argumentieren – auch einen vermehrten Bezug auf positive vergangene Aspekte (Wüstenberg in diesem Band; Schneider in diesem Band). Es braucht Ausstellungen, Zeitungsartikel, twitter threads und Radiobeiträge, es braucht mehr narrative Anker: beeindruckende Biografien, spannende Stories und griffige Begebenheiten, die gut zu behalten und mit Sinn aufladbar sind.

Wo ist das Crimmitschau-Sozialdrama über die streikenden Heimarbeiterinnen von 1903? Wo die Familien-Saga der vier Geschwister Hanna, von denen Gertrud, Antonie und Emma als Buchdruckereihilfsarbeiterinnen arbeiteten, die in den Gewerkschaften und Parlamenten der Weimarer Republik sowie in der ILO große Politik machten und von denen schließlich Gertrud und Emma – einsam, von den Nazis gegängelt und von der internationalen Gewerkschaftsbewegung offensichtlich im Stich gelassen – Anfang der 1940er Jahre zusammen Suizid begangen? Wann ist ein Bio-Pic der verarmten, arbeiterbewegten Adeligen Agnes Wabnitz zu sehen, deren Geschichte schon in den 1920er Jahren als Romanstoff diente (Schönlank 1929) – und deren Begräbnis trotz Demonstrationsverbot größer als das des Kaisers war? Wer verfilmt die erfolgreiche Politik – und das politisch nicht unwichtige, berüchtigte Liebesleben – von Emma Ihrer, wer den sagenhaften Aufstieg von Paula Thiede?

Solche Geschichten könnten – gut gemacht – Sonden sein, die zu historischem Interesse, zur vertieften Auseinandersetzung und zu Lernprozessen hinsichtlich der Gegenwart führen können. Sie können auf anderem Weg als Tarifsteigerungen Zugehörigkeitsgefühle zur Gewerkschaft erreichen. Zu diesem Zweck ist es – zumindest für Organisationen, die sich der Aufklärung verpflichtet sehen – allerdings unerlässlich, fundierte Forschungsergebnisse bei der Hand zu haben, auf die zurückgegriffen werden kann oder könnte. Ein entsprechendes Konzept und die nötige Ausstattung würden die Chancen für eine erfolgreiche gewerkschaftliche Erinnerungskultur sicher verbessern.

Literatur und Quellen

Arni, Caroline (2000): Robert Grimms Befreiungsschlag. Eine Fallstudie zum Verhältnis von Geschlechtergeschichte und politischer Geschichte der Schweiz. In: Traverse, Zeitschrift für Geschichte 7, H. 1, S. 109–124.
Baron, Ava (1989): Questions of gender. Deskilling and demasculinization in the U.S. printing industry 1830–1915. In: Gender & History 1, H. 2, S. 178–199.
Bartels, Mette (2019): Gärtnerin und Gefängnisbeamtin. Klasse und Geschlecht als Agitationsstrategie der bürgerlichen Frauenbewegung im Kampf um neue Berufsfelder. In: Arbeit – Bewegung – Geschichte, H. 3, S. 51–67.
Boris, Eileen/Hoehtker, Dorothea/Zimmermann, Susan (Hrsg.) (2018): Women's ILO. Transnational Networks, Global Labour Standards and Gender Equity, 1919 to Present. Leiden: Brill.

Dechert, Andre (2019): Von der gegenseitigen Information zur gemeinsamen Aktion? Frauenverbände und gewerkschaftlich organisierte Frauen in der BRD der 1950er-Jahre. In: Arbeit – Bewegung – Geschichte, H. 3, S. 68–83.

Eubel, Cordula/Sauerbrey, Anna (2019): Schwarzer trifft Stokowski. »Kramp-Karrenbauer ist eindeutig feministischer als Merkel«. Der Tagesspiegel, 7.4.2019, www.tagesspiegel.de/politik/schwarzer-trifft-stokowski-kramp-karrenbauer-ist-eindeutig-feministischer-als-merkel/24185604.html (Abruf am 28.5.2021).

Förderkreis Erinnerungsstätte der deutschen Arbeiterbewegung Berlin-Friedrichsfelde e. V. (2006a): Rundgang, sozialistenfriedhof.de/rundgang.html?&L=750 (Abruf am 28.5.2021).

Förderkreis Erinnerungsstätte der deutschen Arbeiterbewegung Berlin-Friedrichsfelde e. V. (2006b): Paula Thiede (Berlin 6.1.1870 – Buch b. Berlin 3.3.1919), www.sozialistenfriedhof.de/index.php?id=paula_thiede&L=722 (Abruf am 28.5.2021).

Forschungsgemeinschaft »Geschichte des Kampfes der Arbeiterklasse für die Befreiung der Frau« (1989): Mitteilungsblatt Nr. 1/2.

Francke, Jennifer/Steymans-Kurz, Petra (2019): Männlichkeiten und Care: Selbstsorge, Familiensorge, Gesellschaftssorge, 13.12.2018–15.12.2018 Stuttgart (Tagungsbericht). In: H-Soz-Kult, 6.4.2019.

Fuhrmann, Uwe (2017): Die Entstehung der »Sozialen Marktwirtschaft« 1948/49. Eine historische Dispositivanalyse. Konstanz: UVK.

Fuhrmann, Uwe (2019a): »Frau Berlin« – Paula Thiede (1870–1919). Vom Arbeiterkind zur Gewerkschaftsvorsitzenden. Konstanz: UVK.

Fuhrmann, Uwe (2019b): Das streitbare Leben der Paula Thiede. In: ver.di publik 2, Mitgliederzeitung.

Fuhrmann, Uwe (2020): Die Arbeitsvermittlung und die Gewerkschaften. In: Berger, Stefan/Jäger, Wolfgang/Kruke, Anja (Hrsg.): Gewerkschaften in revolutionären Zeiten. Deutschland in Europa 1917 bis 1923. Essen: Klartext.

Gabel, Angela (1988): Die Arbeiterinnen und ihre gewerkschaftliche Organisation im deutschen Buchdruckgewerbe 1890–1914, Mag.-Arb., Darmstadt.

Gatzka, Claudia Christiane (2019): Marchin' Maiden – Zur politischen Ikonographie des weiblichen Aktivismus in der Demokratie. In: Moral Iconographies, 30.10.2019, moralicons.hypotheses.org/1002 (Abruf am 10.1.2021).

Gélieu, Claudia von (1991): Geschichte der Frauenbewegung erfahren in Ostberlin. Berlin: DVK.

Gélieu, Claudia von (1997): Geschichte der Frauenbewegung erfahren. Stadtrundfahrt in Berlin (West), Berlin (West). Berlin: DVK.

Gélieu, Claudia von (2007): »Sie kannte nicht den Ehrgeiz, der an erster Stelle stehen will«. Emma Ihrer (1857–1911) zum 150. Geburtstag. In: JahrBuch für Forschungen zur Geschichte der Arbeiterbewegung, H. 3, S. 92–104.

Gewerkschaftsausschuß der Gewerkschaften Deutschlands (Hrsg.) (1896–1913): Protokolle der Sitzungen des Gewerkschaftsausschusses der Gewerkschaften Deutschlands, Hamburg 1896–1913 (Bibliothek der Friedrich-Ebert-Stiftung, Sign. AKP 204).

Graaf, Jan de (2019): Frauen und wilde Streiks im Europa der Nachkriegszeit. In: Arbeit – Bewegung – Geschichte. Zeitschrift für historische Studien, H. 3, S. 13–33.

Haake, Kirsten (2018): Helma Steinbach 1847–1918. Eine Vorkämpferin für Gewerkschaft, Genossenschaft und Partei. Norderstedt: BoD.

Hans-Böckler-Stiftung (2017): Geschlecht und Klasse um 1900, www.boeckler.de/de/suchergebnis-forschungsfoerderungsprojekte-detailseite-2732.htm?projekt=2017-488-5 (Abruf am 28.5.2021).

Hindenburg, Barbara von (2017): Die Abgeordneten des Preußischen Landtags 1919–1933. Bern: Peter Lang.

Hindenburg, Barbara von (2018): Die Auswirkungen des Frauenwahlrechts in der Weimarer Republik, 12.11.2018, www.bpb.de/geschichte/deutsche-geschichte/frauenwahlrecht/279340/auswirkungen-des-frauenwahlrechts (Abruf am 28.4.2021).

Hodenberg, Christina von (2018): Das andere Achtundsechzig. Gesellschaftsgeschichte einer Revolte. München: C. H. Beck.

Kassel, Brigitte (1997): Frauen in einer Männerwelt. Frauenerwerbsarbeit in der Metallindustrie und ihre Interessenvertretung durch den Deutschen Metallarbeiter-Verband (1891–1933). Köln: Bund.

Kauperts Verlag (o. J.): Paula-Thiede-Ufer, https://berlin.kauperts.de/Strassen/Paula-Thiede-Ufer-10179-Berlin#Geschichte (Abruf am 20.4.2021).

Keiner schiebt uns weg (Film) (2018): Wolfgang Murnberger (Dir.), Deutschland: Filmpool.

Kniesburges, Maria (2019): Editorial. In: ver.di publik 2. Mitgliederzeitung.

Kohler-Gehrig, Eleonora (2007): Die Geschichte der Frauen im Recht. Skript, Hochschule für öffentliche Verwaltung und Finanzen, Ludwigsburg.

Kriegsministerium (1918): Kriegsamt, Ersatz und Arbeits-Departement Nr. 138/1.18, 31. Januar 1918, AZS c 1, Landesarchiv Berlin, B Rep 142-04 Nr. 546, Blatt 79–81, Blatt 81.

Kritidis, Gregor (2008): Linkssozialistische Opposition in der Ära Adenauer. Hannover: Offizin.

Kühne, Tobias (2015): »Willst Du arm und unfrei bleiben?« Louise Zietz (1865–1922), Berlin: SPD-Parteivorstand.

Kulturring (2012): Straßennamen – Paula Thiede, www.kulturring.org/konkret/frauen-persoenlichkeiten/index.php?frauen-persoenlichkeiten=strassennamen&id=166 (Abruf am 20.4.2021).

Landesarchiv Berlin (1918): »Niederschrift zu der Besprechung über Fragen des Arbeitsnachweises im Reichswirtschaftsamt am 13. April 1918«, B.Rep 142-04 Nr. 546, Blattnummer 118a-p.

Literarische Kommission der deutschen Heimarbeitsausstellung (Hrsg.) (1906): Bilder aus der deutschen Heimarbeit. In: Sozialer Fortschritt 63/64.

Losseff-Tillmanns, Gisela (1978): Frauenemanzipation und Gewerkschaften. Wuppertal: Hammer.

Losseff-Tillmanns, Gisela (2015): Ida Altmann-Bronn 1862–1935. Lebensgeschichte einer sozialdemokratischen, freidenkerischen Gewerkschafterin – eine Spurensuche. Baden-Baden: Nomos.

Memmen, Mirja/Wehling, Hendrik/Welker, Jonathan (2019): Der Kindergärtnerinnenstreik 1969 in Westberlin. Die Geschichte eines verhinderten Arbeitskampfes. In: Arbeit – Bewegung – Geschichte, H. 3, S. 34–50.

Nationalversammlung (1919): Protokoll, 11. Sitzung, Mittwoch den 19. Februar 1919, S. 177–181.

Neuhaus, Maria (2019): 40 Jahre Bundesfrauenkonferenz der Falken: ein Zwischenfazit. In: Mitteilungen AAJB, H. 1, S. 48–54.

Niggemann, Heinz (1981): Emanzipation zwischen Sozialismus und Feminismus. Die sozialdemokratische Frauenbewegung im Kaiserreich, Wuppertal: Hammer.

Notz, Gisela (Hrsg.) (2018): Wegbereiterinnen. Berühmte, bekannte und zu Unrecht vergessene Frauen aus der Geschichte. Neu-Ulm: AG SPAK.

Plogstedt, Sibylle (2013): »Wir haben Geschichte geschrieben«. Zur Arbeit der DGB-Frauen (1945–1990), Gießen: Psychosozial-Verlag.

Plogstedt, Sibylle (2015): Mit vereinten Kräften. Die Gleichstellungsarbeit der DGB-Frauen in Ost und West (1990–2010). Gießen: Psychosozial-Verlag.

Pride (Film) (2014): Matthew Warchus (Dir.), Großbritannien: BBC Films.

Schallner, Berit (2016): Widerspenstige Wissenschaft. Zur Frühgeschichte der historischen Frauenforschung (1973–1978). In: Ariadne. Forum für Frauen- und Geschlechtergeschichte 70, S. 34–41.

Schneider, Dieter (Hrsg.) (1988): Sie waren die Ersten. Frauen in der Arbeiterbewegung. Frankfurt am Main: Campus.

Schneider, Michael (1989): Kleine Geschichte der Gewerkschaften. Ihre Entwicklung in Deutschland von den Anfängen bis heute. Bonn: Dietz.

Schönlank, Bruno (1929): Agnes. Roman aus der Zeit des Sozialistengesetzes. Berlin: Der Bücherkreis.

Solidarität (1919): Paula Thiede's letzter Weg. In: Solidarität. Organ des Verbandes der Buch- und Steindruckerei-Hilfsarbeiter und -Arbeiterinnen Deutschlands, 22.3.1919, S. 1–2.

SPD (1891/2004): Programm der Sozialdemokratischen Partei Deutschlands, beschlossen auf dem Parteitag in Erfurt 1891. In: Dowe, Dieter/Klotzbach, Kurt (Hrsg.): Programmatische Dokumente der deutschen Sozialdemokratie. Bonn: Dietz, S. 171–175.

Struck, Lydia (2017): »Mir geht so vieles durch den Kopf und durchs Herz«. Marie Juchacz – Briefe und Gedanken zum Neuanfang der AWO. Berlin: AWO-Bundesverband.

Tügel, Nelli (2016): Streik, Solidarität, Selbstermächtigung? Aushandlungsprozesse im Umfeld des wilden Streiks bei den Kölner Fordwerken 1973 und des Besetzungsstreiks bei Krupp in Duisburg-Rheinhausen 1987/88. In: Arbeit – Bewegung – Geschichte, H. 1, S. 73–90.

Ver.di (2014): »ver.di ist die Gewerkschaft der Frauen«, www.youtube.com/watch?v=D5qTF1oIj9Y (Abruf am 29.4.2021).

Ver.di (2019): Paula Thiede macht Mut, www.verdi.de/ver.ditv/channel/85074/03-2019/1/DRLm3K6VdYRBXpcWq4EqAA (Abruf am 29.4.2021).

Ver.di (2021): Frauen in ver.di – über uns, https://frauen.verdi.de/ueber-uns/frauen-in-verdi (Abruf am 29.4.2021).

Wikipedia (2007): Paula Thiede (Abruf am 29.4.2021).

Welzel, Petra (2015): Einziger Fehler: Frau. In: ver.di publik 07.

Zentralvorstand der IG Druck und Papier im FDGB (Hrsg.) (1966): Hundert Jahre Kampf der Gewerkschaften der graphischen Arbeiter. Beitrag zur Entwicklung der gewerkschaftlichen Organisationen in der graphischen Industrie seit der Gründung des Deutschen Buchdruckerverbandes im Jahre 1866 bis zur Gegenwart. Berlin: Tribüne.

Zetkin, Clara (1894/1981): Reinliche Scheidung. In: Die Gleichheit, Nr. 8 (1894), abgedruckt in: Frederiksen, Elke (Hrsg.): Die Frauenfrage in Deutschland 1865–1915. Stuttgart: Reclam, S. 107–112.

Zoller, Helga (1990): Die historischen Wurzeln der IG Medien. In: Gewerkschaftliche Monatshefte 41, H. 2, S. 110–112.

Zoller, Helga (1992): Der Verband der graphischen Hilfsarbeiter und -arbeiterinnen. In: Zoller, Helga/Schuster, Dieter (Red.): Aus Gestern und Heute wird Morgen. Ans Werk – der Weg ist noch weit, aber er lohnt sich. Stuttgart: Industriegewerkschaft Medien, S. 103–120.

Migration

Welche Erinnerungskultur braucht die Einwanderungsgesellschaft?

Maria Alexopoulou

Migration als Teil der eigenen Geschichte zu begreifen und zu erinnern ist eine wichtige Etappe in der Transformation Deutschlands zur Einwanderungsgesellschaft. Diese Erinnerungsarbeit kam in Deutschland erst stockend und verspätet in Gang – analog zur Anerkennung der Tatsache, überhaupt eine Einwanderungsgesellschaft zu sein.

Bezeichnenderweise waren es Migrant*innen selbst, die ihre Geschichte in Deutschland in Akten der Selbstpositionierung in lokalen Ausstellungen zu repräsentieren begannen und damit auch erste Repositorien für die Erhaltung ihrer Alltagsgeschichte schufen. Erst langsam und weiterhin meist an der Geschichte der »Gastarbeit« orientiert, fand Migration zunehmend auch Eingang in eine allgemeinere, kollektive Erinnerungskultur. Die wird außerhalb der Forschung und der Bildung vor allem in Museen produziert, präsentiert und perzipiert, aber auch medial in dokumentarischen sowie in fiktionalen Beiträgen wie Spielfilmen, TV-Serien oder Prosa hergestellt.

Der stark sozialhistorisch ausgerichteten historischen Migrationsforschung in Deutschland, die zentralisiert und lange Zeit fast ausschließlich an einer universitären Einrichtung stattfand (IMIS Osnabrück), und den weiteren Beiträgen zur neueren deutschen Migrationsgeschichte, die seit Ende der 1990er Jahre schubweise und oft als Qualifikationsarbeiten entstanden, gelang es lange Zeit nicht, breiter wahrgenommen zu werden.

Insgesamt interpretierten diese Studien das Geschehen meist anhand des Rahmens, den die zeitgenössische Politik vorgab, ohne diesen kritisch zu hinterfragen – so etwa das wohl lange Zeit einflussreichste Werk Ulrich Herberts (Herbert 2003). Zudem wurden viele relevanten Aspekte sowie deren Bedeutung für die deutsche Geschichte insgesamt nicht ausreichend bearbeitet (Alexopoulou 2016; Esch/Poutrus 2005). Innovative Perspektiven und Fragestellungen wurden in anderen Disziplinen wie etwa der Migrationspädagogik oder der Ethnologie und dabei insbesondere auch von einer migrantisch geprägten kritischen Migrationsforschung geliefert.

Die allgemeine deutsche Zeitgeschichte hat das Thema Migration in Deutschland zunächst nicht weiter beachtet oder distanziert behandelt und dabei narrativ so gehandhabt, dass es nicht in Konflikt trat mit der Erfolgsgeschichte der Bundesrepublik, die man gemeinhin erzählte. Erst die Entwicklungen seit der sogenannten Flüchtlingskrise 2015 – eigentlich eine rechtspopulistische Krise – haben die deutsche Zeitgeschichte als Zunft regelrecht gezwungen, ihren großen Versäumnissen, ja Verdrängungsleistungen in diesem Bereich ins Auge zu schauen. Diese »Krise« legte offen, dass die Geschichte der Migration und des Rassismus, den es in Deutschland nach 1945 gemäß des »Stunde null«-Narrativs vorgeblich nicht mehr gab, verwoben sind (Alexopoulou 2017). Doch schon allein die zentrale Frage, wie im postkolonialen und postnationalsozialistischen Deutschland (Messerschmidt 2008) mit Herkunftsdifferenz umgegangen wurde, ist bislang historiografisch nicht ernsthaft gestellt, geschweige denn bearbeitet worden.

Diese Schnittstelle zwischen deutscher Migrations-, Rassismus- und – wie weiter unten noch erläutert wird – Demokratiegeschichte scheint ein geeigneter Blickpunkt für die Träger*innen und Exponent*innen der »sozialen Demokratie« in ihrer Erinnerungsarbeit in der Einwanderungsgesellschaft.

Welches Narrativ?

In Deutschland werden zwar keine Statuen vom Sockel gestoßen, doch auch hier versuchen jene, die bislang aus der historischen Repräsentation der Einwanderungsgesellschaft Deutschland ausgeschlossen waren, sich immer lauter Gehör zu verschaffen und Sichtbarkeit zu erlangen. Seit 2015 ist das Interesse an der deutschen (Im)Migrationsgeschichte merklich gestiegen. Universitäten, Archive, Museen und weitere Bildungsinstitutionen haben sie inzwischen breitflächig als relevantes Thema erkannt. Mehrere Forschungsprojekte wurden initiiert und wissenschaftliche Tagungen abgehalten. Nachdem es lange Zeit keine dauerhaften und prominenten Erinnerungsorte für Migration gab, sind in den letzten Jahren gleich zwei Großprojekte mit Bundesmitteln ausgestattet worden, nämlich für den Ausbau des Deutschen Auswanderungshauses in Bremerhaven zum Migrationsmuseum sowie für den Aufbau des Dokumentationszentrums und Museums über die Migration in Deutschland (DOMiD) »Haus der Einwanderungsgesellschaft« in Köln. Die Frage ist: Welches Narrativ werden diese Institutionen schließlich präsentieren?

Vieles von dem, was nun vorangetrieben wird, war bereits zuvor vorhanden sowie in Ansätzen oder als Projekt lange verfolgt worden. Dennoch ist aktuell noch kaum vorauszusagen, welche politischen und gesellschaftlichen Kräfte letztlich im »Kampf der Narrative« in diesem gespaltenen Feld die Oberhand behalten werden.

Wird man sich bei der Produktion der Meistererzählung der Einwanderungsgesellschaft Deutschland an den bereits dominanten Elementen orientieren, die weitgehend aus einer ordnungspolitischen, staatlichen und oft auch in rassistisches Wissen verstrickten Perspektive entwickelt wurden, oder wird künftig auch den Gegengeschichten, den »counterstories« der Minderheiten ein adäquater Raum gegeben? Das bedeutet nicht nur, Betroffene erzählen zu lassen und diese Geschichten am Rande zu erwähnen, sondern es impliziert, neu zu bewerten, wie Gegengeschichten, die auch aus Akten oder Ereignissen destillierbar sind, zum Meisternarrativ stehen und wie sie es verändern (Delgado 1989; Delgado/Stefancic 2012, S. 24).

Dabei springen zwei blinde Flecken in der Geschichte der Bundesrepublik ins Auge, die im Grunde miteinander verflochten sind. Der erste betrifft die Geschichte der Bundesrepublik als erfolgreiche Demokratie (maßgeblich Wolfrum 2006), eine weiterhin dominante Leseart, die aus der Perspektive der Migration nicht aufrechtzuerhalten ist. Denn die Anti- und später die Einwanderungs-Obstruktionspolitik Deutschlands gingen über mehrere Jahrzehnte damit einher, einer permanent anwesenden Bevölkerungsgruppe, den »Ausländern«, die vollen Bürgerrechte zu verweigern.

Das bedeutete für die Betroffenen nicht nur den Ausschluss aus der politischen Partizipation, sondern insgesamt aus der politischen Sozialisation als Bürger*innen des demokratischen Staates, in dem sie lebten. Hinzu kommt, dass dieses Demokratiedefizit der Bundesrepublik den Migrant*innen im Laufe dieser Jahrzehnte immer wieder als eigenes Defizit vorgehalten wurde: sei es als demokratische Unreife oder Gefährlichkeit, die bereits den »Gastarbeitern« als potenziellen Kommunisten unterstellt wurde, oder als kulturelle bzw. religiös bedingte »Demokratieunfähigkeit«, wie sie später in antimuslimischen Diskursen zum Einsatz kam (Alexopoulou 2020, S. 235 ff., passim).

Der zweite blinde Fleck in der Geschichte der Bundesrepublik ist die Geschichte des Rassismus, die in der deutschen Zeitgeschichte und entsprechend auch in der allgemeineren Erinnerungskultur weitgehend absent ist. Die Erinnerung an den Holocaust – die für viele synonym mit Erinnerungskultur ist – als Ausdruck der extremsten Rassismusform der deutschen und der Menschheitsgeschichte, fungiert dabei auch als Abwehrschild gegen die Auseinandersetzung mit anderen Formen des Rassismus, die es vor 1933, während des NS und auch nach 1945 weiterhin gab: etwa gegen »Migrationsandere«, die vor 1945 oft genug auch jüdisch – und polnisch – waren, den kolonialen Rassismus, insbesondere gegen Schwarze in den »Schutzgebieten«, die in sehr geringer Zahl auch nach Deutschland migrierten, oder auch den Rassismus gegen Sinti und Roma.

Einige Höhepunkte rassistischer Gewalt gegen Eingewanderte, Rostock Lichtenhagen, Mölln und Solingen, haben inzwischen – wohl eher als Nebeneffekt medialer Rückblicke bei der Berichterstattung über den NSU, die rassistischen Ausschreitungen in Heidenau 2015 oder die Hanauer Morde 2020 – einen etwas höheren Bekanntheitsgrad in der Mehrheitsgesellschaft. Demgegenüber sind Rassismus – nicht nur als Gewalt oder Hassrede, sondern auch in seinen institutionellen, strukturellen und Alltagsformen – und seine Geschichte in Deutschland Teil einer kollektiven migrantischen Erinnerung (NSU-Tribunal; Lierke/Perinelli 2020), die allerdings kaum verarbeitet und von der Mehrheit nur sehr zaghaft wahrgenommen und als relevant akzeptiert wird.

Im Folgenden soll am Beispiel dreier Erinnerungsorte dieser laufende oder sich anbahnende Kampf der Narrative exemplarisch an je einer Alternativfrage aufgefächert werden: 1. War die Rückkehr ein Projekt der »Gastarbeiter« oder der deutschen Einwanderungs-Obstruktionspolitik? 2. War Kultur zentrales Aushandlungsfeld in der Einwanderungsgesellschaft oder Vehikel der Kulturalisierung und Essentialisierung des Politischen? 3. Ist Migration Teil der Stadt oder ist Stadt Migration?

Im Bild des millionsten Gastarbeiters

Ein narratives Element, dem der Sprung in die Mitte der Erinnerungskultur bereits zweifellos gelungen ist, ist der »millionste Gastarbeiter« (Rass/Ulz 2018). Zunächst einmal signifiziert die Zentralität dieses Elements den klaren Schwerpunkt der Erinnerung auf die »Gastarbeiterphase« zwischen 1955 und 1973. Armando Rodriguez de Sá auf dem Motorrad sowie das ihn umgebende Setting vermittelten dabei zu unterschiedlichen Zeiten unterschiedliche Botschaften. Diese wurden gleichermaßen von Zeitgenoss*innen und von der Geschichtswissenschaft verbreitet und stehen weiterhin nebeneinander: von der Nützlichkeit der »Gastarbeit« für alle Beteiligten; vom Wohlwollen der deutschen »Gastgesellschaft«, das erst verloren ging, als die »unbeabsichtigten Folgen«, nämlich die Einwanderung, einsetzten; vom Opfernarrativ der »Gastarbeit«, das im weniger bekannten traurigen Schicksal des »millionsten Gastarbeiters« – der nach seiner Rückkehr in Portugal zu früh und verarmt starb – ein Symbol fand (Severin-Barboutie 2019, S. 128–146).

Einer der Mythen, der sich im »millionsten Gastarbeiter« und seiner Verortung am Bahnhof verdichtet und das klassische Narrativ der Gastarbeit prägt, ist das der Rückkehr – der »natürliche [...] Rückkehrwille«, wie es in einem Papier des baden-württembergischen Arbeitsministeriums 1974 hieß (Drucksache 6/4902 1974) oder die »doppelte Rückkehrillusion«, wie sie in der Historiografie zum Topos wurde (Pagenstecher 1996). Der besagt, dass sowohl die deutsche Politik und Gesellschaft als auch die Arbeitsmigrant*innen von einem vorübergehenden Aufenthalt ausgingen, was auch der Grund für die nicht vorhandene Einwanderungspolitik Deutschlands gewesen sei sowie für deren ausgebliebene Integrationsleistungen.

Diese zum Common Sense gewordene Einschätzung scheint von den betroffenen Akteur*innen selbst immer und immer wieder reproduziert zu werden. Rückkehr, Heimat und Kultur sind die Themen, um die herum ihre Zeitzeug*innenberichte kreisen, die meist im Rahmen von Ausstellungsprojekten, für virtuelle Museen, für stadthistorische Publikationen und zu einem geringeren Grad auch für Forschungszwecke entstanden sind. Betrachtet man diese narrativ stark ritualisierten »Gastarbeitergeschichten« jedoch genauer, stellt sich die Frage, inwiefern sie von den Interviewer*innen mit ebenso ritualisierten Fragenpraktiken und -inhalten nicht immer und immer wieder in ein bereits vorgegebenes Muster gepresst und ständig reproduziert wurden (und werden) (Wonisch 2016, S. 385).

Die Befragten erzählen die Geschichte ihres Lebens eventuell deshalb entlang dieses Narrativs, weil sie den Blick auf sich als die »Anderen« (im Sinne Franz Fanons) (Kastner 2012) längst internalisiert haben. Oder sie sprechen aus Gründen der sozialen Erwünschtheit so, wie es von ihnen erwartet wird. Denn die Frage nach der Rückkehr bringt die ehemaligen Arbeitsmigrant*innen in denselben Legitimationszwang, den sie immer und immer wieder in der Ausländerbehörde oder im jahrzehntelang andauernden »Ausländertalk« mit Deutschen erlebt haben – »Woher kommst du?«, »Wann kehrst du zurück?« – und der sie letztlich mit dem Unerwünschtsein ihrer Einwanderung und ihres Noch-hier-Seins konfrontiert. Bereits 1986 hatte der Münsteraner Spanier Manuel Romano die Wirkung dieser Frage auf die damit Adressierten so zum Ausdruck gebracht:

Wer aber möchte ständig – mehr oder weniger direkt – darauf hingewiesen werden, daß er hier überflüssig ist, indem man ihn fragt: »Und gehst Du nicht auch in Deine Heimat zurück?« Eigentlich braucht man nur jedem zu antworten, daß die verschiedenen Schranken bei der Erteilung von Aufenthaltsberechtigungen schon genügend dafür sorgen, daß wir gehen wollen müssen [sic] (Arbeitsplatzsicherung, Wohnungsnachweis, keine Vorstrafen etc.) (Eingangsreferat 1986, S. 177).

Lässt man die Frage nach der Rückkehr in Zeitzeug*innen-Interviews weg und fragt nach den Plänen bei der Emigration, kommt eine große Varianz zum Vorschein: Viele von der Autorin befragte Migrant*innen wussten gar nicht, für wie lange sie gehen wollten, oder hatten sich – als meist junge Menschen – gar keine Gedanken darüber gemacht. Viele orientierten sich an dem, was ihnen angeboten wurde, und nutzten das Zugangsticket, das gerade zur Verfügung stand, hieß es nun Anwerbung, »illegaler Grenzübertritt«, Asyl, Studium oder Heirat. Das verwischt auch die starren Grenzen zwischen Arbeitsmigrant*innen, Abenteurer*innen, Schutzsuchenden, politisch oder aus anderen Gründen Verfolgten und Unterdrückten, die zu allen Zeiten und in allen Migrationsregimen zu finden sind.

Als Emigrant*innen hatten zwar alle Vorstellungen und Wünsche: Freiheit, Selbstbestimmung, ein Auto, eine Freundin, eigenes Geld verdienen oder eben zurückkehren zu Ehepartner*in und Kind, Schutz ihres Lebens oder ihrer Überzeugungen (Oral History Projekt 2014). Doch Migration ist ohnehin kein determinierter Prozess. Selbst im sogenannten klassischen Einwanderungsland USA gab es immer auch eine hohe Remigrationsrate, was wenig bekannt ist, da es nicht in das US-amerikanische Meisternarrativ der »nation of immigrants« passt (Hoerder 1982). Die Option, sich von vornherein für eine Einwanderung nach Deutschland zu entscheiden, war für die »Gastarbeiter« faktisch ohnehin nicht gegeben (Messere 2008).

Bereits 1961 stellte das Landesinnenministerium Baden-Württembergs alarmiert fest, dass immer mehr Arbeiter aus Italien ihre Ehefrauen mitbrachten oder nachzogen und sich auf länger einrichteten (Innenministerium Baden-Württemberg 1961). »Ist der als Arbeitnehmer tätige Ausländer an einer Rückkehr in seine Heimat nicht mehr interessiert, so ist das nicht schon ein Grund, die Aufenthaltserlaubnis zu verlängern«, hieß es indes aus dem bayerischen Innenministerium (Innenministerium Bayern 1960).

Tatsächlich wurden bis Anfang der 1980er Jahre Aufenthaltserlaubnisse trotz langjähriger Anwesenheit nur für ein oder zwei Jahre gewährt, selbst wenn die Antragsteller*innen im entsprechenden Feld »unbestimmt« oder »unbefristet« angaben. Die Aufenthaltsberechtigung, die mit dem Ausländergesetz 1965 eingeführt worden war und die nach fünf Jahren Aufenthalt beantragt werden konnte, verliehen die lokalen Behörden im eigenen Ermessen, was sie jedoch etwa in Baden-Württemberg auf Anordnung des Landesinnenministeriums kaum praktizierten. 1982 hatten dementsprechend nur ein Prozent aller Ausländer*innen in diesem Bundesland eine Aufenthaltsberechtigung und damit einen sicheren Aufenthaltstitel (Beauftragter für ausländische Einwohner der Stadt Mannheim 1984).

Diese Belege deuten nur an, was zahlreiche andere Quellenfunde beweisen: dass die Rückkehr ein Projekt des »Nicht-Einwanderungslandes« (Bade/Bommes 2004) war und nicht primär das der »Gastarbeiter«, deren Sesshaftwerden in Deutschland auch kein unerwarteter Zufall, sondern Ausdruck der Autonomie der Migration war. Deutsche Entscheidungsträger*innen, Verwaltungen und Institutionen sowie die Bevölkerung hatten zwar schon vor dem Abschluss der Anwerbeabkommen seit 1955 viel Erfahrung mit der vorübergehenden »Arbeitseinfuhr« und aktiver Einwanderungsverhinderung gesammelt und gingen zunächst von der weiterhin gegebenen Kontrollierbarkeit von Arbeitsmigration aus. Allerdings funktionierte das nicht in einer demokratisch verfassten Gesellschaft, die im Zuge der Westernisierung und Europäisierung auch ihre Migrationspolitik an neuen Standards und Normen hatte orientieren müssen und wo sich Einwanderung, die es zuvor trotz staatlicher Kontrollansprüche auch immer gegeben hatte, viel freier entwickeln konnte.

In der Sonderausstellung »Immer bunter«

Die bislang wohl prestigeträchtigste Sonderausstellung zur Geschichte der Einwanderungsgesellschaft war »Immer bunter. Einwanderungsland Deutschland«, die zwischen 2014 und 2016 als Wanderausstellung prominent in den zentralen Museen deutscher Geschichte, u.a. im Haus der Geschichte in Bonn und im Deutschen Historischen Museum in Berlin gezeigt wurde. Sie versammelte viele der kursierenden narrativen Elemente und Klischees, was sicherlich zu deren weiterer Verfestigung beitrug, gleichzeitig aber auch scharfe Kritik von Expert*innen hervorrief (Böhlein 2015; Vacca/Stoop 2016). Schon im Titel »Immer bunter« deutet sich das kulturelle Sujet an, das visuell mit der Abbildung eines Dönerladens mit »internationalem Angebot« den im Diskurs zentralen kulinarischen Aspekt aufgreift (Möhring 2012).

Die fast selbstverständlich wirkende Fokussierung auf Kultur im Kontext von Migration ist stark dem multikulturellen Paradigma geschuldet. Zentral brachten dies in die BRD die Kirchen 1980 ein: In ihrem gemeinsamen Wort zum »Tag des ausländischen Mitbürgers« stellten sie fest: »Wir leben in der Bundesrepublik in einer multikulturellen Gesellschaft« (Ökumenischer Vorbereitungsausschuss 1980/2011).

Anfang der 1970er Jahre hatte eine kurze politische und gesellschaftliche Auseinandersetzung mit der faktisch erfolgten Einwanderung eines Teils der »Gastarbeiter« eingesetzt, die 1981 von Seiten der Politik mit dem Kabinettsbeschluss der Regierung Schmidt beendet wurde, der erneut bestätigte, dass »Deutschland kein Einwanderungsland« sei. Die rechtliche, soziale und wirtschaftliche (zeitweilige) Integration der Ausländer würde zwar unterstützt, die Einbürgerung könne jedoch erst nach deren »kulturellen Assimilation« erfolgen (Kabinettssitzung 1981). Das 1982 von neurechten Professoren herausgegebene »Heidelberger Manifest« sprach etwa zur gleichen Zeit davon, dass die »Integration großer Massen nichtdeutscher Ausländer [...] ohne Gefährdung des eigenen Volkes, seiner Sprache, Kultur und Religion nicht möglich« sei, und forderte eine offene Debatte um diese »Schicksalsfrage« für das »deutsche Volk« (Heidelberger Manifest 1982/2011).

In den 1990er Jahren drehte sich die Debatte über das »Nicht-Einwanderungsland Deutschland« dann fast nur noch um Kultur, vor allem um die multikulturelle Gesellschaft und deren Gegenkonzept, die Leitkultur, die den Anspruch auf kulturelle Assimilation begrifflich abgelöst hatte. Ebenso stark blieb gleichzeitig der Impuls der Abwehr weiterer Einwanderung, die als Gefahr für das »deutsche Volk« und seine Kultur angesehen wurde: Allein das »Unwort des Jahres« 1993 – »Überfremdung« – weist mehr als deutlich darauf hin. »Fremde« Kulturen stellten für die einen eine Gefahr für den gesellschaftlichen Zusammenhalt oder gar für die Essenz des »deutschen Volkes« dar, da sie als unüberwindbare, wesenhafte Differenz und damit quasi als Ersatzkonzept des tabuisierten Rassebegriffs verstanden wurden. Für die anderen galt kulturelle Vielfalt als Bereicherung, Horizonterweiterung oder Vehikel der Herstellung eines interkulturellen Austausches.

Da auch die Anhänger*innen der multikulturellen Gesellschaft meistens ein essenzialistisches Kulturverständnis teilten, wie der Erziehungswissenschaftler Frank-Olaf Radtke bereits zeitgenössisch kritisierte (Radtke 1997), waren sie ebenso daran beteiligt, dass wichtige Bereiche und insbesondere Problembereiche der Einwanderungsgesellschaft kulturalisiert bzw. in den Debatten kulturell überformt wurden. Schlechtere Zugänge zu Bildung, zu Arbeit und anderen gesellschaftliche Bereichen sowie fehlende politische Selbstrepräsentation von Eingewanderten und deren Nachkommen wurden weniger als Folge institutioneller, struktureller und Alltagsdiskriminierungen gefasst, sondern als Ausdruck der »anderen«, »rückwärtsgewandten« Kulturen.

Anders als in den USA und in Kanada, wo sich Immigrant*innen und ihre Nachkommen als vollwertige Bürger*innen politisch dafür einsetzten, dass ihre Kultur als gleichwertig mit der der Dominanzgesellschaft anerkannt wurde, handelte es sich in Deutschland beim »Multikulturalismus« eher um ein paternalistisches Projekt. Es waren primär berufsmäßige »Ausländer-Experten« – worunter eine immer größer werdende Zahl von Ausländerbeauftragten auf Bundes-, Länder- und Gemeindeebenen sowie in führenden Institutionen wie

Kirchen, Wohlfahrtsverbänden, Gewerkschaften und weiteren mit der »Ausländerarbeit« Betrauten zu zählen sind – die hier als Sprecher*innen und Fürsprecher*innen der »Ausländer« agierten.

In Veranstaltungen wie der »Woche der ausländischen Mitbürger« sollten diese den Deutschen durch folkloristische und kulinarische Beiträge nähergebracht werden. Ein typischer Bericht darüber aus Mannheim aus dem Jahr 1984 beschrieb »Trubel und südländische[…] Fröhlichkeit«, die auf der zentralen Veranstaltung unter dem Motto »Nachbarschaft, die Frieden schafft«, bei »Grillduft« verwirklicht wurde, auch wenn der Journalist bedauerte, dass der »bescheidene deutsche Gästeanteil« bei der Veranstaltung unter sich geblieben sei (Lichtenberg 1983; Rheinpfalz 1983).

Auch in diesem Feld entwickelten sich Diskurse, die das Anwesenheitsrecht von Migrant*innen auf Nützlichkeitserwägungen begründeten. Das Zusammenleben mit Menschen aus anderen Kulturen machte »den vermeintlichen grauen Alltag bunter« und befriedigte die »Suche nach authentischem und exotischem Menschenmaterial«, so die beißende Kritik an diesen Praktiken im »Manifest« der Initiative Kanak Attak aus dem Jahr 1998 (Manifest Kanak Attak 1998/2011, S. 374).

Dieses Nützlichkeitsdenken schloss dabei direkt an den rein ökonomistischen Blick auf Arbeitsmigration an, der nicht erst in den 1950er Jahren, sondern bereits im Kaiserreich, in der Weimarer Republik und selbst im Nationalsozialismus ausländische Arbeitsmigration trotz »volkstumspolitischer Bedenken« als notwendige Arbeitsmarktmaßnahme akzeptierbar machte und auch deren explizite Gegner*innen überzeugen sollte. Im Multikulti-Diskurs ging es nun um den Nutzen, den die Vielfalt an Kulturen brachte, freilich nicht im hochkulturellen Sinne, sondern vornehmlich in der Kulinarik und Lebensart, dem »Globalkolorit«, das deutschen Städten damit verpasst wurde.

Doch es ging auch hier, ganz im Sinne Edward Saids, um Exotisierung und »Otheringprozesse«, in denen der kulturell »Andere« zwar willkommen war und interessiert betrachtet wurde, doch selbst in der interkulturellen Interaktion als »Anderer« und meist Minderer und Defizitärer fixiert wurde. Gleichzeitig wurden in diesen Kontexten das Anwesenheits- und das Zugehörigkeitsrecht kulturell als »verdiente Gegenleistung«, als Beitrag zur Pluralisierung der deutschen Gesellschaft gefasst. Das Recht der Anwesenden, mit eigener Stimme eigene Interessen zu vertreten und die Gesellschaft gleichwertig mitzugestalten, blieb innerhalb dieses Diskurses allerdings ganz klares Nebenthema. Multikulti war für die überwiegende Mehrheit der Mehrheitsgesellschaft, die sich für die Probleme der Einwanderungsgesellschaft und der Einwander*innen meist gar nicht oder nur in Zeiten der Krise interessierte, ein reiner Konsumartikel (Mayer/Terkessidis 1998).

Der Titel »Immer bunter« übernimmt jedenfalls diese fraglose Fokussierung auf Kultur. In der Ausstellung selbst beschränkte man sich dabei nicht auf (vermeintlich) affirmierende Haltungen. So wurde »Islam und Terror« ohne jeglichen kritischen Kommentar in einer völlig inadäquaten, aber in der Mehrheitsgesellschaft durchaus konsensualen Inszenierung von Objekten präsentiert, womit eine zentrale Figur rassistischer Wissensproduktion bemüht wurde, nämlich der »gefährliche Ausländer«, hier in einer der wenigen weiblichen Ausprägungen.

Seitdem das deutsche Kaiserreich als »verspätete Nation« vom Aus- zum Einwanderungsland und gleichzeitig zum kolonialen Imperium wurde (Lerp 2016), galten »Ausländer«, besonders diejenigen, die in der damals entwickelten rassistischen Herkunftshierarchie gegenüber den Deutschen als besonders minderwertig betrachtet wurden, prinzipiell als Gefahr, sei es in kulturell/biologischer, ökonomischer oder politischer Hinsicht.

Dabei wurde in der im Zeitverlauf sich wandelnden Herkunftshierarchie stets eine bestimmte Herkunftsgruppe als jeweiliger Inbegriff des »Ausländers« geframed, von dem besondere Gefahr ausging als biologisch und/oder kulturell minderwertiger Überfremder, Krankheitsüberträger, Krimineller, Vergewaltiger, Attentäter oder Unterwanderer des politischen Systems – vom »Nationalpolen« zum »Ostjuden« über die »schwarze Bestie« aus den Schutzgebieten, dem »gefährlichen Ostarbeiter«, dem »asozialen Zwangsverschleppten«, dem italienischen »Spaghettifresser« und »Messerstecher«, dem »türkischen Kanaken« und späteren »anatolischen Analphabeten« bis zum heutigen muslimischen »Messermigranten«. Diese Topoi machen den Kern rassistischen Wissens über »Ausländer« aus, das quasi als Gerücht über die »Migrationsanderen« stets aktivierbar bleibt (Alexopoulou 2019a).

Indem am Ende der Ausstellung eine Ankleidepuppe mit einer schwarzen Burka den Raum dominiert – obwohl diese Form der Verschleierung in Deutschland wenig üblich ist –, werden die »Ängste der Bürger«, die schon immer als Legitimation für offen ausagierten Rassismus angeführt wurden, hier direkt geschürt. Das demonstriert musterhaft, dass die Repräsentation von Einwanderungsgeschichte nicht per se als Affirmation von Einwanderung fungieren muss.

Im Stuttgarter Stadtmuseum

Für das Stuttgarter Stadtmuseum im Stadtpalais verfolgte man in der lang angelegten Vorbereitungsphase den ambitionierten Plan, Stadtgeschichte als Migrationsgeschichte zu erzählen (Dauschek 2014; Dauschek 2012).

Dieses Vorhaben entspricht dem Forschungsstand zum Verhältnis von Stadt und Migration: »Stadt ist Migration« (Yildiz 2011). Metropolen sowie mittlere

Städte des globalen Nordens sind zunehmend von migrationsinduzierter Superdiversität (Vertovec 2012) geprägt, sind Inbegriff der Glokalität. Stadtgeschichte kann demnach nur als Migrationsgeschichte erzählt werden. Auch die historische Migrationsforschung erkennt immer mehr methodische Gründe, die das Lokale zu einem wesentlichen Forschungsgegenstand, wenn nicht gar notwendigen Ausgangspunkt migrationshistorischer Forschung machen.

Die zentrale Rolle des Lokalen und damit der Stadt manifestierte sich bereits implizit in den Anfängen der Erinnerungskultur der Migration in Deutschland, da es sehr lange Zeit lokale Ausstellungsprojekte waren – oftmals von Migrant*innen selbst ausgerichtet –, die diese Thematik aufgriffen und bearbeiteten.

Hier wurden die ersten narrativen Grundlagen der migrantischen Sicht auf die eigene Geschichte in Deutschland gelegt, die inzwischen teilweise selbst zu Klischees geronnen sind, wie etwa der Koffer als materielles Zeugnis von Migration. Was in diesen Ausstellungen selten geleistet wurde oder geleistet werden konnte, war eine Einordnung in die Gesamtgeschichte oder die Lokalgeschichte (Wonisch 2016). Dennoch waren sie Pionierprojekte für die Geschichte der Migrant*innen, insbesondere der Arbeitsmigrant*innen in Deutschland. Sie stellen dabei eine eigene Art von Geschichtswerkstattbewegung dar. Besonders hervorzuheben ist die Selbstorganisation DOMiT, heute DOMiD, die sich 1990 gründete und 1998 ihre erste viel beachtete Ausstellung in Essen realisierte und darüber hinaus bedeutende archivarische Arbeit leistete (DOMiD 2019).

An diesem Aspekt wird auch sichtbar, dass sich in Deutschland migrantische Agency viele Jahre hauptsächlich im Lokalraum entfaltete bzw. sich vor allem dort entfalten konnte und somit historiografisch auch dort gesucht und museal präsentiert werden sollte. Denn die »Dauerausländer« ohne volle Bürgerrechte hatten weit weniger Möglichkeiten der politischen und damit auch kulturellen Selbstrepräsentation auf nationaler Ebene.

Die zunehmende Erforschung lokaler Migrationsregime kann herausarbeiten, wie Opportunitätsstrukturen und migrantische Agency etwa in der bedeutsamen Frage der politischen Partizipation zusammenhängen und welche Konsequenzen das hatte: In Stuttgart gab es beispielsweise schon in den 1980er Jahren einen sehr aktiven Ausländerbeirat, anders als in Mannheim, wo ein solcher erst im Jahr 2000 gewählt wurde. Dass dies auch Spätfolgen hatte, ist anzunehmen. Während Stuttgart im Jahr 2011 acht Stadträt*innen mit Migrationsgeschichte zählte, gab es in Mannheim kein*e (Fenzel 2013, S. 40f.).

Der lokale und damit primär räumliche Zugriff gewährleistet darüber hinaus, dass Migrant*innengruppen nicht per se als ethnische Blöcke (Lachenmann 2009) gefasst werden, sondern als integraler Bestandteil von Stadtgesellschaften (Schiller/Çağlar 2011). Dieser Blickpunkt ermöglicht zum Beispiel, historisch nachzuzeichnen, wie vor allem in Deutschland, das sich nicht als »Heimat« angeboten hat, die Stadt Ort der Beheimatung für Migrant*innen und Ankerpunkt einer translokalen Identität wurde und Identitätskonstrukte wie etwa den »Monnemer Türk« hervorbrachte (Alexopoulou 2019b; Alexopoulou 2016). Die translokale Stadt öffnet somit der gesamten Stadtgesellschaft, den Migrant*innen und den Nicht-Migrant*innen, einen gemeinsamen Anknüpfungspunkt für eine lokale, inklusive Erinnerungskultur.

Doch all diese Möglichkeiten wurden im Stuttgarter Stadtpalais, das Stadtgeschichte als Migrationsgeschichte erzählen wollte, nicht umgesetzt. Trotz der erfolgreichen Partizipation migrantischer Akteur*innen in der Konzeptions- und Sammelphase fehlte bei der konkreten musealen Umsetzung schließlich die Unterstützung wesentlicher Teile der Stadtgesellschaft, obwohl dieser Ansatz von den Stadtoberen zunächst explizit befürwortet worden war – so zumindest die Angaben von Informant*innen vor Ort, die nicht namentlich genannt werden wollen.

Schließlich wurde Migration bei der Eröffnung des Stadtpalais im Frühjahr 2018 lediglich als eines von vielen Themen präsentiert, das zwar sichtbar gemacht, dessen Zentralität für die Entwicklung von Städten und für die aktuelle Prägung des urbanen Raums jedoch nicht annähernd herausgestellt wird. Angesichts der Tatsache, dass Migration in vielen weiteren Stadtmuseen Deutschlands bislang kaum eine Rolle spielt, ist dies zwar ein Fortschritt, aber es zeigt auch, dass es wohl weiterhin gesellschaftlich nicht erwünscht ist, das Thema Migration vom Rand in das Zentrum der Aufmerksamkeit zu rücken.

Welche Geschichte der Einwanderungsgesellschaft will die »soziale Demokratie« erzählen?

Aus diesen Perspektiven sollte auch der erinnerungskulturelle und geschichtspolitische Umgang der »sozialen Demokratie« mit »ihrer« Migrationsgeschichte und der Rolle, die sie als Institution in der Einwanderungsgesellschaft Deutschland spielt, re-evaluiert bzw. überhaupt entwickelt werden. Denn abgesehen davon, dass es kaum würdige Erinnerungsorte einer solchen Auseinandersetzung gibt, kommt erschwerend hinzu, dass das historische Vermächtnis an sich ambivalent ausfällt: Bezeichnenderweise gehört der »Ford-Streik« und damit ein von der Gewerkschaft nicht mitgetragener »wilder Streik« zu den bekanntesten narrativen Elementen in der Geschichte der Arbeitsmigrant*innen in Deutschland. Auch die zahlreichen lokalen »wilden Gastarbeiter-Streiks« bezeugen die Ambivalenz dieser Geschichte. Gewerkschaften und sozialdemokratisch ausgerichtete politische und soziale Bewegungen und Gruppierungen waren ab einem gewissen Zeitpunkt für migrantische Aktivist*innen und Anliegen die naheliegenden und »anschlussoffensten« Partner*innen.

Dennoch war dieses Verhältnis schon angesichts institutionell verankerter und struktureller Ungleichheiten und Diskriminierungen im Arbeitsrecht oder innerhalb der Gewerkschaften – Inländerprimat, fehlendes oder nicht gleichwertiges Mitbestimmungsrecht – lange Zeit von Abwehr und Paternalismus geprägt. Ähnlich war es in den Parteien, in erster Linie in der SPD, die migrantische Mitglieder besonders anzog: Auch hier waren sie zwar willkommen, meist jedoch nur als »Gäste« oder viele Jahre nur auf den untersten Listenplätzen. Dass der »ausländische Mitbürger« und der »ausländische Kollege« eben auch nach zehn, fünfzehn oder zwanzig Jahren seiner Anwesenheit kein*e vollwertige*r Bürger*in war, wurde zwar immer wieder kritisch angemerkt, veranlasste jedoch keinen echten und konsequent geführten solidarischen Kampf und kein echtes Teilen der Macht, das mit Abgeben von eigener Macht und eigenen Privilegien einhergeht.

Migrantische Rassismuserfahrungen wurden zwar ebenso früh aufgegriffen und thematisiert, doch der Umgang damit ist vielfach als inhaltsleer und ritualisiert zu bewerten. Das lag vor allem daran, dass gerade innerhalb dieser Kreise Rassismus vollends als rechtes und rechtsextremes Phänomen externalisiert wurde, zumal der eigene Anteil an der Aufrechterhaltung von rassistischen, an Herkunftshierarchien orientierten Strukturen sowie die eigene Privilegierung in der Gesellschaft gegenüber den Migrant*innen nicht reflektiert wurde. Das machte den Rassismus der Mitte besonders in den sozialdemokratisch und links-liberal geprägten Kontexten vollends unsagbar.

Hinzu kommt, dass die Abkehr von der Option, Deutschland als Einwanderungsgesellschaft, die sie war, anzuerkennen, von gleich zwei sozialdemokratischen Kanzlern vollzogen wurden: Willy Brandt und Helmut Schmidt. Schon in ihrer Amtszeit wurden die Grundlagen nur für eine »Integration auf Zeit« und eine restriktivere Asylpolitik besonders gegen »außereuropäische Flüchtlinge« gelegt, und auch der Anwerbestopp war nicht aus rein ökonomischen Motiven erfolgt.

Die Frage an die institutionellen Träger*innen und Vertreter*innen der »sozialen Demokratie« ist letztlich auch, welches Narrativ sie erzählen wollen. Soll ihre Rolle in der Geschichte der Einwanderungsgesellschaft so reflektiert und präsentiert sehen, dass alle Ambivalenzen und dunklen Seiten ebenfalls zutage treten, oder wollen auch sie nur eine Erfolgsgeschichte erzählen?

Momentan ist innerhalb der »sozialen Demokratie« der Trend auszumachen, Migrant*innen wirklich inkludieren zu wollen und ein »neues Wir« zu konstruieren (siehe das von der Hans-Böckler-Stiftung finanzierte Forschungsprojekt »Interessenvertretung – Kooperation – Konflikt. Zum Verhältnis von

Migrantenorganisationen und Gewerkschaften in Hamburg, Offenbach und Stuttgart [1970/80er Jahre])«, das an den Universitäten Osnabrück und Göttingen angesiedelt ist, Universität Göttingen 2019). Auch von migrantischer Seite gibt es seit langem die Rufe nach einer Anerkennung als »neue Deutsche«, so bei den Neuen Deutschen Organisationen (https://neuedeutsche.org/de/). Die Frage ist jedoch, wer letztlich in dieses »Wir« aufgenommen, wer weiterhin ausgeschlossen wird. Sind wir also dabei, die exklusive deutsche Identität, die sich noch bis vor kurzem primär an den Konstrukten »deutsches Blut« und »Volkszugehörigkeit« orientierte, durch eine neue europäische Identität zu ersetzen, die letztlich dem entspricht, was sich Bewegungen wie Pegida wünschen – nämlich die »abendländische Kulturgemeinschaft«?

Daran anknüpfend muss gefragt werden, ob es statt der Herstellung neuer »Wir-Gruppen« und ausschließender Identitäten nicht vielmehr um eine weitere Demokratisierung innerhalb dieser Einwanderungsgesellschaft und darüber hinaus gehen sollte – woran sich auch die historischen Narrative der »sozialen Demokratie« unter Beleuchtung der eigenen Ambivalenzen orientieren könnten.

Die Verflechtung der Geschichte der Einwanderungsgesellschaft Deutschland mit der deutschen Demokratiegeschichte wäre ein Betätigungsfeld für die Erinnerungskultur der »sozialen Demokratie«, in dem der Konnex von Arbeit und Migration und damit die Ökonomisierung der Migration und der Migrant*innen aufgelöst werden könnte. Demokratische Werte wie Solidarität, Gerechtigkeit und Gleichheit, die aktuell weltweit von vielen Seiten unter Beschuss stehen, können dabei im Mittelpunkt der Erinnerungsarbeit, aber auch einer globalen Zukunft stehen – ohne jedoch die eigenen Verstrickungen in der bislang unzureichenden Verwirklichung auszublenden.

Literatur und Quellen

Alexopoulou, Maria (2016): Vom Nationalen zum Lokalen und zurück? Zur Geschichtsschreibung in der Einwanderungsgesellschaft Deutschland. In: Archiv für Sozialgeschichte 56, S. 463–484.
Alexopoulou, Maria (2017): Blinde Flecken innerhalb der zeithistorischen Forschung in Deutschland. Eine Antwort auf Martin Sabrows Kommentar »Höcke und Wir«. In: Zeitgeschichte online, Februar.
Alexopoulou, Maria (2019a): »Ausländer« – A Racialized Concept? »Race« as an Analytical Concept in Contemporary German Immigration History. In: Arghavan, Mahmoud/Hirschfelder, Nicole/Kopp, Luvena/Motyl, Katharina (Hrsg.): Who Can Speak and Who is Heard/Hurt? Facing Problems of Race,

Racism, and Ethnic Diversity in the Humanities in Germany. Bielefeld: transcript, S. 45–67.

Alexopoulou, Maria (2019b): Translokale Identität. Die Vereinnahmung der Stadt im »Nicht-Einwanderungsland«. In: Schulz, Kristina/von Bernstorff, Wiebke/Klapdor, Heike (Hrsg.): Grenzüberschreitungen: Migrantinnen und Migranten als Akteure im 20. Jahrhundert. München: text + kritik, S. 180–190.

Alexopoulou, Maria (2020): Deutschland und die Migration. Geschichte einer Einwanderungsgesellschaft wider Willen. Stuttgart: Reclam.

Bade, Klaus J./Bommes, Michael (2004): Migration und politische Kultur im »Nicht-Einwanderungsland«. In: Bommes, Michael/Oltmer, Jochen (Hrsg.): Sozialhistorische Migrationsforschung. Göttingen: V&R unipress, S. 437–472.

Beauftragter für ausländische Einwohner der Stadt Mannheim (1984): Interner Bericht, 18.6.1984, MARCHIVUM, Zug. 34/2003, Nr. 23.

Böhnlein, Lukas (2015): Rezension zu: Immer bunter. Einwanderungsland Deutschland, Ausstellung 10.12.2014–9.8.2015, Bonn. In: H-Soz-Kult, 1.8.2015, www.hsozkult.de/exhibitionreview/id/rezausstellungen-228 (Abruf am 28.5.2021).

Bollmann, Ralph (2002): »Muslime sind nicht integrierbar«. die tageszeitung, 10.9.2002, www.taz.de/!1089647/ (Abruf am 7.8.2021).

Chin, Rita/Fehrenbach, Heide (2009): German Democracy and the Question of Difference, 1945–1995. In: Chin, Rita (Hrsg.): After the Nazi Racial State: Difference and Democracy in Germany and Europe. Ann Arbor: University of Michigan Press, S. 102–136.

Dauschek, Anja (2012): »Meine Stadt – meine Geschichte«. Ein Werkstattbericht zur Sammlung städtischer Migrationsgeschichte. In: Wonisch, Regina/Hübel, Thomas (Hrsg.): Museum und Migration: Konzepte – Kontexte -Kontroversen. Bielefeld: transcript, S. 49–67.

Dauschek, Anja (2014): Meine Stadt – mein Museum. Städtische Migrationsgeschichte sammeln in einem Museum. In: Deigendesch, Roland/Müller, Peter (Hrsg.): Archive und Migration. Stuttgart: Kohlhammer, S. 78–93.

Delgado, Richard (1989): Storytelling for Oppositionists and Others: A Plea for Narrative. In: Michigan Law Review 87/88, S. 2411–2441.

Delgado, Richard/Stefancic, Jean (2012): Critical Race Theory: An Introduction. New York: University Press.

DOMiD (2019): Die Gründungsgeschichte des Vereins, https://domid.org/ueber-uns/geschichte/ (Abruf am 28.4.2021).

Drucksache 6/4902 (1974): Schriftliche Antwort des Ministeriums für Arbeit, Gesundheit und Sozialordnung auf eine Kleine Anfrage, 24.4.1974, Drucksache 6/4902, MARCHIVUM, Zug. 16/1993, Nr. 35.

Eingangsreferat (1986): Eingangsreferat des Vorsitzenden der lokalen Associacion de Familias Espanolas (Spanischer Familienverein e. V.) zum Rundgespräch »Ausländer-Verwaltung« bei einer Studientagung des Europa-Instituts Bocholt in Düsseldorf, abgedruckt in: Thränhardt, Dietrich (Hrsg.): Ausländerpolitik und Ausländerintegration in Belgien, den Niederlanden und der Bundesrepublik Deutschland. Düsseldorf: Landeszentrale für Politische Bildung, S. 176–177.

Esch, Michael/Poutrus, Patrice G. (2005): Zeitgeschichte und Migrationsforschung. Eine Einführung. In: Zeithistorische Forschungen 2, H. 3, www.zeithistorische-forschungen.de/16126041-Esch-Poutrus-3-2005 (Abruf am 28.5.2021).

Fenzel, Birgit (2013): Vielfalt im Stadtrat. In: MaxPlanckForschung, Gesellschaft im Wandel, Spezialausgabe. Berlin: Max-Planck-Gesellschaft, S. 38–43.

Heidelberger Manifest (1982/2011): Heidelberger Manifest. In: Göktürk, Deniz/Gramling, David/Kaes, Anton/Langenohl, Andreas (Hrsg.): Transit Deutschland. Debatten zu Nation und Migration: eine Dokumentation. Konstanz: University Press, S. 155–157.

Herbert, Ulrich (2003): Geschichte der Ausländerpolitik in Deutschland. Saisonarbeiter, Zwangsarbeiter, Gastarbeiter, Flüchtlinge. München: C. H. Beck.

Hoerder, Dirk (1982): Immigration and the Working Class: The Remigration Factor. In: International Labor and Working-Class History 21, S. 28–41.

Innenministerium Baden-Württemberg (1961): Schreiben an die Regierungspräsidien, 9.7.1961, Hauptstaatsarchiv Stuttgart, EA 2/303 Bü 270.

Innenministerium Bayern (1960): Schreiben vom 14.12.1960, Hauptstaatsarchiv Stuttgart, EA 2/303 Bü 270.

Kabinettssitzung (1981): Sitzung, 11. November 1981 TOP 4, Bundesarchiv, Kabinettsprotokolle der Bundesregierung, www.bundesarchiv.de/cocoon/barch/0000/k/index.html (Abruf am 28.5.2021).

Kastner, Jens (2012): Klassifizierende Blicke, manichäische Welt. Frantz Fanon: »Schwarze Haut, weiße Masken« und »Die Verdammten dieser Erde«. In: Reuter, Julia/Karentzos, Alexandra (Hrsg.): Schlüsselwerke der Postcolonial Studies. Wiesbaden: Springer VS, S. 85–95.

Kober, Ulrich/Kösemem, Orkan (2019): Willkommenskultur zwischen Skepsis und Pragmatik. Deutschland nach der »Fluchtkrise«. Gütersloh: Bertelsmann Stiftung.

Lachenmann, Gudrun (2009): Nachbemerkung: Transnationalismus – Migration – Entwicklung. Methodologische Herausforderungen für eine empirisch fundierte Theoriebildung. In: Sociologus 59, H. 1, S. 89–102.

Landesamt für Verfassungsschutz Baden-Württemberg (1963): Bericht 1/1963, Hauptstaatsarchiv Stuttgart, EA 2/303 Bü 271.

Lerp, Dörte (2016): Imperiale Grenzräume: Bevölkerungspolitiken in Deutsch-Südwestafrika und den östlichen Provinzen Preußens 1884–1914. Frankfurt am Main: Campus.

Lichtenberg, Gerrit (1984): Die »lieben Wahl-Mannheimer« füllten Multihalle mit Leben. In: Mannheimer Morgen, 24.9.1984.

Lierke, Lydia/Perinelli, Massimo (Hrsg.) (2020): Erinnern stören. Der Mauerfall aus migrantischer und jüdischer Perspektive. Berlin: Verbrecher Verlag.

Manifest Kanak Attak (1998/2011): Manifest. In: Göktürk, Deniz/Gramling, David/Kaes, Anton/Langenohl, Andreas (Hrsg.): Transit Deutschland. Debatten zu Nation und Migration: eine Dokumentation. Konstanz: University Press, S. 374–377.

Mayer, Ruth/Terkessidis, Mark (1998): Globalkolorit. Multikulturalismus und Popkultur. Andrä/Wördern: Hannibal.

Messerschmidt, Astrid (2008): Postkoloniale Erinnerungsprozesse in einer postnationalsozialistischen Gesellschaft – vom Umgang mit Rassismus und Antisemitismus. In: Peripherie 109/110, H. 28, S. 42–60.

Möhring, Maren (2012): Fremdes Essen. Die Geschichte der ausländischen Gastronomie in der Bundesrepublik Deutschland. München: Oldenbourg.

NSU-Tribunal (2020): NSU-Komplex auflösen, www.nsu-tribunal.de/tribunal/ (Abruf am 28.5.2021).

Ökumenischer Vorbereitungsausschuss (1980/2011): Ökumenischer Vorbereitungsausschuss für den Tag des ausländischen Mitbürgers. »Wir leben in der Bundesrepublik in einer multikulturellen Gesellschaft«. Thesen vom 24. September 1980, Tag des ausländischen Mitbürgers. In: Göktürk, Deniz/Gramling, David/Kaes, Anton/Langenohl, Andreas (Hrsg.): Transit Deutschland. Debatten zu Nation und Migration: eine Dokumentation. Konstanz: University Press, S. 361–364.

Oltmer, Jochen (Hrsg.) (2017): Migrationsregime vor Ort und lokales Aushandeln von Migration. Wiesbaden: Springer VS.

Oral History Projekt (2014): »Alle Wege führen nach Mannheim«. Transkripte, MARCHIVUM, Zug. 9/2014.

Pagenstecher, Cord (1996): Die »Illusion« der Rückkehr: Zur Mentalitätsgeschichte von »Gastarbeit« und Einwanderung. In: Soziale Welt 47/2, S. 149–179.

Radtke, Frank-Olaf (1997): Multikulturelle Gesellschaft. In: Kneer, Georg/Nassehi, Armin/Schroer, Markus (Hrsg.): Soziologische Gesellschaftsbegriffe: Konzepte moderner Zeitdiagnosen. München: Fink, S. 32–50.

Rass, Christoph/Ulz, Melanie (2018): Armando Rodrigues de Sá revisited, Bildwissenschaftliche und historische Analysen im Dialog. In: Ulz, Melanie

(Hrsg.): Migration ein Bild geben. Visuelle Aushandlungen von Diversität. Wiesbaden: Springer VS, S. 419–445.

Rheinpfalz (1993): Ausländische Mitbürger vermitteln Spaß und Wissen. In: Die Rheinpfalz, 23.9.1993.

Schiller, Nina Glick/Çağlar, Ayşe (2011): Locality and Globality. Building a Comparative Analytical Framework on Migration and Urban Studies. In: Schiller, Nina Glick/Çağlar, Ayşe (Hrsg.): Locating Migration: Rescaling Cities and Migrants. Ithaca: Cornell University Press, S. 60–81.

Severin-Barboutie, Bettina (2019): Migration als Bewegung am Beispiel von Stuttgart und Lyon nach 1945. Tübingen: Mohr Siebeck.

Universität Göttingen (2019): Interessenvertretung – Kooperation – Konflikt. Zum Verhältnis von Migrantenorganisation und Gewerkschaften in Hamburg, Offenbach und Stuttgart (1970/80er Jahre). www.uni-goettingen.de/de/566656.html (Abruf am 28.5.2021).

Vacca, Sandra/Stoop, David Christopher (2016): »Bin ich Deutsch genug?«. Die Ausstellung »Immer bunter. Einwanderungsland Deutschland« im Deutschen Historischen Museum. In: Zeitgeschichte online, https://zeitgeschichte-online.de/themen/bin-ich-deutsch-genug (Abruf am 28.5.2021).

Vertovec, Steven (2012): Superdiversität, Heimatkunde. Migrationspolitisches Portal, Heinrich Böll Stiftung, https://heimatkunde.boell.de/de/2012/11/18/superdiversitaet (Abruf am 28.4.2021).

Wolfrum, Edgar (2006): Die geglückte Demokratie. Geschichte der Bundesrepublik Deutschland von ihren Anfängen bis zur Gegenwart. Stuttgart: Klett-Cotta.

Wonisch, Regina (2016): Migranten und Migrantinnen als Experten und Expertinnen ihrer eigenen Geschichte? Museum, Demokratie und Migration. In: Eigenmann, Philipp/Geisen, Thomas/Studer, Tobias (Hrsg.): Migration und Minderheiten in der Demokratie. Politische Formen und soziale Grundlagen von Partizipation. Wiesbaden: Springer VS, S. 345–396.

Yildiz, Erol (2011): Stadt ist Migration. In: Bergmann, Malte/Lange, Bastian (Hrsg.): Eigensinnige Geographien: Städtische Raumaneignungen als Ausdruck gesellschaftlicher Teilhabe. Wiesbaden: Springer VS, S. 71–80.

Gewerkschaftliche Erinnerung an Migration

Simon Goeke

Die Erinnerung an Migration ist gerade in einem Einwanderungsland von entscheidender Bedeutung für das Selbstverständnis der Gesellschaft. Wer aktuell als zu dieser Gesellschaft zugehörig gesehen wird, lässt sich nicht zuletzt daran erkennen, wessen Geschichte Teil eines umfassenden Narrativs ist. Gerade in Deutschland ist die Migrationsgeschichte weiterhin unterrepräsentiert. Das wird deutlich, wenn man sich vergegenwärtigt, dass zwar ein Viertel der Bevölkerung hierzulande und bis zur Hälfte der Bevölkerung in Städten statistisch einen Migrationshintergrund aufweist, aber immer noch viele Überblicksdarstellungen deutscher Nachkriegsgeschichte komplett darauf verzichten, das historische Migrationsgeschehen zu thematisieren (Alexopoulou 2016, S. 463).

Erst seit kurzem ist gesichert, dass in Köln-Kalk ein nationales Migrationsmuseum entstehen wird, dessen Eröffnung derzeit auf 2023 terminiert wird. Kulturgeschichtliche, nationale und kommunale Museen haben seit einigen Jahren begonnen, die Migrationsgeschichte zu einem Teil oder zum Thema ihrer (Dauer-)Ausstellungen zu machen, tun sich mitunter aber immer noch schwer damit, diese Zuwanderungsgeschichte nicht als eine Sondergeschichte oder Minderheitengeschichte aus der allgemeinen Gesellschaftsgeschichte zu exkludieren (Bayer/Terkessidis 2017; Bayer 2015).

Vorherrschend ist ein objektivierender Blick auf die »Anderen« oder die »Neuen«, die zu »uns« kamen, weil sie für den Wiederaufbau und den Wirtschaftsboom gebraucht wurden. Am deutlichsten wird das sicher auch an der Ikonografie dieser Geschichte, also den historischen Fotografien, die sich in das kollektive Gedächtnis einbrannten. Die Fotos von den feierlichen Empfängen der »Jubiläumsgastarbeiter« an den westdeutschen Bahnhöfen sind mit Sicherheit die in der bundesdeutschen Historiografie am häufigsten zitierten Bilder (Severin-Barboutie 2019, S. 135–140). Den größten Bekanntheitsgrad dürfte das Foto des jungen portugiesischen Arbeiters Armando Rodriguez de Sá haben, der mit schüchternem Blick im Bahnhof Köln-Deutz auf dem Moped sitzt, das er gerade geschenkt bekommen hat, weil er zum millionsten Gastarbeiter erklärt worden ist (Rass/Ulz 2018; Didczuneit 2004). Weniger bekannt, aber sehr ähnlich sind die Fotos der Begrüßung von Ismael Babader in München, der zum millionsten Gastarbeiter aus Südosteuropa erklärt wurde, und von Vera Rimski, die ebenfalls in München als die zweimillionste Gastarbeiterin empfangen wurde.

Es sind also Pressefotografien von einer durch die Bundesregierung veranlassten Inszenierung, die unser Geschichtsbild bis in die Gegenwart prägen. Die Bilder erzählen die Geschichte der Anwerbung, wobei die Bundesrepublik handelndes Subjekt ist, das Arbeitskräfte ruft, die diesem Ruf in Scharen folgen. Diese Arbeitskräfte erscheinen hier zurückhaltend und dankbar und die Aufnahmegesellschaft zeigt sich mit einer freundlichen Willkommenskultur.

Von der Ablehnung der deutschen Gesellschaft, den Kontinuitäten zum Zwangsarbeitersystem des Nationalsozialismus und von Protesten der Migrant*innen erzählen uns diese Bilder nichts. Und auch in der historischen Forschung herrschte lange Zeit eine Erzählung vor, in der beide Seiten – Wandernde und Ansässige – von einer als temporär angelegten Zuwanderung profitierten. Die Migrant*innen hätten die oft schwierigen Arbeits- und Lebensbedingungen deshalb auch weitgehend hingenommen. So schrieb Ulrich Herbert in seiner »Geschichte der Ausländerpolitik in Deutschland«, die schon lange als Standardwerk gilt:

»Sie akzeptierten eher als Deutsche sowohl schmutzige als auch besonders schwere Arbeit, machten mehr Überstunden, verzichteten auf einen ihrem Lohn entsprechenden Lebensstandard und Konsum, wohnten möglichst billig und zeigten an politischen und gewerkschaftlichen Aktivitäten wenig Interesse« (Herbert 2001, S. 212).

Diese Aussage, symptomatisch für ein bis heute tradiertes Bild der Migrant*innen als willige »Helfer« und »Profiteure« des westdeutschen Wirtschaftswunders, steht nicht nur im Widerspruch zu der einfachen Beobachtung, dass schon seit langem bei gewerkschaftlichen Demonstrationen und Streiks Migrant*innen einen großen Anteil der Aktivist*innen ausmachen. Das Bild der zurückhaltenden und zufriedenen »Gastarbeiter« entspricht ebenfalls nicht dem Bild, das in der zeitgenössischen Presse der 1960er und 1970er Jahre gezeichnet wurde. Die Ereignisse ließen das auch nicht zu, denn wiederholt wurden Arbeitgeber und Gewerkschaften durch »wilde Streiks« von Migrant*innen aufgerüttelt.

Gerade für ein gewerkschaftliches Erinnern an Migrationsgeschichte lohnt es sich, diese selbst organisierten Arbeitskämpfe und die Ambivalenzen gewerkschaftlicher Migrationspolitik in den Vordergrund zu rücken. Denn in dieser Geschichte zeigt sich, dass die mit Zuwanderung verbundenen Ängste und Abwehrreaktionen der ansässigen, organisierten und unorganisierten Arbeitnehmerschaft meist unbegründet waren.

Einige dieser Arbeitsniederlegungen und die aktuelle gewerkschaftliche Erinnerung sollen daher in diesem Beitrag zusammengefasst werden. Zuvor wird es aber um einen in der Gewerkschaftsgeschichte bis heute existierenden Mythos gehen, der mit dem Beginn gewerkschaftlicher Migrationspolitik in der Bundesrepublik in Zusammenhang steht. Die Entstehung dieses Mythos liefert bereits einen Erklärungsansatz für die lange Zurückhaltung gewerkschaftlicher Erinnerungspolitik beim Thema Migrationsgeschichte.

Der Beginn der Anwerbung und der gewerkschaftliche Mythos der Zustimmung

Die Ankündigung der Bundesregierung, mit der Republik Italien ein Anwerbeabkommen zu vereinbaren, veranlasste die westdeutschen Gewerkschaften Mitte der 1950er Jahre zu ihren ersten migrationspolitischen Aussagen. Gründe für eine Migrationspolitik haben sicherlich auch schon vorher existiert. Denn die italienischen Beschäftigten waren in den ersten Jahren der Anwerbung nicht einmal die größte Nationalitätengruppe unter den Migrant*innen in der Bundesrepublik.

Die Gewerkschaften bezogen sich in späteren Äußerungen wiederholt auf diese 1956 einsetzende Anwerbepolitik, auch um ihren unmittelbaren und engagierten Einsatz für die Migrant*innen hervorzuheben. So kam es, dass sich im DGB, als man Anfang der 1970er Jahre auf die vergangenen fünfzehn Jahre gewerkschaftlicher Migrationspolitik zurückblickte, eine Art Amnesie verselbstständigt hatte. Vergessen war die anfängliche Ablehnung einer Öffnung des Arbeitsmarktes. Einhellig hieß es in Positionspapieren:

»Nachdem in den Jahren des wirtschaftlichen Wiederaufbaus mehr als zehn Millionen Vertriebene und Flüchtlinge in den Arbeitsprozeß eingegliedert waren, [kam] 1955 die damals dringend erforderliche Regelung über die Beschäftigung von mobilen ausländischen Arbeitern zustande – erstmalig nicht ohne und nicht gegen die Gewerkschaften« (Diamant 1970, S. 44).

Auch Heinz Richter, der beim DGB für das Referat und die spätere Abteilung »Ausländische Arbeitnehmer« zuständig war, stimmte in diesen Chor ein. Er meinte sogar, die Bundesregierung habe den DGB in den Fragen der Anwerbung eigentlich um Erlaubnis gebeten:

»Die Anfrage der Bundesregierung im Jahre 1955, ob der DGB einer Anwerbung von 28.000 Landarbeitern aus Italien zustimme, wurde nach eingehender Diskussion positiv entschieden« (Richter 1974, S. 35).

Zahlreiche Stellungnahmen und Veröffentlichungen des DGB und verschiedener Einzelorganisationen belegen aber, dass es starken Widerstand gegen die Öffnung des Arbeitsmarktes gab und dass die Gewerkschaften gern eine aktivere Rolle in der Migrationskontrolle eingenommen hätten.

Als im September 1954 durch Pressemeldungen bekannt wurde, dass Bundeswirtschaftsminister Erhard mit dem italienischen Außenminister über die Zulassung italienischer Landarbeiter in einem Umfang von 100.000 bis 200.000 verhandelt hatte (Dohse 1981, S. 202), war es zunächst die Gewerkschaft Gartenbau Land- und Forstwirtschaft (GGLF), die direkt mit einer Erweiterung des Arbeitskräfteangebots in ihrem Organisationsbereich konfrontiert war. Einen Monat nach dem Bekanntwerden der Gespräche Erhards mit dem italienischen Außenminister veröffentlichte die GGLF eine Denkschrift zur »Beschäftigung ausländischer Wanderarbeiter in der Landwirtschaft«. Darin wurde der Arbeitsmarktöffnung eine klare Absage erteilt. Sie sei »unter den betrieblichen, volkswirtschaftlichen und sozialstrukturellen Gründen falsch und schädlich, weil sie die Gesindeverfassung konserviert und Strukturveränderungen in der Arbeitsverfassung der westdeutschen Landwirtschaft behindert« (GGLF 1954, S. 1).

Auch die Gremien der Industriegewerkschaft Bau Steine Erden (IG BSE) lehnten die Anwerbungspläne der Bundesregierung ab. Der Hauptvorstand und Beirat der Gewerkschaft machte dies bereits im Dezember 1954 deutlich (Dohse 1981, S. 160). Für Georg Leber, den zweiten Vorsitzenden der Bauarbeitergewerkschaft, war es nahezu undenkbar, den Arbeitskräftemangel durch die Anwerbung von Arbeitern im Ausland zu beheben, da dies nur dazu führen könne, dass die Arbeitsbedingungen weiterhin schlecht bleiben. Auf dem Gewerkschaftstag 1955 verdeutlichte er seine Position:

»Die sozialen Mängel und Rückstände sind es, die in Wirklichkeit die Arbeitskräfte vom Baugewerbe abstoßen und den Mangel an Fachkräften verursachen. [...] Wir wehren uns deshalb mit allen uns zur Verfügung stehenden Kräften dagegen, daß der derzeitige Arbeitskräftemangel, der von der vorübergehenden Konjunkturspitze abgesehen eine unmittelbare Folge ungenügender Anziehungskraft auf sozialpolitischem Gebiet ist, etwa durch die Hereinnahme von Fremdarbeitern ausgeglichen werden soll. [...] Der Mangel an Fachkräften im Baugewerbe kann nicht durch eine Hereinnahme von ausländischen Arbeitskräften behoben, sondern nur dadurch ausgependelt werden, daß im Baugewerbe selbst eine bessere Sozialpolitik als Anreiz für die Tätigkeit in diesem Gewerbe betrieben wird« (Leber 1955, S. 472).

Der Gewerkschaftstag erklärte daraufhin im September 1955, dass die IG BSE einer Beschäftigung italienischer Arbeitnehmer in ihrem Organisationsbereich mehr als kritisch gegenüberstehe, ohne allerdings auf den Zusatz zu verzichten, dass die bereits in der Bundesrepublik arbeitenden ausländischen Beschäftigten gewerkschaftlich organisiert und betreut werden sollten (o. V. 1955).

Auch im Bergbau positionierte sich die Gewerkschaft mehrfach und vehement gegen die Anwerbung ausländischer Arbeiter. In der Wochenzeitung des DGB, *Welt der Arbeit*, wurde der Vorsitzende der IG Bergbau und Präsident des internationalen Bergarbeiterverbands Heinrich Imig zitiert, der ankündigte, dass die Gewerkschaft sich »bis zum äußersten gegen den Einsatz von Fremdarbeitern im Bergbau wehren« würde (Welt der Arbeit 1955). Mit klaren Worten forderte man auch noch einige Monate nach dem ersten Anwerbeabkommen, »daß der Vorstand der IG Bergbau alles tun soll, um die Einschleusung von ungeeigneten italienischen Arbeitskräften zu verhindern« (IG Bergbau 1956a). Anstelle der Beschäftigung von Migranten war es nach Ansicht der Gewerkschaft eher geboten, »die in andere Berufe abgewanderten Bergarbeiter zurückzugewinnen« (IG Bergbau 1956b).

Schon im Dezember 1954 hatte der DGB zu den vernommenen Pressemeldungen über die Verhandlungen eines Anwerbeabkommens Stellung bezogen. Dabei machte der Dachverband deutlich, dass er zum gegebenen Zeitpunkt klar gegen Verhandlungen über eine staatliche Anwerbung ausländischer Arbeitnehmer war, da seiner Einschätzung nach noch ausreichend Arbeitskräftepotenzial im Inland und durch die Einwanderung aus dem Osten vorhanden sei:

»Uns interessiert an dieser Meldung die Frage, für welche Berufszweige an die Einschleusung ausländischer Wanderarbeiter gedacht ist. Sollte es sich um Arbeiter für die Landwirtschaft handeln […], so sei dem Bundeswirtschaftsminister Erhard die Frage vorgelegt, ob ihm bei seinen Unterredungen mit dem italienischen Außenhandelsminister die Zahlen über die Arbeitslosen in der Landwirtschaft bekannt waren. Sie betrugen im Juni 1954, also zur Zeit der Höchstbeschäftigung, für die Gruppe der Landwirtschaft rd. 39.000 und für die Gruppe der Forst, Jagd und Fischerei rd. 22.000 Arbeitslose. Solange es noch eine derartige Arbeitslosenzahl gibt und solange der Zustrom von Flüchtlingen aus der Ostzone, besonders aus der Landwirtschaft, anhält, darf es keine Verhandlungen über Einschleusung ausländischer Saisonarbeiter geben« (DGB 1954, S. 1).

Der DGB stellte sich also nicht prinzipiell gegen eine Öffnung des bundesdeutschen Arbeitsmarktes, betonte aber, dass dies von bestimmten Bedingungen auf dem nationalen Arbeitsmarkt abhängig zu machen sei. Bei der Entscheidung, ob einer Öffnung des Arbeitsmarktes zuzustimmen sei oder nicht, machte der DGB außerdem deutlich, dass er sich hier in einem Dilemma gefangen sah – zwischen einem internationalistischen Anspruch und der Vertretung einer nationalstaatlich organisierten Arbeitnehmerschaft. In einer Stellungnahme im Nord-Westdeutschen Rundfunk erklärte der Dachverband:

Simon Goeke

»Die Gewerkschaftsbewegung ist in ihrem Denken und Handeln weitgehend international. Unbeschadet dieser internationalen Solidarität wird jedoch keine Gewerkschaft eines Landes sich mit dem Hereinströmen von Arbeitskräften aus dem Ausland einverstanden erklären können, solange im eigenen Lande noch eine nicht unbeträchtliche Zahl von Arbeitnehmern arbeitslos ist oder Kurzarbeit leistet. [...] Die Gewerkschaften haben nie einen Hehl daraus gemacht, daß ihre grundsätzliche Bereitschaft, die Freizügigkeit der Arbeitskraft in Europa anzuerkennen, insoweit eingeschränkt ist, als zunächst einmal die höchstmögliche Vollbeschäftigung im eigenen Lande gesichert werden muß [...]. Man muß daher zu der Meinung kommen, daß zumindest für absehbare Zeit der Einsatz ausländischer Arbeitskräfte in Deutschland nicht erforderlich ist« (DGB 1955).

Die Zustimmung des DGB zur Anwerbung ausländischer Arbeitnehmer wurde somit an die Bedingung einer vorherigen Vollbeschäftigung geknüpft, was zu dieser Zeit einer Ablehnung gleichkam. Dabei war die Auslegung des Vollbeschäftigungsbegriffs eine sehr enge, die scheinbar keinerlei Arbeitsmarktreserven in der einheimischen Bevölkerung unbeachtet ließ.

Auch im Jahr 1955 war für den DGB keine Vollbeschäftigung in der BRD in Sicht und ebenso wenig änderte sich seine Position zur Anwerbung von Arbeitskräften im Ausland. Durch eine Fehlmeldung in der Presse, der zufolge bereits mit der aktiven Anwerbung begonnen wurde, sah sich der DGB veranlasst, seiner unveränderten Haltung in einem Schreiben an den Präsidenten der Bundesanstalt für Arbeitsvermittlung und Arbeitslosenversicherung (BAVAV) und durch seinen eigenen Informations- und Nachrichtendienst Gehör zu verschaffen (Dohse 1981, S. 162).

Nur wenige Wochen nach der Unterzeichnung des Anwerbeabkommens mit Italien im Dezember 1955 formulierte Walter Henkelmann, der damals in der Abteilung Sozialpolitik des DGB-Bundesvorstands die Problematik der Ausländerbeschäftigung maßgeblich bearbeitete, in der Funktionärszeitschrift *Die Quelle* die Voraussetzungen des DGB für die Zulassung ausländischer Arbeitnehmer*innen. Demnach müssten vier Bedingungen erfüllt werden, bevor Migrant*innen eine Arbeitserlaubnis erteilt werden könne: Es müssten »die vorhandenen Arbeitslosen [...] zuzüglich der noch vorhandenen nicht anerkannten Flüchtlinge« beschäftigt, alle im Inland vorhandenen Arbeitskraftreserven »insbesondere durch Einrichtung von Halbtagsbeschäftigung für Frauen« ausgeschöpft, die Binnenmigration von Arbeitslosen in Regionen mit Arbeitskräftebedarf gefördert und »die Mechanisierung und Rationalisierung, insbesondere auch in der Land- und Bauwirtschaft einschließlich des Winterbaus« vorangetrieben werden (Henkelmann 1956).

Henkelmann ging nicht davon aus, dass nach Ausschöpfung all dieser Maßnahmen überhaupt noch ein Arbeitskräftebedarf bestehen würde. Sollte dennoch eine Anwerbung von Arbeitskräften im Ausland nötig werden, müssten die Migrant*innen nur in einem vorher klar definierten Ausmaß und nur vorübergehend eine Arbeitsgenehmigung erhalten und »hinsichtlich ihrer Arbeitsbedingungen (Lohn) den deutschen Arbeitnehmern gleichgestellt werden, um Lohndruck auszuschalten«. Um zu vermeiden, dass über die Migration Dumpinglöhne auf dem bundesdeutschen Arbeitsmarkt Einzug hielten, sollten die ausländischen Arbeiter*innen zusätzlich durch die Gewerkschaften erfasst und betreut werden.

Hatte sich der DGB in seinen Forderungen vor dem Anwerbeabkommen noch klar gegen die laufenden Verhandlungen und somit gegen eine Anwerbevereinbarung überhaupt gestellt, ging es ihm nach Abschluss des deutsch-italienischen Abkommens im Dezember 1955 vermehrt darum, die Anwerbungen infolge dieser Vereinbarung möglichst gering zu halten. Durch den Vorrang aller »Inländer« auf dem nationalen Arbeitsmarkt sollten Verdrängungseffekte verhindert und durch die tarif- und sozialrechtliche Gleichstellung ausländischer Beschäftigter eine Deregulierung abgewehrt werden. Prinzipiell wurde eine Hereinnahme von Arbeitskräften aus dem Ausland nicht mehr grundsätzlich abgelehnt, aber sie war für den DGB nur vorübergehend denkbar, zur Deckung eines saisonalen Spitzenbedarfs und in Verbindung mit einer vorherigen klaren Bestimmung dieses Bedarfs. Die Wahrscheinlichkeit, dass bei der Erfüllung aller formulierten Voraussetzungen ein Bedarf nach zusätzlichen Arbeitskräften eintreten könnte, wurde als gering eingeschätzt.

Es kann also festgehalten werden, dass das erste Anwerbeabkommen, entgegen der späteren »gewerkschaftlichen Legendenbildung« (Knuth Dohse), ohne und auch gegen die Gewerkschaften zustande gekommen ist. Und auch die Gleichstellung der Migrant*innen im Sozial- und Arbeitsrecht lässt sich nicht direkt auf eine gewerkschaftliche Intervention zurückführen, da eine Unterwanderung der herrschenden Standards auch von Seiten der Arbeitgeber nie vorgesehen war. So war im September 1955 in der Monatszeitschrift der Bundesvereinigung der Deutschen Arbeitgeberverbände zu lesen: »Ein ›Lohndumping‹ durch die ausländischen Arbeiter ist ausgeschlossen« (Der Arbeitgeber 1955). Die ablehnende Haltung gegenüber der Ausländerbeschäftigung in den 1950er Jahren und der geringe Einfluss auf die Rahmenbedingungen der Arbeitsmarktöffnung auf Seiten der Gewerkschaften wurden von diesen Anfang der 1970er Jahre scheinbar bewusst verdrängt oder lagen schlicht jenseits der eigenen Vorstellungskraft.

Die bundesdeutschen Gewerkschaften waren Mitte der 1950er Jahre mit der Frage konfrontiert, ob den Migrationsbewegungen mit Abwehr, Toleranz oder Förderung begegnet werden solle. In allen Stellungnahmen überwogen klar die Argumente, die in der Migration eine Gefahr für die inländische Arbeitnehmerschaft und für die eigene Organisation sahen. Neben einem direkten oder indirekten Lohndruck befürchteten die Gewerkschaften auch eine Unterwanderung der Kampfkraft und eine Aufschubwirkung bei der Verbesserung von Arbeitsbedingungen und Modernisierungen der Produktion. Positive Effekte auf die Wirtschaftsentwicklung und die Funktion der Arbeitsmigration als »Konjunkturpuffer« wurden zu Beginn der Anwerbung von den Gewerkschaften kaum in Betracht gezogen.

Im DGB-Bundesvorstand kam zwar bereits im November 1955 der Aspekt zur Sprache, dass die Hereinnahme ausländischer Arbeitnehmer positiv für das Ziel der Arbeitszeitverkürzung sein könnte, allerdings fand sich eine derartige Argumentation erst in den Äußerungen der Gewerkschaften während der 1960er Jahre wieder (Protokoll der 16. Sitzung des Bundesvorstandes vom 1. November 1955, abgedruckt als Dokument 97 in: Schönhoven 1996, S. 766–784, bes. S. 778).

Gleichzeitig war für die Arbeitnehmerorganisationen allerdings bereits in den 1950er Jahren vollkommen klar, dass bei einer Öffnung des Arbeitsmarktes auch die eigene Organisation für die Mitgliedschaft von Migrant*innen geöffnet werden müsse. So entstand ein weiteres Dilemma: Auf der einen Seite sollten Migrant*innen für eine Mitgliedschaft gewonnen werden, auf der anderen Seite sollte eine kritische Haltung gegenüber der Zuwanderung aufrechterhalten werden. Da die Mitgliedswerbung um die Migrant*innen jedoch überwog, ergab sich schon allein aus der Bindung dieser Mitglieder an die Organisation ein wachsendes »Vergessen« der anfänglichen Ablehnung.

Zu Beginn der 1970er Jahre war es den Gewerkschaften offensichtlich wichtig, den Eindruck zu erwecken, sie seien an den Verhandlungen über die Zulassung von Migrant*innen auf dem bundesdeutschen Arbeitsmarkt beteiligt gewesen und hätten sich für eine Anwerbung ausgesprochen. Betrachtet man den Zusammenhang, in dem diese Äußerungen getroffen wurden, ist das wenig verwunderlich. Zum einen gaben die Gewerkschaften Anfang der 1970er Jahre verschiedene Positionspapiere heraus, die zum Ziel hatten, die rechtliche, soziale und berufliche Situation der ausländischen Arbeitskräfte und ihrer Kinder zu verbessern. Den Anfang machte ein Alternativentwurf zum Ausländergesetz von 1965, der 1970 veröffentlicht wurde. Diesem folgte 1971 eine 15-seitige Stellungnahme des DGB-Bundesvorstands mit dem Titel »Die deutschen Gewerkschaften und die ausländischen Arbeitnehmer« sowie ein 1973 veröffentlichtes Papier »Stellungnahme und Forderungen des DGB zum Schulunterricht für Kinder ausländischer Arbeitnehmer« (Goeke 2020, S. 214).

Diesen Papieren waren Debatten über ein »Ende des Provisoriums« vorausgegangen, die zu der Einsicht führten, dass die Zuwanderung in die Bundesrepublik kein kurzfristiges Phänomen sei. Zwar weigerte man sich auch in den

Gewerkschaften noch, die Bundesrepublik als ein Einwanderungsland zu bezeichnen, aber es war unübersehbar, dass viele Migrant*innen schon seit mehreren Jahren in Deutschland lebten und auch ihre Kinder hier aufwuchsen. Von einem »Provisorium Ausländerbeschäftigung« konnte nach fünfzehn Jahren Anwerbung und immer weiter steigenden Zahlen ausländischer Bevölkerung nicht mehr die Rede sein. Auch innerhalb der Organisation stiegen die Zahlen ausländischer Mitglieder; es gab bereits an vielen Orten ausländische Vertrauensleute in den Betrieben und auch in den Betriebsräten waren schon vor der Reform des Betriebsverfassungsgesetzes 1972 mithilfe betrieblicher Vereinbarungen ausländische Mitglieder vertreten.

Als Basisorganisation entstand also für die Gewerkschaften schon allein aufgrund der wachsenden ausländischen Mitgliedschaft die Notwendigkeit, Druck auf die Politik auszuüben, um die Interessen dieser Mitglieder zu vertreten und einer Spaltung der Lohnabhängigen entgegenzuwirken. Gleichzeitig war es entscheidend, sich als langjährige Verbündete der Migrant*innen darzustellen, um der Mitgliederbindung und -werbung nicht im Wege zu stehen. Dementsprechend war für eine Auseinandersetzung mit der Tatsache, dass die Gewerkschaften die Anwerbung ursprünglich vehement abgelehnt hatten, in den Veröffentlichungen der 1970er Jahre kein Platz.

Daran änderte auch der Anwerbestopp Ende 1973 nichts, der von den Gewerkschaften zwar gefordert und verteidigt wurde, aber von ihnen immer als Maßnahme dargestellt wurde, die auch die in der Bundesrepublik lebenden Migrant*innen vor einer weiteren Erhöhung des Arbeitskräfteangebots beschütze (Goeke 2020, S. 233) – man handle also in der Gegenwart wie in der Vergangenheit ganz im Interesse der ausländischen Beschäftigten. Der Protektionismus der 1970er und 1980er Jahre war somit auch ausschlaggebend dafür, dass der Protektionismus der 1950er Jahre abgestritten und vergessen wurde.

Der Mythos einer gewerkschaftlichen Zustimmung zur Anwerbepolitik konnte letztlich jedoch vor allem auch deshalb entstehen, weil die meisten Befürchtungen der Gewerkschaften sich nicht bewahrheiteten und bereits im Verlauf der 1960er Jahre zerstreuten. Zudem lässt sich festhalten, dass die Gewerkschaftsbewegung insgesamt sogar eher von der Einwanderung profitierte. Anfang der 1970er Jahre konnte nur mehr schwerlich behauptet werden, die Migration habe in irgendeiner Form der Gewerkschaftsbewegung geschadet. Die Löhne stiegen in den 1960er Jahren, es herrschte Vollbeschäftigung, Versuche von Arbeitgebern, ausländische Arbeitskräfte als Streikbrecher einzusetzen, waren selten und scheiterten am Zusammenhalt der Lohnabhängigen. Auch bei den gewerkschaftlichen Mobilisierungen war bald festzustellen, dass die ausländischen Beschäftigten sich solidarisch verhielten und teilweise eigene Streikkomitees gründeten. Peter Steiner stellte schon 1966 in der Zeitschrift der IG Metall fest:

»Insgesamt zeigen die Streikerfahrungen aus den letzten Jahren, wie sehr [...] der Prozeß der Eingliederung der ausländischen Arbeitnehmer sichtbare Fortschritte gemacht hat. [...] Diejenigen Strategen, die immer noch hoffen, die ausländischen Arbeitnehmer, ›im Ernstfall‹ gegen ihre deutschen Arbeitskollegen in Front bringen zu können, verrechnen sich gründlich« (Steiner 1966, S. 156).

Die Tatsache, dass die positiven Effekte der Migration auch für die Gewerkschaften überwogen, bedeutet allerdings nicht, dass dies tatsächlich zu einer konsequenten Vertretung der migrantischen Interessen geführt hätte. Die Gewerkschaften nahmen sich zumeist nur widerwillig und oft erst, nachdem Migrant*innen dies einforderten oder sich nach Alternativen zu den Gewerkschaften umsahen, einer spezifischen Migrationspolitik an. Teilweise ging die Bereitschaft ausländischer Beschäftigter, sich durch Arbeitskämpfe gegen unzureichende Arbeitsbedingungen und Diskriminierungen zur Wehr zu setzen, den Gewerkschaften sogar zu weit.

Migrantische Streiks in den 1960er Jahren

So kam es im Kohlebergbau bereits Anfang der 1960er Jahre zu einer regelrechten Streikwelle ausländischer Bergleute (Birke 2007; Hunn 2005; Elsner 1970; Hildebrandt/Olle 1975). Teilweise hatten diese Streiks mit Missverständnissen bei der Lohnabrechnung zu tun. In der Mehrzahl forderten die Streikenden aber bessere Arbeitsbedingungen und höhere Löhne. Erfolgreich waren die Migranten damit allerdings nicht. In der Regel wurden die Streiks mit Polizeigewalt beendet und die mutmaßlichen Rädelsführer entlassen und abgeschoben. Betriebsräte und Gewerkschaften setzten sich nie für die Streikenden ein, sondern schoben die Auseinandersetzung wahlweise auf Missverständnisse, das vermeintlich südländische Temperament der Streikenden oder eine kommunistische Infiltration. Trotz des geringen Erfolgs dieser Streikaktionen blieb der migrantische Protest im Bergbau nicht ohne Wirkung.

Im April 1962 reiste der Vorsitzende der türkischen Bergarbeitergewerkschaft auf Einladung des DGB nach Deutschland und versuchte die Konflikte zu klären. Er zeigte zwar wenig Verständnis für die Streikaktionen seiner Landsleute, vereinbarte aber mit der IG Bergbau und Energie (IG BE), dass sein Verband in Zukunft die türkischen Bergleute zum Eintritt in die deutsche Gewerkschaft auffordern würde. Auch die Zusammenarbeit des türkischen Gewerkschaftsbundes Türk-İş mit dem DGB sollte künftig intensiviert werden (Hunn 2005, S. 119).

Die Streikwelle im Bergbau zeigt, dass der wesentlich bekanntere Streik von italienischen Arbeitern 1962 bei Volkwagen in Wolfsburg nicht als reiner Einzelfall gelten kann. Die Ursachen dieses Streiks waren vielfältig und hatten wahrscheinlich nicht nur mit der Situation im Betrieb und im Wohnheim zu tun, sondern auch damit, dass es in Wolfsburg immer wieder zu Auseinandersetzungen zwischen Deutschen und Italienern gekommen war. Unmittelbarer Auslöser war allerdings das Gerücht, dass ein italienischer Arbeiter aufgrund eines zu spät eintreffenden Krankenwagens gestorben sei (Richter/Richter 2008).

Die italienischen Arbeiter verlangten eine bessere Gesundheitsversorgung und verliehen ihrer Forderung Nachdruck, indem sie eine Straße blockierten, vor der Wohnsiedlung brennende Barrikaden errichteten und am nächsten Tag nicht zur Arbeit erschienen. Die Betriebsleitung reagierte umgehend. Nachdem versichert wurde, dass ein weiterer Betriebsarzt eingestellt werde, und der italienische Generalkonsul aus Hannover eingeflogen wurde, beruhigte sich die Lage schnell wieder. Im Nachgang des Streiks wurden 70 Italiener entlassen, die von der Werksleitung als Rädelsführer der Unruhen ausgemacht worden waren. 354 Migranten verließen den Betrieb und meist auch die Bundesrepublik freiwillig, weitere 243 wurden wegen Vertragsbrüchigkeit oder aus gesundheitlichen Gründen später entlassen (Birke 2007, S. 119; Prontera 2013, S. 268; Richter/Richter 2012, S. 83).

Doch die Wirkung des Streiks ging weit über den Einsatz eines zusätzlichen Betriebsarztes hinaus. Betriebsrat, IG Metall und die Werksleitung bemühten sich infolge des Streiks um eine bessere Kommunikation mit den italienischen Beschäftigten. Zunächst wurde ein Komitee einberufen, das die Organisation in den Wohnheimen neu regeln sollte. Von wesentlich höherem Stellenwert war jedoch, dass die Werksleitung ab 1963 schrittweise ihre Ablehnung und Blockade der Gewerkschaftsarbeit im Betrieb aufgab.

Vor dem Streik galt das Wolfsburger Werk als Sorgenkind der IG Metall, vor allem wegen des sehr niedrigen Organisationsgrades. Die Gewerkschaftsfunktionäre machten im Wesentlichen zwei Umstände für diese Situation verantwortlich: zum einen eine fehlende angestammte Arbeiterschaft in Wolfsburg, zum anderen die verbissene Blockadepolitik gegenüber der IG Metall durch den VW-Generaldirektor Heinrich Nordhoff, bei gleichzeitigem Stillhalten des Betriebsrates.

Der damalige Vorsitzende des VW-Betriebsrates und später langjährige Oberbürgermeister Wolfsburgs, Hugo Bork, war zwar wie die Mehrheit der Betriebsräte IG-Metall-Mitglied, schien aber keine aktive Werbung für die Gewerkschaft zu betreiben. Zudem galt er in der Frankfurter IG-Metall-Zentrale als »treuer Paladin Nordhoffs« (Richter/Richter 2012, S. 104).

Erst der Streik der italienischen Arbeiter im November 1962 änderte etwas an der Haltung Nordhoffs und an der Aktionsbereitschaft des Betriebsrates. Der Schock des »wilden Streiks« und die Furcht vor weiteren Unruhen sorgten nun dafür, dass die Betriebsleitung sich einer stärkeren betrieblichen Interessenvertretung nicht mehr in den Weg stellte.

Systematisch konnte die IG Metall nun die Arbeit unter den italienischen Beschäftigten ausbauen, wobei sie sogar von der Betriebsleitung unterstützt wurde. Dazu wurden insbesondere vermehrt italienische Vertrauensleute geworben. Dabei spielte einer der ersten Italiener im Betrieb eine besondere Rolle. Der aus Apulien stammende Arbeiter Lorenzo Annese war bereits kurz nach seiner Anstellung Gewerkschaftsmitglied geworden. Durch seine Mithilfe gelang es bis zum Jahr 1965, 50 Prozent der italienischen Arbeiter im Werk zu organisieren. Lorenzo Annese wurde noch im selben Jahr der erste ausländische Betriebsrat in der Bundesrepublik.

Migrantische Kämpfe kurz vor dem Anwerbestopp

Über zehn Jahre nach dem »Italienerstreik« in Wolfsburg und der Streikwelle im Bergbau kam es erneut zu einer Häufung von Arbeitskämpfen, die von ausländischen Beschäftigten geprägt waren. Zum bekanntesten unter den unbekannten wurde der Streik der Ford-Arbeiter in Köln (zum Streikverlauf: Motte 2004, S. 237–249). Interessant an diesem verloren gegangenen Arbeitskampf ist, dass die Forderungen der Streikenden wie bei vielen migrantischen Arbeitskämpfen wesentlich weitergingen, als dies in Tarifauseinandersetzungen der Fall war. Es ging um die Geschwindigkeit des Fließbandes, um die Länge des zusammenhängenden Urlaubs, um Ungerechtigkeiten bei der Besetzung des hauptamtlichen Betriebsrates und nicht zuletzt um lineare Lohnerhöhungen.

Auch wenn die IG Metall und die Betriebsräte diese Forderungen meist zunächst nicht unterstützten, prägten die Auseinandersetzungen durchaus die folgenden Tarifauseinandersetzungen. Peter Birke hat glaubwürdig belegt, dass die sogenannte Steinkühler-Pause, also eine zusätzliche regelmäßige Pause für Fließbandarbeiter, wesentlich auf die Auseinandersetzungen im Jahr 1973 zurückzuführen ist (Birke 2007, S. 303 f.).

Nur einige Tage vor dem wilden Streik bei Ford hatten in der Vergaserfabrik der Firma Pierburg in Neuss Teile der Belegschaft die Arbeit niedergelegt (für eine ausführliche Darstellung der Streikgeschichte: Breag 2012). Die Migrantinnen, die den Kern des Arbeitskampfes ausmachten, forderten ein Ende der diskriminierenden Bezahlung von Frauen nach Leichtlohngruppen. Bereits seit 1970 hatten die Arbeiterinnen bei Pierburg die Abschaffung dieser Leichtlohngruppen I und II gefordert, die de facto die zuvor als diskriminierend verbotenen Frauenlohngruppen ersetzt hatten.

Durch Streikaktionen hatte die Belegschaft bereits erreicht, dass die Leichtlohngruppe I abgeschafft wurde. Die Betriebsleitung hatte des Weiteren zugesagt, die Leichtlohngruppe II ebenfalls aufzugeben. Nachdem sie diesem Versprechen nicht nachgekommen war, gingen die Arbeiterinnen im Juni und August erneut in den Ausstand (Miller 2008, S. 160f.). Gleichzeitig waren auch bei den Deutschen Telefonwerken und bei AEG spontane Streiks mit der Forderung nach gleicher Bezahlung ausgebrochen (GIM 1974, S. 110; Birke 2007, S. 297).

Obwohl sich die Streikenden in Neuss nicht an das bundesdeutsche Streikrecht hielten, erklärte die IG Metall sich solidarisch. Im Gegensatz zu den Streikenden bei Ford konnten sich die Arbeiterinnen auf die Unterstützung des Vertrauenskörpers und Teile des Betriebsrates verlassen. Tatsächlich konnten die Frauen so gut wie alle ihre Forderungen durchsetzen und erreichten, dass sogar die vier Streiktage von der Unternehmensleitung bezahlt wurden.

Die Migrantinnen bei Pierburg wurden mit ihrer Hartnäckigkeit zu Vorkämpferinnen gegen die Lohndiskriminierung in der Bundesrepublik. Eine Tatsache, die im starken Kontrast steht zu dem weit verbreiteten Klischee der »südländischen Gastarbeiterin«, die sich angeblich widerstandslos alten Rollenmustern unterwarf (zur öffentlich-medialen Wahrnehmung der Arbeitsmigrantinnen und ihrer Realität: Mattes 2005, S. 219–233).

In der gewerkschaftlichen Geschichtsschreibung beginnen die Berichte über Frauen, die gegen die Leichtlohngruppen kämpften, meist dennoch mit dem Fall der Industriebäckerin Irene Einemann, die sich im Frühjahr 1978 vor Gericht mit ihrer Forderung nach gleicher Bezahlung wie ihre männlichen Kollegen durchsetzte (Miller 2008, S. 167f.).

Wie erinnern?

In diesem Beitrag konnte nur auf die bekanntesten Arbeitsniederlegungen von Migrant*innen eingegangen werden. Der Ausstand und die Betriebsbesetzung beim Automobilhersteller Ford in Köln-Niehl war davon wiederum der prominenteste (zum Ford-Streik 1973: Huwer 2013; Lunapark 2013; Motte 2004; Arbeiterkampf 1973). Doch 1973 hatten in etwa 200 Betrieben derartige spontane Arbeitsniederlegungen stattgefunden (Redaktionskollektiv »express« 1974, S. 127). Ein wesentlicher Teil dieser Proteste war von Migrant*innen initiiert und geprägt worden.

Mehrere Studien haben darauf hingewiesen, dass die Streikwelle im Sommer 1973 als wichtiger Hintergrund für den Entschluss der Bundesregierung gesehen werden muss, die Anwerbung von Arbeiter*innen im Ausland zu stoppen (Huwer 2013, S. 10; Berlinghoff 2013, S. 208 f.; Miller 2008, S. 181). Die Unruhe unter den ausländischen Beschäftigten war nicht mehr zu übersehen, und vielerorts wurde befürchtet, dass sich diese Konflikte bei einer weiter anhaltenden Zuwanderung noch verschärfen würden.

Die Auseinandersetzungen im Sommer 1973 werden in der Forschung häufig als Wendepunkt in der Geschichte der Nachkriegsmigration in die Bundesrepublik gewertet. Dieser Erzählung zufolge waren die Migrant*innen zuvor damit zufrieden, der Arbeitslosigkeit in der Heimat entkommen zu sein. Mit den Streiks hätten sie dann aber gezeigt, dass sie nach langjährigem Aufenthalt und vielen Entbehrungen in der deutschen Gesellschaft angekommen seien und nun auch Teilhabe und Anerkennung forderten – auch deshalb, weil sie sich bewusst geworden seien, dass sie noch längere Zeit in der Bundesrepublik arbeiten und leben würden.

Es ist daher wichtig zu betonen, dass politische Aktivität von Migrant*innen und der Widerstand gegen die Arbeitsorganisation keinesfalls eine neue Entwicklung zu Beginn der 1970er Jahre waren und nicht erst mit der Planung eines längeren Aufenthalts einhergingen. Die Verdichtung migrantischer Kämpfe vor und nach dem Anwerbestopp sowie die breite öffentliche Wahrnehmung dieser sich teils auch aufeinander beziehenden Proteste verdeutlichen vielmehr, dass die Beteiligten auf einen gemeinsamen Erfahrungsschatz zurückgreifen konnten, weshalb die Kämpfe auch nur vor dem Hintergrund der bereits in den 1960er Jahren geführten Auseinandersetzungen zu verstehen sind.

In der gewerkschaftlichen Erinnerung werden die Proteste und die Selbstorganisation von Migrant*innen trotz ihrer bedeutenden Rolle für die Entwicklung der Arbeitsbeziehungen meist nur am Rande beachtet. Als Beispiele aktueller gewerkschaftlicher Erinnerungsdiskurse können die Publikationen der IG Metall und des DGB zu ihren jeweiligen Jubiläen der vergangenen Jahre angeführt werden. Die IG Metall bezeichnete sich 2016 bei ihrem Rückblick auf 125 Jahre Gewerkschaftsgeschichte als eine »Einwanderergewerkschaft« und verschwieg keineswegs, dass die Gewerkschaften Fehler gemacht haben. Auch auf die Streikwelle 1973, den Ford-Streik und die mangelnde Solidarität der Gewerkschaften damals wird hingewiesen (IG Metall 2006b).

Allerdings blieben solche offenen Worte der Bundesmigrationskonferenz der IG Metall vorbehalten – beim Festakt in der Paulskirche spielte Migrationsgeschichte dann keinerlei Rolle, wie in den Reden nachzulesen ist (IG Metall 2006a). Im auf der gleichen Seite publizierten Imagefilm zum Jubiläum, der auch einen Rückblick auf die Geschichte vornimmt, heißt es zunächst: »Eine weitere ganz neue Herausforderung ist die Zuwanderung, die in den Sechzigern beginnt«. Im Anschluss erzählt eine Frau (Fotini), dass ihre Eltern »vor ganz vielen Jahren aus Griechenland geflüchtet« seien, »weil sie nichts zu essen hatten«. Aus diesem Grund verstehe sie »die Situation, die aktuell mit den Flüchtlingen aktiv ist«. Daraufhin schildert ein älterer Gewerkschafter (Horst), der schon zuvor deutlich gemacht hat, dass er noch die 48-Stunden-Woche erlebt hat, dass der Umgang im Betrieb miteinander Vorbild für die Gesellschaft sein könne. Wie eine bestätigende Zusammenfassung sagt nun Fotini: »Arbeit ist der Schlüssel zur Integration!«. Am Ende des neunminütigen Films ist es wieder Fotini, die das Thema Migration aufbringt: »Man sollte Flüchtlinge und Arbeitslose fördern und nicht gegeneinander ausspielen«.

Es erscheint bis zu einem gewissen Grad nachvollziehbar, dass die Erinnerungspolitik der IG Metall ein Jahr nach dem »Sommer der Migration« und in Zeiten eines immer lauter werdenden Rechtspopulismus und Rassismus sich für den Bereich Migrationsgeschichte auf das Werben für Verständnis und den Hinweis auf erfolgreiche Migrationsbiografien beschränkt. Jedoch zeigte sich auch bei dem drei Jahre später vom DGB begangenen 70-jährigen Jubiläum, dass gewerkschaftliche Erinnerung an Migration vor allem den Migrant*innen selbst überlassen bleibt. Auch hier beschränkte man sich weitestgehend darauf, die Ablehnung von Rassismus zu betonen, und verwies wiederholt auf den 1986 gegründeten »Kumpelverein Gelbe Hand« (www.gelbehand.de).

Die 2019 vom Ressort Migration und Teilhabe der IG Metall publizierte Werkstatt-Ausgabe »Migrationsland D« verdeutlicht, dass die Forderung nach einer differenzierteren Auseinandersetzung mit Migrationsgeschichte und der Migrationspolitik der eigenen Organisation seit geraumer Zeit in den Gewerkschaften lauter wird und zu ersten Ergebnissen gekommen ist. Dabei kommen die »wilden Streiks« ebenso zur Sprache wie die Kontinuitäten der deutschen Migrationsgeschichte (IG Metall 2019). Die Handlungshilfe zielt darauf ab, Migrationsgeschichte in der gewerkschaftlichen Bildungsarbeit und darüber hinaus stärker zu verankern, und versteht sich als Startschuss.

Gewerkschaften verweisen beim Rückblick auf ihre Geschichte selbstverständlich vor allem auf die von ihnen organisierten und erfolgreichen Arbeitskämpfe. Dass es in der Migrationsgeschichte aber gerade die ohne oder sogar gegen die Gewerkschaften organisierten Arbeitskämpfe waren, die zunächst sowohl auf Seiten der Beteiligten als auch auf Seiten der Gewerkschaften als Niederlagen empfunden wurden, langfristig aber zu großen Erfolgen führten, passt nicht in eine solche Selbstdarstellung. Dabei ist die Feststellung, dass die Gewerkschaften sich als erste deutsche Organisation für die Migrant*innen einsetzten, keineswegs falsch. Aber sie taten es eben nicht allein aus internationalistischem Anspruch oder einer garantiert antirassistischen Haltung. Vielmehr waren es die schnellen Erfolge bei der Mitgliedergewinnung, die dazu führten, dass spätestens dann, wenn Migrant*innen ihre Anliegen deutlich zur Sprache brachten, die Gewerkschaften diesen Interessenartikulationen Gehör schenken mussten: Die Gefahr, einen wichtigen, teilweise für die Streikfähigkeit entscheidenden Teil der Arbeitnehmerschaft nicht zu organisieren oder diesen Teil der Mitgliedschaft zu verlieren, wäre zu groß gewesen.

Aus demselben Grund wurde und wird der in Gewerkschaften durchaus vorhandene Rassismus sowie die abwehrende Haltung und Skepsis gegenüber Migration verschwiegen und vergessen. Doch gerade die ambivalente Geschichte der Gewerkschaften in Bezug auf Migration zeigt eindrücklich, dass gewerkschaftliche Ziele und Grundsätze, wie demokratische Teilhabe und gleiche Rechte, wesentlich mehr zum Abbau weiter existierender Ungleichheit und rassistischer Vorbehalte beitragen können als eine wie auch immer verstandene Forderung nach »Integration«.

Literatur und Quellen

Alexopoulou, Maria (2016): Vom Nationalen zum Lokalen und zurück? Zur Geschichtsschreibung in der Einwanderungsgesellschaft Deutschland. In: Archiv für Sozialgeschichte 56, S. 463–484.

Arbeiterkampf (1973): Betriebszelle Ford der Gruppe Arbeiterkampf (Hrsg.): Streik bei Ford Köln.

Bayer, Natalie (2015): Migration und die museale Wissenskammer. Von Evidenzen, blinden Flecken und Verhältnissetzungen. In: Yildiz, Erol/Hill, Marc (Hrsg.): Nach der Migration. Postmigrantische Perspektiven jenseits der Parallelgesellschaft. Bielefeld: transcript, S. 207–224.

Bayer, Natalie/Terkessidis, Mark (2017): Über das Reparieren hinaus. Eine antirassistische Praxeologie des Kuratierens. In: Bayer, Natalie/Kazeem-Kaminski, Belinda/Sternfeld, Nora (Hrsg.): Kuratieren als antirassistische Praxis. Berlin: De Gruyter, S. 53–70.

Berlinghoff, Marcel (2013): Das Ende der »Gastarbeit«. Europäische Anwerbestopps 1970–1974. Studien zur historischen Migrationsforschung 27. Paderborn: Schöningh.

Birke, Peter (2007): Wilde Streiks im Wirtschaftswunder. Arbeitskämpfe, Gewerkschaften und soziale Bewegungen in der Bundesrepublik und Dänemark. Frankfurt am Main: Campus.

Braeg, Dieter (Hrsg.) (2012): »Wilder Streik – das ist Revolution«. Der Streik der Arbeiterinnen bei Pierburg in Neuss 1973. Berlin.

Der Arbeitgeber (1955): »Vollbeschäftigung ja… aber mit Reserven«. In: Der Arbeitgeber, 5.9.1955.

DGB (1954): Stellungnahme des DGB-Bundesvorstandes zur Problematik der Ausländerbeschäftigung vom 27. Dezember 1954; abgedruckt in: GGLF (1954).

DGB (1955): Stellungnahme des DGB zur Frage ausländischer Arbeitskräfte, in der Sendung »Aus der Welt der Arbeit« des NWDR Hamburg am 4.12.1954. Auszugsweise abgedruckt: Eine Stellungnahme des DGB. In: Die Quelle 6.

Didczuneit, Veit (2004): Armando Rodrigues de Sá, der millionste Gastarbeiter, das geschenkte Moped und die öffentliche Wirkung. Rekonstruktionen. Köln-Deutz, 8.12.2004, www.iberer.angekommen.com/Doku/tagung-ditsch.pdf (Abruf am 28.5.2021).

Dohse, Knuth (1981): Ausländische Arbeiter und bürgerlicher Staat: Genese und Funktion von staatlicher Ausländerpolitik und Ausländerrecht. Königstein/Taunus: Hain.

Elsner, Lothar (1970): Fremdarbeiterpolitik in Westdeutschland. Zur Lage und zum Kampf der ausländischen Arbeiter unter den Bedingungen des westdeutschen staatsmonopolistischen Herrschaftssystems. Rostock.

GGLF (1954): Denkschrift zur Frage der Beschäftigung ausländischer Wanderarbeiter in der Landwirtschaft der Bundesrepublik. Kassel: Gewerkschaft Gartenbau, Land- und Forstwirtschaft.

GIM (1974): Gruppe Internationaler Marxisten. Pierburg.

Goeke, Simon (2020): »Wir sind alle Fremdarbeiter!« Gewerkschaften, migrantische Kämpfe und soziale Bewegungen in Westdeutschland 1960–1980. Studien zur historischen Migrationsforschung 36. Paderborn: Schöningh.

Henkelmann, Walter (1956): 100.000 italienische Arbeiter nach Deutschland? In: Die Quelle 1, S. 38.

Herbert, Ulrich (2001): Geschichte der Ausländerpolitik in Deutschland. Saisonarbeiter, Zwangsarbeiter, Gastarbeiter, Flüchtlinge. München: C.H. Beck.

Hildebrandt, Eckart/Olle, Werner (Hrsg.) (1971): Ihr Kampf ist unser Kampf. Teil 1: Ursachen, Verlauf und Perspektiven der Ausländerstreiks 1973 in der BRD. Offenbach: Verlag 2000.

Hunn, Karin (2005): »Nächstes Jahr kehren wir zurück …«. Die Geschichte der türkischen »Gastarbeiter« in der Bundesrepublik. Göttingen: Wallstein.

Huwer, Jörg (2013): »Gastarbeiter« im Streik. Die Arbeitsniederlegung bei Ford Köln im August 1973. Köln: DOMiD.

IG Bergbau (1956a): »Italiener retten den Bergbau nicht«. In: Die Bergarbeiterindustrie, Organ der IG Bergbau, 4.8.1956.

IG Bergbau (1956b): »Warum ausländische Arbeitskräfte?«. In: Die Bergarbeiterindustrie, Organ der IG Bergbau, 16.4.1956.

IG Metall (2006a): »Gestalterin der Arbeitswelt und des Sozialstaats«, 4.6.2006, www.igmetall.de/ueber-uns/gestalterin-der-arbeitswelt-und-des-sozialstaats (Abruf am 28.5.2021).

IG Metall (2006b): »Die IG Metall ist eine Einwanderergewerkschaft«, www.ig metall.de/politik-und-gesellschaft/gleichstellung-und-integration/migration/die-ig-metall-ist-eine-einwanderergewerkschaft (Abruf am 28.5.2021).

IG Metall Vorstand Ressort Migration und Teilhabe (2019) (Hrsg.): Migrationsland D. Eine Handlungshilfe für Begegnung und Dialog. Frankfurt am Main: IG Metall.

Leber, Georg (1955): Grundsätze und Aufgaben unserer Gewerkschaft. Referat gehalten am 8. September 1955 auf dem 3. ordentlichen Gewerkschaftstag der IG Bau-Steine-Erden in München; abgedruckt in: Protokoll IGBSE Gewerkschaftstag 1955, S. 472.

Lunapark (2013): 40 Jahre Ford-Streik. In: Lunapark 21, H. 23, S. 46–47.

Mattes, Monika (2005): »Gastarbeiterinnen« in der Bundesrepublik. Anwerbepolitik, Migration und Geschlecht in den 50er bis 70er Jahren. Frankfurt am Main: Campus.

Miller, Jennifer A. (2008): Postwar Negotiations. The First Generation of Turkish »Guest Workers« in West Germany, 1961–1973. Diss., Rutgers University, New Brunswick, NJ.

Motte, Jan/Ohlinger, Rainer (Hrsg.) (2004): Geschichte und Gedächtnis in der Einwanderungsgesellschaft. Migration zwischen historischer Rekonstruktion und Erinnerungspolitik. Essen: Klartext.

o. V. (1955): »Gewerkschaftstage im Zeichen der Hochkonjunktur, Bauarbeiter und Postler berieten in München«. In: Die Quelle, S. 487.

Prontera, Grazia (2013): »Unsere und deren Komplexe«: Italiener in Wolfsburg – Berichte, Darstellungen und Meinungen in der lokalen Presse (1962–1975). In: Metzler, Gabrielle (Hrsg.): Das Andere denken. Repräsentationen von Migration in Westeuropa und den USA im 20. Jahrhundert. Frankfurt am Main: Campus, S. 261–280.

Rass, Christoph/Ulz, Melanie (2018): Armando Rodrigues de Sá revisited. Bildwissenschaftliche und historische Analysen im Dialog. In: Rass, Christoph/

Ulz, Melanie (Hrsg.): Migration ein Bild geben. Visuelle Aushandlungen von Diversität. Wiesbaden: Springer VS, S. 419–445.

Redaktionskollektiv »express« (1974): Spontane Streiks 1973. Krise der Gewerkschaftspolitik (Reihe Betrieb und Gewerkschaften, Bd. 8). Offenbach.

Richter, Hedwig/Richter, Ralf (2008): Zum Streik der italienischen Arbeitsmigranten im Volkswagenwerk Wolfsburg 1962. In: Jahrbuch für Forschungen zur Geschichte der Arbeiterbewegung 7, S. 72–88.

Richter, Hedwig/Richter, Ralf (2012): Die Gastarbeiter-Welt. Leben zwischen Palermo und Wolfsburg. Paderborn: Schöningh.

Richter, Heinz (1974): DGB und Ausländerbeschäftigung. In: Gewerkschaftliche Monatshefte 1, S. 35–40.

Schönhoven, Klaus (Hrsg.) (1996): Der Deutsche Gewerkschaftsbund. 1949–1956. In: Quellen zur Geschichte der Gewerkschaftsbewegung 11, S. 766–784.

Schönwälder, Karen (2004): Eine vergessene Debatte. Die Anfänge der Diskussionen um die Einwanderungsgesellschaft, www.iberer.angekommen.com/Doku/tagung_karen-s-.pdf (Abruf am 28.5.2021).

Severin-Barboutie, Bettina (2019): Migration als Bewegung am Beispiel von Stuttgart und Lyon nach 1945. Tübingen: Mohr Siebeck.

Steiner, Peter (1966): Streikerfahrung mit ausländischen Arbeitnehmern. In: Der Gewerkschafter 4, S. 156.

Welt der Arbeit (1955): Beilage Hessen, 1. Juni 1955.

Ausländische Arbeitsmigrant*innen im »Arbeiter-und-Bauern-Staat«
Die sogenannten Vertragsarbeiter in der DDR

Patrice G. Poutrus

Für so gut wie alle nationalstaatlich organisierten Länder stellte und stellt der gesellschaftliche Wandel, der mit transnationaler Migration einhergeht, eine zentrale Herausforderung dar. Jegliche Form der grenzüberschreitenden Migration zwingt moderne Staaten dazu, Kategorien und Kriterien für Zugehörigkeit und Nichtzugehörigkeit sowie eine Vielzahl von Regulierungsmechanismen zu entwickeln, die sowohl auf Einwander*innen wie auch auf Einheimische und deren Handlungsoptionen einwirken.

Die Bedeutung des sozialen Phänomens und politischen Themas Migration erschöpft sich aber nicht in einem scheinbaren Abschluss der Nationsbildungsprozesse (z.B. Noiriel 1994), sondern zieht sich – und, so will es scheinen, in immer stärker werdendem Maße – bis in die Gegenwart hinein: Dieser Prozess hat nicht nur vielfältige Einflüsse auf politische Diskussions- und Entscheidungsprozesse gehabt, sondern einen stetigen und bei weitem noch nicht beendeten Prozess der Neubestimmung dessen provoziert, was als Gesellschaft, als Gesellschaftsziel, mithin als sozialer Inhalt moderner Staaten verstanden werden soll (Esch/Poutrus 2005). Folglich entscheidet die Art des öffentlichen Erinnerns an solche historisch gewordenen Entwicklungen mit darüber, in welcher Weise in der Gegenwart darüber diskutiert wird.

Zugleich ist dieses Erinnern nicht voraussetzungslos. Es ist unter anderem daran gebunden, welches Wissen in der Gesellschaft über diesen Teil der Vergangenheit vorhanden ist. Das weist Historiker*innen eine konfliktträchtige Rolle im Prozess des öffentlichen Erinnerns zu und zugleich entstehen aus gesellschaftlichen Herausforderungen, wie grenzüberschreitender Migration, Fragen an die jüngste Vergangenheit – auch Zeitgeschichte genannt –, welche die zeithistorische Forschung kaum ignorieren kann. In diesem Sinne sollte das Erinnern an Migration auch einschließen, unter welchen Umständen das historische Wissen darüber beispielsweise von Historiker*innen erschlossen wurde.

Von der Debatte zur Empirie

Gemeint ist hier die außerwissenschaftliche Auseinandersetzung über die Ursachen und die Bedeutung der bis dahin einzigartigen Welle rassistischer Gewalt, die insbesondere Ostdeutschland im Sommer 2000 erschütterte. Diese Situation war für Jan C. Behrends, Dennis Kuck und mich der Anlass, in einem Thesenpapier auf (zeit-)historische Ursachen der sogenannten Fremdenfeindlichkeit in Ostdeutschland hinzuweisen.

Wir versuchten, einige Erklärungsansätze für die Fremdenfeindlichkeit – wie wir es damals nannten – auf dem Gebiet der ehemaligen DDR zu entwickeln, die sich an den historischen Bedingungen des Umgangs mit und der Wahrnehmung von »Fremden« in der ehemaligen DDR orientieren. Sowohl ältere mentalitätsgeschichtliche Prägungen der ostdeutschen Bevölkerung als auch sozial- und wirtschaftsgeschichtliche Bedingungen im Staatssozialismus wurden von uns berücksichtigt; im Mittelpunkt standen allerdings die spezifischen Modalitäten der Lebenswelt von »Fremden« in der DDR (Poutrus/Behrends/Kuck 2000).

Unser Anliegen war, mit dem Papier die Diskussion über die Ursachen von Rassismus in Ostdeutschland – die zunächst hauptsächlich auf die Härten des Transformationsprozesses zurückgeführt wurden – um eine historische Perspektive zu ergänzen. Dabei war uns durchaus klar, dass historische Erklärungen von Rassismus, also der Rekurs auf in der Vergangenheit liegende Umstände und Tatsachen, womit die in der DDR und auch davor liegende Zeit gemeint waren, keine exklusive Erklärung des Phänomens beanspruchen können. Wir schlossen die ökonomischen und mentalen Verwerfungen der Systemtransformation nicht aus unserem Erklärungsansatz aus. Aber wir meinten, dass schon in der DDR sowohl die gesellschaftliche Stellung »Fremder« als auch der Umgang der herrschenden SED mit ihnen prekär und ambivalent waren. Nach 1989/90 kam es nach unserer Auffassung zu einer Dynamisierung bereits vorhandener gesellschaftlicher Spannungszustände. Als angehende (Zeit-)Historiker konzentrierten wir uns deshalb auf die Problematik der Zeit vor 1989 (Poutrus/Behrends/Kuck 2001).

Wir waren der Ansicht: Wenn in der öffentlichen Debatte von Autor*innen aus der untergegangenen DDR für die Anerkennung der spezifischen Eigenheiten Ostdeutscher im vereinten Deutschland gestritten wird, dann sollten auch die Schattenseiten der vergangenen DDR-Gesellschaft und was heute noch davon virulent ist, als solche kritisch thematisiert werden. Problematisch erschien uns etwa, wenn die enorme Staatsfixiertheit und der hohe Stellenwert von sozialer »Gleichheit« in der DDR-Gesellschaft in Ostdeutschland als ein Wert betrachtet wird, den es eins zu eins als zu bewahrendes Erbe in das vereinigte Deutschland hinüberzuretten gelte.

Derartige mentale Überhänge sollten in ihrer Ambivalenz anerkannt werden: Es handelte sich nach unserer Auffassung zugleich um gesellschaftliche Hypotheken und konstruktive Wertvorstellungen. Die Kehrseite der vom Staat her gewährten und organisierten »Gleichheit« machte sich in der ostdeutschen Gegenwart als weitreichender Mangel an zivilgesellschaftlichem »Sozialvermögen« (social capital) bemerkbar, der die Stellung »Fremder« in der ostdeutschen Gesellschaft beeinträchtigt und ihre Integration nach dem Ende des SED-Staates wesentlich erschwerte. Es schien uns dringend geboten, die aus DDR-Zeiten tradierte und fortwährend genährte Illusion zu entkräften, dass allein der Staat in der Lage sei, die gesellschaftlichen Konfliktlagen – auch im Umgang mit »Fremden« – »von oben« zu lösen (Behrends/Lindenberger/Poutrus 2003).

Die Frage nach den Konstruktionen von »Eigenem« und »Fremdem«, nach den Grenzen des »Eigenen« und nach den Konsequenzen dieser Konstrukte in der diktatorisch verfassten Gesellschaftsordnung des SED-Staates stand im Mittelpunkt unserer Überlegungen. Wir gingen davon aus, dass rechtsradikale Ideologien und Einstellungen durch diese Konstruktionen konserviert werden konnten und rassistische Gewalt auch legitimiert wurde. Allerdings waren wir ebenfalls der Auffassung, dass die alltägliche Feindseligkeit gegenüber »Fremden« darin nicht aufgehen würde. Deshalb konzentrierten wir uns anfänglich auf Forschungen zum Umgang mit Ausländer*innen in der DDR.

Wer in der DDR aber als »fremd« kategorisiert und dann auch wahrgenommen wurde, richtete sich keineswegs exklusiv nach rassistischen Vorstellungen. Das Bild des »Klassenfeindes« etwa war keine rassistische Konstruktion, sondern ein potenziell flexibler Mechanismus zur Ausgrenzung. Der lärmende Anti-Amerikanismus und die verbreitete Feindschaft gegen Westdeutsche zeigen, dass die Grenzen der vorgestellten Gemeinschaft in der DDR fluide waren und sich nicht nur an ethnischen Kriterien orientierten (Behrends/Poutrus 2005).

Nach ersten Vorüberlegungen am Zentrum für Zeithistorische Forschung und auf der Konferenz »Fremde und Fremd-Sein in der DDR« im Dezember 2000 entstand 2001 die Projektgruppe »Herrschaft und Eigen-Sinn«. Es gelang, zwei kleinere Forschungsprojekte durch Stiftungsmittel zu finanzieren (Müller/Poutrus 2005). Die Ergebnisse unserer damaligen Arbeit sind inzwischen breit rezipiert und vor allem hat sich die Forschungslage in den darauf folgenden Jahren ganz erheblich verbessert (Priemel 2011). Inwieweit diese umfangreichen und auch differenzierten Wissensbestände zu Migration und migrantischem Leben in der DDR auch Bestandteil einer öffentlichen Debatte wurden, steht auf einem anderen Blatt. Gerade deshalb ist es weiterhin lohnend, dieses Wissen zu rekapitulieren.

Ausländer*innen in der »Ausreisegesellschaft« DDR

Die sowjetischen Besatzungstruppen waren mit Abstand die größte Gruppe von Ausländer*innen, die die DDR kannte. Zum Zeitpunkt der friedlichen Revolution 1989/90 befanden sich noch rund 580.000 Soldaten, Zivilangestellte und Familienangehörige an den ostdeutschen Standorten der Gruppe der Sowjetischen Streitkräfte in Deutschland (GSSD).»Die Russen« kamen als fremde Sieger- und Besatzungsmacht, die ihr eigenes diktatorisches Herrschaftssystem mithilfe der deutschen Kommunisten in der SBZ implementierte (Satjukow 2008).

Prägend für das Verhältnis der ersten Jahre waren die Gewalterfahrungen gegen Kriegsende, insbesondere die Massenvergewaltigungen deutscher Frauen. Wilde Plünderungen, die Vertreibung aus den Ostgebieten und die anhaltende Demontage wurden auch östlich der Elbe nicht gutgeheißen und schadeten dem Ansehen der als »Russenpartei« geltenden SED (Naimark 1997). Weite Teile der Bevölkerung blieben auf Distanz zum neuen SED-Staat.

Doch die Kontakte zwischen DDR und Sowjetunion, zwischen Deutschen und Sowjetbürgern, erschöpften sich nicht in den offiziellen Freundschaftsritualen der staatlichen Propaganda (Behrends 2006). Vielmehr drangen Elemente der politischen und der Arbeitskultur der Sowjetunion in einem ambivalenten Prozess von Aneignung, Umformung und Ablehnung in das öffentliche Leben und den betrieblichen Alltag der DDR ein. Das Paradox parallelen Zusammen- und Nebeneinanderlebens, von hermetischer Abschottung der sowjetischen Besatzungstruppen und oktroyierter Aneignung sowjetischer Arbeitsmethoden, von propagierter Fortschrittlichkeit des sowjetischen Gesellschaftssystems und erlebter Fremdheit sowie Rückständigkeit seitens der ostdeutschen Bevölkerung (Müller 2005) gehörte zu jenen gesellschaftlichen Spannungen (Pollack 1997), die sich erst mit dem Ende des SED-Staates und dem Abzug der nun auch offiziell russischen Truppen lösten.

Die spezifischen institutionellen Rahmenbedingungen des SED-Staates, wie beispielsweise die dauerhafte Anwesenheit sowjetischer Truppen auf dessen Territorium, waren für die Aufnahme von Migrant*innen in der DDR prägend. Den daraus resultierenden Umgang mit diesen »Fremden« im ostdeutschen Alltag beschreibt die evangelische Pfarrerin Dagmar Henke im Rückblick auf ihre Erfahrungen treffend: »Ins Land gekommen sind Ausländer grundsätzlich nur auf Einladung von Organisationen, Parteien, der Gewerkschaft oder staatlichen Institutionen. Klar war, wer einlädt, wer das bezahlt, der Zweck des Aufenthalts und wann derjenige wieder geht« (Henke 1992, S. 121). Dieser aus der Zeitzeugenerfahrung gewonnene Imperativ der politischen Nützlichkeitserwartung an Migration kontrastiert jedoch scharf mit dem proklamierten Selbstverständnis der SED-Führung. Danach hatte sich die DDR als Staat und Gesellschaft von der Entstehung jeglicher fremdenfeindlich oder rassistisch begründeter Diskriminierungen grundsätzlich abgekoppelt.

Der von der Staatspartei für sich reklamierte Anspruch auf »gesellschaftlichen Fortschritt« durch den »Kampf gegen den Imperialismus«, also gegen den »kapitalistischen« Westen, war nicht nur ein ideologisches Etikett. Vielmehr war dies eines der Prinzipien, mit denen die SED ihren Herrschaftsanspruch in der DDR rechtfertigte. Wie beispielhaft im Folgenden gezeigt werden soll, war es unter Berufung auf den »proletarischen Internationalismus« dann durchaus auch möglich, im Alltag xenophobe Vorurteile bzw. nationalistische Stereotypen bedenkenlos zu benutzen (Griese/Marburger 1995, bes. S. 115).

Ausländische Arbeitskräfte für den Sozialismus: Die »Vertragsarbeiter«

Die größte Gruppe permanent in der DDR lebender Ausländer*innen – abgesehen von den sowjetischen Truppen der GSSD – bildeten die sogenannten Vertragsarbeiter aus Vietnam, Mosambik und Angola, Kuba, Algerien, Ungarn und Polen. Im Jahr 1989 registrierte der SED-Staat rund 95.000 ausländische Beschäftigte. In der neueren Forschung herrscht inzwischen Einigkeit darüber, dass der entscheidende Grund für die Beschäftigung ausländischer Arbeitskräfte in der DDR der zunehmende Arbeitskräftemangel in der zentralistischen Planwirtschaft war. Zugleich gingen die ausländischen Arbeitskräfte, die Repräsentanten der jeweiligen Entsendeländer und auch ihre administrativen Partner in der DDR sowie die ostdeutsche Bevölkerung davon aus, dass mit der Arbeitsmigration keine langfristige Einwanderung verbunden sei.

Geregelt wurde die Beschäftigung der ausländischen Arbeitsmigrant*innen auf der Grundlage bilateraler Regierungsabkommen. Diese zwischenstaatlichen Verträge legten den zeitlichen und personellen Umfang der Beschäftigung fest, außerdem die Lohnhöhe sowie Einkommenstransfers in das Herkunftsland, Anreise- und Urlaubsregelungen, Sozial- und Ausbildungsleistungen sowie den Anstellungsort und die Unterkunftsmodalitäten (Schulz 2005). Im Ergebnis fanden die Vertragsarbeiter*innen vor allem in Branchen und Betrieben Anstellung, in denen die ostdeutschen Werktätigen nur ungern einer Beschäftigung nachgehen wollten. Das betraf insbesondere körperlich schwere beziehungsweise gesundheitsschädigende Arbeiten und galt auch für Betriebsabläufe im Zwei- bzw. Dreischichtsystem. Die konzentrierte und kontrollierte Unterbringung der meisten ausländischen Arbeitsmigrant*innen in Wohnunterkünften war ebenfalls eine direkte Folge dieser Vereinbarungen zwischen den Regierungen der Entsendeländer und der DDR-Regierung (Gruner-Domić 2007).

Bereits im Jahr des Mauerbaus wurden von Seiten des SED-Staates erfolglos Versuche unternommen, Arbeitskräfte aus verbündeten Staaten Osteuropas auf der Basis bilateraler Abkommen zu gewinnen. Erst mit dem Angebot, den ausländischen Arbeitskräften während ihrer Anstellung auch eine berufsspezifische Ausbildung zu ermöglichen, ergab sich 1963 eine erste zwischenstaatliche Vereinbarung mit Polen über die Beschäftigung von 500 polnischen Arbeitskräften im ostdeutschen Braunkohletagebau. Dem folgte 1966 das sogenannte Pendlerabkommen für die Grenzregion an der Oder (Helias 1992).

Die in den östlichen und südöstlichen DDR-Verwaltungsbezirken Frankfurt/ Oder, Cottbus und Dresden angesiedelten staatlichen Großunternehmen – sogenannte Kombinate – beschäftigten fortan polnische Arbeitskräfte, die mit ihrem polnischen Personalausweis und einem Betriebsausweis aus der DDR täglich die Oder-Neiße-Grenze ohne weitere Ein- und Ausreisedokumente passieren durften. Angestellt wurden hauptsächlich polnische Frauen für eine Dauer von maximal zwei bis drei Jahren, die überwiegend im Zwei- oder Dreischichtsystem arbeiteten.

Bis zum Mauerfall pendelten täglich durchschnittlich 3.000 bis 4.000 polnische Staatsbürger*innen über die östliche Grenze des SED-Staates. Ihre Bezahlung erfolgte ausschließlich in DDR-Mark und auch sonst waren die polnischen Pendler*innen formalrechtlich ihren ostdeutschen Kolleg*innen vollkommen gleichgestellt. Allerdings war ein Transfer der Sozialleistungen, wie etwaige Rentenansprüche nach Beendigung der Beschäftigung in der DDR, nicht geregelt (Kleßmann 2007, S. 617).

Als am 13. Dezember 1981 in Polen das Kriegsrecht durch die kommunistische Partei- und Staatsführung verhängt wurde, führte dies zwar zur Aufhebung des visafreien Reiseverkehrs an der Oder-Neiße-Grenze, doch die polnischen Pendler*innen gingen in dieser Zeit bis zum Herbst 1989 weiterhin ihrer Beschäftigung in den ostdeutschen Betrieben nach. Insbesondere weil die ausländischen Arbeitskräfte das ohnehin mangelhafte Wohnungsangebot nicht beanspruchten und dadurch sonstige soziale Aufwendungen weitgehend entfielen, war diese besondere Form der Ausländerbeschäftigung für den SED-Staat lukrativ. Daraus erklärt sich auch deren bemerkenswert krisenfreier Verlauf (Röhr 2001, S. 289).

In Anlehnung an die Vereinbarungen mit Polen konnte die DDR-Regierung 1967 einen Vertrag mit der ungarischen Regierung zum Arbeitskräftetransfer treffen, dessen Umsetzung allerdings zu vergleichsweise großen Konflikten führte. Zwischen 1968 und 1975 gingen in der DDR rund 12.000 ungarische Arbeiter*innen einer Beschäftigung nach, wobei ihre Zahl in diesem Zeitraum jährlich nie die Größenordnung von 5.000 bis 6.000 Personen überstieg (Schulz 2005, S. 152).

Obwohl im Abkommen mit Ungarn festgeschrieben war, dass die Unterbringung der ungarischen Arbeitskräfte in der DDR den allgemeinen Gepflogenheiten der beiden Partnerländer entsprechen sollte, waren die tatsächlich bereitgestellten Unterkünfte eher spärlich ausgestattet, und bis zu sechs Personen mussten sich ein Zimmer teilen. In einigen Fällen standen den einzelnen Bewohner*innen gerade 4,5 Quadratmeter Wohnraum zur Verfügung. Auch waren die ungarischen Vertragsarbeiter*innen oft in eben erst fertiggestellten Plattenbausiedlungen untergebracht, denen es weitgehend an jeglicher Infrastruktur mangelte. Daneben zeigten die ungarischen Beschäftigten nur eine geringe Neigung, an der beruflichen Aus- und Weiterbildung in der DDR teilzunehmen. Immerhin hatten 60 Prozent von ihnen ihre Facharbeiterausbildung bereits in Ungarn absolviert.

Die alltäglichen Lebensverhältnisse wie auch die Arbeitsbedingungen in den DDR-Betrieben hatten vor allem in den sächsischen Verwaltungsbezirken Karl-Marx-Stadt und Leipzig wiederholte Konflikte mit den lokalen Behörden und der einheimischen Bevölkerung zur Folge (Mac Con Uladh 2005). Die vielfältigen Friktionen bei der Umsetzung des Arbeitskräftetransfers führten schließlich dazu, dass weder die ungarischen noch die DDR-Stellen an einer Ausweitung des fortbestehenden Abkommens nach 1975 interessiert waren. Schließlich kündigte die ungarische Seite es 1979 teilweise auf, da sich in der ungarischen Planwirtschaft inzwischen ebenfalls ein akuter Arbeitskräftemangel zeigte. Gleichwohl waren bis Ende der 1980er Jahre weiterhin rund 4.000 ungarische Arbeitskräfte in 45 ostdeutschen Betrieben beschäftigt.

Fortan konzentrierten sich die Anstrengungen der DDR-Institutionen zur Gewinnung von Arbeitskräften für die Planwirtschaft des SED-Staates auf Staaten bzw. Regierungen außerhalb des sowjetisch beherrschten Mittel- und Osteuropas. Bereits 1974 wurde ein bilaterales Regierungsabkommen mit Algerien unterzeichnet, und im gleichen Jahr kam es zur Beschäftigung erster algerischer Arbeitskräfte in der DDR-Braunkohle- und Baustoffindustrie sowie im Landmaschinenbau. Ab 1975 und 1984 wurden jährlich zwischen 3.500 und 4.000 algerische Arbeiter in staatlichen Industrieunternehmen sowie in der Bau- und Verkehrswirtschaft eingesetzt (Dennis 2011, S. 89). Eine Besonderheit dieses Transfers von Arbeitskräften war aber, dass die algerischen Beschäftigten sowohl die An- und Abreisekosten als auch die Ausbildungskosten selbst tragen sollten. Und ihnen war nur der Transfer von 40 Prozent ihres Nettolohns in die DDR gestattet. Die Unzufriedenheit mit den Arbeits- und Lebensbedingungen führte bei algerischen Vertragsarbeitern zu wiederkehrenden Arbeitsniederlegungen.

Zwischen 1974 und 1984 gab es in DDR-Betrieben mindestens 15 Streiks algerischer Arbeiter, an denen sich mehr als 800 Personen beteiligten (Mac Con

Uladh 2005). Hauptgrund dieser Proteste war die niedrige Entlohnung an den zugewiesenen Arbeitsplätzen, welche in der Regel monotone und körperlich anstrengende Tätigkeiten erforderten. Beim größten Streik im Gaskombinat »Schwarze Pumpe« erreichten die Streikenden sowohl Lohnerhöhungen und bessere Ausbildungsmöglichkeiten als auch das Recht, die betriebseigenen Wohnbaracken – in denen auch DDR-Arbeiter wohnten – zu verlassen und in normale Wohnblocks ins Umland umzuziehen.

In unmittelbarer Reaktion auf diese Auseinandersetzungen wurde die Einreise algerischer Vertragsarbeiter zeitweise sogar gestoppt. Auch ging die Häufig- und Heftigkeit der Arbeitskonflikte ab Mai 1976 erheblich zurück. Immerhin aber war eine Folge dieser Auseinandersetzungen, dass durch eine Änderung des bilateralen Vertrages alle algerischen Vertragsarbeiter ein monatliches Trennungsgeld von 120 DDR-Mark erhielten (Riedel 2001). Da allerdings die Spannungen und Konflikte mit algerischen Beschäftigten im Arbeits- und Lebensalltag in der DDR anhielten, wenn auch auf weitaus niedrigerem Niveau, ergriffen die algerischen Regierungsstellen schließlich die Partei ihrer Landsleute. Sie verboten die »Ausbeutung« algerischer Staatsbürger im Ausland per Gesetz, kündigten für 1984 das Abkommen mit dem SED-Staat auf und beorderten schließlich die algerischen Vertragsarbeiter aus der DDR zurück (Thomä-Venske 1990; Riedel 1994, S. 6f., 84f.).

Bereits 1978 war es zu einem Abkommen zwischen der DDR-Regierung und der kommunistischen Regierung der Republik Kuba gekommen. Vereinbart wurde, kubanische Vertragsarbeiter*innen für fünf Jahre in der DDR zu beschäftigen und parallel zu Facharbeiter*innen auszubilden. Im Jahr 1979 reisten dann rund 1.200 Kubaner*innen in die DDR ein. Für 1980 war darüber hinaus vereinbart, dass weitere 2.000 kubanische Vertragsarbeiter*innen in der Elektro- und Chemieindustrie sowie im Landmaschinen- und Fahrzeugbau eine Anstellung mit entsprechender Ausbildung erhalten sollten. Eine derartige Größenordnung wurde jedoch nie erreicht.

Bis Ende 1988 fanden insgesamt 8.310 kubanische Arbeitskräfte eine Beschäftigung in der DDR (Gruner-Domić 1997). Gemeinhin wird in der Forschung davon ausgegangen, dass die kubanische Regierung infolge gewaltsamer Auseinandersetzungen 1988 in der ČSSR zwischen kubanischen Vertragsarbeitern und Tschechoslowaken auch das Abkommen mit dem SED-Staat kündigte und schon vor dem Fall der Mauer Ende 1989 keine Arbeitskräfte mehr ins Ausland entsandte bzw. die dort beschäftigten sukzessive zurückholte (Dennis 2011, S. 90; Schulz 2005, S. 155). Dem Abkommen mit Kuba folgten ähnlich gelagerte Vereinbarungen mit der Mongolei (1982), Angola (1985) und China (1986), wobei die Zahl der jeweils entsandten Arbeitskräfte vergleichsweise gering blieb.

Im Jahr 1989 waren etwa 1.650 angolanische, 300 mongolische und 800 chinesische Vertragsarbeiter*innen in der DDR beschäftigt.

Zugleich zeichnete sich ab, dass diese Arbeitskräfte kaum eine adäquate Ausbildung in den sogenannten Einsatzbetrieben erhielten und stattdessen hauptsächlich für Aushilfs- und Anlernarbeiten eingesetzt wurden. Außerdem hatten die Entsendeländer und vor allem Angola erhebliche Probleme, die vertraglich vereinbarte Zahl von Arbeitskräften für den Einsatz im Ausland zu mobilisieren. Ungeachtet dieser Entwicklung hielten die Institutionen des SED-Staates bis zu seinem Zusammenbruch im Herbst 1989 an der Politik des gesteuerten Transfers von Arbeitskräften fest, da es den Verantwortlichen bis zu diesem Zeitpunkt als das gebotene Mittel erschien, den Arbeitskräftemangel in der DDR-Planwirtschaft zu kompensieren (Schulz 2005, S. 157–160).

In der offiziellen Propaganda galt der Aufenthalt der »ausländischen Werktätigen« im Arbeiter-und-Bauern-Staat als »Arbeitskräftekooperation« im Rahmen der »sozialistischen ökonomischen Integration«: Durch »Arbeitskräftekooperation« sollte das unterschiedliche Entwicklungsniveau der sozialistischen Staaten ausgeglichen werden. Der Aufenthalt in der DDR sollte vor allem die vietnamesischen »Werktätigen« auf die »künftige Arbeit beim Aufbau des Sozialismus« vorbereiten und galt entsprechend als staatlicher Auftrag, dem die »Entsandten« ihre persönlichen Interessen unterzuordnen hatten (Demke 2006; Haak 2011).

In der Presse wurde ein ausnahmslos harmonisches Bild vom Leben und Arbeiten der Vertragsarbeiter*innen in der ostdeutschen Gesellschaft gezeichnet. Hilfsbereitschaft, Solidarität und einträchtiges Lernen und Arbeiten mit und besonders von Seiten der ostdeutschen Kolleg*innen wurden hervorgehoben. Rührung, Herzlichkeit und Zuneigung wurden dargestellt, aber das alltägliche Zusammenleben in der Mangel- und Misstrauensgesellschaft der DDR kam schlicht nicht vor. Widersprüche und Konflikte wurden – wenn überhaupt – nur als Anpassungsprobleme der Arbeitsmigrant*innen in der »fortschrittlichen« Industrieproduktion dargelegt. Implizit erschienen die Vertragsarbeiter*innen entweder als Bestätigung des kommunistischen Ideals vom Revolutionär in der Welt oder sie galten als behütete Schützlinge und folgsame Schüler*innen des Sozialismus in der DDR (Rabenschlag 2014).

Arbeitsmigrant*innen aus Vietnam und Mosambik

Insbesondere die Beschäftigung von Menschen aus Vietnam und Mosambik prägte durch deren Quantität und Kontinuität in der DDR der 1980er Jahre das Bild der Arbeitsmigration. Immerhin waren 1989 aus den beiden genannten

Staaten rund 52.000 bzw. 15.000 Personen als Beschäftigte in der Industrie registriert. Die Gründe dafür lagen aber nicht allein im notorischen Arbeitskräftemangel der Planwirtschaft. Vietnam und Mosambik rangen am Ende der 1970er Jahre mit den Folgen jahrzehntelanger Dekolonisationskonflikte, die sich durch die globale Blockkonfrontation im Kalten Krieg radikal ausgeweitet hatten.

Massive Kriegszerstörungen, hohe Auslandsverschuldung, wirtschaftliche Krisenerscheinungen sowie Versorgungsengpässe bei Grundnahrungsmitteln und gleichzeitige Massenerwerbslosigkeit führten dazu, dass die kommunistischen bzw. prokommunistischen Regierungen der beiden Staaten großes Interesse an Arbeitskräftetransfers in die verbündeten Staaten in Europa hatten (Dennis 2011). Angeworben werden sollten insbesondere junge Arbeitskräfte im Alter zwischen 18 und 35 Jahren, weil diese Altersgruppe als besonders leistungsfähig angesehen wurde.

Die Beschäftigung der Vertragsarbeiter*innen sollte dennoch auf einen Zeitraum von jeweils vier Jahren begrenzt bleiben, wobei aber die Möglichkeit einer Verlängerung auf sieben Jahre bestand, wenn die Betriebe sie für unabkömmlich hielten. Ab 1987 sollte es dann möglich sein, dass vietnamesische Vertragsarbeiter*innen auch für fünf Jahre in der DDR beschäftigt wurden. Allerdings war ein Übergang in eine permanente Anstellung mit einem entfristeten Aufenthaltsrecht kein Gegenstand der bilateralen Übereinkünfte (Huong 2002).

Trotz dieser weitgehenden Restriktionen durch den SED-Staat und die Entsendeländer versuchten insbesondere vietnamesische Arbeitsmigrant*innen die vorgefundene Situation in ihrem eigenen Sinne zu nutzen. Aufgrund des Wohlstandsgefälles zwischen der DDR und ihrem Herkunftsland trugen sie marktwirtschaftliche Elemente in die Betriebe und Kaufhallen. Da ihr Aufenthalt als begrenzt angesehen werden musste, waren sie bestrebt, in dieser Zeit ihre Familien nach Möglichkeit zu unterstützen. So bemühten sie sich beispielsweise, durch Übererfüllung der geforderten Arbeitsleistung auch ein hohes Einkommen zu erzielen, was ihnen teilweise den Ruf von Normbrechern einbrachte. In Thüringen kam es aufgrund dessen zu Beginn der 1980er Jahre zu einem Überfall einheimischer Jugendlicher auf ein Wohnheim, in dem Vietnames*innen lebten. Die Vertragsarbeiter*innen sollten damit – laut einem Bericht des Freien Deutschen Gewerkschaftsbundes (FDGB) – von weiterer Normübererfüllung abgehalten werden (Poutrus 2016).

Allerdings wäre es in diesem Zusammenhang unzutreffend anzunehmen, dass insbesondere die vietnamesischen Arbeitsmigrant*innen keine Mittel hatten, sich in solchen Konfliktlagen zu wehren, oder dass sie in solchen Situationen einfach zurückwichen. In Vietnam hatten sie ein strenges Überprüfungsregime durchlaufen, das aber auch nicht frei war von Nepotismus und Korruption.

Unabhängig davon sahen sie sich berechtigt beziehungsweise verpflichtet, die vorgefundenen Verhältnisse nicht einfach zu akzeptieren, sofern diese ihren Erwartungen oder Interessen nicht entsprachen (Dennis 2005).

Aus den Unterlagen des Ministeriums für Staatssicherheit (MfS) lassen sich auffallend häufig betriebliche Auseinandersetzungen bis hin zu Streikaktionen nachweisen. Das ist insofern bemerkenswert, als Formen der organisierten Interessenvertretung außerhalb der offiziellen Strukturen des SED-Staates untersagt waren. Dennoch kam es zu Arbeitsniederlegungen, um zugesagte Ausbildungsvereinbarungen durchzusetzen, eine verbesserte Vergütung der Arbeit zu erreichen oder die Arbeitsbedingungen zu verändern (Feige 1999). In diesen Auseinandersetzungen bewegten sich die protestierenden Arbeitsmigrant*innen, aber auch die Betriebsleitungen der jeweiligen Staatsunternehmen auf einem schmalen Grat.

An einer öffentlichen Skandalisierung der Vorgänge konnte keine Seite ein Interesse haben, weil dann für alle Beteiligten drakonische Maßnahmen der übergeordneten Leitungsebenen zu erwarten waren: Abschiebung der Vertragsarbeitnehmer*innen in das Entsendeland und Absetzung von Funktionsträger*innen waren die zu erwartenden Folgen. Gerade deshalb war für beide Seiten der Handlungsspielraum relativ gering und nicht ohne Risiko, auch wenn sich zeigte, dass es insbesondere den vietnamesischen Arbeitsmigrant*innen in einigen Fällen durchaus möglich war, ihre Lage innerhalb des bestehenden Ausbildungs-, Bezahlungs- und Arbeitsregimes graduell zu verbessern (Zwengel 2011).

Vor allem, wenn es zwischen Vertragsarbeiter*innen und Einheimischen zu gewaltsamen Auseinandersetzungen kam, verurteilten die Justizorgane des SED-Staates bei gleichen Strafvorwürfen Ausländer*innen deutlich härter als ostdeutsche Angeklagte.

Auffällig ist zugleich, dass insbesondere mosambikanische Vertragsarbeiter überdurchschnittlich oft wegen Sexualdelikten angeklagt und verurteilt wurden (Mense 2011). In diesen Zusammenhang gehören auch jene Übergriffe, die von der Migrationsforschung bisher nur am Rande einbezogen und ganz überwiegend von lokalen Geschichtsinitiativen sowie einer interessierten Öffentlichkeit bearbeitet wurden. Dies gilt besonders für die über Tage anhaltenden Ausschreitungen gegen algerische Arbeitsmigranten in Erfurt im August 1975 und den gewaltsamen Tod von zwei kubanischen jungen Männern am 12. August 1979 in Merseburg (Waibel 2014; Erices 2018; https://initiative12august.de). Gemeinsam war diesen sehr verschiedenen Auseinandersetzungen immer, dass sie in der gelenkten DDR-Öffentlichkeit nicht thematisiert wurden und dass die Arbeitsmigrant*innen gegenüber ihren ostdeutschen Kolleg*innen und den Institutionen des SED-Staates situativ und strukturell gefährdet bis unterlegen waren.

In außergewöhnlichen Konfliktkonstellationen wie auch bei der Bewältigung des Alltagslebens waren die eher spärlichen und engen Unterkünfte für die Vertragsarbeiter*innen ein gesicherter Rückzugsraum und auch eine Ressource für Informationsaustausch und praktische Unterstützung. Die vertraglich geregelte Reglementierung des Lohntransfers machten es insbesondere für die vietnamesischen Arbeitsmigrant*innen attraktiv, vom verbleibenden Lohn Konsumprodukte zu erwerben, die für die eigene Familie daheim unerschwinglich waren oder für die auf dem einheimischen grauen oder auch schwarzen Markt ein hoher Wiederverkaufswert erzielt werden konnte. In jedem Fall war das Motiv, die Lebensverhältnisse der zurückgebliebenen Familien stabilisieren zu helfen.

Als Wertanlagen, die es in die Heimat zu schicken galt, waren insbesondere Fahrräder und Mopeds begehrt. Dafür brauchte es ein funktionierendes Netzwerk für den Austausch von Informationen über das schwankende Warenangebot in der DDR, eine arbeitsteilige Organisation für den Ankauf der begehrten Güter sowie deren gesicherten Transport in die Heimat, um so den Beschränkungen des Warenverkehrs ins Ausland begegnen zu können (Feige 2011). Damit agierten die vietnamesischen wie auch andere Arbeitsmigrant*innen aber auf einem gesellschaftlichen Konfliktfeld, das in der ostdeutschen Bevölkerung ein ständiger Anlass für Beschwerden und Unzufriedenheit war.

Obwohl diese Arbeiten in der sich ausweitenden Schattenwirtschaft auch stabilisierende Effekte hatten, zeigte sich mit der Zuspitzung der Versorgungskrise in der DDR Ende der 1980er Jahre, dass Schlagworte wie »Schmuggel« und »Warenabkauf« durch Ausländer*innen in den gesteuerten DDR-Medien wiederholt Aufnahme fanden. Letztlich versuchte die SED-Propaganda auf diesem Weg, von der verfehlten Wirtschaftsentwicklung im real existierenden Staatssozialismus abzulenken (Zatlin 2007).

Das Ende des SED-Staates und die deutsche Einheit – elementare Gefährdungen für die ehemaligen Vertragsarbeiter*innen

Mit dem rapiden Machtverlust der SED im Herbst und Winter 1989/90 ging nicht nur die Illusion der ökonomischen Stärke bzw. der Reformierbarkeit der Planwirtschaft verloren, sondern auch die Kontrolle über die staatlichen Betriebe. Damit landeten die Vertragsarbeiter*innen trotz fortbestehender Gültigkeit der bilateralen Entsendevereinbarungen im rechtlichen Niemandsland. In der sich abzeichnenden Systemkrise sahen sich viele nun massiv unter Druck gesetzt: Betriebliche Unterkünfte wurden aus Kostengründen geschlossen, und die Vertragsarbeiter*innen zählten zu den Ersten, die von Betriebskündigungen betroffen waren. Insbesondere außerhalb der ostdeutschen Großstädte breitete sich ein xenophobes Klima aus, dessen radikalster Ausdruck gewaltsame Übergriffe auf Ausländer*innen waren. Um diesen Verhältnissen zu entgehen, folgten viele dem Weg ihrer ostdeutschen Kolleg*innen, gingen nach dem Fall der Mauer nach Westdeutschland und beantragten dort Asyl (Raendchen 2001).

Zugleich bemühte sich die inzwischen frei gewählte und zugleich letzte Regierung der DDR im Sommer 1990, die gezielte Rückführung der nun ehemaligen Vertragsarbeiter*innen in ihre Entsendeländer durch finanzielle Unterstützungszahlungen zu befördern. Auf dem Weg der Regierungsverordnung wurden zeitgleich weitere Übergangsregelungen erlassen, die vor allem auf Rückführung und nicht auf gesicherten Aufenthalt der Migrant*innen zielten. Die gewandelte gesellschaftliche Situation in der DDR und die damit einhergehenden staatlichen Maßnahmen führten schließlich dazu, dass von den Ende 1989 registrierten rund 59.000 vietnamesischen und 15.100 mosambikanischen Vertragsarbeiter*innen zum Zeitpunkt der deutschen Einheit lediglich noch 21.000 bzw. 2.800 in Ostdeutschland lebten (Berger 2005).

Mit der deutschen Einheit kam das bundesdeutsche Ausländerrecht auch in Ostdeutschland zur Anwendung. Als Folge der nun wirksam werdenden Bestimmungen wiesen die fünf »neuen«, ostdeutschen Bundesländer (und Ost-Berlin) eine migrationssoziologische Gemeinsamkeit auf, die sie auch nach der deutschen Vereinigung als regionale Einheit beschreibbar macht: Bis in die Mitte des ersten Jahrzehnts des 21. Jahrhundert hinein blieb Ostdeutschland ganz überwiegend eine Auswanderungsregion mit Bevölkerungsverlust. Eine Zu- bzw. Einwanderung erfolgte fast ausschließlich über die staatlich reglementierte Zuweisung von Migrant*innen aus dem Ausland in die ostdeutschen Bundesländer.

Zur ausländischen Wohnbevölkerung in Ostdeutschland gehören aber nicht zuletzt auch die etwa 15.000 bis 20.000 ehemaligen vietnamesischen Vertragsarbeiter*innen und deren Familien, die in der Bundesrepublik bleiben konnten. Ganz überwiegend haben sie sich im Raum Berlin-Brandenburg niedergelassen, aber auch an anderen früheren Standorten der Vertragsarbeit, wie Magdeburg, Leipzig und Rostock, blieben kleinere vietnamesische Gemeinschaften erhalten. Auch wenn heutzutage die Integration dieser ethnischen Minderheit in Ostdeutschland als weitgehend unproblematisch beziehungsweise geglückt gilt, war der Weg dahin keineswegs selbstverständlich.

Vor allem die deutsche Einheit brachte für die meisten vietnamesischen Vertragsarbeiter*innen und ihre Angehörigen eine über Jahre andauernde Zeit voller existenzieller Nöte und tiefer Verunsicherung. Auch das 1991 geänderte

Ausländerrecht der Bundesrepublik verschaffte ihnen keinen gesicherten Aufenthaltsstatus. Sie erhielten lediglich einen befristeten Aufenthaltstitel, der sich an der ursprünglichen Laufzeit ihrer noch mit der DDR abgeschlossenen Verträge orientierte (Weiss 2005).

Die einzige Möglichkeit, die eigene Existenz in Ostdeutschland abzusichern, waren in dieser Lage Beschäftigungen am Rande der Legalität beziehungsweise durch Selbstausbeutung im Kleinstgewerbe, da unter dem ungesicherten Aufenthaltsstatus die Inanspruchnahme von Sozialleistungen die baldige Abschiebung bedeutet hätte. Bereits 1993 bemühten sich die Ausländerbeauftragten der ostdeutschen Bundesländer durch eine gemeinsame Initiative, den aufenthaltsrechtlichen Schwebezustand zu beenden. Das gelang de facto jedoch erst 1997.

In dieser Zeit der existenziellen Unsicherheit erwiesen sich diejenigen informellen Netzwerke als bedeutsame Hilfe, die bereits in der DDR den vietnamesischen Arbeitsmigrant*innen geholfen hatten, sowohl die Erschwernisse des Alltags zu bewältigen als auch den Kontakt zur Familie daheim aufrechtzuerhalten. Daraus entstanden Initiativen, die dazu beitrugen, den ungesicherten Aufenthaltsstatus zu stabilisieren (Weiss 2007).

Keine Stunde null in Ostdeutschland

Bezieht man dies alles in die Betrachtung der gegenwärtigen Verhältnisse ein, wird meines Erachtens deutlich, dass es von erheblichem Erkenntnisgewinn ist, die politischen, ökonomischen und sozialen Umbrüche von 1990 und danach nicht als eine »Stunde null« in Ostdeutschland zu betrachten. Während der SED-Herrschaft wurden in der geschlossenen Gesellschaft weder die politischen Beweggründe noch der ökonomische Nutzen der Arbeitsmigration in die DDR offen debattiert. So wurden auch die sogenannten Vertragsarbeiter*innen wie unwillkommene Abgesandte und Nutznießer*innen des politischen Zwangssystems betrachtet, ganz ähnlich wie die sowjetischen Soldaten, die ausländischen Studierenden oder die politischen Emigrant*innen.

Die Folge war, dass alle Zuwander*innen tendenziell als Kostgänger*innen beziehungsweise oktroyierte Belastung der Aufnahmegesellschaft in Ostdeutschland wahrgenommen wurden. Besonders im öffentlichen Umgang mit Flüchtlingen und Asylsuchenden haben etliche ostdeutsche Kommunal- und Landespolitiker*innen bewusst oder unbewusst an diese überkommene Traditionslinie aus vordemokratischer Zeit angeknüpft. Damit wurde in der ostdeutschen Gesellschaft eine Position immer wieder gestützt, die eine ethnisch homogene Gesellschaft als Idealbild guter Ordnung präferiert. So kann es nicht überraschen, dass Ausländerfeindlichkeit und Rassismus auch in Zeiten sinkender Flüchtlingszahlen und überwundener Einheitskrise weiterhin zu den alltäglichen Erfahrungen von Zuwanderer*innen in den ostdeutschen Bundesländern der ersten fünfzehn Jahre nach der deutschen Einheit gehörten.

Zu dieser Zeit fand unser Projekt »Fremde und Fremd-Sein in der DDR« seinen Abschluss, das heißt, die Förderung lief fristgemäß aus. Allerdings war für mich die geschichtswissenschaftliche wie auch geschichtspolitische Auseinandersetzung mit diesem Themenkreis keineswegs beendet, auch wenn sich meine Forschungsinteressen von der Geschichte der DDR bzw. des Kommunismus hin zur Migrationsgeschichte im Allgemeinen und zur Geschichte des politischen Asyls im Besonderen verlagerten (Poutrus 2019). Die Auseinandersetzung mit den Herrschaftsstrukturen und vor allem mit der Herrschaftspraxis des SED-Staates blieb, weil die gesellschaftlichen Verhältnisse in Ostdeutschland – der Ausgangspunkt unserer zeithistorischen Forschungen – sich weit weniger rasant entwickelten, als das Wissen über sie sich vergrößerte; so galten unsere Forschungen weiterhin als kontrovers und erklärungsbedürftig (Das Fremde bleibt fremd! 2015).

Dabei machte ich die befremdliche Erfahrung, dass das inzwischen ganz erhebliche zeithistorische Wissen in krassem Missverhältnis zur öffentlichen Debatte über den Gegenstand stand und steht. Unberührt davon wird im Zusammenhang mit rassistischer Gewalt in Ostdeutschland entweder die SED-Herrschaft allein dafür verantwortlich gemacht oder ausschließlich auf die problembeladene Zeit der gesellschaftlichen Transformation verwiesen und somit die DDR-Geschichte als frei von solchen Erscheinungen entlastet.

Der schwierigen Debatte um Brüche und Kontinuitäten zwischen Vergangenheit und Gegenwart gingen und gehen sowohl ehemalige Vertreter*innen des SED-Staates als auch Verantwortliche der Landes- wie der Bundespolitik lieber aus dem Weg. Der Verweis auf das inzwischen verfügbare Wissen über Rassismus im ostdeutschen Alltag gegenüber Migrant*innen wie auch über rechtsextremistische Ausschreitungen in Ostdeutschland vor und nach dem Ende der DDR wurde dann gern bagatellisiert oder auch als Diffamierung durch Ortsfremde zurückgewiesen.

Aus meiner Sicht bestätigten solche bisweilen aggressiven Formen der Abwehr und Leugnung von Kontinuitäten aus der jüngsten Vergangenheit unsere Ausgangsthesen. Aber diese Erfahrungen haben mir vor allem auch gezeigt, dass es keinen kausalen Zusammenhang zwischen der wissenschaftlichen Arbeit von Zeithistoriker*innen und den Vergangenheitsdebatten in der Öffentlichkeit gibt. Zugleich machten mir diese zugespitzten Auseinandersetzungen um Fremdenfeindlichkeit und Rassismus in Ostdeutschland die Orte meiner eigenen ostdeutschen Vergangenheit – für die ich gestritten hatte, die ich verstehen und besser erklären wollte, wo ich mich aber auch unerwünscht und wiederholt bedroht fühlte – zusehends fremd.

Gleichwohl gibt es bemerkenswerte Zeichen der Veränderung in dieser scheinbar dauerhaft festgefahrenen Lage. Die preisgekrönte Web-Dokumentation »Eigensinn im Bruderland« (https://bruderland.de) hat auf eindringliche Weise gezeigt, wie es gelingen kann, persönliche Erinnerungen ehemaliger Arbeitsmigrant*innen in Vielfalt und Mehrdeutigkeit massenmedial vorzustellen, ohne dabei die Wissensbestände der zeithistorischen Forschung zu ignorieren. Und die Ausstellung »Anderen wurde es schwindelig« (https://schwindelig.org) zeigte mir, dass es gerade beim Thema der migrantischen Erfahrungen möglich ist, Ost- und Westperspektiven nicht als Gegensatz zu betrachten. Das finde ich ermutigend.

Literatur und Quellen

Behrends, Jan C. (2006): Freundschaft, Fremdheit, Gewalt. Ostdeutsche Sowjetunionbilder zwischen Propaganda und Erfahrung. In: Thum, Gregor (Hrsg.): Traumland Osten. Das östliche Europa in der Wahrnehmung der Deutschen. Göttingen: Vandenhoeck & Ruprecht, S. 157–180.

Behrends, Jan C./Lindenberger, Thomas/Poutrus, Patrice G. (2003): Fremde und Fremd-Sein in der DDR. Zur Einführung. In: Behrends, Jan C./Lindenberger, Thomas/Poutrus, Patrice G. (Hrsg.): Fremde und Fremd-Sein in der DDR. Zu den historischen Ursachen der Fremdenfeindlichkeit in Ostdeutschland. Berlin: Metropol, S. 9–21.

Berger, Almuth (2005): Nach der Wende: Die Bleiberechtsregelung und der Übergang ins vereinte Deutschland. In: Weiss, Karin/Dennis, Mike (Hrsg.): Erfolg in der Nische? Die Vietnamesen in der DDR und in Ostdeutschland. Münster: LIT, S. 69–76.

Das Fremde bleibt fremd! (2015): Zur Aktualität zeithistorischer Forschung. Ein Kommentar zum Thesenpapier »Historische Ursachen der Fremdenfeindlichkeit in den neuen Bundesländern« aus dem Jahr 2000, https://zeitgeschichte-online.de/das-fremde-bleibt-fremd-zur-aktualitaet-zeithistorischer-forschung (Abruf am 28.4.2021).

Demke, Elena (2006): Fremdbild und Selbstbild – Fotoanalysen zu Ausländern in der DDR. In: Demke, Elena/Schüle, Annegret (Hrsg.): Fremde Freunde – Nahe Fremde. Berlin: Berliner Beauftragter zur Aufarbeitung der SED-Diktatur, S. 101–146.

Dennis, Mike (2005): Die vietnamesischen Vertragsarbeiter und Vertragsarbeiterinnen in der DDR, 1980–1989. In: Weiss, Karin/Dennis, Mike (Hrsg.): Erfolg in der Nische? Die Vietnamesen in der DDR und in Ostdeutschland. Münster: LIT, S. 15–50.

Dennis, Mike (2011): Asian and African Workers in the Niches of Society. In: Dennis, Mike/LaPorte, Norman (Hrsg.): State and Minorities in Communist East Germany. New York: Berghahn.

Erices, Rainer (2018): Hetzjagd im Augst 1975 in Erfurt. Wie Ausländerfeindlichkeit in der DDR verharmlost und verleugnet wurde. In: Thüringer Vierteljahreszeitschrift für Zeitgeschichte und Politik 4, H. 89, S. 22–25.

Esch, Michael G./Poutrus, Patrice G. (2005): Zeitgeschichte und Migrationsforschung. Eine Einführung. In: Zeithistorische Forschungen 2, H. 3, S. 338–344.

Feige, Michael (1999): Vietnamesische Studenten und Arbeiter in der DDR und ihre Beobachtung durch das MfS. Magdeburg: Landesbeauftragte für die Unterlagen des Staatssicherheitsdienstes der ehemaligen DDR.

Feige, Michael (2011): Vietnamesische Vertragsarbeiter. Staatliche Ziele – lebensweltliche Realität. In: Zwengel, Almut (Hrsg.): Die »Gastarbeiter« der DDR – Politischer Kontext und Lebenswelt. Berlin: Lit, S. 35–52.

Griese, Christine/Marburger, Helga (1995): Zwischen Internationalismus und Patriotismus. Konzepte des Umgangs mit Fremden und Fremdheit in den Schulen der DDR. Frankfurt am Main: IKO.

Gruner-Domić, Sandra (1997): Kubanische Arbeitsmigration in die DDR 1978–1989. Das Arbeitskräfteabkommen Kuba – DDR und dessen Realisierung. Berlin: Edition Parabolis, S. 5–74.

Gruner-Domić, Sandra (2007): Vietnamesische, mosambikanische und kubanische Arbeitswanderer in der DDR im letzten Drittel des 20. Jahrhunderts. In: Bade, Klaus J./Emmer, Pieter C./Lucassen, Leo/Oltmer, Jochen (Hrsg.): Enzyklopädie Migration in Europa. Vom 17. Jahrhundert bis zur Gegenwart. Paderborn: Schöningh, S. 1078–1081.

Haak, Jessica (2011): Ausländer in der DDR im Spiegel der Tagespresse. Eine Analyse der Berichterstattung von den Anfängen der DDR bis zur Wiedervereinigung. In: Priemel, Kim Christian (Hrsg.): Transit/Transfer. Politik und Praxis der Einwanderung in die DDR 1945–1990. Berlin: Be.Bra Wissenschaft, S. 247–271.

Helias, Ewa (1992): Polnische Arbeitnehmer in der DDR und der BRD. Ihre Rechte, Pflichten und die neue Situation nach der Wende. Berlin.

Henke, Dagmar (1992): Fremde Nähe – nahe Fremde. Ein Beitrag zur Ausländerarbeit der Kirchen in der ehemaligen DDR. In: Berliner Theologische Zeitschrift 9, S. 119–132.

Huong, Nguyen Van (2002): Zuwanderung von Vietnamesen mit Zwischenstation als Gastarbeiter in der DDR. In: Heller, Hartmut (Hrsg.): Neue Heimat Deutschland. Aspekte der Zuwanderung, Akkulturation und emotionalen Bindung. Vierzehn Referate einer Tagung der Deutschen Akademie für Landeskunde. Erlangen: Universitätsbund Erlangen-Nürnberg, S. 289–312.

Kleßmann, Christoph (2007): Arbeiter im »Arbeiterstaat« DDR. Deutsche Traditionen, sowjetisches Modell, westdeutsches Magnetfeld (1945 bis 1971). Bonn: Dietz.

Mac Con Uladh, Damian (2005): Die Alltagserfahrungen ausländischer Vertragsarbeiter in der DDR. Vietnamesen, Kubaner, Mosambikaner, Ungarn und andere. In: Weiss, Karin/Dennis, Mike (Hrsg.): Erfolg in der Nische? Die Vietnamesen in der DDR und in Ostdeutschland. Münster: LIT, S. 51–67.

Mense, Jürgen (2011): Ausländerkriminalität in der DDR. Eine Untersuchung zu Kriminalität und Kriminalisierung von Mosambikanern 1979–1990. In: Priemel, Kim Christian (Hrsg.): Transit/Transfer. Politik und Praxis der Einwanderung in die DDR 1945–1990. Berlin: Be.Bra Wissenschaft, S. 211–244.

Müller, Christian Th. (2005): »O' Sowjetmensch!« Beziehungen von sowjetischen Streitkräften und DDR-Gesellschaft zwischen Ritual und Alltag. In: Müller, Christian T./Poutrus, Patrice G. (Hrsg.): Ankunft – Alltag – Ausreise. Migration und interkulturelle Begegnungen in der DDR-Gesellschaft. Köln: Böhlau.

Müller, Christian T./Poutrus, Patrice G. (Hrsg.) (2005): Ankunft – Alltag – Ausreise. Migration und interkulturelle Begegnungen in der DDR-Gesellschaft. Köln: Böhlau.

Naimark, Norman (1997): Die Russen in Deutschland. Die Geschichte der sowjetischen Besatzungszone 1945 bis 1949. Berlin: Propyläen.

Noiriel, Gérard (1994): Die Tyrannei des Nationalen. Sozialgeschichte des Asylrechts in Europa. Lüneburg: Zu Klampen.

Pollack, Detlef (1997): Die konstitutive Widersprüchlichkeit der DDR. Oder: War die DDR-Gesellschaft homogen? In: Geschichte und Gesellschaft 24, S. 110–131.

Poutrus, Patrice G. (2016): Migranten in der »Geschlossenen Gesellschaft«. Remigranten, Übersiedler, ausländische Studierende, Arbeitsmigranten in der DDR. In: Oltmer, Jochen (Hrsg.): Handbuch Staat und Migration vom 17. Jahrhundert bis zur Gegenwart. Berlin: Oldenbourg, S. 967–995.

Poutrus, Patrice G. (2019): Umkämpftes Asyl. Vom Nachkriegsdeutschland bis zur Gegenwart. Berlin: Ch. Links.

Poutrus, Patrice G./Behrends, Jan C. (2005): Xenophobia in the former GDR – explorations and explanation from a historical perspective. In: Burszta, Wojciech

J. (Hrsg.): Nationalisms Across the Globe. An Overview of Nationalisms in State-Endowed and Stateless Nations. Poznan: School of Humanities and Journalism, S. 155–170.

Poutrus, Patrice G./Behrends, Jan C./Kuck, Dennis (2000): Historische Ursachen der Fremdenfeindlichkeit in den neuen Bundesländern. Aus Politik und Zeitgeschichte, Beilage zur Wochenzeitschrift »Das Parlament«, B 39/2000, S. 15–21.

Poutrus, Patrice G./Behrends, Jan C./Kuck, Dennis (2001): Fremd-Sein in der staatssozialistischen Diktatur. Zu historischen Ursachen von Fremdenfeindlichkeit und rassistischer Gewalt in den neuen Bundesländern. In: Arndt, Susan (Hrsg.): Afrikabilder. Studien zu Rassismus in Deutschland. Münster: Unrast, S. 184–204.

Priemel, Kim Christian (Hrsg.) (2011): Transit/Transfer. Politik und Praxis der Einwanderung in die DDR 1945–1990. Berlin: Be.Bra Wissenschaft.

Rabenschlag, Ann-Judith (2014): Völkerfreundschaft nach Bedarf. Ausländische Arbeitskräfte in der Wahrnehmung von Staat und Bevölkerung der DDR. Diss., Universität Stockholm.

Raendchen, Oliver (2001): Fremde in Deutschland. Vietnamesen in der DDR. In: Hinz, Hans-Martin (Hrsg.): Zuwanderungen – Auswanderungen. Integration und Desintegration nach 1945. Berlin: bpb, S. 78–101.

Riedel, Almut (1994): Erfahrungen algerischer Arbeitsmigranten in der DDR: »... hatten ooch Chancen, ehrlich«. Opladen: Leske + Budrich.

Riedel, Almut (2001): Doppelter Sozialstatus, späte Adoleszenz und Protest. Algerische Vertragsarbeiter in der DDR. In: Kölner Zeitschrift für Soziologie und Sozialpsychologie 53, H. 5, S. 76–95.

Röhr, Rita (2001): Hoffnung – Hilfe – Heuchelei. Geschichte des Einsatzes polnischer Arbeitskräfte in Betrieben des DDR-Grenzbezirkes Frankfurt/O., 1966–1991. Berlin: Berliner Debatte Wissenschaftsverlag.

Satjukow, Silke (2008): Besatzer. »Die Russen« in Deutschland 1945–1994. Göttingen: Vandenhoeck & Ruprecht.

Schulz, Mirjam (2011): Migrationspolitik der DDR. Bilaterale Anwerbungsverträge von Vertragsarbeitnehmern. In: Priemel, Kim Christian (Hrsg.): Transit/Transfer. Politik und Praxis der Einwanderung in die DDR 1945–1990. Berlin: Be.Bra Wissenschaft.

Thomä-Venske, Hanns (1990): Notizen zur Situation der Ausländer in der DDR. In: Zeitschrift für Ausländerrecht und Ausländerpolitik 3, S. 125–131.

Waibel, Harry (2014): Der gescheiterte Anti-Faschismus der SED. Rassismus in der DDR. Frankfurt am Main: Peter Lang.

Weiss, Karin (2005): Nach der Wende. Vietnamesische Vertragsarbeiter und Vertragsarbeiterinnen heute. In: Weiss, Karin/Dennis, Mike (Hrsg.): Erfolg in der Nische? Die Vietnamesen in der DDR und in Ostdeutschland. Münster: LIT, S. 51–67.

Weiss, Karin (2007): Zuwanderung und Integration in Ostdeutschland. In: Weiss, Karin/Kindelberger, Hala (Hrsg.): Zuwanderung und Integration in den neuen Bundesländern. Zwischen Transferexistenz und Bildungserfolg. Freiburg im Breisgau: Lambertus, S. 33–59.

Zatlin, Jonathan R. (2007): Scarcity and resentment. Economic sources of xenophobia in the GDR 1971–1989. In: Central European History 40, H. 4, S. 683–720.

Zwengel, Almut (2011): Algerische Vertragsarbeiter in der DDR. Doppelter Sozialstatus, späte Adoleszenz und Protest. In: Zwengel, Almut (Hrsg.): Die »Gastarbeiter« der DDR – Politischer Kontext und Lebenswelt. Berlin: Lit, S. 71–98.

Sozialversicherung

Die deutschen Gewerkschaften und die IAO (1919 bis 1970er Jahre)
Keine Erinnerungsgemeinschaft

Sandrine Kott

Obwohl Deutschland erst 1926 in den Völkerbund aufgenommen wurde (Wintzer 2006), war das Land bereits auf der Konferenz von Washington am 30. Oktober 1919 eingeladen worden, der Internationalen Arbeitsorganisation (IAO) beizutreten (IAO 1920). Die BRD ihrerseits trat 1951 der IAO bei, der UNO erst 1973, zeitgleich mit der DDR. Diese vergleichsweise frühe Aufnahme in die IAO wurde ganz allgemein mit der Rolle Deutschlands als »Sozialmodell« gerechtfertigt und erklärt sich konkret durch die Unterstützung der europäischen Gewerkschafter. 1919 hofften Léon Jouhaux, Sekretär der französischen Confédération général du Travail (CGT) und einer der Gründerväter der IAO (Jouhaux 1954, S. 260–276), sowie der Sozialist Albert Thomas, erster Direktor des Internationalen Arbeitsamts (IAA), auf diese Weise sich die Unterstützung der mächtigen deutschen Gewerkschaftsbewegung sichern zu können, deren Einfluss in der internationalen Arbeiterbewegung unmittelbar vor dem Ersten Weltkrieg seinen Höhepunkt erreicht hatte.

Im Jahr 1903 wurde der Vorsitzende der Generalkommission der Gewerkschaften Deutschlands, Carl Legien, Generalsekretär des Internationalen Sekretariats und dann des Internationalen Gewerkschaftsbundes, dessen Berliner Büro 1914 bereits zwölf Angestellte beschäftigte (Führer 2009, S. 155–167). Erinnert werden muss an dieser Stelle außerdem daran, dass die Zweite Internationale seit 1904 die deutschen Sozialversicherungen aufgrund der Rolle, die sie den Gewerkschaftsvertretern übertrugen, als Vorbild ansah (Congrès international socialiste 1904, S. 134–135; Congrès international socialiste 1910/1981, S. 481). Dieser Einfluss musste sich unweigerlich in der IAO niederschlagen, einer Schöpfung der reformistischen Gewerkschaftsbewegung, die eine entsprechende Forderung 1916 auf ihrem Kongress in Leeds formuliert hatte (Resolutions of the International Labor Conference at Leeds, July 1916, abgedruckt in:

Shotwell 1934, Band 2, S. 23–29; Riegelman 1934, S. 64f.; siehe auch Tosstorff 2005, S. 399–433).

Im Jahr 1948 entsandte die IAO eine Delegation in die drei westdeutschen Besatzungszonen (Procès verbal du Conseil d'administration, PV CA, 1948, S. 129–133) und ein Jahr später schlug der britische Regierungsvertreter den Beitritt der BRD zur Organisation vor. Zwar handelte es sich dabei vor allem um eine politische Frage, die den Machtverhältnissen des Kalten Krieges entsprang, doch die Gewerkschafter spielten erneut eine wichtige Rolle. Für die Gruppe der Arbeitnehmervertreter sprach sich etwa Jouhaux 1949 sehr positiv über einen Beitritt der BRD zur IAO aus (PV CA 1949, 109, S. 42). Vertreter des Deutschen Gewerkschaftsbundes (DGB) nahmen ihrerseits Kontakt mit dem Internationalen Bund freier Gewerkschaften auf, damit dieser die Aufnahme unterstützte (Archiv des internationalen Arbeitsamts, Genf, A-IAA Z 9/24/2, Bericht von Jeff Rens vom 10. Februar 1951). 1951 wurde die Aufnahme der BRD allerdings als Neuaufnahme behandelt und nicht als Wiedereintritt. Das war ein wichtiger Unterschied, der für eine Art von »Gedächtnisverlust« der Institution eine Rolle spielte, auf den ich weiter unten zurückkomme.

Angesichts der internationalen Ausstrahlung der deutschen Gewerkschaftsbewegung sowie ihrer Anerkennung bei Gewerkschaftern, die bei der Entstehung der IAO mitgewirkt hatten, ist anzunehmen, dass die IAO einen institutionellen Rahmen darstellte, in dem Diskurse der deutschen Gewerkschaftsbewegung eine internationale Verbreitung gefunden haben.

Zieht man zudem die Bedeutung der Sozialversicherung für die deutschen Gewerkschaften sowie den Charakter der Sozialversicherung als Erinnerungsort in Betracht, dann – so die Ausgangsthese dieses Beitrags – müssten sich in der IAO Spuren der Internationalisierung des gewerkschaftlichen Erinnerungsortes Sozialversicherung finden lassen: Wie und zu welchen Anlässen wird auf die Entstehung und Entwicklung der deutschen Sozialversicherung und insbesondere den Beitrag der Gewerkschaften innerhalb der IAO Bezug genommen? Welche Erinnerungsgemeinschaften lassen sich feststellen und welche Rolle spielen Gewerkschafter dabei? Um diese Fragen zu beantworten, soll zuerst geklärt werden, wer als Trägerschichten einer deutschen Erinnerung an Sozialpolitik innerhalb der IAO in Frage kam (Kott 2009, S. 281–296). Dazu werden im Folgenden die deutschen Akteure und ihre Rollen innerhalb der Organisation dargestellt.

Aufgrund der Begleitumstände des Beitritts zur IAO scheint Deutschland, bzw. später die BRD, in der Organisation zunächst nur eine untergeordnete Rolle gespielt zu haben. Dennoch war der deutsche Beitrag in Form von sozialem Fachwissen bedeutsam, besonders im Bereich der Sozialversicherungen und später der sozialen Sicherheit. In diesem Rahmen konnten auch die Gewerkschaften, die ein wesentliches Element der Funktionsweise des deutschen Sozialversicherungssystems darstellten, relativ früh in die Expertenkreise der neuen Organisation integriert werden.

Tatsächlich spielten die Gewerkschaften aufgrund der dreigliedrigen Natur der IAO eine wichtige Rolle. Jeder Mitgliedstaat entsandte zur jährlich stattfindenden Internationalen Arbeitskonferenz – eine Art Parlament oder Vollversammlung der Organisation – eine Delegation, die aus zwei Vertretern der Regierung sowie je einem Vertreter der »Arbeitgeber« und der »Arbeitnehmer« gebildet wurde. Die gleiche dreigliedrige Repräsentation gab es im Verwaltungsrat, dem Exekutivorgan der Organisation, in dem nur eine begrenzte Zahl von Mitgliedstaaten einen Sitz hatte. Gegenüber der Logik der nationalen Zugehörigkeit war hier allerdings die Zugehörigkeit zu einer der Gruppen (Regierungsvertreter, Arbeitgeber oder Arbeitnehmer) stärker wirksam. Die deutschen Delegierten (des Reichs, später der BRD), Gewerkschafter und Unternehmer eingeschlossen, hatten von Beginn an im Verwaltungsrat eine wichtige Stellung inne. Als Beamte oder Fachleute arbeiteten sie des Weiteren auf verschiedene Weise im Internationalen Arbeitsamt (IAA) mit, das heißt im Sekretariat der Organisation.

Diesem Beitrag liegen drei Fragen zugrunde. Zunächst wird untersucht, wie die deutschen Akteure den Modellcharakter der deutschen Sozialpolitik über die IAO konstruierten und verbreiteten und welche Rolle die deutschen Gewerkschaften, auch in Konkurrenz zu den ministerialen Beamten, dabei spielten. Anschließend wird gefragt, inwiefern die IAO für deutsche Gewerkschafter ein Ort war, den sie zur internationalen Erinnerung an ihr Engagement und ihre Mitwirkung in der Sozialversicherung und der sozialen Demokratie nutzten. Kann man von einer Erinnerungsgemeinschaft deutscher Gewerkschafter innerhalb der IAO sprechen? Abschließend soll gefragt werden, welche Rolle die Tradition der internationalen Solidarität für die deutschen Gewerkschaften in der IAO spielte. Lässt sich ein spezifischer Beitrag der deutschen Gewerkschaften zum Internationalismus rekonstruieren, und inwiefern wird dieser in der gewerkschaftlichen Erinnerung repräsentiert?

Die deutschen Gewerkschafter in der IAO – eine umstrittene Stellung

Die IAO ist einer der Orte, an dem sich die Spannungen zwischen den verschiedenen Akteuren der deutschen Sozialpolitik – dem Ministerium auf der einen, den Akteuren vor Ort und ganz besonders den Gewerkschaften auf der anderen Seite – beobachten lassen. In der Periode zwischen 1919 und 1933 kam noch die Konkurrenz zwischen den sozialdemokratischen und christlichen Gewerkschaften hinzu, den beiden Hauptströmungen der deutschen Gewerkschaftsbewegung.

Diese Spannungen und Konkurrenzen traten auf nationaler wie auch auf internationaler Ebene auf, also zum einen im IAA, in der Internationalen Arbeitskonferenz und im Verwaltungsrat der IAO in Genf, zum anderen in Deutschland, im Berliner bzw. später Bonner Zweigamt. Diese Konkurrenz wirft die für die Untersuchung der IAO als Ort für Erinnerungen an deutsche Sozialpolitik zentrale Frage auf, wer genau die Akteure waren, die hier als Erinnerungsträger in Frage kämen.

Deutsche Gewerkschafter und Beamte in Genf

Die auf ihr sozialpolitisches Fachwissen stolzen Deutschen waren in den Vertretungsorganen der IAO immer zahlreich präsent (Kott 2001, S. 485–502). Die deutschen Delegationen zur Internationalen Arbeitskonferenz fielen ab 1920 durch ihre Größe auf, zumal jede Delegation zusätzlich von zahlreichen Beratern und Experten begleitet wurde. Das gilt besonders für die Gewerkschaftsvertretungen: Rudolf Wissell wurde 1921 von acht technischen Beratern begleitet, Willy Richter 1953 ebenfalls. Des Weiteren war Deutschland als industrielle Großmacht ab 1919 durch einen Repräsentanten der Regierung im Verwaltungsrat vertreten: Dr. Leymann, Abteilungsleiter im Reichsarbeitsministerium (RAM). Ihm folgten die Ministerialdirektoren Feig (ab November 1923) und Weigert (ab Januar 1928). 1954 gelang es der Regierung der BRD nach engen Verhandlungen, diesen Sitz »zurückzugewinnen«. Sie entsandte daraufhin Maximilian Sauerborn, Staatssekretär im Bundesministerium für Arbeit und Sozialordnung (BMAS) und ehemaliger Abteilungsleiter für Kranken- und Rentenversicherung im RAM (Historikerkommission zur Geschichte des RAM 2021). Die deutschen Gewerkschaften waren ebenfalls repräsentiert und dies auf höchster Ebene: 1919 war der ADGB-Vorsitzende Carl Legien deutscher Arbeitnehmervertreter, desgleichen sein Nachfolger als Vorsitzender des ADGB, Theodor Leipart (bis 1925), dann der stellvertretende ADGB-Vorsitzende Hermann Müller (1925–1933).

Mit Hans Vogel erhielten die Arbeitgeber 1929 ebenfalls einen ständigen Vertreter im Verwaltungsrat. Nach dem Zweiten Weltkrieg entsandte der DGB erneut bedeutende Persönlichkeiten in den Verwaltungsrat: zunächst Willy Richter, 1956 zum ersten DGB-Vorsitzenden gewählt, ab 1963 Hermann Beermann, auf den 1970 Gerhard Muhr folgte – die beiden letzteren waren stellvertretende Vorsitzende des DGB und dort mit dem Bereich Sozialpolitik betraut. Gerhard Muhr leitete 1974 die Arbeitnehmergruppe der IAO und wurde 1979

Die deutschen Gewerkschaften und die IAO (1919 bis 1970er Jahre)

Vizepräsident der Internationalen Arbeitskonferenz. Diese Ämter zeugen von der Stellung der deutschen Gewerkschaften, die sie in den Beratungsgremien der IAO bis in die 1980er Jahre hinein innehatten und die ihrem internationalen Ruf als eine der weltweit mächtigsten und am besten organisierten Gewerkschaftsbewegungen entsprach.

Im IAA standen die Gewerkschafter allerdings im Schatten der Beamten des RAM. Als die deutsche Präsenz in der Zwischenkriegszeit 1929 ihren Höhepunkt erreichte, waren von den fast 400 Beamten des IAA 18 Deutsche, darunter drei in prekären Beschäftigungsverhältnissen. Drei deutsche Beamte entstammten der Arbeiterbewegung.

Diese Charakteristik lebte ungebrochen weiter, denn nach dem Zweiten Weltkrieg führten deutsche Beamte die Tradition im IAA fort. Die spezifische Expertise der deutschen Gewerkschaften im Bereich der Arbeitsbeziehungen wurde 1956 durch die Ernennung des Juristen Johannes Schregle zum Mitglied der Abteilung für Arbeitsbeziehungen anerkannt. Johannes Schregle, der Sachverständige des DGB für internationales Arbeitsrecht, beendete zudem seine Karriere im IAA als Abteilungsleiter für industrielle Beziehungen, wurde aber aufgrund seines Fachwissens weiterhin regelmäßig von deutschen Gewerkschaften um Rat gebeten. Schregle war 1960 unter den 23 deutschen Beamten der einzige Gewerkschafter; erst einige Zeit später, im Jahr 1970, kam mit Bernt Heise ein weiterer Gewerkschafter hinzu.

Im RAM und dann im Bundesministerium für Arbeit und Soziales (BMAS) wurde die internationale Anerkennung der deutschen Sozialpolitik als Zeichen ihres beispielhaften Charakters interpretiert. Die deutschen Beamten haben die IAO als institutionellen Rahmen für die Internationalisierung des Erinnerns an deutsche Sozialpolitik und dabei auch des Erinnerungsortes »deutsche Sozialversicherung« genutzt. Das Gleiche gilt aber nicht für die Gewerkschaftsbewegung. Es finden sich keine Anzeichen dafür, dass Gewerkschafter die IAO als Bühne genutzt haben, um die Mitbestimmung und Selbstverwaltung in der deutschen Sozialpolitik zu bewerben. Und das steht interessanterweise im Kontrast zu der Wahrnehmung der IAA-Beamten selbst. Für sie war gerade die Mitwirkung der deutschen Gewerkschaften an der Sozialversicherung und in den Arbeitsbeziehungen der Anlass, die deutsche Sozialpolitik als Modell darzustellen.

Diese Diskrepanz zwischen der internationalen Wahrnehmung und dem Selbstverständnis der deutschen Gewerkschafter sowie deren Defizit an Internationalität finden ihren Ausdruck in der starken Involvierung der deutschen Gewerkschaften in den eher »nationalen Organen« der IAO, nämlich im Berliner Zweigamt.

Das Berliner, später Bonner Zweigamt des IAA

In der Zwischenkriegszeit war ein großer Teil der Beamten des bedeutenden Berliner Zweigamtes aus der Gewerkschaftsbewegung hervorgegangen. Das Zweigamt von Berlin beschäftigte zu diesem Zeitpunkt elf Personen, das Pariser Amt acht und das Londoner Amt sechs. Die beiden ersten Direktoren, Alexander Schlicke (1921–1925) und Willy Donau (1925–1933) (A-IAA P 1758), waren in enger Abstimmung mit den Vorsitzenden des ADGB und am Ende erbitterter Verhandlungen (A-IAA CAT 7/476, 20. März 1925, siehe vor allem die Verhandlungen mit Leipart) berufen worden; sie entstammten ebenso der sozialdemokratischen Strömung (A-IAA C 502/0; Schlicke war sozialdemokratischer Reichstagsabgeordneter aus Württemberg) der Gewerkschaftsbewegung wie die meisten übrigen Mitarbeiter des Amtes. Im Zuge einer Öffnung hin zum christsozialen Flügel im Januar 1926 ist Wilhelm Claussen an das Zweigamt gekommen (A-IAA CAT 1/25/1 und 26). In seiner Korrespondenz mit Willy Donau nannte Albert Thomas ihn ironisch »der kleine Christ«.

Das änderte sich aber nach dem Zweiten Weltkrieg. Mit dem Ökonomen Georg Seib sollte ein Neuling das am 10. März 1953 feierlich eröffnete neue Bonner Zweigamt leiten (Seib 2001). Das war ein Bruch mit der Tradition. Die Verantwortlichen des DGB beklagten sich bitter darüber, dass die Ernennung Georg Seibs nicht mit ihnen abgestimmt worden war (Correspondent Branch office report, Februar 1953, A-IAA C 24-2-1; siehe auch den Brief von Rens an den Generaldirektor, 4. März 1953, A-IAA Z 9/24/4). Dies war aber symptomatisch für die im Grunde sowohl politische als auch wirtschaftliche Dimension des Beitritts der BRD zur IAO und für einen ganz bewusst herbeigeführten Bruch mit der Weimarer Zeit.

Seib hatte weder irgendwelche Verbindungen zur deutschen Gewerkschaftsbewegung noch war er als Spezialist für Sozialpolitik ausgewiesen. Vielmehr hatte er verschiedene Posten in der Verwaltung des Marshall-Plans bekleidet und war persönlicher Referent des Vizekanzlers für Wirtschaftsangelegenheiten gewesen. 1976 wurde er von Detlef Zöllner abgelöst, der zwar ebenfalls nicht aus der Welt der Gewerkschaften stammte, aber immerhin als echter Experte für soziale Fragen gelten konnte. Obwohl sie ihr Bedauern darüber zum Ausdruck brachten, bei der Auswahl des Korrespondenten nicht hinzugezogen worden zu sein, fuhren der DGB-Vorsitzende Walter Freitag und sein Stellvertreter Matthias Föcher 1953 zu einem Treffen mit Seib nach Bonn. Sie signalisierten ihre Bereitschaft zur Zusammenarbeit und betonten die Bedeutung, die sie der Arbeit der IAO beimaßen.

Tatsächlich hatten die Gewerkschaften in der britischen Besatzungszone bereits 1948 anlässlich der Verhandlungen über die Betriebsvereinbarungen Kontakt mit dem IAA gesucht und einige Exemplare der Betriebsvereinbarungen mit Bitte um Stellungnahme nach Genf geschickt (Protokoll, Treffen mit den Gewerkschaften der britischen Besatzungszone, 11. Mai 1948, A-IAA RL 24-3-19). 1949 reiste Ludwig Rosenberg, beim DGB für internationale Beziehungen zuständig und das einzige Präsidiumsmitglied, das Englisch sprach (er hatte den Nationalsozialismus in England überlebt), nach Genf, um einen Austausch von Publikationen zwischen dem neu gegründeten DGB und dem IAA anzuregen (Brief von Hans Böckler an Schuil, 23. Februar 1949, A-IAA RL 24-3-19). Im selben Jahr fragte sich Erich Bührig, der im DGB den Bereich Arbeitsrecht leitete, »inwieweit die deutsche Gesetzgebung den von der IAO beschlossenen Konventionen und Empfehlungen entspricht und Ergänzungen oder Änderungen der Gesetzgebung notwendig sind, um sie dem Beschluss der IAO anzupassen« (Böckler an Schuil, 11. August 1950, A-IAA RL 24-3-19).

Der DGB stellte zur Klärung dieser Fragen einen jungen Juristen an, der aus dem Gewerkschaftsmilieu stammte, Johannes Schregle, dessen weitere Laufbahn im IAA oben bereits angesprochen wurde. All diese Entwicklungen und Umstände belegen ein starkes Interesse an der IAO im DGB und die Bereitschaft zur Unterstützung ihrer Aktivitäten. Allerdings legen sie im Vergleich zur Zeit davor auch eine Art Umkehrung des Verhältnisses zwischen der IAO und den deutschen Gewerkschaften nahe. Während das IAA den ADGB umworben hatte, war es nun andersherum: Der DGB warb um die Unterstützung der IAO.

Die Deutschen Gewerkschaften und die IAO – ein internationaler Ort nationaler Sozialpolitik

Turbulente Zwischenkriegszeit

In der Zeit zwischen den beiden Weltkriegen setzte Albert Thomas große Hoffnungen in die Arbeiterbewegung, um Deutschland an Europa zu binden. Für Thomas wie für alle reformsozialistisch gesinnten Mitarbeiter des IAA war die Mitwirkung der deutschen Gewerkschaften wichtig, weil sie ein positives Bild von deren sozialpolitischer Mitwirkung durch die Selbstverwaltung und die Mitbestimmung hatten. Eigentlich ließe sich fast behaupten, dass die IAA-Beamten von den deutschen Gewerkschaften erwarteten, dass diese über die IAO die deutsche Selbstverwaltung als einen Erinnerungsort demokratischer internationaler Sozialpolitik ausbilden würden. Das geschah aber nicht.

Die Beziehungen zwischen IAA und deutschen Gewerkschaften waren keineswegs einfach und 1924 drohte Albert Thomas sogar, das Berliner Zweigamt wegen erheblicher Missstände zu schließen (Briefe von 1924, A-IAA C 502/0). Die Ursachen dieser Missstände schrieb er besonders einem Verantwortlichen zu, dem Gewerkschafter Albert Baumeister (Brief an Butler, 31. Oktober 1924, A-IAA XC 24 1/1). Dessen Äußerungen veranschaulichen die Entwicklung des Nationalismus in der Gewerkschaftsbewegung ebenso prägnant wie die ambivalente Stellung, die diese gegenüber der IAO bezog. Als Sekretär Carl Legiens bis 1917 in der internationalen Gewerkschaftsbewegung engagiert und Redakteur der *Internationalen Korrespondenz* war Baumeister einer der ersten deutschen Beamten des IAA, zunächst in Genf, anschließend im Berliner Zweigamt. In seiner Korrespondenz mit Albert Thomas, aber auch in publizierten Texten, vertrat er allerdings einen ultranationalistischen Standpunkt, äußerte sich bisweilen sogar feindselig gegenüber der Organisation, für die er arbeitete. So beschuldigte er die Franzosen, im Ruhrgebiet und im Saarland die Errungenschaften der deutschen Arbeiter zu zerschlagen (Brief, 26. Oktober 1923, A-IAA CAT 7-29), und zog offen die Wirkmächtigkeit der angeblich von Frankreich und Großbritannien dominierten internationalen Gewerkschaftsbewegung und der IAO in Zweifel.

Baumeister trat für die Verteidigung der nationalen Interessen der deutschen Arbeiterklasse und ihrer Errungenschaften ein, die er von britisch-französischen Kapitalinteressen bedroht sah (siehe seine Rede aus dem Jahr 1925 in Baumeister 1925, die nicht ohne Rückgriff auf einen gewissen Antisemitismus auskam; Schriftenreihe des »Firn«). Damit verlieh er einer Grundtendenz der deutschen Gewerkschaftsbewegung der 1920er Jahre Ausdruck, und er war nicht der Einzige, der sich so äußerte. Als Albert Thomas sich bei Hermann Müller, dem stellvertretenden ADGB-Vorsitzenden und deutschen Gewerkschaftsvertreter im Verwaltungsrat, über die schwache Unterstützung beklagte, die die IAO von den deutschen Gewerkschaften erhielt, antwortete dieser:

»Es ist richtig, dass das IAA in den Gewerkschaften nicht so Fuß gefasst hat, wie wir es selbst wünschen. Aber woran hat das gelegen? Auch die deutschen Arbeiter sind Deutsche und sie können die Welt nicht betrachten ohne Rücksicht darauf, wie Deutschland von der Entente behandelt wird. Und dass die Entente dem Inneren Aufbau der deutschen demokratischen Republik auch nur das geringste Verständnis entgegengebracht hätte« (Brief von H. Müller an A. Thomas, 24. November 1924, A-IAA CAT 7 519).

1926 warf er Albert Thomas vor, auf die Interessen der von der Inflation stark belasteten deutschen Arbeiter keine Rücksicht zu nehmen (Weber 2010, S. 476 f.).

Die nationale Empfindlichkeit der deutschen Gewerkschafter konzentrierte sich ganz besonders in der Frage des Gebrauchs des Deutschen als Arbeitssprache. Schon 1920 forderte Legien im Verwaltungsrat, die Publikationen der IAO ins Deutsche zu übersetzen, und fügte hinzu, dass »der Gebrauch des Deutschen Holland und die skandinavischen Länder auch betrifft« (PV CA, 1920, 5, S. 29). Albert Thomas unterstützte diese Forderung und verpflichtete sich 1925, mit seinen deutschsprachigen Partnern auf Deutsch zu korrespondieren und ihnen die Arbeitsunterlagen des IAA umgehend in deutscher Übersetzung zukommen zu lassen (Vermerk vom 6. April 1925, A-IAA P1/8).

Für Albert Thomas war das Eintreten für den Gebrauch des Deutschen als Arbeitssprache jedoch nicht gleichbedeutend mit einem Nachgeben gegenüber den nationalistischen Forderungen der deutschen Gewerkschafter. Das Anliegen stand für ihn gewissermaßen über dieser Frage, denn es sollte dazu beitragen, die sich zurückziehenden deutschen Arbeiter an die internationale Organisation zu binden und sie als internationale sozialpolitische Akteure im Spiel zu halten. Folglich wurde Deutsch eine der Arbeitssprachen im IAA und dieses gab zwischen 1923 und 1940 die *Internationale Rundschau der Arbeit* heraus, bei der es sich um eine Auswahl ins Deutsche übersetzter Beiträge zur *Revue internationale du Travail* handelte. Nach dem Krieg forderten die Verantwortlichen aus Politik und Gewerkschaften erneut wiederholt die Publikation einer auf Deutsch erscheinenden Zeitschrift nach dem Vorbild der Internationalen Rundschau, konnten sich damit allerdings nicht durchsetzen.

Der Nationalsozialismus – ein Bruch?

Hitlers Machtübernahme schien der Präsenz Deutschlands und insbesondere der deutschen Gewerkschafter im IAA ein jähes Ende zu setzen. Bereits 1933 wurde Helmut Lehmann von den nationalsozialistischen Machthabern seines Amtes als Vorsitzender des Hauptverbands deutscher Krankenkassen enthoben, in einem Arbeitslager interniert und von der Liste der Sachverständigen des Sozialversicherungsausschusses gestrichen (Brief vom 14. Oktober 1933, A-IAA SI 1/0/24).

Über die repressiven Maßnahmen unterrichtet, von denen die deutschen Gewerkschafter betroffen waren, machten die Vertreter der Arbeitnehmergruppe im Verwaltungsrat sich Sorgen darüber, dass der deutsche Gewerkschaftsvertreter Wilhelm Leuschner nicht zu den Sitzungen erschien (Tosstorff 2007, S. 14–16). – 1944 wurde Leuschner wegen seiner Beteiligung am Widerstand gegen Hitler zusammen mit Carl Friedrich Goerdeler in Plötzensee hingerichtet. – Um die europäische Öffentlichkeit zu beruhigen, wurde Leuschner nach einem Gespräch zwischen Staatssekretär Johannes Krohn, RAM, und dem neuen IAA-Direktor Harold Butler in die deutsche Arbeitnehmerdelegation zur Internationalen Arbeitskonferenz 1933 aufgenommen.

Geleitet wurde diese, ansonsten ausschließlich aus Mitgliedern der DAF bestehende Delegation von deren Chef, Robert Ley. Die Genfer Öffentlichkeit und die örtliche linke Presse bereiteten Ley einen hitzigen Empfang, und dieser ließ während seines kurzen Aufenthalts in Genf keine Gelegenheit aus, um zu provozieren (siehe die vollständige, vom Informationsdienst angelegte Akte mit Presseausschnitten, A-IAA DADG 10-4). Daraufhin sprach der Präsident des Internationalen Gewerkschaftsbundes, der Belgier Walter Schevenels, der deutschen Arbeitnehmerdelegation ihren repräsentativen Charakter ab und prangerte die systematische Zerstörung der gewerkschaftlichen Freiheit in Deutschland an (siehe die umfangreiche Dokumentation mit Protokollen der Internationalen Arbeitskonferenz [IAK] von 1933, S. 486–490; deutsche Übersetzung in Tosstorff 2010). In der Folge reiste die deutsche Delegation am 19. Juni aus Genf ab (IAK 1933-17, S. 486–490), und kurze Zeit später trat Deutschland aus der IAO aus.

Zur selben Zeit befand sich das Berliner Zweigamt des IAA in einer schweren Krise (Kott 2018, S. 29–53). Der Sozialdemokrat Willy Donau musste Berlin im Oktober 1933 aus gesundheitlichen Gründen für längere Zeit verlassen und überließ die Leitung des immer noch im Gebäude des RAM untergebrachten Zweigamtes dem christlichen Gewerkschafter Wilhelm Claussen.

Als im Dezember 1933 ein Besuch hochrangiger NSDAP-Mitglieder in den IAA-Räumen angekündigt wurde (A-IAA P 2527), nahm Walter Reichhold, ein vorübergehend vom RAM abgestellter Beamter des IAA, das Porträt Albert Thomas' von der Wand des von ihm geführten Zeitschriftensaals und zerschlug es mit dem Schrei »Heil Hitler!« an einem Stuhl. An dessen Platz hängte er ein Porträt des neuen Reichskanzlers (Brief von Reichhold an Pône, 8. Januar 1934, A-IAA XO 2/28). Reichhold warf dem IAA außerdem vor, das Berliner Zweigamt zu einer Außenstelle der Sozialdemokratie gemacht zu haben, und beschuldigte bestimmte dem Amt nahestehende Personen, ihre diplomatische Sonderstellung dazu benutzt zu haben, feindliches und kompromittierendes politisches Material zu unterschlagen. Wilhelm Claussen konnte den IAA-Direktor Harold Butler dennoch davon überzeugen, eine Berliner Vertretung beizubehalten, und sorgte dafür, dass weiterhin der Presse-Dienst erschien (A-IAA C 505/1901). Als dieser 1934 dazu aufgefordert wurde, sich dem Reichsverband der deutschen Korrespondenz- und Nachrichtenbüros anzuschließen, musste sich Claussen dem Schriftleitergesetz beugen und eine Genehmigung des Direktors Harold Butler einholen (Vermerk, 21. Januar 1935, A-IAA C 505/1901).

Als der in Berlin verbliebene Korrespondent des IAA geriet Wilhelm Claussen ins Zentrum der Zuständigkeitskonflikte zwischen RAM und DAF. Ab 1936 bekam er eine Akkreditierung beim »Reichsministerium für Volksaufklärung und Propaganda« und wurde damit de facto zu einem Propagandainstrument des Dritten Reichs (Brief vom 21. März an Butler, A-IAA XC/24/1/2). Ende desselben Jahres übernahm Robert Ley die Leitung eines »Zentralamts für internationale Sozialgestaltung«, das von 1941 bis 1944 die *Neue internationale Rundschau der Arbeit* herausgab. Mit dieser Zeitschrift wollten die Verantwortlichen bei der DAF die ehemalige *Internationale Rundschau der Arbeit* ersetzen, um deren Veröffentlichung sich bis 1939 Willy Donau in Genf gekümmert hatte (zu den internationalen Bemühungen der DAF aus Perspektive des IAA siehe A-IAA PWR1-24).

Um die Zeitschrift, die in fünf Sprachen erscheinen sollte, herauszugeben und zu übersetzen, wandte sich die DAF an ehemalige Mitarbeiter des IAA, die aufgrund drastischer Personalkürzungen im Amt arbeitslos geworden waren. So wurden etwa die beiden früheren Gewerkschafter Otto Bach und Willy Donau, die beide im Berliner Zweigamt tätig gewesen waren, Teil des Vorhabens. Donau soll auch versucht haben, Übersetzer und Sekretäre aus den Reihen der ehemaligen IAO-Mitarbeiter anzuwerben (Viple, 13. Mai 1941, A-IAA Z1/11).

Otto Bach war in dieser Phase besonders aktiv und verfasste das erste Editorial der neuen international ausgerichteten Zeitschrift der DAF. Darin brachte er seine Freude darüber zum Ausdruck, dass der Geist der »französischen Revolution« in Europa besiegt sei, und wünschte sich eine neue, vom Deutschen Reich durchgesetzte europäische Sozialpolitik herbei. Bach wurde auch ein Verbindungsmann zu den Gewerkschaftsorganisationen in Westeuropa und soll damit einverstanden gewesen sein, nach Skandinavien, Paris, Spanien und Portugal zu reisen, um die ehemaligen Gewerkschafter, mit denen er in Verbindung stand, für die Sache zu gewinnen (Viple, 18. November 1941, A-IAA Z1/11). Bach übernahm den herrschenden Diskurs der Nazis, demzufolge die deutsche Sozialpolitik nun endlich selbst die Mittel hatte, sich international durchzusetzen, ohne den Umweg über Genf nehmen zu müssen (Patel/Kott 2017, S. 317–348).

Otto Bach, der als treuer deutscher Internationalist nach dem Krieg in den Vorstand der Deutschen Gesellschaft für die Vereinten Nationen eintrat, ist zwar sicher ein extremes Beispiel für diese »nationale internationalistische« Strömung, die ein Mitwirken am nazistischen, sozialimperialistischen Projekt möglich machte, aber er war nicht der Einzige. Im IAA waren sich mehrere Beamten völlig bewusst, dass alle vor dem Krieg im IAA und seinem Berliner Zweigamt tätigen deutschen Beamten mit dem Nazismus stark kompromittiert waren (Brief von Jean Morellet an Tait, 8. Dezember 1950, sowie die übrige in dieser Akte enthaltene Korrespondenz, A-IAA Z 9/24/2).

Die »neu« eingestellten deutschen Beamten im IAA waren aber auch nicht unbedingt »rein«, wie der Fall Dobbernack deutlich machte. Dobbernack war von 1927 bis 1945 im RAM sowie nach dem Krieg als Versicherungsmathematiker im BMAS tätig. Er war verantwortlich für das 1933 erlassene nationalsozialistische »Sanierungsgesetz«, das zu einer erheblichen Kürzung der Invalidenrenten führte (Klimo 2018). Anschließend war er für internationale Fragen zuständig, insbesondere für die Renten im Protektorat Böhmen und Mähren. Diese internationale Tätigkeit im Dienste des Dritten Reichs konnte ihn paradoxerweise für eine Stelle in einer internationalen Organisation qualifizieren. Dobbernack war zudem einer der wenigen Beamten der Abteilung für Sozialversicherung des RAM, die in die NSDAP eintraten (1937). Das stand seiner Einstellung im IAA 1952 und seiner Beförderung zum Leiter der Abteilung Sozialversicherung 1960 jedoch nicht im Weg (in seiner offiziellen Biografie behauptete er jedoch: »weitere Beförderungen wurden wegen Nichtzugehörigkeit zur NSDAP abgelehnt« [A-IAA P 5418]).

Das Gleiche galt für den als Sachverständigen in die Kommission für die Umsetzung der Übereinkommen und Empfehlungen berufenen Sitzler. Der ehemalige IAO-Beamte hatte während der NS-Zeit am Arbeitswissenschaftlichen Institut der DAF gearbeitet und in der Zeitschrift *Soziale Praxis*, die er bis 1942 als Chefredakteur betreute, die Internationalisierung der nationalsozialistischen Sozialpolitik unterstützt (Sitzler 1940, S. 16). Beide Beispiele erinnern uns, dass eine Entnazifizierung im Bundesministerium für Arbeit und Sozialordnung nicht stattfand. Solche Vorkommnisse haben sicher nicht dazu beigetragen, die Ausstrahlung der deutschen Sozialpolitik innerhalb der IAO zu fördern (Münzel 2017, S. 494–551).

Im doppelten Kontext der Niederlage und Besatzung sowie der Marginalisierung der Arbeiterbewegung in der langen Phase christdemokratischer Dominanz schien der DGB nun der IAO seine unerschütterliche Unterstützung anzutragen. Die deutschen Gewerkschaften hofften, so ihren internationalen Rang zurückzuerlangen. Dafür gab der DGB, so scheint es, sein Bestreben auf, die IAO für die Durchsetzung eines »deutschen Sozialmodells« zu instrumentalisieren, das nach seiner propagandistischen Nutzung durch die Nazis jegliche Legitimität verloren hatte (Kott 2014, S. 359–376).

Die unerschütterliche Unterstützung durch den DGB

Bereits 1948 stützte sich der DGB auf die IAO, um jene Anerkennung zu erhalten, die er für seine endgültige Durchsetzung auf nationaler Ebene dringend benötigte. In den 1950er Jahren gab es rege Beziehungen zwischen DGB und IAO. Sie wurden durch den Umstand begünstigt, dass bis 1954 der deutsch sprechende Niederländer Jan Schuil für die Beziehungen zu den Arbeiterorganisationen zuständig war. Im Unterschied zu anderen IAA-Beamten war er den deutschen Gewerkschaften gegenüber wohlwollend. So wurde er 1954 als Vertreter der IAO eingeladen, an einer Versammlung des DGB-Ausschusses für Sozialpolitik teilzunehmen (Brief von Willy Richter, März 1954, A-IAA RL 24-3-19-J2).

Auch die Eisenbahner im Saarland wandten sich an die IAO mit ihrer Forderung, im öffentlichen Dienst wieder Tarifverträge einzuführen, was die Regierung des Saarlandes und der französische Staat ablehnten. Bei dieser Gelegenheit berief sich die Gewerkschaftsbewegung auf das Übereinkommen Nr. 98 über die Anwendung der Grundsätze des Vereinigungsrechtes und des Rechtes zu Kollektivverhandlungen (Brief, 18. Juni 1952, A-IAA RL 24-3-19-J2).

Im Juni 1951, also kurz nachdem eine Mehrheit der Mitgliedstaaten der Aufnahme der BRD in die IAO zugestimmt hatte, überreichte der DGB dem Bundeskanzler eine Denkschrift über die Ratifizierung von Übereinkommen der IAO, die auch den Mitgliedern des Bundestages und des Bundesrates zugestellt wurde. Dem DGB zufolge sollte die BRD ihren Willen zur Zusammenarbeit mit der IAO durch die Ratifizierung der IAO-Übereinkommen sowie durch »die Verpflichtung« klar unter Beweis stellen, »die deutsche Sozialgesetzgebung an die internationale Ebene anzupassen«. Neben den 13 bereits vom Deutschen Reich ratifizierten Übereinkommen, die auch von der BRD anerkannt wurden, empfahl der DGB 45 neue Übereinkommen zur Ratifizierung, von denen 17 eine Anpassung der deutschen Gesetzgebung an internationale Normen erforderten (IAO 1953).

Dieses Ziel bekräftigte der DGB in den 1950er Jahren wiederholt, vor allem bei seinem dritten Bundeskongress im Oktober 1954, bei dem besonders die Übereinkommen Nr. 102 über die Mindestnormen der sozialen Sicherheit und Nr. 100 über die Gleichheit des Entgelts männlicher und weiblicher Arbeitskräfte für gleichwertige Arbeit (Bericht von Seib an Rens, 15. Oktober 1954, A-IAA RL 24-3-19-J2; siehe für die BRD allgemein Schulz 2005, S. 927–929) diskutiert wurden. Anders als in der Zwischenkriegszeit scheinen die deutschen Akteure also nicht besonders auf der Überlegenheit der eigenen Gesetzgebung insistiert zu haben. Im Gegenteil: Die Gewerkschaften erwarteten von diesem internationalen Rückhalt eine Stärkung der sozialen Sicherheit in Deutschland. Das war vor allem hinsichtlich des Schutzes der erwerbstätigen Frauen der Fall.

Dem Einsatz der christdemokratischen Gewerkschafterin Thea Harmuth sowie dem DGB insgesamt ist es zu verdanken, dass das Übereinkommen Nr. 100 im Jahr 1954 vom Deutschen Bundestag ratifiziert wurde. Thea Harmuth forderte übrigens 1953 mit Nachdruck, in den Korrespondenzausschuss für Frauenfragen der IAO aufgenommen zu werden – eine Forderung, der Mildred Fairchild umgehend nachkam (Brief von Thea Harmuth an Schuil; Brief von Mildred Fairchild, Juni 1953, A-IAA RL 24-3-19-J2).

Im Gegensatz zur Zwischenkriegszeit wurden die Übereinkommen der IAO nun eindeutig von den deutschen Gewerkschaften ins Feld geführt, um Verbesserungen der Sozialgesetzgebung in Deutschland selbst zu erreichen und nicht, um die Überlegenheit der deutschen Gesetzgebung zur Geltung zu bringen. Gewiss verfolgte der DGB in den 1950er Jahren seine Kampagne für die Ratifizierung der IAO-Übereinkommen durch den Bundestag (siehe die regelmäßigen Berichte Seibts, A-IAA C); die deutschen Gewerkschaften wandten sich darüber hinaus aber auch an die IAO, um Informationen über die internationale Gesetzgebung zu erhalten. Damit konnten sie die Chance erhöhen, ihre eigenen Forderungen durchzusetzen, wie etwa 1953 die der Einführung betrieblicher Arbeitsschutzausschüsse, die aus Vertreter*innen der Belegschaften und der Unternehmer gebildet wurden (A-IAA RL 24-3-19-J2).

Die IAO wurde dann 1969 von den deutschen Gewerkschaften, wie sie es nie vorher gemacht hatten, gefeiert. Wenn die IAO zuvor weder Rahmen noch Anlass zur Erinnerung an die deutsche Sozialpolitik gewesen war, trug der DGB nun dazu bei, dass sie als Erinnerungsort sozialen Fortschritts in Deutschland aufgebaut wurde: Bei seinem Bundeskongress veranstaltete der DGB 1969 eine große Ausstellung zur Feier des 50. Jahrestages der IAO-Gründung. In seiner Rede widmete ihr Hermann Beermann lange Ausführungen und ging insbesondere auf die Fortschritte ein, die die IAO für die Gewerkschafter bedeutet hatte; anschließend verabschiedeten die Kongressdelegierten einstimmig eine Resolution zur Unterstützung der Organisation (A-IAA RL 24-3-19-J3). Gleichzeitig wurde eine Broschüre von Bernt Heise verteilt, Sachverständiger beim deutschen Arbeitnehmervertreter im Verwaltungsrat, in der die Rolle der Gewerkschaften für die IAO herausgestellt wurde. Die IAO wurde praktisch als Erinnerungsort der internationalen Gewerkschaftsbewegung und Impulsgeberin der internationalen Sozialpolitik gefeiert.

Diese Feierlichkeit ist ein Zeichen dafür, dass die Beziehungen zwischen den Gewerkschaften und der IAO sich allmählich geändert hatten. Einerseits rückten neue und international besser ausgebildete Persönlichkeiten in die Führung der Gewerkschaften auf, die zudem – vor allem nach der Verabschiedung des Düsseldorfer Programms – der Zusammenarbeit in einem reformistischen

Rahmen offener gegenüberstanden. Andererseits führte der Eintritt der SPD in die Regierung 1966 und vor allem die Kanzlerschaft Willy Brandts zu einem tiefgreifenden Wandel in der Art und Weise, wie sich das Land auf internationaler Ebene positionierte. Der finanzielle Beitrag zur IAO wurde zudem erhöht (Hockerts 2006, S. 928). Beermann und Muhr nahmen im Verwaltungsrat eine gegenüber den Gewerkschaftsvertreter*innen aus Osteuropa offenere Haltung ein, was besonders von Generaldirektor David Morse (Zusammenfassung, Diskussion David Morse mit Ludwig Rosenberg und Hermann Beermann, 6. März 1968, A-IAA Z 3/24/1/J2) und später Wilfried Jenks sehr begrüßt wurde. Jenks hatte außerdem im DGB einen Rückhalt gegen die zu Beginn der 1970er Jahre stark antikommunistisch ausgerichtete Politik der American Federation of Labor and Congress of Industrial Organizations (AFL-CIO).

In dieser Phase war die Unterstützung der IAO durch den DGB unverkennbar eher politischer als sozialer Natur. Es ging vor allem darum, in einem durch die Spannungen mit der AFL-CIO geprägten Kontext den Ost-West-Dialog voranzutreiben. Damit wurde der DGB aber zweifelsohne für die IAO auch zu einer politischen Ressource.

Deutsche Gewerkschaften, Ressource für die IAO

Die deutschen Gewerkschaften waren für die Internationale Arbeitsorganisation von Anfang an eine Ressource und dies in zweierlei Hinsicht. Auf der einen Seite öffneten sie wegen ihrer Einbindung in die Strukturen der Sozialpolitik und hier besonders der Sozialversicherungen ein Tor zum deutschen Sozialstaat, wodurch in der Zwischenkriegszeit die Stellung der noch jungen Organisation gestärkt wurde. Auf der anderen Seite interessierten sich die Beamten des IAA für das qualitativ hochwertige Fachwissen, das die deutschen Gewerkschaften hervorbrachten. Albert Thomas hob in seinem Werk von 1904 nicht ohne Bewunderung hervor, dass es der deutschen Gewerkschaftsbewegung durch die Entwicklung ihrer Managementfähigkeiten gelungen sei, den Rang einzunehmen, der ihr im deutschen Kaiserreich lange verweigert worden war (Thomas 1904, S. 85).

Expertise der Zwischenkriegszeit

In der Zwischenkriegszeit, als die IAO noch schwach war und in ihrer Existenz bedroht, waren ihre Erwartungen gegenüber den mächtigen deutschen Gewerkschaften wahrscheinlich am größten. Albert Thomas und sein Team setzten auf den ADGB, um Deutschland an die Organisation zu binden und die Beziehungen mit dem RAM zu festigen. Der größte Teil der im IAA in Genf oder Berlin arbeitenden deutschen Gewerkschafter spielte tatsächlich eine bedeutende Rolle in der Ausarbeitung und Verwaltung der deutschen Sozialpolitik. Alexander Schlicke, Direktor des Berliner Zweigamtes, und Rudolf Wissell, deutscher Arbeitnehmervertreter auf der Internationalen Arbeitskonferenz, waren in der Weimarer Republik 1919/1920 bzw. von 1928 bis 1930 Arbeitsminister. Willy Donau war Mitglied der Arbeitsverwaltung der Stadt Berlin und Regierungsrat; Wilhelm Claussen machte nach dem Zweiten Weltkrieg unter Minister Blank Karriere als Staatssekretär im BMAS.

Des Weiteren standen die deutschen Gewerkschaften im Zentrum des Modells sozialer Demokratie, dem das IAA ein ausgeprägtes Interesse entgegenbrachte. Seit Beginn der 1920er Jahre unterstrich Albert Thomas, dass die Arbeitnehmermitbeteiligung, etwa die Schlichtungsverfahren, Instrumente zur Konfliktprävention und Sozialordnung darstellten, die auch im Mittelpunkt des Projekts der IAO standen (siehe die Resolution von 1928 in BIT 1931, S. 311; Reiseberichte Albert Thomas, 12. Mai 1920, A-IAA CAT 1/1920).

Deutschland konstituierte in diesem Sinn einen Schatz an Erfahrungen, die umso mehr Wirkung entfalteten, als sie bereits viele Jahre zurückreichten (die ersten Betriebsräte wurden 1890 im Gesetz erwähnt) und recht vielfältig waren: Betriebsräte, Tarifverträge, Schlichtungsverfahren bei Arbeitskämpfen und sogar Vergesellschaftung des Bergbaus (Berthelot 1924). In ihrer Gesamtheit beruhten diese Erfahrungen auf der Existenz einer mächtigen, hervorragend organisierten Gewerkschaftsbewegung. Als 1927 die Zahl der unter staatlicher Aufsicht durchgeführten Zwangsschlichtungsverfahren stark anstieg, bekräftigte Albert Thomas bei einer Reise ins Rheinland auf Deutsch: »In Deutschland sind eben die Grundideen der IAO in die nationale Verfassung eingeschrieben« (Rede Albert Thomas 1927, A-IAA CAT 1/27/8/3) und erhob Deutschland damit zum Sozialmodell und Vorbild der neuen Organisation.

Schließlich waren die IAA-Beamten auch darauf bedacht, das soziale Fachwissen zu binden, das die deutschen Gewerkschafter*innen in der Mitverwaltung der verschiedenen Zweige der Sozialversicherung gewonnen hatten. Walter Pryll war zwar kein Gewerkschafter, wurde aber als Chefarzt der Berliner AOK und eine der Hauptfiguren des sozialdemokratischen Sozialhygienismus der Weimarer Republik als Sachverständiger in den Gesundheitsausschuss berufen. Oswald Stein, Experte für Sozialversicherungen im IAA, freute sich 1925, dass er Kontakte mit dem Hauptverband deutscher Krankenkassen hatte knüpfen können sowie mit dessen Vorsitzenden, dem Gewerkschafter Helmut Lehmann (Brief von Stein an Maurette, 24. November 1925, sowie von Tixier an Thomas, 13. Januar 1926, A-IAA, SI 1/0/24), der 1930 zum Sachverständigen im Sozialversicherungsausschuss ernannt wurde. Durch seine Berufung, die den Beamten des RAM überhaupt nicht schmeckte, nahmen die IAA-Mitglieder unzweideutig Stellung zugunsten einer Organisation der Kassen, die für die Arbeitergewerkschafter vorteilhaft war.

Im Gegenzug erwarteten die Beamten, dass dies zur Bildung einer wohlwollenden Aufnahme der IAO und ihres Anliegens in der internationalen Öffentlichkeit führte. Am 4. Oktober 1927 gründeten Oswald Stein und Adrien Tixier die Internationale Zentralstelle von Verbänden der Krankenkassen und Hilfsvereine. 1937 wurde sie zur »Internationalen Zentralstelle der Sozialversicherungsträger« (nach der französischen Bezeichnung – »Confédération internationale de la mutualité et de l'assurance sociale« – kurz CIMAS genannt), 1947 zur »Internationalen Vereinigung für Soziale Sicherheit« (IVSS) (zur Gründung der CIMAS aus französicher Sicht siehe Dreyfus 1995, S. 92–102), die ein Gegengewicht zum Einfluss der Ärzteverbände und privaten Versicherungsunternehmen bilden sollte (diese versuchten, sich ausgehend von der Schweiz zu organisieren, siehe Bericht von Stein an Maurette, 10. Dezember 1926, A-IAA, SI 22/1/1). Den Vorsitz des Verbandes übernahm der sozialdemokratische Abgeordnete Leo Winter aus Prag; Helmut Lehmann wurde sein Stellvertreter.

Die positive Wahrnehmung der sozialen demokratischen Tragweite der deutschen Sozialpolitik trug dazu bei, dass die IAO als institutioneller Rahmen zur Internationalisierung der Erinnerung an die deutsche Sozialpolitik fungierte. Interessanterweise scheinen aber gerade die Gewerkschafter*innen, die in verschiedenen Gremien an der Arbeit der IAO beteiligt waren, an dieser symbolischen Konstruktion nicht mitgewirkt zu haben.

Der DGB

Und doch hielt die Präsenz deutscher Gewerkschafter*innen in den Expertenkommissionen auch nach dem Zweiten Weltkrieg an, ja verstärkte sich sogar noch. Vertreter*innen des DGB waren in den meisten Industrieausschüssen anzutreffen, welche eher den entwickelten Ländern offenstanden, aber auch in zahlreichen Sachverständigenausschüssen und hier besonders im Sozialversicherungsausschuss (siehe die Gutachten von Bodo Schaff für den DGB, A-IAA SI 4-01-4-101-1).

So war beispielsweise Otto Brenner, der charismatische spätere IG-Metall-Vorsitzende, im Jahr 1954 Mitglied des Ausschusses für Eisen und Stahlindustrie (A-IAA RL 24-3-19-J2); Willy Richter war Arbeitnehmervertreter im Ausschuss für mechanische Industrie und Kohlebergbau (PV CA, 1959, 141, S. 63) und an der Diskussion über die Kosten der sozialen Sicherheit beteiligt (PV CA 1955,

128, S. 16). Hermann Beermann war Mitglied des Ausschusses für die Anwendung der Übereinkommen und arbeitete 1963/1964 im Sachverständigenausschuss für Automatisierung mit; außerdem war er 1964 Mitglied des Ausschusses für Holz- und Möbelindustrie. In all diesen Jahren drängte er darauf, die Industrieausschüsse zu vermehren und stärker auszudifferenzieren, was in der Tat der Gliederung des gewerkschaftlichen Dachverbands nach Branchen besser entsprach (siehe auch seine Diskussion mit Morse im März 1968, A-IAA Z1/24/3 J2). Im Jahr 1966 war Beermann zudem Mitglied des International Institute for Social Studies der IAO (PV CA 1964, 160, S. 50) und nahm wiederholt zur Frage der Ausarbeitung zuverlässigerer internationaler Arbeitsstatistiken Stellung (siehe etwa PV CA, 1967, 169, S. 56).

Was das IAA an den deutschen Gewerkschaften interessierte, war – wie auch in der Zwischenkriegszeit – ihr qualitativ hochwertiges Fachwissen und ab der zweiten Hälfte der 1950er Jahre insbesondere das Wissen über Automatisierung. David Morse reiste 1968 zum Kongress der IG Metall und hielt dort einen langen Vortrag zu diesem Thema (A-IAA RL 24-3-30-J2). 1980 beendete Bernard Fortin seinen Bericht über die vom DGB veranstaltete Konferenz zu Beschäftigungsfragen mit den Worten:

»Wir waren beindruckt von der Ernsthaftigkeit der Diskussion und dem hohen Niveau der Beteiligten. Ich kann mich nicht erinnern, außer vielleicht in den skandinavischen Ländern, je an einer gewerkschaftlichen Versammlung teilgenommen zu haben, bei der Ökonomen, Forscher, Praktiker und Aktivisten (alle Gewerkschafter) mit solchen technischen Fachkenntnissen und einem solchen Sinn für Politik so schwierige Probleme besprochen haben« (Bericht Fortin 30.10.1980, A-IAA RL 24-3-19-J6).

Schließlich erlaubten es dem DGB seine finanziellen Möglichkeiten, die aus der Perspektive der IAO enorm zu sein schienen, sich an Entwicklungshilfeprojekten der IAO zu beteiligen und insbesondere ab 1957 das Andenprogramm zu unterstützen (A-IAA RL 24-3-19-J3). Willy Richter, der im Verwaltungsrat selten das Wort ergriff, sprach sich 1957 mit deutlichen Worten für die Entwicklungshilfe aus (PV CA 1957, 137, S. 83) und sollte sich in diesem Bereich persönlich engagieren. 1965 beteiligte sich der DGB an der Finanzierung eines Ausbildungszentrums in Ecuador (Brief von Beermann an Jeff Rens, 19. Mai 1965, A-IAA RL 24-3-19-J4). 1966 bot der DGB weitere Unterstützung für das Andenprogramm an und äußerte den Wunsch, dass die IAO sich an der Verwaltung eines Ausbildungszentrums im nordwestbrasilianischen Pindorama beteiligte, welches er zum Teil mitfinanzierte (A-IAA Z 1 24/3/1).

Das Pindorama-Projekt war eng mit der Person Willy Richter verknüpft (Paul 1993). Die Hilfe gründete auf der Vorstellung einer umfassenderen sozialen Gerechtigkeit, im Sinne einer gerechteren Aufteilung des globalen Reichtums (zur Entwicklungspolitik der IAO siehe Maul 2007), hatte aber auch – vielleicht hauptsächlich – eine andere Dimension, nämlich die des Exports des im DGB vorhandenen praktischen und technischen Sachverstands. Auch das 1968 in Turin gegründete International Training Center für Führungskräfte aus Ländern des Südens unterstützte der DGB entschlossen und warb als Vermittler bei der deutschen Regierung um die Beteiligung des Bundes an der Finanzierung (A-IAA Z 1 24/3/1). Beermann, der das Bildungsprogramm des Turiner Zentrums befürwortete, wurde Mitglied seines Aufsichtsrats. Hier übernahm er ein weiteres Mal die Rolle des Schlichters, als er zu Vorwürfen der US-amerikanischen Gewerkschaften Stellung nahm, das Zentrum sei kommunistisch unterwandert.

Es ist merkwürdig, dass diese Mitwirkung an der Entwicklungspolitik der IAO nicht vom DGB als internationale Solidaritätspolitik selbst hervorgehoben wurde und auch nie in der langen Tradition dieser in der Tat seit dem 19. Jahrhundert praktizierten internationalen Solidarität der deutschen Gewerkschaften thematisiert wurde. Die IAO ist also nicht, wie man hätte erwarten können, als Rahmen der Erinnerung dieser gewerkschaftlichen Solidarität wahrgenommen und weiterentwickelt worden. Dafür gibt es mehrere Gründe.

Erstens gehörte die internationale Solidarität zur Sprache des Freien Deutschen Gewerkschaftsbundes der DDR und war daher in der BRD schwer zu vertreten. Zweitens wurde internationale Solidarität von den Mitgliedern der Gewerkschaften eher als Last wahrgenommen und daher von der Führung diskret betrieben. Drittens war in dieser Zeit die IAO sicher nicht mehr der Ort, an dem die deutschen Gewerkschaften bevorzugt ihr soziales Modell diskutierten und verbreiteten. Darauf deutet beispielsweise hin, dass die Einführung der dynamischen Rente 1957 in der IAO kaum gewürdigt, im Europarat hingegen breit diskutiert wurde (Kramer 2017, S. 84–102; Köhler 2007, S. 821–840).

Fazit

Welche Rolle spielte also die IAO für die Erinnerung an die deutsche Sozialpolitik, und was war die Funktion der Gewerkschaften in diesem Prozess? In der Zwischenkriegszeit hatte die IAO tatsächlich als Resonanzkörper für die von den deutschen Akteuren gerühmte Vortrefflichkeit ihrer Sozialpolitik gedient. Die Konstruktion des deutschen Sozialmodells auf internationaler Ebene war aber vor allem ein Anliegen der Beamten des RAM. Die deutschen Gewerkschafter*innen, die in der Verwaltung der Sozialversicherungsträger mitwirkten, trugen zu dieser symbolischen Konstruktion kaum bei.

Doch auch die internationalen Beamten des IAA waren in die Konstruktion und Verbreitung des deutschen Sozialmodells eingebunden. Sie stammten oft aus sozialistischen Milieus und hießen deshalb Lösungen grundsätzlich gut, die die soziale Demokratie förderten. In diesem Sinn fungierte die IAO doch als Rahmen einer Internationalisierung des »Erinnerungsorts deutscher Sozialstaat« und damit auch der Erinnerung an das Wirken der deutschen Gewerkschaften. Doch wirkten die deutschen Gewerkschafter*innen selbst kaum daran mit.

Nach dem Zweiten Weltkrieg verkörperte bis 1973 nur die BRD die Tradition der deutschen Sozialpolitik. Aber in Wirklichkeit gab es keine Kontinuität mehr. Das Personal aus der Zeit vor dem Nationalsozialismus – das gilt auch für die Gewerkschaftsseite – war weitgehend kompromittiert und diskreditiert. Außerdem führten die gesellschaftlichen und politischen Kräfteverhältnisse in Westdeutschland selbst zumindest bis in die 1960er Jahre zu einer merkwürdigen Umkehrung: Das IAA war nun weniger ein Ort der Werbung für das deutsche Sozialmodell als vielmehr eine Quelle der Unterstützung für Forderungen der Gewerkschaften, insbesondere der Frauen. Ab Ende der 1960er Jahre setzten die deutschen Akteure auf das IAA, um in Europa die von ihnen betriebene Entspannungspolitik durchzusetzen. Der DGB trug dann auch dazu bei, das Bild der IAO als internationalen Ort des sozialen Fortschritts und der sozialen Demokratie zu verbreiten.

Davon, dass die deutschen Akteure in der IAO versucht haben, das deutsche Sozialmodell weiter zu internationalisieren, gab es hingegen keine Spur mehr. Sogar wenn der DGB sich international solidarisch betätigte, spielte die Erinnerung an die lange Tradition der finanziellen Solidarität mit streikenden Arbeiter*innen seit dem 19. Jahrhundert keine Rolle. Die Gründe dieses gebrochenen Gedächtnisses sind vielfältig. Dabei ist ohne Zweifel die tragische Geschichte Deutschlands entscheidend, aber auch die feste Verankerung der Gewerkschaften im nationalen Rahmen, auch hinsichtlich der Sozialpolitik.

Für die Erinnerungen der Gewerkschaften – und nicht nur der deutschen – war die internationale Arbeitsorganisation nicht sehr relevant, vor allem, weil Sozialpolitik innerhalb der nationalen Grenzen stattfindet. Zudem waren die deutschen gewerkschaftlichen Trägerschichten der Erinnerung in der IAO immer dünn gewesen. Es gab nie viele Gewerkschafter*innen in der IAO und im IAA, und diejenigen, die es gab, verstanden sich nicht als Brücke zwischen der internationalen und der nationalen Bühne. Entweder agierten sie als Vertreter*innen ihrer »Landsleute« in der internationalen Organisation, wie Baumeister, Schlicke und Müller in der Weimarer Zeit, oder sie internationalisierten sich völlig und verloren weitgehend den Kontakt zu den Einheimischen, wie im Fall von Schregle.

Das heißt aber nicht, dass die deutschen Gewerkschaften ihre sozialpolitische Expertise und ihr Know-how der internationalen Sozialpolitik nicht zur Verfügung stellten oder dass sie überhaupt keine internationale Solidarität entwickelten, doch dieser Internationalismus wurde in der IAO nicht erinnert. Und noch weniger international erinnert wurde das Engagement der deutschen Gewerkschaften als Trägerinnen und Mitgestalterinnen der deutschen Sozialpolitik.

Übersetzung aus dem Französischen von Marcel Streng

Literatur und Quellen

Baumeister, Albert (1925): Der deutsche Arbeiter in der Internationale. Berlin: Verlag der neuen Gesellschaft.
Berthelot, Marcel (1924): Les conseils d'entreprise en Allemagne, Genf: BIT.
BIT (1931): Dix ans d'organisation internationale du travail. Genf: BIT.
Congrès international socialiste (1904): Amsterdam, Bd. 14. Brüssel: Éditions de Bruxelles.
Congrès international socialiste (1910/1981): Kopenhagen. Genf: Minkoff.
Dreyfus, Michel (1995): Mutualité et organisations politiques et sociales internationales (1889–1939). In: Vingtième Siècle. Revue d'histoire 48, S. 92–102.
Historikerkommission zur Geschichte des RAM (2021): Maximilian Sauerborn. www.historikerkommission-reichsarbeitsministerium.de/Biografien/Maximilian-Sauerborn (Abruf am 28.5.2021).
Hockerts, Hans Günther (Hrsg.) (2006): 1966–1974. Eine Zeit vielfältigen Aufbruchs. Baden-Baden: Nomos.
IAO (1953): Übereinkommen über die Gleichheit des Entgelts männlicher und weiblicher Arbeitskräfte für gleichwertige Arbeit, www.ilo.org/wcmsp5/groups/public/---ed_norm/---normes/documents/normativeinstrument/wcms_c100_de.htm (Abruf am 28.5.2021).
Jouhaux, Léon (1954): Revue internationale du Travail 70, 3-4, S. 260–276.
Klimo, Alexander (2018): Im Dienst des Arbeitseinsatzes. Rentenversicherungspolitik im Dritten Reich. Göttingen: Wallstein.
Kott, Sandrine (2001): Der Sozialstaat. In: François, Etienne/Schulze, Hagen (Hrsg.): Deutsche Erinnerungsorte, Bd. 2. München: C. H. Beck, S. 484–501.

Kott, Sandrine (2009): Kann es transnationale Erinnerungsorte geben? Das Beispiel der International Labour Organisation. In: Buchinger, Kirstin/Gantet, Claire/Vogel, Jakob (Hrsg.): Europäische Erinnerungsräume. Frankfurt am Main: Campus, S. 281–296.

Kott, Sandrine (2014): Fighting the War or Preparing for Peace? The ILO during the Second World War. In: Journal of Modern European History 12, H. 2–3, S. 359–376.

Kott, Sandrine (2018): Competing Internationalisms: The Third Reich and the International Labour Organization. In: Kott, Sandrine/Patel, Kiran Klaus (Hrsg.): Nazism across Borders. The Social Policies of the Third Reich and their Global Appeal. Oxford: University Press, S. 29–53.

Kott, Sandrine/Patel, Kiran Klaus (2017): Sozialpolitik zwischen Auslandspropaganda und imperialen Ambitionen. In: Nützenadel, Alexander (Hrsg.): Das Reichsarbeitsministerium im Nationalsozialismus: Verwaltung, Politik, Verbrechen. München: C. H. Beck, S. 317–348.

Köhler, Peter (2007): Internationale Sozialpolitik. In: Ruck, Michael/Boldorf, Marcel (Hrsg.): 1957–1966. Sozialpolitik im Zeichen des erreichten Wohlstandes. Baden-Baden: Nomos, S. 821–840.

Kramer, Nicole (2017): Vers une coordination internationale de la politique du vieillissement: le Conseil de l'Europe et la République fédérale d'Allemagne. In: Revue d'histoire de la protection sociale 10, S. 84–102.

Maul, Daniel (2007): Menschenrechte, Sozialpolitik und Dekolonisation. Die Internationale Arbeitsorganisation (IAO), 1940–1970. Essen: Klartext.

Münzel, Martin (2017): Neubeginn und Kontinuitäten. Das Spitzenpersonal der zentralen deutschen Arbeitsbehörden 1945–1960. In: Nützenadel, Alexander (Hrsg.): Das Reichsarbeitsministerium im Nationalsozialismus: Verwaltung, Politik, Verbrechen. München: C. H. Beck, S. 494–551.

Paul, Hans-Holger (Hrsg.) (1993): Inventar zu den Nachlässen der deutschen Arbeiterbewegung. München: De Gruyter.

Riegelman, Carol (1934): War-Time Trade-Union and Socialist Proposals. In: Shotwell, James (Hrsg.): The Origins of the International Labor Office. New York: Columbia University Press.

Schulz, Günther (2005): Bewältigung der Kriegsfolgen. Rückkehr zur sozialpolitischen Normalität. Baden-Baden: Nomos.

Seib, Friedrich Georg (2009): Für Wiederaufbau und Entwicklung: Er-innerungen und Erfahrungen im deutschen und internationalen Dienst. Heiligenstadt: Cordier.

Shotwell, James (Hrsg.) (1934): The Origins of the International Labor Office. New York: Columbia University Press.

Sitzler, Friedrich (1940): Sozialpolitik im neuen Europa. In: Soziale Praxis 49.

Thomas, Albert (1904): Le syndicalisme allemand: résumé historique 1848–1903. Paris: G. Bellais.

Tosstorff, Reiner (2005): The International Trade-Union Movement and the Founding of the International Labour Organization. In: International Review of Social History 50, H. 3, S. 399–433.

Tosstorff, Reiner (2007): Wilhelm Leuschner gegen Robert Ley. Ablehnung der Nazi-Diktatur durch die Internationale Arbeitskonferenz 1933 in Genf. Frankfurt am Main: VAS.

Weber, Petra (2010): Gescheiterte Sozialpartnerschaft – gefährdete Republik? Industrielle Beziehungen, Arbeitskämpfe und der Sozialstaat. Deutschland und Frankreich im Vergleich (1918–1933/39). München: Oldenbourg.

Wintzer, Joachim (2006): Deutschland und der Völkerbund 1918–1926. Paderborn: Schöningh.

Die Sozialversicherung in der Erinnerungskultur der Gewerkschaften
Ein Erinnerungsort?

Wilfried Rudloff

Kollektive Akteure bedürfen, um innere Stabilität zu erlangen und sich nach außen abzugrenzen, sinn-, traditions- und identitätsstiftender Symbole, Rituale und Narrative. In historisch aufgeladenen Topoi verdichten sich sinnbildlich ihre Zielsetzungen, ihre Handlungsorientierungen, ihr Selbstbild und ihr Erfahrungshintergrund. Solche Kristallisationspunkte kollektiver Erinnerung, für die sich der Begriff »Erinnerungsorte« eingebürgert hat, werden in der kulturwissenschaftlichen Forschung als Konstrukte symbolischer Repräsentation verstanden, also als Vergegenwärtigungen und Vergegenständlichungen von Vorstellungsgehalten.

Für Bedeutungsträger dieser Art wird angenommen, dass sie im kollektiven Gedächtnis und in den Identitätsdiskurses sozialer Gruppen und Bewegungen eine wichtige Funktion übernehmen, indem sie dazu beitragen, Erinnerungsgemeinschaften zu bilden. Als Projektionsflächen von Bedeutungszuschreibungen leben sie nicht aus sich selbst heraus, sondern erlangen ihren Stellenwert nur, soweit sie anschlussfähig sind für sinnstiftende Narrative.

Erinnerungsorte der Gewerkschaftsbewegung

Wer Erinnerungsorte untersucht, interessiert sich weniger für die realen Ereignisse, die mit ihnen verknüpft sind, als vielmehr für ihre Konstruktion, ihre Wahrnehmung, ihre imaginierten Bedeutungen. Erinnerungsorte sind deshalb auch nicht primär an dem Wahrheitsgehalt der Deutungen zu messen, mit denen sie versehen werden, sondern an ihrem Vermögen, kollektive Erfahrungen zu integrieren und kollektive Identitäten zu prägen (Robbe 2009; François 2009; Erll 2011; Berger/Seiffert 2014; Siebeck 2017).

Soziale Gruppen und kollektive Akteure ordnen den Bestand ihrer kollektiven Erfahrungen und Erinnerungen immer wieder neu, handeln ihn neu aus und interpretieren ihn auf neue Weise. Erinnerungsorte werden daher häufig als Palimpsest bezeichnet: Sie werden in sich überlagernden Schichten mit aktualisierten Bedeutungsgehalten überschrieben. Jede Generation, so haben Etienne François und Hagen Schulze in diesem Kontext angemerkt, schafft sich die Erinnerungen, die sie zur Bildung ihrer Identität benötigt (François/Schulze 2005, S. 7).

Erinnerungsorte sind damit zugleich Bestandteil einer politischen Erinnerungskultur, einer Form der Aneignung von Geschichte, die darauf abzielt, politische Zwecke zu erreichen, hier also Zwecke von sozialen Gruppen, Bewegungen oder ideellen Gemeinschaften (Wolfrum 2010; Cornelißen 2012). Die Metamorphosen der Bedeutungszuschreibungen, die Erinnerungsorte in ihrer imaginierten Existenz begleiten, erlauben so Rückschlüsse auf den sich wandelnden Bewusstseinshorizont der Erinnerungskulturen.

Der Begriff des Erinnerungsortes kann neben Ereignissen, Symbolen, Artefakten, Texten und realen Orten auch Institutionen umschließen, die für das kollektive Schicksal und die gemeinsame Erinnerung von Gemeinschaften affektive und konstitutive Bedeutung erlangt haben. Eine solche Institution – tatsächlich eher ein ganzes Funktionssystem von Institutionen – ist der Sozialstaat. Zumal die Sozialversicherung bildete in Deutschland schon früh über Parteien und Lager hinweg einen Moment nationaler Identifikation (Kott 2014, S. 161 ff.).

Dass die Errungenschaften des Sozialstaats ungeachtet der vielfachen politischen Umbrüche und Regimewechsel, wie sie in Deutschland zu verzeichnen waren, für die Lebenschancen der Arbeitnehmer*innen, ja der Staatsbürger*innen insgesamt eine eminente Bedeutung hatten (und haben), steht außer Zweifel. Der*die moderne Staatsbürger*in versteht sich als Träger*in sozialer Rechte, als Sozialstaatsbürger*in. Meinungsumfragen weisen den Sozialstaat nach wie vor als bedeutsamen staatlichen Legitimationsanker aus (Roller 1992; Andreß/Heien/Hofäcker 2001; Ullrich 2008).

Leistungskürzungen können Protestpotenziale erzeugen, der Ausbau von Leistungen steigert die politischen Zustimmungsressourcen. »Credit claiming« im einen Fall, »blame avoidance« im anderen gehören zu den elementaren Handlungsgeboten für Sozialpolitiker*innen (Pierson 1996). Das gilt auch in historischer Perspektive.

Sandrine Kott hat gezeigt, wie der Sozialstaat in seinen historischen Etappen jeweils neu als Projektionsfläche für unterschiedliche Erwartungen und sehr verschiedenartige soziale Ordnungsbilder gedient hat (Kott 2001). Wir nehmen demgegenüber im Folgenden eine doppelte Verengung vor. Es geht nicht um die ganze Nation, sondern um einen kollektiven Akteur, der in den Ursprüngen des

Sozialstaats in Opposition zur gesellschaftlichen Ordnung stand, denn essenziell für Erinnerungsorte ist immer auch, dass ihre Wahrnehmung je nach Gruppenperspektive durch voneinander abweichende Logiken und Zuschreibungen bestimmt wird. Und es geht nicht um den deutschen Sozialstaat als ganzen, sondern um seinen inneren Kern: die Sozialversicherung in ihrer spezifisch deutschen, eben »Bismarckschen« Form der semifiskalischen Zwangskorporation.

Konkurrierende Gründungsmythen

Fragt man nach dem Stellenwert der Sozialversicherung in den unterschiedlichen politischen Erinnerungskulturen in Deutschland, bietet sich als Ausgangspunkt die Kaiserliche Botschaft vom 17. November 1881 an, die zentrale symbolische Verkörperung der Ursprünge des deutschen Sozialstaats (Reidegeld 1994). Sie wird gemeinhin als Signal für den Beginn der gesetzgeberischen Aktivitäten zur Errichtung der »Bismarckschen« Arbeiterversicherung angesehen, auch wenn deren Anfänge tatsächlich ein Stück weiter zurücklagen (Tennstedt 1981b).

Die Kaiserliche Botschaft, die im Reichsamt des Innern entworfen und anschließend von Bismarck überarbeitet worden war, kündigte als positives Komplement zum repressiven Sozialistengesetz Gesetzesinitiativen an zur Versicherung gegen das Risiko des Berufsunfalls, zur Neuordnung des Krankenkassenwesens und zum sozialen Schutz bei Alter und Invalidität.

Um sie rankt sich der Schöpfungsmythos des deutschen Sozialstaats. Im Turnus der runden Zahlen stiftet das Datum fortan in großen Abständen – das heißt unter gewandelten Zeitumständen und Rahmenbedingungen – den Anlass zu erinnerungspolitischen Gedenkakten. An der erinnerungspolitischen Aktualisierung dieser Ursprungserzählung arbeiten sich jeweils die konkurrierenden Erinnerungskulturen ab, nicht zuletzt auch die gewerkschaftliche.

Wenn also die Kaiserliche Botschaft das zentrale Erinnerungsdatum ist, um das herum sich der Gründungsmythos des deutschen Sozialstaats entspinnt – mithilfe welcher Narrative wurde das Ereignis dann von Seiten der Gewerkschaften anschlussfähig für die eigene Geschichte gemacht? Die Frage nach der Kompatibilität der Deutungen ist nicht ganz trivial, denn aus Gewerkschaftsperspektive waren prima vista weder die Verkünder der Botschaft, Kaiser und Kanzler, geeignet, identitätsstiftend zu wirken, noch war ohneweiters ersichtlich, was als aktiver Anteil der sozialdemokratischen Arbeiterbewegung an der Geburt des deutschen Sozialstaats ausgemacht werden konnte. Das wird schon an dem zentralen Deutungsmuster deutlich, das der Gründungsgeschichte von gewerkschaftlicher Seite unterlegt wurde, dem unverwüstlichen Topos von »Zuckerbrot und Peitsche«.

Um den beiden Kernbestandteilen der Arbeiterpolitik des Reichskanzlers einen Namen zu geben, hat sich bereits die sozialdemokratische Publizistik im Kaiserreich des Begriffspaars bedient. Die gewerkschaftsnahe Geschichtsschreibung hat die von Franz Mehring weiter popularisierte Interpretationsfigur übernommen, und auch die Gewerkschaftsführer wollten auf die Chiffre nicht verzichten, wenn sie in Erinnerungsreden auf die Geburt des Sozialstaats zu sprechen kamen.

Zuckerbrot, das war die Sozialversicherungsgesetzgebung der 1880er Jahre, der Beginn des Bismarckschen Sozialstaates. Peitsche, das war, zeitlich vorgelagert, das Sozialistengesetz, die Repression der sozialistischen Arbeiterbewegung seit spätestens 1878. Zuckerbrot und Peitsche wurden als zwei Seiten einer Medaille verstanden, als strategisches Doppelspiel, bei dem die Arbeiterschaft mit dem Staat versöhnt, den sozialistischen Arbeiterorganisationen aber mit aller Macht das Wasser abgegraben werden sollte.

Franz Mehring, 1897/98 Autor einer ersten umfassenden Geschichte der Sozialdemokratie, wusste zu berichten, dass bereits in den sozialdemokratischen Flugblättern der achtziger Jahre der Ausspruch »Sein Zuckerbrot verachten wir, seine Peitsche zerbrechen wir« zu einem geflügelten Wort geworden war (Mehring 1898, S. 467). Zunächst als sozialdemokratisches Gegennarrativ zum nationalkonservativen Schöpfungsmythos geboren, löste die Einschluss und Ausschluss verschränkende Formel auch in den Deutungsperspektiven der bundesdeutschen Geschichtswissenschaft die alte Ursprungserzählung von der Sozialstaatsgründung als Ausdruck der überlegenen Staatsklugheit Bismarcks nach und nach ab. Jüngere Einwände gegen die Doppelformel haben ihrer Beliebtheit wenig Abbruch getan (Tennstedt 1997; Tennstedt 2001).

Gewerkschaftliche »Überschreibungen« des Gründungsmythos: Narrative Archetypen der Aneignung in der gewerkschaftlichen Erinnerungskultur

Wenn das Wechselspiel von Zuckerbrot und Peitsche den Deutungsrahmen aufspannte, in den aus Sicht der sozialdemokratischen Arbeiterbewegung die Gründungsgeschichte der Sozialversicherung eingeordnet werden musste, war damit allerdings die Gefahr verbunden, die Gewerkschaften in eine bloße Opferrolle abzudrängen, sie als passive Objekte, nicht als aktive Subjekte der Sozialstaatsgeschichte zu präsentieren. Sollten die sozialdemokratischen Gewerkschaften als wesentliche Protagonisten der formativen Phase des Sozialstaats in Erscheinung treten, musste das retrospektive Narrativ mit zusätzlichen Deutungsfiguren angereichert werden.

Hier interessiert weniger die historiografische Aufarbeitung als vielmehr die Darstellung im Rahmen der gewerkschaftlichen Erinnerungskultur. Welche Modi des Erzählens wurden gewählt, um dem Ereignis aus gewerkschaftlicher Sicht Sinn und Bedeutung zu verleihen? Um die Frage zu beantworten, kann man in zwei Schritten die Beiträge untersuchen, die von Gewerkschaftsseite zum 50. und zum 100. Jubiläum der Kaiserlichen Botschaft von 1881 beigesteuert wurden.

Die instrumentelle Vermischung von retrospektiver Erinnerungspolitik mit politischen Gegenwartsbezügen ist ein wiederkehrendes Element sozialpolitischer Jubiläumsprosa. Nicht anders im Jahr 1931, als eine Reihe von Gewerkschaftszeitschriften dem 50. Jubiläum des Gründungsaktes der Sozialversicherung einen Gedenkartikel widmeten. Man befand sich auf dem Gipfel der Weltwirtschaftskrise, die Sozialversicherung durchlebte die größte Existenzkrise seit ihrer Gründung und hatte den absoluten Tiefpunkt ihrer bisherigen Entwicklung erreicht. Für Jubelfeiern bestand unter diesen Zeitumständen kein Anlass.

Vielen stach 1931 vor allem die Umkehrung der Parteikonstellationen ins Auge: »Die Parteien der Linken, die Bismarcks Pläne im Anfang aufs heftigste bekämpft haben, treten jetzt am stärksten für die Sozialversicherung ein«, las man in einer Auswertung der veröffentlichten Reden und Gedenkartikel, »während die Rechtsparteien, die Bismarck seinerzeit Gefolgschaft leisteten, die Sozialversicherung – zumindest in ihrem gegenwärtigen Zustand – bekämpfen« (Knoll 1932, S. 4).

Das Kontrastbild, das sich bei der Gegenüberstellung der Aufbaujahre des Sozialstaats mit der von wirtschaftlichem, politischem und sozialem Niedergang geprägten Gegenwart ergab, lieferte den gewerkschaftlichen Kommentatoren den Hintergrund für eindringliche sozialpolitische Warnrufe. In der *Einigkeit*, dem Organ des Verbandes der Nahrungsmittel- und Getränkearbeiter, unterstrich der frühere Gewerkschaftsredakteur und langjährige SPD-Reichstagsabgeordnete Gustav Hoch die Rolle der Gewerkschaften als eigentlichen Motor der Sozialstaatsentwicklung. Bereits lange vor der Kaiserlichen Botschaft hätten sich die freien Gewerkschaften, so las man dort, um die Ausgestaltung der Arbeiter- und Angestelltenversicherung (!) bemüht, und je mehr dann die Arbeiterbewegung erstarkt sei, umso mehr habe auch Bismarck die Forderungen als berechtigt anerkannt.

Der entscheidende Vorzug der Arbeiterversicherung lag für Hoch im Rechtsanspruch auf Sozialleistungen, der den wesentlichen Unterschied zum Almosencharakter der Armenpflege ausmachte. Daraus und aus dem Charakter der Versicherungsbeiträge als vorenthaltenen Teil des Arbeitslohns wurde abgeleitet, dass den Versicherten ein Recht auf angemessene Lebenshaltung oberhalb jenes Armenunterstützungsniveaus zustehen müsse, auf das die Arbeitgeberverbände die Sozialversicherung unter den Bedingungen der Krise mit Macht herabzudrücken suchten (Hoch 1932). Die *Baugewerkschaft*, das Organ des Zentralverbands christlicher Bauarbeiter, verwahrte sich in ihrem Jubiläumsartikel wiederum gegen die »geistige Unterminierung des sozialen Versicherungsgedankens« durch die antisozialstaatliche Polemik konservativer und unternehmernaher Gegenwartsautoren, die die Sozialversicherung für moralische Niedergangsphänomene wie Verweichlichung, schwindenden Sparsinn und Ausnutzung der Versicherungseinrichtungen verantwortlich machten (Baugewerkschaft 1931).

Was die Wurzeln und Ursprünge der Sozialversicherung anging, liefen die Deutungen der christlichen und freien Richtungsgewerkschaften allerdings weit auseinander. Die Zeitschrift des Zentralverbands christlicher Holzarbeiter reihte die »Sozialbotschaft« in eine Ahnengalerie ein, welche die Vorreiter der katholischen wie protestantischen Soziallehre Ketteler, Kolping und Wichern besonders hervortreten ließ, während zugleich daran erinnert wurden, dass die Sozialversicherung nicht wegen der freien Gewerkschaften, sondern »trotz der verneinenden Haltung einer angeblich arbeiterfreundlichen Sozialdemokratie« zustande gekommen sei (Holzarbeiter 1931; Deutsche Metallarbeiter 1931).

Theodor Brauer, ein führender Theoretiker der christlichen Gewerkschaften in den 1920er Jahren, nutzte das Jubiläum im *Zentralblatt der christlichen Gewerkschaften*, um die Nähe der kaiserlichen Sozialbotschaft zum »sittlichen Gedanken praktischen Christentums« hervorzuheben, während er den freien Gewerkschaften attestierte, sie hätten unter dem Einfluss des Sozialismus »keinerlei positive Aufbautendenzen« gezeigt. Für Brauer lag die Rettung in einer berufsständischen Neuordnung, der sich die Sozialpolitik zu verschreiben habe (Brauer 1931). Umgekehrt nahm der Gedenkartikel aus der Feder Hochs, der gleich in mehreren freigewerkschaftlichen Verbandsorganen erschienen war, für die freien Gewerkschaften in Anspruch, erst ihr Einsatz habe im Verein mit den sozialdemokratischen Parlamentariern dazu beigetragen, »die Arbeiterversicherung ihrem eigentlichen Wesen mehr anzupassen« (Hoch 1931).

Beim 100. Jubiläum der Sozialbotschaft wurde ersichtlich mehr Aufwand betrieben als ein halbes Jahrhundert zuvor. Es gab Sondermarken, Jubiläumsschriften (Wehnert o. J.), wissenschaftliche Symposien und Veröffentlichungen (Hockerts 1983; Tennstedt 1981a; Tennstedt 1982) und auch einen offiziellen Festakt der Bundesregierung, bei dem der Kaiserlichen Sozialbotschaft im alten Berliner Reichstagsgebäude feierlich die Ehre erwiesen wurde. Die Hauptrede hielt der Bundesminister für Arbeit und Sozialordnung, Herbert Ehrenberg

(SPD), dessen Karriereweg in den 1960er Jahren auch über eine längere Tätigkeit beim Hauptvorstand der IG Bau-Steine-Erden geführt hatte. Fast alle Redner waren Gewerkschafter oder Sozialdemokraten mit starkem gewerkschaftlichen Hintergrund (neben Ehrenberg auch Gerd Muhr, Hermann Rappe, Georg Leber, Hermann Brandt; einziger Nicht-Gewerkschafter war Arbeitgeberpräsident Otto Esser) (Ersatzkasse 1981; Brück 1982).

Man hätte meinen können, der Sozialstaat wäre inzwischen fest in gewerkschaftlicher Hand. Ehrenberg versäumte denn auch nicht, August Bebels Wort zu zitieren, die Sozialdemokratie sei die eigentliche Ursache von Bismarcks ersten Gesetzentwürfen für die Arbeiterversicherung gewesen, um im Weiteren dann noch zu unterstreichen, es sei vor allem den Gewerkschaften zu verdanken gewesen, dass die Sozialpolitik über die Jahrzehnte immer weiter ausgebaut wurde (Ehrenberg 1982; Ehrenberg 1981).

Wenngleich nicht mit der Krise der frühen 1930er Jahre vergleichbar, dürfte allen Anwesenden jedoch vor Augen gestanden haben, dass die Sozialversicherung ihr Jubiläum auch diesmal unter Bedingungen beging, die eine unbeschwerte Festtagsstimmung nicht so recht aufkommen lassen wollten. Unter den Vorzeichen der zweiten Ölkrise und anhaltender Wachstumsschwächen, einer sich zunehmend verschärfenden Arbeitslosigkeit, wachsender sozialstaatlicher Finanzierungsnöte und der immer öfter zu vernehmenden Rede von der Überdehnung der Sozialpolitik stand der Sozialstaat zum Zeitpunkt des Jubiläums wie lange nicht mehr im Kreuzfeuer der Kritik. Die sozialliberale Bundesregierung war aufgrund der von ihr beschlossenen Konsolidierungsmaßnahmen gerade erst mächtig unter Beschuss des DGB geraten (Müller-Jentsch 1990, S. 409); auch zwischen Ehrenberg und den Gewerkschaften ließen sich inzwischen deutliche Meinungsverschiedenheiten hinsichtlich des eingeschlagenen Austeritätskurses ausmachen (Geyer 2008, S. 178 f.).

Beim Jubiläumsfestakt war es denn auch vor allem Gerd Muhr, seit 1969 stellvertretender DGB-Vorsitzender und im Bundesvorstand zwei Jahrzehnte für die Sozialpolitik zuständig, vorbehalten, die Perspektive der Gewerkschaften aufzuspannen (Muhr 1982; Remeke 2012). Muhrs Ansprache griff die gewerkschaftlichen Gegennarrative zum Bismarckschen Schöpfungsmythos der Sozialversicherung auf, wie sie in der Erinnerungskultur der Arbeiterbewegung von Anbeginn gepflegt worden waren, und entwickelte die entsprechenden Topoi zugleich weiter. Nimmt man zu Muhrs Festrede noch eine Reihe weiterer gewerkschaftlicher Texte aus gleichem Anlass hinzu, lassen sich fünf Deutungskomponenten als übergreifende Muster gewerkschaftlicher Erinnerungskultur herausfiltern.

1. Nicht Urheberin, aber Ursache: Eine erste Form der Aneignung lag darin, die elementare Bedeutung zu unterstreichen, welche die Arbeiterbewegung

als – negativer – Antriebsfaktor für die Entstehung des Sozialstaats gehabt hatte, gleichsam als Stachel im Fleisch des monarchischen Obrigkeitsstaats. Die dialektische Formel lautete dann: ohne die Herausforderung durch die sozialistische Arbeiterschaft keine bürgerliche Sozialreform. Der locus classicus zur Illustration des Sachverhalts, von Gewerkschaftsseite seit den Jahren des Kaiserreichs immer wieder bemüht, war das Wort Bismarcks aus einer Reichstagsdebatte von 1884:

»Wenn es keine Sozialdemokratie gäbe, und wenn nicht eine Menge Leute sich vor ihr fürchteten, würden die mäßigen Fortschritte, die wir überhaupt in der Sozialreform bisher gemacht haben, auch noch nicht existieren« (Bismarck 1884, S. 25).

Die Arbeiterbewegung als »Menetekel für die besitzenden Klassen«, wie Bismarck die Sozialdemokratie bezeichnet hatte, erwarb sich so in den Augen der Gewerkschaftsautoren ihre dialektischen Anteilsrechte an der Entstehungsgeschichte des deutschen Sozialstaats. Als der Chefredakteur der *Gewerkschaftlichen Monatshefte* Hans-Otto Hemmer 1992 daran erinnerte, dass der Beitrag der Gewerkschaften zur sozialstaatlichen Entwicklung in Deutschland seit Bismarck nicht hoch genug zu veranschlagen sei, konnte er auf der damit vorgezeichneten Linie hinzufügen, »es liegt eine gewisse Tragik darin, dass das Kranken-, Renten-, Sozialversicherungssystem von den Zeitgenossen heute kaum noch mit dessen (Mit-)Urhebern, den Gewerkschaften in Verbindung gebracht wird« (Hemmer 1992, S. 486).

2. Das »Widerstandsnarrativ« hob darauf ab, dass sich die Arbeiter*innen nicht von Bismarcks Sozialpolitik hätten bestechen lassen. Das Ziel, die sozialdemokratische Arbeiterschaft von ihren Organisationen zu lösen und zu entfremden, sei nicht erreicht worden. »Weder mit dem Sozialistengesetz noch mit der Sozialgesetzgebung hat Bismarck die emanzipatorische Kraft der Arbeiterbewegung brechen können«, las man 1981 in den *Gewerkschaftlichen Monatsheften*, und weiter: »es gelang nicht einmal, jene Solidarhilfe, wie sie sich in den traditionellen freiwilligen gewerkschaftlichen Unterstützungskassen dokumentierte, zu zerbrechen« (Hemmer/Hindrichs 1981, S. 404).

3. Das »feindliche Übernahme«-Narrativ schilderte die Sozialversicherungen als Geschöpfe des Obrigkeitsstaats, von denen die Arbeiterbewegung in einem Akt geschichtlicher Ironie von innen heraus Besitz ergriffen hätten, wodurch den ursprünglich zur Schwächung der Sozialdemokratie geschaffenen Institutionen eine völlig andere Stoßrichtung verliehen worden sei. Dazu dienten vor allem die auf Selbstverwaltung, Mitarbeit und Partizipation angelegten Strukturen des Sozialstaats, die von der sozialdemokratischen und freigewerkschaftlichen Arbeiterschaft ausgiebig genutzt wurden: in der Ortskrankenkasse, in den

Gewerbe- und später Arbeitsgerichten, in der Arbeitsverwaltung, in den betrieblichen Arbeiterausschüssen, seit 1920 dann in den Betriebsräten (Ritter 1980, S. 79). Als wichtigster Hebel galt dabei für die Jahre des Kaiserreichs die Selbstverwaltung der Kassen. »Immer mehr örtliche Gewerkschaftskartelle organisierten die Sozialversicherungswahlen«, riefen Hemmer und Hindrichs 1981 in Erinnerung, und »immer mehr Gewerkschafter verwalteten die örtlichen Krankenkassen [...]. Diese Art der Sozialpolitik ›von unten‹ hat – zusammen mit der Tarifpolitik – die entscheidenden Sozialreformen in der Zeit des Kaiserreichs hervorgebracht« (Hemmer/Hindrichs 1981, S. 406). Seitdem den freien Hilfskassen, die den Sozialdemokrat*innen und Gewerkschafter*innen zunächst noch als Organisationsbasis gedient hatten, in den 1890er Jahren das Leben zunehmend schwer gemacht wurde, waren die Mitglieder von Sozialdemokratie und Gewerkschaften in die Ortskrankenkassen gedrängt und hatten dort in den Selbstverwaltungsorganen eine gewichtige Rolle zu spielen begonnen (Tennstedt 1977).

Kurz vor dem Ersten Weltkrieg errangen die freien Gewerkschaften bei den Krankenkassenwahlen drei Viertel der Stimmen (Ayaß 2013, S. 425). Die Selbstverwaltung als Ausgangspunkt der korporatistischen Einbindung der Gewerkschaften in die Sozialpolitik stellte, was jedenfalls die Sozialversicherung anging, den wichtigsten institutionellen Identifikationspunkt im historischen Gedächtnis der Gewerkschaften dar.

Das hieraus resultierende Verständnis der Selbstverwaltung als Identitätskern gewerkschaftlicher Sozialversicherungspolitik teilte sich Anfang der 1950er Jahre in einem Schreiben Hans Böcklers an Konrad Adenauer mit, als es darum ging, die Selbstverwaltung in der Sozialversicherung nach ihrer Abschaffung in der NS-Zeit gesetzlich neu zu verankern. Dass dies nun auch in der gesetzlichen Krankenversicherung auf Basis der Parität und nicht mehr der früheren Zweidrittelmehrheit der Arbeitnehmervertreter*innen geschehen sollte, erregte den Protest des DGB, der, nicht ohne machtpolitische Hintergedanken, ursprünglich sogar für eine Selbstverwaltung allein in Händen der Versicherten eingetreten war (Muhr 1978a, S. 163).

Böckler erinnerte den Bundeskanzler daran, dass die Gewerkschaften seit jeher »die aktivsten Förderer der Sozialversicherung« gewesen und als solche auch immer für deren Ausbau und Erhalt eingetreten waren, ja dass sie bis 1933 ihre besten Funktionäre in die Organe der Versicherungsträger entsandt hätten. Der DGB-Vorsitzende drohte sogar mit einem Boykott der Sozialwahlen, sollte in der Krankenversicherung nicht die alte Zweidrittelmehrheit der Versicherten wiederhergestellt werden (Weißbuch o. J., S. 12 f.; Kaiser 1996, S. 78–80; Hockerts 1980, S. 140).

Als die Handlungsspielräume der Selbstverwaltung dann in den folgenden Jahrzehnten immer mehr beschnitten wurden, nutzte der Vorsitzende der Deutschen Angestellten-Gewerkschaft, Hermann Brandt, die 100-Jahrfeier der »Kaiserlichen Botschaft« 1981, um, deutlicher noch als Gerd Muhr, entgegen dem Trend zur gesetzlichen Einengung und staatlichen Regulierung wieder ein Mehr an Gestaltungsspielraum für die soziale Selbstverwaltung zu fordern. Allgemein sahen die Gewerkschaftsvertreter*innen in jenen Jahren, getreu der Tradition der Arbeiterbewegung, in einer Stärkung der Selbstverwaltung die Chance, der Sozialversicherung die demokratische Mitwirkung der Bürger*innen und die Unterstützung der Solidargemeinschaft zu sichern (Brandt 1981; Standfest 1977).

4. Das »Konvergenz-Narrativ« als ein weiterer Topos der gewerkschaftlichen Erinnerungsarbeit hob auf die Übereinstimmungszonen zwischen dem Bismarckschen Modell und den gewerkschaftlichen Vorstellungen ab, aber auch darauf, dass die Arbeiterschaft in dem Maße, wie sie den Nutzen der neuen Einrichtungen sozialen Schutzes erkannte, ihre anfängliche Distanz und Skepsis überwunden habe.

Eine Konvergenz, so beispielsweise Erich Standfest, Referent im Wirtschafts- und Sozialwissenschaftlichen Institut des DGB, habe sich in der Forderung nach einer Finanzierung durch staatliche Zuschüsse ergeben oder auch in der radikalen Ablehnung privater Versicherungslösungen durch Bismarck (Standfest 1981a, S. 324 f.; Standfest 1981b, S. 266; Standfest 1981c, S. 621). Muhr nutzte Bismarcks Aversion gegen die Privatversicherung für einen Seitenhieb gegen etwaige Privatisierungsabsichten auf dem Feld der sozialen Sicherung, wie sie im neoliberalen Diskurs der 1980er Jahre gediehen, ja er sprach darüber hinaus sogar davon, es sei – nota bene – »die Arbeiterbewegung sowohl vom Grundsatz als auch von wesentlichen Inhalten her schon rasch zum Sachwalter Bismarck'scher Vorstellungen zur Sozialreform geworden« (Muhr 1982, S. 2).

5. Die Gewerkschaften als Motor der Sozialstaatsexpansion: Wie schon zu Zeiten der Weimarer Republik gehörte auch in der Bundesrepublik die Feststellung, dass die Gewerkschaften bei der Weiterentwicklung der Sozialversicherung – ebenso wie in Krisenzeiten bei deren Verteidigung – als treibende Kraft stets eine zentrale Rolle gespielt hätten, zu den wiederkehrenden Elementen erinnerungspolitischer Selbstvergewisserung (Hemmer/Hindrichs 1981). »In der Tat hat es in der Geschichte der Bundesrepublik keine bedeutende sozialpolitische Gesetzesmaßnahme gegeben, die nicht auf Initiative oder unter aktiver Mithilfe der Gewerkschaften zustande gekommen wäre«, hieß es etwa 1985 in einer Geschichte der Gewerkschaft Nahrung-Genuss-Gaststätten über ihre Vorläufer (Buschak 1985, S. 379).

Für die Jahre der Weimarer Republik galt als wichtigstes Beispiel dafür der maßgebliche Beitrag, den der ADGB mit seinen Konzepten zur Errichtung der Arbeitslosenversicherung 1927 geleistet hatte (Adamy/Reidegeld 1987, S. 379; Führer 1990, S. 274–285). Aber auch in der Bundesrepublik sah man sich als Motor, Wegbereiter und Garant des sozialen Fortschritts in allen wesentlichen Etappen des Sozialstaatsausbaus, zumal in den Reformjahren der sozialliberalen Koalition.

Verblasste Erinnerung und verschüttete Alternativen

Eine andere Form der Aneignung der Sozialversicherung in der gewerkschaftlichen Erinnerungskultur ist über bruchstückhafte Ansätze kaum hinausgelangt. Es geht hier um das Konzept der »verschütteten Alternativen« in der Sozialpolitik: Alternativen, die sich nur dann erschließen mochten, wenn man die lineare Perspektive einer kontinuitätsgeprägten und pfadabhängigen Entwicklung der Sozialversicherung aufbrach und nach abgestorbenen oder nie weiterentwickelten Seitenarmen der Sozialstaatsentwicklung suchte. »Verschüttete Alternativen« sind erinnerungspolitisch immer dann interessant, wenn es um ein kritisches Verhältnis zur konkreten Substanz und Gestalt des Sozialstaats geht, um ein Identitätsverständnis in kritischer Distanz zum Status quo.

Solche verschütteten Alternativen gab es im Großen wie im Kleinen. Eine »große« Alternative lag etwa in der Idee der Einheitsversicherung. Der ADGB hatte auf seinem Hamburger Kongress 1928 die bereits ältere, ähnlich auch im Görlitzer und dann Heidelberger Programm der SPD enthaltene Forderung aufgegriffen, die einzelnen Zweige der Sozialversicherung organisatorisch zusammenzufassen und zu vereinheitlichen (Schwarz 1930, S. 390–396). Der Ruf nach der Einheitsversicherung musste freilich eine papierne Forderung bleiben, solange die politischen Voraussetzungen, das programmatische Vorhaben auch umzusetzen, vollends fehlten; zu einem scharf konturierten Handlungsprogramm ausgefeilt wurde der Slogan deshalb nicht.

Nach dem Zweiten Weltkrieg lebte die Forderung in den Besatzungsjahren neu auf und erfuhr als Kernanliegen gewerkschaftlicher Sozialversicherungspolitik eine kurze Renaissance, verlor aber in dem Maße schnell wieder an Zugkraft, wie die Verteidiger*innen des gegliederten Systems der Sozialversicherung in Ministerialbürokratie und Regierung die Oberhand zurückerlangten (Hockerts 1980, bes. S. 37–40; siehe auch für den Sonderfall Berlin: Reidegeld 1982). Eher wurde der Begriff »Einheitsversicherung« jetzt als polemische Abgrenzung der sozialpolitischen Gegenspieler*innen von SPD und Gewerkschaften genutzt.

Spätere Gewerkschaftsvorschläge zur organisatorischen Vereinheitlichung der Sozialversicherung suchten das Schlagwort tunlichst zu vermeiden, um in den öffentlichen Debatten nicht alte Konfliktlinien neu aufbrechen zu lassen (Muhr 1978b, S. 65; mit weniger Berührungsängsten: Janzen 1977).

Den Versuch, abgebrochene Traditionen und in Vergessenheit geratene Reformkonzepte durch historische Rekonstruktion zurück ins Bewusstsein zu rufen, hat 1981 aus gewerkschaftlicher Sicht eine WSI-Studie unter Mitwirkung von Florian Tennstedt und Stephan Leibfried unternommen, und zwar mit der erklärten Zielsetzung, durch solche retrospektiven Wiederbelebungsversuche auch den Möglichkeitsraum denkbarer Strukturalternativen in der Gegenwart zu erweitern. Im Mittelpunkt der Untersuchung standen – als Alternativmodell zur privatwirtschaftlichen Gesundheitsversorgung in den 1920er Jahren – die damaligen Ambulatorien der Krankenkassen (Hansen et al. 1981).

Heinz Oskar Vetter und Gerd Muhr schrieben einer solchen Spielart historischer Archäologie in einem längeren Vorwort die Aufgabe zu, »zu prüfen, inwieweit für die heutige Sozialpolitik der Gewerkschaften die verschütteten Konzepte inhaltlich wieder nutzbar gemacht werden könnten« (Hansen et al. 1981, S. 10). Es war kein Zufall, dass die Suche nach historischen Alternativmodellen gerade in den frühen 1980er Jahren unternommen wurde, als, wie angesprochen, verengte Verteilungsspielräume, verschärfte Massenarbeitslosigkeit und wachsende Finanzierungsprobleme neues Interesse weckten an in Vergessenheit geratenen Handlungsoptionen. Vetter und Muhr nahmen für den DGB in Anspruch, mit dem Sozialpolitischen Programm von 1980 »wieder verstärkt an alte Traditionen der Arbeiterbewegung« anzuknüpfen. Nicht zuletzt galt dies für die Forderung nach einer stärker vorbeugenden Sozialpolitik, mit der an eine historische Deutungslinie angeschlossen werden sollte, die den Akzent darauf legte, mit der fehlenden Verknüpfung von Sozialversicherung und betriebsbezogenem Gesundheitsschutz einen »der wesentlichen Kritikpunkte an den staatlichen Sozialgesetzen« von Seiten der Arbeiterbewegung in Erinnerung zu rufen (Hansen et al. 1981, S. 11).

Die Studien des WSI-Forschungsteams selbst hatten den Hauptakzent auf die Wiederentdeckung der kasseneigenen Ambulatorien der Weimarer Republik gelegt, die in Berlin, aber auch in anderen Städten als Reaktion auf einen Streik der frei praktizierenden Ärzt*innen eingerichtet worden waren. Auch die darin liegenden Anregungen hielt man in Düsseldorf für bedenkenswert (Muhr 1981, S. 193 f.). Der Aufruf freilich, durch die Suche nach »verschütteten Alternativen« weitere gegenwartsrelevante Handlungsoptionen aufzuzeigen, blieb ohne nachhaltige Wirkung (Hansen et al. 1981, S. 21 f.).

Aktualisierung und Analogisierung: Die Weimarer Republik als sozialpolitisches Menetekel

Grundsätzlich lassen sich im erinnerungspolitischen Diskurs verschiedene Erzählmuster unterscheiden. Es finden sich Erfolgs- und Verlustgeschichten, affirmative und kritische Erzählperspektiven, Aufstiegs- und Niedergangsnarrative (Berger/Seiffert 2014, S. 18). Das Niedergangsnarrativ, die sozialpolitische Gefährdungs- und Abstiegsperspektive, kam im gewerkschaftlichen Erinnerungsdiskurs bereits in den späten 1970er Jahren, vor allem aber nach dem Bonner Regierungswechsel von 1982 zum Tragen, als die Sozialpolitik aufgrund erschwerter ökonomischer Rahmenbedingungen in schwierigere Gewässer geriet und der Sozialstaat von einer wachsenden Zahl neoliberaler Kritiker*innen umgedeutet wurde: vom Problemlöser zum Problemerzeuger.

Die finanzpolitischen Probleme der Sozialversicherung und die beschlossenen Sparmaßnahmen luden zu Rückblenden auf die historischen Krisenerfahrungen und Krisensemantiken der Weltwirtschaftskrise ein, um durch Analogiebildung Parallelen freizulegen. Sinn und Zweck der zur Debatte stehenden Maßnahmen des Sozialabbaus wurden durch erinnerungspolitische Gegenblenden in Zweifel gezogen. Der Erinnerungsdiskurs gehört also in den Umkreis der in der frühen Bundesrepublik intensiv erörterten, auch in den 1980er Jahren wieder auflebenden Frage »Ist Bonn Weimar?« (Ullrich 2009; Gusy 2003). Die Weimarer Niedergangserfahrung wurde zur Referenz für die Beurteilung der bundesdeutschen Krisenrobustheit.

Aus der Sicht vieler Gewerkschafter*innen schien sich nach der Wende 1982 zunehmend Brünings Schatten über das Land zu legen. In der *Sozialen Sicherheit* las man 1985, die Parallelen zwischen der aktuellen »Anti-Wohlfahrts-Debatte« und der Kürzungspolitik in der Schlussphase der Weimarer Republik seien offenkundig:

»Die Entwicklung verläuft heute in vielen Bereichen erstaunlich exakt nach dem gleichen Muster wie damals, insbesondere in bezug auf die Verschiebung der finanziellen Folgen der Arbeitslosigkeit auf die Betroffenen, aber auch in bezug auf die diese Politik begleitenden Kampagnen gegen Arbeitslose« (Hofemann 1985, S. 9).

Am konsequentesten ausbuchstabiert wurde das Analogienszenario von Wilhelm Adamy und Johannes Steffen in den *WSI-Mitteilungen* 1983, dem Organ des Wirtschafts- und Sozialwissenschaftlichen Forschungsinstituts der Gewerkschaften (Adamy/Steffen 1983; Adamy/Steffen 1982). Die beiden Autoren lieferten eine ganze Taxonomie der Weimarer und der bundesdeutschen Sozialabbaustrategien, wobei die Weimarer Demontage Schritt für Schritt mit den Kürzungsoperationen der Regierung Kohl parallelisiert wurde: Beitragserhöhungen, Rückzug des Staates aus der Finanzierungsverantwortung, Leistungsabbau durch Verschärfung der Anspruchsvoraussetzungen, Kürzung der Unterstützungsdauer, Senkung der Unterstützungshöhe, Ausbau der disziplinarischen Instrumente (Sperrzeiten, Zumutbarkeitsregelungen). Dabei wurde besonders an die »strategische Funktion« der Arbeitslosenversicherung »in den Verteilungsauseinandersetzungen zwischen Kapital und Arbeit« (Adamy/Steffen 1983, S. 607) erinnert.

Wie in Weimar, so hieß es weiter, würde die Sozialmontage – von interessierter Seite lanciert – von einem »breit angelegten ideologischen Trommelfeuer gegen den überzogenen Sozial- und Wohlfahrtsstaat flankiert«, und so wie Brüning die Leitsätze des Reichsverbandes der deutschen Industrie von 1929 Zug um Zug umgesetzt habe, seien »es nunmehr die programmatischen Forderungen der Arbeitgeberseite von 1982, an denen sich staatliche Krisenpolitik orientiert« (ebd., S. 615).

Die Schlussfolgerung der beiden Autoren lautete, der Weg der Sozialpolitik zurück in die dunklen Niedergangsjahre der Weimarer Republik könne nur verhindert werden, wenn die seit langem auf dem Tisch liegenden Forderungen der Gewerkschaften wie 35-Stunden-Woche, staatliche Beschäftigungsprogramme und Arbeitsmarktabgabe von Beamt*innen, Selbstständigen oder Freiberufler*innen mit allem erforderlichen gesellschaftlichen Druck umgesetzt würden.

Bei diesem Strang des erinnerungspolitischen Diskurses ging es um eine historische Delegitimierungsstrategie, die weniger auf eine erinnerungskulturelle Wiederbelebung kollektiver Erfahrungen als auf die Nutzung von »Geschichte als Argument« zielte, bisweilen auch unter Vernachlässigung des notwendigen Differenzierungsbedarfs. Die Gewerkschaften erinnerten mithilfe diachroner Analogieschlüsse an ihre historische Rolle als »Verteidiger« eines von allen Seiten – Arbeitgeber*innen, konservativen und liberalen Parteien, Ökonom*innen – belagerten Sozialstaats. Nachdem allerdings die ersten Wellen des Sozialabbaus Mitte der 1980er Jahre einer Konsolidierungsstrategie Platz machten, trat die Analogiefigur im sozialpolitischen Diskus wieder stärker in den Hintergrund (vgl. aber Mommsen 1992; Hansen 1993).

Hierarchien der Erinnerungsorte: Mitbestimmung und kollektiver Arbeitskampf als Leitnarrative

Wer Umschau hält nach Leittexten der gewerkschaftlichen Erinnerungskultur, die die Sozialversicherung in den Mittelpunkt rücken, wird nicht mit einer übergroßen Ernte rechnen dürfen. Die historische Selbstvergewisserung der Gewerkschaften, so das vorläufige Ergebnis, verfügt über andere »Heldengedenkplätze« als die Schlachten um Sozialrecht und Sozialversicherung. Anders als für die Sozialdemokratie gilt für die Gewerkschaften: Nicht das Sozial-, sondern das Arbeitsrecht steht im Mittelpunkt ihrer Erinnerungskultur. Ungeachtet der bedeutsamen Funktionen, welche die Gewerkschaften in der Sozialversicherungspolitik ausüben – korporatistische Mitwirkung, Expertenpolitik, politische Meinungsbildung, Lobbyarbeit und Kampagnen (Jeanrond 2014) –, ist die Sozialversicherung auf der Landkarte der gewerkschaftlichen Erinnerungsorte mit relativ schwachen Strichen eingezeichnet. Die zahlreichen Ehrenamtlichen in der Selbstverwaltung der Sozialversicherung und in der Sozialgerichtsbarkeit vermögen die Figur des oder der Gewerkschafter*in in der kollektiven Selbstwahrnehmung nicht in gleichem Maße zu verkörpern wie etwa Verhandlungsführer*innen in Arbeitskämpfen oder auch Betriebsrät*innen.

Das gewerkschaftliche Bildprogramm bevölkern von jeher kampfeslustige Streikende mit Fahnen und Transparenten, nicht Sozialversicherungsexpert*innen mit der Reichsversicherungsordnung oder dem Sozialgesetzbuch unterm Arm. Die großen Streiks sind die zentralen Erinnerungsorte, die als emotionale Identifikationspunkte aus der Gewerkschaftsgeschichte herausragen, zumal wenn man diese als Kampf- und Konfliktgeschichte betrachtet: die Bergarbeiterstreiks im Kaiserreich, der Generalstreik 1920 und der Ruhreisenstreik 1928, die Arbeitskämpfe der IG Metall in Schleswig-Holstein 1956/57 oder von IG Druck und Papier und IG Metall 1984 in der Bonner Republik.

Die Mitwirkung der gewerkschaftlichen »Sopos« und »Rentenmänner« an Expertenrunden und Kommissionsverhandlungen eignet sich weniger zur bildmächtigen erinnerungskulturellen Selbstvergewisserung als der Aufmarsch der gewerkschaftlichen Bataillone in den großen Tarifschlachten und Arbeitskämpfen. Der Arbeitskampf ist der Ort, wo die Arbeitnehmer*innen das zurückerlangen, was im Angelsächsischen »agency« genannt wird: aktive Handlungsmacht und Handlungsfähigkeit, und zwar dadurch, dass sie sich in Kampfverbänden zusammenschließen, um kollektiv für ihre Rechte und Interessen einzutreten. Tarifwesen, Mitbestimmung und Arbeitskämpfe beherrschen die gewerkschaftliche Ikonographie – sie stehen im Zentrum des gewerkschaftlichen Selbstbildes, sie sind die zentralen Referenzen im kollektiven Gedächtnis der Gewerkschaften.

Man sieht dies, wenn man die Jubiläumsschriften der Einzelgewerkschaften durchmustert, und man erkennt es ebenso an den Themenschwerpunkten und Akzentsetzungen der gewerkschaftsnahen Geschichtsforschung (Vetter 1980; Grebing/Hemmer 1996; charakteristisch auch: Mommsen 1977 und 1981). So gilt insgesamt: Auch wenn die Gewerkschaften sich seit dem Kaiserreich stets für den Ausbau und die Verteidigung der Sozialversicherung starkgemacht haben – sodass sie in den Nullerjahren schließlich auch mit der regierenden SPD in einen schweren Konflikt gerieten –, blieb die Sozialversicherung nur einer ihrer nachrangigen Erinnerungsorte.

Literatur und Quellen

Adamy, Wilhelm/Reidegeld, Eckart (1987): 60 Jahre Arbeitslosenversicherung in Deutschland, Teil I: Von der Armenfürsorge zur Arbeitslosenhilfe. In: Soziale Sicherheit 36, S. 374–379.
Adamy, Wilhelm/Steffen, Johannes (1982), »Wohin gehen wir?« Unternehmerstrategien in der Sozialpolitik. In: Soziale Sicherheit 31, S. 136–145.
Adamy, Wilhelm/Steffen, Johannes (1983): Sozialabbau und Umverteilung in der Wirtschaftskrise. Zum Vergleich der Wirtschafts- und Sozialpolitik in Bonn und Weimar. In: WSI-Mitteilungen 36, S. 603–616.
Andreß, Hans-Jürgen/Heien, Thorsten/Hofäcker, Dirk (2001): Wozu brauchen wir noch den Sozialstaat? Der deutsche Sozialstaat im Urteil seiner Bürger. Wiesbaden: Westdeutscher Verlag.
Ayaß, Wolfgang (2010): Sozialdemokratische Arbeiterbewegung und Sozialversicherung bis zur Jahrhundertwende. In: Becker, Ulrich/Hockerts, Hans Günter/Tenfelde, Klaus (Hrsg.): Sozialstaat Deutschland. Geschichte und Gegenwart. Bonn: Dietz, S. 17–43.
Ayaß, Wolfgang (2013): Hundert Jahre und noch mehr… Zur Geschichte der Sozialwahlen. In: Soziale Sicherheit 62, S. 422–426.
Baugewerkschaft (1931): 50 Jahre deutsche Sozialversicherung. In: Die Baugewerkschaft. Zeitung des Zentralverbandes christlicher Bauarbeiter Deutschlands 32, S. 193.
Berger, Stefan/Seiffert, Joana (2014): Erinnerungsorte – ein Erfolgskonzept auf dem Prüfstand. In: Berger, Stefan/Seiffert, Joana (Hrsg.): Erinnerungsorte: Chancen, Grenzen und Perspektiven eines Erfolgskonzepts in den Kulturwissenschaften. Essen: Klartext, S. 11–36.
Bismarck, Otto von (1884): Verhandlungen des Reichstags, Stenographische Berichte, 3. Sitzung vom 26.11.1884.
Brandt, Hermann (1981): Mehr Gestaltungsspielraum für die Selbstverwaltung. 100 Jahre Sozialversicherung. In: Die Ersatzkasse 61, S. 467–470.
Brauer, Theodor (1931): Zum Jubiläum der Sozialen Botschaft. In: Zentralblatt der christlichen Gewerkschaften Deutschlands 31, S. 353–355.
Brück, Gerhard W. (1982): Festakt mit Akzenten. In: Sozialer Fortschritt 31.

Buschak, Willy (1985): Von Menschen, die wie Menschen leben wollten. Geschichte der Gewerkschaft Nahrung-Genuss-Gaststätten und ihre Vorläufer. Köln: Bund.

Cornelißen, Christoph (2012): Erinnerungskulturen. https://zeitgeschichte-digital.de/doks/frontdoor/deliver/index/docId/265/file/docupedia_cornelissen_erinnerungskulturen_v2_de_2012.pdf (Abruf am 28.4.2021).

Deutsche Metallarbeiter (1931): Fünfzig Jahre »Soziale Botschaft«. In: Der Deutsche Metallarbeiter. Wochenschrift des Christlichen Metallarbeiterverbandes Deutschland 32.

Ehrenberg, Herbert (1981): Hundert Jahre Sozialversicherung. Es wurde Zeit. In: Bundesarbeitsblatt 79, S. 5–9.

Ehrenberg, Herbert (1982): Hundert Jahre Sozialversicherung. Festrede von Bundesminister Dr. Ehrenberg in Berlin am 17. November 1981. In: Zeitschrift für Sozialreform 28, S. 178–219.

Erll, Astrid (2011): Kollektives Gedächtnis und Erinnerungskulturen. Stuttgart: Metzler.

Ersatzkasse (1981): 100 Jahre Sozialversicherung – Festakt in Berlin. In: Die Ersatzkasse 61.

François, Etienne (2009): Erinnerungsorte zwischen Geschichtsschreibung und Gedächtnis. Eine Forschungsinnovation und ihre Folgen. In: Schmid, Harald (Hrsg.): Geschichtspolitik und kollektives Gedächtnis. Erinnerungskulturen in Theorie und Praxis. Göttingen: V&R unipress, S. 23–36.

François, Etienne/Schulze, Hagen (2005): Einleitung. In: François, Etienne/Schulze, Hagen (Hrsg.): Deutsche Erinnerungsorte. Eine Auswahl. Bonn: bpb, S. 7–12.

Führer, Karl Christian (1990): Arbeitslosigkeit und die Entstehung der Arbeitslosenversicherung in Deutschland 1902–1927. Berlin: Colloquium.

Geyer, Martin (2008): Sozialpolitische Denk- und Handlungsfelder: Der Umgang mit Sicherheit und Unsicherheit. In: Geyer, Martin (Hrsg.): Bundesrepublik Deutschland 1974–1982. Neue Herausforderungen, wachsende Unsicherheit. Baden-Baden: Nomos, S. 111–231.

Grebing, Helga/Hemmer, Hans-Otto (Hrsg.) (1996): Soziale Konflikte, Sozialstaat und Demokratie in Deutschland. Essen: Klartext.

Gusy, Christoph (2003) (Hrsg.): Weimars lange Schatten. »Weimar« als Argument nach 1945. Baden-Baden: Nomos.

Hansen, Eckhard (1993): Weimar kein Lehrstück? Zu den sozialpolitischen Konsequenzen aus der Vergangenheit. In: Soziale Sicherheit 42, S. 311–317.

Hansen, Eckhard/Heisig, Michael/Leibfried, Stephan/Tennstedt, Florian (1981): Seit über einem Jahrhundert...: Verschüttete Alternativen in der Sozialpolitik. Köln: Bund.

Hemmer, Hans-Otto (1992): Forum: Gewerkschaften. In: Gewerkschaftliche Monatshefte 43.

Hemmer, Hans-Otto/Hindrichs, Wolfgang (1981), »Nicht Stillstand, sondern Fortschritt in der Sozialpolitik soll unser Kampfruf sein«. Grunddaten zur Geschichte sozialer Reformen in Deutschland. In: Gewerkschaftliche Monatshefte 32, S. 396–417.

Hoch, Gustav (1931): Auf- und Abstieg der Sozialversicherung. In: Der Maler 45, Nr. 50 vom 12.12.1931.

Hoch, Gustav (1932): 50 Jahre Sozialversicherung. In: Einigkeit. Organ des Verbandes der Nahrungsmittel- und Getränkearbeiter 43, S. 25.

Hockerts, Hans Günter (1980): Sozialpolitische Entscheidungen im Nachkriegsdeutschland. Alliierte und deutsche Sozialversicherungspolitik 1945 bis 1957. Stuttgart: Klett-Cotta.

Hockerts, Hans Günter (1983): Hundert Jahre Sozialversicherung in Deutschland. Ein Bericht über die neuere Forschung. In: Historische Zeitschrift 235, S. 361–385.

Hofemann, Klaus (1985): Historische und politische Hintergründe des Sozialabbaus. In: Soziale Sicherheit 34, S. 9–15.

Holzarbeiter (1931): 50 Jahre »Soziale Botschaft«. In: Der Holzarbeiter. Organ des Zentralverbandes christlicher Holzarbeiter 32, S. 386.

Janzen, Karl-Heinz (1977): Neugestaltung der Sozialversicherung notwendig. In: Soziale Sicherheit 26, S. 321–323.

Jeanrond, Hanna (2014): Gewerkschaften und soziale Sicherung. In: Schroeder, Wolfgang (Hrsg.): Handbuch Gewerkschaften in Deutschland. 2. Auflage. Wiesbaden: Springer VS, S. 465–484.

Kaiser, Josef (1996): Quellen zur Geschichte der deutschen Gewerkschaftsbewegung im 20. Jahrhundert, Bd. 11: Der Deutsche Gewerkschaftsbund 1949 bis 1956. Köln: Bund.

Knoll, Ernst (1932): Die öffentliche Meinung zum Fünfzigjahresbestand der deutschen Sozialversicherung. In: Die Reichsversicherung 6, S. 1–12.

Kott, Sandrine (2001): Der Sozialstaat. In: François, Etienne/Schulze, Hagen (Hrsg.): Deutsche Erinnerungsorte, Bd. 2. München: C. H. Beck, S. 484–501.

Kott, Sandrine (2014): Sozialstaat und Gesellschaft. Das deutsche Kaiserreich in Europa. Göttingen: Vandenhoeck & Ruprecht.

Legien, Carl (1911): Die Gewerkschaften und die Reichstagswahlen. In: Sozialistische Monatshefte 15, S. 1575–1580.

Mehring, Franz (1898): Geschichte der Deutschen Sozialdemokratie, 2. Teil: Von Lassalles Offenem Antwortschreiben bis zum Erfurter Programm, 1863 bis 1891. Stuttgart: Dietz.

Mommsen, Hans (1977): Staatliche Sozialpolitik und gewerkschaftliche Strategie in der Weimarer Republik. In: Borsdorf, Ulrich/Hemmer, Hans-Otto/Leminsky, Gerhard/Markmann, Heinz (Hrsg.): Gewerkschaftliche Politik: Reform aus Solidarität. Köln: Bund, S. 61–79.

Mommsen, Hans (1981): Die Gewerkschaften und die Durchsetzung des Sozialstaates in Deutschland. In: Gewerkschaftliche Monatshefte 32, S. 76–86.

Mommsen, Hans (1992): Wozu Geschichte der Gewerkschaften? In: Gewerkschaftliche Monatshefte 43, S. 499–503.

Müller-Jentsch, Walther (1990): Gewerkschaftliche Politik in der Wirtschaftskrise II – 1978/79 bis 1982/83. In: Hemmer, Hans-Otto/Schmitz, Kurt Thomas (Hrsg.): Geschichte der Gewerkschaften in der Bundesrepublik Deutschland. Köln: Bund, S. 375–412.

Muhr, Gerd (1978a): 25 Jahre Selbstverwaltung der Sozialversicherung – Rückblick und Ausblick. In: Soziale Sicherheit 27, S. 161–166.

Muhr, Gerd (1978b): DGB-Vorstellungen zur Organisationsreform der Sozialversicherung. In: Soziale Sicherheit 27, S. 65–71.

Muhr, Gerd (1981): Hundert Jahre GKV – hundert Jahre Selbstverwaltung. In: Soziale Sicherheit 32, S. 193–196.

Muhr, Gerd (1982): »100 Jahre Kaiserliche Botschaft« aus der Arbeitnehmersicht. In: Soziale Sicherheit 31, S. 1–4.

Pierson, Paul (1996): The New Politics of the Welfare State. In: World Politics 48, S. 143–179.

Reidegeld, Eckart (1982): Die Sozialversicherung zwischen Neuordnung und Restauration. Soziale Kräfte, Reformen und Reformpläne unter besonderer Berücksichtigung der Versicherungsanstalt Berlin (VAB). Frankfurt am Main: Haag und Herchen.

Reidegeld, Eckart (1994): Schöpfermythen des Wilhelminismus: Kaiser und Kanzler an der »Wiege des deutschen Sozialstaates«. In: Machtan, Lothar (Hrsg.): Bismarcks Sozialstaat. Beiträge zur Geschichte der Sozialpolitik und zur sozialpolitischen Geschichtsschreibung. Frankfurt am Main: Campus, S. 261–279.

Remeke, Stefan (2012): Anders links sein. Auf den Spuren von Maria Weber und Gerd Muhr. Essen: Klartext.

Ritter, Gerhard A. (1980): Staat, Arbeiterschaft und Arbeiterbewegung in Deutschland. Berlin: Dietz.

Robbe, Tilmann (2009): Historische Forschung und Geschichtsvermittlung. Erinnerungsorte in der deutschsprachigen Geschichtswissenschaft. Göttingen: V&R unipress.

Roller, Edeltraud (1992): Einstellungen der Bürger zum Wohlfahrtsstaat der Bundesrepublik Deutschland. Opladen: Westdeutscher Verlag.

Schwarz, Salomon (1930): Handbuch der deutschen Gewerkschaftskongresse. Berlin: Verlagsgesellschaft des ADGB.

Siebeck, Cornelia (2017): Erinnerungsorte, Lieux de Mémoire, In: Docupedia-Zeitgeschichte, www.docupedia.de/zg/Siebeck_erinnerungsorte_v1_de_2017 (Abruf am 28.5.2021).

Standfest, Erich (1977): Reform der sozialen Selbstverwaltung. Über eine Studie des WSI. In: Soziale Sicherheit 26, S. 353–358.

Standfest, Erich (1981a): Hundert Jahre »Kaiserliche Botschaft«. Bemerkungen zur Entwicklung der Sozialversicherung. In: Soziale Sicherheit 30, S. 321–325.

Standfest, Erich (1981b): 100 Jahre »Kaiserliche Botschaft«: Anmerkungen zu einem Jubiläum. In: Sozialer Fortschritt 30, S. 265–268.

Standfest, Erich (1981c): Zukunft der Sozialpolitik: Schrecken ohne Ende. In: Gewerkschaftliche Monatshefte 32, S. 617–623.

Tennstedt, Florian (1977): Geschichte der Selbstverwaltung in der Krankenversicherung von der Mitte des 19. Jahrhunderts bis zur Gründung der Bundesrepublik Deutschland. Bonn: Verlag der Ortskrankenkassen.

Tennstedt, Florian (1981a): Hundert Jahre Sozialversicherung in Deutschland. Jubiläumsaktivitäten und Forschungsergebnisse. In: Archiv für Sozialgeschichte 21, S. 554–564.

Tennstedt, Florian (1981b): Vorgeschichte und Entstehung der Kaiserlichen Botschaft vom 17. November 1881. In: Zeitschrift für Sozialreform 27, S. 663–710.

Tennstedt, Florian (1982): Fortschritte und Defizite in der Sozialversicherungsgeschichtsschreibung – komparative und sonstige Kurzsichtigkeiten nach 100 Jahren »Kaiserliche Botschaft«. In: Archiv für Sozialgeschichte 22, S. 650–660.

Tennstedt, Florian (1983): Vom Proleten zum Industriearbeiter. Arbeiterbewegung und Sozialpolitik in Deutschland 1800 bis 1914. Köln: Bund.

Tennstedt, Florian (1997): Peitsche und Zuckerbrot oder ein Reich mit Zuckerbrot? Der Deutsche Weg zum Wohlfahrtsstaat 1871–1881. In: Zeitschrift für Sozialreform 43, S. 88–101.

Tennstedt, Florian (2001): »Bismarcks Arbeiterversicherung« zwischen Absicherung der Arbeiterexistenz und Abwehr der Arbeiterbewegung. Anmerkungen zu den Voraussetzungen ihrer Entstehung. In: Matthöfer, Hans/Mühlhausen, Walter/Tennstedt, Florian (Hrsg.): Bismarck und die soziale Frage im 19. Jahrhundert. Friedrichsruh: Otto-von-Bismarck-Stiftung, S. 51–87.

Ullrich, Carsten G. (2008): Die Akzeptanz des Wohlfahrtsstaates. Präferenzen, Konflikte, Deutungsmuster. Wiesbaden: Springer VS.

Ullrich, Sebastian (2009): Der Weimar-Komplex. Das Scheitern der ersten deutschen Demokratie und die politische Kultur der frühen Bundesrepublik. Göttingen: Wallstein.

Vetter, Heinz O. (Hrsg.) (1980): Aus der Geschichte lernen – die Zukunft gestalten. Dreißig Jahre DGB. Köln: Bund.

Wehnert, Felicitas (o. J.): 100 Jahre Kaiserliche Botschaft. Von der Fürsorge zum Sozialstaat. Hrsg. von der Landesversicherungsanstalt Württemberg. Karlsruhe: Weinmann.

Weißbuch DGB (o. J.): Die Selbstverwaltung in der Sozialversicherung. Dokumente über die Wiederherstellung der Selbstverwaltung in der Sozialversicherung und die Forderungen der Gewerkschaften. Düsseldorf: Bundesvorstand des Deutschen Gewerkschaftsbundes.

Wolfrum, Edgar (2010): Erinnerungskultur und Geschichtspolitik als Forschungsfelder. Konzepte – Methoden – Themen. In: Scheunemann, Jan (Hrsg.): Reformation und Bauernkrieg. Erinnerungskultur und Geschichtspolitik im geteilten Deutschland. Leipzig: Evangelische Verlagsanstalt, S. 13–47.

Gewerkschaften

Traditionspflege – Selbstkritische Aufarbeitung – Diskursfähigkeit
Zur Entwicklung der gewerkschaftlichen Erinnerungskultur in der Bundesrepublik Deutschland

Michael Schneider

Entwicklungsphasen der gewerkschaftlichen Erinnerungskultur

Die Gewerkschaften begannen schon wenige Jahre nach ihrer Gründung, eine eigene gruppen- bzw. organisationsspezifische Erinnerungskultur auszubilden. Voraussetzung dafür war, dass sie bereits frühzeitig eigene Archive und Bibliotheken aufbauten, die zum einen als Nachschlageinstrumente für die Tagesarbeit, zum anderen als Basis für spätere Forschungen genutzt wurden.

Die gewerkschaftliche Erinnerungsarbeit diente zunächst vor allem zur Traditionspflege im gewerkschaftlichen Alltag, also zur Vergegenwärtigung des historischen Erbes der Gewerkschaften. Im Vordergrund stand ein organisationsgeschichtliches Interesse, vor allem die Ziele der Identitätsbildung bzw. -stärkung. Nachgezeichnet wurde der Weg eines einzelnen Verbandes aus kleinsten Anfängen bis zu beachtlicher Stabilität und Größe.

Erinnert wurde an herausragende Persönlichkeiten und an Arbeitskämpfe von grundsätzlicher Bedeutung. Und markiert wurden die Erfolge, vor allem die Steigerung der Mitgliedszahlen sowie die erkämpften Lohnerhöhungen und Arbeitszeitverkürzungen. Gedenkreden und Totenehrungen, Jubiläumsschriften und Biografien waren also meist Leistungsnachweise, mit denen voller Stolz eine Bilanz der bisherigen Organisations- und Tarifarbeit gezogen wurde. Verfasst wurden diese Publikationen vielfach von Vorstandsmitgliedern, Redakteur*innen der Gewerkschaftsblätter oder auch Mitarbeiter*innen der gewerkschaftlichen Archive bzw. Bibliotheken. Damit bestätigten die Vorstände bzw. deren berufene Sprecher*innen sich selbst und den Mitgliedern die Richtigkeit des eigenen Weges, was den Zusammenhalt der Mitgliedschaft stärken und zugleich neue Mitglieder werben sollte. Selbstkritik war selten. Wenn Kritik geübt wurde, dann vor allem an den konkurrierenden Richtungsgewerkschaften, an den Arbeitgebern und am Staat (Beier 1968).

Das änderte sich mit Beginn des Ersten Weltkriegs: In dem Maße, in dem die Gewerkschaften in gesamtpolitische Verantwortung hineinwuchsen, häuften sich Probleme, Konflikte und auch Rückschläge. Wie umgehen mit der Vorstandspolitik im August 1914, dann im Krieg und schließlich in der Revolution 1918/19, zu der es doch nicht nur in weiten Kreisen der Arbeiterschaft, sondern auch innerhalb der Gewerkschaftsbewegung teils heftige Gegnerschaft gab? Die Geschichte der Gewerkschaften wurde zu einem von aktual-politischen Motiven dominierten Konfliktfeld, zunächst zwischen den unterschiedlichen Richtungen bzw. Flügeln der Arbeiterbewegung, dann aber auch in der politischen Öffentlichkeit. Ins Zentrum der Erinnerungsarbeit rückten neben der Rechtfertigung der bisherigen Politik immer deutlicher die Erklärung der Gegenwart und der Wunsch, »Lehren aus der Geschichte« für die aktuelle gewerkschaftliche Arbeit zu ziehen.

Die Zerschlagung der Gewerkschaften im Frühjahr 1933 und dann die Erfahrung von Verfolgung und Widerstand während der NS-Diktatur bedeuteten einen tiefen Einschnitt auch in der gewerkschaftlichen Auseinandersetzung mit der eigenen Geschichte, dessen weitreichende Bedeutung allerdings erst in den letzten Jahren wirklich klarer beleuchtet wird.

Nach dem Ende der NS-Diktatur hatten die Gewerkschaften gewiss anderes zu tun als sich intensiv um ihre Geschichte zu kümmern. Weder in den Gewerkschaften noch in der Geschichtswissenschaft gab es in der direkten Nachkriegszeit ein ausgeprägtes Interesse an der Geschichte der Gewerkschaften bzw. der Arbeiterbewegung. Und auch in den 1950er Jahren konzentrierten sich die Gewerkschaften zunächst weiterhin vor allem auf die Pflege ihrer Tradition durch Jubiläums- und Gedenkpublikationen sowie -veranstaltungen, die von den Gewerkschaften selbst organisiert wurden. Dabei begnügten sie sich meist mit dem Hinweis auf die »Lehren der Vergangenheit«, die man mit der Gründung der Einheitsgewerkschaft und dem Eintreten für die Mitbestimmung meinte beherzigt zu haben. Wenn von Widerstand im »Dritten Reich« gesprochen wurde, dann vor allem im Zusammenhang mit dem Attentat vom 20. Juli 1944. So war weder vom breiten und vielfältigen Widerstand aus der zerschlagenen Arbeiterbewegung noch von der Einbindung weiter Kreise der Arbeiterschaft in die nationalsozialistische Gesellschaftsordnung die Rede (Köcher 2004; Meyer in diesem Band).

Ab Mitte der 1960er Jahre fanden die Gewerkschaften – im Zuge eines wachsenden Interesses an der Geschichte der Arbeiterbewegung – langsam stärkere wissenschaftliche Beachtung, wobei sich gewerkschaftliche und wissenschaftliche Aktivitäten miteinander verbanden.

Zum einen behielt die Traditionspflege innerhalb der Gewerkschaften einen hohen Stellenwert. Zu denken ist an die Bewahrung des materiellen Erbes, also an die Sicherung von Archiven und Bibliotheken sowie Gewerkschaftshäusern, die Benennung der Häuser und Säle sowie an den Schmuck mit historischen Fahnen, Büsten und Plakaten. Auch das immaterielle Erbe sei nicht vergessen – dafür ein paar Beispiele der fortdauernden symbolischen Vergegenwärtigung der Vergangenheit im gewerkschaftlichen Alltag: die Feier des 1. Mai; die Anrede »Kollege«, »Kollegin«; Jubilarehrungen und Totengedenken in Veranstaltungen oder bei Kranzniederlegungen; Artikel in Zeitschriften; Jubiläumsbänden usw.; das Festhalten am traditionellen Liedgut z. B. durch Gewerkschafts-Chöre.

Zum anderen griff die gewerkschaftliche Erinnerungsarbeit weiter aus, sodass es zu einer wachsenden Zahl von Forschungsvorhaben und Publikationen sowie von Konferenzen zu Themen der Gewerkschaftsgeschichte kam. Dieser Aufschwung ging zunächst, Mitte der 1960er Jahre, vor allem von außeruniversitären Forschungseinrichtungen aus, insbesondere vom Forschungsinstitut der Friedrich-Ebert-Stiftung (FES). Große Bedeutung hatte auch die Internationale Tagung der Historiker*innen der Arbeiterbewegung (ITH) in Linz/Donau, deren jährliche Treffen zur Akzeptanz der Geschichte der Arbeiterbewegung als Teil der Sozial- bzw. Gesellschaftsgeschichte beigetragen haben. Die damit aufgeworfenen Fragen wurden bald von mehreren Wissenschaftler*innen aufgegriffen, die sich vielfach zu »kritischer Solidarität« mit der Arbeiter- bzw. Gewerkschaftsbewegung bekannten.

Motor dieser Entwicklung war eine intensive Vernetzung der Historiker*innen in Deutschland und darüber hinaus in Europa sowie weiter ausgreifend bis nach Asien und Amerika, die zu einer Reihe internationaler Konferenzen und Publikationen führte. Zu diesem Netzwerk gehörten auch zahlreiche Mitarbeiter*innen der Gewerkschaften, und zwar insbesondere aus den Grundsatzabteilungen und aus den Bildungseinrichtungen sowie den (damals in den Gewerkschaften noch vorhandenen) Archiven und Bibliotheken. In den Gewerkschaften wurde Geschichte zum Thema, auch und gerade in der Bildungs- und Jugendarbeit. Zudem formierten sich in den Gewerkschaften auf lokaler bzw. regionaler Ebene zahlreiche Arbeitsgruppen und Kommissionen, die sich – oft mit einem selbst gegebenen Auftrag, also aus ganz eigenem Interesse – etwa in »Geschichtswerkstätten« mit der Geschichte der Gewerkschaften oder allgemeiner mit der Geschichte der Arbeiterbewegung befassten. Dabei zeigte sich seit den 1970er Jahren eine stärkere Professionalisierung bzw. Akademisierung der gewerkschaftlichen Erinnerungsarbeit, mal durch projektorientierte Heranziehung externer »Profis«, mal durch die Integration ausgebildeter Historiker*innen in die gewerkschaftlichen Organisationen.

Das Interesse an Fragen der Geschichte der Arbeiter- und damit auch der Gewerkschaftsbewegung zeigte sich ebenfalls auf dem Buch- und Zeitschriftenmarkt. Zahlreiche Verlage und Zeitschriften, zu denen neben den gewerkschaftlichen Publikationen (z. B. *Welt der Arbeit, Gewerkschaftliche Monatshefte, Der Gewerkschafter, Die Quelle, Metall, ötv-magazin*) auch die »klassischen« historisch-politischen Fachzeitschriften gehörten, wie die *Vierteljahrshefte für Zeitgeschichte* und die *Historische Zeitschrift*, öffneten sich diesen Themen. Und mehrere wissenschaftliche Spezialblätter (z. B. *Internationale Wissenschaftliche Korrespondenz zur Geschichte der deutschen Arbeiterbewegung [IWK], Archiv für Sozialgeschichte, Social History* und *International Labor and Working Class History*) blühten auf. Hinzu kamen besondere Schriftenreihen, z. B. die »Reprints zur Sozialgeschichte«.

Das gestiegene Interesse an der Gewerkschaftsgeschichte in Wissenschaft und Gewerkschaften war Ausdruck eines sich wandelnden politischen Klimas: So wuchs – auch als Provokation des »herrschenden Wissenschaftsbetriebs« – im Zuge der allgemeinen Politisierung, die von der Studentenbewegung Mitte/Ende der 1960er Jahre ausging, das Interesse an den sozialistischen Klassikern und überhaupt an der Geschichte der Arbeiterbewegung, die Alternativen zum kapitalistischen System und eben auch zum herrschenden Geschichtsbild zu bieten schienen. Eine Rolle dürfte zudem gespielt haben, dass zu dieser Zeit historische Argumente »praxisrelevant« wurden, etwa in der Debatte um die Notstandsgesetze: Mit dem Hinweis auf die »Lehren der Vergangenheit« – gemeint waren die Lehren des Endes der Weimarer Republik – formierten sich unter maßgeblicher Beteiligung der Gewerkschaften die Gegner*innen einer Grundgesetzänderung, die, wie sie meinten, zu einer gefährlichen Stärkung der Exekutive und damit zur Aushöhlung der parlamentarischen Demokratie zu führen drohte (Schneider 1986).

Dass es in den 1970er/80er Jahren zum Boom der Gewerkschaftsgeschichte kam, lag gewiss auch daran, dass Gewerkschaften in den 1970er Jahren auf dem Zenit ihrer Stärke waren: Sie galten als zentrale gesellschaftspolitische Akteure, die maßgeblichen Einfluss hatten. Von der Mitgliederentwicklung bis zur Programmatik, von der politischen Mitsprache bis zu den gemeinwirtschaftlichen Unternehmen – es waren Blütejahre der Gewerkschaften. Sich mit dem Thema Gewerkschaften zu befassen, war also durchaus aktuell, eben weil die Gewerkschaften ein echter Machtfaktor waren. Daran schloss die Debatte um das Thema des Gewerkschaftsstaats an, die geradezu nach einer historischen Vertiefung, einem Rückgriff auf das Ende der Weimarer Republik verlangte (Hemmer/Borsdorf 1974).

Traditionspflege – Selbstkritische Aufarbeitung – Diskursfähigkeit

Eine weitere Voraussetzung für den Aufschwung der Gewerkschaftsgeschichte in den 1970er/80er Jahren war das offenkundige Interesse der DGB-Spitze um Heinz Oskar Vetter an Fragen der Gewerkschafts- und Sozialgeschichte, was wie eine Initialzündung wirkte. Das gewerkschaftliche Engagement in historischen Fragen folgte auch durchaus organisationspolitischen Herausforderungen, war doch in der zweiten Hälfte der 1970er Jahre eine Kontroverse um die Geschichte der Gewerkschaften entbrannt, die in Form aktual-politischer Flügelkämpfe in die Gewerkschaften und vor allem in die Bildungsarbeit hineinwirkte.

Konkret ging es um die Einschätzung der sozialdemokratischen und damit auch der gewerkschaftlichen Politik zu Beginn des Ersten Weltkriegs, in der Revolution 1918/19 und in der Endphase der Weimarer Republik bzw. im Frühjahr 1933; auch das Verhalten der Gewerkschaften nach 1945, vor allem in den Westzonen, wurde durchaus kontrovers diskutiert. Die Rollen waren klar verteilt: Auf der einen Seite warfen die Vertreter einer mehr oder weniger deutlich marxistisch-leninistisch inspirierten Geschichtssicht den Gewerkschaften bzw. den Gewerkschaftsführungen vor, die Prinzipien der Arbeiterbewegung und die Interessen der Arbeiterklasse »verraten« zu haben, eine radikale Änderung der Machtverhältnisse nicht angestrebt, sondern im Gegenteil verhindert zu haben und damit insgesamt an den Katastrophen der deutschen Geschichte im 20. Jahrhundert mitschuldig geworden zu sein. Die linkssozialistische bzw. kommunistische Politik wurde demgegenüber zur moralisch einwandfreien und deshalb einzig vertretbaren Alternative zur sozialdemokratischen Politik stilisiert, ohne die jeweils realen Handlungsmöglichkeiten und auch die Probleme der sozialistisch-kommunistischen Politik kritisch auszuloten.

Auf der anderen Seite hielt die sozialdemokratisch bzw. sozialliberal orientierte Forschung diesen Positionen ein Konzept der Sozialgeschichte entgegen, das mögliche Handlungsspielräume realistisch abzuwägen versprach, um somit Schwächen und Fehler ebenso wie Erfolge der früheren Gewerkschaftspolitik vor dem jeweiligen Zeithorizont »fair« zu beurteilen, und zwar ohne selbstgerechte Besserwisserei in der Rückschau.

Brisanz erhielt der Streit um die Interpretation der Gewerkschaftspolitik in bestimmten historischen Entscheidungssituationen vor allem, weil er zugleich Teil der Debatte um die Ausrichtung der damals aktuellen Gewerkschaftspolitik war; dabei ging es um den Vorwurf »von links«, die Gewerkschaftsführungen konzentrierten sich – zumal in Zeiten sozialliberaler Regierungsverantwortung im Bund – zu eindeutig auf den Kurs als »Ordnungsfaktor« und übersähen ihre Aufgabe als »Gegenmacht«, die für eine grundsätzliche Änderung der Wirtschafts- und Gesellschaftsordnung kämpfen sollte (dazu Schmidt 1971).

Die Kontroversen ragten, angeheizt durch die im Pahl-Rugenstein-Verlag veröffentlichte »Geschichte der deutschen Gewerkschaftsbewegung« (Deppe/Fülberth/Harrer 1977), in die Gewerkschaften hinein und führten zu einer heftigen publizistischen Auseinandersetzung (Dokumentation 1979). Die in den 1980er Jahren auf den Weg gebrachten historischen Gesamtdarstellungen aus eher sozialdemokratischer oder auch sozialliberaler Sicht wird man ebenfalls als Antwort auf diese Publikation sehen können (Klönne/Reese 1984; Matthias/Schönhoven 1984; Borsdorf 1987; Schönhoven 1987; Schneider 1989; Hemmer/Schmitz 1990).

Dass die Gewerkschaften sich den Problemen ihrer Geschichte stellten, zeigten die großen historisch-politischen Konferenzen des DGB 1979 und 1983, auf denen die erwähnten Kontroversen unter Beteiligung der »Hauptkontrahenten« direkt ausgetragen wurden (Vetter 1980; Breit 1984). Auch die Gewerkschaftspresse, allen voran die *Gewerkschaftlichen Monatshefte*, spiegelten das gewachsene Interesse an der Geschichte der Gewerkschaften. Außerdem wurde die »Geschichtsarbeit vor Ort«, die insbesondere von Geschichtswerkstätten geleistet wurde, durch finanzielle Zuschüsse und Handreichungen aktiv gefördert. Zu erinnern ist auch an die Förderung des groß angelegten Projekts zur Veröffentlichung der Quellen zur deutschen Gewerkschaftsgeschichte (Matthias et al. 1985 ff.).

Die Initiative für die erinnerungspolitische Arbeit ging dabei vielfach von den Gewerkschaften aus, institutionell flankiert von der Hans-Böckler-Stiftung (HBS) und unterstützt von der Friedrich-Ebert-Stiftung (FES). Das förderte die Zusammenarbeit von Gewerkschaften und Wissenschaft, in der sich beide Seiten des Interesses der anderen gewiss waren, zumal von den Gewerkschaften, vor allem der IG Metall, immer wieder – von der Debatte um das Recht der Aussperrung bis zum Konflikt um die Verkürzung der Wochenarbeitszeit – historische Argumentationen zur Stützung der eigenen Positionen herangezogen wurden (Schmitz 2020, S. 190). Mit der Auffaltung der kontroversen Problemthemen wurden nicht nur die Gewerkschafter*innen angesprochen. Vielmehr fanden diese Debatten die Aufmerksamkeit einer breiten medialen Öffentlichkeit, woran sich – für einige Jahre – die historisch gewachsene Bedeutung der Gewerkschaften und auch ihre Diskursfähigkeit zeigten.

In der ersten Hälfte der 1980er Jahre gerieten die Gewerkschaften in die Defensive: Die Umstrukturierung innerhalb der Arbeitnehmerschaft zuungunsten des Anteils der industriellen Facharbeiterschaft und der laute Ruf nach Liberalisierung und damit Abbau von Regelmentierungen des Arbeitsmarktes und sozialer Standards ließen die Gewerkschaften, die sich diesem Trend entgegenstemmten, als »Dinosaurier des Industriezeitalters« erscheinen. Neue soziale Bewegungen liefen ihnen den Rang als wichtige Emanzipationsbewegung ab. Als »anonym« verschrienen gesellschaftlichen Großorganisationen wie politischen Parteien, Kirchen und eben auch Gewerkschaften schlug ein wachsendes Misstrauen entgegen.

Hinzu kamen hausgemachte Probleme: Vor allem das Neue-Heimat-Desaster stürzte die Gewerkschaften in eine Vertrauenskrise, von der sie sich auf Jahrzehnte nicht erholten. Nicht zuletzt wegen ihrer damit verschärften Finanzlage haben der DGB und fast alle Einzelgewerkschaften in den 1980er/90er Jahren ihre Archive und Bibliotheken an das Archiv der sozialen Demokratie der Friedrich-Ebert-Stiftung abgegeben; die FDGB-Akten wurden nach dem Ende der DDR in die Stiftung Archiv der Parteien und Massenorganisationen der DDR im Bundesarchiv (SAPMO) überführt. Es waren wohl auch Kostengründe, die dazu geführt haben, dass die Gewerkschaften ihre erinnerungspolitischen Aktivitäten in den 1990er Jahren reduzierten. Und viele Projekte wurden »ausgelagert«, teilweise an die HBS und auch die FES, teilweise aber auch an einzelne Forscher*innen oder an Universitätsinstitute.

Schließlich fiel mit dem Ende des »Ostblocks« auch die »Systemkonkurrenz« fort, die zum einen das Kompromissfeld in allen sozialpolitischen Fragen nach »links« erweitert und zum anderen die Debatten um die Geschichte der Arbeiterbewegung eine Zeitlang befeuert hatte. Mit der weitgehenden Entlegitimierung einer marxistisch-leninistischen Geschichtsdeutung im Zuge des Zusammenbruchs des »Ostblocks« und mit dem Ende des Systemkonflikts einerseits, mit dem Vordringen kultur- bzw. mentalitätsgeschichtlicher Forschungen andererseits haben sich die geschichtspolitischen Kontroversen deutlich entschärft. Insgesamt wurde es stiller um die Gewerkschaften und ihre Geschichte.

Seit 2005/06 zeigt sich ein neuer Anlauf zur Belebung der gewerkschaftlichen Erinnerungskultur. So hat die HBS in den letzten Jahren verstärkt durch ihre Forschungsförderung und durch eigene Forschungs-, Veranstaltungs- und Ausstellungsprojekte zu dieser Wiederbelebung des historischen Interesses in und an den Gewerkschaften beigetragen. Das Themenspektrum der eigenen Projekte reicht von der Erinnerung an die Revolution 1918/19 über die Zerschlagung der Gewerkschaften 1933 bis zur Gründung der Einheitsgewerkschaft und zur Geschichte der Mitbestimmung.

Zudem kann man geradezu von einer Renaissance der Biografie sprechen, die in Zeiten der Dominanz sozial- bzw. strukturgeschichtlicher Forschungen in Verruf geraten war und nun mit einer Vielzahl von Arbeiten ihre Berechtigung und Attraktivität unter Beweis stellte. Schließlich hat die HBS zusammen mit der FES das gewerkschaftsgeschichtliche Internetportal »gewerkschaftsgeschichte.de« geschaffen, das – in Ergänzung der Geschichtsseiten der Einzelgewerkschaften – einen umfassenden Überblick über die Geschichte der deutschen Gewerkschaften bietet. Zu nennen ist auch das Projekt zur Sicherung der Erinnerung von Zeitzeug*innen aus den Gewerkschaften; die Interviews werden auf Video bzw. digital gesichert und in Ausschnitten auf der FES-Internetseite der Öffentlichkeit zur Verfügung gestellt. Hierher gehört auch die Präsentation zahlreicher digitalisierter Gewerkschaftszeitungen im Internet durch die Bibliothek der FES.

Erst in jüngster Zeit ist der Holocaust verstärkt zu einem Thema der gewerkschaftlichen Erinnerungsarbeit geworden. Finanziell unterstützt von der HBS, untersucht eine Forschungsgruppe am Leibniz-Institut für jüdische Geschichte und Kultur – Simon Dubnow (DI) in Leipzig die Folgen des Holocaust für die Entwicklung der Arbeiterbewegung. Allerdings seien die Gedenkstättenreisen etwa nach Auschwitz nicht übersehen, die zwar ein deutliches Zeichen für die bereits in den 1960er Jahren einsetzende Auseinandersetzung mit dem Holocaust waren, damals aber doch eher einen Sonderfall in der gewerkschaftlich geförderten Erinnerungskultur bildeten.

Vielfach unter Bezugnahme auf die rassistischen Verbrechen der Nationalsozialisten engagieren sich der DGB, die DGB-Jugend und das DGB-Bildungswerk und natürlich auch die Einzelgewerkschaften sowie speziell der Verein »Mach meinen Kumpel nicht an!« seit Jahren aktiv gegen Rassismus und Fremdenfeindlichkeit. Auch ist die Ausstellung »Gegen das Vergessen« zu nennen, in der in Berlin am 9. November 2017 mit Unterstützung zahlreicher Einzelgewerkschaften und des DGB große Porträts des Fotografen Luigi Toscano von Überlebenden der NS-Verfolgung gezeigt wurden. Zu erinnern ist ebenfalls an die antifaschistische Konferenz bzw. den Aktionstag gegen Rassismus, Neonazismus und Krieg, den der Asta der Technischen Universität Berlin u. a. in Zusammenarbeit mit mehreren Gewerkschaften im September 2017 veranstaltet hat.

Kennzeichen des Aufschwungs der gewerkschaftsgeschichtlichen Erinnerungsarbeit ist die erneute Kooperation von Historiker*innen und Angehörigen der Gewerkschaftsorganisationen. Zu nennen ist die 2007 von FES und HBS vereinbarte Kooperation auf dem Gebiet der Gewerkschaftsgeschichte, die zu einer intensiven Vernetzung der auf diesem Gebiet Forschenden geführt hat. Und mit dem Gesprächskreis »Sozial- und Wirtschaftsgeschichte« beim DGB-Bundesvorstand wurde bis Ende 2017 ein Begegnungsformat für den Austausch zwischen Gewerkschafter*innen und Wissenschaftler*innen organisiert. Dazu, dass die Gewerkschaftsgeschichte nicht wieder in Vergessenheit gerät, leistete die Ende 2017 von Stefan Berger und Wolfgang Jäger ins Leben gerufene Kommission »Erinnerungskulturen der sozialen Demokratie« am Institut für soziale Bewegungen (Bochum) einen Beitrag.

Zwischenbilanz: Zum Wandel der Erinnerungskultur

Erinnerungskulturen, auch die der Gewerkschaften, unterliegen einem ständigen Wandlungsprozess, in dem immer wieder neue Themen und Fragestellungen in den Vordergrund gerückt und damit andere zurückgedrängt werden sowie neuere Interpretationsansätze ältere überlagern und damit überformen. Erinnerungskulturen werden also stets aufs Neue konstruiert. Sie dürfen nicht als Abbild historischer Ereignisse oder auch Erfahrungen verstanden werden, sondern sie drücken das mal intensivere, mal weniger intensive Bemühen aus, eine Verbindung zwischen Vergangenheit und Gegenwart oder gar Zukunft herzustellen. So ist die Erinnerungsarbeit vor allem Ausdruck immer wieder aufs Neue formulierter Gegenwartsinteressen an bestimmten historischen Prozessen, Ereignissen oder Personen, die in ihrer jeweils spezifischen Form die Erinnerungsarbeit und zudem Gegenwartshandeln und Zukunftsvorstellungen beeinflussen (Berger 2015).

Diese Entwicklung führt dazu, dass die Formen der gewerkschaftlichen Erinnerungskultur sich wandeln: Die »traditionelle« Erinnerung mit Kundgebung und Gedenkansprache sowie gedruckter Publikation ist von einem breiten Spektrum der Formate ergänzt worden. So finden sich historisch-politische Konferenzen, Ausstellungen, Film- und Theateraufführungen, szenische Lesungen, Denkmalsenthüllungen, Stadtführungen sowie Internetpublikationen.

Zu nennen sind etwa die von der HBS in Auftrag gegebenen Filme »100 Jahre Gewerkschaften« (1989) und »2. Mai 1933: Zerschlagung der Gewerkschaften« (2013), die Stadtrundgänge zur Erinnerung an Orte der Zerschlagung der Gewerkschaften im Frühjahr 1933 in Berlin (2013) und Duisburg (2015) sowie das Denkmal für die ermordeten Gewerkschafter am Duisburger Burgplatz (1984) und das 2010 eingeweihte Denkmal von Silke Wagner in Herne mit dem Titel »Glück auf. Bergarbeiterproteste im Ruhrgebiet«.

Generell zeigen etwa die Reden, Publikationen und Veranstaltungen zu den runden Geburtstagen des DGB das wachsende Bemühen, den jeweiligen historischen Rückblick mit aktual-politischen oder auch zukunftsorientierten Botschaften zu verbinden. Das galt schon für die bereits erwähnte Konferenz 1979 mit dem Titel »Aus der Geschichte lernen – die Zukunft gestalten« (Vetter 1980). Auch in den *Gewerkschaftlichen Monatsheften* 1989 (Heft 1) ging es, eingeleitet von Ernst Breits Frage »Der DGB nach 40 Jahren – Für die Zukunft gerüstet?«, um die Diskussion von »Strukturen und Strategien im Wandel«, und zwar auch in internationaler Perspektive; zur Diskussion gestellt wurden z. B. die Doppelung von »konfliktorischer und kooperativer Gewerkschaftspolitik« sowie die Entwicklung der gewerkschaftlichen Organisationsstrukturen vor dem Hintergrund der aktuellen wirtschaftlichen Wandlungsprozesse. Und im Zentrum der in den *Gewerkschaftlichen Monatsheften* (1999, Heft 12) dokumentierten Wissenschaftlichen Konferenz »50 Jahre DGB: Bewegte Zeiten – Arbeit an der Zukunft« stand nicht primär die Bilanz, sondern es ging vor allem um die Herausforderungen der Gegenwart, und zwar bei der Modernisierung der Einheitsgewerkschaft, bei der Zukunft des Sozialstaats, bei der Sicherung der politischen Demokratie und bei der Entwicklung der gewerkschaftlichen Programmatik zur Gestaltung des Wirtschaftssystems. Stets wurde also versucht, die historische Rückschau zur Selbstvergewisserung für den Weg der Gewerkschaften in Gegenwart und auch Zukunft zu nutzen.

Eine besondere Entwicklung zeigt sich im Ruhrgebiet: So haben sich z. B. die Jubiläumsveranstaltungen der IG Bergbau von 1959 über 1969 bis 1979 deutlich verlagert: von der Gewerkschaftserinnerung zur Betonung der Ruhrgebietsidentität (Kellershohn 2019; Kellershohn in diesem Band). Zugespitzt könnte man sagen: Die gewerkschaftliche Erinnerungsarbeit ging auf in einer auch von der nordrhein-westfälischen SPD unterstützten Konstruktion einer Ruhrgebietsidentität, die durch die Hochschätzung der »schweren Arbeit« in Zeche und Stahlwerk getragen wurde. Ja, dem ganzen Bundesland NRW sollte Anfang der 1980er Jahre durch Ausstellungen und auch den »NRW-Tag« in Dortmund eine Identität als »Land der Arbeit« vermittelt werden.

Mit der zunehmenden Akademisierung der Angestelltenschaft in den gewerkschaftlichen Vorstandsverwaltungen und der nicht zuletzt damit einhergehenden engeren Verzahnung von Gewerkschaftsarbeit und wissenschaftlicher Forschung spiegeln sich in der gewerkschaftlichen Erinnerungsarbeit auch die Trends der Entwicklung in den Sozialwissenschaften, konkret von der stark auf die Erhellung von Strukturen ausgerichteten Sozialgeschichte über die Alltagsgeschichte hin zur Mentalitäts- und Kulturgeschichte bzw. zu einer all diese Zugriffe integrierenden Gesellschaftsgeschichte. Das führte zu einer Erweiterung der Perspektive und zu einer fortschreitenden Differenzierung des Urteils.

»Mythen«, wie sie in den 1950er/60er Jahren auch in der gewerkschaftlichen Erinnerungsarbeit anzutreffen waren, sind inzwischen vielfach differenzierten Erklärungen und Interpretationen gewichen. Beispiele dafür bieten die Forschungen zu Resistenz und eben auch Massenzustimmung im »Dritten Reich«, zur Überwindung des Bildes, in dem die Gewerkschaften lediglich als Opfer des Nationalsozialismus erschienen, und zur Erweiterung des Spektrums des Widerstandes im »Dritten Reich«. Überhaupt hat sich das Feld der in den Blick genommenen Gewerkschaften erweitert: Nicht mehr nur die freien, sozialdemokratisch orientierten Verbände werden betrachtet, sondern auch die christlichen Gewerkschaften und die Hirsch-Dunckerschen Gewerkvereine sowie die kommunistischen und die anarchistisch-syndikalistischen Verbände. Vor allem findet die historische Rolle von Frauen in den Gewerkschaften seit einigen Jahren verstärkt Beachtung – nicht nur am Internationalen Frauentag. Zudem greifen die Themenstellungen über die Geschichte der Gewerkschaften im engeren Sinne hinaus, wie das Beispiel der Holocaust-Forschung zeigt.

Nicht zu übersehen ist die Gefahr, dass mit der Professionalisierung bzw. Akademisierung der gewerkschaftlichen Erinnerungsarbeit die Kluft zwischen den Anforderungen der Gewerkschaftsführungen und vielleicht auch der Gewerkschaftsmitgliedschaft an die Erinnerungsarbeit einerseits und – andererseits – den wissenschaftlichen Ansprüchen genügenden gewerkschaftshistorischen Forschungen, die sich außerdem zunehmend internationalisierten und damit vom deutschen Fall lösten, immer größer wird. Dabei kollidiert das Bedürfnis nach historischer Selbstbestätigung und damit emotionaler Identitätsbildung bzw. -stärkung auf Seiten »der« Gewerkschaften mit dem Anspruch auf kritische Distanz seitens »der« Wissenschaft. So könnte es sein, dass auch die Professionalisierung der Gewerkschaftsgeschichte zum Rückgang des Interesses an historischen Fragen in den Gewerkschaften beiträgt, was wieder Rückwirkungen auf das gewerkschaftsgeschichtliche Engagement von Historiker*innen hat.

Auch dass sich – parallel zur Professionalisierung der Erinnerungsarbeit und zum Abflauen des »Systemkonflikts« – die parteipolitischen Instrumentalisierungsversuche der Gewerkschaftsgeschichte für aktual-politische Ziele deutlich abgeschwächt haben, hat im Hinblick auf das gewerkschaftsgeschichtliche Engagement durchaus Schattenseiten: Der Verlust an politischem Konfliktpotenzial bedeutet einen Bedeutungsverlust der Geschichte in der alltäglichen Gewerkschaftsarbeit. Mit anderen Worten: Wo nicht im Gewand historischer Konflikte um die Legitimität der aktuellen Gewerkschaftspolitik gestritten wird, da schwindet nach Ansicht mancher Gewerkschafter*innen die Notwendigkeit, sich für die Erinnerungsarbeit zu engagieren.

Lücken und zukünftige Aufgaben

Zum Schluss soll ein Ausblick auf grundsätzliche Aufgaben und zukünftige Projekte, verbunden mit einem Plädoyer für eine aktive Erinnerungsarbeit als Voraussetzung lebendiger Erinnerungskulturen der Gewerkschaften, versucht werden (dazu auch: Neuheiser/Bartlitz/Rudolf 2016).

Erinnerungsarbeit sollte – im Idealfall – dreierlei leisten. Um nachhaltige Wirkung zu erzielen, muss sie nicht nur die Köpfe, sondern auch die Herzen der Adressat*innen erreichen. Im Wesentlichen geht es um das Wecken von Betroffenheit, also darum, dass die Adressat*innen spüren, dass die präsentierte Geschichte etwas mit ihnen, mit ihrem aktuellen Leben, zu tun hat; dies kann erreicht werden durch Emotionalisierung, Personalisierung und Authentizität der Erinnerung.

Zudem geht es um die Vermittlung von Erkenntnis durch Analyse und Kontextualisierung, also durch historische Aufklärung; die frühere Gewerkschaftspolitik muss im Rahmen der jeweils gegebenen Handlungsbedingungen beleuchtet werden, um zu einer fairen Einschätzung des damaligen politischen Handelns zu gelangen. Dabei wird wohl auch deutlich, dass es eine Überforderung der Gewerkschaften ist, wenn von ihnen erwartet wird, sie allein hätten immer und unter allen Umständen Bestand oder Ausbau einer sozialen Demokratie bewerkstelligen bzw. sichern können.

Schließlich geht es um die Stärkung der aktuellen Handlungsmotivation und -kompetenz durch eine Transferleistung, die darin besteht, zu klären, ob bzw. welche Lehren aus dem früheren Geschehen für die Gegenwart gezogen werden können.

Insgesamt müssen parteiische Verzerrungen der Erinnerung vermieden werden, nicht zuletzt, um die Anschlussfähigkeit zur Erinnerungsarbeit anderer gesellschaftlicher Gruppen mit ähnlichen Zielen wie denen der Gewerkschaften zu sichern. Außerdem sollten keine vordergründigen historischen Parallelisierungen, auch keine konkreten Handlungsanweisungen für die Gegenwart anvisiert werden. Wenn man aus der Geschichte etwas lernen kann, dann ist es, die Komplexität politischer Handlungszusammenhänge wirklich ernst zu nehmen, die jeweils bestehenden Handlungsmöglichkeiten realistisch auszuloten und Entscheidungen in dem Bewusstsein zu treffen, dass sie neben den angestrebten Folgewirkungen auch solche haben, die weder erwartet noch erwünscht waren, sodass eine ständige Bereitschaft zur »Nachjustierung« erforderlich ist.

An Themen, deren Bearbeitung angeregt werden könnte, besteht kein Mangel, gibt es doch – auch wenn zur folgenden Auflistung vielfach vereinzelt Arbeiten vorliegen – sowohl Forschungs- und damit Erinnerungslücken als auch nach wie vor kontroverse Einschätzungen. Einige der in historischer Perspektive aufzuarbeitenden Themen seien stichwortartig genannt: Gemeinwirtschaft; Gewerkschaften und Antisemitismus bzw. Rassismus und Fremdenfeindlichkeit; Biografien von Gewerkschafter*innen, auch syn- und diachron vergleichende »Generationsbiografien«; Realität der Einheitsgewerkschaft, d. h. die Bedeutung der sozialdemokratischen, der christlich-sozialen und der links-sozialistischen bzw. kommunistischen Strömungen innerhalb der DGB-Gewerkschaften, einschließlich der daraus erwachsenden Konflikte; überhaupt: Geschichte der früheren Richtungsgewerkschaften; Bildungsarbeit; Tarifpolitik einzelner

Gewerkschaften; Praxis der Mitbestimmung auf der Ebene von Betrieb und Unternehmen; Geschichte des FDGB; Internationale bzw. Europäische Gewerkschaftsbewegung; Feier- bzw. Festkultur.

Ein gerade eröffnetes Forschungsfeld stellt schließlich der ganze Bereich der Erinnerungskulturen dar, der dank des aktuell großen wissenschaftlichen und medialen Interesses besondere Aufmerksamkeit verdient – ob es sich um die Interpretation großer Arbeitskämpfe, bedeutender sozial- bzw. gesellschaftspolitischer Entscheidungen oder die Würdigung des Lebenswerks einzelner Persönlichkeiten handelt; dabei gilt es auch, die Erinnerungskultur des FDGB eingehend zu beleuchten.

Zudem sollte darüber nachgedacht werden, die Gewerkschaftsgeschichte in ihrer europäischen und internationalen Dimension zu betrachten, beispielsweise mit Konferenzen. In den Blick genommen werden könnten die gemeinsamen Erfahrungen von Hilflosigkeit und/oder Instrumentalisierung angesichts der großen Katastrophen des 20. Jahrhunderts; hierher gehörte auch die (Selbst-)Einbindung der Gewerkschaften in die jeweilige nationale Politik, etwa beim Thema Kolonialismus, auch beim Protektionismus. Auch die – wenn nicht gemeinsam, so doch in relativer zeitlicher Parallelität – errungenen sozialen und demokratischen Fortschritte könnten miteinander aufgearbeitet und damit erinnert werden: Zu denken ist an die Funktion der Gewerkschaften in den Zeiten der Demokratiegründung nach dem Ersten Weltkrieg und der Sozialstaatsentwicklung nach dem Zweiten Weltkrieg sowie dann vor allem im Prozess der Europäischen Einigung.

Schließlich könnten vergleichend Grundprobleme der gewerkschaftlichen Politik betrachtet werden, etwa die Geschichte des 1. Mai, des Streikverhaltens, der Mitbestimmungsregelungen am Arbeitsplatz und/oder auf Unternehmensebene, des Verhältnisses zu Frauenorganisationen und Frauenpolitik u.v.m. Letztlich ist der Blick auch auf die Funktion der Gewerkschaften in Zeiten der Globalisierung sowie des beschleunigten Wandels der Arbeit – von der Mechanisierung über die Automatisierung bis hin zur Digitalisierung – zu richten.

Angesichts der aktuellen Zunahme von Fremdenfeindlichkeit und Rassismus ist darüber hinaus nach wie vor eine aktive, aus historischer Verantwortung geborene Auseinandersetzung mit der Zeit des »Dritten Reiches« geboten. Die Aufgaben, vor der die Erinnerungsarbeit hinsichtlich der Gewalttaten des NS-Regimes steht, sind überaus komplex: Gewiss geht es zunächst um die Erinnerung an die Opfer der Mordtaten, denen Name und Gesicht gegeben werden müssen – nicht zuletzt, weil damit ein emotionaler Bezug zu den leidenden Menschen hergestellt und Betroffenheit erzielt werden kann.

Erschwert wird dies dadurch, dass kaum noch und bald gar keine Zeitzeug*innen mehr von ihren Erlebnissen berichten können. Video-Interviews sind sicher hilfreich, aber sie können den Eindruck der direkten Präsenz von Zeitzeug*innen nicht voll ersetzen; vielleicht aber können die Nachkommen die fehlenden Berichte der eigentlichen Zeitzeug*innen durch authentische Informationen über das Leben ihrer Eltern oder Großeltern sowie über die eigene Verarbeitung der Familiengeschichte zumindest teilweise ausgleichen. Auch durch szenische Darstellungen, durch Filme und Musik kann der emotionale Bezug zu den damaligen Ereignissen verstärkt werden.

Ergänzend muss über die Rahmenbedingungen für den Erfolg einer extrem nationalistischen und rassistischen Bewegung, für die breite Gefolgschaft des Nationalsozialismus und über den verbrecherischen Charakter des nationalsozialistischen Regimes aufgeklärt werden. Schließlich sind Transferleistungen anzustreben: Da geht es um die Übertragung der Erkenntnisse auf die Analyse der Gegenwart, um die Entwicklung von Sensibilität im Sinne von Empathie mit den Opfern von Krieg und politischer bzw. rassistischer Verfolgung und schließlich um die Ausbildung und Stärkung von Werthaltungen gegenüber dem eigenen demokratisch-rechtsstaatlichen System, für das einzutreten als lohnend und wichtig erfahren werden soll.

Eine gewerkschaftliche Erinnerung an die Bedeutung der Aufnahme und Integration der polnischen Arbeiter*innen am Ende des 19. Jahrhunderts vor allem im Ruhrrevier sowie der sogenannten Gastarbeiter*innen aus Italien, Spanien, Portugal und Jugoslawien sowie der Türkei in den 1950er/60er Jahren wäre auch ein lohnendes Thema, dessen Gegenwartsbezug auf der Hand liegt. Dabei muss man sich freilich bewusst sein, dass die Integration der Zuwander*innen mit ihren Familien nicht nur aus der Perspektive der Gewerkschaften betrachtet werden kann. Zudem ist zu beachten, dass sich mit den vielfältigen Lebensgeschichten der Eingewanderten zugleich die Erinnerungskultur verändert, die die Erfahrungen der nach Deutschland Gekommenen berücksichtigen muss. Mit anderen Worten: Die Erinnerungskultur muss die unterschiedlichen Erinnerungskulturen beachten, die die Zugewanderten mit- und damit eingebracht haben (Weil 2016).

Fazit

Erinnerungsarbeit, auch die der Gewerkschaften, entfaltet sich in ihren vielgestaltigen Ausformungen meist in der Öffentlichkeit; sie leistet damit nicht nur einen Beitrag zur innergewerkschaftlichen Traditionsbildung, sondern auch zur

Verortung der Gewerkschaften im öffentlichen Bewusstsein. Zudem bietet sie Möglichkeiten und auch mannigfache Notwendigkeiten der Kooperation mit »der« Wissenschaft, die sowohl als Lieferantin von Wissen und fundierter Erkenntnis als auch als Motor und Katalysator für die öffentliche Diskursfähigkeit der Gewerkschaften von Bedeutung ist.

Gewerkschaftliche Erinnerungsarbeit ist also – neben Beiträgen zu wirtschafts-, arbeitsmarkt- und sozialpolitischen sowie gesellschaftspolitischen Debatten – *ein* Prüffeld für die Wahrnehmbarkeit der Gewerkschaften in den öffentlichen Diskursen über das Selbstverständnis und die angestrebte Entwicklung der aktuellen Gesellschaft.

So vielgestaltig die Erinnerungskultur der Gewerkschaften auch ist, unterscheidet sie sich doch von der anderer gesellschaftlicher Großorganisationen, und zwar im Hinblick auf vorherrschende Themen und auch Interpretationsmuster. Damit leistet sie einen Beitrag zu der überaus vielfältigen Erinnerungskultur einer pluralistischen Gesellschaft, in der etliche unterschiedliche Erinnerungskulturen nebeneinanderstehen, die sich beispielsweise durch soziokulturelle und auch politische Gruppenerfahrungen voneinander unterscheiden.

Auch in pluralistisch-demokratischen Gesellschaftsordnungen ist der Rückgriff auf Geschichte Teil der politischen Auseinandersetzung: Das historische Argument wird genutzt, um die eigene Politik zu legitimieren bzw. um politische Gegner*innen zu desavouieren. Zudem aber kann und soll die öffentliche Erinnerung zur kritischen Selbstvergewisserung und zur Sensibilisierung für die Komplexität historischer und damit auch aktueller politischer Entscheidungssituationen beitragen.

Allein durch den Angebotscharakter der vielfältigen Deutungen und Interpretationen widerspricht eine so verstandene öffentliche historisch-politische Auseinandersetzung mit und über Geschichte allen absoluten Gewissheiten und Dogmen; dank Redlichkeit der Quellenarbeit, Überprüfbarkeit der Belege, Einordnung in den zeitgenössischen Kontext und Fairness der Argumentation bietet die gewerkschaftliche Erinnerungsarbeit immer auch die Möglichkeit, an die Erinnerungsarbeit und damit an die Deutungsmuster anderer Gruppen oder Personen anzuknüpfen. Damit unterscheidet sich die geschichtspolitische Auseinandersetzung in pluralistisch-demokratischen Gesellschaften grundsätzlich von der bewussten und einseitigen Indienstnahme von Geschichte durch totalitäre bzw. diktatorische Systeme für ihre Politik (Bouvier/Schneider 2008).

Die Entscheidung zugunsten einer intensiven Erinnerungsarbeit sollte den deutschen Gewerkschaften umso leichter fallen, als sie wenig Anlass haben, ihre Geschichte zu verstecken. Es ist eine bleibende Aufgabe, im erinnerungspolitischen Diskurs durch einen selbstkritischen Umgang mit der eigenen Geschichte immer wieder deutlich zu machen, dass die Gewerkschaften – trotz mancher Schwächen und Fehler ihrer Politik – einen wesentlichen Beitrag zum Auf- und Ausbau des demokratischen Sozialstaats geleistet und sich den Abbaubestrebungen und Gefährdungen der sozialen Demokratie beharrlich, wenn auch nicht immer erfolgreich, entgegengestemmt haben.

Literatur und Quellen

Beier, Gerhard (1968): Glanz und Elend der Jubiläumsliteratur. Kritische Bestandsaufnahme bisheriger Historiographie der Berufs- und Industriegewerkschaften. In: Gewerkschaftliche Monatshefte 10, S. 607–614.

Berger, Stefan (Hrsg.) (2015): Gewerkschaftsgeschichte als Erinnerungsgeschichte. Der 2. Mai 1933 in der gewerkschaftlichen Erinnerung und Positionierung nach 1945. Essen: Klartext.

Borsdorf, Ulrich/Weiden, Gabriele (Hrsg.) (1987): Geschichte der deutschen Gewerkschaften von den Anfängen bis 1945. Köln: Bund.

Bouvier, Beatrix/Schneider, Michael (2008): Geschichtspolitik und demokratische Kultur. Einleitende Bemerkungen. In: Bouvier, Beatrix/Schneider, Michael (Hrsg.): Geschichtspolitik und demokratische Kultur. Bilanz und Perspektiven. Bonn: Dietz, S. 7–10.

Breit, Ernst (Hrsg.) (1984): Aufstieg des Nationalsozialismus – Untergang der Republik – Zerschlagung der Gewerkschaften. Beiträge zur Geschichte der Arbeiterbewegung zwischen Demokratie und Diktatur. Dokumentation der historisch-politischen Konferenz des DGB im Mai 83 in Dortmund. Köln.

Deppe, Frank/Fülberth, Georg/Harrer, Jürgen (Hrsg.) (1977): Geschichte der deutschen Gewerkschaftsbewegung. Köln: Pahl-Rugenstein.

Dokumentation der Kontroverse um die »Geschichte der deutschen Gewerkschaftsbewegung (1979). In: Frankfurter Rundschau Nr. 2, 3, 4 vom 3., 4., 5.1.1979.

Erll, Astrid (2008): Kollektives Gedächtnis und Erinnerungskulturen. In: Nünning, Ansgar/Nünning, Vera (Hrsg.): Einführung in die Kulturwissenschaften. Theoretische Grundlagen – Ansätze – Perspektiven. Stuttgart: Springer, S. 156–185.

Hemmer, Hans-Otto/Borsdorf, Ulrich (1974): „Gewerkschaftsstaat« – Zur Vorgeschichte eines aktuellen Schlagworts. In: Gewerkschaftliche Monatshefte 10, S. 640–653.

Hemmer, Hans-Otto/Schmitz, Kurt Thomas (Hrsg.) (1990): Geschichte der Gewerkschaften in der Bundesrepublik Deutschland. Köln: Bund.

Hockerts, Hans Günter (2002): Zugänge zur Zeitgeschichte. Primärerfahrung, Erinnerungskultur, Geschichtswissenschaft. In: Jarausch, Konrad H./Sabrow, Martin (Hrsg.): Verletztes Gedächtnis. Erinnerungskultur und Zeitgeschichte im Konflikt. Frankfurt am Main: Campus, S. 39–73.

Kellershohn, Jan (2019): Streiknarrative zwischen gewerkschaftlichen und regionalen Zeitschichten. Erinnerungsort Streik. In: Berger, Stefan/Borsdorf, Ulrich/Claßen, Ludger/Grütter, Henrich Theodor/Nelles, Dieter (Hrsg.): Zeit-Räume Ruhr. Erinnerungsorte des Ruhrgebiets. Essen: Klartext, S. 846–863.

Klönne, Arno/Reese, Hartmut (1984): Die deutsche Gewerkschaftsbewegung. Von den Anfängen bis zur Gegenwart. Hamburg: VSA.

Köcher, Thomas (2004): »Aus der Vergangenheit lernen – für die Zukunft arbeiten!«? Die Auseinandersetzung des DGB mit dem Nationalsozialismus in den fünfziger und sechziger Jahren. Münster: Westfälisches Dampfboot.

Matthias, Erich (Begr.)/Weber, Hermann/Schönhoven, Klaus/Tenfelde, Klaus et al. (Hrsg.) (1985 ff.): Quellen zur Geschichte der deutschen Gewerkschaftsbewegung im 20. Jahrhundert. Köln: Bund-Verlag/Bonn: J. H. W. Dietz Nachf. (ab 2006).

Matthias, Erich/Schönhoven, Klaus (Hrsg.) (1984): Solidarität und Menschenwürde. Etappen der deutschen Gewerkschaftsgeschichte von den Anfängen bis zur Gegenwart. Bonn: Verlag Neue Gesellschaft, S. 349–367.

Neuheiser, Jörg/Bartlitz, Christine/Rudolf, Violetta (2016): Mehr Geschichte wagen. Plädoyer für einen mutigeren Umgang der Gewerkschaften mit ihrer (Zeit-)Geschichte. Düsseldorf: Hans-Böckler-Stiftung.

Schmidt, Eberhard (1971): Ordnungsfaktor oder Gegenmacht. Die politische Rolle der Gewerkschaften. Frankfurt am Main: Campus.

Schmitz, Kurt Thomas (2020): Die IG Metall nach dem Boom. Herausforderungen und strategische Reaktionen. Bonn: Dietz.

Schneider, Michael (1986): Demokratie in Gefahr? Der Konflikt um die Notstandsgesetze. Bonn: Verlag Neue Gesellschaft.

Schneider, Michael (1989): Kleine Geschichte der Gewerkschaften. Ihre Entwicklung in Deutschland von den Anfängen bis heute. Bonn: Dietz.

Schönhoven, Klaus (1987): Die deutschen Gewerkschaften. Frankfurt am Main: Suhrkamp.

Vetter, Heinz O. (Hrsg.) (1980): Aus der Geschichte lernen – die Zukunft gestalten. Dreißig Jahre DGB. Köln: Bund.

Weil, Gerhard (2016): Erinnerungskultur in der Einwanderungsgesellschaft. In: Berliner Bildungszeitschrift. Mitgliederzeitschrift der GEW Berlin, Oktober.

Die Generalkommission der Gewerkschaften Deutschlands
Der vergessene Gründungs-Dachverband?

Jürgen Schmidt

Der (Nicht-)Erinnerungsort unserer Gegenwart, das Internet, verzeichnet bei dem Suchbegriff »Generalkommission der Gewerkschaften« rund 8.000 Treffer. Das ist für eine historische Institution, die nicht gerade im Zentrum des öffentlichen (und wissenschaftlichen) Interesses steht, nicht überwältigend, aber auch kein niederschmetterndes Suchergebnis für an Gewerkschaftsgeschichte Interessierte. Macht man sich allerdings daran, die Liste der Treffer für das Thema zu durchforsten, ist das Ergebnis deutlich weniger beeindruckend. Denn bereits nach rund hundert Treffern kommt der Hinweis der Suchmaschine, dass alle folgenden Einträge den ersten »100 angezeigten Treffern sehr ähnlich sind« (Stand 4. Juli 2020). Eine erinnerungspolitische oder -kulturelle Aufmerksamkeitswelle sieht anders aus.

Aber es gibt auch positive Resultate. So erwähnte Bundeskanzlerin Angela Merkel in ihrer Rede zum 70. Jahrestag der Gründung des Deutschen Gewerkschaftsbundes am 21. Oktober 2019 zumindest die Generalkommission als Vorläuferin des DGB, freilich ohne weiter auf die Generalkommission einzugehen (Merkel 2019). Weitere öffentliche Resonanz fand sie 2017, als der Deutschlandfunk an ihre Gründung 1892 erinnerte (Köpcke 2017). Wiederum auf dem DGB-Festakt in Berlin im Oktober 2019 begann der DGB-Vorsitzende Reiner Hoffmann seine Abschlussrede zwar mit einem erinnerungspolitischen Ansatz, dass »das Wissen um die eigene Geschichte hilft, eine Positionsbestimmung der Gegenwart vorzunehmen und Handlungsperspektiven für die Zukunft aufzuzeigen« (Hoffmann 2019). Doch im Folgenden nahm er als Referenzpunkt den 2. Mai 1933, als die Gewerkschaften zerschlagen wurden – ein zentraler Bezugspunkt in der Erinnerungskultur der Gewerkschaften, wie die Forschung inzwischen detailliert aufgezeigt hat (Berger 2015).

Hoffmann hatte bei einer Abschlussrede eines großen Festaktes keine Zeit für die historische Herleitung des DGB aus dem 19. Jahrhundert. Aber generell stellt sich die Frage, warum die Generalkommission eine eher untergeordnete Rolle in der Erinnerungspolitik und -kultur der Gewerkschaften spielt (siehe auch Schönhoven 1992, S. 226). Eine der grundlegenden Ursachen liegt sicher darin, dass das 19. Jahrhundert und das deutsche Kaiserreich als Ort, auf den sich gesamtgesellschaftliche Debatten beziehen, verblasst sind. Das gilt auch für die Initiativen zur Gewerkschaftsgeschichte im letzten Jahrzehnt, die sich vornehmlich auf das 20. Jahrhundert konzentrierten und das 19. Jahrhundert eher am Rande behandelten, obwohl letzteres immer wieder als Zeitraum für die Entstehung der »Moderne« herangezogen wird (Aschmann 2019).

Aber die Erinnerungslücke »Generalkommission« hat auch mit der Institution selbst zu tun. Erinnerungspraktisch wird das Gedenken schon dadurch erschwert, dass man zwei Gründungsdaten angeben kann: zum einen die Gewerkschaftstagung in Berlin am 16. und 17. November 1890, bei der die Generalkommission aus der Taufe gehoben wurde; zum anderen den ersten deutschen Gewerkschaftskongress in Halberstadt vom 14. bis 18. März 1892, bei dem die Generalkommission institutionalisiert wurde. Der erwähnte Beitrag im »Kalenderblatt« des Deutschlandfunks hatte das letztere Datum gewählt. »Jahrestage sind ein wichtiger Kitt in unserer fragmentierten Gesellschaft«, meinte Frank Bösch. Wenn aber selbst der Grundstein erst noch diskursiv verankert werden muss, erschwert das die Herstellung »einigender Momente« (Bösch 2019).

Darüber hinaus verlief der Start der Generalkommission in den 1890er Jahren keineswegs glanzvoll. Vielmehr waren die Stellung, die Aufgaben und die Bedeutung des überverbandlichen Gremiums umstritten, vollzog sich der Auf- und Ausbau der Organisationsstruktur mühsam. In den letzten Jahren des 19. Jahrhunderts stabilisierte sich zwar die Generalkommission und fand Anerkennung bei den Einzelgewerkschaften, aber das Verhältnis zu den Einzelverbänden blieb angespannt. Zudem repräsentierte Carl Legien zwar die Generalkommission als Vorsitzender während ihrer gesamten Existenz und war ihre herausragende Führungsfigur. Doch er konnte sich nie einen solchen Nimbus erwerben wie beispielsweise August Bebel. Schließlich dürfte die anpassungsbereite Rolle der Generalkommission bei Kriegsausbruch 1914 und in der Burgfriedenspolitik im Krieg eine erinnerungsfreudige Auseinandersetzung erschwert haben, zumal diese Entscheidungen unmittelbar vor dem Krieg und im Krieg zu ihren letzten zentralen richtungsweisenden gehörten: Denn im Juli 1919 wurde die Generalkommission der Gewerkschaften Deutschlands vom Allgemeinen Deutschen Gewerkschaftsbund (ADGB) als Dachverband abgelöst.

Welche Erinnerungsspuren der Generalkommission lassen sich angesichts ihrer schwierigen Verbandsgeschichte finden? Als Erfolgsgeschichte, die das Narrativ vieler Gewerkschaftserinnerungen abgibt (Andresen 2014, S. 206f.), ließ sich die Entwicklung der Generalkommission nicht von ihrem Beginn an erzählen. Welche Muster zeichneten sich daher in der Erinnerungskultur und Erinnerungspolitik ab? Ist die hier knapp einleitend entwickelte These der »Erinnerungslücke Generalkommission« berechtigt? Diesen Fragen geht der vorliegende Beitrag nach und blickt dabei auf drei Themenfelder. Zunächst wird die Generalkommission in allgemeinen Darstellungen sowie in der Geschichtswissenschaft der Weimarer Republik, der frühen Bundesrepublik und der DDR beleuchtet. Anschließend werden die Erinnerungen und das Gedenken an Carl Legien betrachtet, der über das »Stinnes-Legien-Abkommen« zum Schulbuchwissen der Geschichte der Weimarer Republik zu zählen ist. Schließlich wird auf die erinnerungspolitischen und -kulturellen Impulse der Gewerkschaften, des Gewerkschaftsdachverbandes und in der Gesellschaft geblickt.

Mit diesen drei Themenfeldern werden Erinnerungspolitik und Erinnerungskulturen in einem breiten Verständnis als Oberbegriffe »für alle denkbaren Formen der bewussten Erinnerung an historische Ereignisse, Persönlichkeiten und Prozesse« verwendet (Cornelißen 2012). Dies schließt den »geschichtswissenschaftlichen Diskurs« sowie die »Geschichts- und Vergangenheitspolitik« ein, die die »Erinnerung an bestimmte historische Ereignisse, Prozesse oder Personen in politischer Absicht und zu politischen Zwecken« (Schneider 2018, S. 5) fördern. Denn letztlich gilt, dass Historiker*innen sowohl »bei den Erinnerungsproduzenten« mitwirken als auch »auf Seiten derer, die bestimmte Erinnerungsgeschichten als unzutreffend nachweisen und ihnen so die gesellschaftliche Wirkung nehmen wollen«– wenn auch »nicht vorrangig« (Langewiesche 2006, S. 18 f.).

Darüber hinaus wird in den Abschnitten zu Carl Legien und dem gewerkschaftlichen und gesamtgesellschaftlichen Gedenken auf die engere Begriffsbildung zurückgegriffen, die »Erinnerungskultur« im Sinne einer »für die Gesamtheit des nicht spezifisch wissenschaftlichen Gebrauchs der Geschichte in der Öffentlichkeit« verwendet – »mit den verschiedensten Mitteln und für die verschiedensten Zwecke« (Hockerts 2002, S. 41).

Die Generalkommission in der Diskussion und der Erinnerung

National ausgerichtete Einzelgewerkschaften gab es seit der Revolution von 1848 immer wieder in Deutschland. Zwar existierten bereits vor 1890 Vorbilder sowohl in Deutschland als auch außerhalb für einen übergreifenden gewerkschaftlichen Dachverband – insbesondere ist der 1868 in England gegründete Trades Union Congress (TUC) zu nennen, und auch die liberalen Hirsch-Dunckerschen

Gewerkvereine hatten sich bereits 1869 eine zentrale Verbandsstruktur gegeben (Fleck 1994, S. 296 ff.). Doch die freien, sozialdemokratischen Gewerkschaften hatten sich – maßgeblich bedingt durch das Sozialistengesetz von 1878 – keine Dachorganisation geschaffen. Gewerkschaftsarbeit und -organisation war eng an die beruflichen und betrieblichen Erfahrungen gebunden. Das war eine Stärke, die sich in der Zeit des Sozialistengesetzes zwischen 1878 und 1890 bezahlt machte, da so auf lokaler Ebene gewerkschaftliche Fachverbände sich trotz Verfolgung konstituieren konnten und überlebten.

Mit dem Ende des Sozialistengesetzes und den damit einhergehenden neuen Möglichkeiten wuchs die Idee eines gesamtgewerkschaftlichen Zusammenschlusses. Es ist hier nicht der Ort, um die Entstehungs- und Organisationsgeschichte der »Generalkommission der Gewerkschaften Deutschlands« im Einzelnen nachzuzeichnen – die Fragestellungen sind andere. Doch ein einordnender Überblick scheint mir notwendig zu sein.

Den Ausgangspunkt zur Gründung einer gewerkschaftlichen Dachorganisation bildete das Ende des Sozialistengesetzes. Hinzu kam die Erfahrung eines gescheiterten Arbeitskampfes in Hamburg im Jahr 1890. Überregionale Absicherungen und Abstimmungen, um an Schlagkraft zu gewinnen und sich gegenseitig abzusichern, erkannten die Gewerkschaften als Ziel. Auf Initiative der Metallarbeiter-Gewerkschaft trafen sich am 16. und 17. November 1890 in Berlin die Vorstände der sogenannten freien, sozialdemokratischen Gewerkschaften. Die Strategie, über Konferenzen bzw. Kongresse Arbeiterorganisationen zu vernetzen, war der Arbeiterbewegung seit Jahrzehnten vertraut. Die Idee, einen gewerkschaftlichen Dachverband zu gründen, hatte es bereits in den 1870er Jahren gegeben, war dann aber aufgrund des Sozialistengesetzes nicht realisiert worden (Schröder 1965, S. 130 ff.; Brunner 1992a, S. 41 f.; zur Kongressidee Schmidt 2018, S. 240 ff.).

Auf der Berliner Konferenz wurde 1890 ein siebenköpfiges Gremium gewählt, das fortan als Generalkommission firmierte und dem mit Emma Ihrer auch eine Frau angehörte – sie wurde allerdings 1892 nicht wiedergewählt. An ihre Stelle trat bis 1899 Wilhelmine Kähler; seitdem gehörte keine Frau mehr der Generalkommission an (siehe allgemein Holland 2019, S. 77 f.). Den Vorsitz hatte der Drechsler Carl Legien, der schon Organisationserfahrungen als Leiter der »Vereinigung der Drechsler Deutschlands« gesammelt hatte. Da Legien und zwei weitere Vorstandsmitglieder (Adolf Dammann und Adolph von Elm) ihren Wohnsitz in Hamburg hatten, wurde die Hansestadt zum Sitz der Generalkommission bestimmt (ab 1903 Berlin). Auf Initiative von Carl Legien erschien seit 1891 das *Correspondenzblatt der Generalkommission der Gewerkschaften Deutschlands*, das Legien zunächst allein redigierte. Zu ihren Hauptaufgaben zählte die

Generalkommission, »die im Kampf um ihr Koalitionsrecht stehenden Arbeiter durch die Beschaffung der nötigen Geldmittel tatkräftig zu unterstützen« (Berliner Volksblatt, Nr. 270, vom 19. November 1890, zit. nach Schröder 1965, S. 207). Die meisten von ihr unterstützten Streiks 1890/91 scheiterten jedoch; die Einzelgewerkschaften fühlten sich zu wenig in das Vorgehen der Generalkommission integriert, und finanziell stand diese sowie ihr geplanter nationaler Streikfonds auf äußerst schwachen Beinen. Unter diesen wenig aussichtsreichen Auspizien fand 1892 – »klassisch« erinnerungspolitisch terminiert – vom 14. März (9. Todestag von Karl Marx) bis zum 18. März (Revolution 1848) der erste gesamtdeutsche Gewerkschaftskongress statt. Vertreten waren ausschließlich sozialdemokratische Gewerkschaften. Im von Klassenstrukturen gezeichneten Kaiserreich war an eine Einheitsgewerkschaft nicht zu denken. Der Generalkommission wurden auf dem Halberstädter Kongress ihre Handlungsmöglichkeiten stark beschnitten. Insbesondere die Streikunterstützung wurde ihr entzogen.

Der entscheidende Erfolg für die Generalkommission in Halberstadt lag darin, dass ihre Existenz gesichert wurde und dass die teils massiven Attacken gegen sie (ein »todtgeborenes Kind«, Scharrer 1991, S. 23) abgewehrt werden konnten. Kritik ging vor allem von den sogenannten Lokalisten aus, die sich gegen eine Zentralisierung der Gewerkschaftsarbeit aussprachen. Doch fanden die Lokalisten, die besonders in den in Fachvereinen organisierten Spezialberufen mit (lokal) geringen Beschäftigenzahlen sowie im Baugewerbe ihre Hauptstütze hatten, auf dem Halberstädter Kongress keine Mehrheit. Die Tendenz ging in Richtung Zentralisation in Berufsverbänden; dafür eine überverbandliche Einrichtung zu haben, sicherte der Generalkommission ihre Existenz (Schönhoven 1987, S. 62–64; Schneider 1989, S. 74–78).

Allerdings bedeutete Halberstadt für die Generalkommission noch keineswegs die endgültige Trendwende. In die Auseinandersetzungen zwischen der Sozialdemokratischen Partei und den freien Gewerkschaften war auch die Generalkommission involviert, verstärkt durch die persönliche Abneigung zwischen den Protagonisten August Bebel und Carl Legien (Führer 2009, S. 69, 124). Auf dem zweiten Gewerkschaftskongress 1896 in Berlin brachte der starke Metallarbeiterverband sogar die Auflösung der Generalkommission ins Spiel, fand aber keine Zustimmung (Varain 1956, S. 17f.).

Zwei neue Aufgabenfelder brachten der Generalkommission in den folgenden Jahren ein wachsendes Renommee. Zum einen kümmerte sie sich um die gewerkschaftliche Organisation in den ländlich geprägten Gebieten Ostpreußens, zum anderen baute sie eine Statistikabteilung auf, die die Einzelgewerkschaften mit Informationen über Löhne, den Arbeitsmarkt und die Auswirkungen der Sozialpolitik versorgte. In der politischen Auseinandersetzung um die sogenannte Zuchthausvorlage, die eine Verschärfung des Strafrahmens bis hin zu Zuchthausstrafen von fünf Jahren vorsah, wenn Arbeiter zur Teilnahme an Streiks gezwungen würden, lieferte die Generalkommission 1899 eine propagandistische Meisterleistung. Sie verteilte gegen das Gesetzesvorhaben 3,5 Millionen Flugblätter. Damit gewann sie auch den Respekt der Sozialdemokratie.

Dennoch blieb das Verhältnis zur Sozialdemokratie – ähnlich wie das der Einzelgewerkschaften zur Partei – schwierig, etwa bei der Massenstreikfrage; und es war Carl Legien, der als Vorsitzender der Generalkommission immer wieder auf den sozialdemokratischen Parteitagen mit August Bebel (und anderen) aneinandergeriet, wenn er auf die Eigenständigkeit der Gewerkschaften pochte – die dann im Mannheimer Abkommen auch endgültig festgeschrieben wurde (Führer 2009, S. 99f., 105, 123–134; Schröder 1965, S. 336–338; Schönhoven 1987, S. 67–69).

Weitere Aufgaben und Erfolge kamen um und nach 1900 hinzu. Die Generalkommission engagierte sich immer stärker in der Sozialpolitik und baute ab 1910 eine sozialpolitische Abteilung auf. Zunehmend kümmerte sie sich darum, Gewerkschaftsfunktionäre auf ihre Aufgaben vorzubereiten und fortzubilden (Brunner 1992a, S. 45; Führer 2009, S. 112f.). Nach 1900 hatte sie sich endgültig im sozialdemokratischen Arbeiterbewegungskosmos etabliert – weniger im Milieu, da die Mitgliederkontakte vor allem über die Gewerkschaften vor Ort und ihre Organisationen liefen, dafür umso mehr als einflussreicher Teil im politischen System und Geschehen des Kaiserreichs.

So kam der Generalkommission im Sommer 1914 vor dem Kriegsausbruch eine wichtige Rolle zu. Die Sozialdemokratische Partei, die Gewerkschaften und die Generalkommission stellten sich an die Seite der Reichsregierung und erklärten sich bereit, das Kaiserreich zu verteidigen. Dies war für Carl Legien und die Generalkommission »kein Bruch, sondern die logisch zwingende Fortsetzung der gewerkschaftlichen Vorkriegspolitik« (Führer 2009, S. 169). Die Generalkommission blieb im Krieg »auf Burgfriedenskurs, um ihre [...] gewonnene Reputation als Verhandlungspartner des Staates und als Akteur auf dem Arbeitsmarkt nicht zu verspielen«.

Diese Vermittlungsrolle wurde schließlich auch eingesetzt, um das Stinnes-Legien-Abkommen zwischen Gewerkschaften und Arbeitgeberverbänden im November 1918 auszuhandeln, das den Gewerkschaften den Vertretungsanspruch der Arbeiterschaft gegenüber den Unternehmern garantierte – ein Erfolg, da vorher gerade Unternehmer der Schwerindustrie, wie Hugo Stinnes, diesen Vertretungsanspruch nicht akzeptiert hatten. Die Unternehmerseite profitierte von dem Abkommen, da es sie vor »Sozialisierungsmaßnahmen weitgehend schützte«.

Im Sommer 1919 erfolgte der Übergang der Generalkommission in den »Allgemeinen Deutschen Gewerkschaftsbund«, der nach wie vor nur die sozialdemokratischen Gewerkschaften umfasste und eine hohe personelle sowie organisatorische Kontinuität zur Generalkommission aufwies (Schönhoven 1992, S. 231 f.; Potthoff 1987, S. 26 f., 30 f.; Brunner 1992b, S. 299–301).

Die Generalkommission in Darstellungen und im Spannungsfeld von Ost und West

Die Forschungen und Darstellungen, die sich dezidiert mit der Generalkommission der Gewerkschaften Deutschlands auseinandersetzen, sind überschaubar. Eingebettet ist die Geschichte der Generalkommission in der Regel in die Geschichte der Gewerkschaften und Gewerkschaftsbewegung im Allgemeinen. Dies gilt auch für ihre erste ausführlichere Darstellung aus der Feder des leitenden Redakteurs des *Correspondenzblattes*, Paul Umbreit. Er verfasste im Kriegsjahr 1915 sein Buch über »25 Jahre Deutsche Gewerkschaftsbewegung 1890–1915« als »eine Gedenkschrift zur Erinnerung an das Vierteljahrhundert der Entwicklung und Kämpfe, das die deutschen Gewerkschaften und die Generalkommission seit der Begründung der letzteren zurückgelegt haben« (Umbreit 1915, Vorwort).

Das Buch erschien im hauseigenen Verlag der Generalkommission. Dass das Gründungsjubiläum »mitten in die Zeit des Völkerkrieges fällt, daß Hunderttausende unserer Mitglieder auf blutigen Schlachtfeldern im Dienst des Vaterlandes ihre Pflicht erfüllen«, könne

»kein zwingender Grund sein, diesen Tag ganz mit Stillschweigen zu übergehen, denn die deutschen Gewerkschaften gehören zu den Kulturschöpfungen, die den Weltkrieg überdauern und die auch in diesem Kriege sich als Elemente der Volksorganisation bewährt haben, nicht allein zum Wohle ihrer Mitglieder, sondern auch zum Segen des gesamten Volkes« (ebd.).

Trotz dieser im Krieg publizierten Schrift mit ihrer staatstragenden Einführung ging Umbreit auch auf die Konfliktlinien zwischen Gewerkschaften und Staat ein, behandelte etwa den Kampf gegen die Zuchthausvorlage und schilderte die schweren Arbeitskämpfe. Gewerkschaftsgeschichte wurde als erfolgreich bestandene Auseinandersetzungsgeschichte erinnert, die in Organisationsmacht und solidarisches Handeln der Arbeiterschaft mündete. In der unmittelbaren Gegenwart des Krieges galt die Gemeinschaft klassenübergreifend. Doch es war erst und nur der Krieg, der diese neue Sichtweise ermöglichte:

321

»und es bedurfte erst des Beweises der Einmütigkeit der Arbeiterklasse mit allen übrigen Bevölkerungsklassen in der Verteidigung des Vaterlandes gegen äußere Feinde, um das unberechtigte Vorurteil zu zerstreuen, daß die Gewerkschaften staatsfeindlich seien« (ebd., S. 145).

Für die Zeit nach dem Krieg erwarteten die Gewerkschaften daher die volle Anerkennung für ihre Pflichterfüllung und eine »von sozialen Gesichtspunkten geleitete Politik« (ebd., S. 154). Zu Umbreits Darstellung der Generalkommission kamen in der Weimarer Republik keine weiteren grundlegenden Studien über den Dachverband hinzu. Abgerechnet mit der Generalkommission wurde allerdings unmittelbar nach dem Krieg auch schon. Hermann Liebmann, der 1917 wegen der sozialdemokratischen Burgfriedenspolitik der USPD beigetreten war, listete 1919 ein »Sündenregister der Zentralvorstände der freien Gewerkschaften Deutschlands« auf (Liebmann 1919).

Erst ab den 1950er Jahren entstanden in der Bundesrepublik und der DDR weiterführende, wissenschaftliche Arbeiten. Zentral waren dabei Heinz Josef Varains Studie, die prominent von der »Kommission für Geschichte des Parlamentarismus und der politischen Parteien« 1956 herausgegeben wurde, sowie Wolfgang Schröders Dissertation, die er bei Ernst Engelberg verfasste. Nur kursorisch gestreift wurde dagegen die Generalkommission in Josef Kurths Studie, die sich zum Ziel setzte, die »Erinnerung an jene menschlichen Kräfte und Werte« wachzuhalten, »die einst den Aufstieg der Gewerkschaftsbewegung möglich machten« (Varain 1956; Schröder 1965; Kurth 1957, S. 5).

Gewerkschaftsgeschichte und die Geschichte der Generalkommission geriet damit in den ideologischen Ost-West-Konflikt. Die westdeutsche Geschichtswissenschaft würde versuchen, »Gewerkschaftsbewegung und Marxismus als völlig entgegengesetzte Pole« auszulegen und die Gewerkschaften »als ›Ordnungsfaktor‹ darzustellen und die Geschichte der Kampforganisation des Proletariats in eine Geschichte der ›Integration‹ in den imperialistischen Ausbeuterstaat zu verfälschen«, urteilte Wolfgang Schröder (1965, S. 13).

Letztlich war es aber Schröders materialistisch-klassenkämpferische Interpretation der Generalkommission, die sie als antimarxistische Organisation brandmarkte. Insbesondere unter ihren beiden zentralen Führungsfiguren Adolph von Elm und Carl Legien habe sie sich von einer sich »revolutionär orientierenden, kämpferischen« Gewerkschaftsbewegung zu Beginn der 1890er Jahre »zu einem reaktionären, sozialchauvinistischen, konservativen Trade-Unionismus« entwickelt. Legien und »führende deutsche Gewerkschaftsfunktionäre« seien wegen ihrer »Mißachtung der marxistischen Theorie« früh »in den Sumpf des Opportunismus« abgerutscht. Insgesamt hätten die »opportunistischen Gewerkschaftsführer« in der Generalkommission »die Kampfkraft der Massen« gelähmt und stünden damit eindeutig gegen Lenins Einsicht, dass »die großen Fragen der politischen Freiheit und des Klassenkampfes letzten Endes nur durch Gewalt entschieden (werden)«« (Schröder 1965, S. 12, 202 f., 244, 351 f.).

Trotz aller quellenkritischen Akribie Schröders und eines wohlwollenden Blicks auf die Gründungsphase der Generalkommission musste sich die Darstellung in eine ideologische Geschichts-, Vergangenheits- und Erinnerungspolitik einordnen. Die Arbeit der Gewerkschaften wurde politischer Aktualisierung angepasst, ja gefügig gemacht.

Diese geschichtsideologische Einordnung stand im grundlegenden Gegensatz zu den Erkenntnissen, die Heinz-Josef Varain aus seiner Beschäftigung mit der Generalkommission zog. Er sah in der Arbeit der Generalkommission und der Gewerkschaften ihre wesentliche Aufgabe auf wirtschaftlich-sozialem Gebiet. Dank der Erfolge in diesem Bereich bahnten die Gewerkschaften »eine schrittweise Annäherung großer Teile der Arbeiterschaft an die Ordnung des sie umgebenden Staats und Gesellschaftslebens« an.

War die eigentliche Botschaft hier noch historisch eingebunden, machte der Klappentext die erinnerungspolitische Funktion von Varains Studie explizit: »Das Wirken im Staat, nicht gegen den Staat, war die Aufgabe, die sich Carl Legien als Vorsitzender der Generalkommission [...] gesetzt hatte und auch auszuführen verstand« (Varain 1956, Klappentext). Die existierende Einbindung der Gewerkschaften und des DGB in die bundesrepublikanische Politik, Gesellschaft und Wirtschaft wurde explizit hervorgehoben. Die klassenkämpferische Erinnerung sollte gekappt werden.

Noch eindeutiger hatte Josef Kurth den Zweck für das Verfassen seines Gewerkschaftsabrisses begründet: »Gewerkschaften sind eine der wichtigsten Stützen des demokratischen Gefüges in unserem Lande« und »wichtige Träger der Hoffnung auf eine noch weitergehende Demokratisierung unser Gesellschaft«. Und im fundamentalen Gegensatz zu Wolfgang Schröders leninistischen Kampfparolen einige Jahre später, meinte Kurth: »Alle Versuche, mit undemokratischen Mitteln dem Ziel der Arbeiterbewegung zu dienen, führen – so lehrt uns die Geschichte und die Gegenwart – nur in noch größere Unfreiheit der Arbeiterschaft« (Kurth 1957, S. 5).

Für die Erinnerungskulturen in West- und Ostdeutschland hieß dies, dass die Gewerkschaftsgeschichte und die Geschichte der Generalkommission den jeweiligen Ideologien entsprechend für die eigenen Zwecke instrumentalisiert wurden (siehe auch Schneider 2018, S. 24 f.).

Jürgen Schmidt

Carl Legien als erinnerte Persönlichkeit

Zahlreiche Straßen heißen »Legienstraße«. Im Berliner Ortsteil Prenzlauer Berg steht die Wohnstadt Carl Legien, und am idyllisch am Engelbecken gelegenen Legiendamm in Berlin-Kreuzberg findet sich ein Denkmal mit der Büste Carl Legiens und der Inschrift »Schöpfer und Organisator der neuzeitlichen Gewerkschaftsbewegung«. Eingeweiht wurde die Büste, die von dem Bildhauer Karl Trumpf stammt, 1961 in Anwesenheit des Regierenden Bürgermeisters Willy Brandt. 1978 wurde die Büste entfernt und 1989 erneut aufgestellt. Vierzehn Jahre später ließ man die Bronzebüste durch eine Kunststeinabform (von Ute Hoffritz) ersetzen, weil die in unmittelbarer Nähe stehende Bronzebüste von Hans Böckler 2011 von Metalldieben gestohlen worden war. Das Denkmal wurde in Anwesenheit des DGB-Vorsitzenden Michael Sommer am 20. August 2013 wieder eingeweiht und Legien wurde von Sommer als »überzeugter Demokrat« gewürdigt, der »die Organisation der Interessen der Arbeitnehmer national und international maßgeblich mitgeprägt« habe.

War diese Denkmal-Erinnerungsgeschichte des Vorsitzenden der Generalkommission über die Jahrzehnte hinweg schon disruptiv, erwies sich das Gedenken an Carl Legien bereits in der Weimarer Republik als zwiespältig. Karl Christian Führer hat nachgezeichnet, wie die scheinbar beeindruckende Würdigung des Gewerkschafters Carl Legien, auf dessen Namen Hugo Stinnes ein Fracht- und Passagierschiff seiner Flotte am 20. Mai 1922 taufen ließ, keineswegs nur als eine respektable Ehrung wahrgenommen wurde, sondern auch für erhebliche Missklänge sorgte.

Dass der Großindustrielle Hugo Stinnes seinen Verhandlungspartner Carl Legien, mit dem er im November 1918 das nach den beiden benannte Abkommen unterzeichnet hatte, mit einer Schiffstaufe würdigte, zeugte von Respekt und Anerkennung für den Gewerkschafter. Entsprechend war mit Friedrich Ebert und Otto Braun die politische Elite der Republik und der Sozialdemokratie beim Festakt der Schiffstaufe in Wilhelmshaven anwesend. Allerdings hatte Stinnes nach 1918 gegen die Einführung des Achtstunden-Arbeitstages gekämpft, und in der konkreten tarifpolitischen Situation des Jahres 1922 kam es in Stinnes' Unternehmen sowie in anderen Metallindustriebetrieben zu Massenaussperrungen. Es war eine »gleichsam ›vergiftete‹ Festlichkeit«, an der Theodor Leipart – Legiens Nachfolger an der Spitze des ADGB – sich daher weigerte teilzunehmen (Führer 2009, S. 7–10).

Das erinnerungspolitische Signal, das mit dieser Zeremonie ausgesendet wurde, zielte auf eine Aussöhnung zwischen Kapital und Arbeit, möglicherweise auch auf ein politisches Stillhalteabkommen zwischen alten und neuen Eliten, da neben der sozialdemokratischen Staatsspitze mit Erich Ludendorff und Paul von Hindenburg Vertreter des konservativen alten Regimes bei der Schiffstaufe anwesend waren. Die zwiespältige Ehrung Legiens repräsentierte daher vor allem jene Erinnerungsstruktur, die sich *auch* mit der Generalkommission verknüpfte: eine Organisation, die einen antirevolutionären Kurs steuerte und mit dem Kriegsbeginn eine tragende Rolle im Staat spielte.

Ausgeblendet blieben bei einer solchen Zeremonie das klassenkämpferische Moment, die Auseinandersetzung in den Unternehmen, die Unterstützung streikender Arbeiter*innen und der Widerstand gegen staatliche Willkür, für die die Generalkommission in der Zeit des Kaiserreichs ebenfalls stand. Die Nichtteilnahme von Theodor Leipart lässt sich daher auch so interpretieren, dass es dem ADGB darum ging, *diese* Aspekte in der gewerkschaftsinternen Erinnerung wachzuhalten und die Generalkommission nicht allein als eine staatstragende Organisation vereinnahmt sehen zu wollen. Zudem hatte die Mehrfachstrategie der Generalversammlung mit der Streikunterstützung einerseits sowie der Propagierung von sozialpolitischen Reformen und der Option von Verhandlungen mit den Unternehmern andererseits den Arbeiter*innen zu materieller und rechtlicher Besserstellung verholfen.

Der »Blick auf das augenblicklich Mögliche« (Köpcke 2017) brachte mehr Geld in die Haushalte der Arbeiterschaft als theoretische klassenkämpferische Diskussionen. Ein unbestreitbarer Erfolg, den die einzelnen Gewerkschaftsmitglieder zwar höchstwahrscheinlich nicht ihrem Dachverband zuschrieben, aber den die Generalkommission dennoch für sich reklamieren konnte und an den sich erinnern ließ, wenn es um die Legitimität der eigenen Arbeit ging.

Überhaupt ließ sich mit Legien und seiner Lebensleistung die Geschichte der Generalkommission doch als Erfolgsgeschichte erinnern. Der gelernte Drechsler hatte es an die Spitze der zentralen Gewerkschaftsorganisation geschafft, bis 1896 weitgehend allein die Organisationsarbeit gemeistert – zwischen 1892 und 1894 hatte er 4.610 Briefe geschrieben (Führer 2009, S. 108 f.) – und diese Institution zu einer anerkannten Größe in der Politik und in der Gewerkschaftsarbeit ausgebaut. An diese persönliche Leistung und diesen musterhaften sozialdemokratischen Aufstiegs-Lebenslauf ließ sich trotz aller Divergenzen mit den Einzelgewerkschaften problemlos und identitätsbildend erinnern.

Hinzu kam, dass Legien in der Weimarer Republik für den Allgemeinen Deutschen Gewerkschaftsbund auch als Symbol für Republik und Demokratie stand. In der Sitzung des Bundesausschusses des ADGB vom 15./16. Februar 1927 hieß es:

Jürgen Schmidt

»Eine Büste *Karl Legiens* wird nach dem Beschluß des Bundesvorstandes angefertigt und im Bundeshaus aufgestellt. Es ist ferner beabsichtigt, Abgüsse von dieser Büste für Gewerkschaftshäuser und Gewerkschaftsbüros herzustellen. Daneben wird versucht, eine künstlerische Radierung mit *Legiens* Bildnis vervielfältigen zu lassen. Die deutsche Kunstgemeinschaft hat angeregt, ebenso wie die monarchischen Kreise überall Symbole für den Monarchismus aufgestellt haben, auch für die Republik größere Propaganda durch republikanische Symbole zu machen. Dazu gehört, daß auch die Führer der Gewerkschaften im Porträt festgehalten und in den Büros usw. ausgestellt werden« (Sitzung des Bundesausschusses, 15./16. Februar 1927. In: Kuckuck/Schiffmann 1986, S. 857).

Doch generell stellt sich die Frage, ob über die Erinnerung an eine Person auch direkt an die entsprechende Institution erinnert wird. In den Nachrufen auf Carl Legien erscheint zwar gelegentlich die Generalkommission als zentrale Wirkungsstätte seines Lebens. Aber erinnert wird der »große Realpolitiker der Arbeiterbewegung«, der »Meister organisatorischer Gestaltung und gewerkschaftlicher Strategie«. So sehr Legien ihr seinen Stempel aufdrückte – die Generalkommission selbst kam nur indirekt vermittelnd, wenn überhaupt, mit den Erinnerungen an Carl Legien in den Blick. In der ausführlichen Berichterstattung des *Vorwärts* über die Trauerreden anlässlich Legiens Beerdigung taucht die Generalkommission nur ein einziges Mal auf (Vorwärts, Nr. 1 vom 1. Januar 1921, 2. Beilage).

Schließlich bleibt die Generalkommission der Gewerkschaften Deutschlands auch in der (außerwissenschaftlichen) Erinnerung an das Stinnes-Legien-Abkommen vom November 1918 durchgängig im Hintergrund. In der ausführlichen Rede von Bundespräsident Frank-Walter Steinmeier anlässlich des 100. Jahrestages des Stinnes-Legien-Abkommens, dem »Grundstein der erst später so genannten und viel gelobten Sozialpartnerschaft«, stehen die beiden Namensgeber im Mittelpunkt (Steinmeier 2018). Die Generalkommission taucht hingegen kein einziges Mal auf. Ihre Beteiligung als Ganzes, die für einen pragmatischen Kurs der letzten Jahre des Kaiserreichs stand und so auf Gewerkschaftsseite überhaupt die Grundlage für diesen »klassenfriedlichen« Kompromiss schuf, wird im Zusammenhang mit dem Stinnes-Legien-Abkommen in der Öffentlichkeit nicht erinnert (siehe exemplarisch Frese 2018).

Erinnerungsansätze im gewerkschaftlichen Gedenken (1915 bis 1980)

Ehrlich gingen die Gewerkschaftszeitungen anlässlich des 25-jährigen Gründungsjubiläums der Generalkommission mit der Jubilarin um. Sie gaben zu, dass nach dem Halberstädter Kongress von 1892 die »Wirksamkeit der Generalkommission in der nächsten Zeit auf mancherlei Hindernisse (stieß)« und der

Unmut über die ausbleibenden »sichtbaren Erfolge« der Gewerkschaftsbewegung so groß wurde, dass es »bis zum Kongreß 1896 in Berlin sogar zu Anträgen der Metallarbeiter auf Aufhebung der Generalkommission« kam. Die Metallarbeiter-Zeitung räumte ein, dass deren »Annahme zweifellos ein großer Fehler gewesen« wäre (Deutsche Metallarbeiter-Zeitung, Nr. 47 vom 20. November 1915). Auch der *Courier*, die Gewerkschaftszeitung des Handels-, Transport- und Verkehrsgewerbes, verwies auf den krisenhaften Beginn der Generalkommission (Courier, Nr. 23 vom 7. November 1915, S. 259).

Wäre die Entwicklung der Generalkommission so krisenhaft weitergelaufen, hätte es wohl gar keinen Grund gegeben, an die Entstehung des Dachverbands der Gewerkschaften zu erinnern. Doch über die folgenden Jahre zeigten die Zeitungen der Einzelverbände sich in ihrer Meinung einmütig. Wie »jede Neueinrichtung« habe die Generalkommission »mit mancherlei Mißhelligkeiten, Mißverständnissen und Widerständen zu kämpfen« gehabt. Doch wer »wollte wohl heute noch ihren Bestand, ihre Einrichtung missen?«, fragte der *Courier* rhetorisch. Durch ihre statistische Arbeit, ihr Bestreben nach internationaler Zusammenarbeit, den Aufbau einer sozialpolitischen Abteilung sowie die Herausgabe des *Correspondenzblattes* sei die Generalkommission zu einem wesentlichen Garanten für die Erfolgsgeschichte der Gewerkschaften mit ihren 2,5 Millionen Mitgliedern vor Ausbruch des Krieges geworden (ebd.).

Bemerkenswerterweise blendete das *Correspondenzblatt* in seinem zweieinhalbseitigen Leitartikel zur Gründung der eigenen Institution »Mißhelligkeiten« und Bedrohungen durch die starken Einzelgewerkschaften fast vollständig aus. In den Erinnerungen dominierte das Beschwören der Einheit: Die Generalkommission sei »als geistiges Band und Ausdruck des gemeinsamen Wirkens der gewerkschaftlichen Kampforganisationen ins Leben gerufen« worden (Correspondenzblatt der Generalkommission der Gewerkschaften Deutschlands, Nr. 46 vom 13. November 1915, S. 494–495). Die fundamentale Spaltung der Arbeiterbewegung gegen Ende des Ersten Weltkrieges war 1915 noch nicht eindeutig abzusehen. Aber erste Risse hatten sich schon zu diesem Zeitpunkt vor allem parteipolitisch abgezeichnet. Auch von daher war dieser Artikel des Organs der Generalkommission ein Versuch, die Reihen geschlossen zu halten und das Erinnern daran »als vergangenheitspolitische Ressource nutzbar« zu machen (Kellershohn in diesem Band).

In der Weimarer Republik blickte der Allgemeine Deutsche Gewerkschaftsbund kaum auf seine Vorgängerin zurück. Bei einer Sitzung des Bundesausschusses des ADGB am 30./31. Juli 1929 erinnerte Theodor Leipart zwar daran, dass »der ADGB am 1. Juli dieses Jahres sein zehnjähriges Jubiläum hätte feiern können«. Doch auf eine Feier habe man verzichtet, auch wenn niemand bezweifle, dass »die festere Bindung der Gewerkschaften durch die Gründung des Bundes vorangekommen sei (Sitzungsprotokoll des Bundesausschusses, 30./31. Juli 1929, In: Kuckuck/Schiffmann 1986, Bd. 3/II, S. 1266 f.). Auf die Generalkommission verwies Leipart nicht.

In der Zeit nach dem Zweiten Weltkrieg spielte die Generalkommission im Rahmen des Deutschen Gewerkschaftsbundes eine eher untergeordnete Rolle. In einer Denkschrift zur Frage einer zentralistischen Einheitsgewerkschaft verwies Hans Böckler 1945 darauf, dass vor dem Ersten Weltkrieg die freien Gewerkschaften „ziemlich lose um die Generalkommission der Gewerkschaften Deutschlands [...] versammelt gewesen« seien. Erst im Ersten Weltkrieg, so Böckler, sei »die Rolle der Generalkommission der Gewerkschaften allmählich stark gewachsen« (Hans Böckler, Denkschrift zur Frage der zentralistischen Einheitsgewerkschaft, 5. November 1945. In: Mielke 1987, S. 1037–1041, hier S. 1038). Dass der Bedeutungszuwachs der Generalkommission gewerkschaftsintern bereits nach 1900 gewachsen war, erschien nicht erinnerungswürdig; Böckler hatte hier die starke Rolle der Generalkommission im Staat und in der Politik im Sinn. In den publizierten Protokollen und Materialien des ADGB und DGB zwischen 1945 und 1982 wird der Generalkommission ansonsten kaum gedacht. Nach Band 6 wird sie auch nicht mehr im Sachregister als eigenständiges Stichwort verzeichnet (Weber et al. 1985–2017).

Carl Legien tauchte dagegen im Gedenken und Erinnern des DGB immer wieder auf. Im November 1961 gab es auf der Sitzung des DGB-Bundesvorstands einen »Überblick über die anläßlich des 100. Geburtstages von Carl Legien vorgeschlagenen Aktionen«; und 1970 erklärte sich anlässlich des 50. Todestags von Carl Legien der DGB-Bundesvorstand damit

»einverstanden, dass nach Überprüfung der Situation durch den DGB-Landesbezirk Berlin der Geschäftsführende Vorstand endgültig entscheidet, ob des 50. Todestages von Karl Legien durch Kranzniederlegungen an der Gedenkstätte in West-Berlin und dem Grab von Karl Legien in Ostberlin gedacht werden soll« (Protokoll der 15. Sitzung des Bundesvorstands, 1. Dezember 1970. In: Mertsching 2013, S. 345).

Doch ein Zusammenhang zwischen Legien und der Generalkommission wurde kaum noch hergestellt, und dass er ihre führende Kraft gewesen war, trat in den Hintergrund. Auch auf der großen geschichtswissenschaftlichen Konferenz des DGB im Jahr 1979 fehlen Rückbezüge auf Carl Legien und die Generalkommission fast vollständig. Während der Tagung diskutierten die Teilnehmer*innen zwar die Rolle der Gewerkschaften im Kaiserreich. Doch außer einigen Hinweisen auf die Existenz der Generalkommission als Institution und ihr Bemühen um gewerkschaftliche Organisation unter Landarbeitern wurde ihre Arbeit und Bedeutung nicht weiter erörtert (Vetter 1980, S. 35, 40 f., 68).

Erinnerung an die Generalkommission hieß letztlich für die Gewerkschaften und den DGB der Bundesrepublik auch, das weiterhin bestehende schwierige Beziehungsgeflecht zwischen Dachverband und Einzelgewerkschaften zu reproduzieren. Denn auch unmittelbar nach dem Zweiten Weltkrieg stieß etwa Hans Böcklers Vorstellung einer »straffen Zentralisation« nicht nur auf den Widerstand der Alliierten, sondern ihr stellten sich »auch die auf ihrer Autonomie und Stärke beharrenden Industriegewerkschaften« entgegen. Für die folgenden Jahre und Jahrzehnte galt gar die »zunehmende Dominanz der Einzelgewerkschaften gegenüber dem Bund« (Müller/Wilke 2014, S. 150 ff.).

Aus dieser Perspektive war erinnerungskulturell nicht viel Kapital aus der Geschichte der Generalkommission zu schlagen, denn mit dieser Konkurrenzsituation hatte sie sich ja bereits selbst herumschlagen müssen. Dass auf der anderen Seite der erkämpfte Einheitsgedanke der Gewerkschaften damit aber ebenfalls ausgeblendet wird, ist die Kehrseite der Medaille. Dabei ist es dieses Einheits-Narrativ, mit dem – so bereits im Gedenken an die 25-jährige Gründung der Generalkommission – der Erfolg und Aufstieg der Gewerkschaftsbewegung mit der Erinnerung an die Generalkommission verknüpft werden kann (siehe z. B. das Vorwort des DGB-Vorsitzenden Heinz-Werner Meyer vom November 1990 in Scharrer 1991, S. VIII f.). Damit bietet sich auch die Möglichkeit, dass die Generalkommission Teil der gewerkschaftlichen Erinnerungskultur bleibt.

Fazit

Nimmt man die Überlegungen des vorherigen Abschnitts über bestehende Schwierigkeiten im Gedenken an die Generalkommission auf, muss abschließend auf einen weiteren Bremsklotz in der Erinnerungsarbeit nach 1945 verwiesen werden: Die Generalkommission der Gewerkschaften Deutschlands war während der gesamten Zeit ihrer Existenz der Dachverband der sozialdemokratischen Gewerkschaften. Dies gilt es zu betonen, denn dieser Fakt machte ein Anknüpfen in den Erinnerungen des nach 1945 gegründeten Deutschen Gewerkschaftsbundes zumindest nicht leichter, stand der DGB doch als Einheitsgewerkschaft für den Zusammenschluss der früher getrennten sozialdemokratischen, christlichen und liberalen Gewerkschaftsbewegung und Gewerkschaftsmitglieder.

Erinnerungskulturell lässt sich ebenfalls argumentieren, dass es leichterfällt, an den 2. Mai 1933 zu erinnern, da hier die Opferrolle der Gewerkschaften in den Vordergrund tritt, wohingegen die Generalkommission mit ihren Entscheidungen im August 1914 und in den folgenden Kriegsjahren Teil des politischen

Systems wurde. Auf diese Seite der Generalkommission musste aber eine nicht verklärende, kritische Erinnerungskultur der Gewerkschaften immer auch verweisen, wollte sie nicht als apologetisch erscheinen.

Schließlich lässt sich argumentieren, dass die Generalkommission in der Tat den Dachverband einer beeindruckenden Organisation mit rund 2,5 Millionen Mitgliedern vor Ausbruch des Ersten Weltkrieges darstellte. Allerdings standen diese Mitglieder eben nicht direkt hinter ihr, sondern vermittelt über die Stärke der Einzelgewerkschaften. Stark und handlungsfähig war und ist der Dachverband »immer nur dann«, »wenn er seine Mitgliedsgewerkschaften zum gemeinsamen Handeln zusammenführen kann«, wie Heinz-Werner Meyer es 1990 im Rückblick auf hundert Jahre Generalkommission formulierte (Scharrer 1991, S. VIII f.).

Deswegen und trotz aller Schwierigkeiten ist die Generalkommission nicht vergessen. Zum einen stand sie bis vor Ausbruch des Ersten Weltkrieges eben auch für internationale Solidarität und Kooperation, an die sich anknüpfen ließ, etwa als zu den Erinnerungsfeierlichkeiten in Halberstadt 1992 Delegationen der polnischen Solidarność und weiterer osteuropäischer Gewerkschaften eingeladen wurden. Zum anderen war die Generalkommission die erste Dachorganisation der sozialdemokratischen deutschen Gewerkschaftsbewegung. Diese »Primus-Rolle« kann man der Generalkommission nicht nehmen und auf sie lässt sich immer verweisen. Letztlich war ihre beinahe dreißigjährige Geschichte auch kein einziges Fiasko, das man am liebsten aus der gewerkschaftlichen Erinnerungskulturen heraushalten wollte.

Die Generalkommission »wandelte sich in der Zeit um die Jahrhundertwende zu einem allgemein akzeptierten Bindeglied zwischen den Gewerkschaften und zu einer politisch immer mächtiger werdenden Zentralstelle« (Führer 2009, S. 95). Klaus Schönhoven räumte ihr sogar einen noch größeren Einfluss ein, da sie sich »von einem relativ einflußlosen statistischen Büro zur zentralen Instanz des Dachverbandes entwickelte, die schließlich innerhalb der freien Gewerkschaften ebensoviel Autorität besaß wie der Parteivorstand innerhalb der SPD« (Schönhoven 1987, S. 63). Dieses Narrativ der starken, Einheit stiftenden Organisation ließ sich aber eben nicht erinnerungspolitisch ungebrochen vermitteln. Vielmehr blieben auch die Spannungen virulent, die Verstrickungen in der Kriegszeit, die eine durchgehende Erinnerungslinie erschwerten.

Erinnerungen an Institutionen werden schließlich durch die sie repräsentierenden Köpfe erleichtert. Mit dem zeitlichen Abstand geht dieser Effekt zwar zurück. Doch gerade medial und innergewerkschaftlich ist die Personalisierung von Einrichtungen wesentlicher Bestandteil der Erinnerungskulturen. Carl Legien repräsentierte diese Persönlichkeit für die Generalkommission. Zwar war Legien unter seinen Zeitgenossen keineswegs unumstritten und galt als schwieriger Charakter (Führer 2009, S. 10). Doch durch sein Wirken beim Stinnes-Legien-Abkommen und bei der Niederschlagung des reaktionären Kapp-Putsches 1919 können Gewerkschaften, Politik und Gesellschaft bis heute »an diesen überzeugten Gewerkschafter und Demokraten, der bedingungslos für die Weimarer Republik eingetreten ist«, erinnern, wie es 2011 in einem Aufruf des DGB zur Teilnahme am Besuch von Legiens Grab auf dem Friedhof der Sozialisten in Berlin-Friedrichsfelde hieß. In solchen Zusammenhängen ließ sich dann auch immer daran erinnern, dass Legien »erster Vorsitzender der Generalkommission der Gewerkschaften« war und so zumindest der Name der Institution, die Legien entscheidend prägte, im Gedächtnis bleibt (DGB 2011).

Insgesamt wird man die Bemühungen, der Generalkommission in der gewerkschaftlichen wie in der allgemeinen Öffentlichkeit zu gedenken, wohl eher als erinnerungspolitische Anstrengung einordnen können. Es ging zum einen darum, das Organisationsnarrativ der Einheit der Gewerkschaftsarbeit in den Vordergrund zu stellen, die unbestreitbar von der Generalkommission ihren Ausgang nahm und in dieser Hinsicht auch als Erfolgsgeschichte erinnert werden konnte. Zum anderen, und dies war heikler, ging es um die Integration der Gewerkschaften in den Staat und die Gesellschaft, den Ausbau ihrer Stärke, um die Interessen der Arbeiterschaft durchzusetzen. Hier traf man auf die bereits mehrfach angesprochene Anpassung an das Wilhelminische Kaiserreich. Produktiv griff diese Spannungslinie Heinz-Werner Meyer auf, als er auf der Erinnerungsfeier 1992 in Halberstadt über die Gewerkschaftsbewegung im Allgemeinen meinte: »Wir befinden uns mitten in der Gesellschaft; wir sind ein wesentlicher Bestandteil von ihr und dennoch auch Außenseiter, Subkultur, Stachel im Fleisch, Ordnungsfaktor und Gegenmacht« (DGB 1892/1992, S. 17).

Aber auch die Differenzen zwischen freien Gewerkschaften und Sozialdemokratischer Partei hinsichtlich Zusammengehörigkeit, Eigenständigkeit und Abgrenzung bildeten ein weiteres Themenfeld, bei dem die Erinnerung an die Generalkommission in der Gegenwart bestehende Konflikte eher spiegelte, als sie für deren Überwindung nutzen zu können. Es sind diese vielfältigen Spannungslinien, die die Generalkommission nicht zu einer vergessenen Institution, aber zu einem herausfordernden, ambivalenten Erinnerungsort machen.

Literatur und Quellen

Andresen, Knud (2014): Triumpherzählungen. Wie Gewerkschafterinnen und Gewerkschafter über ihre Erinnerungen sprechen. Essen: Klartext.

Aschmann, Birgit (Hrsg.) (2019): Durchbruch der Moderne? Neue Perspektiven auf das 19. Jahrhundert. Frankfurt am Main: Campus.

Berger, Stefan (Hrsg.) (2015): Gewerkschaftsgeschichte als Erinnerungsgeschichte. Der 2. Mai 1933 in der gewerkschaftlichen Erinnerung und Positionierung nach 1945. Essen: Klartext.

Bösch, Frank (2019): Im Bann der Jahrestage. In: Der Tagesspiegel, 3. November 2019.

Brunner, Detlev (1992a): Bürokratie und Politik des Allgemeinen Deutschen Gewerkschaftsbundes 1918/19 bis 1933. Köln: Bund.

Brunner, Detlev (1992b): 100 Jahre gewerkschaftlicher Dachverband. Dokumente zur Entwicklung eines Selbstverständnisses. In: Gewerkschaftliche Monatshefte 43, S. 297–309.

Cornelißen, Christoph (2012): Erinnerungskulturen. https://zeitgeschichte-digital.de/doks/frontdoor/deliver/index/docId/265/file/docupedia_cornelissen_erinnerungskulturen_v2_de_2012.pdf (Abruf am 28.4.2021).

DGB, Bundesvorstand (1992): 1892/1992 »100 Jahre Gewerkschaftsbund in Deutschland«. Jubiläumsveranstaltung am 11. März 1992 in Halberstadt. Dokumentation.

DGB (2011): Gedenken an Carl Legien, 25.11.2011, www.dgb.de/themen/++co++ed3f2c66-174b-11e1-7749-00188b4dc422 (Abruf am 28.4.2021).

Fleck, Hans-Georg (1994): Sozialliberalismus und Gewerkschaftsbewegung. Die Hirsch-Dunckerschen Gewerkvereine 1868–1914. Köln: Bund.

Frese, Alfons (2018): Lieber Acht-Stunden-Tag als die Revolution. In: Der Tagesspiegel, 16. Oktober 2018 (online) (Abruf am 16.7.2021).

Führer, Karl Christian (2009): Carl Legien 1861–1925. Ein Gewerkschafter im Kampf um ein »möglichst gutes Leben« für alle Arbeiter. Essen: Klartext.

Hockerts, Hans Günter (2002): Zugänge zur Zeitgeschichte. Primärerfahrung, Erinnerungskultur, Geschichtswissenschaft. In: Jarausch, Konrad H./Sabrow, Martin (Hrsg.): Verletztes Gedächtnis. Erinnerungskultur und Zeitgeschichte im Konflikt. Frankfurt am Main: Campus, S. 39–73.

Hoffmann, Reiner (2019): Abschlussrede zum Festakt »70 Jahre DGB«. Wir begründen Solidarität.

Holland, Judith (2019): Gewerkschaftliche Geschlechterpolitik: Ein deutsch-französischer Vergleich. Baden-Baden: Nomos.

Köpcke, Monika (2017): 125 Jahre Deutscher Gewerkschaftsbund. Als sich die Gewerkschaften von der SPD lösten, Deutschlandfunk, Kalenderblatt vom 14. März 2017.

Kuckuck, Horst A./Schiffmann, Dieter (Bearbeiter) (1986): Die Gewerkschaften von der Stabilisierung bis zur Weltwirtschaftskrise 1924–1930 (Quellen zur Geschichte der deutschen Gewerkschaftsbewegung im 20. Jahrhundert. Bd. 3/I und 3/II). Köln: Bund.

Kurth, Josef (1957): Geschichte der Gewerkschaften in Deutschland. Hannover: Norddeutsche Verlagsanstalt.

Langewiesche, Dieter (2006): Erinnerungsgeschichte. Ihr Ort in der Gesellschaft und in der Historiographie. In: Schweizerische Zeitschrift für Religions- und Kulturgeschichte 100, S. 13–30.

Liebmann, Hermann (1919): Die Politik der Generalkommission. Ein Sündenregister der Zentralvorstände der freien Gewerkschaften Deutschlands und ein Wegweiser für die Zukunft. Leipzig: Leipziger Buchdruck AG.

Merkel, Angela (2019): Rede beim Festakt zum 70. Jahrestag der Gründung des Deutschen Gewerkschaftsbundes am 21. Oktober 2019.

Mertsching, Klaus (Bearbeiter) (2013): Der Deutsche Gewerkschaftsbund 1969–1975 (Quellen zur Geschichte der deutschen Gewerkschaftsbewegung im 20. Jahrhundert, Bd. 16). Bonn: Dietz.

Mielke, Siegfried (Bearbeiter) (1987): Organisatorischer Aufbau der Gewerkschaften 1945–1949 (Quellen zur Geschichte der deutschen Gewerkschaftsbewegung im 20. Jahrhundert, Bd. 6). Köln: Bund.

Müller, Hans-Peter/Wilke, Manfred (2014): Gewerkschaftsfusionen. Der Weg zu modernen Multitbranchengewerkschaften. In: Schroeder, Wolfgang (Hrsg.): Handbuch Gewerkschaften in Deutschland. 2. Auflage. Wiesbaden: Springer VS, S. 147–171.

Potthoff, Heinrich (1987): Freie Gewerkschaften 1918–1933. Der Allgemeine Deutsche Gewerkschaftsbund in der Weimarer Republik. Düsseldorf: Droste.

Scharrer, Manfred (Hrsg.) (1991): Protokoll der Verhandlungen des ersten Kongresses der Gewerkschaften Deutschlands. Abgehalten zu Halberstadt vom 14. bis 18. März 1892, Hamburg 1892. Reprint hrsg. und eingeleitet von Manfred Scharrer. Vorwort: Heinz-Werner Meyer. Köln: Bund.

Schmidt, Jürgen (2018): Brüder, Bürger und Genossen. Die deutsche Arbeiterbewegung zwischen Klassenkampf und Bürgergesellschaft 1830–1870. Bonn: Dietz.

Schneider, Michael (1989): Kleine Geschichte der Gewerkschaften. Ihre Entwicklung in Deutschland von den Anfängen bis heute. Bonn: Dietz.

Schneider, Michael (2018): Erinnerungskulturen der Gewerkschaften nach 1945. Arbeitspapier aus der Kommission »Erinnerungskulturen der sozialen Demokratie«, Hans-Böckler-Stiftung. www.boeckler.de/de/faust-detail.htm?sync_id=HBS-007159 (Abruf am 13.11.2021).

Schönhoven, Klaus (1987): Die deutschen Gewerkschaften. Frankfurt am Main: Suhrkamp.

Schönhoven, Klaus (1992): Zur Rolle des Dachverbandes in der Geschichte der deutschen Gewerkschaftsbewegung. In: Gewerkschaftliche Monatshefte 43, S. 226–237.

Schröder, Wolfgang (1965): Klassenkämpfe und Gewerkschaftseinheit. Die Herausbildung und Konstituierung der gesamtnationalen deutschen Gewerkschaftsbewegung und der Generalkommission der Gewerkschaften Deutschlands. Berlin: Tribüne.

Siebeck, Cornelia (2017): Erinnerungsorte, Lieux de Mémoire, http://docupedia.de/zg/Siebeck_erinnerungsorte_v1_de_2017 (Abruf am 28.6.2021).

Steinmeier, Frank-Walter (2018): Rede bei der Festveranstaltung zum 100. Jahrestag des Stinnes-Legien-Abkommens, 16. Oktober 2018.

Umbreit, Paul (2015): 25. Jahre Deutscher Gewerkschaftsbewegung 1890–1915. Erinnerungsschrift zum fünfundzwanzigjährigen Jubiläum der Begründung der Gewerkschaften Deutschlands. Berlin: Verlag der Generalkommission.

Varain, Heinz Josef (1956): Freie Gewerkschaften, Sozialdemokratie und Staat. Die Politik der Generalkommission unter der Führung Carl Legiens (1890–1920). Düsseldorf: Droste.

Vetter, Heinz O. (Hrsg.) (1980): Aus der Geschichte lernen – die Zukunft gestalten. Dreißig Jahre DGB. Protokoll der wissenschaftlichen Konferenz zur Geschichte der Gewerkschaften vom 12. und 13. Oktober 1979 in München. Köln: Bund.

Weber, Hermann, et al. (Hrsg.) (1985–2017): Quellen zur Geschichte der deutschen Gewerkschaftsbewegung im 20. Jahrhundert. Bd. 1-17. Köln: Bund.

Gewerkschaften und NS-Vergangenheit
Erinnern, Gedenken und Aufarbeitung

Kristina Meyer

Am 7. Mai 2020 wollte der DGB im Ruhrfestspielhaus Recklinghausen unter dem Motto »Nie wieder! Erinnern für heute und morgen« des Kriegsendes 1945 gedenken. Wie alle anderen Feierlichkeiten anlässlich des 75. Jahrestages der Kapitulation des NS-Regimes musste jedoch auch diese Veranstaltung wegen der Corona-Pandemie abgesagt werden. Abgesehen von einer Kranzniederlegung in der Gedenkstätte Sachsenhausen durch den DGB-Vorsitzenden Reiner Hoffmann kurz vor dem 8. Mai wurde das Gedenken in den virtuellen Raum verlegt, was vor allem durch Pressemitteilungen und eine informationsgesättigte Internetseite geschah (DGB 2020).

Präsentiert wurden dort eine vom DGB gemeinsam mit der Friedrich-Ebert-Stiftung herausgegebene Publikation, welche die Schicksale zahlreicher ermordeter Gewerkschafter*innen in Kurzbiografien versammelt (DGB/AdsD 2020), sowie fünf Einzelporträts Verfolgter, die in Sachsenhausen inhaftiert worden waren. Weitere, teils ältere Beiträge der Seite befassen sich mit der Zerschlagung der freien Gewerkschaften 1933, der Ermordung Wilhelm Leuschners 1944 und der Neugründung der Gewerkschaften nach 1945. Und auch zwei Aufrufe sind auf der Themenseite zu finden: Der Forderung der Auschwitz-Überlebenden Esther Bejarano und der VVN-BdA, den Jahrestag des Kriegsendes zum gesetzlichen Feiertag zu erheben, schloss sich der DGB vor dem 8. Mai ebenso an wie dem Appell »Nein zur Sprache der Gewalt, Ja zu einer Kultur des Friedens« der Kampagne »abrüsten statt aufrüsten«.

Fluchtpunkt des gewerkschaftlichen Gedenkens und Erinnerns an die Zeit des »Dritten Reiches« ist jedoch nicht der 8. Mai 1945, sondern der 2. Mai 1933 – jener Tag, an dem die freien Gewerkschaften gewaltsam aufgelöst, ihr Vermögen beschlagnahmt und zahlreiche ihrer Funktionäre verhaftet wurden. Daneben ist es vor allem der Zeitraum zwischen dem gescheiterten Attentat des 20. Juli 1944, der folgenden »Aktion Gitter« und der Hinrichtung Wilhelm Leuschners sowie dem Kriegsende im Mai 1945, auf den sich die Aufmerksamkeit der Gewerkschaften und ihrer historisch-politischen Bildungs- und Öffentlichkeitsarbeit vornehmlich richtet. Die Zeit zwischen der 1934 abgeschlossenen »Gleichschaltung« und der Endphase des »Dritten Reiches« – ein ganzes Jahrzehnt – bleibt in der Gedenkkultur der Gewerkschaften bis heute deutlich unterbelichtet.

Freilich lässt sich keine Geschichte von Gewerkschaften erzählen, die nach dem Frühjahr 1933 nicht mehr existierten, aber die Erfahrungen, die ihre vormaligen Mitglieder in den Folgejahren machten – ob mit Widerstand und Verfolgung, mit Anpassung oder gar aktivem Engagement in der NS-Bewegung –, sollten dennoch als fundamentaler Teil einer Erfahrungs- und Gesellschaftsgeschichte der Arbeiterschaft im »Dritten Reich« verstanden, thematisiert und erforscht werden. Mit einer Fixierung auf Anfang und Ende des NS-Regimes – oder anders gewendet: auf das Ende der freien Gewerkschaften und den Neuanfang als Einheitsgewerkschaft – ist jedoch verbunden, zahlreiche Facetten der Gesellschafts- und Gewaltgeschichte des Nationalsozialismus auszublenden.

Der Fokus der gewerkschaftlichen Erinnerungsarbeit richtet sich vornehmlich auf jene wenigen Daten und Protagonisten in der Ereignisgeschichte der NS-Zeit, die für das Schicksal der Organisation zentral waren beziehungsweise für ihren Widerstand gegen den Nationalsozialismus als besonders erinnerungswürdig gelten. So nachvollziehbar diese Fokussierung ist, da ein Gedenktag wie der 2. Mai oder eine herausragende Persönlichkeit des Widerstands wie Wilhelm Leuschner aus guten Gründen als Fluchtpunkte gewerkschaftlicher Identitätsbildung und ritualisierter historischer Selbstvergewisserung dienen, so sehr muss auch gefragt werden – schaut man auf die zentralen Botschaften von Gedenkreden und öffentlichen Stellungnahmen von Seiten der Gewerkschaften –, warum sich der Blick auf die Zeit des Nationalsozialismus trotz enormer Fortschritte und Erkenntnisgewinne in der Erforschung der Gesellschaftsgeschichte des »Dritten Reiches« in den vergangenen zwei bis drei Jahrzehnten kaum geweitet hat.

Dieselben öffentlichen Stellungnahmen sind von der Klage über einen Mangel an öffentlicher Kenntnis und Wertschätzung des Widerstands gegen den Nationalsozialismus und vor allem des gewerkschaftlichen Anteils daran durchzogen – eine Diagnose, die so oder ähnlich auch schon in den 1980er Jahren gestellt wurde, als die Konjunktur einer »Geschichte von unten« anbrach und viele zuvor unbekannte Komplexe gewerkschaftlichen Widerstands, aber auch Anpassungsprozesse auf lokaler und regionaler Ebene erstmals erforscht wurden. Verbunden mit dieser Diagnose mangelnder Aufmerksamkeit ist stets das Bedürfnis, die Gewerkschaften und ihre damaligen Akteure einerseits gegen pauschalisierende Urteile über den Anpassungskurs des Jahres 1933 zu verteidigen, andererseits den Mut und das bleibende Vermächtnis derjenigen hervorzuheben, die sich dem Regime widersetzten.

Wie hat sich die Auseinandersetzung der Gewerkschaften – allen voran ihres Dachverbands – mit der NS-Vergangenheit seit ihrer Wiedergründung nach Ende des Zweiten Weltkrieges entwickelt, und welche Phasen und Konjunkturen sind in diesem Prozess zu unterscheiden? Welche Rolle spielten die Gewerkschaften in öffentlichen Debatten um Geschichte und Erinnerung an das »Dritte Reich«? Reagierten sie eher auf gesellschaftliche und wissenschaftliche »Trends« oder setzten sie selbst bedeutende Impulse? In den Blick geraten soll darüber hinaus die »Metaebene« der gewerkschaftlichen Geschichts- und Erinnerungsarbeit: Haben sich die Gewerkschaften mit der Geschichte ihrer eigenen Auseinandersetzung mit der NS-Vergangenheit seit 1945 befasst? Und schließlich: Welchen Innovations- und Verbesserungsbedarf gibt es in der Kommunikation der Gewerkschaften über die NS-Vergangenheit, wenn sie zur gewerkschaftlichen Identitätsbildung und Mitgliederbindung beitragen soll?

Konsensorientierte Selbstmarginalisierung

Dank einer 2004 veröffentlichten Studie von Thomas Köcher ist die Auseinandersetzung des DGB mit der NS-Vergangenheit in den 1950er und 1960er Jahren fundiert erforscht. Er hat systematisch und auf breiter Quellenbasis untersucht, wie sich der DGB mit verschiedenen Aspekten der »Vergangenheitsbewältigung« in diesen beiden Jahrzehnten befasste und in entsprechenden Debatten positionierte – von der Entnazifizierung über die Wiedergutmachung und den Antisemitismus bis hin zu dem für die Gewerkschaften besonders zentralen Thema Widerstand (Köcher 2004). Auffällig an seinen Befunden ist, dass sich die Positionen des DGB vielfach mit denen der SPD deckten und überdies mit zentralen gesamtgesellschaftlichen Konsensnarrativen korrelierten, vor allem in den Debatten um die Entnazifizierung und die sogenannte Schuldfrage (Meyer 2015).

In Fragen von Schuld und Mitverantwortung unterschieden sich die offiziellen Positionen der Gewerkschaften nur in Nuancen von der in der westdeutschen Nachkriegsgesellschaft dominierenden Sicht, wonach ausschließlich die Führungsriege des NS-Regimes – eine »Clique von Gangstern« – für die Verbrechen an den europäischen Jüdinnen und Juden sowie anderen Bevölkerungsgruppen verantwortlich gewesen sei, die übergroße Mehrheit der deutschen Bevölkerung dagegen keine Mitschuld treffe. Die »Einbindung breiter Bevölkerungsschichten in das System«, so Köcher, habe in den 1950er und 1960er Jahren

»keinen direkten Bezugspunkt für den DGB« dargestellt. Den »Gegenpart zum engen Kreis von Verantwortlichen« bildete das »andere Deutschland«, zu dem sich der DGB »zugehörig fühlte« (Köcher 2004, S. 187).

Wenn überhaupt, wurde eine Mitschuld an den Verbrechen lediglich bei den schon vor 1933 antidemokratischen Trägergruppen der Großindustrie und des Militärs gesehen, nicht aber bei den »einfachen Deutschen«. Dieser »Trennung zwischen Führung und Bevölkerung« entsprach eine zwar grundsätzlich zustimmende, aber mit Blick auf die Umsetzung durch die Besatzungsmächte vorwiegend kritische Haltung der Gewerkschaften zur Entnazifizierung, als deren Nutznießer vor allem die »Großen«, als Opfer hingegen die »Kleinen« galten (Köcher 2004, S. 185, 188).

Als »Antreiber« einer kritischen Auseinandersetzung mit der nationalsozialistischen Vergangenheit fungierten die Gewerkschaften mehrfach in Fragen personeller Kontinuitäten zwischen NS-Zeit und Bundesrepublik sowie des Umgangs mit Traditionsverbänden und Gesinnungsgemeinschaften wie der HIAG, in der ehemalige Mitglieder der Waffen-SS organisiert waren (DGB-Landesbezirksvorstand Niedersachsen 1958). Wie in der SPD waren es auch in den Gewerkschaften wenige »Einzelkämpfer«, die sich dieses in zahlreichen Institutionen virulenten Problems annahmen und die »Vergangenheitspolitik« der Adenauer-Regierung – aber stellenweise auch den Umgang der eigenen Organisation mit der NS-Vergangenheit – kritisch kommentierten und auf Versäumnisse und Leerstellen im politischen Diskurs hinwiesen (Potthoff 1995, S. 124). Nicht selten gingen solche Initiativen seit Mitte der 1950er Jahre von jüngeren Gewerkschaftsmitgliedern bzw. den Jugendverbänden aus.

Zugleich gelangten aber auch innerhalb der Gewerkschaften vereinzelt Personen in verantwortliche Stellen, die zwischenzeitlich das NS-Regime unterstützt hatten. Prominentester Fall war Walter Pahl, der in der Weimarer Republik zur sogenannten Jungen Rechten in der SPD gezählt hatte und nach dem 30. Januar 1933 als Funktionär in der ADGB-Zentrale für eine Fühlungnahme und Verständigung zwischen den freien Gewerkschaften und der NSDAP eingetreten war. Zwar floh er nach dem 2. Mai 1933 ins Schweizer Exil, kehrte aber 1935 nach Deutschland zurück und äußerte sich fortan als Journalist und Buchautor wiederholt im Sinne der NS-Expansions- und Rassenideologie (Köcher 2004, S. 64–69; Linne 1990; Brunner 1992). Seine Karriere konnte Pahl nach der Rückkehr aus der Kriegsgefangenschaft zunächst weitgehend ungehindert fortsetzen – dies auch dank der Fürsprache Kurt Schumachers, der (anders als Konrad Adenauer) Pahls Anstellung als Sekretär für Sozialpolitik und Kulturpolitik im Zonenbeirat der britischen Zone befürwortete, obwohl er über Pahls publizistischen »Irrweg« im Bilde war.

1950 erhielt Pahl den Posten des Generalsekretärs und Chefredakteurs der *Gewerkschaftlichen Monatshefte*, trat 1954 aber auf Druck des DGB von seinem Posten zurück, nachdem der Chefredakteur der *Frankfurter Rundschau*, Karl Gerold, über die NS-Vergangenheit Pahls geschrieben und dessen Absetzung gefordert hatte. Weder stand Pahl jedoch nach seinem erzwungenen Rücktritt vor Existenzsorgen – man hatte ihm im Gegenzug einen Posten beim Bund-Verlag zugesichert –, noch nahm der DGB den Skandal zum Anlass, sich öffentlich mit Pahls Vergangenheit oder gar dem Problem personeller Kontinuitäten insgesamt auseinanderzusetzen. Eine offene und grundsätzliche Debatte darüber hätte vermutlich zur Folge gehabt, dass man es innerhalb der Gewerkschaften mit einer Vielzahl ähnlicher, wenn auch oft sicher harmloserer Fälle von Nähe zum NS-Regime zu tun bekommen hätte.

Als sich ab etwa 1949/50 Fälle häuften, in denen weiterhin überzeugte Nationalsozialisten mit klar rechtsradikalen und antisemitischen Äußerungen an die Öffentlichkeit traten, waren es oft die Gewerkschaften, die den lautesten Protest äußerten. In Kiel fanden sich 1950 nach einem Aufruf des DGB mehrere tausend Demonstranten zusammen, um ihre Stimme gegen den Freispruch des Bundestagsabgeordneten der rechtsradikalen Deutschen Partei Wolfgang Hedler zu erheben (Frei 1996/1999, S. 317; Meyer 2015, S. 152f.). Gleichwohl wurde der fortlebende Rechtsradikalismus und Antisemitismus bevorzugt als ein Problem angesprochen, das vor allem dem »Ansehen« und »guten Ruf« der jungen westdeutschen Demokratie im Ausland schadete (Köcher 2004, S. 104).

Bemerkenswert war das frühe und engagierte Eintreten der Gewerkschaften für eine »Wiedergutmachung« für die Opfer der NS-Verbrechen, wenngleich hier – sehr ähnlich wie in der SPD – zunächst vor allem die eigenen Leute in den Blick gerieten, während man sich von anderen Opfergruppen bewusst abzugrenzen und sie innerhalb einer Opferhierarchie abzuwerten versuchte. Diese Abgrenzungsbestrebungen richteten sich vor allem gegen Kommunisten, aber auch gegen die vom NS-Regime als »asozial« und »gemeinschaftsfremd« verfolgten Menschen. Auch die mit Abstand größte Gruppe der jüdischen Opfer und Überlebenden stand zunächst keineswegs im Fokus gewerkschaftlicher Forderungen nach Wiedergutmachung und Entschädigung – ein Befund, der zu der von Thomas Köcher diagnostizierten »Kommunikationslatenz« (Köcher 2004, S. 188) der Gewerkschaftspresse gegenüber der Verfolgung und Vernichtung der Juden passte.

Wenn die Massenverbrechen von Gewerkschaftsvertretern öffentlich thematisiert wurden, dann vorzugsweise in Verklausulierungen und Metaphern, ohne konkrete Benennung einzelner Täter, Tatorte oder Opfer – eine Abstrahierung und Externalisierung, die den verbreiteten Verdrängungs- und Entlastungsbedürfnissen entsprach und entgegenkam. Auch hier waren es ab den späten 1950er Jahren vor allem die Jugendverbände der Gewerkschaften, die eine konkretere Auseinandersetzung und direkte Konfrontation mit den Verbrechen an Jüdinnen und Juden einforderten und auch praktizierten, vor allem mittels einer Vielzahl von Seminaren und Fahrten zu ehemaligen Konzentrationslagern (Gorr 2016, S. 49f.).

Der zentrale Bezugspunkt gewerkschaftlicher Auseinandersetzung mit der nationalsozialistischen Vergangenheit – der 2. Mai 1933 und seine für zahlreiche Gewerkschafter*innen massiven Folgen, oft in Form von Folter, Haft oder gar Ermordung – berührte ihre zugleich ambivalenteste Sphäre: die Frage nach Anpassung, Resistenz oder Widerstand. Eine Debatte über Fehleinschätzungen und -entscheidungen, geschweige denn über die Anbiederung mancher Gewerkschaftsfunktionäre an das neue Regime, fand in den ersten zwei Nachkriegsjahrzehnten praktisch nicht statt. Stattdessen war in der Behandlung des Widerstands durch die Gewerkschaften eine Entwicklung zu beobachten, die sich fast deckungsgleich innerhalb der SPD vollzog: Anstatt die Widerstands- und Verfolgungserfahrungen der eigenen Klientel zu betonen, vollzogen Gewerkschaften und Sozialdemokratie eine Form von »Selbsteingemeindung« in den Widerstand des 20. Juli 1944, der in der öffentlichen Meinung nach dem Remer-Prozess von 1952 allmählich an Akzeptanz gewann.

Diese Hinwendung war freilich insofern legitim, als es innerhalb des sehr heterogenen Kreises der Mitverschwörer mit Männern wie Adolf Reichwein, Julius Leber, Theodor Haubach und Wilhelm Leuschner einige prominente Sozialdemokraten und Gewerkschafter gegeben hatte. Unter den Tisch fielen bei dieser Verengung des Blicks auf den 20. Juli jedoch etliche kleinere, unbekanntere und weitaus früher agierende Widerstandsgruppen aus dem breiten Spektrum der Arbeiterbewegung.

Eine Erklärung für diese Fixierung des Widerstandsgedächtnisses von SPD und Gewerkschaften auf den 20. Juli – unter Ausblendung der eigenen Widerstands- und Verfolgungserfahrungen – liegt im Antikommunismus und seiner für die 1950er und frühen 1960er Jahre so enorm hohen Integrationsfunktion: Die Vereinnahmung des Arbeiterwiderstands durch die DDR bei gleichzeitiger Verengung auf deren kommunistischen Anteil stand einer positiven Bezugnahme von SPD und Gewerkschaften auf den Widerstand der eigenen Leute im Wege.

Der antitotalitäre Konsens, dem sich auch die westdeutschen Repräsentanzen der Arbeiterbewegung verpflichtet fühlten, ging nicht nur mit einer Tendenz zur Gleichsetzung stalinistischer und nationalsozialistischer Verbrechen einher, sondern legte zugleich nahe, politisch ganz unterschiedlich begründete

Widerstandsaktivitäten als kollektives Unterfangen eines nicht näher zu spezifizierenden »anderen Deutschlands« zu begreifen und zu kommunizieren – unter Ausgrenzung des kommunistischen Anteils und unter Ausblendung zahlreicher anderer Schattierungen von Widerstand und Opposition.

Dieser Verzicht auf Konkretion betraf zugleich die vielfältigen Formen von Anpassung großer Teile der Arbeiterschaft an das NS-System: Je homogener und unspezifischer das durch die Verschwörer des 20. Juli repräsentierte »andere Deutschland« erschien, desto undeutlicher traten die Grautöne und Ambivalenzen in den Verhaltensweisen einer »Volksgemeinschaft« hervor, zu der sich auch ein beachtlicher Teil derjenigen gezählt hatte, die nun – erstmals oder wieder – der SPD und den Gewerkschaften angehörten.

Die ganze Breite des Widerstands zu thematisieren hätte bedeutet, sowohl den kommunistischen und anarchosyndikalistischen Widerstand einzubeziehen, als auch nachträglich auf »alternative Verhaltensmöglichkeiten« (Köcher 2004, S. 167) unter dem NS-Regime aufmerksam zu machen. Dies hätte weder dem Entlastungsbedürfnis der breiten Bevölkerung noch dem Streben von SPD und DGB nach innerer Einheit und Geschlossenheit, mithin auch nach politischem Erfolg und Einfluss entsprochen (Köcher 2004, S. 189; Meyer 2015, S. 198 f.). Von einem lagerübergreifenden Widerstand des 20. Juli konnte überdies eine ideelle Brücke zur Einheitsgewerkschaft geschlagen werden.

So fungierte die Erinnerung an das gescheiterte Attentat auf Adolf Hitler in den 1950er und 1960er Jahren sowohl als »eine Art Katalysator, über den der Arbeiter- und gewerkschaftliche Widerstand erinnert werden konnte«, zum anderen als »Platzhalter, über den eine angeblich große Bewegung des Widerstands in Deutschland thematisiert werden konnte, der sich die Gewerkschaften zugehörig sahen und an der sie einen großen Anteil besaßen« (Köcher 2004, S. 183). Als tragische Heldengeschichte mahnte der gescheiterte Attentatsversuch einerseits zu Ehrfurcht und Bewunderung, erschien andererseits aber als eine vom Alltag des »Dritten Reiches« weit entrückte Tat, ausgeführt von einer kleinen Elite mit außergewöhnlichen Handlungsspielräumen.

Auf diese Weise entpflichtete der 20. Juli 1944 die einfachen »Volksgenossen«, ihre eigenen Handlungsoptionen zu reflektieren. Wilhelm Leuschner gab der gewerkschaftlichen Beteiligung an der Verschwörung ein prominentes Gesicht – eines, mit dem sich das gewöhnliche Gewerkschaftsmitglied jedoch nur so weit identifizieren konnte und musste, wie es um die hehren Ziele und Beweggründe der Widerständler ging, nicht aber um das konkrete Handeln (Meyer 2015, S. 199).

Kritische Selbsthistorisierung

Blickt man auf die Zeit etwa zwischen Mitte der 1960er und Mitte der 1970er Jahre, fällt auf, dass die gewerkschaftliche Auseinandersetzung mit der NS-Vergangenheit für diesen Zeitraum praktisch nicht erforscht ist – obwohl die in dieser Zeit zunehmend sozialwissenschaftlich inspirierte historische Forschung einiges an Grundlagenforschung über die Geschichte des Widerstands aus der Arbeiterbewegung erbrachte (z. B. Steinberg 1969; Klotzbach 1969; Bludau 1973).

Das öffentliche Interesse an gesellschaftshistorischen Erkenntnissen über die Jahre des Nationalsozialismus hielt sich in dieser Schwellenzeit um 1968 jedoch sehr in Grenzen. Zwar brachte der maßgeblich von den Gewerkschaften getragene Protest gegen die Notstandsgesetze Fragen nach dem Widerstandsrecht ebenso auf wie nach der Gefahr eines »zweiten 1933«, aber dennoch war das Interesse an einer konkreten Auseinandersetzung mit dem Verhalten der Arbeiterschaft im »Dritten Reich« weder innerhalb der Studentenbewegung noch in den Gewerkschaften sonderlich groß. Diskutiert wurde auf einer vorzugsweise gegenwartsbezogenen, abstrakten und auf Seiten der Studierenden vor allem theoriebasierten Ebene.

In der Folge richtete sich die öffentliche Aufmerksamkeit für die Geschichte des Nationalsozialismus vor allem auf dessen Führungsfiguren: Die sogenannte »Hitler-Welle« zur Mitte der 1970er Jahre wurde von einer Flut populärwissenschaftlicher Darstellungen getragen, die dieser auf NS-Größen fixierten Sensationslust entgegenkamen und sie zugleich verstärkten. An einer Beschäftigung mit der facettenreichen Geschichte der »kleinen Leute« unter dem Nationalsozialismus waren abseits einiger Nischen in der Wissenschaft weder das Lesepublikum noch die Verlage interessiert. Diese bereits vielfach konstatierte »Leerstelle« in der Auseinandersetzung mit der NS-Vergangenheit und dabei speziell mit ihren gesellschafts- und gewaltgeschichtlichen Dimensionen erklärt wiederum den direkten »Sprung« von der unmittelbaren Nachkriegszeit zu den späten 1970er Jahren, der sich in bilanzierenden Rückblicken auf die Beschäftigung der Gewerkschaften mit dieser Vergangenheit bis heute findet.

Dass gegen Ende der 1970er Jahre eine Debatte um das Verhalten der Gewerkschaften in der Weltwirtschaftskrise, ihren Anpassungskurs im Frühjahr 1933, aber auch die Widerstandsaktivitäten vieler damaliger Akteure aufflammte, die über etliche Jahre sowohl die Wissenschaft als auch die Geschichts- und Erinnerungsarbeit der Gewerkschaften dominieren sollte, war einer Verbindung mehrerer Faktoren und Entwicklungen geschuldet.

Zunächst einmal hatten erste größere Forschungsprojekte über die Arbeiterbewegung zwischen Weimarer Republik und Nationalsozialismus mittlerweile einige neue Erkenntnisse über die Rolle und das Verhalten der Gewerkschaften in den frühen 1930er Jahren erbracht, die teilweise sehr kontrovers diskutiert wurden (z. B. Deppe 1977; Deppe 1979). Darüber hinaus wurden sowohl die SPD als auch die Gewerkschaften seit Mitte der 1970er Jahre im Zeichen der sogenannten Tendenzwende massiv von Vertretern der CDU/CSU und ihnen nahestehenden Publizisten und Journalisten attackiert. Diese versuchten mit Anspielungen auf eine vermeintliche ideologische Nähe zwischen Sozialismus und Nationalsozialismus Stimmung gegen einen angeblichen linken »Mainstream« in Politik, Wissenschaft und Journalismus zu machen und dabei die Widerstandsaktivitäten der Arbeiterbewegung systematisch zu relativieren oder gar zu diskreditieren (Meyer 2015, S. 370 f., 377).

Drittens schließlich sahen sich nach der Ausstrahlung des amerikanischen TV-Mehrteilers *Holocaust* im deutschen Fernsehen Anfang 1979 auch die Gewerkschaften mit einer plötzlichen Welle der Betroffenheit und Aufmerksamkeit für die Opfer der NS-Verbrechen konfrontiert, die nicht nur die alternden Verfolgten animierte, die eigenen Erfahrungen endlich einmal öffentlich als Zeitzeug*innen zu thematisieren, sondern in Gewerkschaften und Sozialdemokratie insgesamt einen Prozess der Selbsthistorisierung anstießen (Meyer 2015, S. 392–395, 411–419).

In den Jahren 1979 bis 1983 intensivierte und verdichtete sich die Auseinandersetzung der Gewerkschaften mit der NS-Vergangenheit in einem zuvor ungekannten und auch danach so nicht mehr erreichten Maße. Gerahmt wurde diese »Kernzeit« selbstkritischen Rückschauens auf die Zeit des »Dritten Reiches« – und vor allem auf dessen Anfangsjahre – von zwei großen Konferenzen.

Mitte Oktober 1979 veranstaltete der von Heinz Oskar Vetter geleitete DGB anlässlich seines 30-jährigen Bestehens in München eine Tagung, die mit dem Motto »Aus der Geschichte lernen – die Zukunft gestalten« überschrieben war (Vetter 1980). In seinem Grundsatzreferat ging Vetter auch auf eine Kontroverse ein, die sich bereits zwei Jahre zuvor an dem Buch »Geschichte der deutschen Gewerkschaftsbewegung« des Marburger Politikwissenschaftlers und Abendroth-Schülers Frank Deppe entzündet hatte (Deppe 1977) und durch einen kurz vor der Konferenz veröffentlichten Aufsatz Deppes in den *Gewerkschaftlichen Monatsheften* weiter befeuert worden war (Deppe 1979). Darin hatte dieser seine Kritik an der »Tolerierungspolitik« der freien Gewerkschaften in der Zeit der Präsidialkabinette und den Anpassungskurs in den Monaten nach der nationalsozialistischen Machtübernahme noch einmal wiederholt, zusätzlich aber auch scharfe Kritik an der Strategie des DGB in den 1950er und 60er Jahren geäußert – Vorwürfe vom äußeren linken Rand des eigenen Spektrums, die aus Sicht des DGB wie auch von Fachkolleg*innen Deppes so nicht haltbar waren.

»Wir haben eine heftige Kontroverse über Gewerkschaftsgeschichte erlebt«, so Vetter in München, zu deren »wissenschaftlichen Aspekten« er sich zwar weder äußern wolle noch könne, über deren »schrille Tonlage« er sich »allerdings sehr gewundert habe«. Begriffe wie »Versagen« und »Verrat« seien nicht dazu geeignet, »die Vielschichtigkeit historischer Vorgänge zu entschlüsseln«, erklärte der DGB-Vorsitzende, aber ebenso wenig wolle er diesen Unterstellungen »die Behauptung stetigen Erfolgs« entgegensetzen, denn: »In beiden Fällen werden Schablonen angelegt, deren Anwendung zwar einfach ist, mit denen man aber eben die Komplexität politischer Prozesse nicht erfassen kann« (Vetter 1980, S. 14).

Vetter machte aber auch auf eine zweite »Frontlinie« auf der anderen Seite des politischen Spektrums aufmerksam, an der sich die Gewerkschaften zu jener Zeit vermehrter Angriffe und Diffamierungen erwehren mussten. Konkret ging es um eine aus den Reihen der Unionsparteien lancierte Kampagne, die im Bundestagswahlkampf von 1976 mit dem Slogan »Freiheit statt Sozialismus« begonnen hatte und seitdem mit immer neuen Attacken gegen die Sozialdemokratie und die mit ihr personell und politisch eng verbundenen Gewerkschaften aktualisiert wurde.

Besonders infam daran war die doppelte Stoßrichtung der Kampagne, mit der man das gesamte linke politische Spektrum sowohl in die Nähe des Kommunismus als auch des Nationalsozialismus zu rücken versuchte. »Neuerdings mischen geschichtsklitternde Zauberlehrlinge Begriffe und historische Tatbestände in unerhörter Weise zu einem explosiven Gebräu zusammen«, so Vetter in seinem Münchner Grundsatzreferat. Man könne »nur bitter darüber werden, daß hier die verhängnisvolle stalinistische These vom Sozialfaschismus nach 50 Jahren von rechts neu serviert wird«. Solchen Geschichtsfälschungen und ihrer politischen Instrumentalisierung müsse eine sich als aufklärerisch verstehende Geschichtswissenschaft entgegentreten, die »weder zur eifernden Indoktrination noch zur blinden Legitimation des jeweils Bestehenden« neige (Vetter 1980, S. 18 f.).

So intensiv wie wohl nie zuvor wurde bei der Konferenz über die kontroversen Forschungspositionen zur Rolle der Gewerkschaften in der Spätphase der Weimarer Republik und über das Verhältnis von Kommunisten, Sozialdemokraten und freien Gewerkschaften unter dem Eindruck der Weltwirtschaftskrise und der wachsenden Erfolge der NSDAP diskutiert (Leminski 1979). Dass dort in einer Arbeitsgruppe zur Frage »Hätten die Gewerkschaften die Weimarer Republik retten können?« kein Konsens zwischen der radikalen Position Frank Deppes und der abwägenden des Weimar-Experten Karl-Dietrich Bracher hergestellt werden konnte, war wenig erstaunlich, hätte aber auch nicht dem eingangs formulierten Plädoyer Vetters für ein – auch wenn er diese Worte nicht gebrauchte – multiperspektivisches und dialogisches Verständnis von Geschichtswissenschaft und ihren Deutungsangeboten entsprochen.

Als sich viele der Anwesenden gut dreieinhalb Jahre später, am 2. und 3. Mai 1983, in Dortmund erneut zu einer gewerkschaftshistorischen Tagung zusammenfanden, hatten sich die politischen Mehrheitsverhältnisse in der Bundesrepublik verändert: Nach dem Ausscheren von Teilen der FDP aus der sozialliberalen Koalition und einem konstruktiven Misstrauensvotum gegen Helmut Schmidt war im Oktober 1982 Helmut Kohl ins Kanzleramt eingezogen; die Bundestagswahlen vom 6. März 1983 hatten ihn im Amt bestätigt. Nach Kohls Ankündigung einer »geistig-moralischen Wende« stand die aus Anlass des 50. Jahrestags der Zerschlagung der Gewerkschaften veranstaltete Konferenz noch deutlich stärker als die von 1979 unter dem Eindruck einer politischen und nicht zuletzt geschichtspolitischen Polarisierung.

Gleichwohl zeigte der seit Mai 1982 amtierende DGB-Vorsitzende Ernst Breit mit dem Motto seines Vorworts zum Tagungsband an, dass man sich vor allem mit sich selbst und nicht mit der Abwehr der Attacken von konservativer Seite beschäftigen wollte: »Der DGB stellt sich seiner Geschichte«. Das damit formulierte Bedürfnis nach einer – oder auch die Einsicht in eine – kritische Selbsthistorisierung der Gewerkschaften reagierte auch auf die inzwischen weiter voranschreitende und zunehmend alltagshistorisch inspirierte Welle der Erforschung der Arbeiter- und Arbeiterbewegungsgeschichte. Dennoch schlug Breit gleich zu Beginn erneut einen direkten Bogen von der Zerschlagung der Gewerkschaften zur Bildung der Einheitsgewerkschaft 16 Jahre später: Aus der Niederlage des 2. Mai 1933 habe die Bewegung »auch die Kraft für einen Wiederaufbau in neuer Form gefunden« (Breit 1984, S. 9).

Keine Erwähnung fand in seinem Vorwort, dass es bei der von ihm geforderten »Beschäftigung mit der eigenen Geschichte« nun auch darum hätte gehen müssen, intensiver auf die Zeit zwischen 1933 und dem Kriegsende zu blicken. Immerhin eine Arbeitsgruppe der Konferenz befasste sich mit bislang kaum erforschten und beachteten Widerstandsgruppen und -formen der 1930er und 1940er Jahre – und nicht von ungefähr war es mit Detlev Peukert einer der Pioniere der Alltagsgeschichtsschreibung, der hier Akzente setzte und seine Forschungen zum sehr unterschiedlichen Verhalten der Arbeiterjugend im Nationalsozialismus in die Diskussionen und den daraus entstandenen Band einbrachte. Er war es auch, der auf die zuvor kaum thematisierten Kontinuitäten und Folgewirkungen über die Zäsur von 1945 hinaus aufmerksam machte: Nicht vergessen werden dürfe, »daß die junge Generation von Gewerkschaftern nach 1945, die die Gewerkschaften dann mitaufgebaut und in den 50er Jahren mitgetragen hat, natürlich genau aus diesen eher widersprüchlichen, nicht ganz einheitlich zu fassenden, sehr ambivalenten Erfahrungshorizonten kommt« (Peukert in: Breit 1984, S. 223).

Ernst Breit beließ es dagegen bei einem sehr allgemein gehaltenen Appell und bezeichnete es als Ziel jeder Auseinandersetzung mit der Gewerkschaftsgeschichte, »aus eigenen Fehlern zu lernen, durch die gemeinsam erfahrene Geschichte die Solidarität zu stärken und aus den gewerkschaftlichen Erfolgen Selbstbewußtsein und Hoffnung zu gewinnen« (Breit 1984, S. 10). Noch deutlicher als Vetter 1979 – und ganz unverkennbar unter dem Eindruck der geschichtspolitischen Agenda Helmut Kohls – wandte sich aber auch Breit gegen »ein für allemal festgelegte Geschichtsbilder«, die er als »Kennzeichen autoritären Denkens« bezeichnete. »Demokratische Geschichtsschreibung« bedeute dagegen »Vielfalt der Themen und Methoden, freien Meinungsstreit, Wahrnehmung historischer Zusammenhänge ohne Schranken und ohne Scheuklappen und freie Verfügung über alle Quellen des Wissens. Nur so kann Geschichte dem Ziel der Aufklärung dienen, nur so kann man aus ihr lernen« (ebd., S. 14).

Deutlich wurde bei der Dortmunder Konferenz, wie sehr die Auseinandersetzung der Gewerkschaften mit der NS-Vergangenheit weiterhin von der Frage nach Verantwortlichkeiten für den Untergang der Weimarer Republik dominiert wurde – und wie groß das Rechtfertigungsbedürfnis gegenüber Versuchen einer Delegitimierung und Schuldzuweisung gegenüber den Gewerkschaften war (Borsdorf et al. 1983). Immer noch werde kolportiert, so Ernst Breit, dass die Gewerkschaften durch ihre Weigerung, »einer halbprozentigen Erhöhung des Beitrags zur Arbeitslosenversicherung zuzustimmen«, die Regierung Müller »zur Aufgabe gezwungen« habe. Es sei »schon erstaunlich, wie es immer wieder gelingt, alles Augenmerk auf den Tropfen zu lenken, der das Faß zum Überlaufen bringt, um dadurch die Frage zu verdrängen, wer denn vorher dieses Faß bis an den Rand gefüllt hat« (Breit 1984, S. 16).

In der Bundesrepublik bildete das Gedenkjahr 1983 den Auftakt zu einer etwa bis 1987/88 reichenden Phase einer ungemein dichten Abfolge geschichtspolitischer Debatten, die von weiteren runden Jahrestagen – 40 Jahre 20. Juli, 40 Jahre Kriegsende – und nicht zuletzt vom »Historikerstreit« geprägt war. Die hochgradig polarisierten Kontroversen um »Bitburg«, den Zuschnitt des von Kohl geplanten Hauses der Geschichte der Bundesrepublik und mehrerer anderer Großprojekte sowie um die von Ernst Nolte und Jürgen Habermas angefachte Diskussion über einen vermeintlichen »Konnex« von nationalsozialistischen und stalinistischen Massenverbrechen schlugen sich ebenso auf die geschichts- und erinnerungspolitischen Aktivitäten der Gewerkschaften nieder wie die nun intensiv vorangetriebenen Forschungen der alltags- und lokalhistorisch arbeitenden Protagonisten einer »Geschichte von unten«.

Deren Projekte, die sich vielfach mit der Geschichte von Anpassung und Widerstand in der Arbeiterbewegung befassten, richteten den Blick nicht mehr nur auf das Jahr 1933 und die Frage, »wie es dazu kommen konnte«, sondern verstärkt auch auf die vermeintlich »guten Jahre« des »Dritten Reiches«, auf die in ihnen erst allmählich hervortretenden Inklusions- und Exklusionsdynamiken der NS-»Volksgemeinschaft«, vielfältige Grauzonen und Schattierungen zwischen Anpassung und Widerstand sowie schließlich auch auf Formen der Opposition in den Kriegsjahren.

Im Zuge dieses Booms der Alltags- und Lokalgeschichte entstand auch erstmals Interesse am Schicksal von Frauen im gewerkschaftlichen Widerstand. Unter dem Vorsitz von Monika Wulf-Mathies war es der damalige Chefredakteur der ÖTV, Dieter Schneider, der sich dieses zuvor völlig unbeachteten Themas annahm, eine Artikelserie im ötv-Magazin initiierte und 1988 das Buch »Sie waren die ersten« herausgab (Schneider 1988).

Bei den alltagshistorischen und oftmals mit Zeitzeugeninterviews arbeitenden Forschungen, die nun zunehmend auch von den gewerkschafts- und SPD-nahen Stiftungen gefördert wurden und auf die Erinnerungsarbeit und Geschichtspolitik von DGB und SPD ausstrahlten, ging es auch um eine Form der Selbstvergewisserung und Neuorientierung eines Milieus, das in der Folge des Strukturwandels und nach dem Ende der sozialliberalen Ära auf Identitätssuche war – und den Bezug zu seiner Geschichte vielfach verloren hatte.

Persistente Narrative

Nach dieser »Hochkonjunktur der gewerkschaftlichen Rückbesinnung« in den 1980er Jahren wurde die mit ihr gewachsene »Einsicht in die identitätsstiftende Orientierungsfunktion von historischen Kenntnissen« jedoch in den 1990er und 2000er Jahren wieder »mehr und mehr in den Hintergrund gedrängt« (Schönhoven 2002, S. 9).

Exemplarisch für diesen »Rückfall in alte Muster« in der gewerkschaftlichen Auseinandersetzung mit der nationalsozialistischen Vergangenheit steht die Rede des DGB-Vorsitzenden Dieter Schulte zum 50. Jahrestag des gescheiterten Attentats auf Hitler. Zwar erklärte er zu Beginn seiner Rede im Berliner Bendlerblock, dass die deutschen Gewerkschaften »glücklicherweise nicht zum Personenkult« neigten – und nannte neben Wilhelm Leuschner auch die Namen einiger anderer Gewerkschafter im Widerstand –, erklärte Leuschner aber dennoch erneut zum Pars pro Toto gewerkschaftlicher Opposition in Gänze und den 20. Juli damit zum zentralen und repräsentativen Ereignis des Widerstands aus der Arbeiterbewegung: »Wenn wir uns heute an Wilhelm Leuschner erinnern, ihn in den Mittelpunkt stellen, dann denken wir gleichermaßen an alle anderen, die wie er der Barbarei die Stirn geboten haben« (Schulte 1994, S. 620).

So nachvollziehbar es ist, dass ein DGB-Vorsitzender an diesem bedeutenden Jahrestag im Bendlerblock vor allem an Leuschner erinnert, so naheliegend wäre es nach den Forschungen des vorangegangenen Jahrzehnts gewesen, auch einmal an den genuin gewerkschaftlichen Widerstand unbekannterer Akteure weit vor 1944 zu erinnern. Schulte indes wies erneut darauf hin, dass der gewerkschaftliche Beitrag zur Verschwörung des 20. Juli bis heute zu wenig gewürdigt werde – und unterstrich damit ein weiteres Mal die herausgehobene Stellung dieses späten Widerstandskomplexes.

Noch deutlichere Anleihen an Duktus und Perspektive der 1950er und 1960er Jahre machte Schulte, als er die ideelle Einigkeit der Mitglieder des 20. Juli und dabei zugleich den antitotalitären Konsens beschwor:

»Was sie aber über all das hinweg einte, war der Abscheu vor der Barbarei und Tyrannei, der Wunsch und der Wille, das Vaterland davon zu befreien. Dieser Konsens gegen Faschismus und Totalitarismus prägte die alte Bundesrepublik und so muß es, meine ich, auch für die neue bleiben« (Schulte 1994, S. 621).

Auch nach 2000 kam es in der Auseinandersetzung der Gewerkschaften mit der NS-Vergangenheit zu keinen merklichen Perspektivveränderungen oder Neuansätzen. Als sich die Zerschlagung der freien Gewerkschaften im Frühjahr 2003 zum 70. Mal jährte, blieb die Zahl von Gedenkfeierlichkeiten und Projekten sehr überschaubar. Heraus stach eine Rede des DGB-Vorsitzenden von Berlin-Brandenburg, Dieter Schulz, der sich darin ausgesprochen kritisch mit der Schwäche und den »schwere[n] politische[n] Irrtümer[n]« der Gewerkschaften in der Spätphase der Weimarer Republik auseinandersetzte (Schulz 2003).

Zum 60. Jahrestag des Kriegsendes veröffentlichte der DGB eine für die Erinnerungs- und Bildungsarbeit an der Basis sehr praxisorientierte Broschüre mit dem Titel »Erinnern, Gedenken, politisch Handeln. Eine Arbeitshilfe zum 8. Mai«. Darin finden sich Anregungen und praktische Hinweise für Veranstaltungen und Interviews mit Zeitzeug*innen, für Filmvorführungen, Gedenkstättenexkursionen, Besuche von Museen und aktuellen Ausstellungen zum Thema Nationalsozialismus, Rassismus und Rechtsextremismus bis hin zu Tipps für den Umgang mit rechtsextremen Provokationen rund um Jahrestage wie den des Kriegsendes (DGB-Bundesvorstand/IG Metall FB Gesellschaftspolitik 2005). Abgesehen von einer Tagung unter dem Titel »Die deutschen Gewerkschaften zwischen 1933 und 1945 – Kapitulation und Anpassung – Wartestand und Widerstand«, die im Juni 2007 in der Gedenkstätte des ehemaligen Konzentrationslagers Sachsenhausen stattfand, gab es in den Nullerjahren jedoch keine größeren erinnerungspolitischen Projekte oder Veranstaltungen, die der Geschichte der Gewerkschaften im »Dritten Reich« gewidmet waren.

Dagegen kann für das Jahr 2013 von einem wahren Revival der gewerkschaftlichen Auseinandersetzung mit der NS-Vergangenheit gesprochen werden: 80 Jahre nach der nationalsozialistischen »Machtergreifung« und der Zerschlagung der Gewerkschaften fanden etliche Gedenkveranstaltungen, Ausstellungen und Konferenzen statt, die sich mit verschiedenen Aspekten gewerkschaftlicher Erfahrungen von Widerstand, Verfolgung und Anpassung befassten und dabei erstmals auch den Versuch unternahmen, die erinnerungspolitischen Aktivitäten der Gewerkschaften seit 1949 kritisch zu reflektieren und zu historisieren. Im März 2013 richtete das Institut für soziale Bewegungen in Bochum die Konferenz »80 Jahre Zerschlagung der deutschen Gewerkschaften – Erfahrungen, Lehren, Erinnerungen« aus. Gefragt wurde dort nach Institutionalisierungen und Ritualisierungen der Erinnerung an den 2. Mai 1933, nach Versäumnissen und Forschungslücken sowie nach sich verändernden und »überschriebenen« Narrativen (Berger 2013).

Einen Monat darauf wurde in der Friedrich-Ebert-Stiftung Berlin eine von Werner Milert und Rudolf Tschirbs im Auftrag der Hans-Böckler-Stiftung erarbeitete Ausstellung mit dem Titel »Zerschlagung der Mitbestimmung 1933. Das Ende der ersten deutschen Betriebsdemokratie« eröffnet. Neben dem DGB-Vorsitzenden Michael Sommer sprach der emeritierte Bochumer Historiker Hans Mommsen bei der Eröffnung (Milert/Tschirbs 2013). Auch bei einer Gedenkveranstaltung der IG BCE unter dem Motto »Ungebrochen« am 23. April 2013 hielt Sommer ein Grußwort, ebenso wie der ehemalige SPD-Vorsitzende Franz Müntefering (IG BCE 2013).

Höhepunkt der Feierlichkeiten war am 2. Mai die zentrale Gedenkveranstaltung des DGB in Anwesenheit von Bundespräsident Joachim Gauck im Deutschen Historischen Museum Berlin. Präsentiert wurde dort ein von Martin Lücke und Dieter Pougin herausgegebener gewerkschaftshistorischer Stadtführer durch Berlin (Lücke/Pougin 2013) sowie der von der Hans-Böckler-Stiftung (2013) für die politische Bildungsarbeit produzierte Film »2. Mai 1933: Zerschlagung der Gewerkschaften«.

Auch Einzelgewerkschaften entwickelten anlässlich des runden Jahrestags Projekte für die historisch-politische Bildung. In einer Videoreihe der IG Metall Berlin-Brandenburg-Sachsen porträtierten junge Gewerkschaftsmitglieder in der KZ-Gedenkstätte Sachsenhausen jeweils einen von den Nationalsozialisten verfolgten Gewerkschafter oder eine Gewerkschafterin und stützten sich dabei auf das von Siegfried Mielke herausgegebene vierbändige biografische Handbuch zu Gewerkschaftern in den Konzentrationslagern Oranienburg und Sachsenhausen (Mielke 2002–2013).

Im Jahr 2014 initiierte die Bildungsabteilung der IG Metall außerdem ein Zeitzeugenprojekt, dessen Ergebnisse 2016 in der von Chaja Boebel, Stefan Müller und Ulrike Obermayr herausgegebenen Publikation »Vom Erinnern an den Anfang. 70 Jahre Befreiung vom Nationalsozialismus – Was hat die IG Metall daraus gelernt?« veröffentlicht wurden (Boebel/Müller/Obermayr 2016). Ergänzend dazu erschien ein Film mit Auszügen aus Interviews mit Zeitzeug*innen, die über ihre Erfahrungen als junge Gewerkschaftsmitglieder in der Nachkriegszeit und speziell auch über ihre persönliche Auseinandersetzung mit der NS-Vergangenheit berichteten.

Dass die weibliche Perspektive auf die Geschichte von Widerstand und Verfolgung unter dem Nationalsozialismus nun ebenfalls zunehmende Beachtung und Würdigung durch die Gewerkschaften sowie die mit ihnen verbundenen Stiftungen und Wissenschaftler*innen erfährt, lässt sich in jüngster Zeit an mehreren Ausstellungsprojekten und Publikationen erkennen. 2016 förderten die Hans-Böckler-Stiftung und die IG Metall die vom Studienkreis Deutscher Widerstand konzipierte Ausstellung »Nichts war vergeblich. Frauen im Widerstand gegen den Nationalsozialismus«, und 2020 zeigte die Gedenkstätte Ravensbrück eine Ausstellung über politische Häftlinge im dortigen Frauenkonzentrationslager (Fischer 2020). Von der Hans-Böckler-Stiftung gefördert worden war bereits ein 2008 erschienener Band von Siegfried Mielke über Gewerkschafterinnen im NS-Staat (Mielke 2008).

Anlass zu einer Auseinandersetzung der Gewerkschaften mit der Geschichte des Nationalsozialismus gab es 2015 nicht nur wegen des 70. Jahrestags des Kriegsendes, sondern auch wegen des 125. Geburtstags von Wilhelm Leuschner. In zwei öffentlichen Vorträgen beleuchtete Reiner Hoffmann den Umgang der Gewerkschaften mit der Geschichte von Widerstand, Verfolgung und Anpassung im »Dritten Reich«: bei der offiziellen Gedenkfeier zum 71. Jahrestag des 20. Juli 1944 in Berlin, wo zum ersten Mal seit Einführung der jährlichen Feier Mitte der 1950er Jahre ein DGB-Vorsitzender die Hauptrede hielt, und bei der von der Hans-Böckler-Stiftung veranstalteten Tagung »Gewerkschaften, Arbeiterbewegung und Nationalsozialismus. Verfolgung – Widerstand – Anpassung« Anfang Dezember in Wuppertal. Aufhänger der Konferenz war der 80. Jahrestag des Beginns der Wuppertaler Gewerkschaftsprozesse, bei denen zwischen 1935 und 1937 rund 800 Angehörige von Widerstandsgruppen wegen »Vorbereitung zum Hochverrat« angeklagt und verurteilt worden waren.

Der DGB-Vorsitzende blickte in seinem Wuppertaler Abendvortrag kurz auf die bisherige Auseinandersetzung seiner Organisation mit der Gewerkschaftsgeschichte unter dem Nationalsozialismus und kam dabei zu einem ausgesprochen positiven Urteil: Er »obliege bestimmt keiner Selbsttäuschung«, wenn er feststelle, »dass wohl kaum eine gesellschaftliche Großgruppe sich nach dem Ende der NS-Diktatur so selbstkritisch mit ihrer eigenen Geschichte auseinandergesetzt hat wie die deutsche Gewerkschaftsbewegung«. Als Beleg dienten ihm die beiden großen Konferenzen von 1979 in München und 1983 in Dortmund, bei denen die damaligen Vorsitzenden Vetter und Breit auf je eigene Weise für eine Auseinandersetzung »ohne Schranken und ohne Scheuklappen« (Breit) plädiert hatten. Was in den drei Jahrzehnten zwischen der Gründung des DGB und der Münchner Konferenz von Seiten der Gewerkschaften diesbezüglich geleistet oder eben auch versäumt worden war, thematisierte Hoffmann in seinem Vortrag jedoch nicht.

Vielmehr beschäftigte ihn die Frage, warum es für die deutsche Gesellschaft keine Selbstverständlichkeit (mehr) sei, an den Widerstand zu erinnern:

»Liegt es möglicherweise daran, dass es die eine, gar die erfolgreiche Geschichte des Widerstandes nicht zu erzählen gibt? [...] Fehlen uns im Zeitalter der digitalen Informations- und Bilderflut die starken Bilder eines erfolgreichen Widerstandes? Ist die leise, durch Konspiration und einen totalitären Überwachungsstaat bedingte, oftmals spurenlose Arbeit des Widerstandes nicht interessant genug? [...] Oder ist die Ursache für ein mangelndes öffentliches Interesse an den Widerstand darin begründet, dass er sich nicht auf den Begriff bringen lässt?«

Falls nur diejenigen als Widerstandskämpfer verstanden würden, die für ihre Gegnerschaft zum NS-Regime ermordet worden waren, dann sei zu fragen, warum der 70. Todestag Wilhelm Leuschners ebenso wie sein 125. Geburtstag so wenig öffentliche Aufmerksamkeit und Würdigung erfahren habe (Hoffmann 2015b).

So berechtigt dieser Hinweis war, so sehr verharrte der DGB-Vorsitzende jedoch in einer Perspektive, zu deren Überwindung die Wuppertaler Tagung mit ihrem Fokus auf die Diversität der Widerstandsbewegung geradezu eingeladen hätte. Leuschner stehe »für viele andere weniger oder gar nicht bekannte Gewerkschafterinnen und Gewerkschafter«, so Hoffmann. Auch wenn die Gewerkschaften »sicherlich nicht zur Heldenverehrung oder zum Personenkult« neigten (fast genau so hatte es Dieter Schulte 1994 formuliert) und Leuschner sich gewiss dagegen verwehrt hätte, »als Ikone der deutschen Einheitsgewerkschaft und des gewerkschaftlichen Widerstandes gegen die nationalsozialistische Diktatur stilisiert zu werden«, wolle er dessen vorbildliches Handeln an dieser Stelle doch noch einmal besonders würdigen. Das restliche Drittel seines Vortrags widmete Hoffmann dem Lebensweg Leuschners, dessen letzter Wunsch vor seiner Hinrichtung zugleich sein Vermächtnis gewesen sei: »Schafft mir die Einheitsgewerkschaft!« (Hoffmann 2015b). Wie in vielen Reden anderer DGB-Vorsitzender zuvor stand Leuschner erneut als Prototyp des gewerkschaftlichen Widerständlers im Mittelpunkt.

Anders als in Wuppertal jedoch hatte Hoffmann bei seiner Rede zum Jahrestag des 20. Juli in der Gedenkstätte Plötzensee neben Leuschner nicht nur den christlichen Gewerkschafter Jakob Kaiser, sondern mit Paul Wegmann auch einen sehr viel unbekannteren Widerstandskämpfer erwähnt, der nach wiederholter und jahrelanger Haft einen Monat vor Kriegsende im KZ Bergen-Belsen gestorben war (Hoffmann 2015a).

Keine zwei Wochen vor der Wuppertaler Konferenz war anlässlich des 125. Jahrestages der Gründung der Generalkommission der freien Gewerkschaften bei einer Veranstaltung der Hans-Böckler-Stiftung und des DGB in Berlin zur Frage »Sind Gewerkschaften in der Zeitgeschichtsschreibung nur eine Randerscheinung?« diskutiert worden. Um dem damit angesprochenen Problem einer mangelnden Aufmerksamkeit der zeithistorischen Zunft für die Gewerkschaftsgeschichte zu begegnen, hatte Hoffmann bereits 2014 den »Gesprächskreis zur Sozial- und Wirtschaftsgeschichte« beim DGB gegründet, von dem er sich auch »Anregung und Unterstützung« dahingehend versprach, »die großen aktuellen politischen Herausforderungen in ihrer historischen Dimension besser zu verstehen und für gute Lösungen zu streiten« (Hoffmann 2015c). Einigkeit herrschte bei den Diskussionsgästen darüber, dass der DGB selbst geschichtspolitisch aktiver werden müsse. Die Zeit des Nationalsozialismus spielte bei der Diskussionsveranstaltung jedoch ebenso wenig eine Rolle wie die Geschichte des rückblickenden Umgangs der Gewerkschaften mit dem »Dritten Reich«.

Beim Gewerkschaftstag der IG Metall in Nürnberg vom 6. bis 12. Oktober 2019, dessen zweite Hälfte unter dem Eindruck des rechtsterroristischen Anschlags auf die Synagoge von Halle stand, wurde das von Bernhard Gotto und Sebastian Voigt konzipierte Ausstellungsprojekt »Gewerkschaften im Nationalsozialismus« präsentiert, das am Beispiel zweier Einzelbiografien ganz bewusst nicht nur den Widerstand von Gewerkschaftern gegen das NS-Regime, sondern auch Anpassungsprozesse unter dem Eindruck der sozialpolitischen Verheißungen der »Volksgemeinschaft« thematisierte. Zahlreiche Aktionen des Gewerkschaftstags waren den Themen Rassismus, Rechtsradikalismus und Diskriminierung gewidmet, darunter vor allem das von insgesamt 20 Organisationen unterstützte Projekt »Respekt! Kein Platz für Rassismus«.

Verabschiedet wurde in Nürnberg eine Resolution, in der eine Ausweitung des Bildungsangebots unter anderem zu Fragen der Auseinandersetzung mit der NS-Vergangenheit und der Erinnerung an den Holocaust gefordert wurde und der Internationale Tag gegen Rassismus, der 21. März, ab sofort zum »festen Bestandteil des politischen Kalenders« der IG Metall erhoben werden sollte. »Erinnern« bedeute aus Sicht der Gewerkschaft auch, so der Resolutionstext, »die Ursachen für die bis heute wirkenden und wieder erstarkenden Mechanismen rechter Ideologien zu analysieren und diesen entschieden mit vereinter Stimme entgegenzutreten«.

Dass die Internetseite des Gewerkschaftstags jedoch keinen Hinweis auf die oben erwähnte Ausstellung enthält, geschweige denn eine thematische Verbindung zwischen ihr und den Antirassismus-Projekten oder der Resolution herstellt, verweist darauf, dass die Auseinandersetzung der Gewerkschaften mit der NS-Vergangenheit nicht ausreichend in Bezug zur Gegenwart gesetzt wird. Unter der Überschrift »Vereint gegen Hass und Hetze« verabschiedete der Gewerkschaftstag eine Strategie gegen Rassismus und Rechtsextremismus, aber auch darin findet sich nur ganz am Ende ein kurzer Verweis auf die NS-Vergangenheit: »Wir sehen es als Auftrag für die Gegenwart an, allen Versuchen einer Umdeutung und Verharmlosung der Geschichte entschieden entgegenzutreten und ein erneutes Erstarken faschistischer Kräfte zu verhindern«. Gleichwohl bekannte sich die in der historischen Bildungsarbeit sehr aktive IG Metall zu einem weiteren Ausbau entsprechender Angebote (IG Metall 2020).

Die Geschichte des nachträglichen Umgangs der Gewerkschaften mit der NS-Vergangenheit ist – abseits der Studie von Thomas Köcher zum DGB in den 1950er und 1960er Jahren – immer noch zu weiten Teilen unerforscht. Eine aktuelle Ausnahme bildet die jüngst veröffentlichte Arbeit von Jörn-Michael Goll über die Auseinandersetzung der Gewerkschaft Erziehung und Wissenschaft (GEW) mit dem Nationalsozialismus und seinen Nachwirkungen (Goll 2021). In dem von Detlev Brunner geleiteten Forschungsprojekt an der Universität Leipzig ging Goll der Frage nach, wie die GEW und ihre Vorläuferorganisationen das Problem personeller und ideeller Kontinuitäten innerhalb ihrer Mitgliedschaft adressierten, wann und in welcher Form innerhalb der Gewerkschaft Diskurse über den Nationalsozialismus einsetzten und wie diese auf die Bildungsarbeit der GEW ausstrahlten – ein Vorhaben, dem vergleichbare Projekte zu anderen Einzelgewerkschaften dringend folgen müssten.

Wer sich im Internet über die Geschichte der Gewerkschaften unter dem Nationalsozialismus informieren möchte, findet auf dem von der Hans-Böckler-Stiftung in Kooperation mit der Friedrich-Ebert-Stiftung gemeinsam eingerichteten Portal www.gewerkschaftsgeschichte.de ein vielfältiges Angebot an Überblickstexten, Quellen und Abbildungen. Gleiches gilt für die sehr informationsgesättigten und gut strukturierten Websites des DGB (www.dgb.de/uber-uns/bewegte-zeiten/geschichte-des-dgb), der IG Metall (www.igmetall.de/

ueber-uns/geschichte) sowie insbesondere von ver.di (www.verdi.de/ueber-uns/idee-tradition), deren Angebot durch eine besonders große Zahl historischer Quellen hervorsticht. Zu den Ereignissen des 2. Mai, zum Widerstand und zur Verfolgung von Gewerkschafter*innen ebenso wie zur Geschichte der Organisationen seit 1949 finden sich auf diesen Seiten zwar vielfältige Informationen, doch die Frage des rückblickenden Umgangs der Gewerkschaften mit der Zeit von 1933 bis 1945 wird auf keinem der Portale behandelt.

Das mag teils an der immer noch mangelnden zeithistorischen Erforschung dieser Facette der gewerkschaftlichen Nachgeschichte des »Dritten Reiches« liegen, unterstreicht aber zugleich die Beobachtung, dass jene zur selbstkritischen Rückschau herausfordernde »Metaebene« bis heute im Geschichtsbewusstsein der Gewerkschaften keinen Platz gefunden hat – und dies in einer Zeit, in der eine Vielzahl von Ministerien, Behörden, Organisationen und Unternehmen es längst als eine nicht nur kaum umgehbare Aufgabe, sondern letztlich auch imagefördernde Selbstverständlichkeit betrachtet, den Umgang mit der eigenen NS-Vergangenheit nach 1945 zu thematisieren und auch erforschen zu lassen.

Fazit und Ausblick

Die Auseinandersetzung der Gewerkschaften mit der nationalsozialistischen Vergangenheit seit Ende des Zweiten Weltkrieges verlief in den ersten Jahrzehnten der Bundesrepublik weitgehend entlang allgemein beobachtbarer Konjunkturen und Narrative und dabei insbesondere sehr ähnlich wie die der SPD – was aufgrund der über viele Jahrzehnte großen erfahrungsgeschichtlichen, ideellen und personellen Nähe zur Sozialdemokratie nicht erstaunt. Die Etablierung schlagkräftiger, innerlich geschlossener und breitenwirksamer Einheitsgewerkschaften erforderte auch mit Blick auf die noch nicht weit zurückliegende Zeit des »Dritten Reiches« mit all ihren personellen, materiellen und mentalen Folgeerscheinungen für die westdeutsche Gesellschaft eine möglichst konsensfähige und konfliktfreie Thematisierung der Vergangenheit, mit der man Rücksicht auf die Entlastungsbedürfnisse einer breiten Mehrheit nahm.

Die damit verbundene Selbsteingemeindung der gewerkschaftlichen Erfahrungen mit Widerstand und Verfolgung in ein um den 20. Juli 1944 kreisendes lagerübergreifendes Widerstandsgedächtnis führte zu einer Marginalisierung des Widerstands aus der Arbeiterbewegung, verstärkt noch durch den vorherrschenden Antikommunismus und Antitotalitarismus. Nachdem auch »Achtundsechzig« und die Debatte um die Notstandsgesetze kein merklich wachsendes öffentliches Interesse an der Erfahrungsgeschichte von Widerstand und Verfolgung hervorgebracht hatten, kam es erst seit dem Ende der 1970er Jahre – befördert durch Herausforderungen von links und rechts – zu einem fast eruptiven Schub in der Auseinandersetzung der Gewerkschaften mit der NS-Vergangenheit.

Herausgefordert auch durch neue Forschungsergebnisse, kam eine durchaus selbstkritische Debatte in Gang, in der so offen wie nie zuvor auch über Ambivalenzen und Versäumnisse im Verhalten der Gewerkschaften am Ende der Weimarer Republik und in den Monaten nach der nationalsozialistischen Machtübernahme diskutiert wurde. Zugleich gelangten die inzwischen gealterten Überlebenden gewerkschaftlicher Widerstandsgruppen zu später Anerkennung und engagierten sich als Zeitzeug*innen in der historisch-politischen Bildung.

Seit dem Boom der Arbeiterbewegungs- und Alltagsgeschichte in den 1980er Jahren hat die historische Forschung zahlreiche neue Erkenntnisse zur Gesellschaftsgeschichte des Nationalsozialismus erbracht und dabei nicht nur die aus Gewerkschaftssicht zuvor kaum beachteten Jahre zwischen ihrer Zerschlagung und dem Attentat des 20. Juli in den Blick genommen, sondern auch die vielfältigen Grauzonen zwischen Widerstand und Anpassung in den Reihen der Gewerkschafter*innen beleuchtet. Obgleich die Gewerkschaften im Verbund mit der Hans-Böckler-Stiftung zahlreiche dieser Forschungsprojekte gefördert, mit wissenschaftlichen Konferenzen begleitet und in Publikationen aufgegriffen haben, bleibt die vorrangig zu besonderen Jahrestagen wahrnehmbare öffentliche Kommunikation des DGB und seiner Einzelgewerkschaften zum Gedenken an die Erfahrungen unter dem Nationalsozialismus dennoch oft einem selektiven Blick auf den 2. Mai 1933 und den 20. Juli 1944 verhaftet.

Diese schon eingangs konstatierte Fixierung des gewerkschaftlichen Gedächtnisses auf die Anfangs- und Endphase des »Dritten Reiches«, meist verbunden mit der – durchaus berechtigten – Klage über ein mangelndes öffentliches Interesse an der Geschichte von Widerstand und Verfolgung von Gewerkschafter*innen in der NS-Zeit, erweist sich seit etwa drei Jahrzehnten als äußerst beständig. Und auch auf der »Metaebene« der Auseinandersetzung ist wenig Dynamik zu beobachten: Ein selbstkritischer Rückblick auf die Versäumnisse der ersten Nachkriegsdekaden – die von den Gewerkschaften mit beförderte Marginalisierung des Widerstands aus der Arbeiterbewegung ebenso wie die Scheu vor einer Auseinandersetzung mit ambivalenten Lebensläufen im gewerkschaftlichen Milieu – findet sich bis heute nur sehr selten in Gedenkreden und anderen öffentlichen Stellungnahmen der Gewerkschaften.

Vieles spricht dafür, dieses in gewisser Weise verkrustete Narrativ aufzubrechen und den Blick des öffentlich kommunizierten Gedächtnisses der Gewerkschaften an die Zeit des Nationalsozialismus mehr als bisher auf die Jahre zwischen dem Frühjahr 1933 und dem Sommer 1944 und damit zugleich auf die facettenreiche Gesellschafts- und Erfahrungsgeschichte von Gewerkschafter*innen zwischen Widerstand, Verfolgung und Anpassung zu weiten.

Wenn das Ziel gewerkschaftlicher Erinnerungsarbeit sein soll, bei ihren Mitgliedern und über deren Kreis hinaus Interesse an der Geschichte der NS-Zeit und ihren kurz- und langfristigen Folgen für die Arbeiterbewegung zu wecken, diese als erinnerungs- und reflexionswürdig im Geschichtsbewusstsein zu verankern und damit auch zur Identitätsbildung innerhalb der Organisationen beizutragen, dann muss diese Erinnerungsarbeit den Rezipient*innen mehr Anknüpfungspunkte an ihre Gegenwart bieten. Und dies ließe sich über die Erfahrungsgeschichten kleiner, unbekannterer Widerstandsgruppen ebenso wie über Brüche und Ambivalenzen in Lebenswegen von Gewerkschafter*innen im »Dritten Reich« vielleicht eher erreichen als mit einem verengten Blick auf wenige herausragende Daten und Personen.

Unabdingbar für diese notwendige »Anknüpfung« der Geschichts- und Erinnerungsarbeit an die heutige Lebenswirklichkeit ist zudem, die Geschichten von Widerstand, Verfolgung und Anpassung vor über 75 Jahren deutlicher in Beziehung zu jenen Gefährdungen der Demokratie zu setzen, die aktuell vom Rechtspopulismus und Rechtsradikalismus ausgehen.

Literatur und Quellen

Berger, Stefan (2013): Tagungsbericht, H-Soz-Kult, 13.4.2013, www.hsozkult.de/conferencereport/id/tagungsberichte-4756 (Abruf am 28.5.2021).

Bludau, Kuno (1973): Gestapo – geheim! Widerstand und Verfolgung in Duisburg 1933–1945. Bonn-Bad Godesberg: Neue Gesellschaft.

Borsdorf, Ulrich/Deppe, Frank/Schneider, Michael/Weber, Hermann (1983): Fehler, Versagen, Schuld? Ein Streitgespräch über die Rolle von SPD, KPD und Gewerkschaften am Ende der Weimarer Republik zwischen Ulrich Borsdorf, Frank Deppe, Michael Schneider und Hermann Weber. In: Gewerkschaftliche Monatshefte 4, S. 285–304.

Breit, Ernst (1983): Der DGB stellt sich der Geschichte. In: Gewerkschaftliche Monatshefte 4, S. 193–202.

Breit, Ernst (Hrsg.) (1984): Aufstieg des Nationalsozialismus, Untergang der Republik, Zerschlagung der Gewerkschaften. Beiträge zur Geschichte der Arbeiterbewegung zwischen Demokratie und Diktatur. Köln: Bund.

Brunner, Detlev (1992): Bürokratie und Politik des Allgemeinen Deutschen Gewerkschaftsbundes 1918/19 bis 1933. Köln: Bund.

Deppe, Frank (1977): Geschichte der deutschen Gewerkschaftsbewegung. Köln: Pahl-Rugenstein.

Deppe, Frank (1979): Zur Diskussion um die Geschichte der deutschen Gewerkschaftsbewegung. In: Gewerkschaftliche Monatshefte 8, S. 496–508.

DGB (2020): Themenseite zum 8. Mai 2020, www.dgb.de/schwerpunkt/8-maitag-der-befreiung (Abruf 3.5.2021).

DGB/AdsD – Archiv der sozialen Demokratie (Hrsg.) (2020): In die Illegalität gedrängt. Zur Flucht gezwungen. Ermordet. Schicksale ermordeter Gewerkschafterinnen und Gewerkschafter. In: Beiträge aus dem Archiv der sozialen Demokratie 9.

DGB-Landesbezirksvorstand Niedersachen (Hrsg.) (1958): Sonderheft: »Millionen für Mörder«, Juli 1958.

DGB-Bundesvorstand/IG Metall FB Gesellschaftspolitik (Hrsg.) (2005): 8. Mai 1945 – Erinnern, Gedenken, politisch Handeln. Eine Arbeitshilfe zum 8. Mai. Berlin: IG Metall.

Fischer, Henning (Hrsg.) (2020): Frauen im Widerstand. Deutsche politische Häftlinge im Frauen-KZ Ravensbrück, Geschichte und Nachgeschichte. Berlin: Metropol.

Frei, Norbert (1996/1999): Vergangenheitspolitik. Die Anfänge der Bundesrepublik und die NS-Vergangenheit. München: C.H. Beck.

Goll, Jörn-Michael (2021): Die Gewerkschaft Erziehung und Wissenschaft und das NS-Erbe. Weinheim: Beltz.

Gorr, Holger (2016): Die Diskussion in der IG Metall über Schuld und Verantwortung in den Nachkriegsjahren. In: Boebel, Chaja/Müller, Stefan/Obermayr, Ulrike (Hrsg.): Vom Erinnern an den Anfang. 70 Jahre Befreiung vom Nationalsozialismus – Was hat die IG Metall daraus gelernt? Darmstadt: Büchner.

Hans-Böckler-Stiftung (2013): Film »2. Mai 1933 – Zerschlagung der Gewerkschaften«. www.youtube.com/watch?v=iCOjp8OuoMU (Abruf am 3.7.2021).

Hoffmann, Reiner (2015a): »Schafft die Einheit!«. Ansprache des Vorsitzenden des Deutschen Gewerkschaftsbundes Reiner Hoffmann am 20. Juli 2015 in der Gedenkstätte Plötzensee, Berlin, www.stiftung-20-juli-1944.de/reden/schafft-die-einheit-reiner-hoffmann-20072015 (Abruf am 1.2.2021).

Hoffmann, Reiner (2015b): Erinnerungspolitik und Nationalsozialismus aus Sicht der Gewerkschaften. Abendvortrag im Rahmen der Konferenz »Gewerkschaften, Arbeiterbewegung und Nationalsozialismus. Verfolgung – Widerstand – Anpassung« der Hans-Böckler-Stiftung in Wuppertal, 4.12.2015 (Manuskript im Besitz der Verfasserin).

Hoffmann, Reiner (2015c): Grußwort zur Diskussionsveranstaltung »Sind Gewerkschaften in der Zeitgeschichtsschreibung nur eine Randerscheinung?« anlässlich des 125. Gründungsjubiläums der Generalkommission der freien Gewerkschaften. Berlin, 25.11.2015.

IG BCE (2013): Stimmen zur Zerschlagung der Gewerkschaften im Jahr 1933, www.youtube.com/watch?v=PhbCyyxCXtY (Abruf am 28.5.2021).

IG Metall Berlin-Brandenburg-Sachsen (Hrsg.) (2013): Video-Projekt zu Gewerkschafter*innen im KZ Sachsenhausen, www.youtube.com/watch?v=CMGLxJUkT7g&list=PLxw8qb0ykCqeR-2yA-9qyvhewz94VYTlN (Abruf am 28.5.2021).

IG Metall (2015): Zeitzeugenprojekt »Vom Erinnern an den Anfang«, www.youtube.com/watch?v=P0q1oTdbshA (Abruf am 28.5.2021).

IG Metall (2020): Vereint gegen Hass und Hetze. Strategie zum Umgang mit Rechtspopulisten, www.igmetall.de/gewerkschaftstag-2019/vereint-gegen-hass-und-hetze (Abruf am 28.5.2021).

Klotzbach, Kurz (1969): Gegen den Nationalsozialismus. Widerstand und Verfolgung in Dortmund. Hannover: Verlag für Literatur und Zeitgeschehen.

Köcher, Thomas (2004): »Aus der Vergangenheit lernen – für die Zukunft arbeiten!«? Die Auseinandersetzung des DGB mit dem Nationalsozialismus in den 50er und 60er Jahren. Münster: Westfälisches Dampfboot.

Leminski, Gerhard (1979): Erste wissenschaftliche Konferenz des DGB zur Geschichte der Gewerkschaften. In: Gewerkschaftliche Monatshefte 12, S. 784–788.

Linne, Karsten (1990): Walter Pahl – Eine Gewerkschafter-Karriere. In: 1999. Zeitschrift für Sozialgeschichte des 20. und 21. Jahrhunderts, Band 5, H. 3, S. 39–55.

Lücke, Martin/Pougin, Dieter (Hrsg.) (2013): Zerschlagung der Gewerkschaften 1933 – Zerstörte Vielfalt. Gewerkschaftshistorischer Stadtführer durch Berlin. Berlin: DGB.

Meyer, Kristina (2015): Die SPD und die NS-Vergangenheit 1945–1990. Göttingen: Wallstein.

Mielke, Siegfried (Hrsg.) (2002–2013): Gewerkschafter in den Konzentrationslagern Oranienburg und Sachsenhausen. Biographisches Handbuch, Bd. 1-4. Berlin: Metropol.

Mielke, Siegfried (Hrsg.) (2008): Gewerkschafterinnen im NS-Staat. Verfolgung, Widerstand, Emigration. Essen: Klartext.

Milert, Werner/Tschirbs, Rudolf (Hrsg.) (2013): Zerschlagung der Mitbestimmung 1933. Das Ende der ersten deutschen Betriebsdemokratie Katalog. Düsseldorf: Hans-Böckler-Stiftung.

Potthoff, Heinrich (1995): Die Auseinandersetzung der SPD und der Gewerkschaften mit dem NS-System und dem Holocaust. In: Bergmann, Werner/Erb, Rainer/Lichtblau, Albert (Hrsg.): Schwieriges Erbe. Der Umgang mit Nationalsozialismus und Antisemitismus in Österreich, der DDR und der Bundesrepublik Deutschland. Frankfurt am Main: Campus, S. 120–137.

Schneider, Dieter (Hrsg.) (1988): Sie waren die Ersten. Frauen in der Arbeiterbewegung. Frankfurt am Main: Campus.

Scholz, Dieter (2003): 1. Mai 1933 – 1. Mai 2003, https://berlin-brandenburg.dgb.de/themen/++co++f5b35528-c59f-11e0-775b-00188b4dc422 (Abruf am 28.5.2021).

Schönhoven, Klaus (2002): Die Gewerkschaften in der Zeit des Nationalsozialismus. In: Gewerkschaftliche Monatshefte 2, S. 8–15.

Schulte, Dieter (1994): Gewerkschafter im Widerstand gegen Hitler. In: Gewerkschaftliche Monatshefte 10, S. 620–624.

Steinberg, Hans-Josef (1969): Widerstand und Verfolgung in Essen. Hannover: Verlag für Literatur und Zeitgeschehen.

Vetter, Heinz O. (Hrsg.) (1980): Aus der Geschichte lernen – die Zukunft gestalten. Dreißig Jahre DGB. Protokoll der wissenschaftlichen Konferenz zur Geschichte der Gewerkschaften vom 12. und 13. Oktober 1979 in München. Köln: Bund.

Arbeitskämpfe und Tarifpolitik

Demokratisierung von Erinnerungskultur
Der Septemberstreik 1969 bei Hoesch

Peter Birke

Die Septemberstreiks des Jahres 1969 waren Ausdruck betrieblicher Konflikte zwischen Kapital und Arbeit, aber auch Resultat einer Zentralisierung der Tarifpolitik: Ihre Forderungen nach einer linearen Lohnerhöhung für alle, unabhängig von der laufenden Friedenspflicht, widersprachen einer gewerkschaftlichen Politik, die auf Mitgestaltung der Wirtschaftspolitik setzte. Der Konflikt verschärfte sich in einer Situation, in der sich angesichts der Wirtschaftspolitik der Großen Koalition seit der Rezession von 1966/67 eine Art geplanter Kapitalismus in der Bundesrepublik endlich durchzusetzen schien. Dass in der vergleichsweise kleinen Rezession nicht nur die Verschiebung zentral vereinbarter Arbeitszeitverkürzungen zwischen den Arbeitsmarktparteien der Metallindustrie vereinbart worden war, sondern auch eine zurückhaltende, defensive Lohnpolitik, war einer der Auslöser der Streikwelle. Der neuerliche Boom der Monate und Jahre nach dem Mai 1968 zeigte die Asymmetrien einer solchen Politik: Diese war nicht in der Lage, zumal in der seit einigen Jahren bereits kriselnden Montanindustrie, für eine als angemessen empfundene Umverteilung der schnell expandierenden Unternehmensgewinne zu sorgen.

Ein Streik in den drei Werken der Hoesch AG in Dortmund gab in den ersten Septembertagen des Jahres 1969 das Stichwort; danach verbreiteten sich die wilden Streiks zuerst in der Stahlindustrie, dann im Bergbau, später kamen noch einige Betriebe aus anderen Sektoren hinzu (vgl. auch für das Folgende: Birke 2007, S. 218–247). Insgesamt legten bis zu 200.000 Menschen die Arbeit nieder. Der Schock, den die »Lohnpolitik auf eigene Faust«, wie *Der Spiegel* Anfang September 1973 titelte, bei den Tarifparteien auslöste, führte dazu, dass fast acht Millionen Beschäftigten schnell Lohnerhöhungen zugestanden wurden. Dabei gehörten jene, die den ersten Schritt gemacht hatten, zu den Kernen der »alten« Arbeiter*innenklasse. Und doch fand bis 1973 eine Verallgemeinerung und Diffusion wilder Streiks statt, an denen sonst als marginal bezeichnete, für Gewerkschaftsaktionen der damaligen Zeit »untypische« Gruppen sich beteiligten: Frauen in Leichtlohngruppen der Industrie, Migrant*innen, Auszubildende.

Die wilden Streiks der 1969er Jahre waren eine schwach institutionalisierte (»illegale«) Form, die eine andere Art der Kooperation zwischen Arbeitenden erforderte als die eingeübten Tarifrunden, eine Kooperation, die insofern stets die Einheit in der Aktion und die Hierarchien der Beschäftigten im Arbeitsalltag in ein Spannungsverhältnis brachte. Im Folgenden diskutiere ich am Beispiel der Streiks bei der Hoesch AG die Frage, wie diese Gemengelage zwischen »Einheit« und »Spaltung« in der gewerkschaftsnahen Erinnerungskultur verarbeitet wird: An welche Arbeiter*innenklasse erinnern wir uns, wenn wir über die wilden Streiks von 1969 sprechen? Ich folge hier der Definition des Begriffs bei Schneider (in diesem Band), einschließlich der Notwendigkeit einer Reflexion und Transparentmachung der normativen Dimension einer »demokratischen Erinnerungskultur«.

»Das Brot ist für alle gleich teurer geworden«

Wilde Streiks sind eines der vielen »moving targets« der Geschichte – ein uneinheitliches, schwer zu greifendes Phänomen. Man kann sie sich, in Anschluss an Berger und Seiffert (2014, S. 11–36), als wandelbar, kontingent und relational vorstellen: als eine Aneinanderkettung historisch-spezifischer Ereignisse, die nicht wie ein Denkmal fest in der kollektiven Erinnerung eingemauert sind, sondern Erinnerungsarbeit herausfordern. Es sind Ereignisse, die ihren Sinngehalt erst verraten, wenn man Verläufe, Wendepunkte und Resultate rekonstruiert und kontextualisiert. Und es sind Ereignisse, die in Vergessenheit geraten und deren Akteur*innen verschwunden zu sein scheinen, namentlich einerseits als Gruppe (hier: Industriearbeiter*innen) und andererseits in Person (als historisch handelnde Personen und Persönlichkeiten). Während ihr Erinnern daher immer wieder *erneut* ist, ist es zugleich auch mehr als erneut, insofern es eingebunden ist in Debatten, die sich zugleich mit der aktuellen Situation der Arbeiter*innenklasse befassen. Erinnerung ist hier eine ganz praktische, gegenwartsbezogene, soziologisch zu bearbeitende Angelegenheit.

Betrachtet man die Streiks der späten 1960er und frühen 1970er Jahre, lässt sich das beispielsweise an der Lohnfrage zeigen. Zwar kann man nicht sagen, dass sich die Septemberstreiks eindimensional auf diese Frage bezogen. Aber zumindest der Anfang bei Hoesch und die Folgeaktionen in anderen Stahlwerken stellten die Lohnfrage – anders als später im Bergbau – klar in den Mittelpunkt. Die im September geforderten »linearen« Lohnerhöhungen, die die Hierarchie unter den Arbeitenden nivellieren sollten, haben aus meiner Sicht drei politisch-symbolische Dimensionen.

Erstens folgte die Festgeldforderung einer Tradition, die sich seit den 1950ern in tausenden wilden Streiks zeigte. Die sittliche Vorstellung, die sie begleitete, hat ein Streikender 1969 so zusammengefasst: »Das Brot ist für alle gleich teurer geworden« (Schmidt 1971, S. 124). Er betonte dabei den praktischen, gebrauchswertorientierten Charakter der Entlohnung – mit einer Formulierung, die sich wie ein Echo jener »moralischen Ökonomie« der viel älteren Zeitzeug*innen liest, die sich in E. P. Thompsons (1971) klassischem Text versammelt haben. Aktualisiert wurde dieses Moment in der Endphase der fordistisch-tayloristisch geprägten Nachkriegsära durch die politische Spitze gegen den »wage restraint«, eine der heute oft vergessenen Voraussetzungen und Spielregeln des Keynesianismus. Die moralische Ökonomie der Festgeldforderung und die ihr folgende »eigensinnige« Lohnpolitik enthielt eine gegen die Verwissenschaftlichung und Verstaatlichung von Gerechtigkeitsnormen gerichtete Wendung.

Die mehr oder weniger ausdrückliche Ablehnung einer Vorstellung von Leistungsgerechtigkeit, die sich an der zugeschriebenen individuellen Produktivität misst, hat zweitens einen pragmatischen Aspekt. Die Festgeldforderung »gehörte« keiner bestimmten Gruppe, Abteilung, Generation usw. Angesichts der faktischen Illegalität der wilden Streiks war wichtig, dass das Aktionsziel Vertrauen schaffte: Alle mussten mitziehen, damit Einzelne nicht belangt werden konnten. Einheit in der Aktion hatte jedoch Egalität in den Forderungen zum Ausgangspunkt. Die Übernahme der Festgeldforderung durch unterschiedliche Gruppen (Pierburg, Ford, August 1973) war insofern nur konsequent: Wenn das Brot doch für alle teurer geworden war – warum sollte es dann »Leichtlohngruppen« geben, warum eine »Y-Halle«, in der die Arbeiter*innen ohne deutschen Pass für viel weniger Geld gleich viel (oder mehr) schufteten?

Drittens ist das Problem der Lohndifferenzen heute, in einer Zeit des immer stärkeren Auseinanderklaffens und sogar einer Polarisierung von Einkommen, brennend aktuell. Gerade dies legt aber die Frage nahe, wie das egalitäre Moment jener Kämpfe in der Erinnerungsarbeit der Gegenwart repräsentiert wird.

Der Septemberstreik als »moving target«

Eine demokratische Erinnerungskultur kennt zivilgesellschaftliche Akteure und Institutionen aller Art – es ist aber unbestritten, dass Museen hier eine hervorgehobene Rolle spielen. Das Museum der Hoesch-Werke befindet sich nahe der

Peter Birke

ehemaligen Zentrale des Konzerns in der Eberhardstraße in Dortmund. Es wurde 2005 eröffnet und beschreibt die eigene Konzeption wie folgt:

»Das Hoesch-Museum möchte die Erinnerung an eineinhalb Jahrhunderte Stahlindustrie in Dortmund erhalten, den Strukturwandel im lebendigen Dialog begleiten und nicht zuletzt dokumentieren, wie hoch der Stellenwert dieser High-Tech-Branche nach wie vor ist« (Dortmund 2021).

Selbstverständlich spielen die Arbeitsbedingungen dabei auch eine Rolle; Besucher*innen können aktuell sogar in ein technik-fasziniertes »3-D-Stahlwerk« eintauchen. Dabei werden die »Hoeschianer« überwiegend als Menschen vorgestellt, die unabhängig von ihrer konkreten Stellung im Produktionsprozess eine »einheitliche Identität« entwickelt hätten.

Angesichts dieses harmonisierenden Bildes überrascht es etwas, dass Arbeitskämpfe gleichwohl zum Inventar des Museums zu gehören scheinen. Sinnbildlich kann dafür die Art und Weise stehen, wie das Thema in den veröffentlichten Jahrbüchern des Hoesch-Museums aufgegriffen wird. So taucht in fast allen Jahresrückblicken des Museums das »Streikfeuer« und die »Streiktonne« auf, ein Begriff, dessen Bedeutung aber zumindest dort nicht weiter erklärt wird. Von außen erschließt sich diese Merkwürdigkeit kaum; es kann mithin sein, dass die Bedeutung von »Streiktonne«, die einem, sagen wir mal, Göttinger Museumsbesucher wohl erklärt werden müsse, in Dortmund so selbstverständlich ist, dass alle weiteren Hinweise auf Bedeutungen überflüssig sind. Aber meines Erachtens ist wahrscheinlicher, dass es sich um eine Art begriffliche Versteinerung handelt, wie ein Wort, das sozusagen in der Luft stehen geblieben ist und sich dort seit langer Zeit nicht mehr bewegt. Und bei dem man sich darauf verlassen kann, dass es niemals auf einen aktuellen Bedeutungsgehalt hin überprüft wird. Entsprechend würden wohl auch die wenigsten Besucher*innen des Museums das »Streikfeuer« vor Hoesch beispielsweise mit einer brennenden Feuertonne vor der Firma Neupack in Hamburg aus dem monatelangen Streik von 2012/13 assoziieren.

Wie dem auch sei: Den einigen Jahresrückblicken beigefügten Abbildungen ist jedenfalls zu entnehmen, dass es sich konkret schlicht um eine kohlen- oder holzbeheizte Feuertonne handelt, die wohl am Ausstellungsort (vor dem Tor 1 der Westfalenhütte, am Sitz der Hauptverwaltung) während Arbeitskämpfen regelmäßig in Erscheinung getreten ist. Diese Tradition fortsetzend, wird die Tonne bei besonderen Events des Museums regelmäßig angezündet, beispielsweise 2011/12 bei der Veranstaltung ExtraSchicht, bei der es laut Jahresbericht »Hüttenschmankerln am Streikfeuer« zu genießen gab (Hoesch-Museum 2013).

Eine bemerkenswerte Ausnahme ist das Jahr 2014, in dem auf eine Veranstaltung zum 45-jährigen Jubiläum der Septemberstreiks hingewiesen wird (Hoesch-

Museum 2015, auch im Folgenden). Diese sei von ehemaligen Betriebsräten organisiert und von knapp 100 Menschen, »darunter überwiegend frühere Mitarbeiter der Westfalenhütte«, besucht worden. Karl Lauschke, Historiker und ausgewiesener Experte für Arbeit in der Stahlindustrie, berichtete auf dieser Veranstaltung, die im vorliegenden Text auch als erstes, gutes Beispiel gewerkschaftlicher Erinnerungsarbeit gelten kann, über die Ursachen der Septemberstreiks in der Geschichte der Bundesrepublik:

»Tarifvertragslaufzeiten mit geringen Lohnzuwächsen bei boomender Stahlkonjunktur mit zahllosen Überstunden; ferner schwer erträgliche Arbeitsbedingungen durch die Hitze des Sommers 1969, geringere Verdienste in der Westfalenhütte im Vergleich zu anderen Betrieben«.

Während hieran deutlich wird, dass es auch im Fordismus bei vielen Tätigkeiten auf der Hütte um gesundheitlich schwerst belastende ging, wurde der Streik zugleich als »bis dahin einmalig in der Geschichte der Bundesrepublik« bezeichnet. Durch die Betonung seiner Besonderheit (im Erklärungsmuster des Zusammentreffens der Faktoren Hochkonjunktur, Tarifpolitik, Wetter usw.) wird er aus der Kontinuität der Geschichte der 1960er und 1970er herausgelöst, was zugleich eine Bezugnahme auf strukturelle Faktoren wie auf aktuelle, gegenwärtige soziale Konflikte erschwert (ähnlich Kittner 2005).

Risse im Putz

Unsere gewerkschaftliche Erinnerungskultur ist in der Tat genau an der Stelle herausgefordert, an der es um die Frage geht, ob der Streik, der Anfang September 1969 auf der Westfalenhütte begann, tatsächlich »einmalig« und/oder Ausdruck eines besonderen »Hoeschianertums« war. Meine Gegenthese lautet, dass in der Hoesch-Aktion tradierte und lange etablierte betriebliche Hierarchien zwischen Arbeiter*innengruppen reproduziert, aber insofern auch sichtbar gemacht und somit angreifbar wurden. Das demokratische Potenzial einer mit solcher Freilegung verbundenen Erinnerungspolitik bestünde somit nicht in erster Linie in der Erinnerung an das Gemeinsame, sondern im Gegenteil in der Beobachtung, dass die Bedeutung von Egalität in der Aktion quasi performativ ausgehandelt wurde, z. B. auf der Grundlage jener erwähnten Kritik an Lohnhöhe, Verteilung und Lohnhierarchien. Ich zeige das im Folgenden anhand des Auftritts der Streikenden angesichts der Besetzung des Platzes vor der Hauptverwaltung der Hoesch AG in der Dortmunder Eberhardstraße am 2. September 1969.

Was zunächst die Identität als »Hoeschianer« betrifft, so gehört zur längeren Vorgeschichte des Streiks, dass das Unternehmen, damals zweitgrößter Stahlproduzent nach Thyssen, ein Vorzeigebetrieb der Sozialpartnerschaft und der bundesdeutschen Unternehmensmitbestimmung war (Birke 2007, S. 220–224, auch im Folgenden). Wie das in dieser Hinsicht unverdächtige Institut für Marxistische Studien und Forschungen damals feststellte, hatte Hoesch »überall an der Ruhr den Ruf, der soziale Betrieb zu sein« (IMSF 1969, S. 55). Betriebseigener Wohnungsbau, zusätzliche Versicherungsleistungen, sogar ein werkseigenes Krankenhaus, ein Gewerkschafter als Arbeitsdirektor, lange Zeit auch im Vergleich zu anderen Stahlbetrieben in der Region relativ hohe Löhne – das alles trug dazu bei, dass es vor allem für qualifizierte männliche Arbeiter attraktiv war, »Hoeschianer« zu sein, also zu den Beschäftigten des Unternehmens zu gehören. Die Belegschaft war Ende der 1960er Jahre zu fast 100 Prozent in der IG Metall organisiert, die Mitgliedschaft war praktisch Einstellungsvoraussetzung. Und auch der Anteil von SPD-Mitgliedern war höher als in fast jedem anderen bundesdeutschen Industriebetrieb.

Was sich im Streik von 1969 artikulierte, war allerdings nicht diese Idylle als solche, sondern eher die Tatsache, dass sich zunehmend Risse im Putz zeigten. Denn einerseits hatte sich in der Hochkonjunktur überall, auch bei Hoesch, jene »zweite« Ebene der Aushandlung von Löhnen und Arbeitsbedingungen entwickelt, durch die hindurch, nicht selten mit kleinen Arbeitsniederlegungen verbunden, lokal höhere Löhne und bessere Arbeitsbedingungen ausgehandelt wurden. In einigen Facharbeitergruppen lagen in der ersten Hälfte der 1960er Jahre die Löhne weit über dem Tariflohn. Und das betraf eben vor allem die Stahlindustrie und das Ruhrgebiet, wo Gruppen mit einer großen Primärmacht nach einer Untersuchung aus dem Jahr 1964 in Bezug auf die »Zuschläge« im Vergleich am besten abschnitten und wo zugleich Zahl und Anteil von wilden Streiks weit über dem Bundesdurchschnitt lagen (Birke 2007, S. 162).

Aber andererseits war der Lohn auch von Seiten des Unternehmens Hoesch selbst umkämpft. Im Rahmen von Rationalisierungs- und Umstellungsprozessen hatte man bereits in der ersten Hälfte des Jahrzehnts begonnen, stärker individualisierte Löhne einzuführen und die Macht der Arbeitsgruppen in der Definition des Verhältnisses von Lohn und Leistung zu brechen (Surkemper 1981, S. 302, 306; zu Hoesch in den 1960ern vgl. ausführlich Lauschke 1999). Und schließlich begann in der Krise der Jahre 1966/67 in der Stahlindustrie der Deal, dass für schwere Arbeit hohe Löhne gezahlt wurden, stark zu erodieren. Die Unternehmen nutzten die Krise, um die Arbeitsbedingungen auf das tariflich definierte Maß zu stutzen. Diese Strategie hatte eine zeitlich etwas verstreute, aber durchaus bemerkenswerte erste Welle von Arbeitskämpfen zur Folge, die als eine der Vorgeschichten des auch insofern keineswegs einmaligen Septembers gelten kann (Birke 2007, S. 171).

Dass im Spätsommer 1969 die Krise zunächst vorbei war, dass die Inflation die tariflichen Lohnerhöhungen fraß und die Profite in die Höhe schnellten, dass 24-Stunden-Schichten bei glühender Sommerhitze gefordert wurden, keine Neueinstellungen nach Ende der Krise vorgenommen wurden, dass es vermehrt zu Arbeitsunfällen kam: Das alles wurde bereits erwähnt. Der Griff in die Streikkiste war dennoch vor allem ein Rückbezug auf eine eingespielte Form, Forderungen der Belegschaft unter der Schwelle des öffentlichen Protests Ausdruck zu verleihen. Dass der Streik diffundierte und kurz vor der Bundestagswahl wochenlang die Hauptschlagzeilen der bundesdeutschen Medienlandschaft beherrschte, war für alle Beteiligten nicht wegen der »Einmaligkeit« des Ereignisses überraschend, sondern wegen der plötzlichen öffentlichen Wahrnehmung einer Routine.

Zu dieser eingeübten Form gehörte, dass es zunächst einen »verschwiegenen« Konsens bei einem Teil der Vertrauensleute der Westfalenhütte gab sowie bei Kollegen, die an Schlüsselpositionen beschäftigt waren (Surkemper 1981, S. 371 ff.). Dazu gehörten beispielsweise Betriebshandwerker und Menschen, die während der Arbeit ein Telefon zur Verfügung hatten. Auf ein vereinbartes Signal hin bildete sich dann eine »Prozession« durch die Werkshallen, während der die Forderung (hier zunächst 20 Pfennig mehr pro Stunde) quasi »im Laufen« formuliert wurde sowie als zögerlich bekannte Abteilungen »mitgenommen« wurden, mit dem Ziel der Hauptverwaltung an Tor 1 des Werks in der Eberhardstraße.

Die logistische Meisterleistung, eine Massendemonstration durch das Werk zu veranstalten, deren Ursprung nicht personalisiert werden konnte, profitierte bei Hoesch von vorhandenen Erfahrungen. Sie war in der Hütte, aber auch in vielen anderen bundesdeutschen Unternehmen mit ähnlichen Bedingungen, hunderte Male »getestet« worden. An der Hauptverwaltung begannen dann allerdings die Dinge in Bewegung zu kommen. Unter anderem erhöhten die Arbeiter*innen ihre Forderung von 20 auf 30 Pfennig pro Stunde. Damit komme ich zum zweiten Aspekt der Aktion: zu ihrer »unberechenbaren«, spontanen – und es sei auch konzediert »einmaligen« – Seite.

Auftritt an der Eberhardstraße

Es lässt sich nicht ganz einfach herausfinden, was am Morgen des 2. September 1969 tatsächlich vor der Hauptverwaltung der Hoesch AG geschah. Sehen wir uns zunächst die Version eines der wichtigsten Chronisten des Streiks an:

»Neun Uhr morgens. 3.000 Arbeiter der Hoesch-Westfalenhütte verlassen gemeinsam ihre Arbeitsplätze und ziehen vor das Verwaltungsgebäude. [...] Die demonstrierenden Arbeiter besetzen Treppen und Flure des Hauptgebäudes. Der Aufsichtsratsvorsitzende, Dr. Willy Ochel, und der Vorstandsvorsitzende, Dr. Friedrich Harders, können das Gebäude nicht mehr durch den Vorderausgang verlassen. Betriebsrat, Arbeitsdirektor und Vorstand verhandeln. Draußen wechseln die Sprechchöre: ›Ausbeuter‹ und ›Alle Räder stehen still, wenn der Arbeiter es will.‹ Mittags sprechen Hoesch-Arbeitsdirektor Walter Hölkeskamp und der Betriebsratsvorsitzende Albert Pfeiffer von einer Empore des Hauptgebäudes zu den Streikenden. [...] Die Direktion bietet nun 20 Pfennig an; vergeblich, die Arbeiter bleiben hart. Der Betriebsrat zieht sich zur Beratung zurück. Nach langen Diskussionen stellt er sich schließlich hinter die 30-Pfennig-Forderung der Arbeiter und will diesen Beschluß dem Vorstand mitteilen. Dieser hat das Gebäude freilich inzwischen durch einen Hinterausgang verlassen. Eine Entscheidung ist an diesem Nachmittag nicht mehr zu erreichen. Die Arbeiter, verstärkt durch die Mittagsschicht, weichen nicht. Ein Lautsprecherwagen wird zum Diskussionszentrum. Als ein Student antigewerkschaftliche Parolen verbreitet, wird ihm das Mikrophon entzogen. Die Arbeiter sind der Meinung: wir sind die Gewerkschaft. Die Westfalenhütte ist zu fast 100 Prozent in der IG Metall organisiert. [...] In den Abendstunden dehnt sich der Streik auch auf andere Betriebsteile der Hoesch-AG aus« (Schmidt 1971, S. 225).

Einige Auslassungen dieser Chronik sind bemerkenswert: Erstens, wir erfahren nichts über das konkrete Organisieren vor dem Streik, was für die spätere Interpretation, dass er wie aus dem Blauen entstanden sei, vielleicht nicht unbedeutend ist. Zweitens scheint dem Autor wichtig zu sein, zu betonen, dass diszipliniert gestreikt wurde, vor allem in der Passage, in der der Student zurückgewiesen und der Organisationsgrad betont wird.

Eine spätere, bereits auf der Grundlage von Zeitzeugeninterviews rekonstruierte Erzählung weicht stark von jener Schmidts (und des IMSF) ab. Surkemper (1981) berichtet, dass zunächst der Arbeitsdirektor »nach wenigen Stunden« die Annahme der ursprünglich von den Arbeitern formulierten Forderung nach 20 Pfennig mehr Lohn verkündet habe. Dies habe sich aber als Finte erwiesen, da die Firmenleitung lediglich bereit gewesen sei, einem Vorschuss auf mögliche Tariferhöhungen zuzustimmen. Erst daraufhin wurde die Forderung auf 30 Pfennig erhöht. Ein Werksstudent schlug vor, das Verwaltungsgebäude zu besetzen:

»Kurze Zeit später dringen die Streikenden in das Verwaltungsgebäude ein. Einige Mitglieder des geschäftsführenden Ausschusses des Betriebsrats stellen sich ihnen vergeblich in den Weg. Über Megaphon werden anfeuernde Worte gesprochen. Immer wieder bilden sich Sprechchöre, in denen die Arbeiter ihre Forderungen unterstreichen. Dabei nehmen sie ihre Schutzhelme und schlagen damit im Takt der Sprechchöre auf den Boden und an das Treppengeländer« (Surkemper 1981, S. 51).

Um die Situation unter Kontrolle zu bekommen und die Streikenden zur »Ruhe und Disziplin« aufzufordern, habe dann der Betriebsrat beim Werkschutz einen Lautsprecherwagen bestellt. Als der Wagen kam, wurde er von den Streikenden zweckentfremdet. Die Streikenden installierten ein »offenes Mikrophon«, das fortan, während des Wartens auf die Antwort der Geschäftsleitung, dem Austausch über alle möglichen Angelegenheiten des betrieblichen Alltags diente.

Zwei Erzählungen über die wenigen Stunden, in denen der Septemberstreik begann, die bei näherem Hinsehen unterschiedlicher nicht sein könnten: Die Geschäftsleitung, die bei Schmidt im Grunde die Beschäftigten austrickst, ist bei Surkemper wie auf der Flucht (die Demonstrationen, die danach in der Stadt von den Arbeitern organisiert werden, versuchen diesen Schritt quasi durch die Erweiterung des Terrains einzuholen, ebenso wie ein in der zeitgenössischen Presse notorisch als kriminell verhandelter »Besuch« von Streikenden vor der Villa des Direktors Harder). In Schmidts Erzählung wird der Student ausgebuht, bei Surkemper bringt er erst richtig Schwung in die Sache. Die dann stattgefundene Besetzung der Hauptverwaltung, in der zweiten Geschichte von nicht ganz unwichtiger Bedeutung, findet in der ersten Geschichte überhaupt nicht statt. Beide Geschichten sind sicherlich dadurch geprägt, dass sie auf unterschiedlicher Quellenbasis geschrieben wurden. Dies mag die Perspektive etwas beeinträchtigt haben, aber beide Erzählungen prägt auch klar eine je unterschiedliche Haltung zu den Ereignissen: Die erste Geschichte ist die einer disziplinierten, einheitlichen Aktion der Arbeiterklasse, die zweite schildert eine offene und durchaus als chaotisch zu bezeichnende Situation.

Wie war es nun wirklich? 2016 lässt ein für das ZDF produzierter Dokumentarfilm einige der Beteiligten (noch einmal) zu Wort kommen (Bönnen 2016). Peter Keuthen, damals Betriebsschlosser in der Westfalenhütte und auch einer der wichtigsten Zeitzeugen der oben erwähnten Museumsveranstaltung, erzählt dort:

Keuthen: »Und dann sprach sich das nach und nach rum. Und die Kranführer gingen vom Kran, sodass der Betrieb nicht weitergehen konnte. [...] Und schließlich versammelten sich so 5.000 Leute, die gesamte Frühschicht, da vorne«. Sprecher: »Die Geschäftsleitung bot 15–20 Pfennig an, die aber auf die nächste Tarifrunde angerechnet werden sollten«. Keuthen: »Och, pff. Wir schreiben da jetzt mal 30 Pfennig drauf. So spontan, sag ich mal, da war nicht irgendwie 'ne große Strategie hinter. Wir machen jetzt einfach mal 30 Pfennig«. [...] Keuthen: »Und dann fuhr plötzlich die Werksfeuerwehr mit 'nem Lautsprecherwagen vor. Und die Jungs natürlich, so, super, Luft aus 'm Reifen, konnte die nicht weiterfahren, hatten wir plötzlich 'n Megaphon. Und am Anfang ging das ganz basisdemokratisch zu: Konnte jeder was sagen«.

Werner Nass, damals Schmelzschweißer, ergänzt:

Sprecher: »Der Betriebsratsvorsitzende spricht. Die Arbeiter wollen wissen, was jetzt passiert. Und zufällig ist auch ein revolteerfahrener Student im Betrieb«. Nass: »Da war auch ein junger Mann dabei. Student, Werksstudent, vielleicht auch gerade von der Uni gekommen, der in der Lage war, das Mikro an sich zu nehmen und fast ein Einpeitscher zu sein«.

Wieder Keuthen:

»Das war ein 68er aus Berlin. Und der hat dann das Mikrophon übernommen. Weil, ich sag mal, ist ja auch gar nicht einfach, die Truppe über ein, zwei Tage bei der Stange zu halten. Der konnte das«. Sprecher: »Die Truppe richtet sich vor der Hauptverwaltung ein, bis die Forderungen erfüllt sind. Ganz nebenbei wird den Lehrlingen klargemacht, dass Lehrjahre auch im Streik keine Herrenjahre sind«. Keuthen: »Es war Sommer, es war warm, die Stahlarbeiter haben meist immer Durst. Und da war so eine Selterswasserbude gleich um die Ecke. Der Junge hat das Geschäft seines Lebens gemacht, aber nicht mit Selterswasser«.

Und Lothar Stankus, damals Auszubildender, ergänzt:

»Plötzlich ging die Tür zur Lehrwerkstatt auf und da kamen Kerle wie Bären rein. Und dann: Komm mit! Komm mit! Komm mit! Wir wußten eigentlich nicht so, worum es geht. [Und dann, vor dem Haupttor]: Da haben die [Älteren] uns am Kragen gepackt und gesagt: Du räumst das jetzt hier auf. Und wenn ich hinterher noch 'ne Flasche finde, dann setzt's was. Das Pfandgeld kannste behalten. So war das«.

Wie es »wirklich war«, erfährt man selbstverständlich auch durch die neusten Zeitzeugenberichte nicht. Jedoch bestätigen diese Zeitzeugen die Einschätzung, dass die generationelle Zusammensetzung der Streikenden ebenso wie ihr männlich konnotierter Habitus eine wichtige strukturierende Rolle für die spontan entstehenden Dynamiken im Streik gespielt haben. Dabei äußert insbesondere Keuthen die Einschätzung, dass Studierende als willkommene Stimmungsmacher im Streik angenommen wurden – allerdings nicht im Rahmen jener (fast) Woodstock-Atmosphäre, die bei Surkemper gezeichnet wird und die ich in meiner eigenen Aufarbeitung der Quellen 2007 übernommen habe. Vielmehr ist jener »Student« vor allem willkommen, weil er die »Truppe zusammenhalten kann«, also die Versammlung strukturieren. Die »Basisdemokratie« der Situation am Lautsprecherwagen scheint tatsächlich im Grunde »unorganisiert« gewesen zu sein. Sie schaffte eine Lücke, in die der Betriebsrat (erfolglos) und andere Akteure (teils wohl erfolgreich) »hineinspringen« konnten, insofern sie der Wut der Anwesenden über die als schlecht wahrgenommenen Entlohnungsbedingungen in plastischer Weise Ausdruck verliehen.

Es war also keinesfalls das »große Bündnis« zwischen Arbeitenden und linken Studierenden, aber auch nicht einfach der Ausdruck eines enormen sozialen und politischen Abstands – eher eine offene Situation, in der sich Kooperationsmöglichkeiten abzeichneten, die sich später ergaben, als die bis dahin strikt auf den Betriebsgeländen verbleibende Geschichte der wilden Streiks in unterschiedliche städtische Teil-Öffentlichkeiten gelangte.

Darüber hinaus bedeutete dieser Moment der Offenheit in der Kommunikation vor Tor 1 keineswegs, dass plötzlich ein egalitäres Selbstverständnis in der Belegschaft aufkam. Eine Ursache mag sein, dass die betriebliche Produktionsmacht bestimmter Gruppen, deren hierarchische Struktur Ausgangspunkt des Streiks war, vor dem Tor trotz der egalitären Sprechsituation des »offenen Mikrophons« nicht einfach aufgehoben war – so ist das Vermögen zu sprechen nicht einfach durch das Vorhandensein der Möglichkeit gegeben, sondern vielmehr vorgeprägt (Birke 2010). Besonders deutlich wird das an der zweiten Dimension des generationellen Konflikts, der sich vor Tor 1 Ausdruck verschaffte: Die Arbeiter, die darauf achten, dass alles sauber bleibt und die Lehrlinge unter Drohungen anhalten, die leeren Flaschen wegzuräumen. Die Lehrlingsbewegung hat diese Konstellation später angegriffen, mit eigenen Forderungen und nicht zuletzt der Forderung, nicht für jene berüchtigten Hausmeister- und Kehrdienste eingesetzt zu werden.

Oder, mit anderen Worten: Die Egalität, die sich in der Lohnforderung ausdrückte, war bei näherem Hinsehen selbst umkämpft. Die Forderung mag tatsächlich tief in traditionellen Gerechtigkeitsvorstellungen verankert gewesen sein, aber wie genau diese zu interpretieren sind, war eine Frage, die performativ geklärt wurde. Damit ist auch die häufig diskutierte Frage berührt, ob die wilden Streiks von 1969 (und davor und danach) nun »spontan« gewesen seien oder nicht. Tatsächlich waren sie hochgradig »organisiert« und »spontan« zugleich, und es scheint sinnvoller, die Frage nach dem Verhältnis beider Elemente in Arbeitskämpfen zu diskutieren, als immerwährend der Chimäre einer einheitlichen, stabilen Interpretation nachzujagen.

Versteht man aber den Streik nicht als Ausdruck einer vorgängigen »Hoesch«-Identität oder des von Intellektuellen angedichteten »Charakters« »der Klasse«, dann wird deutlich, welche Rolle Vorstellungen von Gerechtigkeit, Anerkennung oder Teilhabe in diesem Streik spielten: Sie wurden zugleich »angewendet« und »verhandelt«. Und erst in dieser Verhandlung kommt auch die Frage nach der sozialen und politischen Zusammensetzung der Belegschaft ins Spiel. Rainer Lichte, ein Industriesoziologe mit eigener praktischer Erfahrung als Stahlarbeiter, betonte die weitere Bedeutung dieses Themas, das sich schon wenige Jahre später überraschend leicht als Gegenwartsthema identifizieren ließ:

Peter Birke

»Schnell wuchs die Gruppe der Türken, bei Hoesch war sie bereits ab 1971 die größte nationale Gruppierung. Aber alle Ausländer zusammen machten hier höchstens 10% der Belegschaft aus. Erinnern sich deshalb so wenige Zeitzeugen daran, ob es je Schwierigkeiten mit diesen Beschäftigten gab? [...] Aber warum waren die Arbeitsmigranten betriebspolitisch anfangs eher eine unbedeutende Randgruppe? Dazu muss man sich die Arbeitswelt in der Stahlindustrie von vor 50 Jahren einmal vor Augen führen: Die Konjunktur brummte, Arbeitskräfte waren knapp, es wurde noch schwer körperlich unter großen Belastungen aus der Arbeitsumwelt malocht. Zwei Drittel der Arbeiter waren An- und Ungelernte, die i. d. R. erst nach langen Jahren Arbeitsplätze mit besseren Bedingungen ergatterten. Vor allem diesen Arbeitern kamen die ›Gastarbeiter‹ gerade recht. Sie wurden auf die schlechten Arbeitsplätze gesetzt. Es waren junge, kräftige, motivierte Arbeiter. Die machten anfangs den Deutschen die bessere Arbeit nicht streitig. Und sie hatten nur Zeitverträge: wenn es zur Krise kommen sollte, waren sie die Entlassungskandidaten. Über 90% arbeiteten als Un- oder Angelernte vor allem an den Hochöfen, in den Stahl- und Walzwerken, gleichgültig, ob sie in der Türkei einen qualifizierten Beruf erlernt hatten oder nicht« (Lichte 2015).

Auch in den Folgejahren war Einheit immer herzustellen als Einheit unterschiedlicher Beschäftigtengruppen. Noch während der Streikwelle artikulierte sich diese Vielfalt in der Einheit in vorwiegend migrantisch und durch Industriearbeiter*innen geprägten Streiks (wenngleich nicht bei Hoesch). Der Kampf um das »Festgeld« verwandelte sich nach und nach in einen Kampf gegen »Leichtlohngruppen« und gegen die Arbeits- und Entlohnungsbedingungen von Menschen ohne deutschen Pass. Sieht man die wilden Streiks als »einmaligen« Ausdruck einer bestimmten, festgelegten Identität, dann wird diese Verbindung in der Erinnerung ebenso durchtrennt wie der Faden, der die Aktion bei Hoesch im September 1969 mit der Lehrlingsbewegung verbindet.

Erinnerungsakteurin Metallgewerkschaft

Auch in der Art und Weise, wie die Geschichtsschreibung zu Jubiläen der IG Metall die Hoesch-Aktion verhandelt, zeigt sich dieselbe Problematik. Dort wird »Einheit« ebenfalls als gegeben und nicht als herzustellen verstanden. Konflikte in und zwischen Belegschaften und Gewerkschaften sowie Kämpfe über die Deutungshoheit in Bezug auf in Streiks verhandelte Gerechtigkeitsvorstellungen werden ausgespart. Oft werden Arbeitskämpfe lediglich als Bebilderung einer ganz anderen Geschichte gebraucht.

So schildert etwa van der Meulen (1992, S. 81, 83) in einem anspruchsvollen Jubiläumswerk die Durchsetzung eines größeren Einflusses gewerkschaftlicher Apparate auf die staatliche Politik um 1968 – bebildert ausgerechnet mit einem

Foto von einer Demonstration der Hoesch-Arbeiter, zu der selbst keine weiteren Informationen enthalten sind. Anderswo wird auf die Geschichte gleich ganz verzichtet, und die Spuren der Septemberstreiks sind lediglich in der sehr starken Lohnerhöhung markiert, die zwischen Tarifrunden 1968/69 (erwähnt), Septemberstreiks (unerwähnt) und Tarifrunden 1970/71 (erwähnt) registriert wird (z. B. IG Metall 2009, S. 22).

Einige Jubiläumsbände schildern die Septemberstreiks immerhin als Einschnitt, so – textgleich – in mehreren Erinnerungsbüchern der IG Metall:

»Nach Abschluß des Frankfurter Abkommens Anfang August 1969 kam es in der Eisen- und Stahlindustrie Nordrhein-Westfalens und auch in anderen Tarifgebieten zu Arbeitsniederlegungen und zu erheblichen Unruhen« (Schmitz 1991, S. 433).

Vor diesem kurzen Sprachstück wird geschildert, wie sich die Metallgewerkschaft an den Verhandlungen zur Konzertierten Aktion beteiligte und somit »ihren Beitrag zur wirtschaftlichen Gesundung [nach der Krise von 1966]« geleistet habe. Danach wird geschildert, wie man vor der Unruhe gewarnt habe und dass diese selbst ein Hinweis auf eine allgemeine gesellschaftliche Aufbruchsituation gewesen sei, die sich auch in den neuen Jugendbewegungen und den Protesten gegen Notstandsgesetze und an den Universitäten gezeigt habe.

Die Erzählung ist auch in ihrer Chronologie bemerkenswert, denn einerseits verhüllt sie weitgehend die Motive und Absichten sowie insbesondere die Kontroll- und Hierarchiekonflikte hinter den Septemberstreiks, ja, sie geht nicht einmal auf die zentrale Forderung der »linearen« Lohnerhöhungen ein.

Andererseits dreht sie die gewöhnliche Lesart der Aufbrüche von 1968 quasi um, indem sie den September 1969 als Eingangstor nutzt, um textlich sodann zum Mai 1968 voranzuschreiten. Aber auch in dieser Variante bleibt den Streiks die Rolle, die die eingangs erwähnte Streiktonne vor dem Hoesch-Museum hatte: Die Arbeitskämpfe haben keine eigene Geschichte, sondern gehen im allgemeinen Narrativ gesellschaftlicher Fortentwicklung unter. Beide Varianten können auf den geschichtspolitischen Streit in den Gewerkschaften bezogen werden, der seit dem Ereignis von 1968 selbst und vor allem in den 1970er und 1980er Jahren ausgetragen wurde und dieses Ereignis gewissermaßen unter sich begraben hat.

So brachten Historiker der Metallgewerkschaft die Kritik an der Kritik der Gewerkschaftsführung als KP-nahe Position auf den Punkt und warnten vor einer parteipolitischen Instrumentalisierung der Gewerkschaftsgeschichte.

Die Gegenseite, die in der Tat aus einem breiten Spektrum linker (auch gewerkschaftsnaher) Autor*innen bestand, die auch eine Kritik der historischen Gewerkschaftspolitik wagten, maß zugleich aber nicht selten einer »führungslosen« Arbeiter*innenbewegung, wie oben am Beispiel der Texte von Schmidt und dem IMSF gezeigt, wenig eigenes Gewicht bei. Eine Perspektive, die sich nicht allein in den zitierten zeitgenössischen, sondern auch in neueren Texten aus der linken Feder spiegelt: »Das gesellschaftliche Klima«, kann man im Frankfurter Jubiläumstext zu 125 Jahren IG Metall lesen, »änderte sich in diesen Jahren. Im September 1969 korrigierten die Stahlarbeiter mit spontanen Streiks ein überholtes Tarifergebnis. Der Bezirksleiter Hans Pleitgen delegierte damals einen neuen Bezirkssekretär ins Saarland, um die Dinge wieder ins Lot zu bringen« (IG Metall 2016, S. 28). Mehr ist auch in dieser Variante nicht passiert.

Michael Schneider (2018, S. 24 f., 28) hat die – vor allem nach 1980 erfolgten – Innovationen der gewerkschaftlichen Erinnerungskultur in seinem Beitrag in der Debatte der Kommission »Erinnerungskulturen der sozialen Demokratie« ausführlich geschildert. Migrationsgeschichte, Oral History, Geschichtswerkstätten – vielfältige Innovationen haben sich in den vergangenen Jahrzehnten auch in der gewerkschaftlichen Geschichtsschreibung und somit in der Geschichtsschreibung der Gewerkschaften gespiegelt. Dem ist hier kaum etwas Neues hinzuzufügen.

Die Jubiläumspublikationen und medialen Veröffentlichungen der IG Metall haben diese Innovationen zumindest insofern aufgenommen, als sie auch eine Individualisierung und Personalisierung von Geschichtsschreibung enthalten, davon ausgehend, dass die große Geschichte von vielen einzelnen Beschäftigten gemacht wird. Dies hat allerdings nichts daran geändert, dass Arbeitskämpfe, die die IG Metall nicht formal unterstützt hat, auch in der aktuellen gewerkschaftlichen Erinnerungsarbeit nur eine Nebenrolle spielen.

Ausblick

Eine wichtige Aufgabe einer demokratisierten Erinnerungskultur zu wilden Streiks ist, den Bruch zwischen generationellen Erfahrungen zu überbrücken oder überhaupt über die Amnesien hinauszukommen, die sich in der Literatur finden. Dies ist aber ein Vorhaben, das sich im Fall der Septemberstreiks als ausgesprochen schwierig erweist. Schon Mitte der 1970er Jahre begannen die nächsten Stahlkrisen, und jedes Jahr danach verschwanden tausende Arbeitsplätze und nach und nach ein Standort nach dem anderen.

In der Folge ist der Wiedererkennungswert des Bildes von Union oder Westfalenhütte aktuell sehr gering, und das gilt ebenso für die physischen Orte des Geschehens. Auch insofern ist Hoesch, wohl noch stärker als andere Industriebetriebe, heute eher ein Exempel für das Verschwinden der Arbeiter*innenklasse.

Dabei verschwand zunächst das Unternehmen selbst; 1992 wurde es »feindlich« von der Fried. Krupp GmbH übernommen, 2018 besiegelte dann die Fusion der Fried. Krupp AG Hoesch-Krupp und der Thyssen AG zur »ThyssenKrupp AG« das Schicksal des Stahlstandortes Dortmund.

Auf dem Gelände der früheren Westfalenhütte sind von ehemals rund 17.000 heute lediglich noch 1.350 hoch spezialisierte Stahlarbeiter*innen beschäftigt. In Dortmund an der Eberhardstraße ist ThyssenKrupp nunmehr vor allem Automobilzulieferer. Und auf der anderen Seite der City, am Rande der Nordstadt, schloss 2015 die letzte verbliebene Anlage, ein ebenfalls hoch spezialisiertes Werk für die Herstellung von Spundwänden für den Hafen- und Wasserbau. 350 Beschäftigte, darunter allerdings fast ein Drittel Leiharbeiter*innen, wurden, wie es ein Arbeiter gegenüber der Tageszeitung *Die Welt* ausdrückte, »kurz vor Weihnachten vom Hof gejagt«. Die Zeitung begann ihren Bericht, genreüblich, melancholisch:

»Es sind die Stille und die Kälte, die Stefan Läster irritieren. Bis zum Vortag hat er in der Halle 700 Grad Celsius heißen Stahl gewalzt. Der Lärm schmerzte in den Ohren. Jetzt stehen die mannshohen Walzrollen regungslos da. In einer Ecke glühen Stahlquader aus. Läster ist allein. Er will sich verabschieden. Vor den Walzen hat er zwei Jahrzehnte seines Berufslebens verbracht. ›Gestern Abend haben wir den Ofen ausgemacht‹, sagt er. ›Das war es dann jetzt‹« (Nagel 2015).

Das »113 Jahre alte Walzwerk« sei, wie die Zeitung etwas martialisch schreibt, als »Verlierer aus dem globalen Stahl-Krieg« hervorgegangen. »Gewinner« und »Verlierer« finden sich also in derselben Stadt – wobei die personell vergleichsweise kleine Zahl der »Gewinner« durch starke Spezialisierung und einen anerkannt hohen Produktionsdruck sowie durch die Etablierung eines Rands von prekärer Beschäftigung rund um die zentralen Arbeitsplätze überlebt. Aber auch auf der Sonnenseite der Stahlindustrie ist die Durchsetzungsfähigkeit der Beschäftigten nicht sehr hoch. Anders als in den 1960er Jahren wird ihr Arbeitsplatz kaum noch als bedeutend für die Entwicklung des Ruhrgebiets oder der Industrie als Ganze wahrgenommen. Tatsächlich entstehen am ehemaligen Hauptsitz der Hoesch AG überwiegend Jobs im notorisch durch Niedriglöhne und miserable Arbeitsbedingungen öffentlich diskutierten Logistikgewerbe.

Der Komplex der früheren Union-AG nahe der Nordstadt, 1966 unter dem Firmennamen Dortmund-Hörder-Hütten AG in die Hoesch AG integriert, ist hingegen nach Schließung des letzten verbliebenen montanindustriellen Werks auf dem Gelände – in der Bezeichnung der Stadtplaner*innen – eine »Keimzelle kreativer Stadtentwicklung« geworden (Völkel 2015). Dort sollen nunmehr auch Wohnungen gebaut werden. Begleitet wird der Umbau insbesondere des Walzwerks von einem städtisch moderierten Rahmenprogramm: So sollen die Industriegebäude für die »Atmosphäre« des neuen »Union-Viertels« sorgen, wie etwa die stark sanierungsbedürftige »Feldherrnhalle« (ehemals Fa. Himmelreich) an der Emscher, das sogenannte Emscherschlösschen, sowie die alte Walzendreherei (ebd.). Für den Wohnungsbau steht unter anderem die Essener Thelen-Gruppe, die vor allem auf die Konzeption von »Trendvierteln« spezialisiert ist und aus ihrer hohen Renditeerwartung vor Ort keinen Hehl macht.

Die beiden nahe der City gelegenen großen Werkskomplexe sind also entweder als Industriegebiet neu definiert worden (Westfalenhütte) oder im Prozess einer kompletten funktionalen Umwandlung begriffen (Union). – Etwa fünf Kilometer von der Innenstadt entfernt im Stadtteil Hörde wurde zudem der Phönix-See am ehemaligen gleichnamigen Standort der Hoesch AG als geradezu klassisches Projekt einer »new build gentrification« durchgeplant, mit den typischen Auswirkungen: Mietpreissteigerungen in den umliegenden Wohnvierteln, kleinräumige soziale Polarisierung des Quartiers.

Was macht das mit den kollektiven Erinnerungen, besonders an die sozialen Kämpfe, die an den genannten Orten stattgefunden haben? Die Tendenz des Verschwindens ist kaum zu leugnen. Mit dem Erlöschen der »letzten Feuer« verschwinden förmlich auch die Leistungen und Biografien derjenigen, die diese Feuer einst entzündet haben, wie es oben durch den Bericht in der *Welt* illustriert wird. Die postindustrielle Stadt entsteht auf den ersten Blick als »etwas ganz anderes«, und auch die romantisierende Erinnerung an »die Kumpel« angesichts der letzten Zechenschließungen – wie unlängst seitens des Fußballvereins Borussia Dortmund, der historisch selbst stark mit der Westfalenhütte verknüpft war – ändert daran wenig.

Beim zweiten Hinsehen ist aber auch der Einbau der Industriegeschichte zu beobachten, zumindest im Fall der Union, also dort, wo ein neues stadtpolitisches Projekt entstanden ist, welches an die Konventionen der Neubau-Gentrifizierung anschließt. Hier wird Industriearbeit vor allem als atmosphärische Note des Stadtumbaus begriffen. Diese Art des Verschwindens – die man als Rekuperation bezeichnen könnte – findet sich ähnlich in etlichen anderen Städten, beispielsweise in Hafenstädten wie Marseille (Panier-Quartier mit dem neuen Museumsviertel) oder Hamburg (Hafen-City). Sie ist mit einer sozialen und sozialpolitischen Verwandlung begriffen: Es entstehen als »neu« definierte Stadtteile, vorrangig für Menschen, die sich die entstehenden hohen Mieten leisten können.

Wie lässt sich die aktuelle Situation der Industriebeschäftigten auf diese »Rekuperation« beziehen? Sie stehen förmlich mit dem Rücken zur Wand. Die Polarisierung zwischen den wenigen noch existierenden Jobs mit existenzsichernden Löhnen, unbefristeter Beschäftigung usw. und den prekarisierten Arbeitsverhältnissen ist unübersehbar. Es ist ein merkwürdiges Paradox: Die Stadt selbst scheint in ihrem Erneuerungsprozess die Erinnerung an eine vergangene Zukunft, die unter anderem in den wilden Streiks von 1969 konflikthaft repräsentiert war, zu schlucken. Und dies genau in jenem Augenblick, in dem die soziale Polarisierung von Einkommen enorm gewachsen ist.

Was haben die Probleme von Arbeitenden in einem Logistikzentrum mit denen der Hoesch-Beschäftigten von vor 50 Jahren zu tun? Und die Sorgen von Mieter*innen in der Nordstadt, die wachsendem Druck auf dem Immobilienmarkt ausgesetzt sind? Auf den ersten Blick: Nichts! Doch zeigt eine (wie hier) knappe Analyse des Streikverlaufs, dass zumindest Analogien möglich sind. So waren migrantische Arbeiter*innen bei Hoesch Arbeits- und Lebensbedingungen ausgesetzt, die in ähnlicher Weise als prekär bezeichnet werden können, wie sie es heute für einen großen Teil vor allem der neu eingestellten, jüngeren und in Niedriglohnsektoren beschäftigten Menschen sind. Und in ähnlicher Weise, wie heute manch betrieblicher Interessenvertreter die Existenz solcher Verhältnisse »übersieht«, besonders im Fall von Leiharbeit, hat die Streikforschung die Ausländer*innen (und die Lehrlinge) im Hoesch-Streik »übersehen« bzw. erst zu einem späteren Zeitpunkt als wichtigen Faktor ausmacht.

Auch aus diesem Grund ist die Forderung Bergers und Seifferts, soziale »Relationalität« an historischen Erinnerungsorten zu begreifen, nicht nur allgemein in der kritischen Rekonstruktion von Zeit-Räumen wichtig, sondern besonders auch dann, wenn der Frage nach den Demokratisierungspotenzialen wilder Streiks nachgegangen wird. Festzustellen ist, dass wilde Streiks solche Potenziale nicht »an sich« tragen: Quasi als Unterkategorie kollektiver Aktionen und sozialer Bewegungen teilen auch die Streiks als Aktionsform zunächst ein Moment des politisch Unbestimmten. Oder anders gesagt: Es können sich in ihnen sowohl emanzipatorische als auch anti-emanzipatorische Inhalte und Forderungen entwickeln – und, was es noch schwieriger macht, mitunter in derselben Aktion, zur gleichen Zeit, und in einem mehr oder weniger ausgesprochenen Konflikt.

Klarerweise stellten Arbeitskämpfe gleichwohl betriebliche und gesellschaftliche Macht- und Herrschaftsverhältnisse in Frage. Sie sind auch insofern »für sich« nur relational zu begreifen, als ein sich wandelnder Konflikt zwischen Kapital und Arbeit. Gleichzeitig jedoch markieren sie betriebliche Hierarchien auch im viel umfassenderen Sinne – zwischen den Geschlechtern, zwischen Alt und Jung, Arbeitenden unterschiedlicher Staatsangehörigkeit und in unterschiedlichen Beschäftigungsverhältnissen (vgl. Kellershohn in diesem Band).

Kaum zu übersehen ist schließlich die erneuernde, voranschreitende Dimension solcher Aktionen: Wilde Streiks konnten Probleme anmelden, deutlich bevor die Gewerkschaftsbewegung als solche diese als eigenständig und bedeutend anerkannte: Der Bruch mit der zentralisierten Tarifpolitik, die Bandpausen in der Autoindustrie, die Leichtlohngruppen für Frauen – all das sind Beispiele. In diesem Sinne waren wilde Streiks sicherlich eine Herausforderung für Unternehmer und Management, aber ebenso forderten sie etablierte gewerkschaftliche Politik häufig heraus.

Vielleicht müsste die Geschichte dieser besonderen Form sozialer Kämpfe auf einer neuen Grundlage begriffen werden. Ein Modell könnte der Film »Reprise« von Hervé Le Roux sein, der auf der Grundlage einer von Absolvent*innen der Pariser Filmhochschule eingefangenen Szene aus einem Streik im französischen Mai 1968 das soziale Tableau rekonstruiert hat, das sich dort bot: Die verschiedenen sozialen Rollen, die gespielt wurden, die Streikenden und das Streikende, die Gewerkschafter*innen, Studierenden usw. (»Reprise« 1996). Auch in dieser hervorragenden filmischen Arbeit geht es um die »Wiederaufnahme« eines Erzählfadens, und nicht zuletzt um die Biografien der damals Aktiven »nach dem Streik« und bis heute, um ihre »Klassenreise«, die die Aktion selbst aus ihrer Einmaligkeit heraushebt und in einen im Grunde weiteren historischen Kontext stellt als lediglich in jenen, der sich aus der bekannten äußeren Geschichte der Arbeitsbeziehungen ergibt: Eine »Geschichte der Gegenwart« zu schreiben, auf der Grundlage einer Suche nach den verschwundenen Biografien, und zwar nicht allein derjenigen, die sich während der Aktionen weit hörbar artikulierten, sondern auch derer, die bereits während der Kämpfe selbst eher schwiegen oder auch später verstummten.

Literatur und Quellen

Berger, Stefan/Seiffert, Joana (2014): Erinnerungsorte – ein Erfolgskonzept auf dem Prüfstand. In: Berger, Stefan/Seiffert, Joana (Hrsg.): Erinnerungsorte: Chancen, Grenzen und Perspektiven eines Erfolgskonzepts in den Kulturwissenschaften. Essen: Klartext, S. 11–36.

Birke, Peter (2007): Wilde Streiks im Wirtschaftswunder. Arbeitskämpfe, Gewerkschaften und soziale Bewegungen in der Bundesrepublik und Dänemark. Frankfurt am Main: Campus.

Birke, Peter (2010): Schweigen, Sprechen und Streiken. Die Medialisierung von Arbeitskämpfen in Westdeutschland und Dänemark von den 1950er bis in die 1970er Jahre. In: Daniel, Ute/Schildt, Axel (Hrsg.): Massenmedien im Europa des 20. Jahrhunderts. Köln: Böhlau, S. 277–312.

Bönnen, Ute (Regie) (2016): Drehbuch zu »Wilde Streiks – Der heiße Herbst 1969«, ZDF, 56 Min.

Dortmund (2021): Hoesch-Museum. www.dortmund.de/de/freizeit_und_kultur/museen/hoesch_museum/start_hoesch/index.html (Abruf am 28.5.2021).

Hoesch-Museum (2013): Jahresbericht/Jahrbuch 2011/12. Dortmund.

Hoesch-Museum (2015): Jahresbericht/Jahrbuch 2014. Dortmund.

IG Metall (Hrsg.) (2009): Gewerkschaft zwischen Tradition und Moderne. Köln.

IG Metall, Bezirk Mitte (Hrsg.) (2016): 125 Jahre Metallgewerkschaft. Vorwärts und nicht vergessen. Frankfurt am Main: IG Metall.

IMSF (Hrsg.) (1969): Die Septemberstreiks. Frankfurt am Main: Institut für Marxistische Studien und Forschungen.

Kittner, Michael (2005): Arbeitskampf. Geschichte – Recht – Gegenwart. München: C. H. Beck.

Lauschke, Karl (1999): Die Hoesch-Arbeiter und ihr Werk. Sozialgeschichte der Dortmunder Westfallenhütte während der Jahre des Wiederaufbaus 1945–1966. Essen: Klartext.

Lichte, Rainer (2015): Als Onkel Hasan zu Hoesch kam. http://onkel-hasan.de/echo-der-vielfalt/als-onkel-hasan-zu-hoeschkam/ (Abruf am 28.6.2021).

Nagel, Lars-Marten (2015): Hoesch verliert in Dortmund den globalen Stahl-Krieg. In: Die Welt, 23.12.2015. www.welt.de/wirtschaft/article150288115/Hoesch-verliert-inDortmund-den-globalen-Stahl-Krieg.html (Abruf am 28.5.2021).

Reprise (1996): Un voyage au cœur de la classe ouvrière. Le Roux, Hervé (Reg.). Dokumentarfilm, 192 Minuten.

Schmidt, Eberhardt (1971): Ordnungsfaktor oder Gegenmacht. Die politische Rolle der Gewerkschaften. Frankfurt am Main: Suhrkamp.

Schmitz, Kurt Thomas (1991): 100 Jahre Industriegewerkschaft 1891 bis 1991. Vom Deutschen Metallarbeiter-Verband zur Industriegewerkschaft Metall. Ein Bericht in Wort und Bild, hrsg. v. Vorstand der Industriegewerkschaft Metall. Köln: IG Metall.

Schneider, Michael (2018): Erinnerungskulturen der Gewerkschaften nach 1945. Arbeitspapier aus der Kommission Erinnerungskulturen der sozialen Demokratie, Hans-Böckler-Stiftung, www.boeckler.de/de/faust-detail.htm?sync_id=HBS-007159 (Abruf am 28.5.2021).

Surkemper, Klaus-Peter (1981): Inoffizielle Streiks, informelle Systeme und betriebliche Gegenmacht. Diss., Hannover.

Thompson, Edward P. (1971): The Moral Economy of the English Crowd in the Eighteenth Century. In: Past & Present, Band 50, S. 76–136.

van der Meulen, Lionel (1992): Die Gründung und die Entwicklung der Metallgewerkschaften/IG Metall bis 1968/69. In: Schwarz, Hans Peter/Schmitz,

Kurt Thomas (Hrsg.): In der Tradition der Moderne. 100 Jahre Metallgewerkschaften. München/Stuttgart, S. 58–83.

Völkel, Alexander (2017): Rundgang auf HSP-Gelände in Dortmund: 800 Wohnungen, Grüngürtel, Dienstleistungen und Industrie geplant. www.nordstadtblogger.de/rundgang-auf-hsp-gelaende-in-dortmund-800-wohnungen-gruenguertel-dienstleistungen-und-industrie-geplant/ (Abruf am 2.5.2021).

Streik und Erinnerung
Der Bergarbeiterstreik 1889 als vergangenheitspolitische Ressource

Jan Kellershohn

Im November 2014 standen die Räder des Zugverkehrs in der Bundesrepublik wegen eines Streiks der Gewerkschaft Deutscher Lokomotivführer (GDL) still. Gleichzeitig tobte eine öffentliche Auseinandersetzung um die Bedeutung von Streik. Die Diskussion kreiste um die – im folgenden Jahr eingeführte – Tarifeinheit, die vorsieht, dass pro Betrieb nur ein Tarifvertrag gelten kann. In dieser Debatte richtete sich ein Artikel in der *Westdeutschen Allgemeinen Zeitung* sowohl gegen die GDL als auch gegen Bundesarbeitsministerin Andrea Nahles:

»Sie hatten die Nasen voll vom Kohlenstaub, aber noch mehr von den gierigen Grubenbesitzern. Sie streikten, um ihre Familien ernähren zu können, um ihre Überstunden bezahlt zu bekommen und den immer länger werdenden Fußweg in die immer tieferen Stollen – viele Ruhrbergarbeiter ließen dafür vor 125 Jahren ihr Leben. Es war die Mutter aller Streiks in Deutschland. [...] 125 Jahre später will eine SPD-Arbeitsministerin Gewerkschaften an die Kette legen, die ihr zu eigensinnig sind« (Schulte 2014).

Dieses Beispiel belegt einerseits, dass Streik eine erinnerungskulturelle Dimension innewohnt und dass vergangene Streiks zur Deutung der Gegenwart dienen. Andererseits illustriert es, dass die Erinnerungskultur des Streiks eng verwoben ist mit der Frage nach den Grenzen politischen und gewerkschaftlichen Handelns sowie demokratischer Konfliktaustragung. Verschiedenste Akteur*innen verhandeln über Streikerinnerung die fließenden Grenzen zwischen Ökonomie und Politik, zwischen Alltäglichem und dem Außeralltäglichen, zwischen legitimem und illegitimem Protest oder auch zwischen Ordnung und Unordnung bzw. zwischen Masse und Individuum. Wann und wie versuchten Gewerkschaften also, Streik als vergangenheitspolitische Ressource nutzbar zu machen? Wie reinterpretierten sie Streik? Inwieweit sperrte sich die Ressource Streik aber auch dagegen, beliebig überschrieben zu werden, und erzeugte eigene Ambivalenzen?

Angesiedelt zwischen Gewerkschaftsgeschichte, Streikgeschichte und Erinnerungsgeschichte verfolgt dieser Beitrag eine doppelte Stoßrichtung: Es geht erstens darum zu zeigen, dass eine Kulturgeschichte des Streikens ein lohnendes Unterfangen darstellt, wenn sie die theoretische Überhöhung, die Streik erfahren hat, historisiert. Zweitens – so die Kernthese – greifen Erzählungen, die von einer progressiven Zähmung des Streiks seit dem 19. Jahrhundert ausgehen, zu kurz. Vielmehr zeichnen sich das 19. und das 20. Jahrhundert durch eine nahezu obsessive Beschäftigung mit Streik und seiner Legitimität aus. Gewerkschaften, Parteien und Unternehmen nutzten Streik als eine vergangenheitspolitische Ressource, die sich gleichzeitig als flexibel und rigide erwies.

Streik ist damit zwar als »leerer Signifikant« (Laclau 1996) zu verstehen, doch er stand keiner vollkommenen Umdeutbarkeit offen. Streikerinnerung verfügte über ein bestimmtes – offenes und verhandelbares – Repertoire an Narrativen. Vergangenheitspolitische Akteur*innen konnten diese aber nicht beliebig überschreiben: Erinnerung als Palimpsest (Genette 1982/2015) generierte narrative Pfadabhängigkeiten.

Streik, Gewerkschaften, Erinnerung

Auch wenn sich die Geschichtswissenschaft der Erinnerungsgeschichte der Gewerkschaften und der Arbeiterbewegung zuwandte (Berger 2015; Andresen 2014), spielten Streiks bislang keine exponierte Rolle. Umgekehrt schenken die ersten Kulturgeschichten von Streik der Erinnerung und der Temporalität von Streik keine Aufmerksamkeit (Koller 2009; Birke 2007). Für Streik dominiert eine sozialwissenschaftliche Sichtweise, die für die Zeit nach 1945 die »Institutionalisierung des Klassengegensatzes« und die Einbindung der Gewerkschaften in den bundesrepublikanischen »Konsenskapitalismus« betont (Angster 2003).

Methodische Pendants finden sich in Ansätzen, die zwischen »wilden«, »politischen« und »legitimen« Streiks unterscheiden und diese klassifizieren (z. B. Haupt 1981), sie statistisch vermessen und »Streikzyklen« oder »-wellen« definieren (z. B. van der Velden 2012) oder jenseits der mythischen Dimension des Streiks beabsichtigen, »den« Arbeiter (und nicht die Bewegung oder die Klasse) ausfindig zu machen (Perrot 1974). Solchen Perspektiven auf Streik wohnen bereits erinnerungskulturelle Deutungen inne, die implizit einer sozialwissenschaftlichen Vermessungslogik des Streiks folgen, die sich erst im 20. Jahrhundert herausbildete.

Für das Verhältnis von Streik, Gewerkschaften und Erinnerung sind zwei methodische Zugänge denkbar. Zum einen kann man davon ausgehen, dass sich im 19. Jahrhundert ein Imaginarium des Streiks herausbildete. Dieses Ensemble determinierte in der Folgezeit Streikbilder und -praktiken und präfigurierte die Legitimität von Streik entscheidend bzw. wurde umgekehrt von diesen verändert. Eine solche Perspektive begreift Streik generisch, orientiert sich also nicht an einzelnen Streiks und wie diese erinnert und umgedeutet wurden, sondern setzt »den« Streik als ein zwar heterogenes, aber existentes Ganzes voraus.

Diese Annahme läuft Gefahr, Streik zu hypostasieren und ihm – wie in der sorelschen Streiktheorie (Sorel 1908/1969) – eine mythische Dimension zuzusprechen, die Streik als moderne Antipode der Moderne und Utopie begreift – oder umgekehrt einwendet, dass diese utopische Hoffnung uneinlösbar sei (Rothenbuhler 1988). Dementsprechend muss sich dieser Ansatz zunächst als eine Wissensgeschichte des Streikens begreifen und die verschiedenen wissenschaftlichen und politischen Auseinandersetzungen um Streik untersuchen – von der sogenannten Massenstreikdebatte um die Jahrhundertwende über die Verwissenschaftlichung des Streiks in der Massenpsychologie der Zwischenkriegszeit bis zur Debatte um die Novellierung des Paragraphen 116 des Arbeitsförderungsgesetzes im Jahr 1986. In einer solchen Wissensgeschichte des Streikens im generischen Sinne spielt die Erinnerungsgeschichte des Streiks eine Rolle, bildet aber nicht den Fokus.

Zum anderen bietet es sich an, Streik nicht im generischen, sondern im spezifischen Sinne erinnerungshistorisch zu untersuchen. Eine solche Perspektive auf die Erinnerung an einzelne Streiks hat zwei Vorzüge: Erstens vermeidet sie das Sprechen von »der« Streikerinnerung, deren Existenz bezweifelt werden kann. Sie hebt verschiedene Medien, Formen und Gruppen der Erinnerung hervor. Zweitens ergibt sich die erinnerungskulturelle Relevanz eines Streiks nicht aus seiner »objektiven« Größe. Streiknarrative und ihre Wirkmächtigkeit funktionieren unabhängig von tatsächlichen Streiks. Insofern werden manche Streiks eher erinnert als andere. Dadurch überlagern sie Deutungen und dienen als Blaupause, während andere Streiks verblassen. Das paradoxe Spannungsfeld des Streiks von alltäglicher Außeralltäglichkeit findet sich auch in der Erinnerung: Dem Streik in seinem spezifischen Ereignischarakter ist eine generische Funktion inhärent.

Daraus resultieren aber zwei Probleme: Erstes läuft eine kulturhistorische Streikforschung Gefahr, in fragmentierte Untersuchungen einzelner Streiks zu zerfallen. Zweitens droht ein solcher Fokus Konflikte historiografisch erneut auszufechten, indem gegen eine »offizielle« (gewerkschaftliche oder staatliche) Geschichtspolitik die Stimme der einzelnen Arbeiterin bzw. des einzelnen Arbeiters in Stellung gebracht werden (z. B. Shaw 2012) oder bestimmte Textgattungen und mediale Überreste den Quellenkorpus bilden (z. B. Ferrall/McNeill 2015).

Demengegenüber widmet sich der vorliegende Beitrag anhand des Bergarbeiterstreiks 1889 der Erinnerung der Industriegewerkschaft Bergbau und Energie (IGBE). Diese war nicht homogen, dominant und monolithisch, sondern – wie oben betont – rigide und flexibel zugleich. Um zu unterstreichen, dass Erinnerung nicht an Organisationsgrenzen endete und sich nicht auf die Funktionalität für eine »organisationale Identität« beschränkte, wird die Aushandlung von Erinnerung zwischen gewerkschaftlichen, politischen, medialen und wissenschaftlichen Akteur*innen beleuchtet.

Auf der Ebene der Quellen liegt der Schwerpunkt für die Zeit nach 1945 auf der Überlieferung der IGBE, die die offizielle Vergangenheitspolitik der Gewerkschaft widerspiegelt. Daneben werden publizierte Quellen herangezogen, die konkurrierende Streikerinnerungen zugänglich machen. Solche Dokumente sind insbesondere für die Zeit vor 1933 relevant. Diese Quellenlage führt zu einer verbandsoffiziellen und höhenkammliterarischen Schlagseite der Analyse. Sie rechtfertigt sich aber dadurch, dass der Bergarbeiterstreik 1889 die Gewerkschaft über ein Jahrhundert beschäftigte. Er eignet sich damit ganz besonders als Sonde, um Streikerinnerung über eine lange Zeitspanne zu verfolgen und über den Streik hinausgehende Probleme zu adressieren: Welches Selbstverständnis entwickelte die Gewerkschaft über Streik? Wie dachte sie über den Streik, ihr Verhältnis zum Staat und den eigenen Mitgliedern?

Es geht im Folgenden erstens um die Abgrenzungsfunktion von Streikerinnerung bis 1933. Zweitens folgt eine Analyse der Begründung von Einheit und der Inszenierung von Konflikthaftigkeit nach 1945, während zuletzt die Selbsthistorisierung der IGBE und die Regionalisierung der Erinnerung an den Bergarbeiterstreik ab circa 1980 den Fokus bilden.

Streik und Richtungsstreit – Streik zwischen Stand und Klasse

Das Kaiserreich erlebte vor dem Ersten Weltkrieg vier große Bergarbeiterstreiks: 1872, 1889, 1905 und 1912. Besonders dem Streik 1889 wurde aus zwei Gründen hohe Aufmerksamkeit zuteil. Zunächst gründeten Bergarbeiter kurz nach dem Streik den »Verband zur Wahrung und Förderung der Bergmännischen Interessen in Rheinland und Westfalen«, den (sozialdemokratischen) Alten Verband. Dann erfuhr der Streik, bei dem sich im Mai 1889 rund 90.000 Bergarbeiter im Ausstand befanden und der elf Todesopfer forderte (Brüggemeier 1983, S. 182), Beachtung im ganzen Kaiserreich: Wilhelm II. empfing am 14. Mai die »Kaiserdelegation«. Die Bergarbeiter Ludwig Schröder, Friedrich Bunte und August Siegel trugen zu dieser Gelegenheit die Forderungen der streikenden Bergarbeiter vor (Tenfelde 1981, S. 585 ff.). Über beide Punkte begründeten Historiker*innen immer wieder, dass dieser Streik »ein außerordentliches Ereignis für die Wilhelminische Gesellschaft« dargestellt habe (Ditt/Kift 1989, S. 29). In der Geschichtswissenschaft insgesamt ist der Bergarbeiterstreik 1889 einer der Streiks, die die meiste Aufmerksamkeit auf sich zogen.

Auf gewerkschaftlicher Ebene verflocht sich der Konflikt um den gerechten Streik mit Konflikten, die aus der Spaltung der Gewerkschaftsbewegung im Bergbau in vier Flügel resultierten: Neben dem sozialdemokratischen (gegründet 1889) existierte ein katholischer (1890), ein liberaler (1867) sowie ein polnischer (1902) Verband. Diese Gruppen und politischen Lager des Kaiserreichs trugen über die umkämpfte Deutung des Streiks Konflikte aus. Streiknarrative legitimierten die eigene Strömung, dienten der Abgrenzung und – das einte die Lager – begründeten die Existenz der Organisation.

Beim Alten Verband bildete sich ein Narrativ, das der marxistischen Theorie des Übergangs vom Stand zur Klasse folgte. Der Bergarbeiterstreik 1889 funktionierte darin als Scharnier. Der sozialdemokratische Journalist Anton Bredenbeck veröffentlichte 1909 eine Erinnerungsschrift. Er hatte das Ziel, jüngeren Arbeitern ein »kleines Bild« von dem »gigantischen Kampf der Bergarbeiter« zu geben, von den »*heiligen Empfindungen* jener großen Zeit, wo unter Pulverdampf und dem Geknatter der Kleinkalibrigen die moderne Arbeiterbewegung des Ruhrreviers geboren wurde« (Bredenbeck 1909, S. 4; Hervorh. i. O.). Seine und andere Darstellungen des Streiks stellten eine absolute »Friedensliebe der Arbeiter« (Hue 1913/1981, S. 356) heraus. Diese seien nur durch schlechte Arbeitsbedingungen in den Streik gezwungen worden. Gescheitert sei dieser nur »durch das Treiben [...] der Zentrumspartei« (Bredenbeck 1909, S. 23). Dieses Scheitern sei aber notwendig gewesen, hätten doch Gewerkschaft und organisierte Sozialdemokratie gefehlt. Insofern deutete Bredenbeck den Streik als einen Schritt auf dem Weg zum Sozialismus:

»Der Streik von 1889 war nicht die Befreiung, aber der erste Schritt zur Befreiung der Bergarbeiter. Und nicht blos der Bergarbeiter. [...] Es war ein mächtiger revolutionärer Streik, der die deutsche Arbeiterschaft erfüllte und ihr den Weg zeigte, der zur Befreiung und zum Heile der Menschheit führt, die internationale Sozialdemokratie« (ebd., S. 29).

In dieser sozialdemokratischen Lesart, die sich gegen die christliche Arbeiterbewegung richtete, war der Streik Teil des historischen Fortschritts. Die Erinnerung an den vergangenen Streik war ebenfalls eine Zukunftsvision, die in der Gegenwart die gewerkschaftliche Organisierung erforderte. Bredenbeck las Streik gleichzeitig als Lehrstück und als Verheißung.

In der erinnerungskulturellen Auseinandersetzung hatte bereits die Datierung von Streiks eine vergangenheitspolitische Dimension. Bredenbeck verstand den Streik 1889 als Übergang von der unorganisierten Arbeiterschaft zur schlagfertigen Organisation. Diese Vorstellung war beim Alten Verband verbreitet. Sie verstand Streik als Wende von der »Proletarisierung der Bergarbeiter« zum »Kampf um den sozialen Aufstieg« (Hue 1913/1981, S. 356–381).

Diesem Narrativ von der Einsicht in die Notwendigkeit gewerkschaftlicher Organisation folgte auch die Geschichtswissenschaft mit der Trias der Streiks 1889, 1905 und 1912 (Gladen 1974). Daneben stand ein christliches Narrativ, das diesem (sozialistischen) Dreischritt die Jahreszahl 1872 entgegensetzte. Unter dem Titel »Die Bergarbeiterstreiks im Ruhrkohlenrevier« schlug der katholische Journalist Franz Geueke eine andere Chronologie vor (Geueke 1912). Er verfasste seine Schrift angesichts des Bergarbeiterstreiks 1912, in dem die christliche Gewerkschaft die Teilnahme verweigert hatte (Gladen 1974). Geueke rechtfertigte diese Verweigerung, indem er die Streikgeschichte auf die Zeit *vor* dem Jahr 1872 datierte und den Streik 1872 als den wichtigsten Streik der Bergarbeiter präsentierte. Indem er die ständische Prägung der christlichen Bergarbeiter akzentuierte – so kränke der »Ausdruck ›Bergarbeiter‹ statt ›Bergmann‹« den »Knappen« in seinem »Standesbewusstsein« (Geueke 1912, S. 10) –, zielte Geueke auf die Legitimierung der Forderungen ab. Die Sozialdemokraten missbrauchten diese Ansprüche aber für »ihre Parteizwecke« (ebd., S. 17). Indem Geueke den Versuch, 1872 den überparteilichen und -konfessionellen »Rheinisch-Westfälischen Grubenarbeiter-Verband« zu gründen, als Ursprung der gewerkschaftlichen Organisation deutete, widersprach er der Gründungserzählung des Alten Verbandes. Darüber hinaus schuf er so eine ständisch gedachte Kontinuität, die die »Bergmänner« als fromme, christliche Diener des Königs in Vergangenheit, Gegenwart und Zukunft konzipierte (ebd., S. 36–38).

Dieser Gegensatz zwischen einer christlich-ständischen und einer sozialdemokratisch-marxistischen Lesart verblasste nach dem Ersten Weltkrieg. Die Abgrenzung richtete sich nun gegen kommunistische Streikdeutungen. Gleichzeitig interpretierte die Bergbaugewerkschaft »die Masse« – bei Bredenbeck noch Garantin der Klassenwerdung – zu einer Gefahr um, die nur die (freien) Gewerkschaften unter Kontrolle zu bringen vermochten. Durch die Auffächerung der Gewerkschaftslandschaft mit der Entstehung der kommunistischen Revolutionären Gewerkschaftsopposition und der syndikalistischen Freien Arbeiter-Union Deutschlands schien das Fernziel des Sozialismus als Lehre des Streiks nicht mehr angemessen. Dementsprechend richtete sich eine Jubiläumsschrift des Verbands der Bergarbeiter Deutschlands 1929 gegen die christlichen und die kommunistischen Gewerkschaften. Es ging zwar auch um den »Kampf und

Aufstieg des deutschen Bergproletariats« und die »blaue[n] Bohnen« der staatlichen Repression (Verband der Bergarbeiter Deutschlands 1929, S. 5), aber der Verband wählte ein anderes Narrativ und eine andere Zukunftsorientierung: In der Republik sei der Streik nur noch strategisch, etwa für Lohnerhöhungen, notwendig (ebd., S. 6).

Die Lehre des Streiks sei dementsprechend gewerkschaftliche Disziplin. Die Sozialdemokraten hätten erkannt, so wird der Kaiserdelegierte Ludwig Schröder zitiert, dass »Organisation besser war als wilder Streik« (ebd., S. 51). Dem lag die Wahrnehmung der Masse als impulsiv und bedrohlich zugrunde – »Bergvolk steh auf! Sturm bricht los!« (ebd.) –, welche im Falle der verweigerten Anerkennung der Gewerkschaften eine »Explosion«, einen »Präriebrand« (ebd., S. 52) verursachen könne. Der Verband verstand diese Revolutionsangst nun nicht mehr als nutzbares (und gerechtfertigtes) Potenzial, sondern als Gefahr, die nur die Gewerkschaft einzudämmen vermochte. Damit stellte er die Staatstreue in das Zentrum der Streikerinnerung.

Die »Masse« erhielt hier also eine paradoxe Funktion: Einerseits war sie Teil des Imaginarium des Streiks und essenziell für seine Bedrohungssemantik. Andererseits gefährdete die »Masse« durch das Risiko des Kontrollverlusts nun die freien Gewerkschaften selbst. Vom potenziellen Subjekt der Geschichte war die »Masse« zur prekären vergangenheitspolitischen Ressource geworden, die im Moment ihrer Beschwörung der Eindämmung bedurfte. Dass diese Einhegung notwendig Ausschlüsse erzeugte, belegt bereits die Verbandsgeschichte des Alten Verbandes, die Otto Hue 1913 veröffentlichte: Die Gewalt im Streik 1889 ging darin nicht auf die »bodenständige Arbeiterschaft«, sondern auf eine »Proletariermasse« zurück, »der vielfach der landsmännische Zusammenhang fehlte« (Hue 1913/1981, S. 358). Zeitgenössisch bestand zwar ein Bewusstsein für Migration – der gerechte, der gute Streik machte jedoch jede migrantische Beteiligung unsichtbar. Dieser Ausschluss schrieb sich bis in die Bundesrepublik fort.

Das Motiv der staatstreuen Bergarbeiter mündete in ein weiteres, jüngeres Narrativ des Streiks: Seit der Anerkennung der Gewerkschaften in der Weimarer Republik wurde die Vorstellung des Übergangs vom Stand zur Klasse zunehmend durch ein Spannungsfeld von Konflikt und Kooperation ersetzt.

Einheit, Konflikt und Kooperation

Nutzte der Bergarbeiterverband die Erinnerung an Streiks im Kaiserreich und in der frühen Weimarer Republik zur Abgrenzung innerhalb der Arbeiterbewegung und zur Bestimmung des gerechten Streiks, trat mit den 1920er Jahren und vor allem nach 1945 eine neue Linie hinzu. Mit der Neugründung der Gewerkschaften setzte sich das Prinzip der Einheitsgewerkschaft durch. Die Industriegewerkschaft Bergbau, die spätere IGBE, hob die Spaltung in konkurrierende Richtungsgewerkschaften auf. Die Erinnerung an die Zerschlagung der Gewerkschaften am 2. Mai 1933 spielte eine zentrale Rolle für die Begründung der Einheitsgewerkschaft (Berger 2015). Das gilt ebenso für den Streik.

In der Bundesrepublik deutete die IGBE den Streik in ein Spannungsfeld zwischen Konflikt und Kooperation um: Das Narrativ des Streiks nach 1945 gruppierte sich zum einem um das Prinzip der Einheit. Griffen zum anderen frühere Deutungen des Streiks auf die Motive der Friedfertigkeit und der Not zurück, traten nach 1945 Radikalität und Militanz, Gefahr und Krise in den Vordergrund. Dieser »demonstrative« (Nonn 2001, S. 96–140) oder »rhetorische Radikalismus« (Tenfelde 2007, S. 384) beschwor innere Geschlossenheit und inszenierte Krisenhaftigkeit. Bei einer weitgehenden Abwesenheit von Streiks bei Zechenschließungen diente er dazu, Subventionen und Sozialpläne zu erstreiten.

So treffend beide Begriffe des »Radikalismus« scheinen, bergen sie doch drei Probleme: Erstens implizieren sie, dass Streikerinnerung vollständig »instrumentalisierbar« gewesen sei und von der IGBE-Hauptgeschäftsstelle in Bochum zentral gesteuert wurde. Sie schenken dementsprechend Ambivalenzen und gegenläufigen Tendenzen keine Beachtung. Zweitens folgen beide Begriffe einer Entschleierungslogik. Diese entlarvt die Strategie der IGBE als doppelzüngig und widerlegt den Radikalismus durch die Betonung faktisch sozialfriedlichen Verhaltens. Dies übersieht drittens, dass das Motiv der Staatstreue der Bergarbeiter Bestand hatte. Entsprechend steht im Folgenden die Eigendynamik von Streikerinnerung nach 1945 im Mittelpunkt. Die IGBE inszenierte nicht nur Radikalismus. Genauso bedurften Kooperation und Staatstreue einer symbolischen Ebene. Es ist also präziser, von einem Spannungsfeld zwischen Konflikt und Kooperation zu sprechen, als den Begriff des »demonstrativen Radikalismus« zu nutzen.

Dieses Spannungsfeld etablierte sich in der Bundesrepublik sukzessiv. 1959, also ein Jahr, nachdem erste Absatzprobleme der Steinkohle aufgetreten waren, publizierte die Zeitung der IGBE, die *Einheit*, zum 1. Mai einen Artikel über das Scheitern des Bergarbeiterstreiks:

»Aber es gab ja keine Organisation und keine Streikkassen. Wie sollte man es so lange aushalten können? Immerhin hatte man die Öffentlichkeit weithin auf die Missstände der Bergarbeiter aufmerksam gemacht. Und außerdem hatte man endlich unter den

Bergarbeitern selber die allgemeine Einsicht gewonnen, wie nötig eine einzige große Bergarbeiterorganisation sei« (Die Bergbauindustrie 1959).

Das Bild der »kochenden Volksseele« beschwor eine Radikalität und Legitimität, die ihre logische Konsequenz in der Einheitsgewerkschaft fände. Ganz ähnlich führte August Schmidt, Gründungsvorsitzender der IGBE von 1949 bis 1953, in seiner Autobiografie aus, dass die »größte Tragik« des Streiks 1889 das Fehlen einer »zentralen Führung« gewesen sei (Schmidt 1958, S. 16). Die Organisierung war also die Lehre aus der Geschichte. Gleichzeitig habe die Organisation zu viel Kraft darauf verwenden müssen, »sich der Konkurrenzgewerkschaften zu erwehren« (ebd., S. 275). Dies habe ihm vor Augen geführt, »wie wertvoll doch unsere heutige Gewerkschaftseinheit ist« (ebd.). Der Fluchtpunkt lag nicht mehr im zukünftigen Sozialismus, sondern in der Gegenwart von Mitbestimmung und betrieblicher Demokratie.

Orientierten sich diese Quellen an einem internen Publikum, änderte sich dies 1969, ein Jahr nach Gründung der Ruhrkohle AG als Einheitsgesellschaft des Steinkohlenbergbaus. Für ihre Festveranstaltung im November betrieb die IGBE einen großen vergangenheitspolitischen Aufwand, um das viel zitierte Diktum »Wenn es an der Ruhr brennt, hat der Rhein nicht genügend Wasser, das Feuer zu löschen« zu bestätigen (Der Spiegel 1966). Dreh- und Angelpunkt war wieder der Bergarbeiterstreik 1889. Die Deutung legte Walter Köpping, Bildungssekretär der IGBE, fest: Die Entwicklung »vom Standesbewusstsein zum Klassenbewusstsein« habe sich durch die »Verelendung der Bergarbeiter« ausgezeichnet, die wegen ihrer Staatstreue nicht aufbegehrten (Köpping 1969, S. 473 ff.). 1889, mit dem »größte[n] Streik, den der europäische Kontinent im 19. Jahrhundert erlebte«, sei dann der »Durchbruch zur Freiheit«, die »Bewusstseinsveränderung« erfolgt (ebd., S. 477): »Im Streik wurden alle trennenden Schranken zwischen den Bergarbeitern eingerissen. Es war praktisch ein Generalstreik, und die Trennung in Katholische und Evangelische und Freie (Sozialdemokraten) war vergessen« (ebd., S. 478). Auch hier verschränkten sich die beiden Narrative des Spannungsfeldes von Konflikt und Kooperation.

Neben anderen Medien – etwa eine Quellenedition zum Streik 1889 als Präsent für langjährige Mitglieder (Köllmann/Gladen 1969) – nutzte die IGBE den Festakt als Ort der Streikinszenierung. Ein Theaterstück bildete den Kern der Veranstaltung. Dieses Stück wurde in Köppings Auftrag von Josef Büscher, Kurth Küther und Hans Dohrenbusch verfasst und während der Feierstunde in der Dortmunder Westfalenhalle aufgeführt (IGBE 1969a). Die Gegenüberstellung von Gedichten von Novalis und Heinrich Kämpchen unterstrich eingangs, wie die »einst freien und stolzen Bergknappen zu Proletariern im Bergbau« wurden (IGBE 1969b, S. 1). Das Theaterstück inszenierte die Spontaneität und Heftigkeit des Streiks über die Verhaftung des Vaters einer Bergarbeiterfamilie. Den Abschluss bildete eine Szene in einem Lohnbüro nach dem Streik: Während ein Arbeiter um Arbeit flehte, erschien ein zweiter Arbeiter, der seine Arbeitskraft »anbietet«, zwar abgewiesen wurde, aber »aufrecht und ruhigen Schrittes aus dem Raum« ging (ebd., S. 14). Die Lehren aus dem Streik beschrieb der Vater in der dritten Szene:

»Wir müssen aus diesen Wochen etwas lernen, Junge. Wir brauchen eine Gewerkschaft. [...] Ich werde am 18. August bei der Gründung des Bergarbeiterverbands in Dorstfeld dabei sein«« (ebd., S. 12).

Die Gewerkschaft leitete ihre Legitimität also aus dem Streik ab. Die Stilisierung des Streiks zum reinigenden Gründungsmythos bot einen Weg, Kampfbereitschaft zu inszenieren und die Wahrnehmung der »Kohlenkrise« als Krise zu bestärken. So implementierte das Stück eine kathartische Erfahrung, in dessen Mitte das Nacherleben der Gründung der *Einheits*gewerkschaft stand. Die Organisation nutzte Streik als Ressource, auf die sie je nach Lage vergangenheitspolitisch zurückgreifen konnte. Dass die *Einheit* Gewerkschaften als »Stütze der Demokratie« charakterisierte, setzte der Konflikthaftigkeit aber deutliche Grenzen (Einheit 1969).

Die Pfadabhängigkeiten, die der vergangenheitspolitischen Ressource des Streiks innewohnten, offenbarten sich zehn Jahre später. Angesichts der steigenden Ölpreise im Jahr 1979 rechnete der Bergbau mit seiner Rettung. Die IGBE organisierte eine Jubiläumsveranstaltung im September. Diese Feier war unter dem Motto »Wir feiern ein Familienfest« als »Volksfest für jedermann« (Einheit 1979, S. 1) für 200.000 Besucher*innen im Dortmunder Westfalenpark geplant (IGBE 1980). Über den Streik Kampfbereitschaft zu inszenieren, schien nicht angebracht. Die IGBE-Spitze dachte die »Riesen-Familien-Idylle« (ebd., S. 102–105) vom Streik selbst separiert: Die Festschrift erwähnte den Streik nur eingangs und in einer Chronologie der Verbandsgeschichte am Ende des Bandes.

Einen symbolischen Höhepunkt fand diese separierende Gedenkveranstaltung in der Auseinandersetzung um ein Theaterstück des bereits erwähnten Josef Büscher. Dieser hatte 1976 ein eigenes Drama über den Bergarbeiterstreik 1889 verfasst (Büscher 1976). Es inszenierte die kampfbereite Masse im gerechtfertigten Aufbegehren gegen staatliche Willkür. Büscher schlug der IGBE vor, dieses Stück bei der Festveranstaltung aufzuführen. Die Gewerkschaft betonte jedoch, dass die »gesamte Konzeption für die 90-Jahr-Feier der IG Bergbau und Energie im Jahre 1979 es nicht zulässt, dass wir das Stück aufführen lassen« (Müller 1978, S. 14). Schließlich räumte Bücher ein zu verstehen, »dass man gewillt war, dieser kommenden Feier in der Tat ein völlig anderes Gesicht zu geben, als das vor zehn Jahren der Fall gewesen war« (Büscher 1979, S. 4 f.).

Das Stück wurde also nicht ausgeführt – trotz der Unterstützung Heinz Oskar Vetters, zu dieser Zeit Vorsitzender des Deutschen Gewerkschaftsbundes und vormals 2. Vorsitzender der IGBE. Dieser hatte sich von der Tatsache »besonders beeindruckt« gezeigt, dass Büscher »die szenische Darstellung des großen Bergarbeiterstreiks so sehr unter einheitsgewerkschaftlichen Aspekten« vorgenommen habe (Vetter 1976).

Diese Dissoziierung von gewerkschaftlicher Legitimation und Streik verweist weniger auf eine vermeintliche Depolitisierung der Gewerkschaft und des Streiks als auf die Pfadabhängigkeit narrativer Strukturen. Diese ließen sich nicht beliebig überschreiben: Das Spannungsfeld von Konflikt und Kooperation und die Inszenierung von Konflikthaftigkeit ließen sich nicht umschreiben. Sie bedingten, dass die Gewerkschaften unter bestimmten Umständen auf die Inszenierung von Streik verzichten mussten.

Die Gewerkschaft aktualisierte Narrative des Streiks nach 1945 also in einem Spannungsfeld von Konflikt und Kooperation. Grundsätzlich verlor die erinnerungskulturelle Auseinandersetzung mit Streik aber an Bedeutung. Ihr 125-jähriges Jubiläum feierte die mittlerweile als IG Bergbau, Chemie, Energie (IGBCE) firmierende Gewerkschaft im Jahr 2015 und berief sich damit auf den Fabrikarbeiterverband und nicht mehr auf den Bergarbeiterstreik und die Gründung des Alten Verbandes (IGBCE 2015). Dies belegt aber kein Schwinden des Streiks, sondern seine Umformung im letzten Drittel des 20. Jahrhunderts. Streikerinnerung erhielt eine regionalistische Dimension. Regionalpolitische Akteur*innen schrieben den Streik nicht den Bergarbeitern oder der Gewerkschaft zu, sondern »dem« Ruhrgebiet an sich. So konstruierte etwa der Dortmunder Oberbürgermeister Günter Samtlebe 1989 über den Bergarbeiterstreik die vermeintliche Kerntugend des Ruhrgebiets:

»Gerade das ist ein Stück Ruhrgebiet, auf das wir besonders stolz sind. [...] Es sind vor allen Dingen die Männer wie Ludwig Schröder und Bunte, wie Siegel und Tölke, die 200 Delegierten damals von 66 Pütts, die nach Dorstfeld gezogen sind, und die vielen tausend und hunderttausend Ungenannten [...]. Der Begriff Treue gehört ja bei der IG Bergbau und hier im Revier wie Pflichterfüllung nicht zu Sekundärtugenden« (IGBE 1989, S. 68).

Jan Kellershohn

Gewerkschaftliche Selbsthistorisierung: Streik und »Deindustrialisierung«

Eine reine Fokussierung auf inner- und außergewerkschaftliche Funktionalitäten von Streiknarrativen würde angesichts der schwindenden Organisationsbasis im Bergbau der IGBE in eine Verlustgeschichte münden. Die IGBE bemühte sich jedoch bereits mit den 1980er Jahren um eine Selbsthistorisierung und um eine Historisierung des Streiks. Sie bediente sich dazu einer Strategie der Regionalisierung. Diesen Anspruch bewies sie etwa bei ihrer Hundertjahrfeier 1989, die sich deutlich von der Feier 1979 abgrenzte: So unterstrich die Beschlussvorlage für den geschäftsführenden Vorstand, »daß die Veranstaltungen zum 100jährigen Jubiläum der IG Bergbau und Energie keine Wiederholung des Familienfestes von 1979 sein sollen« (IGBE 1988, S. 1). Fast schon resignativ fuhr sie fort, dass das Jubiläum »vor dem Hintergrund der wirtschaftlichen und sozialen Situation […] mit einer kleineren Teilnehmerzahl als 1979 und mit Veranstaltungen ohne Jahrmarktcharakter begangen werden« (ebd.) solle.

Gleichzeitig bemühte sich die IGBE vermehrt, ihre eigene Geschichte und die des Bergbaus fachwissenschaftlich in der von Klaus Tenfelde herausgegebenen Reihe »Bergbau und Bergarbeit« bearbeiten zu lassen. Deren Finanzierung diente der Pflege »eines positiven Traditionsbewußtseins im konstruktiv-kritischen Spannungsfeld von Wissenschaftlern und historischen Laien«, um die »Erstarrung zu einer leeren, hohlen Hülse einer verkommenen Traditionspflege« zu vermeiden (Wichert 1990, S. 100). Dass der Streik und ein kämpferisches Erinnern keine Rolle mehr spielten und es um die Außenwirkung der IGBE und nicht um die Mitgliedermobilisierung ging, gestand Udo Wichert in der *Einheit* ein:

»Wir verknüpfen mit unserem Jubiläum eine ausdrücklich politische Zielsetzung, die sich weniger nach innen, vielleicht mehr nach außen richten. Wir brauchen Sympathie. Wir wollen Freunde für den Bergbau werben. Das strategische Ziel lautet: Wir werben um dauerhafte öffentliche und politische Unterstützung für die deutsche Kohle« (Wichert 1989).

Beispielhaft für die Eingliederung des Streikgedenkens in eine umfassende Selbsthistorisierung der Gewerkschaft stand auch die »Bildgeschichte der deutschen Bergarbeiterbewegung« (Tenfelde/Jäger 1989), die im Jubiläumsjahr erschien und damit die Quellensammlung Köllmanns als Präsent für Gewerkschaftsjubilare ablöste.

Durch diese Selbsthistorisierung der IGBE diffundierte die Streikerinnerung. Außergewerkschaftliche Akteur*innen reicherten Momente der gewerkschaftlichen Erinnerungskultur durch regionalistische Deutungen an. Dies betraf etwa das Narratem der Einheit, das in seiner regionalistischen Ausdeutung nicht mehr die Einheit der Gewerkschaft, sondern die Einheit des Ruhrgebiets beschwor.

Im Jahr 1983 strahlte der Westdeutsche Rundfunk (WDR) die neun Episoden umfassende Serie »Rote Erde« aus. Die Serie und der zeitgleich veröffentlichte Roman (Stripp 1983/2008) behandelten die Lebensgeschichte des jungen pommerschen Bauern Bruno Kruska, der 1887 in das Ruhrgebiet einwandert, auf der Zeche Siegfried anlegt und historische Ereignisse des Kaiserreichs im Ruhrgebiet erlebt.

Das Projekt »Rote Erde« war vor dem Hintergrund des von Zechenschließungen und Absatzschwierigkeiten der Stahlindustrie geprägten Ruhrgebiets dezidiert geschichtspolitisch ausgerichtet: So betonte der Regisseur Peter Stripp die kämpferische Seite der Serie sowie des Romans: »Die Leute müssen nun darum kämpfen, ihre Rechte zu erhalten, die sie damals anfingen sich zu erwerben« (Stripp 1983, S. 22). Das Konzept zielte darauf ab, die Arbeiterbewegung, die schwerindustrielle Arbeitswelt und das Ruhrgebiet selbst ineinanderzublenden, wie ein Beitrag des SPD-Politikers und WDR-Mitarbeiters Erdmann Linde belegt:

»Wenn man erkennt, dass diese Arbeit [die Bergarbeit] der Landschaft und den Menschen, die dort leben, ihre Identität gegeben hat, dann muss man auch einsehen, dass die Menschen in Gefahr sind, ihre Identität zu verlieren, wenn man ihnen die Arbeit nimmt. Der relevante gesellschaftspolitische Ausdruck der Arbeit ist die Arbeiterbewegung. Deswegen muss man diese als geschichtsbildende Kraft in die historische Aneignung mit einbeziehen« (Linde 1983, S. 13).

Im Kontext der industrie- und erinnerungskulturellen Neuerfindung des Ruhrgebiets erhielt auch der Streik eine neue Bedeutung. Er verwies nun auf die Integrationsfähigkeit des Ruhrgebiets. In dieser Inszenierung des Ausstands streiken dementsprechend nicht die Arbeiter, sondern, in übergreifender Solidarität, das gesamte Ruhrgebiet und vor allem die zugewanderten polnischsprachigen Arbeiter: Otto Schablowski, der aus Pommern ins Ruhrgebiet gekommen war, um Geld für einen eigenen Bauernhof in den preußischen Ostprovinzen anzusparen, gibt etwa sämtliche Ersparnisse aus, um für die im Streik hungernden Bergarbeiterfamilien Bohnen und Mehl zu kaufen (Stripp 1983/2008, S. 153–157). Die bürgerlichen Herren öffnen »ihre Börsen«, »die Damen ihre Handtasche« (ebd., S. 151), während der Kaplan predigt, Jesus wäre »heute [...] in den Reihen der Bergleute bei ihrem Kampf für soziale Gerechtigkeit« (ebd.) anzutreffen.

Hier waren es die Symbolkraft der Region und die Inszenierung klassenübergreifender Gemeinschaftlichkeit, die im Mittelpunkt der Erzählung standen. Die Regionalisierung des Streiks bedingte also seine Um- und Neudeutung. Dabei diffundierte der Streik in verschiedene Felder und fand beispielsweise Eingang ins Museum oder weckte das Interesse von Geschichtswerkstätten und -bewegungen (z. B. Weichelt 1989). Die Gewerkschaft hingegen hatte den Streik als vergangenheitspolitische Ressource gerettet, ihr erinnerungskulturelles Monopol hingegen verloren.

Schluss: Wozu Streikerinnerung?

Streik und Streikerinnerung, so eine Kernüberlegung, waren aus gewerkschaftlicher Perspektive nie eindeutig, sondern Aushandlungen und Kanalisierungen sowie Deutungskämpfen und Pfadabhängigkeiten unterworfen. Mit Blick auf die narrativen Strukturen des Bergarbeiterstreiks 1889 lässt sich erstens festhalten, dass sich Streik – neben der Frage nach dem gerechten Streik – im Spannungsfeld von Stand und Klasse bewegte. Für die eine Seite war Streik Teil der Klassenbildung und damit ein Schritt auf dem Weg in den Sozialismus. Für die andere war er ein Zeichen für das Fortwirken ständischer Orientierung, das damit auch in Zukunft eine christliche und »organische« Gesellschaft versprach.

Zweitens überführten die Gewerkschaftseliten Streik nach 1945 in ein Spannungsfeld von Konflikt und Kooperation. Dieses begründete einerseits das Prinzip der Einheitsgewerkschaft und war andererseits Teil von Inszenierungspolitiken im Kampf um Subventionen. Die Erinnerung an den Bergarbeiterstreik beschwor immer wieder aufs Neue einen potenziellen, zukünftigen Streik.

Drittens diffundierten die Streiknarrative im letzten Drittel des 20. Jahrhunderts über die Selbsthistorisierung der IGBE, erfuhren dadurch aber eine partielle Umdeutung. Dies ermöglichte eine regionalistische Aufladung des Streiks, den Politiker*innen und Schriftsteller*innen nun zunehmend im Zusammenhang mit »dem Ruhrgebiet« dachten. Das verbindende Element dieser verschiedenen Erzählungen bildete das Motiv der Staatstreue.

Diese drei Erzählstränge waren ineinander verschränkt, überlagerten sich, verdeckten andere Stimmen und »wurden überschrieben, während der vorangehende Text erhalten blieb, Spuren restauriert, Löschungen sichtbar wurden« (Huyssen 2003, S. 81, Übersetzung JK). Sie schlossen sich nicht aus, sondern stützten sich gegenseitig und ermöglichten Verschiebungen. Dieser Beitrag konzentrierte sich auf den Bergarbeiterstreik 1889 als Kristallisationspunkt der erinnerungskulturellen Dimensionen des Streiks. Bestimmte Streiks dominierten die gewerkschaftliche Erinnerungskultur und drängten andere Streiks – etwa die Bergarbeiterstreiks 1905 und 1912 – an den Rand.

Auf methodischer Ebene lassen sich zwei Schlussfolgerungen festhalten. Marcus Sandl hob für den Begriff der Revolution hervor, dass dieser »nur noch im diachronen Wechselspiel von Rezeptions- und Übertragungsprozessen zu bestimmen« sei. Revolution sei dann »Reflexionsfigur der Selbstbeobachtung und symbolisch-diskursiven Überformung aller folgenden Revolutionen« (Sandl 2008, S. 70). Nur als eine solche »Reflexionsfigur historiographischer Praxis« sei der »Gehalt des Revolutionsbegriffs noch jenseits der konkreten Ereignisse« (ebd., S. 72) zu bestimmen. Dies gilt auch für den Begriff des Streiks. Jeder Versuch, den Streikbegriff zu aktualisieren und zu schärfen – wie etwa jüngst den Begriff des Aufruhrs (Hordt et al. 2015) –, ist demnach immer in gesellschaftliche, historiografische oder politische Metaerzählungen eingebunden, die in der Bestimmung des Streiks eine Bedeutung für historische Erzählungen suchen.

Perspektivisch liegt dort die Erklärungsbedürftigkeit: Wie verhielten sich Streik im generischen und Streik im spezifischen Sinne zueinander? Will eine Kulturgeschichte des Streiks sich also nicht darauf beschränken, eine bestimmte (oder unbestimmte) Zahl von (erwartbaren) erinnerungshistorischen Narrativen an verschiedene Streiks zu identifizieren und zu vergleichen, muss sie an eine Wissensgeschichte des Streikens rückgebunden werden. Diese würde Streik im generischen Sinne historisieren und ihn als einen Modus der Wirklichkeitsbeschreibung analysieren, wobei das, was Akteur*innen als Streik bezeichnen konnten, Teil von Aushandlungsprozessen war. Dies würde »Streik« als Gegenstand zunächst auflösen, gewänne dadurch aber an Anschlussfähigkeit, etwa über körpergeschichtliche Fragen nach der Ordnung und Regulierung der Masse, nach Gewerkschaftswissen (also sowohl das Wissen der Gewerkschaften als auch das Wissen über Gewerkschaften) oder umgekehrt auch nach Alltag und Normalität der Arbeit in der Moderne.

Welche Schlussfolgerungen lassen sich für künftige Erinnerungskulturen des Streiks ableiten? Es zeigt sich ein Aktualisierungsbedarf. Die Bergbaugewerkschaften versuchten über rund 120 Jahre, den Bergarbeiterstreik immer wieder in strikte Organisationsnarrative einzubinden und ihm – ähnlich einer historischen Schlachtenerzählung – einen historischen Fluchtpunkt zu verleihen. Geoffroy de Lagasnerie folgend lässt sich der Kern dieser Politik in einer Politik der Anerkennung sehen, die auf der »Bindung der Politik an das Erscheinen des Selbst im öffentlichen Raum« beruht und damit auf der »Verknüpfung der Politik mit dem Erscheinen des Selbst gegenüber den anderen« (de Lagasnerie 2016, S. 106). Das bedeutet, dass die gewerkschaftliche Erinnerung an den Streik auf einen »Moment der Integration« (ebd.) zurückgeführt werden kann.

Damit bemühte sich die Bergbaugewerkschaft – und dies lässt sich vermutlich verallgemeinern –, Streik auf einer Bühne zu inszenieren, die den jeweiligen Anerkennungsbedürfnissen entsprach; sei es der Bühne der politischen Konflikte des Kaiserreiches oder auch der Wirtschaft in der Weimarer Republik und in der Bundesrepublik.

Gemein ist diesen Bemühungen, dass sie von einer Gemeinschaft der Streikenden ausgingen und damit die »Grenzen und Zugehörigkeiten« als »Tatsachenfragen oder als Daten« (ebd., S. 114) behandelten. In der Konsequenz bekräftigte dies die »Selbstverständlichkeit der Idee der Gemeinschaft« (ebd., S. 122). Eine erste erinnerungskulturelle Schlussfolgerung liegt also darin, das implizite Ideal des männlichen, streikenden Bergarbeiters nicht fortzuschreiben, sondern beispielsweise andere Gruppen, Identitäten und Subjekte – Frauen, homosexuelle Bergarbeiter – in der Streikerinnerung sichtbar zu machen. Gerade für Bergarbeiterstreiks hieße dies, zum Beispiel ihre migrantische Dimension zu verdeutlichen und gar darauf hinzuweisen, dass insbesondere Bergarbeiterstreiks qua Definition immer migrantische Streiks waren.

Darin darf eine aktualisierte Erinnerungskultur aber nicht stehen bleiben, unterwirft sie die Frage der Zugehörigkeit damit doch einer Logik der »Entpolitisierung« (ebd., S. 119 f.) und schreibt Inklusions- und Exklusionslogiken fort. Was eine aktualisierte Erinnerungskultur des Streikens also leisten muss, geht darüber hinaus: de Lagasnerie beruft sich mit Jacques Derrida auf die »Position des Außenstehens«, eine »Ethik des Schurkens« (ebd., S. 127), die sich der Logik der Zuordnung, Subjektivierung und Anerkennung über Anonymität und Flucht entzieht. Denkt man dies weiter und spitzt es zu, braucht Streikerinnerung nicht neue und mehr Heroen, Streikposten und Verhandlungsführer, sondern Schlafmützen, Faulenzer*innen und Bummelant*innen – eben solche, die genau die Überzähligkeit symbolisieren, für die Streik stehen kann. Dies hieße, Streik als Schlacht aufzugeben und ihm seine ureigene Form wiederzugeben: die des Fests.

Literatur und Quellen

Andresen, Knud (2014): Triumpherzählungen. Wie Gewerkschafterinnen und Gewerkschafter über ihre Erinnerungen sprechen. Essen: Klartext.

Angster, Julia (2003): Konsenskapitalismus und Sozialdemokratie. Die Westernisierung von SPD und DGB. München: Oldenbourg.

Berger, Stefan (Hrsg.) (2015): Gewerkschaftsgeschichte als Erinnerungsgeschichte. Der 2. Mai 1933 in der gewerkschaftlichen Erinnerung und Positionierung nach 1945. Essen: Klartext.

Birke, Peter (2007): Wilde Streiks im Wirtschaftswunder. Arbeitskämpfe, Gewerkschaften und soziale Bewegungen in der Bundesrepublik und Dänemark. Frankfurt am Main: Campus.

Bredenbeck, Anton (1909): 1889. Die erste Erhebung der Bergarbeiter. Zur Erinnerung an den großen Bergarbeiterstreik vor 20 Jahren. Dortmund: Gerisch.

Brüggemeier, Franz-Josef (1983): Leben vor Ort. Ruhrbergleute und Ruhrbergbau 1889–1919. München: C. H. Beck.

Büscher, Josef (1976): Sie erkannten ihre Macht. Ein Stück vom großen Bergarbeiterstreik 1889. Oberhausen: Asso.

Büscher, Josef (1979): Das war mein 7. und 8. September 1979, o. D. In: Archiv im Haus der Geschichte des Ruhrgebiets, IGBE-Archiv Nr. 2872.

de Lagasnerie, Geoffroy (2016): Die Kunst der Revolte. Snowden, Assange, Manning. Berlin: Suhrkamp.

Der Spiegel (1966): Streik. Wenn es brennt. In: Der Spiegel, H. 24, S. 31.

Die Bergbauindustrie (1959): Vor 70 Jahren kochte die Volksseele. Erster Massenstreik und Gründung des Bergarbeiterverbandes 1889. In: Die Bergbauindustrie 12, S. 143.

Ditt, Karl/Kift, Dagmar (1989): Der Bergarbeiterstreik 1889. Ein Testfall für die sozialpolitische Reformfähigkeit des Kaiserreichs. In: Ditt, Karl/Kift, Dagmar (Hrsg.): 1889. Bergarbeiterstreik und Wilhelminische Gesellschaft, Hagen: v. d. Linnepe, S. 9–33.

Einheit (1969): Vom Staatsfeind zur Stütze der Demokratie. In: Einheit 22, H. 23, S. 8.

Einheit (1979): 200000 beim Familienfest der IG Bergbau und Energie. In: Einheit 32, H. 18, S. 1.

Ferrall, Charles/McNeill, Dougal (2015): Writing the 1926 General Strike. Literature, Culture, Politics. Cambridge: University Press.

Genette, Gérard (1982/2015): Palimpseste. Die Literatur auf zweiter Stufe. 7. Auflage. Frankfurt am Main: Suhrkamp.

Geueke, Franz (1912): Die Bergarbeiterstreiks im Ruhrkohlenrevier. Diss., Breslau.

Haupt, Heinz-Gerhard/Jost, Annette/Leithäuser, Gerhard/Mückenberger, Ulrich/Steinberg, Hans-Josef (1981): Der politische Streik – Geschichte und Theorie. In: dies. (Hrsg.): Politischer Streik. Frankfurt am Main: Europäische Verlagsanstalt, S. 13–53.

Hordt, Arne/Kohl, Thomas/von Lüpke, Beatrice/Nöcker, Rebekka/Stern, Sophie (2015): Aufruhr! Zur epochenübergreifenden Beschreibung beschleunigten sozialen Wandels in Krisenzeiten. In: Historische Zeitschrift 301, S. 31–62.

Hue, Otto (1981): Die Bergarbeiter. Historische Darstellung der Bergarbeiter-Verhältnisse von der ältesten bis in die neuste Zeit. Bd. 2. Stuttgart: Dietz.
Huyssen, Andreas (2003): Present Pasts. Urban Palimpsests and the Politics of Memory. Stanford: Stanford University Press.
IGBCE (2015): 125 Jahre IGBCE. Das Mitgliederfest, http://125jahre.igbce.de/ (Abruf am 28.6.2021).
IGBE (1969a): IGBE feiert Geburtstag. 1969 besteht die Bergarbeitergewerkschaft 80 Jahre. Pressemitteilung, 2.1.1969. In: Archiv im Haus der Geschichte des Ruhrgebiets, IGBE-Archiv Nr. 18243.
IGBE (1969b): Typoskript zur 80-Jahre Gedenkfeier der IGBE. In: Archiv im Haus der Geschichte des Ruhrgebiets, IGBE-Archiv Nr. 18243.
IGBE (Hrsg.) (1980): Wir feiern ein Familienfest. 90 Jahre IG Bergbau und Energie. Bochum: Berg.
IGBE (1988): Beschlußvorlage für die Sitzung des geschäftsführenden Vorstandes. 1889–1989: 100 Jahre IG Bergbau und Energie, 9.2.1988. In: Archiv im Haus der Geschichte des Ruhrgebiets, IGBE-Archiv Nr. 4404.
IGBE (Hrsg.) (1989): 19. Gewerkschaftstag der IG Bergbau und Energie und Festakt zum 100jährigen Jubiläum am 8. September 1989 in Dortmund.
Köllmann, Wolfgang/Gladen, Albin (Hrsg.) (1969): Der Bergarbeiterstreik von 1889 und die Gründung des »Alten Verbandes« in ausgewählten Dokumenten der Zeit. Bochum: Berg.
Köpping, Walter (1969): Vom Standesbewußtsein zum Klassenbewußtsein. Vor 80 Jahren wurde der Alte Bergarbeiterverband gegründet. In: Gewerkschaftliche Monatshefte 20, S. 473–480.
Koller, Christian (2009): Streikkultur. Performanzen und Diskurse des Arbeitskampfes im schweizerisch-österreichischen Vergleich (1860–1950). Wien: Lit.
Laclau, Ernesto (1996): Why Do Empty Signifiers Matter to Politics? In: Laclau, Ernesto (Hrsg.): Emancipation(s). London: Verso, S. 34–46.
Linde, Erdmann (1983): Einladung, sich mit dem Ruhrgebiet zu beschäftigen. In: Gaehme, Tita/Graf, Karin (Hrsg.): Rote Erde. Bergarbeiterleben 1870–1920. Film, Ausstellung, Wirklichkeit. Köln: Prometh, S. 12–13.
Müller, Willy (1978): Schreiben des Hauptvorstandes der IGBE an Josef Büscher, 8.11.1978. In: Archiv im Haus der Geschichte des Ruhrgebiets, IGBE-Archiv Nr. 2872.
Nonn, Christoph (2001): Die Ruhrbergbaukrise. Entindustrialisierung und Politik 1958–1969. Göttingen: Vandenhoeck & Ruprecht.
Perrot, Michelle (1974): Les Ouvriers en Grève. France 1871–1890, 2 Bde. Paris: Mouton.

Reulecke, Jürgen (1989): Bürgerliche Sozialreformer und der Bergarbeiterstreik des Jahres 1889. In: Ditt, Karl/Kift, Dagmar (Hrsg.): 1889. Bergarbeiterstreik und Wilhelminische Gesellschaft. Hagen: v. d. Linnepe, S. 113–128.

Rothenbuhler, Eric W. (1988): The Liminal Fight. Mass Strikes as Ritual and Interpretation. In: Alexander, Jeffrey C. (Hrsg.): Durkheimian Sociology. Cambridge: Cambridge University Press, S. 66–89.

Sandl, Marcus (2008): Die Revolution als Reflexionsfigur der Geschichte. 1789, die Geschichtswissenschaft und ihre Medien. In: Grampp, Sven/Kirchmann, Kay/Sandl, Marcus/Schlögl, Rudolf/Wiebel, Eva (Hrsg.): Revolutionsmedien – Medienrevolutionen. Konstanz: UVK, S. 65–92.

Schmidt, August (1958): Lang war der Weg. Bochum: Verlagsgesellschaft der IG Bergbau.

Schulte, Stefan (2014): Wie die kleine GDL mit einer großen Streik-Tradition bricht. In: Westdeutsche Allgemeine Zeitung, 5.11.2014, www.derwesten.de/wirtschaft/wie-die-kleine-gdl-mit-einer-grossen-streik-tradition-bricht-id10007085.html (Abruf am 28.5.2021).

Shaw, Katy (2012): Mining the Meaning. Cultural Representations of the 1984–5 UK Miners' Strike. Newcastle upon Tyne: Cambridge Scholars.

Sorel, Georges (1908/1969): Über die Gewalt. Frankfurt am Main: Suhrkamp.

Stripp, Peter (1983): Man muss in Rollen schlüpfen können. In: Gaehme, Tita/Graf, Karin (Hrsg.): Rote Erde. Bergarbeiterleben 1870–1920. Film, Ausstellung, Wirklichkeit. Köln: Prometh, S. 22–23.

Stripp, Peter (1983/2008): Rote Erde. Der große Roman über das Ruhrgebiet und seine Vergangenheit. Bottrop: Henselowsky Boschmann.

Tenfelde, Klaus (1981): Sozialgeschichte der Bergarbeiterschaft an der Ruhr im 19. Jahrhundert. 2. Auflage. Bonn: Verlag Neue Gesellschaft.

Tenfelde, Klaus (2007): Radikal, militant? Forschungen über Bergarbeiterstreiks im 20. Jahrhundert. In: Westermann, Angelika/Westermann, Ekkehard (Hrsg.): Streik im Revier. Unruhe, Protest und Ausstand vom 8. bis 20. Jahrhundert. St. Katharinen: Scripta Mercaturae, S. 381–404.

Tenfelde, Klaus/Jäger, Wolfgang (Hrsg.) (1989): Bildgeschichte der deutschen Bergarbeiterbewegung. München: C. H. Beck.

van der Velden, Sjaak (Hrsg.) (2012): Striking Numbers. New Approaches to Quantitative Strike Research. Amsterdam: International Institute of Social History.

Verband der Bergarbeiter Deutschlands (1929): 1889–1929. 40 Jahre Bergbau und Bergarbeiterverband. Bochum: Hansmann.

Vetter, Heinz Oskar (1976): Schreiben an Josef Büscher, 24.9.1976. In: Archiv im Haus der Geschichte des Ruhrgebiets, IGBE-Archiv Nr. 2872.

Weichelt, Rainer (1989): Bergarbeiterstreik 1889. Ursachen – Verlauf – Folgen. Führer zu einer Ausstellung der Städte Gladbeck, Herten, Kamen, Schwerte und Unna. Gladbeck.
Wichert, Udo (1989): Aus der Geschichte lernen. In: Einheit 42, H. 9, S. 6.
Wichert, Udo (1990): Zur Geschichte der organisierten Bergarbeiterbewegung. In: Gewerkschaftliche Monatshefte 41, S. 95–100.

Arbeit am Gedächtnis
Archipel der Erinnerungen an den Tarifvertrag

Rudolf Tschirbs

Politische und wissenschaftliche Erinnerungsgemeinschaften

Gedenkveranstaltungen erfolgreicher Institutionen sind selten Orte einer kritischen Auseinandersetzung mit problematischen Phasen und Wendungen der Institutionengeschichte. So verwundert es nicht, dass Bundespräsident Frank-Walter Steinmeier bei der Festveranstaltung zum 100. Jahrestag des Stinnes-Legien-Abkommens am 16. Oktober 2018 in Berlin ein uneingeschränktes Loblied auf den »Beginn der deutschen Sozialpartnerschaft, an den Anfang der Tarifautonomie vor fast 100 Jahren« anstimmte (Steinmeier 2018). In seinem Urteil war die Begründung der sogenannten »Zentralarbeitsgemeinschaft sicherlich eine der Voraussetzungen dafür, dass die Weimarer Demokratie überhaupt erst auf die Beine kam«.

Dass eine historische Selbstvergewisserung der deutschen Gewerkschaften im eigenen Interesse unerlässlich ist, zeigt die ebenso unzureichende wie auch verzeichnende Repräsentanz in den Systemen der deutschen Geschichtswissenschaften nach 1945. Symptomatisch ist dafür auch die Behandlung der Arbeitsgemeinschaftsfrage in den Publikationen der DDR-Geschichtswissenschaft. In der »Geschichte des Freien Deutschen Gewerkschaftsbundes« aus dem Jahr 1982 heißt es:

»Zu einem Zeitpunkt, als die vollständige Entmachtung der Monopole unmittelbar auf der Tagesordnung stand, setzte die Führung der Gewerkschaften ihre seit Jahren praktizierte Zusammenarbeit mit den Vertretern des Monopolkapitals, den Rüstungsgewinnlern und Kriegsschuldigen fort. Am 15. November 1918 schloss sie – gemeinsam mit den Führern der Christlichen und Hirsch-Dunckerschen Gewerkschaften – mit den Vertretern der Unternehmerverbände ein Abkommen über eine Zentralarbeitsgemeinschaft (ZAG)«.

Das Abkommen und die darauf begründete Arbeitsgemeinschaftspolitik bildeten »einen Schutzwall für die monopolkapitalistischen Kriegsverbrecher, deren Enteignung eine der grundlegenden Aufgaben der Revolution war«. Mit der Anerkennung der Unternehmerverbände sei »das Monopoleigentum an Produktionsmitteln und die kapitalistische Gesellschaft überhaupt« garantiert worden (FDGB 1982, S. 89, 91).

Wer nun erwarten würde, die westdeutsche Geschichtswissenschaft hätte extrem gegenläufige Akzente gesetzt, erlebt eine Enttäuschung. Der in der Räte-Frage nach dem Ersten Weltkrieg ausgewiesene Autor Eberhard Kolb kommt in seiner »Weimarer Republik« (1984) zu dem Urteil: Die Gewerkschaften wurden von den Unternehmern zwar als »berufene Vertretung der Arbeiterschaft« und als Partner für den Abschluss kollektiver Tarifverträge anerkannt, doch Carl Legien und seine Kollegen erscheinen mehr als Opfer eines raffinierten Politikgeschäfts denn als Vollzugsorgane eines jahrzehntelangen Ringens um Anerkennung in Augenhöhe und der Vollendung eines in vielen Branchen schon vor 1914 durchgesetzten Tarifsystems: »›Sozialpolitik gegen Verzicht auf Sozialisierung‹ – das war die Unternehmensstrategie während der Revolutionsmonate« (Kolb 1984, S. 13 f., 176 f.). Weiter heißt es bei Kolb, die ZAG habe die Bereitschaft der Gewerkschaften gezeigt,

»eine Sozialpolitik der kleinen Schritte einschneidenden Veränderungen der gesellschaftlichen Machtverhältnisse vorzuziehen, während die Großindustrie sich zu sozialpolitischen Konzessionen an die Arbeiterschaft bereitfand, um die Sozialisierungsforderung zu unterlaufen und die eigene Position zu stabilisieren«.

Während führende Sozialdemokraten und Gewerkschafter, von Friedrich Ebert über Otto Hue zu Carl Legien, angesichts der dramatischen wirtschaftlichen Lage und des durch die Kriegswirtschaft völlig heruntergekommenen schwerindustriellen Potenzials dringend von Sozialisierungsillusionen abrieten, beharren bis heute führende Fachvertreter auf einer historischen Alternative zum tarifvertraglichen, in Verhandlungen mit reformwilligen Unternehmern schon seit den Oktobertagen eingeschlagenen Gewerkschaftskurs. Anstatt die Macht der Unternehmer zurückzudrängen oder gar zu brechen, habe sich die Gewerkschaftsführung »schon am 15. November 1918, gleichsam im Rücken der Revolution«, mit den Arbeitgebern »auf den Achtstundentag, Tarifverträge und die Wahrung der Besitzverhältnisse« verständigt. Es habe die sichere Erwartung bestanden, dass »zumindest Banken und Schwerindustrie sozialisiert werden« würden (Wirsching 2008, S. 10). In einem von der Bundeszentrale für politische Bildung in hoher Auflage vertriebenem Werk kommt Sönke Neitzel, in völliger Verkennung der inhaltlichen und intentionalen Strukturen, zu der Einschätzung:

Archipel der Erinnerungen an den Tarifvertrag

»Am 15. November unterzeichneten die Gewerkschaftsvertreter Carl Legien und der Großindustrielle Hugo Stinnes ein Abkommen, in dem die Gewerkschaften zusicherten, die wilden Streiks zu beenden, den Produktionsablauf nicht weiter zu behindern und die Enteignung von Privateigentum zu verhindern. Im Gegenzug wurde der 8-Stunden-Tag eingeführt und der Alleinvertretungsanspruch der Gewerkschaften vereinbart« (Neitzel 2011, S. 159).

Indes, weder in erhaltenen Verhandlungsprotokollen noch in der Erinnerung der beteiligten Gewerkschafter findet sich eine explizite Spur solcher »Garantien«, wie sich die Mentalität der Unternehmerschaft auch zu diesem Zeitpunkt kaum als durch Sorge oder Furcht vor ihrer Enteignung bedrückt erwies (Steiger 1998, S. 109).

Für unsere Untersuchung in der gewerkschaftlichen Erinnerungslandschaft muss vorab noch festgehalten werden, dass im Schatten der Historikerfixierung auf Schwächen und Ambivalenzen des Stinnes-Legien-Abkommens vielfach ausgeblendet wurde, dass für die tarifpolitische Praxis der Gewerkschaften nicht das von Anfang an brüchige und wenig vitale Konstrukt der ZAG maßgeblich wurde, sondern die Tarifvertrags-Verordnung (TV-VO) vom 23. Dezember 1918, die der Leiter des Reichsarbeitsamtes und spätere Reichskanzler, der aus der gewerkschaftlichen Angestelltenbewegung stammende Gustav Bauer, vorbereitet hatte, nachdem sich der erste Rätekongress in Berlin mit überwältigender Mehrheit für die parlamentarische Demokratie und die Wahlen zur Nationalversammlung ausgesprochen hatte.

In der Verordnung des Rates der Volksbeauftragten wurde »die überbetriebliche Vereinbarung arbeitsrechtlicher Normen überhaupt erst in die Rechtsordnung eingeführt«, wie sich Ludwig Preller, Regierungsrat im Reichsarbeitsministerium 1949 erinnert (Preller 1978, S. 230 f.). Es ging um die Unabdingbarkeit, die Allgemeinverbindlichkeit und um Begriff und Geltung des Tarifvertrages. In den Bestimmungen über das Schlichtungswesen wurden die Verfahren des Hilfsdienstgesetzes (HDG) fortgeschrieben. Der zweite Teil der Verordnung griff in die Betriebsverfassung ein und ließ die Arbeiterausschüsse neu entstehen. Da die Verordnung im Reicharbeitsamt unter der Beteiligung der großen Arbeitgeber- und Arbeitnehmerorganisationen zustande kam, war sie »somit praktisch eine Frucht der Arbeitsgemeinschaft«, wie Ludwig Preller betonte. Diese Verordnung blieb Gesetz der Weimarer Republik bis zur Kanzlerschaft von Papens bzw. Hitlers. Verfassungsmäßig war sie verankert in den Artikeln 159 (Koalitionsfreiheit) und 165 der Reichsverfassung, womit der Weimarer Republik ein sozialstaatliches Profil verliehen wurde, das in Europa nichts Vergleichbares vorfand (Ritter 1996, S. 227 ff.).

Will man die gewerkschaftlichen Erinnerungen und Erinnerungsgeschichten also rückwärts verfolgen, so hat man es, zunächst für die Weimarer Epoche, nicht nur mit einem perspektivischen Fluchtpunkt zu tun, um den sich Kontextelemente konzentrisch anlagern, sondern, nach Art einer Ellipse, eher mit zwei Brennpunkten. Zum einen mit dem Aufstieg, den Wirkungen und dem Zerfall der ZAG als vorstaatlicher Selbstorganisation der Arbeitsmarktparteien, zum anderen mit der Tarifvertragsverordnung, die staatliches Recht setzte und seit 1919 eine dramatisch anwachsende Fülle von Tarifabschlüssen in sämtlichen Gewerbezweigen eröffnete, und zwar sowohl im Arbeiter- als auch im Angestelltenbereich (Müller-Jentsch 1995, S. 227 ff.).

Tarifverträge legten sich wie ein soziales Netz über die Archipele von Industrie, Dienstleistung, Öffentlichem Dienst und Landwirtschaft. Sie waren die materielle Repräsentation des Prinzips der Solidarität in der Arbeitswelt. Zudem führte die Verordnung vom 23. Dezember 1918 die Möglichkeit der Allgemeinverbindlich-Erklärung (AVE) ins deutsche Arbeitsrecht ein: Tarifverträge, die für die Gestaltung der Arbeitsbedingungen in ihrem Tarifgebiet überwiegende Bedeutung erlangt hatten, konnten auf Antrag der Tarifvertragsparteien von der obersten Arbeitsbehörde des Reiches (grundsätzlich also vom Reichsarbeitsministerium) für allgemein verbindlich erklärt werden. Damit wurden die tariflich vereinbarten Normen auch für die Arbeitsverhältnisse zwischen nicht tarifgebundenen Arbeitgebern und Arbeitnehmern verbindlich. So sollte eine Unterbietung tarifvertraglich vereinbarter Standards verhindert und die beide Arbeitsmarktparteien gefährdende »Schmutzkonkurrenz« ausgeschlossen werden (Englberger 1995. S. 140–144).

Gewerkschaftlicher Erinnerungsarchipel vor 1933

Das »Handbuch der deutschen Gewerkschaftskongresse (ADGB)« von Salomon Schwarz aus dem Jahr 1930 erinnerte daran (Schwarz 1930, S. 257 ff., 46): »Die Lohn- und Tarifpolitik bildet die eigentliche Domäne der Verbände und wird vom Bunde relativ wenig beeinflusst«. Das bedeutete nach den Satzungen des ADGB: »Der Bund der Gewerkschaften geht davon aus, dass die Führung der Lohnbewegung und demzufolge auch die Beschaffung der Mittel zur Unterstützung der beteiligten Mitglieder die eigene Aufgabe jeder Gewerkschaft ist«.

Zur Ordnung der Tariferinnerungen reichen daher die tradierten Topoi des Erinnerungsortes oder der Erinnerungslandschaft nicht aus (Berger/Seifert 2014). Als relativ homogener und geordneter Raum in der mnemotechnischen Topographie erscheint der Begriff des Archipels fruchtbar, in dem disparate

Inseln spartengewerkschaftliche Erinnerungen zu einer Kette von Orten zusammengefügt werden. So wie Odysseus bei Homer erst auf Scheria, der Insel der Phäaken, das Gedächtnis seiner »Irrfahrten« erzählend zurückgewinnt, so müsste ein »Archipel der Erinnerungen« der narrativen Struktur von Tarifvertragserinnerungen gerecht werden (Moser 2005, S. 418). Die rechtlichen Bindungen durch die TV-VO dagegen dürfen wir uns wie eine Seekarte zur Navigation vorstellen, die den jeweiligen Tarifparteien Potenziale und Grenzen ihres kollektiven Verhandelns vor Augen führte.

Besonders der Deutsche Metallarbeiterverband (DMV) pflegte die kurze Erinnerungstradition einer revolutionären Grundhaltung, die sich auch aus der Antikriegshaltung der Berliner Revolutionären Obleute seit dem April 1917 speiste. Am 28. Februar 1919 hatte Richard Müller auf der Vollversammlung der Berliner Arbeiter- und Soldatenräte den Gedächtnisfaden vom Verrat der Führer der freien Gewerkschaften an der Basis weitergesponnen, als er erklärte, die Arbeitsgemeinschaft habe »die Axt an die Errungenschaften der Revolution« gelegt (Weber 2010, S. 198 f.).

Im Oktober 1919 aber wurde nicht Müller, sondern Robert Dissmann, wie Müller von Beruf Dreher, an die Spitze des DMV gewählt. Er war weitsichtig genug, an die im ZAG-Abkommen und durch die Tarifvertrags-VO angelegte Bipolarität der arbeitsmarktlichen Regulierungsmechanismen zu erinnern und sie in Handlungskonzepte umzumünzen. So ließ er keinen Zweifel daran, dass eine Ablehnung der Arbeitsgemeinschaft nicht auch eine Ablehnung von Tarifverträgen bedeute. Er forderte daher ausdrücklich eine »logische Fortentwicklung der Tarifvereinbarungen im Sinne der Sicherstellung der Existenz der Arbeiter«. Und das USPD-Mitglied Hermann Jäckel empfahl auf der 13. Generalversammlung des deutschen Textilarbeiterverbandes im Spätsommer 1919, in der als Instrument der Korrumpierung verteufelten Arbeitsgemeinschaft weiterhin mitzuwirken, wenn es um die kollektive Regelung der Lohn- und Arbeitsbedingungen gehe.

Als im Januar 1930 das »Handbuch der Gewerkschaftskongresse« erschien, war längst klar, dass sich, nach Hyperinflation und Stabilisierungskrise 1923/24, ein Siegeszug des Tarifprinzips vollzogen hatte, wenn auch im Rückblick eingetrübt durch den zunehmenden Eingriff des »Zwangstarifs«, die durch Verordnung vom Oktober 1923 etablierte und vielfach ausgesprochene Verbindlichkeitserklärung von Schiedssprüchen in Schlichtungsverfahren. In seinem Vorwort betonte Salomon Schwarz (Schwarz 1930, S. 5):

»Das Buch will vor allem *ein Buch für die Gewerkschaftspraxis* sein, will den in der Gewerkschaftspraxis stehenden Kollegen die Orientierung in all den Fragen erleichtern, die von den Kongressen behandelt wurden. Für die Gewerkschaftsarbeit ist aber jeweils der Beschluss des Kongresses, weniger die Erörterungen auf dem Kongress maßgebend«.

Hier schlägt sich gewissermaßen exemplarisch nieder, wie sich, organisationspolitisch, Erinnerungskultur in der Alltagspraxis der Gewerkschaften zu vollziehen hat: Jede Stufe auf der gewerkschaftlichen Erfolgstreppe ist als Gedächtnispodest zu begreifen, indem in der Gegenwart Handlungsoptionen für die Zukunft bereitliegen. Zugespitzt, mit einem Wort des Philosophen Ludwig Wittgenstein, bedeutet das: Der Tarifpolitiker »muss sozusagen die Leiter wegwerfen, nachdem er auf ihr hinaufgestiegen ist«.

Die Etablierung des Tarifvertragsprinzips im Ruhrbergbau und die Erinnerungen August Schmidts

Nach Kriegsende, am 1. Januar 1919, wurde der gelernte Bergmann und Verbandsfunktionär des Verbandes der Bergarbeiter August Schmidt vom Verbandsvorstand nach Bochum in die Hauptverwaltung versetzt. Er wurde mit den Vorbereitungen zum Abschluss eines Tarifvertrages betraut. In seinen 1958 veröffentlichten Erinnerungen »Lang war der Weg« heißt es:

»Ehe in der Nacht vom 24. zum 25. Oktober 1919 im Essener Hause des Zechenverbandes die letzten Worte über den kurz vor der Unterzeichnung stehenden Manteltarifvertrag für den Ruhrbergbau gesprochen wurden, waren schon einige Monate starker tarifpolitischer Aktivität verflossen« (Schmidt 1958, S. 99 ff.; Tschirbs 1986, S. 69 ff.).

Recht nüchtern, ja undramatisch wurde damit ein tarifpolitischer Chronotopos markiert. Es folgten Ausführungen über den Beginn der Verhandlungsserie, Lohnvereinbarungen, Arbeitszeitverkürzungen unter dem Druck syndikalistisch-unionistischer Bewegungen, über Schichtzulagen und den Durchbruch in der Urlaubsfrage.

Erinnerungsgeschichtlich hochinteressant, von August Schmidt aber nicht angesprochen, ist die Problematik der sogenannten Südrandzechen. Im ersten Tarifvertrag hatten die Verbände eine Klausel zugestanden, nach der für etliche südlich und westlich von Dortmund und südlich von Bochum liegende Zechen Lohnunterschreitungssätze von fünf bzw. siebeneinhalb Prozent festgesetzt wurden (Tschirbs 1986, S. 81). Die Arbeitgeber hatten in den Verhandlungen mit Rücksicht auf die Südrandzechen gegen einen einheitlichen Mindestschichtlohn plädiert, für »Normallöhne mit einer größeren Spannung nach unten und oben«. Durch die Südrandzechen-Klausel konnten die Gewerkschaften den homogenen Flächentarif in der Schichtlohnfrage insgesamt retten. Mit der Anerkennung der Existenz kritischer Grenzbetriebe zeigte der Viererbund, dass er auf betriebswirtschaftlich begründete Rentabilitätsgesichtspunkte Rücksicht nahm. Alle Lohntarifverträge der deutschen Kohlenreviere wiesen ähnliche Klauseln bis in die Weltwirtschaftskrise hinein auf und waren damit ein eindrucksvolles Dementi der Unternehmerattacken gegen einen »schematischen Tarifvertrag« und gegen einen »wirtschaftsfeindlichen Gewerkschaftsstaat«.

»Die Bergarbeiter im Ruhrrevier«, so August Schmidt weiter, »besaßen jetzt endlich einen Tarifvertrag, aus dem sie ihre Rechte verbindlich ableiten konnten. Natürlich können die Tarifverträge von 1919 und 1955 hinsichtlich ihres Inhalts nicht miteinander verglichen werden, doch – und das ist wichtig! – ein Anfang war gemacht. Tarifurlaub, Deputatkohlen, kürzere Arbeitszeit, Überstundenzuschläge, Kindergeld und eine sorgfältig ausgearbeitete Lohnordnung waren der fortschrittliche Inhalt des ersten Tarifvertrages in der Geschichte des Ruhrbergbaus. Wovon die Bergarbeiter in den vorherigen Jahren kaum zu träumen gewagt hatten, das war jetzt Wirklichkeit geworden«.

Wegen der fortschreitenden, kriegsinduzierten Inflation trennten die Tarifparteien alsbald das Tarifwesen in Manteltarif und Lohntarif, über die in unterschiedlichen Rhythmen von mittlerer und kurzer Laufdauer zu verhandeln war (Tschirbs 1986, S. 104 ff.). Wenn wir so wollen, haben wir es hier mit zwei Aggregatzuständen von Zeit zu tun, einer moyenne durée und einer courte durée. Letztere hat die Züge einer Ereignisgeschichte, eine Welt heftiger Leidenschaften, wie sie charakteristisch für die Weimarer Lohnkonflikte war (Braudel 2001, S. 20 f.).

Erfahrungsräume und Zukunftserwartungen zwischen 1899 und 1924

Durchaus verwunderlich mochte es für die Zeitgenoss*innen im Herbst 1918 wirken, dass ausgerechnet vom innerbetrieblich extrem autoritär strukturierten Bergbau Anstöße ausgingen, die am 15. November 1918 in die Begründung der Zentralarbeitsgemeinschaft im Berliner Hotel Continental einmündeten. Was für die vier Bergarbeiterverbände ein Durchbruch war, gehörte in anderen Gewerben freilich zum Alltag (Krüger 2018, S. 95 ff.; Ullmann 1977; Beier 1968). Das Tarifvertragswesen hatte sich vielerorts schon seit 1873 enorm verbreitet, so im Bereich des Buchdrucks. Indes, in wichtigen Bereichen der Großindustrie, etwa der Stahlindustrie und der Elektroindustrie, war es zu einem Rückstau des gewerkschaftlichen Strebens nach gleichberechtigter Aushandlung von Tariffragen mit den Arbeitgeberverbänden gekommen; wenig erstaunlich, dass sich hier die Auseinandersetzungen um die Wirtschafts- und Gesellschaftsordnung der Zukunft teilweise radikal zuspitzten.

Die Industriegewerkschaft Chemie-Papier-Keramik hat die 100 Jahre von der Gründung des Fabrikarbeiterverbandes 1890 bis 1990 durch eine Autorengruppe um den renommierten Historiker Hermann Weber auf Basis ihrer Archivmaterialien beleuchten lassen. Seit 1908 hatte sich der Verbandsvorsitzende August Brey für Tarifverträge ausgesprochen, und tatsächlich entstanden solche Abkommen in verschiedenen Sparten von 1907 bis 1913: in Ziegeleien, der Zementindustrie, der Tonwaren-, Zellstoff- und Nahrungsindustrie (IG CPK 1990, S. 124 ff.).

In der Großindustrie Chemie gab es bis zum »Gesetz für den vaterländischen Hilfsdienst« (HDG) von Dezember 1916 indes keine Konzessionen. Der Jubiläumsband deutet die sozialpolitische Entwicklung in den letzten beiden Kriegsjahren derart, dass sich ausgerechnet unter dem Einfluss des HDG nicht nur eine Liberalisierung des Versammlungs- und Vereinigungsrechts im Belagerungszustand abgezeichnet habe, sondern dass den Gewerkschaften durch das HDG der Zugang zu den Großbetrieben ermöglicht wurde. Über die im HDG verankerten Arbeiterausschüsse, die bis zum Kriegsende auch mit Lohnfragen befasst waren, wurde die Lohnentwicklung in den letzten beiden Kriegsjahren erträglich gestaltet (ebd., S. 185 ff.).

Auf dem außerordentlichen Verbandstag vom 17. bis 20. Dezember 1917 wurde die Politik des Vorstandes ausdrücklich gutgeheißen. In seinen Grundsatzreden kamen Breys Zukunftserwartungen zum Ausdruck, nämlich eine dauerhafte Zusammenarbeit von Unternehmern und Gewerkschaften zur Lösung einer erwartbaren Wirtschafts- und Beschäftigungskrise nach Kriegsende. Es erscheint folgerichtig, dass die Reichsarbeitsgemeinschaft Chemie im Kern auch nach 1920 als Tarifgemeinschaft erhalten blieb (ebd., S. 219). Der Verband stand, wie es in seiner Jubiläumsschrift heißt, »uneingeschränkt zur parlamentarischen Weimarer Demokratie, für deren Ausgestaltung er sich engagiert einsetzte« (ebd., S. 609). Als der Verband 1930 seinen 40. Jahrestag feierte, konnte er eine erfolgreiche Bilanz ziehen. Lohnerhöhungen, Arbeitszeitverkürzungen, Urlaub, Arbeits- und Krankheitsschutz waren erkämpft: »Die viertgrößte Gewerkschaft des ADGB zeigte sich als ein wichtiger politischer und gesellschaftlicher Faktor, eine demokratische Stütze der ersten deutschen Republik«.

Im 1969 veröffentlichten »Stein für Stein. Die Leute von Bau-Steine-Erden und ihre Gewerkschaften« vergewisserte sich ein weiterer Fachverband seiner hundertjährigen Geschichte (Anders 1969, S. 152–157). Der Zentralverband der Maurer hatte sich demnach im März 1899 grundsätzlich für den Abschluss von Tarifverträgen ausgesprochen; im selben Jahr wurde der »Deutsche Arbeitgeberbund für das Baugewerbe« gegründet, um durch Schaffung einer eigenen Organisation »ein Gegengewicht zu bieten«. Bereits 1895 hatte es 13 örtliche Tarifverträge gegeben; im Jahr 1900 war die Zahl auf 117 gestiegen. Theodor Beumelburg, Vorstand des Zentralverbandes der Zimmerer Deutschlands, war es 1900 gelungen, mit dem Arbeitgeberbund für das Baugewerbe zu Stettin einen ersten Tarifvertrag mit einer Anerkennungsklausel abzuschließen. So konnte die Jubiläumsschrift das Baugewerbe als »Schrittmacher des Tarifvertrages« würdigen:

»Im Baugewerbe arbeiteten 1907 400.000 Arbeitnehmer in einem Tarifvertragsverhältnis; das waren 40 Prozent aller Arbeiter, die im Deutschen Reich kollektive Arbeitsverträge hatten. Das Baugewerbe war seit 1900 seinen eigenen Weg tariflicher Vereinbarungen gegangen und befand sich damit im Gegensatz zur tariffeindlichen Haltung der Großindustrie«.

Ähnlich wie beim Fabrikarbeiterverband wurde auch von Theodor Thomas, dem Vorsitzenden des Dachdeckerverbandes von 1916 bis 1931, das Hilfsdienst-Gesetz (HDG) positiv erinnert: »Zum ersten Mal wurden dabei die Gewerkschaften als gegebene Vertretung der Arbeiter anerkannt«. Auch wenn er dem HDG attestierte, »zweifellos sehr anfechtbar zu sein«, lag für ihn dessen historische Bedeutung doch mehr darin, »daß mit dem Gesetz zum ersten Male Begriffe ihre Wurzeln fanden, die so etwas wie eine rechtliche Anerkennung der Arbeitervertretung und der Gewerkschaften enthielten«.

Im August 1918 fand Theodor Thomas als Sprecher einer Gewerkschaftsdelegation sogar Gehör bei Reichskanzler Hertling und seinem Kabinett, als es um das Problem der Volksernährung ging. Dem Vorwurf »für den fehlenden revolutionären Eifer« geht die Jubiläumsschrift gleichfalls nach (ebd., S. 177–181): »Den Gewerkschaften ist seit 1914 häufig der Vorwurf des Verrats gemacht worden. Doch sie konnten keine Ideen und Ideologien verraten, die andere hatten und sie nicht teilten«. Als der »Deutsche Bauarbeiter-Verband« am 4. Mai 1919 einen außerordentlichen Verbandstag in Weimar abhielt, ging es, in der Tradition der langjährigen Tarifvertragsgeschichte, konsequenterweise um die Marschroute für die bevorstehenden Tarifverhandlungen. Zwei oder drei von 173 Delegierten waren Mitglieder der KPD und fest entschlossen, mit dem Vorstand und der bisherigen Gewerkschaftspolitik abzurechnen. Der Antrag, den Vorsitzenden Fritz Paeplow wegen »arbeiterfeindlicher Gesinnung und reaktionärer Haltung« aus dem Verband auszuschließen, wurde mit überwältigender Mehrheit überstimmt.

Charakteristisch für den Weg in den Weimarer Sozialstaat mit seinem fortschrittlichsten Arbeitsrecht der Welt ist, dass die führenden Gewerkschafter keinen Zweifel daran ließen, dass die Elemente industrieller Demokratie die Komplementärform zur parlamentarischen Demokratie im staatlichen Raum darstellten. Theodor Leipart, seit 1921 ADGB-Vorsitzender, führte dazu 1926 aus: »Genau wie im Staate sollen auch in der Wirtschaft die Arbeiter nicht mehr länger Untertanen sein, sondern gleichberechtigte Wirtschaftsbürger«. Und 1928 ergänzte er:

»Demokratie im Staate und Autokratie in der Wirtschaft vertragen sich nicht auf Dauer. Wer also das demokratische System der Staatsverwaltung schützen und aufrechterhalten will, muss dafür sorgen, dass auch in der Wirtschaft die Demokratie durchgeführt wird« (Plener 2007, S. 40f.).

Beeindruckend ist dabei, dass es den Gewerkschaften gelang, die Kritiker von links in das gewerkschaftliche Alltagsgeschäft zu integrieren, sie, zumindest phasenweise, zu »besänftigen«. Von daher ist auch ihr Anteil an der Stabilisierung der Republik nicht hoch genug zu veranschlagen.

Erfahrungen und Lernprozesse 1924–1929

In der Stabilisierungskrise vom Herbst 1923 bis zum Frühjahr 1924 gelang es Reichsarbeitsminister (RAM) Heinrich Brauns nur mit Mühe, die Attacken der schwerindustriellen Arbeitgeber auf das Tarifvertragswesen zurückzuweisen. In dem zweiten Kabinett der Koalition unter Gustav Stresemann kam am 30. Oktober 1923 eine Schlichtungs-VO zustande, die das autoritative Element im Schlichtungswesen über die Instrumente der Unabdingbarkeit und der Allgemeinverbindlich-Erklärung hinaus bekräftigte; die VO ermöglichte über die Verbindlichkeitserklärung (VE) von Schiedssprüchen unter Einbeziehung staatlicher Schlichter faktisch die Durchführung einer staatlichen Tarifpolitik (Bähr 1989, S. 72 ff.).

War diese VO von Brauns eine Antwort auf die offensichtliche Tariffeindlichkeit von Unternehmern und eine Stützungsaktion für die durch die Inflation schwer getroffenen Tarifgewerkschaften, so kam die Arbeitszeit-VO vom 21. Dezember 1923, nach der die tägliche Arbeitszeit durch tarifliche Vereinbarung oder behördliche Genehmigung ohne Überstundenzuschläge auf bis zu zehn Stunden verlängert werden konnte, deutlich den Arbeitgeberforderungen entgegen. So wurde im Ausland die Wiedereinführung des zwölfstündigen Zweischichtensystems als Sozial-Dumping gebrandmarkt, nachdem das inflationsgestützte Export-Dumping durch die Währungsstabilisierung beendet worden sei (Steinisch 1984, S. 394f.).

Gleichwohl zeigte die Reaktion aus Arbeitgeberkreisen, dass man mit der restlosen Beseitigung der Tarifautonomie gerechnet hatte (Feldman/Steinisch 1985, S. 94 ff.). Zwar löste sich die ZAG im Frühjahr 1924 ohnehin endgültig auf, doch setzte nun eine Phase einer modernen, produktivitätsorientierten Tarifpolitik ein, in der die Gewerkschaftsfunktionäre mit dem Rüstzeug von Betriebswirtschaftswissenschaft und Nationalökonomie die Spielräume ihrer Verbändemacht auszutarieren verstanden (Tschirbs 1986, S. 286 ff.).

Zur offenen Auseinandersetzung in der Ruhrindustrie sollte es in der Eisen- und Stahlindustrie kommen. Der von Gerhard Beier herausgegebene und kommentierte Jubiläumsband »Die METALL-Zeitung von 1883–1983. 100 Jahre im Wort« (Beier 1983, S. 250) gibt Vorgänge und Deutungen im Wesentlichen aus der Perspektive vom Jahresende 1928 wieder: »Der Ruhreisenstreit vom 1928/29 – auch als Nordwest-Aussperrung bekannt – zeigt beispielhaft, wie der Klassenkampf von oben betrieben wurde, um die sozialen Grundlagen der Republik zu zerstören«. Aber auch auf der Kapitalseite brachen, wie Holger Gorr 2009 in einer kommentierten Quellenedition der IG Metall erinnert, erhebliche Konflikte auf (Peters/Gorr 2009, S. 960):

»Die Mitinhaberin eines der größten deutschen Industriekonzerne erzählte jedem, der es hören wollte, dass sie nicht bereit sei, ihr väterliches Erbe aufs Spiel zu setzen, um schneidigen Kavallerieoffizieren zu ermöglichen, ihre juristischen Husarenritte ad infinitum fortzusetzen. Wenn Frau Bertha Krupp gegen den Syndikus und Prozessbevollmächtigten Grauert aufbegehrte, war offenkundig, dass die Zeit gekommen war, um den Arbeitskampf zu beenden«.

In Gorrs Urteil ging es Ludwig Grauert, dem Geschäftsführer von Arbeit Nordwest, schon seit dem Sommer 1928 um Strategien im Kampf gegen Tarifvertragssystem und Zwangsschlichtung (ebd., S. 965).

Erinnerungskultur im Kampf gegen hegemoniale Strategien

Auf der 27. Generalversammlung des Verbandes der Bergbauindustriearbeiter Deutschlands vom 20. bis 24. Juli 1930 in Breslau ging der Vorsitzende Fritz Husemann nur am Rande auf die rechtlichen Konsequenzen des Ruhreisenstreits vom November 1928 ein (Protokoll 1930, S. 88 f.). Die Verbindlichkeitserklärung (VE) »von Amts wegen« wurde durch das Reichsarbeitsgericht bekanntlich aufgehoben. Aber schon für die Jahre 1928 und 1929 wies Husemann nach, dass rund 79 Prozent aller Lohnbewegungen durch freie Vereinbarung, »sei es mit oder ohne Hilfe des Schlichters«, zustande gekommen seien. Von den 31 Lohnbewegungen, die durch VE beendet wurden, folgten sieben, also 23 Prozent, auf Antrag der Unternehmer. Im freigewerkschaftlichen Bergarbeiterverband war, unter dem Einfluss der Volkswirtschaftlichen Abteilung unter Georg Berger, fundierte Kritik am sturen Ausbau von Kapazitäten ohne Marktanalyse seitens der Unternehmer vorgetragen worden, die von der Nationalökonomie eines Moritz Julius Bonn oder der Betriebswirtschaftswissenschaft eines Eugen Schmalenbach bekräftigt worden war. Dabei waren die Quoten der aufgelassenen Südrandzechen im Rheinisch-Westfälischen Kohlensyndikat (RWKS) durch die großen Ruhrkonzerne aufgekauft worden, um die hochgradig durchrationalisierten Verbundschachtanlagen wenigstens halbwegs auszulasten. Der ausufernde Kapitaldienst belastete die Ruhrzechen wesentlich stärker als die in den Lohnrunden gestiegenen Arbeitskosten, die durch die enormen Produktivitätsanstiege gedeckt wurden (Tschirbs 1986, S. 343–355, 476).

In seinem Rückblick »Der Ruhrbergbau in Vergangenheit, Gegenwart und Zukunft« kam August Heinrichsbauer, langjähriger Verbindungsmann zwischen Ruhrbergbau und NSDAP, 1948 zu dem Eingeständnis, dass die Steigerung der maschinellen Gewinnung der Kohle von 1914 bis 1929 die Gewinnsituation nicht verbessert hatte: »Durch Verzinsung und Tilgung der hohen Kapitalinvestitionen wurde die durch Rationalisierung und Mechanisierung erzielte Kostensenkung großenteils wieder aufgezehrt«; eine Rentabilitätsbesserung sei daher nicht eingetreten (Heinrichsbauer 1948, S. 67).

Betriebswirtschaftliche Kompetenzen waren bei den Bergwerksdirektionen seit der Gründung des Verkaufssyndikats RWKS 1893 kaum noch vorhanden, und bei den dramatischen Veränderungen auf dem Weltenergiemarkt mit dem Aufstieg von Öl und Braunkohle in den 1920er Jahren war auch der Vorstand des RWKS überfordert. In der »Festgabe zum Deutschen Bergmannstag 1928« lastete der neue Vorsitzende von Zechenverband und Bergbau-Verein Ernst Brandi die Rentabilitätskrise indes dem Weimarer Sozialstaat und den Gewerkschaften an (Brandi 1928, S. 53 f.). Die Folge der staatlichen Umwälzung sei, »daß die Lohnhöhe nicht mehr nach klaren und ehernen Wirtschaftsgesetzen, sondern nach politischen Machtverhältnissen festgesetzt wird«. Ein pointierter Kulturpessimismus diente der Kaschierung der Ratlosigkeit der Wirtschaftselite an der Ruhr: »Es ist das Zeitalter des verantwortungslosen Individuums, das Zeitalter, in dem wirtschaftliches und kaufmännisches Denken in maßgebenden Kreisen abhanden gekommen ist«. Die »Rückkehr zu wirtschaftlicher Vernunft« werde sich erst einstellen, »wenn auch die Arbeiterschaft, vielleicht ohne die jetzigen Führer«, die Gesetze einer ertragreichen Wirtschaft anerkannt habe.

So muss es verständlich erscheinen, wenn der Reichskanzler Heinrich Brüning in seinen Memoiren angesichts der Weltwirtschaftskrise klagte, »daß es nur ganz wenig Wirtschaftsführer in Deutschland gab, die über ihren eigenen Betrieb hinaus planmäßig wirtschaftlich denken konnten« (Brüning 1970, S. 234, 370f.). Am 1. Oktober 1931 bekannte Reichsarbeitsminister Adam Stegerwald intern nicht ohne Grund: »Mir ist keine Gruppe von Unternehmern so unsympathisch wie die Ruhrbergbauindustriellen«. Brüning und er seien in der letzten Woche »über deren Verhalten und Einstellung gleichmäßig empört« (Maurer/Wengst 1980, S. 1009).

In der Tat hatte sich in der Erinnerungskultur der Bergbauindustriellen an der Ruhr, in Ermangelung betriebswirtschaftlicher Fantasie, die Auffassung verfestigt, dass Tarifvertragsfragen kein Aushandlungssujet seien, sondern sich auf rein gewerkschaftliche Machtansprüche zurückführen ließen. Symptomatisch für diese Form der Krisenverarbeitung steht das Werk von Paul Osthold, »Die Geschichte des Zechenverbandes 1908–1933«, der seinen Auftraggebern ein epochales Gemälde entwarf, das den bloß ephemeren Unmutsäußerungen und Attacken auf das Tarifwesen den Rang eines geschichtsphilosophischen Traktats verleihen sollte (Osthold 1934).

Nun konnte man lesen, der Inhalt der ZAG-Vereinbarung vom 15. November 1918 »spiegelt den vollen machtpolitischen Sieg der Gewerkschaften wider« (ebd., S. 282). Die Nachkriegsphase wird unter dem Titel »Der Gewerkschaftsstaat« subsumiert (ebd., S. 271–276). Dabei musste der Autor eingestehen, dass die Belegschaftszahl im Gesamtrevier vom Februar 1923 (564.061) auf Januar 1930 um rund 180.000 Arbeiter gesunken war (ebd., S. 299), ja dass sich die Leistung der bergmännischen Belegschaft je Schicht von 1924 (4. Vj. = 100) auf Januar 1933 (= 190,07) nahezu verdoppelt hatte (Statistik ebd., S. 429 ff.). Osthold schließt sein Werk mit Stimmen von der 75. Generalversammlung des Bergbau-Vereins am 1. April 1933 (ebd., S. 422 f.). Es war dem Vorsitzenden Ernst Brandi vorbehalten, »die heutige nationale Regierung unter der Führung Hitlers« zu begrüßen:

»Wir sind bereit, an diesem großen Werke mitzuwirken und uns der neuen Regierung voll zur Verfügung zu stellen. Im Besonderen sind wir bereit, bei der Herstellung der Volksgemeinschaft mitzuwirken mit unseren Arbeitern, von den uns nicht länger Feindschaft, Mißtrauen und Klassenhaß trennen darf, sondern die mit uns in der Betriebsgemeinschaft, einer großen Fährnisgemeinschaft innerhalb unserer Werke und Industriezweige zusammenstehen müssen«.

Gleichwohl wäre es eine unverzeihliche Vereinfachung der Sicht auf historische Prozesse, wollte man aus solchen Befunden einen deterministischen Grundzug ablesen. Auf der Hauptversammlung der Gesellschaft für Soziale Reform am 27. und 28. Januar 1933 in Hannover war es, als wollte der Weimarer Sozialstaat gleichsam den Atem anhalten und nach anderen Wegen aus der Staats- und Wirtschaftskrise suchen (Reidegeld 2006, S. 304f.). In den Redebeiträgen wurden künftige sozialpolitische Szenarien bezeichnenderweise aus erinnerungspolitischen Rückwendungen abgeleitet. So führte, auch angesichts der Notverordnung des vormaligen Reichskanzlers Franz von Papen am 5. September 1932 mit ihrem Eingriff in geltendes Tarifrecht (Steiger 1998), der erste stellvertretende Vorsitzende der Gesellschaft Poetzsch-Heffter aus, mit der

»Anerkennung der Gleichberechtigung der Arbeiterschaft im neuen Volksstaat nach dem Kriege war eine Grundlage für die Sozialpolitik geschaffen worden, von der sie ohne die schwersten Gefahren für Zusammenhalt und Bestand des deutschen Volkes nicht mehr entfernt werden könnte« (o. V. 1933c, S. 135).

Auch Frieda Wunderlich, die Mitherausgeberin der *Sozialen Praxis*, beschwor rückblickend den »Stolz des freien Staatsbürgers« (ebd., Sp. 137). Roland Brauweiler, geschäftsführendes Vorstandsmitglied der Vereinigung der Deutschen Arbeitgeberverbände (VDA), hielt ein Plädoyer für die Sozialpolitik, deren »Bejahung eine selbstverständliche Tatsache sei« (ebd., Sp. 169f.). Solange die natürlichen sozialen Gegensätze in einer Form ausgetragen würden, die schöpferisch als Element des Fortschritts wirksam werde, sei ein Staatseingriff unnötig.

Die bemerkenswerte Übereinstimmung der arbeitsrechtlichen Positionen von ADGB- und VDA-Repräsentanten mochte bei den Zuhörern ein Hochgefühl ausgelöst haben, doch am Ende der Brauweiler-Rede heißt es im Protokoll (Sp. 170):

»Während der diesen Ausführungen folgenden Mittagspause wurde der Rücktritt der Regierung v. Schleicher bekannt. Die Erregung und Sorge, die durch diese Nachricht ausgelöst wurden, machten sich in manchen der folgenden Diskussionsreden bemerkbar«.

Tatsächlich erahnte der Bonner Ordinarius für Strafrecht Alexander Graf zu Dohna die Tiefe eines Abgrundes, der sich nun eröffnen könnte (Sp. 171): »Wir stehen vielleicht kurz vor der Entscheidung, ob der Staat von 1919 sich behaupten oder der Reaktion das Feld räumen wird«. In den folgenden Anmerkungen der Herausgeber*innen der *Sozialen Praxis* heißt es unter dem Rubrum »Allgemeine Sozialpolitik« unmissverständlich (Sp. 174):

»Der Aufruf der Reichsregierung, den Reichskanzler Hitler am 1. Februar, nach Unterzeichnung der Auflösungsorder für den Reichstag durch den Reichspräsidenten, am Rundfunk verlesen hat, ist eine tief verletzende Anklage gegen das deutsche Volk, dem Verrat und schuldhafte Selbstvernichtung vorgeworfen wird«.

Am 16. Februar 1933 veröffentlichte die Schriftleitung eine mutige Abrechnung des Reichsarbeitsministers a. D. Dr. Heinrich Brauns mit den Plänen der »Reichsregierung Hitler-Hugenberg-Papen«, einen »Abbau des Reichsarbeitsministeriums« zugunsten des Reichswirtschaftsministeriums unter Hugenberg, der noch immer zweiter Vorsitzender des Zechenverbandes war, zu betreiben (Brauns 1933, S. 193–198). Er sah darin zu Recht eine Politik »der sozialen Reaktion« am Werke, »die sich der gegenwärtigen Notlage der Arbeitermassen bedient, um deren Rechte zu beseitigen«. In der »geschichtlichen Sendung der Arbeiterbewegung der Gegenwart liegt der tiefste Sinn und die innere Begründung für ein Arbeitsministerium«.

Die Herausgeber*innen der *Sozialen Praxis*, Frieda Wunderlich und Wilhelm Polligkeit, gaben auch dem ADGB-Vorsitzenden Theodor Leipart im Heft 8 vom 23. Februar 1933 das Forum, an »Leistungen der Gewerkschaften für Volk und Staat« zu erinnern (Leipart 1933, S. 225–231). Es handelt sich dabei um ein beeindruckendes Abschiedsplädoyer des gewerkschaftlichen Zeitalters. Im engen Sinne betraf, so Leipart, das Streben der Gewerkschaften den das gesamte kulturelle und soziale Leben der Nation entscheidenden wichtigen Faktor: »die Lohn-und Arbeitsbedingungen, welche die einzige Basis des Lebens dieser Millionen besitzloser Volksgenossen darstellen«. Der Verfassungsauftrag von Weimar an Arbeiter*innen und Angestellte, »gleichberechtigt in Gemeinschaft mit den Unternehmern an der Regelung der Lohn- und Arbeitsbedingungen sowie an der gesamten wirtschaftlichen Entwicklung der Produktivkräfte mitzuwirken«, sei das Leitmotiv des gewerkschaftlichen Wirkens. Die Anerkennung im ZAG-Abkommen vom November 1918, inmitten der Auflösung des Staatswesens, habe es ermöglicht, »die für den geschichtlichen Augenblick beim Abbruch des Krieges wichtigste nationale Aufgabe, die reibungslose Zurückführung der Arbeiter und Angestellten im Waffenrock an die Stätten produktiver Arbeit«, zu fördern.

Den Tarifvertrag zählte Leipart zu den bedeutendsten Ergebnissen des Novemberabkommens in der arbeitsrechtlichen Gesetzgebung seit 1918:

»Er gibt der Lebensführung der arbeitenden Bevölkerung ein höheres Maß an Sicherheit und Geborgenheit, mildert die Störungen und Reibungsverluste, die aus dem unumgänglichen Widerstreit der Interessen an der Gestaltung des Arbeitsvertrages entstehen, und schafft damit eine größere Stetigkeit im Ablauf des sozialen Lebens des ganzen Volkes«.

Der Kampf gegen die zerstörerischen Wirkungen der Inflation wäre aussichtslos gewesen, wenn die Gewerkschaften nicht »ein nahezu lückenloses, alle Erwerbszweige einschließendes System von Tarifverträgen errichtet und aufrechterhalten hätten«. Die immerwährende Neuregelung der Tariflöhne sei »dem ständig schwindenden Wert des Geldes« gefolgt und hätte »einer verzweifelnden Stimmung« entgegengearbeitet. So hätten sich die Gewerkschaften und auch die Betriebsräte »in den großen Lebenskrisen unseres Volkes stets als tragende Pfeiler des sozialen Gefüges bewährt«.

Es folgt eine ebenso umfangreiche wie beeindruckende Auflistung der Gesamtheit gewerkschaftlicher Leistungen bei Arbeitslosigkeit, Krankheit, Invalidität, bei Rechtsberatung in Arbeitsverhältnisfragen, im Sozialversicherungswesen und in der Lehrlingsausbildung. So sei den Arbeitnehmern, ansonsten in den Industriequartieren verloren lebend, »eine Heimat im Kreise des Berufes« geebnet worden. Aus »umhegten Lebensstätten« vermochten sie »Beziehungen zum kulturellen Leben der Nation« aufzunehmen. Durch Bibliotheken und Presse, Vorträge, Konzerte und Theateraufführungen »erschlossen die Gewerkschaften der Arbeiterschaft den Zutritt zur Geisteswelt des deutschen Volkes«. So schufen die Gewerkschaften »eine Schule der Verantwortung«, ein Volk, das sich seiner Souveränität bewusst sei.

Fast wirkt es wie eine ironische Pointe des Untergangs des Weimarer Sozialstaats, dass die Arbeitgeber-Repräsentanten Carl Friedrich von Siemens und Gustav Krupp am 1. April 1933, nach gründlicher gedanklicher Vorbereitung, zu einem »Gedankenaustausch« mit dem Reichskanzler Hitler aufbrachen, um ihn über eine geplante Wiederbelebung der Zentralarbeitsgemeinschaft zu unterrichten (Handschriftliche Aktennotiz von Carl Friedrich von Siemens; SAA, Nachlass Siemens, 4. Lf 676-1). Fritz Thyssen als Propagandist der NSDAP in den Kreisen der Schwerindustrie hatte in der Präsidialsitzung des Reichsverbandes der Deutschen Industrie (RDI) am 23. März 1933 den Kollegen vorgeworfen, »immer und zu jeder Zeit ›Schleppenträger‹ des bisherigen Systems« gewesen zu sein, und warnte provokativ vor dem Versuch »einer Fronde mit den Gewerkschaften« gegen die Regierung Hitler (Wengst 1980; Neebe 1981, S. 178–188).

Als sich der RDI-Vorsitzende Krupp und sein Stellvertreter von Siemens am 1. April in der Reichskanzlei einfanden, erschien zeitgleich der Leiter der Wirtschaftspolitischen Abteilung der NSDAP Otto Wagener in der Berliner Geschäftsstelle des RDI und verlangte ultimativ den Rücktritt der jüdischen Mitglieder von Präsidium und Geschäftsführung. Es war der Tag, als der Straßenterror im Boykott gegen jüdische Geschäfte systematisch entfesselt wurde (Langer 2005, S. 219). Die rohe Gewalttätigkeit ließ alle Pläne von einer Kooperation der Arbeitsmarktparteien in einer staatsfreien Sphäre, eine Neuauflage des Novembers 1918, als restlos illusorisch erscheinen.

Die Tarifautonomie im Erinnerungsfeld zwischen 1918 und 1949

Sechs Jahre nach dem Erscheinen seiner für die Erforschung der Tarifvertragsgeschichte maßgeblichen Dissertation »Die Durchsetzung der Tarifautonomie in Westdeutschland« (Nautz 1985) veröffentlichte der Autor Jürgen Nautz eine komprimierte Darstellung in einem Aufsatz, der im Titel eine entscheidende Variante aufweist: »Die Wiederherstellung der Tarifautonomie in Westdeutschland nach dem Zweiten Weltkrieg« (Nautz 1991). Das Tarifvertragsgesetz vom 9. April 1949, noch vor dem Grundgesetz vom Mai 1949 verabschiedet, rückte damit in eine eindeutige Kontinuität zum Weimarer Tarifrecht. Für die politische Konstellation von 1948/49 stellt Nautz fest, dass die liberale Ausgestaltung des Tarifrechts »auf die gemeinsame Einflußnahme« der Gewerkschaften und der Arbeitgeberorganisationen zurückgeht (ebd., S. 179).

Als ein staatskorporatistisches Tarifverhandlungsmodell vom Zentralamt für Arbeit in der britischen Zone in Lemgo und später zunächst auch von der Verwaltung für Arbeit des Vereinigten Wirtschaftsgebiets in Frankfurt verfolgt wurde, setzten sich die künftigen Tarifparteien energisch gegen eine Regelung des Tarifvertragsrechts zur Wehr, nach der die Tarifverträge nur durch die Eintragung in ein amtliches Tarifregister Gültigkeit erlangen konnten. Besonders die Gewerkschaften forderten, unter dem Eindruck der ungeliebten Weimarer Zwangsschlichtung, eine absolute Tarifautonomie.

Auf Seiten der Gewerkschaften waren es besonders die Planungen einer Exilgruppe deutscher Gewerkschafter in England gewesen, die mitsamt ihrem detaillierten Programm der absoluten Verbändeautonomie entgegenstanden. Zwar hatte diese Gruppe 1946 in Erinnerung an die TV-VO vom Dezember 1918 deren Wiedereinführung und damit die Tarifautonomie befürwortet, doch die Männer um Ludwig Rosenberg, Walter Auerbach und Hans Gottfurcht waren stärker vom Konzept der Wirtschaftsdemokratie beeinflusst, wie es Fritz Naphtali 1928 dem ADGB vorgelegt hatte (Thum 1991; Nautz 1985, S. 151).

Neben der staatlichen Planung der Wirtschaft forderten diese Gewerkschafter eine gleichwertige Beteiligung an den Selbstverwaltungskörpern der Wirtschaft sowie eine Beteiligung von Betriebsräten an der Leitung der größeren Betriebe (Nautz 1991, S. 186f.). Auch eine Sozialisierung der Grundstoffindustrien Bergbau, Eisen- und Stahlindustrie, der Großchemie und der Großbanken stand auf der gewerkschaftlichen Agenda. Noch im März 1959 argumentierte der IG-Metall-Vorsitzende Otto Brenner in dieser Traditionslinie (Brenner 1959, S. 113 ff.):

»Die Gewerkschaften müssen also heute ebenso unmißverständlich wie 1949 Stellung nehmen gegen den restaurativ-kapitalistischen Aufbau unserer Wirtschaft, für eine Wirtschaftsordnung, die durch das Gemeineigentum an den entscheidenden Produktionsmitteln [...] und durch demokratische Gesamtplanung gekennzeichnet ist«.

Die »Wiederherstellung der alten Verhältnisse und eine Wiederholung der Schrecken der Vergangenheit« müssten unmöglich gemacht werden. Es war demnach charakteristisch für die Rechtfertigungsstrategien in den Nachkriegsgewerkschaften, dass man sich auf unterschiedliche Phasen des gemeinsamen Erfahrungsraums bezog: die einen auf die Folgen des sogenannten Zwangstarifs der behördlichen Schlichtung Weimars und damit auf ein vermeintliches Zuviel staatlicher Macht, die anderen auf die Konzentration wirtschaftlicher Macht in den Händen kleiner Gruppen, die zum Untergang der Weimarer Republik beigetragen habe.

Auf einer Sitzung der Ausschüsse für Arbeitsrecht, Lohnpolitik, Sozialpolitik und Wirtschaftspolitik des DGB (brit. Zone) am 10. und 11. März 1948 in Hannover war es dem Metall-Gewerkschafter Erich Bührig und dem Einfluss des Arbeitsrechtlers Hans Carl Nipperdey zu verdanken, dass sich die Auffassung von einer gelenkten Wirtschafts- und Arbeitsmarktpolitik nicht durchsetzte (Bührig 1950, S. 14 ff.). Bührig hatte, nicht ohne dialektischen Hintersinn, vor diesem Gremium postuliert, dass die Gewerkschaften »in einer freien Wirtschaft oder in einer als frei bezeichneten gelenkten Wirtschaft [...] vollkommene Freiheit der Lohnpolitik« fordern müssten (Nautz 1991, S. 190).

Der von Nipperdey schließlich vorgelegte, in einem Punkt von den Gewerkschaften noch revidierte Entwurf des Tarifvertragsgesetzes (TVG) wurde schließlich im Wirtschaftsrat mit Zustimmung der Arbeitgeberseite verabschiedet. Die Arbeitgeber erwiesen sich bei dieser Entwicklung »als wichtiger Partner im Kampf gegen die Festschreibung staatlicher Interventionsmöglichkeiten in die Tarifautonomie« (Nautz 1985, S. 160). Zugleich wurde auch der Vorrang des Tarifvertrages vor der Betriebsvereinbarung zementiert, eine weitere Parallele zur Verordnung vom Dezember 1918 (Kittner 2005, S. 560–567).

Für den Autor Jürgen Nautz gab es 1985 keinen verständlichen Grund dafür, dass die westdeutsche Geschichtswissenschaft in ihrer Mehrheit die Entstehung des Tarifvertragsgesetzes keiner Erwähnung für würdig erachtete. Das TVG verblieb im Schatten des wenig später verabschiedeten Grundgesetzes. Damit verfestigte sich im Grunde nur die zeitgenössische Konstellation von 1948/49: In der öffentlichen Diskussion spielte das TVG damals keine Rolle, wie Nautz' Auswertung führender Tageszeitungen ergab, denn Vorrang hatten seinerzeit

Fragen der Ernährung und der Demontage. Daher verwundert es auch kaum, dass im Rückspiegel der Fachwissenschaft auch der 15. November 1918 keine entsprechende Aufwertung erfahren konnte.

Die einschlägigen Forschungen und Projekte von Historiker*innen (exemplarisch: Gerhard A. Ritter, Jürgen Kocka, Klaus Schönhoven, Heinrich August Winkler, Hans Mommsen, Helga Grebing, Michael Schneider, Gerald Feldman, Werner Abelshauser, Klaus Tenfelde, Stefan Berger), überwiegend in Kooperation mit dem DGB oder den Einzelgewerkschaften, haben zwar die Bedeutung der Gewerkschaften bei der Herausbildung des deutschen Sozialstaates nachdrücklich beleuchtet, doch der herausragenden Rolle der Tarifpolitik der Branchengewerkschaften im Modernisierungsprozess der Gesellschaft gleichwohl nicht immer die angemessene Beachtung gewidmet.

Die Monografie von Dieter Krüger über das Stinnes-Legien-Abkommen zeichnet auf erweiterter Quellengrundlage zwar umsichtig die Motive der Arbeitgeberfraktionen in der Revolution von 1918/19 ebenso sorgfältig nach wie die Verkennung des Ranges der Tarifautonomie durch die westdeutschen Universitätshistoriker. Doch das Werk stammt nicht aus der Mitte einer interessierten Historikerzunft, sondern wurde bezeichnenderweise vom Arbeitgeberverband Gesamtmetall herausgegeben (Krüger 2018).

Verfolgen wir die Erinnerungslinie von 1949 zurück nach 1918. In einer 1987 veröffentlichten Studie hat Detlev Peukert überzeugend nachgewiesen, dass die »innere Liquidierung des Krieges« die Hauptsorge der politisch Verantwortlichen zur Jahreswende 1918/19 bildete:

»Millionen Soldaten waren in die Heimat zurückzuführen und mit Arbeitsplätzen auszustatten, Millionen Kriegsopfer waren zu versorgen, eine hochkomplexe Kriegszwangswirtschaft war in eine Friedenswirtschaft zu überführen« (Peukert 1987, S. 57 f.).

So stießen die Industriellen um Hugo Stinnes und die Gewerkschaften um Carl Legien auf relativ wenig Gegenwehr, als sie sich anlässlich der Oktoberreformen 1918 über die Grundzüge eines Abkommens einigten, das die Maßnahmen des staatlichen Demobilmachungsamtes unter Joseph Koeth durch die Kooperation der gewerkschaftlichen und industriellen Verbandsspitzen flankierte: »Die Revolution verzögerte die Unterzeichnung des Abkommens nur um einige Tage, bis zum 15. November 1918«. In Peukerts Urteil war auch die Praxis erfolgreich, »beim Übergang zur Friedenswirtschaft ein Maximum an marktwirtschaftlicher Freiheit durchzusetzen, zugleich aber in Problemzonen staatliche Eingriffe noch länger beizubehalten und die soziale Absicherung der Arbeitnehmer korporatistisch zu garantieren«. Diese große Leistung, so Peukert, werde erst sichtbar, wenn man das chaotische Ende des Zweiten Weltkrieges mit der Demobilmachung nach dem Ersten Weltkrieg vergleiche. Für den Kern einer »Erinnerung an den Tarifvertrag« mag auch Peukerts Einsicht maßgeblich sein, dass jene Leistung

»sich den Zeitgenossen gerade deshalb in ihrer Bedeutung nicht enthüllte, weil alles so unerwartet glatt verlief. Der relative Erfolg des Demobilmachungsamtes, der Zentralen Arbeitsgemeinschaft und der Revolutionsregierung verhinderte die öffentliche Anerkennung ihrer Leistung«.

Es spricht vieles dafür, sich auch den grundlegenden Einsichten von Karl Christian Führer anzuschließen, der in seiner Legien-Biografie festhält:

»In der Literatur ist die ausgebliebene Sozialisierung großindustriell geprägter Branchen zu den Versäumnissen der Sozialdemokraten gerechnet worden, die den weiteren Weg der Weimarer Republik negativ beeinflusst hätten. Mir erscheint diese Wertung wenig durchdacht. Sie ignoriert die negativen Konsequenzen, die eine Verstaatlichung wichtiger Betriebe für die innere Stabilität des neuen Staates gehabt hätte« (Führer 2006, S. 236–240).

Das Scheitern aller Sozialisierungshoffnungen stellte vielmehr »die Weichen für die positive Entwicklung der Gewerkschaften in der Weimarer Republik, weil es ihnen neue Rollenkonflikte ersparte«. Auf ihrem eigentlichen Arbeitsfeld hingegen seien sie höchst erfolgreich gewesen, nämlich in Krisenzeiten, also in den Jahren einer beispiellosen Inflation, »Not und Elend von der Arbeiterschaft abzuwenden«. Im Kern hätten sich die Gewerkschaften und die von ihnen abgeschlossenen Tarifverträge »als Bollwerk der Arbeiter« bewährt, was im Zustrom neuer Mitglieder (mehr als acht Millionen im Jahr 1920) deutlich geworden sei.

Dasselbe lässt sich für die Tarifpolitik der deutschen Gewerkschaften nach 1949 konstatieren. Es entbehrt nicht einer gewissen historischen Ironie, dass ausgerechnet die IG Metall, die nach 1945, ähnlich wie ihre Vorläuferorganisation DMV nach 1918, dem Primat der Tarifautonomie zunächst keine Priorität zuerkennen wollte, nicht nur zur größten Industriegewerkschaft der Welt aufstieg, sondern auf dem Gebiet der Tarifpolitik für die BRD Maßstäbe setzte, und zwar in den zentralen Fragen der Lohngestaltung, der Arbeitszeit und der Humanisierung der Arbeitswelt insgesamt (Hofmann/Benner 2019).

Ein Blick in die Forschungsfelder der Sozialwissenschaften, speziell ins Segment »Industrielle Beziehungen«, macht die Defizite der Historiker*innen beim Thema Tarifpolitik (kritisch Berger 2015, S. 43) überdeutlich. Walther Müller-Jentsch etwa führt souverän ins Thema Tarifautonomie ein (Müller-Jentsch

2018, S. VII). Er geht davon aus, dass Markt, Demokratie und Tarifautonomie als konstitutive Institutionen des »okzidentalen Kapitalismus« (Max Weber) anzusehen seien. So steuere der Markt durch Angebot und Nachfrage wirtschaftliche Austauschprozesse, führe die Demokratie durch die Mehrheitsregel politische Entscheidungen herbei und stifte die Tarifautonomie mit paritätischen Vereinbarungen, sprich Tarifverträgen, eine geordnete Arbeitswelt. Über Macht und Demokratie wurden, so Müller-Jentsch, ganze Bibliotheken geschrieben, »die Tarifautonomie fand hingegen nur eine stiefmütterliche Beachtung durch die *scientific community*«.

Doch ein unerschöpflicher Fundus für die Geschichtswissenschaft ist die gewerkschaftliche Selbstvergewisserung der eigenen Geschichte, die auch in großen Projekten, begleitet durch einzelne Fachhistoriker, Bibliotheken füllt (z. B. Peters/Gorr 2009 und 2003) und die oftmals durch die Jubiläumsdaten der eigenen Organisationsgeschichte ausgelöst wurden. Im Archipel der gewerkschaftlichen Literatur für die Zeit von 1949 bis heute sind jene Erinnerungen und Erfahrungen gespeichert, die mit der Erfolgsgeschichte des deutschen Sozialstaats (Kott 2001) unverbrüchlich verknüpft sind.

Der Aufbau gewerkschaftlicher Erinnerungsspeicher in Archiven – so zunächst bei der Industriegewerkschaft Bergbau und der IG Metall, schließlich vor allem im Archiv der sozialen Demokratie in der Friedrich-Ebert-Stiftung – ermöglichte nicht nur ein Lernen »*an* Geschichte« und zugleich eine »Sensibilität für (gewerkschafts-)politische Entscheidungssituationen«, sondern legte im Rahmen gewerkschaftlicher Bildungsarbeit auch nahe, »historisches Bewusstsein als wesentliches Element der Hauptamtlichkeit und der Hauptamtlichenbildung zu begreifen« (Schmitz 1990; Hofmann/Benner 2019, S. 19–22).

Dabei geht es – um noch einmal das System der historischen Zeiten zu bemühen, wie es der französische Historiker Fernand Braudel entwickelt hat – um zeitlich langsame Entwicklungsformen historischer Prozesse, um eine longue durée. Sie hilft den Akteuren, ihr Handeln vor allem in die Aufstiegsgeschichte der abhängig Beschäftigten zu Staats- und Arbeitsbürger*innen einzuordnen. Dazu gehören, so ist zu resümieren, die Tarifvertragsgesetze vom Dezember 1918 und vom April 1949. Sie begründeten die noch immer gültigen Verfahrensprinzipien zur Regulierung der modernen Arbeitswelt, und das gilt für die Industriewirtschaft ebenso wie für den Dienstleistungssektor.

Literatur und Quellen

Anders, Karl (1969): Stein für Stein. Die Leute von Bau-Steine-Erden und ihre Gewerkschaften 1896 bis 1969. Frankfurt am Main: Verlag für Literatur und Zeitgeschehen.

Bähr, Johannes (1989): Staatliche Schlichtung in der Weimarer Republik. Tarifpolitik, Korporatismus und industrieller Konflikt zwischen Inflation und Deflation 1919–1932. Berlin: Colloquium.

Beier, Gerhard (1968): Glanz und Elend der Jubiläumsliteratur. Kritische Bestandsaufnahme bisheriger Historiographie der Berufs- und Industriegewerkschaften. In: Gewerkschaftliche Monatshefte 10, S. 607–614.

Beier, Gerhard (Hrsg.) (1983): Die METALL-Zeitung von 1883–1983. 100 Jahre im Wort. Frankfurt am Main: IG Metall.

Berger, Stefan (Hrsg.) (2015): Gewerkschaftsgeschichte als Erinnerungsgeschichte. Der 2. Mai 1933 in der gewerkschaftlichen Erinnerung und Positionierung nach 1945. Essen: Klartext.

Berger, Stefan/Seiffert, Joana (2014): Erinnerungsorte – ein Erfolgskonzept auf dem Prüfstand. In: Berger, Stefan/Seiffert, Joana (Hrsg.): Erinnerungsorte: Chancen, Grenzen und Perspektiven eines Erfolgskonzepts in den Kulturwissenschaften. Essen: Klartext, S. 11–36.

Brandi, Ernst (1928): Das Ruhrrevier. In: Die deutsche Bergwirtschaft der Gegenwart. Festgabe zum deutschen Bergmannstag 1928, hrsg. von W. Hölling und F. Pinkerneil. Berlin: Ort Verlag.

Braudel, Fernand (2001): Das Mittelmeer und die mediterrane Welt in der Epoche Philipps II. Frankfurt am Main: Suhrkamp.

Brauns, Heinrich (1933): Abbau des Reichsarbeitsministeriums? In: Soziale Praxis 42, H. 7, S. 193–198.

Brenner, Otto (1959): Grundsätze. In: Brenner, Otto (Hrsg.): Aus Reden und Aufsätzen. Frankfurt am Main: Europäische Verlagsanstalt.

Brüning, Heinrich (1970): Memoiren 1918–1934. Stuttgart: Deutsche Verlags-Anstalt.

Bührig, Erich (1950): Gewerkschaften und Schlichtungswesen. Köln.

Englberger, Josef (1995): Tarifautonomie im Deutschen Reich. Entwicklung des Tarifvertragswesens in Deutschland von 1870/71 bis 1945. Berlin: Duncker & Humblot.

FDGB (1982): Geschichte des FDGB. Ost-Berlin: Verlag Tribüne.

Feldman, Gerald D./Steinisch, Irmgard (1985): Industrie und Gewerkschaften 1918–1924. Die überforderte Zentralarbeitsgemeinschaft. Stuttgart: Deutsche Verlags-Anstalt.

Führer, Karl Christian (2006): Carl Legien 1861–1925. Ein Gewerkschafter im Kampf um ein »möglichst gutes Leben« für alle Arbeiter. Essen: Klartext.

Heinrichsbauer, August (1948): Der Ruhrbergbau in Vergangenheit, Gegenwart und Zukunft. Essen/Kettwig.

Hofmann, Jörg/Benner, Christiane (Hrsg.) (2019): Geschichte der IG Metall. Zur Entwicklung von Autonomie und Gestaltungskraft. Frankfurt am Main: IG Metall.

IG CPK (Hrsg.) (1990): 1890–1990. Hundert Jahre Industriegewerkschaft Chemie-Papier-Keramik. Von den Verbänden der ungelernten Fabrikarbeiter, der Glas- und Porzellanarbeiter zur modernen Gewerkschaftsorganisation. Leitung und Bearbeitung: Hermann Weber. Köln: IG CPK.

Kittner, Michael (2005): Arbeitskampf. Geschichte – Recht – Gegenwart. München: C. H. Beck.

Kolb, Eberhard (1984): Die Weimarer Republik. München: Oldenbourg.

Kott, Sandrine (2001): Der Sozialstaat. In: François, Etienne/Schulze, Hagen (Hrsg.): Deutsche Erinnerungsorte, Bd. 2. München: C. H. Beck, S. 484–501.

Krüger, Dieter (2018): Das Stinnes-Legien-Abkommen 1918–1924. Voraussetzungen, Entstehung, Umsetzung und Bedeutung. Berlin: Duncker & Humblot.

Langer, Peter (2005): Paul Reusch und die Gleichschaltung der »Münchner Neuesten Nachrichten« 1933. In: VfZ 53, H. 2.

Leipart, Theodor (1933): Leistungen der Gewerkschaften für Volk und Staat. In: Soziale Praxis 42, H. 8, S. 225–231.

Maurer, Ilse/Wengst, Udo (Bearb.) (1980): Politik und Wirtschaft in der Krise 1930–1932. Quellen zur Ära Brüning, Zweiter Teil, Band 4/II. Düsseldorf: Droste.

Moser, Christian (2005): Archipele der Erinnerung. Die Insel als Topos der Kulturisation. In: Böhme, Hartmut (Hrsg.): Topographien der Literatur. DFG-Symposion 2004. Stuttgart: Springer, S. 408–432.

Müller-Jentsch, Walther (1995): Lernprozesse mit konträren Ausgängen. Tarifautonomie und Betriebsverfassung in der Weimarer und Bonner Republik. In: Gewerkschaftliche Monatshefte 46, H. 5, S. 317–328.

Müller-Jentsch, Walther (2018): Tarifautonomie. Über die Ordnung des Arbeitsmarktes durch Tarifverträge. Wiesbaden: Springer VS.

Nautz, Jürgen (1985): Die Durchsetzung der Tarifautonomie in Westdeutschland. Das Tarifvertragsgesetz vom 9. April 1949. Frankfurt am Main: Peter Lang.

Nautz, Jürgen (1991): Die Wiederherstellung der Tarifautonomie in Westdeutschland nach dem Zweiten Weltkrieg. In: Archiv für Sozialgeschichte 31, S. 179–196.

Neebe, Reinhard (1981): Großindustrie, Staat und NSDAP 1930–1933. Paul Silverberg und der Reichsverband der Deutschen Industrie in der Krise der Weimarer Republik. Göttingen: Vandenhoeck & Ruprecht.

Neitzel, Sönke (2011): Weltkrieg und Revolution 1914–1918/9. Berlin-Brandenburg: be.bra.

o. V. (1933a): Zur Einordnung der Gewerkschaften. In: Soziale Praxis 42, H. 13.

o. V. (1933b): Arbeitgeber- und Unternehmerverbände. In: Soziale Praxis 42, H. 2.

o. V. (1933c): Sozialpolitik im Wandel der Staatspolitik. XII. Hauptversammlung der Gesellschaft für Soziale Reform. In: Soziale Praxis 42, H. 5.

Osthold, Paul (1934): Die Geschichte des Zechenverbandes 1908–1933. Berlin.

Peters, Jürgen (Hrsg.)/Gorr, Holger (Bearb.) (2003): In freier Verhandlung. Dokumente zur Tarifpolitik der IG Metall 1945 bis 2002. Göttingen: Steidl.

Peters, Jürgen (Hrsg.)/Gorr, Holger (Bearb.) (2009): Anerkennung und Repression. Dokumente zur Tarifpolitik in der Metallindustrie 1918–1945. Göttingen: Steidl.

Peukert, Detlev (1987): Die Weimarer Republik. Krisenjahre der Klassischen Moderne. Frankfurt am Main: Suhrkamp.

Plener, Ulla (2007): Am Beginn der wissenschaftlichen Grundlegung gewerkschaftlichen Wirkens – Leipart, Theodor: Aufklärer und Verfechter der Wirtschaftsdemokratie. In: Mitteilungsblatt des Instituts für soziale Bewegungen 38, S. 27–44.

Preller, Ludwig (1978): Sozialpolitik in der Weimarer Republik (1949). Düsseldorf.

Protokoll (1930): 27. Generalversammlung des Verbandes der Bergbauindustriearbeiter Deutschlands in Breslau vom 20. bis 24. Juli 1930.

Reidegeld, Eckart (2006): Staatliche Sozialpolitik in Deutschland. Band II: Sozialpolitik in Demokratie und Diktatur 1919–1945. Wiesbaden: Springer VS.

Ritter, Gerhard A. (1996): Die Entstehung des Räteartikels 165 der Weimarer Reichsverfassung. In: Ritter, Gerhard A. (Hrsg.): Arbeiter, Arbeiterbewegung und soziale Ideen in Deutschland. Beiträge zur Geschichte des 19. und 20. Jahrhunderts. München: C. H. Beck.

Schmidt, August (1958): Lang war der Weg. Bochum: Berg.

Schmidt, August (1978): Im Dienste der Gewerkschaftsbewegung. Bochum: IGBE.

Schmitz, Kurt Thomas (1990): Die IG Metall und ihre Geschichtsschreibung – Überblick und Ausblick. In: Gewerkschaftliche Monatshefte 2, S. 112–120.

Schwarz, Salomon (1930): Handbuch der deutschen Gewerkschaftskongresse (ADGB). Berlin.

Steiger, Karsten (1998): Kooperation, Konfrontation, Untergang. Das Weimarer Tarif- und Schlichtungswesen während der Weltwirtschaftskrise und seine Vorbedingungen. Stuttgart: Franz Steiner.

Steinisch, Irmgard (1984): Die Auswirkungen inflationärer Wirtschaftsentwicklung auf das Arbeitszeitproblem in der deutschen und amerikanischen eisen- und stahlerzeugenden Industrie. In: Feldman, Gerald D./Holtfrerich, Carl-Ludwig/Ritter, Gerhard A./Witt, Peter-Christian (Hrsg.): Die Erfahrung der Inflation im internationalen Zusammenhang und Vergleich. Berlin: De Gruyter, S. 394–424.

Steinmeier, Frank-Walter (2018): Rede bei der Festveranstaltung zum 100. Jahrestag des Stinnes-Legien-Abkommens.

Thum, Horst (1991): Wirtschaftsdemokratie und Mitbestimmung. Von den Anfängen 1916 bis zum Mitbestimmungsgesetz 1976. Köln: Bund.

Tschirbs, Rudolf (1986): Tarifpolitik im Ruhrbergbau 1918–1933. Berlin: De Gruyter.

Ullmann, Peter (1977): Tarifverträge und Tarifpolitik in Deutschland bis 1914. Entstehung und Entwicklung, interessenpolitische Bedingungen und Bedeutung des Tarifvertragswesens für die sozialistischen Gewerkschaften. Frankfurt am Main: Peter Lang.

Weber, Petra (2010): Gescheiterte Sozialpartnerschaft – Gefährdete Republik? Industrielle Beziehungen, Arbeitskämpfe und der Sozialstaat. Deutschland und Frankreich im Vergleich (1918–1833/39). München: Oldenbourg.

Wengst, Udo (1980): Der Reichsverband der Deutschen Industrie in den ersten Monaten des Dritten Reiches. Ein Beitrag zum Verhältnis von Großindustrie und Nationalsozialismus. In: Vierteljahreshefte für Zeitgeschichte 28, H. 1, S. 94–110.

Wirsching, Andreas (2008): Die paradoxe Revolution 1918/19. In: Aus Politik und Zeitgeschichte 50/51, S. 6–12.

Mitbestimmung

Fluides Gedächtnis
Betriebsräte in der gewerkschaftlichen Erinnerungskultur

Werner Milert

Der Umfang der wissenschaftlichen Literatur über die Geschichte der betrieblichen Interessenvertretungen in Deutschland ist heute fast kaum mehr überschaubar. Im Folgenden geht es aber nicht um Betriebsräte als Gegenstand der Geschichtswissenschaft, sondern darum, wie die Gewerkschaften sich selbst an die Rolle der Belegschaftsvertretungen in den vergangenen Jahrzehnten seit dem Inkrafttreten des Betriebsrätegesetz (BRG) von 1920 erinnern.

Zwiespältiger Fixstern: Das Betriebsrätegesetz von 1920

Hans Mommsen hat mit Recht darauf hingewiesen, dass das BRG vom 4. Februar 1920 die »Wegscheide zwischen der auslaufenden Revolution und der sich durchsetzenden ökonomischen Rekonstruktionsphase« bildete (Mommsen 1990, S. 92). Mit dem BRG hatte sich die sozialreformerische Tradition gegenüber dem Druck von Teilen der Arbeiterschaft – der Rätebewegung – durchgesetzt, die nach einer grundlegenden Veränderung der betrieblichen und gesellschaftlichen Herrschaftsverhältnisse drängten. Damit wurden erstmals die Rechte der Belegschaftsvertretungen durch ein umfangreiches gesetzliches Regelwerk kodifiziert. Trotz der Begrenztheit der Kompetenzen der Betriebsräte wurde damit der bisherige uneingeschränkte betriebliche Alleingestaltungsanspruch des Unternehmers beseitigt.

Das BRG setzte aber auch den Schlussstrich unter Rätebewegung und Revolution. Aufgrund der unterschiedlichen Beurteilung durch die Handelnden stehen sich bis heute die Narrative über die Entstehung und die Bewertung des Gesetzes in den unterschiedlichen Strömungen der Arbeiterbewegung teils diametral gegenüber.

Die kommunistische Interpretation des BRG als Verrat an der Arbeiterklasse

Die kommunistische Sicht auf das BRG ist geprägt von ihrer grundsätzlichen Einschätzung, dass die Novemberrevolution aufgrund der damaligen Schwäche der revolutionären marxistisch-leninistischen Partei gescheitert sei und das Gesetz als Relikt der Auseinandersetzungen keine zukunftsweisende Basis biete. H. Ambros nutzte das zehnjährige Jubiläum des Gesetzes im Jahr 1930 zu einer bilanzierenden Interpretation in der Zeitschrift *Betrieb und Gewerkschaft* der Revolutionären Gewerkschafts-Opposition (RGO), in der er die Konfrontation innerhalb der Arbeiterbewegung um die Betriebsräte in den Geburtsjahren der Weimarer Republik ideologisch-abstrakt verkürzt, ohne Benennung handelnder Personen und unterschiedlicher Strukturen, darstellte (Ambros 1930, S. 45 ff).

Für Ambros waren die seit 1890 entstandenen betrieblichen Interessenvertretungen ein »Produkt des Klassenkampfes«, das verschiedene Phasen durchlaufen hätte. Der entscheidende Impuls zum Entstehen des »revolutionären Arbeiterrats« am Ende des Ersten Weltkrieges sei »unter dem unmittelbaren Einfluß des Kampfes der Bolschewiki« erfolgt. Mit den revolutionären Obleuten habe sich »die revolutionäre Betriebsrätetradition der deutschen Arbeiterbewegung« konstituiert, der jedoch eine »reformistische Betriebsrätetradition« gegenübergestanden habe.

Ambros sah in den Arbeiterausschüssen des Hilfsdienstgesetzes von 1916 den »Urtypus des reformistischen Betriebsrats«, der von den »Reformisten« mit den »Regierenden des bürgerlichen Klassenstaates« geschaffen worden sei. So standen an der Schwelle der Revolution im Herbst 1918 »auf der einen Seite die revolutionären Obleute, von Zuchthaus und Schützengraben bedroht, auf der anderen Seite die reklamierten, mit dem Kriegsverdienstkreuz dekorierten Arbeiterausschußmitglieder. Hier von der Arbeiterschaft selbst geschaffene Machtorgane der Massen, dort vom bürgerlichen Staat und der Gewerkschaftsbürokratie diktierte Betriebsorgane des Klassenverrats«.

In der Revolution – so Ambros weiter – seien die gegensätzlichen Institutionen aufeinandergeprallt: Während die revolutionären Räte »in Erkenntnis des unlösbaren Zusammenhangs der politischen Machtposition mit der Machtposition im Betrieb unter der Parole: ›Alle Macht den Räten‹ für die Diktatur des Proletariats« gekämpft hätten, schritten die reformistischen Räte »zur politischen Selbstliquidierung des Rätewesens, indem sie die politische Macht an die noch gar nicht bestehende Nationalversammlung wegwarfen und den Arbeiterrat in der Zentralarbeitsgemeinschaft zu einer konstitutionellen Betriebsvertretung degradierten«.

Der Unterschied zwischen beiden Typen von Belegschaftsvertretungen lag für Ambros damit auf der Hand: Diejenigen Betriebsorgane betrieben »Klassenverrat«, die sich für einen sozialen Interessenausgleich einsetzten, dagegen folgten die »revolutionären Betriebsräte« dem politischen Ziel des gesellschaftlichen Umsturzes. Über die konkreten betrieblichen Interessenvertretungsaufgaben sah Ambros also hinweg. In dieser Logik lag es denn auch, dass er die Niederlage der Räte in der »gesetzlichen Umfälschung des Arbeiterrates aus einem Organ des Klassenkampfes in ein Organ des reformistischen Klassenverrats« erblickte, die ihren Niederschlag im BRG gefunden habe. Die Schuld für diese Entwicklung schob er dem Tatbestand zu, dass die reformistischen Traditionen und Illusionen das deutsche Proletariat innerlich gelähmt hätten.

Etwas mehr als 50 Jahre später erschien die »Geschichte des Freien Deutschen Gewerkschaftsbundes«, in der ein Autorenkollektiv unter Leitung von Heinz Deutschland auch die Geschichte der deutschen Gewerkschaften vor der Gründung des FDGB im Jahr 1945 kurz beleuchtete. Im Zusammenhang mit der Entstehung des BRG werden hier viele von Ambros schon benutzte Interpretationsmuster aufgegriffen – sei es der Vorbildcharakter der »revolutionären Betriebsräte« oder der »Klassenverrat« der rechten Gewerkschafter*innen, sei es die – vermeintliche – grundsätzlich falsche Ausrichtung des Gesetzes als ein unternehmerisches Instrument zur Unterwerfung der Arbeiterschaft.

Die Autoren charakterisieren die Novemberrevolution als partielle Machtübernahme der Arbeiter- und Soldatenräte auf regionaler Ebene, die als »Organe des Klassenkampfes und der Aktionseinheit« agiert hätten. In diesen Räten hätten »revolutionäre Gewerkschafter [...] in der ersten Reihe der Kämpfer für Frieden und Sozialismus« gestanden. Der erfolgreiche Kampf in den Betrieben habe dazu geführt, dass traditionelle gewerkschaftliche Forderungen, wie der Achtstundentag sowie das Mitbestimmungsrecht der Arbeiterräte und der Gewerkschaften, durchgesetzt werden konnten.

Dies sei eine günstige Voraussetzung dafür gewesen, »den Kampf bis zur Zerschlagung des imperialistischen Staatsapparates und bis zur Beseitigung der ökonomischen Basis des Imperialismus, des monopolkapitalistischen Eigentums an den Produktionsmitteln, weiterzuführen«. Die »rechten Führer der SPD und der Gewerkschaften« hätten sich jedoch grundlegenden Veränderungen der Macht- und Eigentumsverhältnisse widersetzt und die Revolution abgewürgt. Mit dem Abkommen über die Zentralarbeitsgemeinschaft – »ein konterrevolutionäres Bündnis zwischen rechten Gewerkschaftsführern und dem Monopolkapital« – hätten die Gewerkschaften »einen Schutzwall für die monopolkapitalistischen Kriegsverbrecher« errichtet (FDGB 1982, S. 86 ff.).

In der Novemberrevolution hätten sich die Arbeiter*innen Betriebsräte »als Interessenvertretungen aller Werktätigen in den Betrieben« gegen den Widerstand der Gewerkschaftsführer geschaffen, die in ihnen »eine Art Konkurrenzorganisation sahen«. Deshalb habe die Führung des Allgemeinen Deutschen Gewerkschaftsbundes (ADGB) die Bestrebungen unterstützt, »die Betriebsräte in Körperschaften der Arbeitsgemeinschaftspolitik umzuwandeln und aus ihnen letztlich Instrumente der Unternehmer gegen die Arbeiter zu machen«, was durch das von der Regierung und der SPD in die Nationalversammlung eingebrachte Betriebsrätegesetz vollzogen wurde. Trotz der »machtvollen Protestaktionen« gegen »dieses arbeiterfeindliche Komplott«, bei denen am 13. Januar vor dem Reichstag 42 Arbeiter »ermordet« worden seien, sei das »reaktionäre Betriebsrätegesetz«, das »nur wenig Spielraum für eine Interessenvertretung der Werktätigen bot«, von der Nationalversammlung angenommen worden (ebd., S. 100, 102).

Die hemmungslose Abrechnung, die Ambros und die Autoren der »Geschichte des Freien Deutschen Gewerkschaftsbundes« an der Mehrheitssozialdemokratie und den Gewerkschaftsführungen vollzogen, geht inhaltlich zurück auf die Rede des USPD-Abgeordneten Curt Geyer am 14. Januar 1920 in der 2. Lesung zum BRG in der Nationalversammlung. Tags zuvor hatte die gemeinsam von der Reichszentrale der revolutionären Betriebsräte, der USPD und der KPD aufgerufene Großdemonstration vor dem Reichstag stattgefunden, bei der das das Gebäude schützende Militär auf die Demonstrant*innen geschossen und 42 von ihnen getötet hatte. Die Diskussion im Reichstag fand also unter einer erheblichen emotionalen Spannung statt, und so erhielt die Rede von Geyer in linkssozialistisch-kommunistischen Kreisen eine – auch in die Zukunft – weitreichende Popularität.

Geyer spann gleich zu Beginn den auch später immer wieder aufgegriffenen Legendenleitfaden, dass »die Geschichte des vorliegenden BRG [...] die Geschichte der Revolution in Deutschland« sei: »An der Wiege dieses Betriebsrätegesetzes standen jene gewaltigen Arbeiteraufstände vom Frühling vorigen Jahres«, in denen die »revolutionären Betriebsräte« eine »sozialistische Gemeinwirtschaft« errichten wollten. In dem Gesetz sei der Rätegedanken »ins Lächerliche verzerrt« worden; es seien lediglich sozialpolitische Kompensationen hineingearbeitet worden, und zwar – unter dem Druck der revolutionären Arbeiterbewegung – zu dem Zweck, »dadurch die klassenbewußte Arbeiterschaft von der weiteren Verfolgung ihrer revolutionären Ziele abzuhalten«.

Geyer ließ auch die These vom Verrat der Rechtssozialdemokraten aufleben; sie seien »nur die Strohmänner der wahrhaft reaktionären Elemente in Deutschland« und Handlanger des Unternehmertums, die den Gesetzesentwurf vorgelegt hätten, »um der sozialrevolutionären Bewegung der Arbeiterschaft eine Grenze zu ziehen«. Ziel des Gesetzes sei es, »einen neuen Burgfrieden zwischen Unternehmen und Arbeitern aufzurichten, den Klassenkampf zu unterbinden und einen Schlussstrich gegenüber der sozialen Revolution zu ziehen«. Der »Gedanke der Parität zwischen Unternehmertum und Arbeiterklasse« trage einen »gegenrevolutionären Charakter«. Die MSPD jage einem ominösen Gemeinwohl nach, fördere mit dem BRG aber nur einen »Betriebsegoismus« (Verhandlungen 1920, S. 4249–4258).

Geyer legte damit den Grundstein für die Interpretation, nach der das BRG Klassenverrat gewesen sei. Für die Kommunisten war die revolutionäre Verwirklichung des Sozialismus der Fixstern, dem sich alles Handeln unterzuordnen hatte. Dies bedeutet letztlich eine Instrumentalisierung der betrieblichen Interessenvertretung: Die nun so titulierten »revolutionären Betriebsräte« standen für eine betriebliche »Interessenvertretung«, die sich der kommunistischen Partei und ihren Zielen unterzuordnen hatte. Aus dieser Sicht war es dann nur konsequent, dass die Betriebsräte als eigenständige Interessenvertretung 1948 beim Aufbau des »Sozialismus« in der DDR abgeschafft und die an ihre Stelle tretenden Betriebsgewerkschaftsleitungen den Gewerkschaftsstrukturen untergeordnet wurden.

Die sozialreformerische Tradition: Das BRG als Synonym für Betriebsdemokratie

Der Blick der sozialdemokratischen und christdemokratischen Gewerkschafter der Weimarer Republik auf das BRG war nicht von einem revolutionären Chiliasmus geprägt, sondern von der nüchternen Beurteilung der sozialpolitischen Erfolge, die in den Gründungsjahren des neuen Staates erreicht worden waren. Aus diesem Blickwinkel betrachtet, war das BRG der vorläufige Schlussstein eines Reformweges, der bei den Arbeiterausschüssen Ende des 19. Jahrhunderts begonnen hatte, aber erst jetzt seinen unumkehrbaren Punkt – die Überwindung des unternehmerischen »Herr im Haus«-Standpunktes – erreicht hatte. Der damit in Verbindung gebrachte Schlüsselbegriff war für die sozialreformerische Tradition in den Gewerkschaften die »Betriebsdemokratie« (Milert 2015a, S. 298 f.).

Was aus heutiger Sicht als ein verklärender Mythos für die in Wirklichkeit wenig spektakulären Mitsprache- und Mitbestimmungsrechte der damaligen Betriebsräte erscheinen mag, war für die damaligen Handelnden eine treffende Bezeichnung für den geradezu revolutionär erscheinenden Umbruch in den betrieblichen sozialen Beziehungen. Das hatte auch Auswirkungen auf die gewerkschaftliche Theorie und Praxis: Noch im Frühjahr 1919 hatte Theodor Leipart in der gewerkschaftlichen Debatte um die Betriebsräte betont, »Die Grundlage der Betriebsdemokratie ist der kollektive Arbeitsvertrag, sind unsere Tarifverträge« (Protokoll 1919, S. 713), und damit den Kern des gewerkschaftlichen Instrumentariums in der Tarifpolitik verortet.

Nun wurde das kollektive Arbeitsrecht um das Mitbestimmungsrecht der Betriebsräte ergänzt und unterhalb des Tarifvertrages eine neue Arena der industriellen Beziehungen geschaffen: Das spezifisch deutsche Modell der dualen Struktur der industriellen Beziehungen – Tarifvertrag und Betriebsvereinbarung – wurde damit erstmals Realität.

Der Begriff »Betriebsdemokratie« war bei den meisten Gewerkschaftern aus den sozialdemokratischen, christdemokratischen oder liberalen Lagern das positiv geprägte Synonym für die demokratische Betriebsverfassung Weimars. Der Gesamtverband der christlichen Gewerkschaften Deutschlands betrachtete das BRG »als eines der bedeutsamsten sozialen Gesetze der ganzen Welt, als eine der wichtigsten sozialpolitischen Errungenschaften aller Zeiten« (Gesamtverband 1925, S. 5). Clemens Kahmann – selbst Mitglied der christlichen Gewerkschaften – hob in seiner Dissertation hervor, dass die christlichen Gewerkschaften in den Arbeitsgemeinschaften und im BRG »die wichtigsten Erscheinungsformen der Betriebsdemokratie« sähen (Kahmann 1927, S. 26). Aber auch im Reichsarbeitsministerium (RAM) war es durchaus üblich, das BRG so zu qualifizieren (Sitzler 1928, S. 204). Trotz aller Kritik an den mangelnden Einflussmöglichkeiten der Betriebsvertretungen war das BRG daher insgesamt positiv besetzt, und das sollte dazu beitragen, dass es nach 1945 zum Maßstab für den demokratischen Wiederaufbau in den Betrieben wurde.

Das zehnjährige Jubiläum des Inkrafttretens des BRG bildete für die sozialreformerische Linie innerhalb der Gewerkschaften den Anlass, auf die gesellschaftspolitische Wirkung des Gesetzes zurückzublicken. In seinem Essay »Zehn Jahre Betriebsrätegesetz« ließ der Arbeitsrechtler und Syndikus des Deutschen Metallarbeiter-Verbandes (DMV) Ernst Fraenkel keinen Zweifel an der Bedeutung des BRG: »Kein Gesetz unserer Rechtsordnung ist der Arbeiterschaft stärker ans Herz gewachsen als dieses Betriebsrätegesetz« (Fraenkel 1930, S. 117). Seiner Vorstellung nach beschränkte das BRG die Macht des Unternehmers als Eigentümer des Betriebes in doppelter Weise:

»Die sozialpolitische Funktion der Räte sollte die Kommandogewalt des Unternehmers innerhalb des Betriebes beschneiden, die wirtschaftspolitische sollte das Mittel sein, die Dispositionsmacht des Unternehmers auf dem Markt zu kontrollieren« (ebd., S. 121).

Damit sei das Gesetz der »Ausfluß der Emanzipation des Proletariats« und der »Triumpf [sic] der Idee der allgemeinen Menschenwürde«. So, wie das gleiche Wahlrecht das Selbstwertgefühl des Arbeiters als Staatsbürger erzeuge, »so vermag das Betriebsrätegesetz Hemmungen zu beseitigen, die dem Gefühl, *Arbeitsbürger* zu werden, entgegenstehen« (ebd., S. 128). Damit nahm Fraenkel den Grundgedanken der demokratietheoretischen Betrachtungen von Thomas H. Marshall und Walther Müller-Jentsch vorweg, die Mitbestimmung in den Unternehmen als ein Bürgerrecht anzuerkennen (Marshall 2007; Müller-Jentsch 2008).

Fraenkel hob hervor, dass sich durch die vom Gesetz vorgesehene Verbindung zwischen Betriebsrat und Gewerkschaft »das Betriebsrätewesen zugleich aber als Machtposition der Gewerkschaften erwiesen« habe. Im Bereich des kollektiven Arbeitsrechts verhalte sich der Betriebsrat zur Gewerkschaft im Sinne einer »Tarifpolizeihoheit« wie »im Staatsleben das Exekutivorgan zur Legislative«. Den »Intellektuellen der sozialistischen Bewegung« schrieb er ins Stammbuch, dass der Weg zum »Verständnis der Psyche des tätigen Arbeiterfunktionärs versperrt« sei, wenn sie die »soziale und kulturelle Bedeutung« jener »mühevollen Kleinarbeit« verkannten, »deren Durchführung die Grundlage des proletarischen Aufstiegs bildet« (Fraenkel 1930, S. 126).

Die Abwertung des BRG unter dem Einfluss des Wirtschaftsdemokratiekonzepts

Einen gänzlich anderen Akzent setzte zeitgleich der führende Arbeitsrechtsexperte des ADGB, Clemens Nörpel, in seiner Rückschau auf »Zehn Jahre Betriebsrätegesetz«. Nörpel, der Betriebsvereinbarungen als Rechtsinstrument der betrieblichen Interessenvertretungen, aber auch die Freistellung von Betriebsräten von ihrer eigentlichen betrieblichen Tätigkeit für ihre Interessenvertretungsaufgaben ablehnte, verkörperte eine betriebsratsskeptische Grundströmung, die innerhalb der deutschen Gewerkschaften bis in die 1960er Jahre anzutreffen war.

Er maß den Betriebsvertretungen in erster Linie nur eine instrumentale Bedeutung für die Gewerkschaften bei und stufte sie so auf den Status gewerkschaftlicher Vertrauensleute zurück: Die Betriebsräte sollten lediglich der »Vorposten der Gewerkschaften im Betrieb« sein. In seinem Aufsatz würdigte er das BRG, das einen bedeutenden Schritt zur Demokratisierung der betrieblichen Herrschaftsverhältnisse gebracht habe, doch er hob auch hervor, »daß dieses Betriebsrätesystem einen stark *syndikalistischen Einschlag* hat, aus dem sich die Gefahr ergeben kann, daß *betriebsegoistische Interessen* Einfluß gewinnen«.

Nörpel trat daher nachdrücklich für eine Unterordnung der Belegschaftsvertretungen unter die leitende Hand der Gewerkschaften ein: Nachdem die »ursprüngliche Gegnerschaft zwischen Betriebsrätebewegung und Gewerkschaften« von 1919 überwunden worden sei und die Betriebsräte »zu dem verlängerten Arm der Gewerkschaften innerhalb des Betriebes« geworden seien, müssten die Betriebsvertretungen nun auch weiter ihren Halt an den Gewerkschaften suchen, da nur so »über dem Betrieb nicht das große Ganze« vergessen würde. Bezugnehmend auf die aktuelle Programmatikdiskussion im ADGB proklamierte er:

»Die Gewerkschaften als Vertretung der Arbeiterklasse erstreben *nicht die Betriebsdemokratie*, was die Atomisierung der Wirtschaft bedeuten würde, sondern sie erstreben die *Wirtschaftsdemokratie*, also eine Wirtschaftsordnung im Sinne der Interessen der Allgemeinheit«.

Der Weg zur Wirtschaftsdemokratie werde aber nicht über die Betriebsräte führen, weil sie »Funktionäre des Betriebes« seien, sondern könne nur von den Gewerkschaften in Angriff genommen werden (Nörpel 1930, S. 121 f.).

Nörpel griff hier eine Argumentationslinie auf, die Fritz Naphtali erstmals auf dem ADGB-Kongress Anfang September 1928 verwandt hatte. In seinem Grundsatzreferat hatte Naphtali die Rolle der Betriebsräte im angestrebten Prozess der Demokratisierung der Wirtschaft nur beiläufig erwähnt. Gegenüber Kritikern, die ihm auf dem Kongress eine Vernachlässigung der Bedeutung der Betriebsvertretungen vorwarfen, sprach er in seinem Schlusswort daher den Betriebsräten einen »wesentlichen Einfluß auf die Wirtschaftsführung« ab. Ihre Bedeutung liege – neben »einem informatorischen Eindringen in die Betriebsprozesse« – nur in der Wahrnehmung einer betrieblichen Überwachungsfunktion, etwa bei der Arbeitsgestaltung und der Rationalisierung, denn sie seien ja »Funktionäre, Räte des Betriebes«.

Eine Politik, die auf eine Demokratisierung der Wirtschaft ziele, müsse aber »Einfluß auf die Führung der Wirtschaft« nehmen, also »über die überbetrieblichen Organe gehen«. Dies werde »von der Arbeiterschaft nicht betrieblich gelöst werden können, sondern von ihren Berufsverbänden und von der Gesamtorganisation der Gewerkschaften« (Protokoll 1928, S. 220 ff.).

Mit der Verabschiedung des Wirtschaftsdemokratiekonzeptes wurde der Vorrang der überbetrieblichen Mitbestimmung in der strategischen Ausrichtung des ADGB auf Jahre hinaus zementiert. Die Folge war eine Abwertung der Rolle der Betriebsräte in der Theorie und Politik der Gewerkschaften, die das gewerkschaftliche Mitbestimmungskonzept selbst nach dem Zweiten Weltkrieg noch jahrelang prägte (Milert/Tschirbs 2012, S. 399 f.).

Der Wandel des gewerkschaftlichen Rückblicks auf das BRG nach 1945

Nach dem Zweiten Weltkrieg warf Fritz Fricke, der ehemalige Leiter der Bernauer ADGB-Schule, als einer der ersten Gewerkschaftsfunktionäre 1953 in einem umfangreichen Aufsatz einen Blick auf die Geschichte der betrieblichen Interessenvertretung in Deutschland. Fricke war sich – wie er eingangs selbst zugab – der subjektiven und zeitlich bedingten Bewertung seiner historischen Interpretation bewusst. Sein Blick zurück war vor allem geprägt von den Erfahrungen der Nachkriegszeit, von denen er zwei besonders hervorhob: die Spaltung Deutschlands und die gesellschaftspolitische Restauration in der Bundesrepublik. Russland habe »sein bolschewistisches System« der Sowjetzone aufgepresst und ein Diktaturregime geschaffen, »in dem die Sozialverfassung in gleicher Weise wie im Nationalsozialismus, weit entfernt vom Willen der Bevölkerung, den politischen Absichten der Staatsallmacht unterworfen wurde«. In der DDR gebe es weder ein freies Koalitionsrecht noch »eine auf Mitwirkung der Arbeitnehmer abgestellte Betriebsverfassung«, denn die Betriebsräte wurden abgelöst durch dem FDGB hörige Betriebsgewerkschaftsleitungen (Fricke 1953, S. 66f.).

In der gesellschaftspolitischen Entwicklung der BRD sah Fricke eine Wiederholung der »bedenklichen Erscheinung«, die schon in der Weimarer Republik anzutreffen gewesen sei. Seien die Unternehmer nach 1945 – »in der Zeit des politischen Chaos und der Verwirrung« – gern bereit gewesen, mit den Gewerkschaften als den »einzigen Kraftquellen zur Wiederherstellung von Wirtschaft und sozialer Ordnung« zusammenzugehen, hätten sich »mit fortschreitender Gesundung der Wirtschaft [...] dieselben Tendenzen [gezeigt], die 1924 zur Auflösung der Arbeitsgemeinschaft geführt« hätten: Wieder versuche man »die Alleinherrschaft des Unternehmers bei der wirtschaftlichen Führung des Betriebes und in der Wirtschaftspolitik zu restaurieren«. Dies zeige sich auch im Betriebsverfassungsgesetz (BetrVG) von 1952, in dem man den Arbeitnehmern eine Mitbestimmung in sozialen Betriebsfragen und in personellen Themen freimütig zugestehe, aber jede echte Mitwirkung in wirtschaftlichen Fragen verwehre (ebd., S. 67f.).

Vor dem aktuellen Hintergrund dieser zwei Bedrohungsszenarien verortete Fricke die Entstehung des BRG vor allem aus einem antikommunistischen Blickwinkel des Kampfes zwischen den sozialreformerischen Gewerkschaften und der revolutionären Rätebewegung. Für ihn war es »das Verdienst der Gewerkschaften, daß diese Bestrebungen zur Bolschewisierung Deutschlands verhindert und die Parole ›Alle Macht den Räten!‹ unwirksam gemacht wurde«. Was an die Stelle der »Räteromantik« gesetzt worden sei, sei schließlich das Betriebsrätegesetz gewesen. Seine Bewertung des Gesetzes war dennoch zwiespältig: Das BRG sei »halber Kram« geblieben, »weil es die in der Reichsverfassung vorgesehene Ergänzung durch Bezirkswirtschaftsräte nie erhielt«, also die in der Reichsverfassung vorgesehene überbetriebliche Mitbestimmung ausgeblieben sei.

Aber trotz aller Unzugänglichkeiten habe es für das innerbetriebliche Machtgefüge einen bedeutenden Schritt vorwärts dargestellt. Denn zum ersten Mal in der Rechtsgeschichte sei das Prinzip der Mitwirkung der Arbeitnehmer*innen bei der Betriebsleitung, die Entsendung von Betriebsräten in den Aufsichtsrat sowie die Berichterstattungspflicht des Unternehmers in wirtschaftlichen Angelegenheiten einschließlich der Vorlegung der Bilanz festgelegt worden. Auch die nun verwirklichte soziale Mitbestimmung sei »neu und wesentlich« gewesen, denn den Betriebsräten stand »das gesetzliche Recht zu, in Betriebsvereinbarungen alle betrieblichen Arbeitsbedingungen zu regeln, soweit nicht der Tarifvertrag Platz griff«. Sein Fazit war deshalb:

»Die Alleinherrschaft des Unternehmers in sozialen Betriebsangelegenheiten war nun tatsächlich gebrochen. Das wirtschaftliche Mitbestimmungsrecht hatte allerdings einen nur etwas mehr als symbolischen Charakter« (ebd., S. 61 ff.).

Das Besondere an Frickes Darstellung liegt darin, dass er als einer der ersten Gewerkschaftstheoretiker den historischen Blick auf die praktische Arbeit in den Betrieben, insbesondere auf die Betriebsvereinbarungen lenkte. Ein Grund für diese Neupositionierung dürfte sein, dass das Instrument der Betriebsvereinbarungen in den Nachkriegsjahren gegenüber der Weimarer Zeit einen neuen Stellenwert bekommen hatte. Zwar hatte der sozialdemokratische Arbeitsrechtsexperte und Gewerkschafter Georg Flatow – als Regierungsrat im RAM tätig – schon 1921 als erster die Betriebsvereinbarung als kollektivvertragliches Instrument unterhalb des Tarifvertrages rechtstheoretisch fundiert (Flatow 1921). Die Bereitschaft der Unternehmer, während der Weimarer Republik Betriebsvereinbarungen abzuschließen, blieb jedoch noch die Ausnahme.

Dies änderte sich nach 1945 grundlegend. Da zunächst ein gesetzlicher Rahmen für die Betriebsräte fehlte, versuchten sie, im Einklang mit dem Kontrollratsgesetz Nr. 22 vom April 1946, ihre Rechte in Betriebsvereinbarungen zu kodifizieren; hunderte solcher Vereinbarungen wurden in den ersten drei Jahren nach Kriegsende in allen vier Besatzungszonen abgeschlossen. Später – in den Jahren des »Wirtschaftswunders« – nutzten Betriebsräte die anfängliche tarifpolitische Schwäche der Gewerkschaften aus, um mit den Unternehmern betrieblich zusätzliche soziale Leistungen und finanzielle Zulagen zu vereinbaren (Milert/Tschirbs 2012, S. 364 ff., 444 ff.).

Betriebsräte in der gewerkschaftlichen Erinnerungskultur

Knapp 15 Jahre nach Frickes Reflexionen sollte sich der gewerkschaftliche Rückblick auf die Betriebsräte in der Novemberrevolution und das BRG grundlegend wandeln. Das wird deutlich an der 1966 erschienenen ersten großen Verbandsgeschichte einer Gewerkschaft, mit der Fritz Opel und Dieter Schneider von der Industriegewerkschaft Metall (IG Metall) beauftragt worden waren; die Publikation (und ihre späteren Fortschreibungen) wurde zum offiziellen Geschenk der Gewerkschaft für eine 40jährige Mitgliedschaft (IG Metall 1966). Sie stand unter den Eindruck der Arbeiten von Peter von Oertzen, der 1964 im Rahmen einer vom Vorstand der IG Metall berufenen wissenschaftlichen Kommission ein Gutachten über »Die Probleme der wirtschaftlichen Neuordnung und der Mitbestimmung von 1918 unter besonderer Berücksichtigung der Metallindustrie« erstellt hatte; diese Arbeit stützte sich in weiten Teilen auf von Oertzens Habilitationsschrift über die »Betriebsräte in der Novemberrevolution«, die das emanzipatorische Potenzial dieser Basisbewegung hervorhob (Oertzen 1976, Vorwort; Oertzen 1966).

Aber nicht nur geschichtswissenschaftliche Diskussionen, sondern auch ein Einstellungswandel in den Gewerkschaften zu den betrieblichen Basisvertretungen trug zu einer Modifizierung der Erinnerungskultur bei. Während des »Wirtschaftswunders« der 1950er und frühen 1960er Jahre gelang es den betrieblichen Interessenvertretungen, auf der Basis eines sich entwickelnden innerbetrieblichen Verständigungsprozesses in den Unternehmen Vereinbarungen abzuschließen, die auch für die gewerkschaftliche Tarif- und Reformpolitik Wegweiser darstellten (Milert 2015b, S. 181 f.). Dieser Erfolg in der gewerkschaftlichen Realpolitik zog eine Aufwertung der Betriebsräte in der gewerkschaftlichen Programmatik nach sich. Deutlich erkennbar wurde dies in den programmatischen Beschlüssen, die der DGB auf seinem außerordentlichen Bundeskongress 1963 traf: Das hier beschlossene Grundsatzprogramm enthielt im mitbestimmungspolitischen Teil eine neue Prioritätensetzung, indem der betrieblichen Mitbestimmung der gleiche Stellenwert beigemessen wurde wie der Unternehmensmitbestimmung, während die in den Nachkriegsjahren noch mit Verve vertretenen Forderung nach überbetrieblicher Mitbestimmung nur noch unbestimmt blieb (Milert/ Tschirbs 2012, S. 462). Das Düsseldorfer Grundsatzprogramm besiegelte den endgültigen Abschied des DGB vom Wirtschaftsdemokratiekonzept der Weimarer Jahre, das das theoretische Fundament einer gesamtwirtschaftlichen Strategieausrichtung gesetzt hatte. Die Betriebsräte wurden nun zu einem auch programmatisch tief verankerten Traditionsbestand in den Gewerkschaften.

Die Neuinterpretation der Rätebewegung aus historischer Sicht und die programmatische Neubewertung der Betriebsräte schlugen sich in der 75-Jahres-Festschrift der IG Metall in einer Darstellung der Rätebewegung nieder, deren Wirken nun weit positiver und differenzierter gedeutet wurde. Aus diesem Blickwinkel wird das BRG dann auch als Niederlage einer Demokratiebewegung interpretiert. Generell wird der Rätebewegung das Streben attestiert, »die alten Abhängigkeits- und Unterordnungsverhältnisse in Staat und Wirtschaft zu beseitigen«, allerdings hätten die »radikalsten Verfechter« wie Richard Müller und Ernst Däumig zentrale Funktionen der Gewerkschaften, insbesondere die Tarifpolitik, in Frage gestellt und damit den Widerstand der Gewerkschaftsführung heraufbeschworen. Für die Entstehung des BRG sehen die beiden Autoren den Ausgangspunkt bei den Räten in den Betrieben: »Hier und dort« – so argumentierten sie – sei »es den betrieblichen und örtlichen Arbeiterräten im Zuge der Revolution gelungen, sich eine Reihe von Mitbestimmungsrechten zu sichern«. Aufgrund der Erholung der Wirtschaft hätten sich die Aufgaben der Räte aber »immer mehr auf die Funktion als Organe der wirtschaftlichen und betrieblichen Mitbestimmung« verlagert (IG Metall 1966, S. 211 f.).

Auf die Entwicklung der betrieblichen Interessenvertretung geht auch die Tonbildschau »Geschichte der Mitbestimmung« ein, die für die Bildungsarbeit der IG Metall – Auftraggeber Hans Matthöfer – erstellt wurde (IG Metall, Tonbildschau 1967). Auch hier erscheint die Rätebewegung in einem neuen, positiveren Licht, was angesichts des Autors des Textes – Dieter Schneider – nicht verwundern kann: Zur Erreichung ihres Ziels einer sozialistischen Republik hätten die Räte in der Revolution 1918/19 gefordert, dass »neben die demokratische Staatsverfassung eine demokratische Wirtschaftsverfassung tritt« (ebd., Bild 35).

Die Sozialisierung blieb allerdings nur »eine Forderung auf den Plakaten«, da die Mehrheit des Reichstages trotz großer Streiks nicht bereit gewesen sei, grundlegende Eingriffe in die alten Besitz- und Machtverhältnisse vorzunehmen. Zwar habe die 1919 verabschiedete Weimarer Reichsverfassung »in allen Bereichen und auf allen Stufen des Wirtschaftslebens ein System der Wirtschaftsdemokratie« vorgesehen, das aber nicht Wirklichkeit geworden sei (ebd., Bild 39). Zwei Bilder der Tonbildschau beziehen sich explizit auf das BRG – allerdings mit einer durchweg negativen Konnotation: Zunächst wird der »Blutige Dienstag«, die Demonstration am 13. Januar 1920 mit 42 Toten vor dem Reichstagsgebäude, genannt, und danach folgt die Charakterisierung, dass die abhängig Arbeitenden mit dem BRG nun »um eine große Hoffnung ärmer« gewesen seien: »Das Betriebsrätegesetz enthält zwar einige Zugeständnisse. Die beherrschende Stellung der Unternehmer aber bleibt unangetastet« (ebd., Bilder 40, 41).

Sieben Jahre später gab die ÖTV Dieter Schneider die Gelegenheit, in einer umfangreichen Artikelserie der Geschichte der Mitbestimmung nachzugehen, an deren End- und inhaltlichem Höhepunkt die Verabschiedung des Montanmitbestimmungsgesetzes stand (ds 1974–1975). Die Artikelserie verdeutlicht, dass sich mit dem gesellschaftlichen Aufbruch in der Bundesrepublik am Ende der 1960er Jahre auch das Verständnis in den Gewerkschaften zu betrieblichen Basisbewegungen verändert hatte. Schneider leitete die Artikelserie mit der These ein, dass die innerbetriebliche Interessenvertretung die »Geburt eines wichtigen neuen Ordnungsprinzips« sei, aber »von Beginn an zwei einander ausschließende Möglichkeiten eröffnete: sich entweder als Keimzelle der künftigen industriellen Demokratie zu begreifen oder partnerschaftliches Hilfsorgan des Unternehmers und damit Instrument konformistischer Integration zu werden«. Das BRG von 1920 sei ein »Beleg dafür, wie ein in Gestalt der Arbeiterräte ursprünglich revolutionäres Kampforgan mit einigem Geschick gezähmt und gegenläufigen Aufgaben verpflichtet werden kann« (ebd. 6/1974, S. 13).

Dieser Zähmungsprozess steht bei Schneider im Zentrum der Erzählung. Der »von breiten Arbeiterschichten getragenen Rätebewegung« habe eine »Selbstverwaltung der Wirtschaft durch die darin Beschäftigten« vorgeschwebt. Die »Massen« hätten die Räte mit dem Ziel gewählt, die Herrschaft der Unternehmer zu beenden. Von den Betrieben her sollte eine »neue Ordnung« verwirklicht werden, die von der »Idee einer gleichermaßen in Staat und Wirtschaft zu vollziehenden, von breitesten Volksschichten getragenen Demokratie« geprägt war. Kapitalismus, bürgerliche Demokratie und Staatsbürokratie sollten überwunden werden, alle politischen und wirtschaftlichen Leitungsfunktionen in den Händen demokratisch gewählter, kontrollierter und jederzeit abrufbarer Räte liegen. Dies seien die Kerngedanken des reinen Rätesystems gewesen, die »von Übelwollenden immer wieder als ›bolschewistisch‹ diffamiert« worden seien, aber in Wirklichkeit die Konzeption der Wirtschaftsdemokratie beinhaltet haben. Die Reichsregierung habe aufgrund der Massenaktionen im Frühjahr 1919 schließlich konzediert, die Arbeiterräte als wirtschaftliche Interessenvertretung anzuerkennen.

Derartige Zugeständnisse seien aber nur »aus halben Herzen« gekommen. »Was sich am Ende in den Gesetzen niederschlug, hatte nichts mit wirksamen Kontroll- und Mitbestimmungsrechten zu tun« (ebd. 11/1974, S. 14). Denn die Reichsregierung – »und in ihr vor allem Reichsarbeitsminister Alexander Schlicke« – habe beim BRG im Wesentlichen dort angeknüpft, »wo der kaiserliche Obrigkeitsstaat begonnen hatte«: bei der Novelle zur Reichsgewerbeordnung von 1891 und dem Hilfsdienstgesetz von 1916. Dieter Schneider gelangt so zu dem vernichtenden Urteil: »Das Betriebsrätegesetz vom 4. Februar 1920 nahm den Unternehmern nichts, dafür aber zahllosen Belegschaften weiter gehende Rechte, die sie seit dem November 1918 in den Betrieben erkämpft hatten«

(ebd. 12/1974, S. 13). Vergeben wurde damit die Chance, »der Weimarer Republik einen breiten demokratischen Unterbau zu verschaffen« (ebd. 11/1974, S. 14).

Neue Impulse erhielt die Erinnerungsgeschichte der betrieblichen Mitbestimmung seit Mitte der 1990er Jahre aus der Sozialwissenschaft, denn damit war ein Perspektivenwechsel verbunden. Die historische Narration wurde quasi auf den Kopf gestellt: Während Historiker*innen in Kenntnis der Folgen retrospektiv argumentieren, gehen Sozialwissenschaftler*innen der Frage nach, welche Elemente der modernen deutschen Betriebsverfassung zu ihrer Vorgeschichte gehören. Der Bochumer Industriesoziologe Walther Müller-Jentsch betonte in mehreren Aufsätzen in gewerkschaftlichen Zeitschriften insbesondere die Bedeutung des Staates, ohne dessen Regelsetzung sich die spezifisch deutsche Betriebsverfassung nicht hätte entwickeln können. Den Gründungsakt der Betriebsräte spitzte er provokant auf die These zu, dass der Betriebsrat »ein illegales Kind der deutschen Arbeiterbewegung, ein Wechselbalg [sei], der seine Geburt zwei konträren sozialgeschichtlichen Strömungen verdankt: den Arbeiterausschüssen des Kaiserreiches [...] sowie der revolutionären Rätebewegung von 1918/19«. Die freien Gewerkschaften hätten vor dem Ersten Weltkrieg die Arbeiterausschüsse abgelehnt. Mit der Burgfriedenspolitik während des Krieges änderten sie jedoch ihre Ansichten über die betrieblichen Vertretungsorgane. Stärker als das Gesetz über den Vaterländischen Hilfsdienst, das die Arbeiterausschüsse für die gesamte Wirtschaft obligatorisch machte, habe aber die revolutionäre Rätebewegung die Frage der Betriebsrepräsentanz nach dem Ende des Krieges auf die Tagesordnung gesetzt (Müller-Jentsch 2002, S. 51 f.; Müller-Jentsch 1995, S. 322).

Die Zähmung der Rätebewegung sei im BRG kulminiert, das inhaltlich an die Institution der Arbeiterausschüsse anknüpfte; nur das Wort »Räte« sei eine Konzession an die Rätebewegung gewesen. Mit ihm sei die »charakteristische Doppelloyalität« des deutschen Betriebsrates gegenüber der Belegschaft auf der einen und der Unternehmensleitung auf der anderen Seite kodifiziert worden. Darin habe »das spezifisch Neue an dieser Form betrieblicher Interessenvertretung« gelegen. Eine »derartige (›intermediäre‹) Institution der betrieblichen Mitbestimmung, die das Handeln im Sinne einer pragmatischen Vermittlung gegensätzlicher Interessen strukturiert«, konnte – so Müller-Jentsch' zentrale These – »nur der Staat qua Gesetz ins Leben rufen. Die Arbeitgeber wären allenfalls auf die Verallgemeinerung ihrer ›gelben‹ Werkvereine, die Gewerkschaften auf den Aufbau ihres Obleute- bzw. Vertrauensleutesystems verfallen« (Müller-Jentsch 1995, S. 323).

Im Jahr 2006 übernahm der renommierte Sozialhistoriker Jürgen Kocka die Aufgabe, in dem von der Hans-Böckler-Stiftung (HBS) und dem DGB veranstalteten Workshop aus Anlass des 30. Jubiläums des Mitbestimmungsgesetzes von 1976 die Stationen der Mitbestimmung nachzuzeichnen. Ähnlich wie Walther Müller-Jentsch sieht Kocka zwei Wurzeln der Betriebsräte: Die eine erblickt er in den Arbeiter- und Angestelltenausschüssen des »Hilfsdienstgesetzes« vom Dezember 1916, die als Konzessionen gegenüber den Gewerkschaften und Belegschaften für die Mobilisierung im Weltkrieg in den kriegswichtigen Betrieben errichtet wurden. Die zweite Wurzel sei eine revolutionäre gewesen: Spontan gebildete Räte seien zur »wichtigsten Plattform für revolutionäre Forderungen nach Demokratie, Enteignung, Sozialisierung und anderen Veränderungen, zur Basis der teils sozialistischen, teils kommunistischen, teils radikaldemokratischen Rätebewegung von 1918/19« geworden, die sich nicht nur gegen den Staat und die alten Gewalten, »sondern z.T. auch gegen die meist moderaten, meist unrevolutionären Gewerkschaften richtete«.

Einige ihrer Ideen und Begriffe hätten Eingang in die Verhandlungen gefunden, die zur Weimarer Reichsverfassung führten. Deren Artikel 165 sah die gleichberechtigte Mitwirkung der Arbeiter und Angestellten an der »Regelung der Lohn- und Arbeitsbedingungen sowie an der gesamten wirtschaftlichen Entwicklung der produktiven Kräfte« vor wie auch die Einrichtung von Betriebs- und Wirtschaftsräten. Auf diesem Verfassungsparagrafen habe das BRG von 1920 gefußt, das die Wahrnehmung der Arbeitnehmerinteressen mit der Unterstützung der Unternehmensleitung »in Erfüllung der Betriebszwecke« verbinden sollte – eine Verbindung, die jedoch »in der klassengespaltenen Gesellschaft der 1920er Jahre nicht leicht zu realisieren war«. Die Betriebsräte seien hier an enge Grenzen gestoßen: auf die Zurückweisung seitens vieler Unternehmer, die sie mit dem Weimarer System ablehnten, und auf die Skepsis der Gewerkschafter, die entweder »ein gewisses Misstrauen gegen allzu radikale Räte behielten oder – als Linke – allzu friedliche ›Werksgemeinschaften‹ ablehnten«. Letztlich hielt der ADGB die überbetriebliche Sozial- und Interessenpolitik für wichtiger als die Ebene der Betriebe, was in Fritz Naphtalis Wirtschaftsdemokratiekonzept Ausdruck fand.

Seine Überlegungen zur Mitbestimmung fasste Kocka dahingehend zusammen, dass »Mitbestimmungsregeln [...] fast immer gegen Unternehmerskepsis und -widerstand durchgesetzt worden [seien], fast immer durch ein Bündnis zwischen staatlicher und gewerkschaftlicher Macht«. Aber Mitbestimmung sei immer auch etwas gewesen, »was sich gegen weiter links absetzte und gegen radikalere Linkspositionen durchgesetzt wurde. Mitbestimmung stand und steht für den nichtrevolutionären, auch den antikommunistischen Weg, den Weg der Reform und des Ausgleichs« (Kocka 2006).

Vier Jahre später unternahm der Bochumer Historiker Rudolf Tschirbs im Magazin *Mitbestimmung* der HBS den »Versuch einer Neubewertung« des BRG. Tschirbs wendet sich gegen die verbreitete Interpretation des BRG als ein halbherziges und rückwärtsgewandtes Gesetz, »als Rückschlag gegenüber den vermeintlich fortschrittlichen Positionen der Rätebewegung«. Sein Bewertungsmaßstab für das BRG sind nicht die Vorstellungen der Rätebewegung, sondern die der Gewerkschaften. Ins Zentrum seiner Argumentation rückt so das Spannungsverhältnis zwischen der gewerkschaftlichen Tarifpolitik und den betrieblichen Aktivitäten der Räte.

Tschirbs verweist darauf, dass die Gewerkschaften schon durch das Hilfsdienstgesetz 1916 in eine Defensivsituation geraten seien. Indem die betrieblichen Repräsentant*innen auch in Lohn- und Arbeitszeitfragen zuständig wurden, hatte das Gesetz die betrieblichen Vertretungsstrukturen gestärkt, »ohne dass den Gewerkschaften das Tarifvertragsmandat zugesprochen wurde«.

Als die Industriellen dann im Herbst 1918 im Stinnes-Legien-Abkommen in die Kooperation eintraten, hatten sich die Lohnbewegungen auf der betrieblichen Ebene bereits automatisiert. Die Gewerkschaften hätten sich »beim Versuch, das nun endlich rechtlich zugestandene Tarifvertragssystem durchzusetzen, [...] unversehens gezwungen [gesehen], ein durch den Buchstaben des Hilfsdienstgesetzes den Arbeiterausschüssen zugestandenes Recht zu bekämpfen«. Die Folge war, dass das »in Deutschland stets spannungsvolle Verhältnis zwischen Basisorganen und Gewerkschaften [...] hier seine gewiss konfliktreichste Zuspitzung« fand. Zwei gegensätzliche Prinzipien hätten sich nun gegenübergestanden:

»das gewerkschaftlich angestrebte Ziel einer regional übergreifenden Solidarität einzelner Berufsgruppen, die sich im Tarifvertrag materialisierte, und die von ›wilden‹ Lohnerhöhungen und Arbeitszeitverkürzungen profitierenden, unter privilegierten Rahmenbedingungen operierenden Arbeitergruppen in den Schlüsselindustrien der Ballungsgebiete«.

Zwischen der »Streik- und Rätebewegung und der gewerkschaftlichen Strategie« habe es keine Brücke geben können, da es den Räten nicht um eine basisdemokratische Korrektur, sondern um eine Ersetzung der Gewerkschaftsstrategie gegangen sei. Tschirbs hält deshalb die Abwehrhaltung der Gewerkschaften gegenüber der Rätebewegung für folgerichtig. Mit dem BRG sei es gelungen, wesentliche Strukturelemente einer modernen Sozialverfassung in Deutschland zu verankern, worunter Tschirbs insbesondere den Vorrang des Tarifvertrages über die Betriebsvereinbarung fasst (Tschirbs 2010, S. 55–58).

Der Rückblick auf die betriebliche Mitbestimmung in der BRD

Der lange Schatten der »verhinderten Neuordnung« – gewerkschaftliche Erinnerung auf die Nachkriegsgeschichte bis in die 1980er Jahre

Bis weit in die 1970er Jahre konzentrierten sich die in Publikationen niedergeschriebenen Erinnerungen der Gewerkschaften über die Nachkriegszeit auf die Organisationsgeschichte, auf die (gesellschafts)politischen Auseinandersetzungen der Gewerkschaften mit der Bundesregierung und den Unternehmern sowie auf die Tarifpolitik, die sich, erst nachdem die Fesseln des alliierten Lohnstopps 1948 gelöst und die rechtlichen Grundlagen mit dem Tarifvertragsgesetz im April 1949 gelegt waren, entfalten konnte. Die Konzentration auf die Organisationsgeschichte galt speziell für die Aufbaujahre nach dem Ende des Zweiten Weltkriegs. Dieser Ansatz ließ nur wenig Platz für das Geschehen in den Betrieben. So befassten sich die gewerkschaftlichen Publikationen bis etwa 1980 nur beiläufig und in wenigen Sätzen mit den Betriebsräten in den Nachkriegsjahren. Ihr Einsatz für die Versorgung der Belegschaften wird betont, ihr Engagement für die Entnazifizierung der Betriebe gelobt. Größeren Raum nimmt allenfalls ihr gemeinsamer Kampf mit den Gewerkschaften gegen die Demontagepolitik der Alliierten ein (IG Metall 1966, S. 373; IG Metall Tonbildschau 1967; IG Metall 1975, S. 11 ff.; Judith 1976, S. 11).

Höhepunkt in den gewerkschaftlichen Historiografien sind bis heute die politischen Auseinandersetzungen der Arbeitnehmerorganisationen mit der Bundesregierung und den Arbeitgebern im Streit um die Unternehmensmitbestimmung 1950/51 und um das Betriebsverfassungsgesetz (BetrVG) 1952 geblieben. Dabei steht das BetrVG bis heute in mehrfacher Hinsicht im Schatten der Montanmitbestimmung. Die Auseinandersetzung um Letztere wurde zur gewerkschaftlichen Meistererzählung (Jarausch/Sabrow 2002, S. 9 ff.) par excellence entfaltet: Die Gewerkschaften treten als Motor der fortschreitenden Emanzipation der Arbeiterschaft in der Bundesrepublik in Erscheinung, indem sie die in den Nachkriegsjahren erlangten Mitbestimmungsrechte erfolgreich verteidigen.

Die Montanmitbestimmung wurde vor diesem Hintergrund zum Markstein und zur Messlatte für eine gewerkschaftlich akzeptable Unternehmensmitbestimmung (IG Metall 1966, S. 377–391; Bergarbeiter 1969, Kapitel 42; IG CPK 1990, S. 548 f.). Dagegen markierte die Verabschiedung des BetrVG nur kurze Zeit später »für den DGB die entscheidendste Niederlage auf dem politisch-programmatischen Feld seit seiner Gründung« (Müller 1990, S. 127). Denn es gelang weder die Montanmitbestimmung auf andere Großunternehmen zu übertragen noch die Betriebsratsrechte wesentlich über das Niveau des BRG von 1920 zu heben.

Die Niederlage in der Auseinandersetzung um die Betriebsverfassung 1952 wird in allen gewerkschaftlichen Historiografien thematisiert; sie ist für die damaligen politisch Handelnden, aber auch für die später Zurückblickenden, ein Ereignis mit traumatischem Charakter. Für den IG-Metall-Vorsitzenden Eugen Loderer wirkte die Niederlage im Kampf um das BetrVG »wie ein Schock« (IG Metall 1979, S. 22). Im Urteil des langjährigen 2. Vorsitzenden der IG Metall, Alois Wöhrle, stoppte »die Verabschiedung des Betriebsverfassungsgesetzes 1952 durch eine konservative Mehrheit […] abrupt eine Politik der gesellschaftlichen Veränderung und leitete einen Restaurationsprozeß ein« (IG Metall 1983, S. 147, 164).

Übereinstimmung besteht in den gewerkschaftlichen Reflexionen darüber, dass diese Niederlage das Ende der gewerkschaftlichen Neuordnungspolitik markierte. »Die Verwirklichung der demokratischen Gesellschaftsziele« sahen die Autoren der 75-Jahres-Festschrift der IG Metall »in der sich stabilisierenden Marktwirtschaft der fünfziger Jahre in weitere Ferne gerückt«; nun drängten »Nahziele« in den Vordergrund, »die durch die eigene und gemeinsame Kraft der Gewerkschaften erreichbar waren« (Otto Brenner): die Verbesserung der Arbeits- und Existenzbedingungen der Arbeiternehmer*innen durch die Tarifpolitik (IG Metall 1966, S. 414; ähnlich Loderer in: IG Metall 1979, S. 22; Bergarbeiterkatalog 1969, Kapitel 43; IG Metall 1986, S. 76 ff.). Die Tarifpolitik wird jetzt zu dem beherrschenden Thema.

Vor dem Hintergrund der politischen Niederlage in der Auseinandersetzung um das BetrVG und der danach erfolgten Schwerpunktverlagerung der Realpolitik von der Neuordnungspolitik zur pragmatischen Tarifpolitik ging auch der historische Blick der Gewerkschaften auf die Betriebe verloren. Es scheint, als sei der Niederlagentopos so verinnerlicht worden, dass die Betriebsräte selbst als betriebliche Handelnde nicht mehr gesehen wurden.

Kaum irgendwo in den gewerkschaftlichen Festschriften wird der »Produktivitäts- und Wachstumspakt« (Haipeter 2000, S. 146) thematisiert, der in den Jahren des »Wirtschaftswunders« fast überall zwischen Unternehmern und Belegschaftsvertretungen begründet wurde. Auf der Basis einer ausgeprägten Verständigungskultur gelang es damals vielen Betriebsräten, Vereinbarungen abzuschließen, deren Ergebnisse auch für die gewerkschaftliche Tarif- und Reformpolitik wegweisende Erfolge darstellen. In Großunternehmen übte die betriebliche Mitbestimmung eine Vorreiterfunktion für gesellschaftliche Reformprojekte aus, die später in der Tarifpolitik oder – angestoßen von den Gewerkschaften – in der Gesetzgebung verwirklicht werden sollten, seien es Arbeitszeitverkürzungen Mitte der 1950er Jahren, mit denen der Widerstand der Arbeitgeber in der Abwehrfront gegen die 40-Stunden-Woche unterhöhlt wurde, sei es die Einführung eines Systems der vorbeugenden Gesundheitsvorsorge Anfang der 1960er Jahre (Milert 2015b, S. 181 f.).

Doch viel mehr zählten für die Belegschaften die einkommenspolitischen Erfolge der Betriebsräte, die in den Wirtschaftswunderjahren in Großunternehmen über betriebliche Zulagen erreichten, die Einkommen manchmal um mehr als 50 Prozent über den Tariflohn zu heben (Milert/Tschirbs 2012, S. 447 f.).

Die Darstellung der Novellierung des BetrVG von 1972 hätte eine doppelte Chance für eine positive gewerkschaftliche Selbstdarstellung geboten: Die Gewerkschaften traten seit den 1960er Jahren als macht- und eindrucksvolle Streiter für mehr Demokratie in den Unternehmen auf, und der ehemalige Vorsitzende der IG Bergbau und Energie Walter Arendt gestaltete das Gesetz erfolgreich als Bundesarbeitsminister im Kabinett von Willy Brandt; er steht damit in der Tradition von Gewerkschaftern wie Gustav Bauer, Alexander Schlicke und Heinrich Brauns, die als Reichsarbeitsminister zwischen 1920 und 1922 das BRG und seine Ausführungsgesetze zum Betriebsbilanzgesetz und zur Aufsichtsratsentsendung auf den Weg gebracht hatten.

Diese Chance einer positiven Würdigung wurde verpasst. Denn in den gewerkschaftlichen Darstellungen über die eigene Geschichte wird das BetrVG von 1972 – tatsächlich ein Quantensprung bei der Ausweitung der Betriebsratsrechte – stiefmütterlich behandelt. Die IG-Metall-Publikation über die ersten dreißig Jahre westdeutscher Gewerkschaftspolitik widmet ihm gerade einen Satz, um dann auf sieben Seiten die aus Sicht der IG Metall zu konstatierende Niederlage beim Mitbestimmungsgesetz von 1976 zu beschreiben und zu begründen (IG Metall 1986, S. 143 ff.). Grob verzeichnend ist die DGB-Darstellung von 1999 aus Anlass des 50-jährigen Jubiläums des gewerkschaftlichen Dachverbandes: Zweimal wird dem neuen Gesetz entgegen den Tatsachen attestiert, dass es »keine wesentlichen Veränderungen der Fassung von 1952 bringt« (Engeln 1999, S. 47, 53). Da ist das Urteil von Eugen Loderer über das Gesetz schon ausgewogener:

»Nach 20 Jahren gelang es uns auch, mit der Novellierung des Betriebsverfassungsgesetzes im Jahr 1972 die Niederlage von 1952 etwas auszugleichen. Wir halten dieses Gesetz […] für einen beachtlichen Fortschritt« (IG Metall 1979, S. 26; ähnlich später: IG BCE 2013, S. 57; dies. 2016, S. 27).

Die neue Wertschätzung der Betriebsräte in der kollektiven Erinnerung seit den 1980er Jahren

Eine Welle von Gewerkschaftspublikationen über ihre eigene Geschichte ist für die 1980er und frühen 1990er Jahre festzustellen, vor allem aus lokalen Geschichtsprojekten, die von einigen Gewerkschaften initiiert wurden, oft mit Unterstützung erfahrener Historiker*innen (z. B. Brennecke et al. 1989). Der DGB versuchte seit 1984 gezielt, lokale Geschichtsforschung durch Projektgruppen anzuregen (Andresen 2014, S. 32 f.). Zur Konjunktur lokaler Darstellungen trugen vor allem die 100-jährigen Jubiläen von zahlreichen Gewerkschaften im Jahr 1990 bei. So löste die IG Metall 1987 mit einer Abfrage über die Geschichtsarbeit bei ihren Verwaltungsstellen zahlreiche lokale Geschichtsprojekte aus, in denen teilweise voluminöse Dokumentenbände erarbeitet wurden (Schmitz 1990, S. 119; Andresen 2014, S. 33 f.).

Im Rahmen dieser Studie kann auf die Vielzahl dieser Publikationen nicht eingegangen werden, aber es bleibt doch festzuhalten, dass dieser neue Zugang zur Gewerkschaftsgeschichte einen Perspektivenwechsel beschleunigte, der den Fokus der Darstellung auf die lokale Entwicklung und damit ebenfalls auf die Betriebe richtete. Auch in den Jubiläumspublikationen, die die Gewerkschaften aus Anlass ihres 100-jährigen Bestehens veröffentlichten, lässt sich diese Veränderung des Narrativs feststellen. Das Team unter Leitung von Hermann Weber, das das Jubiläumsbuch für die IG Chemie-Papier-Keramik (CPK) verfasste, widmet den Betriebsräten als betriebliche gewerkschaftliche Akteure in der Nachkriegszeit ein eigenes, umfangreiches Kapitel. Ihre Entstehung unmittelbar nach dem Zweiten Weltkrieg wird anhand von zahlreichen Betriebsbeispielen nachvollzogen, ihre rechtlichen Voraussetzungen werden skizziert und ihre betrieblichen Aktivitäten beschrieben. All dies mündet in die These, dass in einer »Art stillschweigendem ›Wiederaufbaupakt‹ [...] das partnerschaftliche Verhalten gegenüber den Firmenleitungen bei der Lösung betrieblicher Konflikte eindeutig über klassenkämpferische Parolen« dominierte.

Die Autoren begründen dies damit, dass sich die Betriebsräte »wesentlich intensiver als den Fragen der betrieblichen Produktionsgestaltung und -kontrolle oder den politischen Grundsatzfragen [...] den vorrangigen materiellen Tagesinteressen« widmeten. Mit großem sozialen Engagement und bemerkenswertem Geschick hätten die Betriebsvertretungen versucht, die Lebens- und Arbeitsverhältnisse der Beschäftigten zu verbessern. Deshalb hätten sie für die Lösung der Versorgungsprobleme und für die Entnazifizierungsmaßnahmen »den mit Abstand größten Aufwand an Zeit und Energie« erbracht (IG CPK 1990, S. 365–374).

In der »traditionellen sozialpartnerschaftlichen Strategie« der Chemieunternehmer, die sich bemühten, »mit weit übertariflichen betrieblichen Lohn- und Gehaltszulagen und besonderen Sozialaufwendungen die Belegschaften zu befrieden und den unmittelbaren Einfluss der Gewerkschaften in den Betrieben einzudämmen«, sehen die Autoren auch den Grund dafür, dass in der chemischen Industrie in den 1950er und 1960er Jahren eine erhebliche Lohndrift entstand. Die an den ökonomischen Durchschnittsbedingungen der Branche orientierten Tarifabschlüsse hätten den besser gestellten Großunternehmen einen weiten Spielraum für betriebliche Zulagen eröffnet, sodass zweite, innerbetriebliche Lohnrunden mit den Betriebsräten »zum Normalfall« wurden (ebd., S. 473).

Das Jubiläumsjahr 1990 stellte die Hochzeit für die Arbeit gewerkschaftlicher Erinnerungskulturen dar; im Laufe der 1990er Jahre ließ das Interesse an der eigenen Geschichte nach (vgl. Schneider in diesem Band). Erst in den letzten Jahren ist ein Aufschwung bei der Beschäftigung mit der Geschichte der Gewerkschaften und der Betriebsräte festzustellen. Für neue Impulse sorgte der Bildungsauftrag der Gewerkschaften.

Im Auftrag der HBS wurden 2013 und 2016 zwei Wanderausstellungen, jeweils mit einem Begleitbuch, konzipiert, in denen die Betriebsräte in unterschiedlichen Phasen der deutschen Geschichte im Mittelpunkt stehen. Die Resonanz in den Gewerkschaften war erheblich, denn diese Ausstellungen wurden in den vergangenen Jahren in mehr als 40 Orten gezeigt. Die Ausstellung »Zerschlagung der Mitbestimmung 1933« zeigt die Stationen der betrieblichen Interessenvertretung in der Weimarer Republik bis zur Beseitigung der frei gewählten Betriebsräte 1933 sowie die betriebliche Entwicklung unter dem Nationalsozialismus bis zum Neuaufbau der Betriebsräte 1945. Eine zentrale These der Ausstellung ist, dass die Betriebsräte während der Weimarer Jahre für die Gewerkschaften die Basis und das Rückgrat in den Betrieben und auf örtlicher Ebene waren. Mit ihrer sukzessiven Beseitigung – durch oft gewalttätige Absetzungen von Seiten der NSBO, auch mithilfe des »Gesetzes über Betriebsvertretungen und über wirtschaftliche Vereinigungen« vom 4. April 1933, das die Absetzung von Betriebsräten durch Anordnungen ermöglichte – waren die Gewerkschaften »nur mehr ein tönender Koloss«. Der Anpassungskurs der Gewerkschaften sei vor dem Hintergrund dieses Prozesses neu zu bewerten (Milert/Tschirbs 2013).

Die Folgeausstellung »Vom Wert der Mitbestimmung« zeichnet die Entwicklung der Mitbestimmung seit Ende des Zweiten Weltkrieges nach. Die Autoren unternehmen es, die politischen Auseinandersetzungen um die gesetzliche Fixierung von Unternehmens- und betrieblicher Mitbestimmung in den 1950er und 1970er Jahren darzustellen, aber im Mittelpunkt steht der Wandel der Tätigkeit der Betriebsräte in den letzten 70 Jahren, der anhand von Unternehmensbeispielen nachvollzogen wird (Milert/Tschirbs 2016).

Ein anderes Ergebnis der gewerkschaftlichen Bildungsarbeit ist eine Publikation, die 2019 erschien. Der Band »Neuanfang 1945« entstand aus einer Tagung im IG-Metall-Bildungszentrum Berlin. Die Autoren widmen sich hier – auch anhand verschiedener Beispiele aus der Metallindustrie – der Betriebsratsarbeit in der unmittelbaren Nachkriegszeit (Boebel/Heidenreich/Wenzel 2019). Aufgrund dieser aktuellen Erinnerungsgeschichten liegt der Schluss nahe, dass das

Interesse an der Beschäftigung mit den Betriebsräten in den Gewerkschaften in den letzten Jahren gestiegen ist.

Fazit

Blickt man auf die gewerkschaftlichen Erinnerungskulturen, so ist wohl generell der Schluss angebracht, dass die betriebliche Interessenvertretung über Jahrzehnte von der gewerkschaftlichen Historiografie vernachlässigt wurde. Jenseits der gesetzlichen Fundierungsprozesse tauchten Betriebsräte als handelnde Akteure in den eigenen historischen Publikationen lange Zeit nur selten auf. Dies hat mehrere Gründe.

Zunächst ist es die Materie selbst, die sich einer öffentlichen Darstellung weitgehend entzieht. Die Betriebsräte sind zur Verschwiegenheit über die Unternehmenspolitik verpflichtet; ihr Handeln bleibt daher in aller Regel dem Publikum – und damit der Historiografie – verschlossen. So umfangreich ihre Tätigkeit auch ist, ist sie für Außenstehende in den meisten Fällen zu unspektakulär, um festgehalten zu werden. Es ist die betriebsrätliche »Kleinarbeit«, die – angefangen bei Einzelfallgesprächen über Betriebsbegehungen bis zum Kümmern um familiäre Angelegenheiten – einen großen Teil der Zeit in Anspruch nimmt und über die wegen des Persönlichkeitsschutzes selbst innerbetrieblich kaum gesprochen wird.

Des Weiteren ist die gewerkschaftliche Erinnerungsgeschichte ein Teil der Bildungsarbeit der Gewerkschaften, die sich als Massen- oder Funktionärsbildung an die Mitglieder, vor allem aber an ehren- oder hauptamtlich Aktive wendet. Die Befassung mit der eigenen Geschichte dient vorrangig der Identitätsbildung der Mitgliedschaft und soll darüber hinaus Werte und Orientierungen für das gegenwärtige und zukünftige Handeln bieten (Andresen 2014, S. 29 ff.).

In den gewerkschaftseigenen Publikationen stellt der durch die Gewerkschaften bewirkte soziale Aufstieg der Arbeitnehmerschaft die historische Meistererzählung dar (ebd., S. 205 f.). Das BRG von 1920 und das BetrVG von 1952 waren aber in den Gewerkschaften jahrzehntelang zu umstritten, als dass sie eine eigene Folie für eine Meistererzählung hätten abgeben können. Das lag nicht nur daran, dass die Entstehungsgeschichte beider Gesetze in keinem Fall als uneingeschränkter gewerkschaftlicher Sieg geschrieben werden konnte, sondern auch an der Distanz in den Gewerkschaften gegenüber den in den Betrieben agierenden Räten, denen manchmal bis heute ein Betriebsegoismus unterstellt wurde. Erst nach der programmatischen Neuorientierung des DGB in der ersten Hälfte der 1960er Jahre – Abschied vom Wirtschaftsdemokratiekonzept, programmatische Akzeptanz der Betriebsräte – wandelte sich die Erinnerungskultur in Bezug auf die Betriebsrepräsentanten.

All dies macht deutlich, dass die gewerkschaftliche Erinnerungskultur wie alle Gruppengedächtnisse eine fluide Grundstruktur hat. Ihr Wandel kommt dadurch zustande, dass nachfolgende Ereignisse ihren Schatten nach hinten werfen und die Beurteilung der zurückliegenden Ereignisse beeinflussen. Pierre Nora hat diesen Prozess wie folgt auf den Punkt gebracht: »Das Gedächtnis ist ein stets aktuelles Phänomen, eine in ewiger Gegenwart erlebte Bindung« (Nora 1990, S. 12 f.). Bei der Konstituierung dieses »Phänomens« sind diverse Faktoren und Einflussgrößen wirkmächtig. Zuallererst ist es die Geschichtswissenschaft selbst, deren neue Forschungsergebnisse in das Gedächtnis einfließen. Das Gedächtnis verfährt hier jedoch selektiv, »indem es dieses erinnert und jenes vergißt« oder auch Forschungsergebnisse gebrochen übernimmt. Die Erinnerungskultur ist darüber hinaus in die allgemeine gesellschaftspolitische Entwicklung eingebunden, deren politische und kulturelle Umbrüche sie in der Rückspiegelung reflektiert. Die Aufgabe des Gruppengedächtnisses ist es, Werte der Gruppe zu vermitteln, »aus denen sich ein Identitätsprofil und Handlungsnormen ergeben« (Assmann 1999, S. 133).

Im Umkehrschluss bedeutet dies, dass nach einer Neuformulierung der Gruppenwerte, wie sie sich etwa in einer programmatischen Neuausrichtung von gesellschaftspolitischen Akteuren wie den Gewerkschaften niederschlagen, auch zu erwarten ist, dass sich ihr Gedächtnis sukzessive verändert. Dies ist bei den Gewerkschaften in der ersten Hälfte der 1960er Jahre in Bezug auf die Betriebsräte geschehen, als mit dem neuen DGB-Grundsatzprogramm ein neues, positiveres Verhältnis zu ihnen entstand. Seitdem haben die Betriebsräte auch in der gewerkschaftlichen Erinnerungsgeschichte einen neuen Stellenwert.

Weiterhin lässt sich im gewerkschaftlichen Erinnerungsdiskurs ein deutlicher Wandel von einem demokratietheoretischen Ansatz hin zu einer mehr institutionellen Betrachtung feststellen. Dominierte zunächst die grundsätzliche Zielausrichtung auf eine sich entwickelnde Demokratie, die auch den Betrieb erfassen müsse, der Blick auf die betriebliche Interessenvertretung, so rückte in den letzten Jahrzehnten immer mehr die Sichtweise vom Betriebsrat als soziale Institution in den Vordergrund. Auch dies ist ein Ergebnis der gesamtgesellschaftlichen Entwicklung: Nachdem die Demokratie in Deutschland seit den 1960er Jahren als politisch selbstverständlich und gefestigt gilt, hat die demokratietheoretische Begründung der Institution »Betriebsrat« auch in den Gewerkschaften an Bedeutung verloren. Sie wurde verdrängt von einer utilitaristischen Betrachtungsweise, die den »Nutzen«, den »wirtschaftlichen Wert« des Betriebsrates für die Belegschaft und die Gewerkschaften – aber auch für die

Wirtschaft und die Gesellschaft insgesamt – als Legitimierungswert betrachtet (Abelshauser 1999). Es ist nicht von der Hand zu weisen, dass man dies als Reflex auf eine fortschreitende Ökonomisierung gesellschaftlicher Wertmaßstäbe interpretieren kann.

Literatur und Quellen

Abelshauser, Werner (1999): Vom wirtschaftlichen Wert der Mitbestimmung. Neue Perspektiven ihrer Geschichte in Deutschland. In: Streeck, Wolfgang/Kluge, Norbert (Hrsg.): Mitbestimmung in Deutschland. Tradition und Effizienz. Frankfurt am Main: Campus, S. 224–238.

Ambros, H. (1930): Revolutionäre und reformistische Betriebsräte. Zur Geschichte der Betriebsrätebewegung. In: Betrieb und Gewerkschaft 2, S. 45–47.

Andresen, Knud (2014): Triumpherzählungen. Wie Gewerkschafterinnen und Gewerkschafter über ihre Erinnerungen sprechen. Essen: Klartext.

Assmann, Aleida (1999): Erinnerungsräume. Formen und Wandlungen des kulturellen Gedächtnisses. München: C. H. Beck.

Bergarbeiter (1969): Katalog. Ausstellung zur Geschichte der organisierten Bergarbeiterbewegung in Deutschland, Industriegewerkschaft Bergbau und Energie und dem Bergbau-Museum Bochum.

Boebel, Chaja/Heidenreich, Frank/Wenzel, Lothar (Hrsg.) (2019): Neuanfang 1945. Belegschaften und Betriebsräte setzen die Produktion in Gang. Hamburg: VSA.

Brennecke, Gisbert/Klönne, Arno/Lienker, Heinrich/Vogt, Willy (Hrsg.) (1989): »Es gilt die Arbeit zu befreien«. Geschichte der Bielefelder Gewerkschaftsbewegung. Köln: Bund.

ds [= Schneider, Dieter] (1974–1975): Mitbestimmung – Weg einer Idee. In: ÖTV-Magazin, Heft 6/1974, S. 12–13; Heft 7/1974, S. 12–14; Heft 8/1974, S. 12–13; Heft 9/1974, S. 12–13; Heft 10/1974, S. 8–9; Heft 11/1974, S. 12–14; Heft 12/1974, S. 13–14; Heft 1/1975, S. 11–13; Heft 9/1975 und Heft 10/1975.

Engeln, Ralf (1999): Bewegte Zeiten. Mitgestalten – Mitbestimmen – Mitverantworten. 50 Jahre DGB. Düsseldorf: DGB.

FDGB (1982): Geschichte des FDGB. Ost-Berlin: Verlag Tribüne.

Flatow, Georg (1921): Betriebsvereinbarung und Arbeitsordnung. Mannheim – Berlin – Leipzig: J. Benzheimer.

Fraenkel, Ernst (1930): Zehn Jahre Betriebsrätegesetz. In: Die Gesellschaft 2, S. 117–129.

Fricke, Fritz (1953): Zur Geschichte der Betriebsvertretungen in Deutschland. In: Ernst Bührig (Hrsg.): Handbuch der Betriebsverfassung. Köln, S. 52–68.

Gesamtverband der christlichen Gewerkschaften Deutschlands (1925): Der Betriebsrat in seiner praktischen Arbeit. Berlin.

Haipeter, Thomas (2000): Mitbestimmung bei VW. Neue Chancen für die betriebliche Interessenvertretung? Münster.

Industriegewerkschaft Bergbau, Chemie, Energie (Hrsg.) (2013): 1933/2013 – Ungebrochen. Die IGBCE – 80 Jahre nach Zerschlagung der Gewerkschaften. Hannover: IG BCE.

IG CPK (Hrsg.) (1990): 100 Jahre Industriegewerkschaft Chemie-Papier-Keramik. Von den Verbänden der ungelernten Fabrikarbeiter, der Glas und Porzellanarbeiter zur modernen Gewerkschaftsorganisation. Köln: IG CPK.

IG Metall (Hrsg.) (1966): 75 Jahre Industriegewerkschaft 1891 bis 1966. Vom Deutschen Metallarbeiter-Verband zur Industriegewerkschaft Metall. Ein Bericht in Wort und Bild. Text und Redaktion: Fritz Opel und Dieter Schneider. Frankfurt am Main: IG Metall.

IG Metall (Hrsg.) (1967): Was ist Mitbestimmung? Tonbildschau, Text: Dieter Schneider, abgedruckt in: Bundesvorstand des Deutscher Gewerkschaftsbund. Bonn: bpb, 1977, S. 315–323.

IG Metall (Hrsg.) (1979): IG Metall – 30 Jahre soziale Gegenmacht. Gedenkveranstaltung zur dreißigjährigen Wiederkehr des Vereinigungs-Verbandstages in Lüdenscheid. Frankfurt am Main: IG Metall.

IG Metall (Hrsg.) (1983): Ein Leben in der Organisation. Alois Wöhrle berichtet. Frankfurt am Main: IG Metall.

IG Metall (Hrsg.) (1985): Kampf um soziale Gerechtigkeit, Mitbestimmung, Demokratie und Frieden. Die Geschichte der IG Metall seit 1945. Ein Bericht in Wort und Bild. Frankfurt am Main: IG Metall.

IG Metall (Hrsg.) (1991): Hundert Jahre Industriegewerkschaft 1891 bis 1991. Vom Deutschen Metallarbeiter-Verband zur Industriegewerkschaft Metall. Ein Bericht in Wort und Bild. Text: Kurt Thomas Schmitz. Köln: Bund.

Judith, Rudolf (Hrsg.) (1976): 25 Jahre Montanmitbestimmung. Reden und Dokumente. Schriftenreihe der IG Metall Nr. 68. Frankfurt am Main.

Kahmann, Clemens (1927): Die christlichen Gewerkschaften und die Betriebsräte. Diss., Münster.

Kocka, Jürgen (2006): Vortrag, Workshop »30 Jahre Mitbestimmungsgesetz 1976. Mehr Demokratie in der Wirtschaft«, www.boeckler.de/20163_20168.htm (Abruf am 28.5.2021).

Marshall, Thomas H. (2007): Staatsbürgerrechte und soziale Klassen. In: Mackert, Jürgen/Müller, Hans-Peter (Hrsg.): Moderne (Staats)Bürgerschaft. Nationale Staatsbürgerschaft und die Debatten der Citizenship Studie. Wiesbaden: Springer VS, S. 31–74.

Milert, Werner (2015a), Erinnerungsort Betriebsrat. Erfahrungen und Anknüpfungspunkte gewerkschaftlicher Interessenvertreter nach dem Zweiten Weltkrieg. In: Berger, Stefan (Hrsg.): Gewerkschaftsgeschichte als Erinnerungsgeschichte. Der 2. Mai 1933 in der gewerkschaftlichen Erinnerung und Positionierung nach 1945. Essen: Klartext, S. 297–329.

Milert, Werner (2015b): Der steinige Weg in die Konfliktpartnerschaft. Die Sozialbeziehungen bei Siemens in den ersten beiden Nachkriegsjahrzehnten. In: Andresen, Knud/Kuhnhenne, Michaela/Mittag, Jürgen/Platz, Johannes (Hrsg.): Der Betrieb als sozialer und politischer Ort. Studien zu Praktiken und Diskursen in den Arbeitswelten des 20 Jahrhunderts. Düsseldorf: Hans-Böckler-Stiftung, S. 159–184.

Milert, Werner/Tschirbs, Rudolf (2012): Die andere Demokratie. Betriebliche Interessenvertretung in Deutschland, 1848 bis 2008. Essen: Klartext.

Milert, Werner/Tschirbs, Rudolf (2013): Zerschlagung der Mitbestimmung 1933. Das Ende der ersten deutschen Demokratie. Düsseldorf: Hans-Böckler-Stiftung.

Milert, Werner/Tschirbs, Rudolf (2016): Vom Wert der Mitbestimmung. Betriebsräte und Aufsichtsräte in Deutschland seit 1945. Düsseldorf: Hans-Böckler-Stiftung.

Müller, Werner (1990): Die Gründung des DGB, der Kampf um die Mitbestimmung, programmatisches Scheitern und der Übergang zum gewerkschaftlichen Pragmatismus. In: Hemmer, Hans-Otto/Schmitz, Kurt Thomas (Hrsg.): Geschichte der Gewerkschaften in der Bundesrepublik Deutschland. Von den Anfängen bis heute. Köln: Bund, S. 85–147.

Müller-Jentsch, Walther (1995): Lernprozesse mit konträren Ausgängen. Tarifautonomie und Betriebsverfassung in der Weimarer und Bonner Republik. In: Gewerkschaftliche Monatshefte 5, S. 317–328.

Müller-Jentsch, Walther (2002): Die Betriebsverfassung – eine deutsche Karriere. In: Mitbestimmung 8, S. 50–55.

Müller-Jentsch, Walther (2008): Arbeit und Bürgerstatus. Studien zur sozialen und industriellen Demokratie. Wiesbaden: Springer VS.

Nora, Pierre (1990): Zwischen Geschichte und Gedächtnis. Berlin: Fischer.

Nörpel, Clemens (1930): Zehn Jahre Betriebsrätegesetz. In: Gewerkschaftszeitung. Organ des ADGB, Nr. 8, S. 120–122.

Oertzen, Peter von (1966): Betriebsräte in der Novemberrevolution. Düsseldorf.

Oertzen, Peter von (1976): Die Probleme der wirtschaftlichen Neuordnung und der Mitbestimmung in der Revolution von 1918 unter besonderer Berücksichtigung der Metallindustrie. Gutachten für den Vorstand der IG Metall, MS Köln.

Protokoll (1919): Verhandlungen der Konferenz der Vorstände der gewerkschaftlichen Zentralverbände, 25.4.1919. In: Schönhoven, Klaus (Bearb.) (1985): Quellen zur Geschichte der deutschen Gewerkschaftsbewegung, Bd. 1: Die Gewerkschaften in Weltkrieg und Revolution 1914–1919. Köln, S. 706–756.

Protokoll (1928): Verhandlungen des 13. Kongresses der Gewerkschaften Deutschlands (3. Bundestag des Allgemeinen Deutschen Gewerkschaftsbundes), abgehalten in Hamburg vom 3. bis 7. September 1928. Berlin.

Schmitz, Kurt Thomas (1990): Die IG Metall und ihre Geschichtsschreibung – Überblick und Ausblick. In: Gewerkschaftliche Monatshefte 2, S. 112–120.

Sitzler, Friedrich Georg (1928): Das Werden der Betriebsdemokratie. In: Reichsarbeitsblatt (NaT), Nr. 13/1928, S. 204–205.

Tschirbs, Rudolf (2010): Kein halbherziges Gesetz. In: Mitbestimmung 1+2, S. 54–58.

Verhandlungen (1920): Verhandlungen der Verfassungsgebenden Deutschen Nationalversammlung. Stenographische Berichte, Bd. 331, S. 4249–4258.

Vom Meilenstein demokratischer Neuordnung zum Auslaufmodell
Erinnerungsgeschichte der Montanmitbestimmung

Karl Lauschke

Ein blinder Fleck in der gegenwärtigen Geschichtsschreibung

Wer sich heute über die Montanmitbestimmung informieren will, sucht in den Überblicksdarstellungen zur Geschichte Deutschlands nach 1945 vergeblich danach (Winkler 2002; Wehler 2008) oder findet sie kurz erwähnt im Zusammenhang mit den außenpolitischen Weichenstellungen der jungen Bundesrepublik. Die Montanmitbestimmung sei Ergebnis eines »Deals« zwischen Konrad Adenauer und Hans Böckler, durch den im Gegenzug »der gewerkschaftliche Neutralitätskurs in der Frage der Montanunion und der westdeutschen Wiederbewaffnung« (Conze 2009, S. 166; ähnlich auch Wolfrum 2006, S. 84 und Herbert 2014, S. 654) vereinbart worden sei.

Darüber, welche Erwartungen die Gewerkschaften mit der paritätischen Mitbestimmung verbanden, wie sich die Arbeitgeber zu der gewerkschaftlichen Forderung verhielten und mit welchen Mitteln die Auseinandersetzung geführt wurde, erfährt man nichts. Selbst in Darstellungen der Branchengeschichte wird die Bedeutung des Montanmitbestimmungsgesetzes nicht näher beleuchtet (Raphael 2019).

Auch Internetrecherchen helfen nicht weiter; sie beschränken sich darauf, den Inhalt des Gesetzes wiederzugeben – mit Ausnahme des Portals »100(0) Schlüsseldokumente zur deutschen Geschichte im 20. Jahrhundert«, in dem ausführlich auf die Entstehungsgeschichte eingegangen wird (Montanmitbestimmungsgesetz 1951).

Dieser blinde Fleck steht in auffälligem Kontrast zu der gesellschaftlichen Bedeutung und der politischen Dramatik, die die Auseinandersetzung um die Mitbestimmung 1950/51 hatte. Seit Kriegsende hatten Betriebsrät*innen und Gewerkschaften vor allem im Ruhrgebiet nachdrücklich und unablässig die

Gleichberechtigung in den Entscheidungsorganen der großen Unternehmen gefordert (Lauschke 2005, S. 357–385).

Mit dem Neubeginn sollte die politische Demokratie durch die Wirtschaftsdemokratie ergänzt und gesichert werden. Nach den Erfahrungen der nationalsozialistischen Herrschaft, die Terror, Vernichtung und Krieg verursacht hatte, sollte verhindert werden, dass wieder wirtschaftliche Macht zur Durchsetzung politischer Ziele eingesetzt werden kann. Durch die paritätische Mitbestimmung sollte sichergestellt werden, dass die Wirtschaft nicht länger den Interessen der wirtschaftlich Mächtigen unterworfen ist, sondern dem Wohl der Allgemeinheit dient. Durch ihre gleichberechtigte Stellung in den Entscheidungsorganen der Unternehmen sollten die Arbeitnehmer*innen »Vom Wirtschaftsuntertan zum Wirtschaftsbürger« werden, wie es 1948 programmatisch in einer weitverbreiteten Broschüre des DGB hieß (Rosenberg 1948).

Die Forderung der Gewerkschaften konnte schließlich nur für den Bereich der Montanindustrie durchgesetzt werden. Die Arbeitgeber hatten in den Verhandlungen jedes Mitbestimmungsrecht in wirtschaftlichen Fragen kategorisch abgelehnt, weil es einem Vetorecht gleichkomme und zudem Kräften Einfluss auf Unternehmensentscheidungen eingeräumt würde, die außerhalb des Unternehmens stehen und sich daher von unternehmensfremden Richtlinien leiten ließen. Dem Druck der Belegschaften auf den Zechen und Hüttenwerken mussten sie sich jedoch beugen; dem Aufruf der IG Metall und der IG Bergbau, die Arbeit niederzulegen, waren die Arbeiter*innen in Urabstimmungen geschlossen gefolgt.

Die Arbeitgeber sahen in der Androhung eines Arbeitskampfes zwar »eine verhängnisvolle Erschütterung der Staatsautorität und der Grundlagen unserer jungen Demokratie« (Müller-List 1984, S. 236), blieben in diesen entscheidenden Wirtschaftszweigen aber machtlos. Für die Gewerkschaften war ein erster Schritt getan, dem weitere folgen sollten, um die paritätische Mitbestimmung auf andere Industriezweige auszudehnen. Am 10. April 1951 wurde das Gesetz verabschiedet und am 7. Juni trat es in Kraft.

Durch Kampf zur Mitbestimmung

Der Verlauf des Konflikts um die Mitbestimmung in der Montanindustrie prägte sich den Zeitgenoss*innen tief ins Gedächtnis ein. Auf gewerkschaftlicher Seite erinnerte man sich stolz daran, zumal die Auseinandersetzung um das Betriebsverfassungsgesetz im Jahr darauf mit einer Niederlage endete und in der Öffentlichkeit den Eindruck schwindender gewerkschaftlicher Macht hinterließ. Der Kampf um die Mitbestimmung wurde zugleich als Verpflichtung angesehen, das mühsam Errungene mit aller Kraft zu verteidigen, denn die Arbeitgeber ließen nicht nach, den Einfluss der organisierten Arbeitnehmerschaft in den Entscheidungsorganen der Unternehmen zurückzudrängen. Auf Seiten der Arbeitgeber mahnte die Montanmitbestimmung, politisch nicht stark genug gewesen zu sein, diesen störenden Fremdkörper innerhalb der marktwirtschaftlichen Ordnung zu verhindern. Sie setzten alles daran, diesen Geburtsfehler der neuen Bonner Republik nachträglich zu korrigieren und den Gewerkschaften die Rechte, die sie 1951 durchgesetzt hatten, wieder streitig zu machen.

Im Rückblick bestimmte vor allem die besondere Art, wie das Gesetz zustande gekommen war, das Bild, das von ihm gezeichnet wurde. Mit Hinweis auf die Androhung eines Arbeitskampfes durch die Gewerkschaften stellten Montanindustrielle die Legitimität dieses »Sondergesetzes« grundsätzlich in Frage. Aktionärsvertreter*innen bezeichneten im April 1954 das wenige Jahre alte Gesetz als »ein von den Alliierten in die deutsche Montanindustrie lanciertes Kuckucksei, [...] das dazu beitragen sollte, unsere sozialen Schwierigkeiten zu vermehren« (zit. nach Borsdorf 1987, S. 53). Sie unterstellten damit, dass vor allem die Brit*innen, die ab Februar 1947 die Einführung der paritätischen Mitbestimmung in den entflochtenen Werken der Eisen- und Stahlindustrie gestattet hatten, ihre Macht ausgenutzt hätten, um über die Demontage industrieller Anlagen hinaus die deutsche Wirtschaft im eigenen Interesse zu schwächen.

Für Hermann Reusch, den Generaldirektor der Gutehoffnungshütte AG, war das Montanmitbestimmungsgesetz, wie er im Januar 1955 auf der Hauptversammlung des Unternehmens erklärte, »das Ergebnis einer brutalen Erpressung durch die Gewerkschaften« zu einer Zeit, »in der die Staatsgewalt noch nicht gefestigt war« (zit. nach Lauschke 2007, S. 194). Die Gewerkschaften hätten die noch labilen politischen Verhältnisse unmittelbar nach Gründung der Bundesrepublik Deutschland ausgenutzt, um das demokratisch gewählte Parlament unter Druck zu setzen und durch offene Kampfandrohung ihre Interessen durchzusetzen.

Ähnlich wie vier Jahre zuvor beantworteten die Belegschaften auf den Zechen und Hüttenwerken auch diesen Angriff auf die Montanmitbestimmung mit einer Kampfmaßnahme. Mit ihrer 24-stündigen Arbeitsniederlegung am 22. Januar 1955, an der bundesweit etwa 820.000 Berg- und Stahlarbeiter teilnahmen, demonstrierten sie, dass sie fest entschlossen waren, den gesellschaftspolitischen Meilenstein, den sie in den Anfangsjahren der Bundesrepublik errungen hatten, zu verteidigen. Hocherfreut, dass die Belegschaften sich auch diesmal kampfbewusst gezeigt hatten, titelte die Mitgliederzeitung *Metall*: »Alle Räder standen still. Der gewaltigste Proteststreik der Nachkriegszeit« (Metall 8/1955, zit. nach: IG Metall 1980, S. 35 f.).

In einer Serie von Artikeln in den *Gewerkschaftlichen Monatsheften*, die anschließend auch als Broschüre veröffentlicht wurde, erinnerte Erich Potthoff in den folgenden Monaten an die Entstehungsgeschichte der Montanmitbestimmung (Potthoff 1955a, S. 129–137; Potthoff 1955b, S. 209–217; Potthoff 1955c, S. 287–294; Potthoff 1955d) und flankierte auf diese Weise publizistisch das Bemühen der Gewerkschaften, die erreichte gesetzliche Regelung in vollem Umfang zu erhalten. In einer Zeit, in der sie in die Defensive gedrängt wurden und die Macht der Unternehmer*innen wieder ungeahnte Ausmaße annahm, war es für die Gewerkschaften umso wichtiger, ihren grundsätzlichen Anspruch auf eine gesellschaftliche Ordnung, die die Gleichstellung der Arbeitnehmer*innen mit den Arbeitgeber*innen sichert, klar und deutlich herauszustellen. Es galt, die Deutungshoheit im Kampf um die Stellung der Arbeitnehmer*innen in der Wirtschaft nicht zu verlieren.

Schon wenige Monate nach der Verabschiedung des Gesetzes hatte ein schleichender, öffentlich kaum beachteter Prozess eingesetzt, der die Montanmitbestimmung auszuhöhlen drohte. Das Gesetz fand nämlich keine Anwendung auf die Obergesellschaften, die im Zuge des Aufstiegs der Montankonzerne erneut gebildet wurden. Diesem Missstand versuchten die Gewerkschaften durch eine Novellierung des Gesetzes abzuhelfen.

In der Presse wurde das als ein Manöver gewertet, die gesellschaftspolitischen Ziele, die 1950/51 nicht durchgesetzt werden konnten, auf diesem indirekten Wege doch noch zu erreichen. Die Rede war von einer »Sozialisierung durch die Hintertür« (o. V. 1955, S. 10 ff.), da es den Gewerkschaften bei der »Holding-Novelle« darum ginge, ihren Einfluss auf Produktionszweige auch außerhalb von Kohle und Stahl auszudehnen. Die gesetzliche Neuregelung wurde in Teilen der Öffentlichkeit als ein Mittel dargestellt, mit dem die Gewerkschaften ihre schwindende Macht behaupten, wenn nicht ausbauen wollten, und wurde so zum Symbol für die Stellung, die die Gewerkschaften in der Gesellschaft der Bundesrepublik einnehmen sollten.

Eine überlegene Organisationsform

In dem Maße, wie die Montanmitbestimmung durch die »Holding-Novelle« rechtlich im großen Ganzen gesichert war und Probleme auf dem Verhandlungswege über Verträge geregelt wurden, trat die Erinnerung an die Arbeitskämpfe, die um die gesetzliche Regelung geführt worden waren, zurück. Stattdessen rückte die Montanmitbestimmung als Modell einer neuen, noch wenig erprobten Unternehmensordnung in den Vordergrund. Ihre gesellschaftspolitische Bedeutung, die in den ersten Nachkriegsjahren zu ihrer Begründung nachdrücklich herausgestellt worden war – also die Gleichberechtigung von Arbeit und Kapital auf allen Ebenen der Wirtschaft zum Ausbau und zur Sicherung der politischen Demokratie –, verblasste allmählich. Mehr und mehr wurden Kriterien des wissenschaftlich nachweisbaren betriebswirtschaftlichen Nutzens im Blick auf die Montanmitbestimmung entscheidend.

Die Arbeitgeber sorgten sich um die Wirtschaftlichkeit der Unternehmen, die durch die institutionelle Beteiligung der Arbeitnehmer*innen beeinträchtigt werde, während die Gewerkschaften in montanmitbestimmten Unternehmen eine überlegene Organisationsform sahen, die sich auch in wirtschaftlich messbaren Vorteilen ausdrücke.

Eine Reihe industriesoziologischer Studien zur Praxis der Mitbestimmung in der Montanindustrie, die durchgeführt wurden, um diese noch weitgehend unbekannte sozialökonomische Innovation zu untersuchen, nahmen die konkreten Wirkungen der Montanmitbestimmung in den Blick, die in den Unternehmen zu beobachten waren (Institut für Sozialforschung 1955; Pirker et al. 1955; Neuloh 1960). Ihr Interesse richtete sich auf den empirisch nachweisbaren Wandel, wie er in den Formen der betrieblichen Hierarchie, im Führungsstil, in der Leistungsbereitschaft der Beschäftigten und in der Fähigkeit, soziale Probleme zu lösen, eingetreten war. Dahinter stand – ausgesprochen oder unausgesprochen – die Frage, wie diese Veränderungen die wirtschaftliche Leistungsfähigkeit der Unternehmen positiv oder negativ beeinflussen.

Die unterschiedlichen, ja gegensätzlichen Interessen von Gewerkschaften und Arbeitgeber*innen wurden auch in der wissenschaftlichen Auseinandersetzung sichtbar. Die industriesoziologischen Studien wurden genutzt, um die eigene Sichtweise auf die Organisationsform montanmitbestimmter Unternehmen mit den Erfahrungen der Praxis zu untermauern und in der Öffentlichkeit zu begründen, ohne eine gesellschaftspolitische Grundsatzdebatte offen austragen zu müssen. So spielte Hermann Winkhaus, Vorstandsvorsitzender der Mannesmann AG, gestützt auf die Ergebnisse einer industriesoziologischen Untersuchung zum Betriebsklima, die das Unternehmen selbst in Auftrag gegeben hatte, die Beschäftigten als Teil der betrieblichen Gemeinschaft gegen die Gewerkschaften als eine externe, betriebsfremde Kraft aus. In einem Referat auf der Konzerntagung im Januar 1955 erklärte er unverblümt:

»Die Mitbestimmung ist ein betriebliches Problem. Wir wissen, dass sich unsere Arbeitnehmer vom gewerkschaftlichen Mitbestimmungskampf nicht distanzieren. Inneren Anteil nehmen sie nur deshalb, weil sie selber eine eigene konkrete Vorstellung von dieser Mitbestimmung haben. Die Gewerkschaft denkt zu viel an den Einfluss auf die Wirtschafts- und Gesellschaftspolitik; der einzelne Arbeiter dagegen hofft auf eine Verbesserung der betrieblichen Verhältnisse, auf stärkeren Einfluss im Betrieb und damit auf Anerkennung seiner Arbeit und seiner Person. […] Wir dürfen die berechtigten Forderungen unserer Belegschaft nicht enttäuschen. Wir sollten die Führung übernehmen, auf dem Weg zu einer Mitbestimmung, wie sie unsere Belegschaft erwartet« (Platz 2002, S. 215).

Er bestritt damit den Anspruch der Gewerkschaften, im Namen der Arbeitnehmer*innen zu sprechen. Nach seiner Ansicht verteidigten die Funktionäre nur ihre eigene Machtposition in den Unternehmen. Zwar sei das Bedürfnis nach Mitbestimmung bei den Beschäftigten tief verankert, aber sie verstünden darunter etwas anderes als ihre hauptamtlichen Gewerkschaftsvertreter*innen. Für die Belegschaft in den Unternehmen sei Mitbestimmung »etwas ganz Konkretes, Betriebsgebundenes« und bedeute: »Angehört werden, mitberaten, mitentscheiden in dem von ihr überschaubaren Bereich«. Das Betriebsverfassungsgesetz reiche daher im Grunde völlig aus. Die Mitbestimmung in den Vorständen und Aufsichtsräten der Unternehmen sei dagegen von den Arbeitsplätzen der Beschäftigten viel zu weit entfernt, führe zu keiner spürbaren Verbesserung der unmittelbaren Arbeitsbedingungen und bilde zudem ein Einfallstor für betriebsfremde Kräfte, die den störungsfreien Betriebsablauf gefährdeten.

Um ihren Anspruch auf uneingeschränkte Mitbestimmung zu untermauern, betonten die Gewerkschaften nicht nur, dass sie wirtschaftlich durchaus erprobt seien, sondern erinnerten zugleich daran, dass die Arbeitnehmer*innen großen Anteil an dem unerwartet raschen und erfolgreichen wirtschaftlichen Aufstieg der Bundesrepublik Deutschland nach den dramatischen Kriegszerstörungen hatten. In einer Entschließung zum Proteststreik der Berg- und Stahlarbeiter stellte der DGB-Bundesvorstand im Februar 1955 fest, dass er

»erwartet, dass der Bundestag die Versprechungen einhält, die der Gewerkschaftsbewegung in den schwierigen Wiederaufbaujahren von der Bundesregierung und der Unternehmerschaft gemacht wurden. Er erwartet dies umso mehr, als sich nach der übereinstimmenden Meinung der beteiligten Kreise die Mitbestimmungspraxis bis auf den heutigen Tag ausgezeichnet bewährt hat« (Entschließung des Bundesvorstandes des DGB vom Februar 1955, abgedruckt in Kaiser 1996, S. 653 f.).

Die Forderung nach gleichberechtigter Mitbestimmung wurde nicht mehr gesellschaftspolitisch legitimiert wie in den ersten Nachkriegsjahren, sondern nunmehr gleichsam als Lohn für die geleistete Aufbauarbeit angesehen, entsprechend der veränderten gewerkschaftlichen Programmatik, die pragmatischer ausgerichtet war (Schönhoven 2003, S. 40–64).

Weiterentwicklung der Demokratie durch paritätische Mitbestimmung

Anfang der 1960er Jahre unternahmen die Gewerkschaften einen weiteren Versuch, die paritätische Mitbestimmung über die Montanindustrie hinaus auf alle Großunternehmen auszuweiten. In seinem Grundsatzprogramm vom November 1963 bekräftigte der DGB diesen Anspruch (DGB 1963, S. 450–477). Er nahm allerdings explizit keinen Bezug auf die Mitbestimmung, wie sie in der Montanindustrie eingeführt worden war und schon seit Längerem praktiziert wurde. In seiner Forderung sah er ein Erfordernis des demokratischen und sozialen Rechtsstaats, der die gleichberechtigte Teilhabe aller Bürger*innen an der wirtschaftlichen, kulturellen und politischen Willensbildung zu ermöglichen habe und verpflichtet sei, den Missbrauch wirtschaftlicher Macht zu verhindern.

Die Wirtschaftsordnung selbst stand nicht mehr zur Diskussion. Der DGB verstand sich als »unentbehrliche Kraft für eine demokratische Fortentwicklung« der Bundesrepublik und verließ sich daher ganz darauf, eine gesetzliche Regelung auf parlamentarischem Wege herbeizuführen. An den Kampf in der Montanindustrie zu erinnern, dessen Rechtmäßigkeit von vielen angezweifelt wurde, passte nicht in dieses Bild. Trotzdem flammten die Gegensätze wieder auf, die schon damals zwischen den Gewerkschaften und den Arbeitgeberverbänden bestanden hatten.

Das, was die Gewerkschaften als ein probates Mittel zur Sicherung der Demokratie ansahen, betrachteten die Arbeitgeberverbände umgekehrt als eine Gefahr für die Demokratie. Anders als die Gewerkschaften, die es vermieden, auf die konfliktreiche Vorgeschichte zu verweisen, knüpften die Arbeitgeberverbände in ihrer Argumentation daran an: Für sie wurde mit der Forderung der Gewerkschaften wie schon Anfang der 1950er Jahre die Systemfrage gestellt. Die Ausweitung der paritätischen Mitbestimmung nach dem Modell der Montanindustrie war in ihren Augen »eine der unternehmerischen Aufgabe wesensfremde Parlamentarisierung und Bürokratisierung der Unternehmensleitung« (BDA 1963, S. 2 ff.).

Staatliche und erst recht gewerkschaftliche Eingriffe in die Wirtschaft waren demnach unvereinbar mit der freiheitlichen Wirtschafts- und Gesellschaftsordnung, wie sie sich nach dem Ende des nationalsozialistischen Regimes herausgebildet hatte. Sie stellten nach ihrer Ansicht einen Angriff auf die Grundfesten der bestehenden demokratischen Verfassung der Bundesrepublik Deutschland dar. Ganz offen wurde die paritätische Mitbestimmung als »ein Fremdkörper« in der sozialen Marktwirtschaft bezeichnet, der auf die Montanindustrie begrenzt bleiben müsse, wolle man die Grundlage für den allgemeinen Wohlstand erhalten und die Wirtschaft nicht der Herrschaft verselbstständigter Funktionär*innen unterwerfen (BDA 1965). Gegenüber den Gewerkschaften, die vor der wachsenden wirtschaftlichen Macht der Konzerne warnten, war die paritätische Mitbestimmung laut den Arbeitgeberverbänden nur ein Mittel, um die Macht der Gewerkschaften zu behaupten.

Wissenschaftliche Untersuchungen hatten nach Auffassung der Arbeitgeber zudem »die Legende von der Bewährung der Montanmitbestimmung« zerstört (BDA 1966, S. 16 f. und S. 47–50). Werke, die ausschließlich dem Betriebsverfassungsgesetz unterlagen, hätten bei den Arbeitnehmer*innen, wie das EMNID-Institut herausgefunden hatte, durchweg besser abgeschnitten als die Werke, in denen die Montanmitbestimmung galt (Blücher 1966). Die konkreten Probleme ihres engeren betrieblichen Umfelds, also Fragen des Lohns, der Arbeitszeit, aber auch des Betriebsklimas, lägen den Beschäftigten wesentlich näher als die unternehmerischen Entscheidungen über Produktionsprogramme und Investitionen. Die paritätische Mitbestimmung, wie sie von den Gewerkschaften im Interesse der Arbeiterschaft für alle großen Unternehmen gefordert würde, entspräche daher gar nicht diesen Interessen.

Angesichts dieser kategorischen Ablehnung und des energischen Widerstands, den die Arbeitgeber leisteten, um eine Ausweitung der paritätischen Mitbestimmung zu verhindern, setzten die Gewerkschaften ihre Hoffnungen ganz darauf, eine parlamentarische Mehrheit für eine entsprechende gesetzliche Regelung zu gewinnen. Anders als 1950/51, als mit den Arbeitgebern trotz monatelanger, intensiver Verhandlungen keine Einigung erzielt werden konnte, wurde nun überhaupt nicht mehr in Erwägung gezogen, zu Kampfmitteln zu greifen. Auf einer Kundgebung stellte der Vorsitzende der IG Chemie, Papier, Keramik, Wilhelm Gefeller, im Oktober 1965 fest, »dass die Mitbestimmung nicht ›erpartnert‹ oder erstreikt, sondern nur durch den Gesetzgeber verwirklicht werden könne« (Hans-Böckler-Stiftung 1965, S. 176).

Die Gewerkschaften wollten auf keinen Fall bezichtigt werden, die staatliche Ordnung zu missachten, sondern mit Sachverstand und der Kraft der Argumente überzeugen. Sie konnten sich mit ihrer Forderung nach Ausbau der Mitbestimmung als Teil der demokratischen Fortentwicklung der Bundesrepublik nicht verständlich machen und dafür zugleich Mittel einsetzen, die mit den Grundsätzen einer parlamentarischen Demokratie nicht vereinbar schienen, wie es den Gewerkschaften schon im Vorfeld des Montanmitbestimmungsgesetzes vorgeworfen worden war.

Rückfall in den Klassenkampf?

Die Ausweitung der paritätischen Mitbestimmung war in den Augen ihrer Gegner*innen nichts anderes als ein Wiederaufwärmen alter, nicht mehr zeitgemäßer politischer Ideen. Für den Fraktionsvorsitzenden der FDP war sie »in Wahrheit nichts anders als eine neue Form der Sozialisierung« (zit. nach Raehlmann 1975, S. 48f.), wie er im November 1965 im Deutschen Bundestag erklärte. Die gewerkschaftliche Forderung wurde als Rückfall in ein militantes Klassenkampfdenken betrachtet, das man glaubte, doch mittlerweile überwunden zu haben.

Nach Auffassung der Arbeitgeber*innen waren die Gewerkschaften damit noch ganz der Welt längst vergangener Zeiten verhaftet. Ihre Zielvorstellungen seien »trotz aller verbalen Anpassungstechniken ein Residuum des Klassenkampfes, das an den modernen Bedingungen der pluralistischen Gesellschaft und den Interessen ihrer Bürger vorbeigeht«. Auch in manchen Presseorganen wurde die Kampagne des DGB als »platte Phraseologie und fataler Rückfall in die Attitude und das Vokabular des Klassenkampfes« diffamiert (Hans-Böckler-Stiftung 1968, S. 62).

Für die Gewerkschaften war die Mitbestimmung »eine Forderung unserer Zeit«, wie es 1966 in einer Denkschrift hieß. Sie betonten nachdrücklich, »dass die Probleme unserer Zeit nicht mit doktrinären und universalen Lösungsvorschlägen zu erreichen sind« (DGB 1966), und wiesen jede Unterstellung zurück, die bestehende Wirtschaftsordnung zu bedrohen, denn ihre Mitbestimmungsforderung war nach eigenem Bekunden »von bestimmten Eigentumsformen unabhängig«. Sie entspreche vielmehr den Erfordernissen der modernen Gesellschaft. Nur mit der Mitbestimmung sei »eine lebendige demokratische Ordnung« möglich, und darüber hinaus leite sie sich »nicht zuletzt aus den Funktionsbedingungen einer wachsenden Wirtschaft« ab. Gerade die gewerkschaftliche Repräsentation in den Aufsichtsräten habe »dazu beigetragen, dass betriebsegoistische Aspekte in der Unternehmenspolitik zurücktreten, und zwar zugunsten von Branchen- oder sogar gesamtwirtschaftlichen Gesichtspunkten«. Die paritätische Mitbestimmung wurde in diesem Sinne als Teil einer keynesianischen Wirtschaftskonzeption verstanden, wie sie im DGB-Grundsatzprogramm vom November 1963 zum Ausdruck kam (Altvater/Hoffmann/Semmler 1980, S. 308 f.).

Die Kritik, in ihren Auffassungen rückwärtsgewandt zu sein, gaben die Gewerkschaften an die Gegner*nnen der Mitbestimmung zurück. Auf einer Kundgebung hielt der DGB-Vorsitzende Ludwig Rosenberg im März 1968 in Köln den Arbeitgeber*innen vor, nur »Scheinargumente« vorzubringen:

»Sie wissen, dass ihre wirklichen Argumente so mittelalterlich und reaktionär sind, dass man sich nicht öffentlich zu ihnen bekennen kann, ohne einen Sturm des Protestes zu erzeugen oder in schallendem Gelächter unterzugehen. Das Gespenst des Manchesterlichen Liberalismus, die primitive Formel: ›Gelobt sei, was mir nützt‹, der rücksichtslose Egoismus, der nur seinen Vorteil sucht und ihn in Wirklichkeit doch niemals findet, das sind die wahren Motive jener, die immer neue und tatsächlich uralte Begründungen erfinden, um durch das, was sie sagen, zu verdecken, was sie denken« (Rosenberg 1968, S. 65).

Nicht die Gewerkschaften ließen sich von veralteten Ideologien leiten, sondern die Arbeitgeber*innen verharrten nach Ansicht der Gewerkschaften mit ihrer Position in vergangenen Zeiten.

Dem Zerrbild selbstherrlicher und selbstsüchtiger Autokraten, das von ihnen polemisch gezeichnet wurde, stellten die Arbeitgeber*innen das Leitbild eines offenen und modernen Führungsstils entgegen, der in den Unternehmen gepflegt würde. Als Richtschnur ihres Handelns gaben sie im Sinne zeitgemäßer Managementkonzepte die »Subjektstellung des Menschen im Betrieb« aus, die es zu fördern gelte. Darunter verstand man die »Befähigung des einzelnen Mitarbeiters, seine Arbeit weitgehend selbst zu kontrollieren, seine Arbeitsabläufe zu verbessern und insbesondere hinsichtlich der Organisation des Betriebes im Vorschlagswesen Anregungen zu geben« (BDA 1969, S. 15).

Gesetzliche Maßnahmen seien dafür gar nicht erforderlich. Den Gewerkschaften ginge es auch gar nicht um »die Mitbestimmung der Belegschaften, wie sie seit Jahren erfolgreich praktiziert wird. Sie wollen mehr Einfluss auf die einzelnen Betriebe und auf die ganze Wirtschaft« (Aktionsgemeinschaft Sicherheit durch Fortschritt 1968). Ihre Forderung berge »eine ernste Gefahr: den Gewerkschaftsstaat« und beeinträchtige nicht zuletzt »unsere Wettbewerbsfähigkeit auf dem Weltmarkt«. Wie untauglich die paritätische Mitbestimmung im Grunde sei, zeigte sich nach Überzeugung der Arbeitgeberseite schließlich daran, dass im September 1969 »ausgerechnet in einem Unternehmen, das als Musterfall der perfekten Verwirklichung der Montan-Mitbestimmung gilt« (o. V. 1969), eine Welle »wilder« Streiks ausgelöst wurde. Statt sich als Organisationsform bewährt zu haben, Konflikte schiedlich-friedlich auszutragen, seien die Unternehmen zu einem Ort des überwunden geglaubten Klassenkampfs geworden.

Bewährung in der Krise

Auch auf politischer Seite wurde der Modellcharakter der Montanmitbestimmung in Frage gestellt. In einer Entschließung, die die CDU auf ihrem Bundesparteitag im November 1968 in Berlin verabschiedete, hieß es:

»Bei der Neuordnung des Unternehmensrechts darf ein überbetriebliches Einflussmonopol zugunsten von organisierten Interessen nicht zugelassen und die wirtschaftliche Leistungsfähigkeit der Unternehmen auch im internationalen Wettbewerb nicht beeinträchtigt werden. Angesichts dieser Zielsetzung kann eine schematische Übertragung des Modells der Montan-Mitbestimmung nicht befürwortet werden« (CDU 1968, S. 190).

Sie widersprach damit den Folgerungen, die eine Gruppe von Wissenschaftlern 1962 in einer Zwischenbilanz aus den Erfahrungen mit der Praxis der Mitbestimmung in der Montanindustrie gezogen hatte. Gerade unter den wirtschaftlich schwierigen Bedingungen, die beide Branchen nach den Wiederaufbaujahren bewältigen mussten, hatte sich die paritätische Mitbestimmung danach bewährt:

»Trotz der lange anhaltenden Krisenerscheinungen im Bergbau, trotz vorübergehender Konjunkturrückschläge auch in der Stahlindustrie wurde der Beweis erbracht, dass die Mitbestimmung in der Lage ist, die nachteiligen Auswirkungen wirtschaftlicher Rückschläge nicht nur für die Arbeitnehmer, sondern auch für die Gesamtwirtschaft aufzufangen« (Potthoff/Blume/Duvernell 1962, S. 327).

Die außergewöhnlichen Belastungen, denen die Montanindustrie in den 1960er Jahren in Form von massivem Arbeitsplatzabbau und zahlreichen Stilllegungen ausgesetzt war, konnten sozialverträglich aufgefangen werden, ohne dass sich die Konflikte radikalisierten (Ranft 1988; Müller 1991). Dies bestätigte die Gewerkschaften in ihrer Überzeugung, mit der paritätischen Mitbestimmung über ein geeignetes Mittel zu verfügen, um Probleme gleichermaßen wirtschaftlich wie sozial bestmöglich zu meistern.

Zum gleichen Ergebnis kam auch die Sachverständigenkommission, die die Bundesregierung zur Auswertung der bisherigen Erfahrungen mit der Mitbestimmung im November 1967 unter dem Vorsitz des Wirtschaftsjuristen Kurt Biedenkopf eingesetzt hatte. In ihrem Endbericht wies sie im Januar 1970 die Kritik an der Montanmitbestimmung zurück und stellte fest, dass trotz gelegentlicher »Verzögerungen des Entscheidungsprozesses bei Kapazitätsbeschränkungen oder Stilllegungen« gerade im krisengeschüttelten Bergbau »von einer negativen Einflussnahme der Mitbestimmungsträger auf die unternehmenspolitische Planung der Unternehmensleitungen nicht gesprochen werden« könne (Mitbestimmungskommission, Teil III, Ziffer 49, S. 47). Die Einwände von Arbeitgeberseite gegen die »Systemwidrigkeit« der Montanmitbestimmung wurden damit entkräftet:

»Die Rationalität des Entscheidungsprozesses in allen für das Unternehmen wichtigen Fragen ist [...] durch die Mitbestimmungsträger im Unternehmen nicht in Frage gestellt worden« (ebd., Ziffer 39, S. 43).

Auch wenn die Gewerkschaften sich in ihrer Auffassung bestätigt sahen (DGB 1970a, S. 50), zog die Sachverständigenkommission andere Schlussfolgerungen aus diesem Befund. Sie bestand auf der »Beibehaltung eines, wenn auch geringen zahlenmäßigen Übergewichts der Vertreter der Anteilseigner« (Mitbestimmungskommission, Teil V, Ziffer 1, S. 96), lehnte also eine Ausweitung der paritätischen Mitbestimmung ab und wollte sie auf den Bereich des Bergbaus und der Eisen- und Stahlindustrie begrenzt wissen. Den Fortbestand der Montanmitbestimmung selbst in Frage zu stellen, hätte die Gewerkschaften zweifellos zu Kampfmaßnahmen herausgefordert. Um ihren Erhalt zu sichern, hatten die Belegschaften schon früher die Arbeit niedergelegt. Kampflos hätten sie diese Errungenschaft kaum preisgegeben.

Die Sachverständigenkommission vermied es, auf die gesellschaftspolitische Bedeutung, das heißt die Machtverteilung in der Wirtschaft, einzugehen. Ähnlich wie die Arbeitgeberseite ging sie davon aus, »dass eines der Hauptprobleme der Mitbestimmung in der sachgerechten Lösung der Autoritätsbeziehungen am Arbeitsplatz selbst besteht« (ebd., Teil IV, Ziffer 26, S. 67), und verfolgte das Ziel, »dem Arbeitnehmer das Gefühl des ›Ausgeliefertseins‹ an eine von ihm nicht beeinflussbare Leitungs- und Organisationsgewalt zu nehmen und es durch ein Gefühl der Mitwirkung und Mitbestimmung abzulösen« (ebd., Ziffer 25, S. 67).

Die Beschränkung und Kontrolle wirtschaftlicher Macht, die in den ersten Nachkriegsjahren zur Begründung der gleichberechtigten Teilhabe von Arbeit und Kapital gedient hatten, waren danach Aspekte, »die heute mehr historischen als praktischen Wert haben und deren Bemühung die Diskussion um eine sachgerechte Antwort auf die Mitbestimmungsfrage nur belasten kann« (ebd., Ziffer 2, S. 57). Grundsatzfragen der Wirtschaftsordnung aufzuwerfen, wurde offenbar als ideologisches Relikt aus vergangenen Zeiten klassenkämpferisch geprägter Auseinandersetzungen gesehen, deren konkrete Erinnerung inzwischen verblasst war.

Intern wurde in den Gewerkschaften »die ›insulare‹ Situation der Mitbestimmung in der Montanindustrie« (zit. nach Lauschke 2007, S. 221) beklagt und selbstkritisch festgestellt, in der Praxis zu wenig unternommen zu haben, um die Qualitäten öffentlich herauszustellen, die in der Montanmitbestimmung stecken. »So musste im Alltag allzu viel Kraft, die sonst zum Ausbau und zur Weiterentwicklung der Mitbestimmung hätte dienen können und müssen, zu ihrer Erhaltung verbraucht werden. So ist es auch kein Wunder, dass die Montan-Mitbestimmung im letzten Jahrzehnt an gesellschaftlicher Ausstrahlungskraft verloren hat« (Spieker 1976, S. 91).

Lehren aus der Geschichte

Trotz der Empfehlungen der Sachverständigenkommission fürchteten die Arbeitgeber*innen, dass ein Mitbestimmungsgesetz verabschiedet werden könnte, das den Anteilseigner*innen keine Mehrheit mehr in den Aufsichtsräten garantiert, war doch die sozialliberale Koalition im Oktober 1969 unter dem Motto »Mehr Demokratie wagen« angetreten. Umso heftiger leisteten sie gegen eine paritätische Mitbestimmung Widerstand.

Zwar war es ihnen bei der Novellierung des Betriebsverfassungsgesetzes, das im November 1971 vom Deutschen Bundestag verabschiedet worden war, noch gelungen, »die totale Vergewerkschaftlichung und Politisierung der Betriebe« (BDA 1971, S. 15) zu verhindern, aber bei einem Gesetz, das die paritätische Mitbestimmung auf alle großen Unternehmen ausweitete, sahen sie die marktwirtschaftliche Ordnung in Gefahr und warnten vor dem »Griff nach der Macht«, den die Gewerkschaften vorbereiteten:

»Ergebnis des […] Zangengriffs zur gewerkschaftlichen Beherrschung der Unternehmen wäre eine Wirtschaftsordnung, in der das private Unternehmertum nur noch in Reservate verwiesen wäre, eine Gesellschaftsordnung, in der Pluralität und Individualität zu einem von den Gewerkschaften definierten Klasseninteresse und -bewusstsein eingeebnet würden, und eine Staatsordnung, in der die institutionelle Autorität des Staates sich der faktischen Übermacht der Gewerkschaften zu erwehren versuchen müsste« (BDA 1973, S. 180).

Nach Ansicht von Hanns-Martin Schleyer, dem Präsidenten der Bundesvereinigung der Deutschen Arbeitgeberverbände (BDA), sollte die grundsätzliche Entscheidung für die soziale Marktwirtschaft, wie sie in den Gründungsjahren der Bundesrepublik getroffen worden war, revidiert und eine andere Wirtschafts- und Gesellschaftsordnung durchgesetzt werden:

»Heute, fast 25 Jahre später, droht die Gefahr, dass diese Entscheidung rückgängig gemacht und die freiheitliche Ordnung der Sozialen Marktwirtschaft abgelöst wird durch ein System des syndikalistischen Sozialismus« (Schleyer 1974).

Der DGB warf der Arbeitgeberseite vor, einen »Klassenkampf von oben« (DGB 1974/2006, S. 75–81) zu führen; für ihn war das ein Ausdruck überwunden geglaubter Zeiten, und gerade die paritätische Mitbestimmung sollte dazu dienen, »eine Kanalisierung und rationale Austragung des vorausgesetzten Konflikts« (DGB 1970b) zu ermöglichen. Er hob die Leistungsfähigkeit hervor, die die Montanmitbestimmung gezeigt hatte, und bezeichnete seine Forderung als »systemneutral«.

Je massiver die Angriffe wurden mit der Unterstellung, es gehe »nicht nur um die Macht, es geht um die Übermacht der Gewerkschaften« (Hertz-Eichenrode 1974), desto energischer reagierten die Gewerkschaften. Sie drehten den Spieß kurzerhand um und bezeichneten mit Blick auf die Geschichte die unkontrollierte Macht der Konzerne als die eigentliche Gefahr für die Demokratie. Mit Blick auf die bewegte politische Geschichte Deutschlands erinnerte der DGB-Vorsitzende Heinz Oskar Vetter daran,

> »dass nicht die Arbeitnehmerschaft, sondern dass die wirtschaftliche und politische Macht des großen Eigentums das Hauptproblem der Demokratie ist. [...] Nicht Gewerkschaftsmacht, sondern wirtschaftliche Macht – und das bedeutet: Unternehmer- und Eigentümermacht – war, ist und bleibt das Jahrhundertproblem der westeuropäischen Demokratie« (Vetter 1975, S. 107–113).

Auch Walter Arendt, der Bundesarbeitsminister, erinnerte im März 1976 bei der abschließenden Beratung des Mitbestimmungsgesetzes an die historische Tradition des Mitbestimmungsgedankens, der 1920 mit dem Betriebsrätegesetz einen ersten Erfolg zu verzeichnen hatte und nach 1945 wieder aufgenommen und weiterentwickelt wurde. »Schon in der ersten Aufbruchsphase nach dem Zweiten Weltkriege konnten zwei Teilregelungen verwirklicht werden – die Montanmitbestimmung und die Ein-Drittel-Beteiligung nach dem Betriebsverfassungsgesetz aus dem Jahre 1952. Aber erst in diesen Tagen, fast 25 Jahre nach den ersten Anfängen, kann der Mitbestimmungsgedanke einen breiten Durchbruch erzielen« (Deutscher Bundestag 1976). Das Mitbestimmungsgesetz, das schließlich im März 1976 verabschiedet wurde, erschien so als krönender, wenn auch vorläufiger Abschluss eines geschichtlichen Prozesses, der sich trotz aller Niederlagen und Rückschläge zwangsläufig doch immer mehr durchsetzen müsse. Die Montanmitbestimmung bildete nur eine Vorstufe.

Enttäuscht von dem Kompromiss, den das Gesetz darstellte, hob der DGB-Vorsitzende dagegen hervor, dass die gesellschaftspolitischen Vorstellungen, von denen die Gewerkschaften sich seit jeher hatten leiten lassen, nur bruchstückhaft verwirklicht worden seien. Nicht aus Gründen wirtschaftlichen und sozialen Nutzens, sondern nur in historischer Perspektive sei zu verstehen, warum die paritätische Mitbestimmung eine unverzichtbare Kernforderung der Gewerkschaften ist.

Heinz Oskar Vetter verwies auf »die Erfahrungen des unheilvollen Zusammenspiels von unkontrollierter wirtschaftlicher Macht – besonders in der für den Krieg wichtigen Montan-Industrie – und politischer Reaktion« und erinnerte daran, dass die gewerkschaftlichen Vorstellungen in den ersten Nachkriegsjahren »der Grundstimmung der breiten Mehrheit der Bevölkerung und der Politiker in allen Parteien« entsprochen hatten (Vetter 1976). Trotzdem hatten sich die Gewerkschaften nicht durchsetzen können. »Die erste Bundesregierung unter der Führung von Konrad Adenauer setzte aber mit der sozialen Marktwirtschaft in zunehmendem Maße auf die alten Kräfte. Mit dem Beginn des Kalten Krieges verloren auch die Siegermächte ihr Interesse an wirtschafts- und sozialpolitischen Reformen. Darum scheiterten die Gewerkschaften mit ihren weitgesteckten Forderungen«. Daran müsse stets gedacht werden, denn »die Mitbestimmungsgegner wollen die geschichtlichen Erfahrungen unseres Volkes verschütten oder auslöschen«.

Montanmitbestimmung – ein Auslaufmodell?

Mit ihrer Ankündigung im Mai 1980, den Konzern organisatorisch umzugestalten, versuchte die Mannesmann AG, die sich schon in den 1950er Jahren frontal gegen das Montanmitbestimmungsgesetz gewandt hatte, erneut, sich der paritätischen Mitbestimmung zu entziehen. Übrig bliebe danach nur noch – wie die Metall befürchtete – »die Scheinmitbestimmung nach dem Mitbestimmungsgesetz '76« (IG Metall 1983, S. 290) und andere Konzerne würden folgen. Dagegen erhob sich heftiger Protest (IG Metall o.J.a; IG Metall o.J.b). Nun drohte selbst das, was Anfang der 1950er Jahre für einen Teilbereich der Wirtschaft erkämpft worden war, endgültig beseitigt zu werden. Auch die regierende SPD sprang den Gewerkschaften bei. Sie sah einen Grundpfeiler der demokratischen Ordnung gefährdet, wie der Fraktionsvorsitzende im Deutschen Bundestag erklärte, und verwies auf die wechselvolle deutsche Geschichte:

»Die qualifizierte Mitbestimmung gehört zur Mitgift unserer Republik, die wir erkämpft und errungen haben. Dies jetzt in Frage zu stellen, bedeutet, Hand an den Nerv unseres Staates zu legen. Wir dürfen nicht zurückfallen in die Weimarer Republik, denn dies ist die Erfahrung unseres Volkes: Zur Sicherheit gehört der innere und der äußere Frieden« (Wehner 1980).

Der Koalitionspartner, die FDP, war allerdings nicht gewillt, »historische Denkmäler« zu verteidigen (zit. nach Kneißel 1981, S. 155). Die »Lex Mannesmann«, die daraufhin im April 1981 beschlossen wurde, gab der Montanmitbestimmung nur einen Aufschub, ohne sie dauerhaft zu sichern. Das Gesetz war »lediglich ein Torso des ursprünglichen Modells der Montan-Mitbestimmung« (Kieser 1986, S. 279). Enttäuscht stellte die IG Metall fest:

»Was politisch nun preisgegeben worden ist, das werden wir nie wieder zurückholen – auch wenn der gesamte Deutsche Gewerkschaftsbund an einem Strang zieht. Das, was die Politiker jetzt preisgegeben haben, kriegen wir nicht wieder« (o.V. 1981, S. 243).

In dem Maße, wie zunächst der Bergbau und anschließend auch die Eisen- und Stahlindustrie an Bedeutung verloren, fand die Montanmitbestimmung auf immer weniger Unternehmen Anwendung. Mit dem Fortfall der gesetzlichen Voraussetzungen und dem Auslaufen der Übergangsregelungen galt sie in manchen Unternehmen und Obergesellschaften nur noch aufgrund kündbarer, vertraglicher Regelungen. So vorbildlich sie für die Entwicklung menschengerechter Arbeitsbedingungen auch war, wurde sie doch zu einem Auslaufmodell, und je weniger sie die Belegschaften vor den Folgen eines massiven Arbeitsplatzabbaus schützen konnte, desto mehr schwand zugleich die Bereitschaft, sich wie früher für den Erhalt der Montanmitbestimmung einzusetzen.

Die Auseinandersetzungen um die überraschende Stilllegung des Krupp-Hüttenwerks in Rheinhausen 1988 waren ein Wendepunkt. Am Arbeitskampf Beteiligte kamen zu dem ernüchternden Schluss:

»Die Montanmitbestimmung, die sich in den heutigen Krisenzeiten als völlig untauglich erweist, dem Kahlschlag Einhalt zu gebieten, ist zu einer sozialtechnologischen Instanz verkommen: Sie lässt die IG Metall die Kapitalentscheidungen mitverantworten und damit vor den Untertanen und Opfern besser legitimieren« (Syben 1988, S. 122).

Ein Ausweg aus diesem Dilemma bot sich nach Auffassung von Karin Benz-Overhage, Vorstandsmitglied der IG Metall, nur insofern an, als man sich auf die historischen Ursprünge der Mitbestimmungsforderung zurückbesann:

»Zweifellos ist die Bewältigung der Stahlkrise eine Nagelprobe für die Entwicklungsfähigkeit der Montanmitbestimmung. Die Krise ist seit langem weder einzelwirtschaftlich noch mit den herkömmlichen Instrumenten zu bewältigen. Aber an eins möchte ich noch erinnern: Auch wenn wir immer um den Erhalt der Mitbestimmung gekämpft haben, galt sie für uns doch nie als das ›Non-plus-ultra‹ der Mitbestimmung. Wir haben immer ihren Ausbau sowie die Einbindung in überbetriebliche Formen der Mitbestimmung, auch in eine vergesellschaftete Stahlindustrie, gefordert. Wir müssen aufpassen, dass die Stahlkrise und die Vertrauenskrise in die Montanmitbestimmung [...] nicht missbraucht werden, Mitbestimmung als Reformperspektive zu diskreditieren« (Benz-Overhage 1988, S. 204f.).

Ging die Montanmitbestimmung einigen nicht weit genug, so ging der Arbeitgeberseite selbst seine abgeschwächte Form, das Mitbestimmungsgesetz von 1976, schon viel zu weit, und sie ließ nicht nach, diese gesetzliche Regelung anzugreifen, da sie den Bedingungen der Globalisierung nicht gerecht würde. Umso nachdrücklicher verteidigten die Gewerkschaften sie.

Anlässlich des 50-jährigen Bestehens der Montanmitbestimmung erinnerte der DGB-Vorsitzende Dieter Schulte an das Wort von Hans Böckler, »dass der politischen Demokratie, soll sie nicht ein weiteres Mal zum Nachteil des Volkes und der ganzen Welt missbraucht werden, die wirtschaftliche Demokratie zur Seite gestellt werden muss« (Schulte 2001, S. 394–398). Mit dieser Rückbesinnung unterstrich er nicht nur, dass »alles, was folgte, an Aufstieg, an Wohlstand, an Stabilität und an Erfolg, [...] ohne diese Leistung nicht möglich gewesen (wäre)«, sondern sah in der Mitbestimmung auch für die Zukunft einen »Standortvorteil«, der die Unternehmen im internationalen Wettbewerb aufgrund seiner innovativen Potenziale stärke.

Literatur und Quellen

Aktionsgemeinschaft Sicherheit durch Fortschritt (Hrsg.) (1968): Mündige brauchen keinen Vormund. Siebenmal Mitbestimmung. Fragen, Argumente, Antworten.

Altvater, Elmar/Hoffmann, Jürgen/Semmler, Willi (1980): Vom Wirtschaftswunder zur Wirtschaftskrise. Ökonomie und Politik in der Bundesrepublik, Band 2. Berlin: Olle & Wolter.

BDA – Bundesvereinigung der Deutschen Arbeitgeberverbände (1963): Stellungnahme zum Grundsatzprogramm des DGB. In: Jahresbericht der BDA, 1. Dezember 1962 – 30. November 1963.

BDA (1965): Wirtschaftliche Mitbestimmung und freiheitliche Gesellschaft. Eine Stellungnahme des Arbeitskreises Mitbestimmung bei der Bundesvereinigung der Deutschen Arbeitgeberverbände zu den gewerkschaftlichen Forderungen, Oktober 1965.

BDA (1966): Jahresbericht der BDA, 1. Dezember 1965 – 30. November 1966.

BDA (1969): Jahresbericht der BDA, 1. Dezember 1968 – 30. November 1969.

BDA (1971): Jahresbericht der BDA, 1. Dezember 1970 – 30. November 1971.

BDA (1973): Jahresbericht der BDA, 1. Dezember 1972 – 30. November 1973.

Benz-Overhage, Karin (1988): »Die Fehler liegen vor Rheinhausen«. In: Bierwirth, Waltraud/König, Otto (Hrsg.): Schmelzpunkte. Stahl: Krise und Widerstand im Revier. Essen: Klartext.

Blücher, Viggo Graf (1966): Integration und Mitbestimmung. Hauptergebnisse/Tabellenauswahl und Methodennachweis einer Untersuchung. Sennestadt: EMNID-Instituts für Sozialforschung.

Borsdorf, Ulrich (1987): Der Anfang vom Ende? Die Montanmitbestimmung im politischen Kraftfeld der frühen Bundesrepublik (1951–1956). In: Borsdorf, Ulrich/Müller, Gloria (Bearb.): Montan-Mitbestimmung – Bestandsaufnahme und Perspektiven. Düsseldorf: Hans-Böckler-Stiftung.

CDU (1968): Parteitag der CDU zur Mitbestimmung. In: Das Mitbestimmungsgespräch 14, H. 11.

Conze, Eckart (2009): Die Suche nach Sicherheit. Eine Geschichte der Bundesrepublik Deutschland von 1949 bis in die Gegenwart. München: Siedler.

Deutscher Bundestag (1976): Sitzungsprotokoll, 7. Wahlperiode, 230. Sitzung, 18. März 1976.

DGB (1963): Grundsatzprogramm des DGB. In: Protokoll. Außerordentlicher Bundeskongress des DGB. Düsseldorf. 21 und 22. November 1963.

DGB (1966): Kommission Aktion Mitbestimmung des DGB, Mitbestimmung – eine Forderung unserer Zeit.

DGB (1970a): DGB-Bundesausschuss nimmt zum Biedenkopf-Gutachten Stellung. In: Das Mitbestimmungsgespräch 16, H. 3, S. 50.

DGB (Hrsg.) (1970b): Mitbestimmung – eine Forderung unserer Zeit. Düsseldorf.

DGB (1974/2006): Mitbestimmung jetzt – und keine halben Sachen. Referentenmaterial zur Mitbestimmung, Musterreferat, hrsg. vom DGB. Düsseldorf 1974. In: Mehr Demokratie in der Wirtschaft. Die Entstehungsgeschichte des Mitbestimmungsgesetzes von 1976. Dokumente. Düsseldorf.

Hans-Böckler-Stiftung (1965): Soziale Sicherheit – gesellschaftlicher Aufstieg durch Mitbestimmung. In: Das Mitbestimmungsgespräch 11, H. 10.

Hans-Böckler-Stiftung (1968): Die Mitbestimmungskundgebung im Spiegel der Presse. In: Das Mitbestimmungsgespräch 14, H. 4.

Herbert, Ulrich (2014): Geschichte Deutschlands im 20. Jahrhundert. München: C. H. Beck.

Hertz-Eichenrode, W. (1974): Gesellschaftspolitik gegen die Gesellschaft. In: Frankfurter Allgemeine Zeitung, 18. Oktober 1974.

IG Metall (Hrsg.) (o. J. a): Der Kampf um den Erhalt der Montanmitbestimmung. Düsseldorf.

IG Metall (Hrsg.) (o. J. b): Der Angriff. Mannesmann gegen Mitbestimmung. Frankfurt am Main.

IG Metall (1980): Der Angriff. Mannesmann gegen Mitbestimmung. Frankfurt am Main.

IG Metall (1983): Geschäftsbericht 1980 bis 1982 des Vorstandes der IG Metall. Frankfurt am Main.

Institut für Sozialforschung (1955): Betriebsklima. Eine industriesoziologische Untersuchung aus dem Ruhrgebiet. Frankfurt am Main: IfS.

Kaiser, Josef (Bearb.) (1966): Der Deutsche Gewerkschaftsbund 1949 bis 1956. Köln: Dietz.

Kieser, Walther (1986): Gesetzliche Grundlagen und rechtspolitische Perspektiven der Mitbestimmung in der Eisen- und Stahlindustrie. In: Judith, Rudolf (Hrsg.): 40 Jahre Mitbestimmung. Erfahrungen – Probleme – Perspektiven. Köln: Bund.

Kneißel, Jutta (1981): Mitbestimmungsregelung unbefriedigend. Gesetz zur Änderung des Montan-Mitbestimmungsgesetzes. In: Das Mitbestimmungsgespräch 27, H. 5.

Lauschke, Karl (2005): Hans Böckler, Band 2: Gewerkschaftlicher Neubeginn 1945–1951. Essen: Klartext.

Lauschke, Karl (2007): Die halbe Macht. Mitbestimmung in der Eisen- und Stahlindustrie 1945 bis 1989. Essen: Klartext.

Montanmitbestimmungsgesetz (1951): Gesetz über die Mitbestimmung der Arbeitnehmer in den Aufsichtsräten und Vorständen der Unternehmen des Bergbaus und der Eisen und Stahl erzeugenden Industrie vom 21. Mai 1951 www.1000dokumente.de/pdf/dok_0011_mon_de.pdf (Abruf am 28.5.2021).

Mitbestimmungskommission (1970): Mitbestimmung im Unternehmen. Bericht der Sachverständigenkommission zur Auswertung der bisherigen Erfahrungen bei der Mitbestimmung (Mitbestimmungskommission), Bochum, Januar 1970, Bundestags-Drucksache VI/334.

Müller, Gloria (1991): Strukturwandel und Arbeitnehmerrechte. Die wirtschaftliche Mitbestimmung in der Eisen- und Stahlindustrie 1945–1975. Essen: Klartext.

Müller-List, Gabriele (Bearb.) (1984), Montanmitbestimmung. Das Gesetz über die Mitbestimmung der Arbeitnehmer in den Aufsichtsräten und Vorständen der Unternehmen des Bergbaus und der Eisen und Stahl erzeugenden Industrie vom 21. Mai 1951. Düsseldorf: Droste.

Neuloh, Otto (1960): Der neue Betriebsstil. Untersuchungen über Wirklichkeit und Wirkungen der Mitbestimmung. Tübingen: Mohr Siebeck.

o. V. (1955): Arbeiter als Aufsichtsräte. In: Der Spiegel, 2.2.1955.

o. V. (1969): Kommunisten schreiben sich die wilden Streiks zu. In: Frankfurter Allgemeine Zeitung, 9.9.1969.

o. V. (1981): »Frontal angreifen mit dem Ziel der Ausweitung der Mitbestimmung auf alle Großunternehmen«. In: Das Mitbestimmungsgespräch 27, H. 7.

Pirker, Theo/Braun, Siegfried/Lutz, Burkart/Hammelrath, Fro (1955): Arbeiter, Management, Mitbestimmung. Eine industriesoziologische Untersuchung der Struktur, der Organisation und des Verhaltens der Arbeiterbelegschaften in Werken der deutschen Eisen- und Stahlindustrie, für die das Mitbestimmungsgesetz gilt. Stuttgart: Ring.

Platz, Johannes (2002): »Überlegt euch das mal ganz gut: wir bestimmen mit. Schon das Wort allein«. Kritische Theorie im Unternehmen: Entstehungsbedingungen und Wirkungen der Betriebsklimastudie des Frankfurter Instituts für Sozialforschung in Werken der Mannesmann AG 1954/55. In: Hesse, Jan-Otmar/Kleinschmidt, Christian/Lauschke, Karl (Hrsg.): Kulturalismus, Neue Institutionenökonomik oder Theorievielfalt. Eine Zwischenbilanz der Unternehmensgeschichte. Essen: Klartext, S. 199–224.

Potthoff, Erich (1955a), Zusammenbruch und Wiederaufbau. In: Gewerkschaftliche Monatshefte 6, H. 3, S. 129–137.

Potthoff, Erich (1955b), Montanindustrie in der Retorte. In: Gewerkschaftliche Monatshefte 6, H. 4, S. 209–217.

Potthoff, Erich (1955c). Der Angriff gegen die Montan-Mitbestimmung, Gewerkschaftliche Monatshefte 6, H. 5, S. 287–294.

Potthoff, Erich (1955d). Zur Geschichte der Montanmitbestimmung. Köln: Bund.

Potthoff, Erich/Blume, Otto/Duvernell, Helmut (1962): Zwischenbilanz der Mitbestimmung. Tübingen: Mohr Siebeck.

Raehlmann, Irene (1975): Der Interessenstreit zwischen DGB und BDA um die Ausweitung der qualifizierten Mitbestimmung. Eine ideologiekritische Untersuchung. Köln: Bund.

Ranft, Norbert (1988): Vom Objekt zum Subjekt. Montanmitbestimmung, Sozialklima und Strukturwandel im Bergbau seit 1945. Köln: Bund.

Raphael, Lutz (2019): Jenseits von Kohle und Stahl. Eine Gesellschaftsgeschichte Westeuropas nach dem Boom. Berlin: Suhrkamp.

Rosenberg, Ludwig (1948): Vom Wirtschaftsuntertan zum Wirtschaftsbürger. Köln.

Rosenberg, Ludwig (1968): Mitbestimmung – eine Forderung unserer Zeit. In: Das Mitbestimmungsgespräch 14, H. 4.

Schleyer, Hanns-Martin (1974): Unannehmbar!. In: Der Arbeitgeber 26, H. 3.

Schönhoven, Klaus (2003): Geschichte der deutschen Gewerkschaften: Phasen und Probleme. In: Schroeder, Wolfgang/Weßels, Bernhard (Hrsg.): Die Gewerkschaften in Politik und Gesellschaft der Bundesrepublik Deutschland. Ein Handbuch. Wiesbaden: Springer VS.

Schulte, Schulte (2001): 50 Jahre Montan-Mitbestimmung. Mitgestalten – Mitbewegen – Mitbestimmen. In: Gewerkschaftliche Monatshefte 52, H. 7.

Spieker, Wolfgang (1976): Mitbestimmung in Unternehmen – Idee und Wirklichkeit. In: Das Mitbestimmungsgespräch 22, H. 5–7, S. 91.

Syben, Theo (1988): Abstich in Rheinhausen. Dokumente, Analyse, Geschichtliches und Geschichten. Duisburg: D.I.S.S.

Vetter, Heinz Oskar (1975): Gewerkschaften und Mitbestimmung in der sozialstaatlichen Demokratie, Vortrag auf der wissenschaftlichen Konferenz des DGB »Mitbestimmung – Wirtschaft – Grundgesetz« am 1. Oktober 1975. In: Mehr Demokratie in der Wirtschaft. Die Entstehungsgeschichte des Mitbestimmungsgesetzes von 1976. Dokumente. Düsseldorf: DGB, S. 107–113.

Vetter, Heinz Oskar (1976): Gewerkschaften und Mitbestimmung. In: Das Mitbestimmungsgespräch 2, H. 5–7.

Wehler, Hans-Ulrich (2008): Deutsche Gesellschaftsgeschichte, Fünfter Band: Bundesrepublik und DDR 1949–1990. München: C. H. Beck.

Wehner, Herbert (1980): Kurzinterview in: Metall 31, H. 13, 25. Juni 1980.

Winkler, Heinrich August (2002): Der lange Weg nach Westen, Zweiter Band: Deutsche Geschichte vom »Dritten Reich« bis zur Wiedervereinigung. München: C. H. Beck.

Wolfrum, Edgar (2006): Die geglückte Demokratie. Geschichte der Bundesrepublik Deutschland von ihren Anfängen bis zur Gegenwart. Stuttgart: Klett-Cotta.

Ein schöngeredeter Misserfolg?

Erinnerungen an das Mitbestimmungsgesetz von 1976

Bernhard Gotto

Vergleicht man die zeitgenössischen Reaktionen auf das Mitbestimmungsgesetz von 1976 mit den Würdigungen, die es Jahrzehnte nach seinem Inkrafttreten erfuhr, könnte der Unterschied kaum größer sein. Wolfgang Spieker, Geschäftsführer des Wirtschafts- und Sozialwissenschaftlichen Instituts des DGB (WSI) erklärte wenige Wochen nach der entscheidenden Abstimmung im Bundestag:

»Nichts ist mehr, wie es war und wie es von den Arbeitnehmern und ihren Gewerkschaften seit Jahrzehnten erhofft wurde; mit der Verabschiedung des neuen Mitbestimmungsgesetzes hat sich der über 50-jährige Hoffnungshorizont der paritätischen Unternehmensmitbestimmung gewissermaßen verdunkelt« (Spieker 1976, S. 4).

40 Jahre später feierte Bundespräsident Joachim Gauck das Mitbestimmungsgesetz als »Kernelement unserer Kooperations- und Konsenskultur« und zitierte den Verfassungsrichter Udo di Fabio, der darin ein »Stück gewachsener Nationalkultur [...] mit identitätsstiftender Wirkung« sah (Gauck 2016). Diese Gegensätze setzen sich in den Bewertungen der Forschung und zentraler Akteure fort. 1983 beurteilte Michael Schröder in einer der ersten empirischen Untersuchungen das Mitbestimmungsgesetz als »die schwerste Schlappe der Nachkriegszeit« (Schröder 1983, S. 273) für die Gewerkschaften, während Werner Milert und Rudolf Tschirbs 2012 solche Wertungen als »eklatante Fehleinschätzung« zurückwiesen und die Reform der Unternehmensmitbestimmung als ausgesprochenen »gesellschaftspolitischen Erfolg« einordneten (Milert/Tschirbs 2012, S. 499).

Hatte 1982 der scheidende DGB-Vorsitzende Heinz Oskar Vetter das Mitbestimmungsgesetz noch als die »größte Enttäuschung« seiner gesamten Amtszeit bezeichnet (Vetter 1982), feierte der langjährige Herausgeber der *Gewerkschaftlichen Monatshefte* Hans-Otto Hemmer die Reform 30 Jahre nach ihrem Inkrafttreten als »Meisterstück« (Hemmer 2006).

Dieser Beitrag analysiert die Ursachen, weshalb die Reform der Unternehmensmitbestimmung in Gewerkschaftskreisen lange so schlecht angesehen war. Zudem arbeitet er die Gründe für deren späte, doch dafür umso nachdrücklichere Rehabilitation heraus. Nach der Diskussion der Konsequenzen dieses Wandels skizziert der Beitrag den gegenwärtigen Stand der Unternehmensmitbestimmung in der Erinnerungskultur und gibt Anregungen für neue erinnerungspolitische Akzente.

Das Schmuddelkind: Das Mitbestimmungsgesetz bis zum Ende der sozialliberalen Regierung

Während die Entstehung des Gesetzes über die Mitbestimmung der Arbeitnehmer*innen mittlerweile zu den am besten erforschten Vorhaben der sozialliberalen Koalition zählt (Testorf 2017; Gotto 2018), ist über seine Nachgeschichte nur wenig bekannt. Die Wahrnehmung dieser Reform war in hohem Maße von einer langen Vorgeschichte geprägt. Diese war der Grund dafür, dass viele Beteiligte, besonders auf Seiten der Gewerkschaften, das Ergebnis als Enttäuschung und Niederlage erlebten. Diese Erfahrung setzte lange Zeit den Ton in der Erinnerung an das Mitbestimmungsgesetz.

Vier Gründe waren für das Negativimage des Gesetzes verantwortlich: seine Kompensationsfunktion für die vergeblichen Anläufe in den drei Jahrzehnten zuvor; seine symbolische und programmatische Überhöhung; der Ablauf des Aushandlungsprozesses und schließlich die Diskrepanz zwischen intern geäußerten und öffentlich kommunizierten Erwartungen. Als Leuchtturmprojekt zur Demokratisierung der Wirtschaft angekündigt, verfehlte die Reform zentrale gesellschaftspolitische Erwartungen der Gewerkschaften und vieler SPD-Mitglieder gleichermaßen. Aus deren Sicht war das Ergebnis ein Desaster, für das sie in erster Linie die sozialdemokratischen Regierungsmitglieder verantwortlich machten.

Nachdem die Reform in Kraft getreten war, bestimmten diese Enttäuschungserfahrungen das Bild der Unternehmensmitbestimmung bis zum Ende der sozialliberalen Koalition. Dies zeigte sich zunächst einmal darin, dass Gewerkschaftsfunktionäre dem Regelwerk nicht die Weihe ihres gesellschaftspolitischen Leitbegriffs zubilligten. Die abschätzige Semantik, die sie dabei verwendeten – z. B. »Scheinmitbestimmung« (Judith 1978, S. 727), »Etikettenschwindel« (IG CPK 1976, S. 179), »Paragraphenwerk, das anspruchsvoll Mitbestimmungsgesetz genannt wird« (Vetter 1980, S. 459) –, stammte direkt aus den Auseinandersetzungen während der Entstehungszeit. Konsequenz dieser Ausgrenzungssemantik war, dass einige historische Rückblicke die Unternehmensmitbestimmung unter den Tisch fallen ließen (z. B. Judith 1986).

Ein weiteres Element der Enttäuschungsverarbeitung prägte den Umgang mit dem Mitbestimmungsgesetz von 1976 in den ersten Jahren: Die Gewerkschaften und Teile der Sozialdemokratie stellten es als Etappe dar, die keinen dauerhaften Bestand haben werde. Um sich mit dem Kompromiss abzufinden, hatten Regierungsvertreter und Gewerkschafter immer wieder ihren Willen bekundet, das Gesetz in Zukunft zu verbessern (Gotto 2018, S. 86f.). Diese Aussicht ermöglichte einen grollenden Pragmatismus. So waren sich beispielsweise der Vorsitzende und zahlreiche Delegierte der IG Chemie einig, dass das Gesetz verbessert werden müsse, doch einstweilen werde man seine Möglichkeiten ausschöpfen (IG CPK 1976, S. 64f., 173, 184). Dieser Tenor bestimmte lange die Grenze der Verbindlichkeit gegenüber der sozialliberalen Regierung, zu der die Gewerkschaften sich bereitfanden. Nachdem die Unternehmensmitbestimmung zwei Jahre in Kraft war, erklärte Vetter im Mai 1978 in einem Interview:

»Wenn das Parlament ein politisch schwer verdaubares und mit Mühe zu praktizierendes Gesetz verabschiedet, dann ist es an uns, den Gewerkschaften und Unternehmen, das Gesetz praktikabel zu machen« (Vetter 1979, S. 306).

Bis zum Ende der sozialliberalen Koalition führte dieser Ansatz jedoch nicht dazu, das Mitbestimmungsgesetz in ein milderes Licht zu tauchen. Im Gegenteil: Die Gewerkschaften stellten seine Nachteile immer anklagender heraus. Grund dafür waren zwei Nachhutgefechte. Zum einen zog das Arbeitgeberlager gegen die Unternehmensmitbestimmung vor das Bundesverfassungsgericht, zum anderen musste noch eine Wahlordnung für den Aufsichtsrat gefunden werden. Auf beiden Feldern traten die Polarisierungen erneut in aller Schärfe hervor. Die Auseinandersetzung um die Wahlordnung wirkte wie eine Fortsetzung der Niederlage im Gesetzgebungsverfahren, weil sie aus Sicht der Gewerkschaften die leitenden Angestellten noch einmal aufwertete. IG-Metall-Chef Eugen Loderer erblickte darin einen Affront und warf dem neuen Arbeitsminister Herbert Ehrenberg vor, die SPD habe auf Kosten seiner politischen Freunde kapituliert (Loderer 1977).

Diese Einordnung war in der gewerkschaftlichen Selbsthistorisierung für die ersten Jahre zementiert. Die Unternehmensmitbestimmung erschien als Fehlschlag in einem Narrativ hart errungener Erfolge, schmerzhafter Niederlagen und ungebeugtem Kampfesmuts. Wenn von den Auswirkungen der Reform die Rede war, dominierten die Negativbeispiele: Unternehmen versuchten, sich durch Umwandlung der Rechtsform der Mitbestimmung zu entziehen oder beschnitten durch Geschäftsordnungstricks die Zuständigkeiten des Aufsichtsrats; die Arbeitnehmervertreter könnten in den Aufsichtsräten ohnehin nichts gegen den Willen der Gegenseite durchsetzen; die Wahlordnung begünstige eine Entsolidarisierung der Arbeitnehmer und stärke Splittergruppen. Weil die Praxis des Gesetzes seine Nachteile so deutlich zeige, dürfe diese Regelung nicht das letzte Wort sein, lautete die Schlussfolgerung, die Gewerkschaftsvertreter*innen zehn Jahre lang aus den Erfahrungen mit dem Regelwerk zogen (Bamberg et al. 1987, S. 81–85).

Als ein »Sündenfall« (Weder 1975) erschien die Unternehmensmitbestimmung im Kontrast zur Montanmitbestimmung. Die beiden Ausprägungen des bundesdeutschen Mitbestimmungsregimes markierten gleichsam Licht und Finsternis. Verstärkt wurde diese Verknüpfung durch die Verfassungsklage, die die Arbeitgeberverbände am 19. Juni 1976 gegen das Mitbestimmungsgesetz einreichten. Sie zielte darauf ab, der Mitbestimmung insgesamt eine juristische Grenze zu ziehen. Die unmittelbare Reaktion des DGB bestand darin, die »Konzertierte Aktion« aufzukündigen – ein symbolischer Schritt, der die Entzweiung der beiden Lager über das Thema Mitbestimmung zum Ausdruck brachte (Wesel 2004, S. 266 ff.; Rehling 2011, S. 431 f.). Zwar wies das Urteil des Bundesverfassungsgerichts die Klage am 1. März 1979 in allen Punkten ab. Dennoch erhielt das Bild der Unternehmensmitbestimmung dadurch eine weitere düstere Facette, weil es einen Ansatzpunkt bot, um die Montanmitbestimmung auszuhebeln.

Der Streit um das Mitbestimmungsregime bei Mannesmann 1980 und 1981 rückte diesen Aspekt in den Vordergrund. Eine geplante Umstrukturierung hätte zur Folge gehabt, dass die Mannesmann AG aus dem Geltungsbereich der Montanmitbestimmung ausgeschieden und unter die Regelungen der Unternehmensmitbestimmung gefallen wäre. Die Arbeitnehmervertreter*innen sahen in diesem Szenario ein Menetekel für die schleichende Auszehrung der Mitbestimmung. Ein Musterreferat der IG Metall für Funktionäre bei Protestveranstaltungen brachte dies auf den Punkt:

»Wie die Praxis beweist, ist das Mitbestimmungsgesetz '76 zu einer ständigen Gefahr für die Montanmitbestimmung geworden. [...] Mit diesem Gesetz wurde die Axt erneut an die Montanmitbestimmung gelegt« (IG Metall Vorstand 1980).

Obwohl Mannesmann am Ende nicht aus der Montanmitbestimmung ausschied, verstummten die Kassandrarufe nicht. Denn die »Lex Mannesmann«, die der Bundestag am 8. April 1981 verabschiedete, schwächte das Mitbestimmungsregime erstmals im Montanbereich ab, weil die Gewerkschaften das Recht verloren, betriebsfremde Vertreter in den Aufsichtsrat zu entsenden. In einem Interview prophezeite Rudolf Judith düster: »Das was die Politiker nun preisgegeben haben, kriegen wir nicht mehr wieder« (Judith 1981, S. 243). Aus Sicht der IG Metall war dies eine der »größten mitbestimmungspolitischen Niederlagen der Gewerkschaftsgeschichte« überhaupt (IG Metall 1983, S. 292).

Die Grundzüge der Erinnerung an die Unternehmensmitbestimmung charakterisierten die Reform in den ersten Jahren klar als Verfallsgeschichte. Geformt wurde dieses Bild durch die Deutung der Genese des Mitbestimmungsgesetzes und die Konflikte nach 1976. Diese Kontexte überschatteten günstigere Interpretationen, deren Ursprung gleichwohl in derselben Zeit liegt. So feierten die Gewerkschaften das Urteil des Bundesverfassungsgerichts von 1979 als Triumph ihrer gesellschaftspolitischen Leitidee, weil es die Verfassungskonformität der Mitbestimmung grundsätzlich und unzweideutig bejaht hatte. Im Nachhinein ließ sich dieser Erfolg doch noch als »Sieg« des Mitbestimmungsgesetzes deuten. Dadurch wurde es möglich, das Gesetz auf lange Sicht in eine Geschichte von erkämpften und stets gefährdeten gesellschaftspolitischen Fortschritten einzuordnen.

Das Niedergangsnarrativ verdeckte außerdem Stimmen, die die Unternehmensmitbestimmung frühzeitig als Erfolg werteten. Diese hatten es schwer, weil sie stark an das Eigenlob der Bundesregierung erinnerten, die die Reform seinerzeit als »Meilenstein« angepriesen hatte (Gotto 2018, S. 88 ff.). Gleichwohl gab es von Gewerkschaftsseite für das Gesetz durchaus Anerkennung, die jedoch vornehmlich in Einzelgewerkschaften (und nicht in der IG Metall) geäußert wurde. So erntete Hermann Rappe auf dem SPD-Parteitag am 20. April 1982 Beifall mit seiner Feststellung: »Wenn wir unter uns ehrlich sind, dann müssen wir sagen: Das 76er Gesetz ist in der Praxis besser, als es die Ideologen wahrhaben wollen« (Rappe 1989, S. 206).

Die Ursprünge der »Erfolgsgeschichte«, als die das Mitbestimmungsgesetz Jahrzehnte später verstanden wurde, liegen in dieser Zeit, vor allem in der Formel vom »Modell Deutschland«, mit der Helmut Schmidt im Bundestagswahlkampf von 1976 seine Leistungsbilanz überschrieb. Die Mitbestimmung erschien darin als ein Element des sozialen Ausgleichs in einer gelungenen Balance von Innovation und Partizipation, welche die ökonomische Prosperität der Bundesrepublik erst ermöglichte. Doch weil die im kommunikativen Gedächtnis wirksame Erfahrung von Konfrontation und Niederlage dieser Lesart diametral entgegenstand, dauerte es noch lange, bis sich diese Einordnung durchsetzte.

Bernhard Gotto

Verzögerte Normalisierung: Das Bild des Mitbestimmungsgesetzes bis zum Ende des 20. Jahrhunderts

Bereits in den letzten Jahren der sozialliberalen Koalition gingen die Gewerkschaften immer deutlicher auf Distanz zur Bundesregierung und der sie tragenden Sozialdemokratie. Der Grund waren die Sparprogramme, die immer weiter steigende Arbeitslosigkeit und der Kurs von Bundeskanzler Schmidt im Nachrüstungskonflikt. Diese Entfremdung wich einer viel grundlegenderen Oppositionshaltung, als der Bundestag am 1. Oktober 1982 Helmut Kohl zum Kanzler wählte. Aus Sicht der Gewerkschaften waren nun die strikten Gegner der Mitbestimmung wieder an der Macht. Damit erhielt die bereits in den Jahren zuvor starke Selbstwahrnehmung, die Mitbestimmung gegen machtvolle Gegner verteidigen zu müssen, enormen Auftrieb.

Die neue politische Lage hatte unmittelbare Folgen für die Wahrnehmung der Unternehmensmitbestimmung. In der SPD sahen sich diejenigen bestätigt, die den Kompromiss schon immer für einen fatalen Irrweg gehalten hatten. Für sie gehörte das Mitbestimmungsgesetz zum Sündenregister der Regierung Schmidt, das auf lange Sicht zu einer Entfremdung von Wähler*innen geführt habe. In den Gewerkschaften schlug die verächtliche Distanz zum Mitbestimmungsgesetz in die Sorge um, es könne noch schlimmer kommen.

Ablesen lässt sich das an den beiden Mitbestimmungsinitiativen des DGB von 1982 und 1985, die maßgeblich durch den Regierungswechsel bestimmt wurden. Den Anstoß für die erste Kampagne hatte die IG Metall im Zuge der Auseinandersetzung um die Montanmitbestimmung bei Mannesmann gegeben. Sie buchstabierte die Forderung nach mehr Mitbestimmung auf allen Ebenen aus und wollte damit die Konsequenz aus den Fehlern vergangener Kampagnen ziehen. Sie richtete sich ausdrücklich gegen den von der sozialliberalen Koalition eingeschlagenen Sparkurs und die Kürzung von Sozialleistungen und war ganz darauf abgestellt, Mitbestimmung als Schlüssel für die Wahrung essenzieller Arbeitnehmerrechte in wirtschaftlichen Krisenzeiten zu präsentieren.

Nur Mitbestimmung, so die Botschaft von DGB-Chef Ernst Breit, half gegen Massenarbeitslosigkeit (Breit 1982a). Unter dem Eindruck der »Wende«, die Kohl als Markenzeichen eines Politikwechsels ausgerufen hatte, verschob sich die Gewichtung der Initiative in den Folgejahren merklich. Zwar war sie immer noch um das Kernziel zentriert, die Massenarbeitslosigkeit zu verringern, aber unverkennbar baute der DGB die Mitbestimmung zu einem Kampfbegriff gegen die konservativ-liberale Bundesregierung auf. Unter diesen Vorzeichen wurde »mehr Mitbestimmung« zu einer Parole der Auflehnung.

Die Folge davon war, dass die einzelnen Formen der Mitbestimmung ihre spezifischen Konturen verloren. Die Mitbestimmungsinitiative integrierte das Mitbestimmungsgesetz von 1976 in das Bild eines überall gleichermaßen gefährdeten, notwendigen Strukturprinzips einer gerechten Gesellschaftsordnung. Diese Tendenz zur Entdifferenzierung der Mitbestimmung war bereits zu Beginn der 1980er Jahre angelegt, kam jedoch erst durch die Frontstellung gegen die vermeintliche »Wende« voll zum Tragen. Auf diese Weise nahmen die Gewerkschaften das Mitbestimmungsgesetz als sozialpolitischen Besitzstand wahr, zu dessen Verteidigung sie unentwegt aufriefen und mobilisierten.

Die Mitbestimmungsinitiativen von 1982 bis 1985 offenbarten deutlich das Bemühen, aus dem »mitbestimmungspolitischen Stillstand« (Breit 1982b, S. 327) herauszukommen. Auf dieser Linie lagen auch erinnerungspolitischen Akzente. So rief die IG Metall 1981 den »Tag der Mitbestimmung« aus, wählte dafür aber ausgerechnet den 30. Januar (Benthien 1981) – an diesem Tag hatte Hans Böckler 1951 die Einigung im Streit um die Montanmitbestimmung verkündet. Wegen der Datumskoinzidenz mit der nationalsozialistischen Machtübernahme 1933 hätte sich dieser Gedenktag jedoch kaum in der Öffentlichkeit durchsetzen können.

In der Erinnerungspolitik der Gewerkschaften kam das Mitbestimmungsgesetz von 1976 lange Zeit nicht vor. Zum zehnjährigen Geburtstag bekam es von Gewerkschaftsseite keine Blumen, sondern eine Bilanz des Makels (DGB-Bundesvorstand 1986). Danach erhielt das Gesetz lange Zeit gar keine Jubiläumsaufmerksamkeit mehr: 1996 gab es keine Veranstaltungen, und das 25-jährige Bestehen im Jahr 2001 stand ganz im Zeichen der Feierlichkeiten für ein halbes Jahrhundert Montanmitbestimmung – Festredner am 21. Mai auf der Zeche Zollverein war Bundespräsident Johannes Rau. Bezeichnend für den schamvollen Platz, den das Mitbestimmungsgesetz in der Erinnerung der Gewerkschaften einnahm, ist, dass diese 2001 zwar nicht das Gesetz selbst feierten, aber drei Jahre später den Sieg vor dem Bundesverfassungsgericht würdigten (Mitbestimmung 2004). Aus dem Schmuddelkind der Gesellschaftspolitik wurde das Stiefkind der Erinnerung.

Für die zögerliche Aufnahme der Unternehmensmitbestimmung in die gewerkschaftliche Traditionspflege ist sicher das Negativimage verantwortlich, das die Reform überschattete. Dennoch waren die 1980er und 1990er Jahre insgesamt von einer Normalisierung der Unternehmensmitbestimmung im doppelten Sinne gezeichnet: Zum einen galt sie nicht mehr als Sündenfall. Zum anderen verlor die Montanmitbestimmung ihren Status als Richtschnur, weil kaum noch Arbeitnehmer unter sie fielen. Bereits Ende der 1970er Jahre galt das

Montanmodell nur noch für 2,6 Prozent der Arbeitnehmer, hingegen arbeiteten 19,6 Prozent in Unternehmen, die den Bestimmungen von 1976 unterlagen.

Dieser Trend setzte sich fort: Am Ende des Jahrtausends überstieg der Anwendungsbereich der Unternehmensmitbestimmung die Zahl der montanmitbestimmten Unternehmen um das gut 14-Fache (Niedenhoff 1979, S. 20; Müller-Jentsch 2001, S. 362). Zudem wurde die Unternehmensmitbestimmung durch die beiden Montansicherungsgesetze 1987 und 1988 auch inhaltlich mehr und mehr zum Regelfall, weil die Bundesregierung die Gelegenheit nutzte, um das ältere Mitbestimmungsregime dem Standard von 1976 weiter anzunähern (Müller 1981, S. 428 f.; Hindrichs et al. 2000, S. 92). Die Montanmitbestimmung verlor ihre Strahlkraft als zukunftsweisendes Modell und erschien sogar gewerkschaftsnahen Autor*innen nur noch als »alt-ehrwürdige Ruine« (Martens 1990, S. 485).

Eine Normalisierung lässt sich auch mit Blick auf den gesellschaftspolitischen Stellenwert der Mitbestimmung konstatieren. In den 1960er und 1970er Jahren hatte dieses Thema eine außergewöhnliche Konjunktur: In allen im Bundestag vertretenen Parteien, Gewerkschaften, Arbeitgeberverbänden und Kirchen wurden leidenschaftliche Debatten darüber geführt, die breite öffentliche Resonanz fanden. Auch wenn den Bürger*innen andere Themen stärker unter den Nägeln brannten, zählte Mitbestimmung ohne Zweifel zu den herausragenden Gegenwarts- und Zukunftsfragen im politischen Raum. Dies änderte sich nach der Verabschiedung des Mitbestimmungsgesetzes. In den 1980er und 1990er Jahren verlor das Thema rapide seine Anziehungskraft, und selbst die organisierten Arbeitnehmer*innen waren nur schwer dafür zu erwärmen. Sie hatten andere Sorgen und Nöte – an erster Stelle die hohe Arbeitslosigkeit.

Den Versuchen des DGB, die Themen »Arbeit für alle« und »Mitbestimmung« zu verschmelzen, war nur wenig Erfolg beschieden. Während der DGB auf der programmatischen Ebene den Rang der Mitbestimmung konservierte, schwand deren Bedeutung für die tagespolitische Arbeit der Gewerkschaften und der Opposition. Themen wie die Friedensbewegung, die 35-Stunden-Woche und vor allem die Massenarbeitslosigkeit beherrschten die Agenda der Gewerkschaftsführung in den 1980er Jahren. Hinzu kam, dass die Krisen und Skandale der gemeinwirtschaftlichen Unternehmen die Gewerkschaften Kraft kostete und ihr Ansehen als integre Interessenwahrer der kleinen Leute aufzehrte (Kramper 2012).

Nach dem Fall der Mauer und der Wiedervereinigung beschäftigten sich der DGB und zahlreiche Einzelgewerkschaften intensiv mit neuen Zukunftskonzepten, Struktur- und Programmdebatten. 1996 war das »Jahr der Reform des Deutschen Gewerkschaftsbundes« (Schneider 2000, S. 476–479). Politisch banden die wirtschaftlichen und sozialen Folgen des »Aufbau Ost« viele Kapazitäten. Die im Westen geltenden Mitbestimmungsstandards wurden auch in den neuen Bundesländern eingeführt. Aber ein Anlauf für eine grundlegende Ausweitung der Mitbestimmung hatte wie schon während der 1980er Jahre in der sozialpolitischen Arena keine Chance. Das lag nicht zuletzt daran, dass keine ernsthafte Aussicht auf eine politische Mehrheit dazu im Bundestag bestand. Während der langen Amtszeit der Regierung Kohl hatte die FDP eine starke Position. Mit Otto Graf Lambsdorff und Hans Dietrich Genscher saßen dazu noch entscheidende Vetospieler der Reform von 1976 im Kabinett, während die beiden energischsten Verfechter einer Ausweitung der paritätischen Mitbestimmung auf die gesamte Wirtschaft, Heinz Oskar Vetter und Eugen Loderer, 1982 und 1983 ihre Führungsämter in DGB und IG Metall abgaben. Der letzte Gesetzentwurf, den der DGB für eine Ausweitung der Unternehmensmitbestimmung in die Öffentlichkeit brachte, stammte aus dem Jahr 1982. Nachdem schon unter Helmut Schmidt eine Gesetzesnovelle unrealistisch erschienen war, rückte diese Option nach dem Regierungswechsel in immer weitere Ferne.

Der DGB zog daraus Konsequenzen: Die Gewerkschaften konzentrierten sich mehr und mehr auf die betriebliche Ebene, um Mitbestimmungsfortschritte zu erreichen, und sie nutzten dafür die Tarifpolitik als Ansatz. Ihre Kampagnen waren nicht länger darauf ausgerichtet, Politiker*innen zu überzeugen, sondern zielten darauf ab, die eigenen Mitglieder zu mobilisieren (Gotto 2018, S. 109 ff.). Auch die SPD-Opposition brachte keine Gesetzesinitiativen für die Unternehmensmitbestimmung mehr in den Bundestag ein. Daher ist es kein Zufall, dass erst von der rot-grünen Koalition eine Regierungskommission eingesetzt wurde, die eine Reform vorbereiten sollte. Doch auch dieser Anlauf zeigte – ein letztes Mal – das Konfliktpotenzial des Themas in der politischen Arena auf.

Von der Gewöhnung zur Versöhnung: Die Unternehmensmitbestimmung im erinnerungskulturellen Konsens

Historiografisch etablierte sich das Mitbestimmungsgesetz von 1976 ab der zweiten Hälfte der 1980er Jahre als Teil einer durchwachsenen Reformbilanz der sozialliberalen Koalition (Jäger 1986, S. 154; Schönhoven 1987, S. 244). Dabei dominierten harmonisierende Lesarten, die die Enttäuschung auf Seiten der Gewerkschaften als Teil des Prozesses aufnahmen, der Reform insgesamt jedoch kein schlechtes Zeugnis ausstellten, da sie »noch relativ viel von den gewerkschaftlichen Forderungen verwirklicht« habe (Beyme 1990, S. 369). Solche beschwichtigenden Töne verstärkten sich in den 1990er Jahren zum Generalbass einer mehr oder weniger nüchternen Betrachtungsweise (z. B. Tegtmeier 1996, S. 29). Diese Gewöhnung war allerdings nur das Präludium zu einer Neubewertung, die sich einem Perspektivenwechsel verdankte.

Bereits die Initiativen in der ersten Hälfte der 1980er Jahre hatten die Forderung nach mehr Mitbestimmung in einen anderen Rahmen gestellt als den Demokratisierungsimpetus der 1960er und 1970er Jahre. Grundsatzprogramme und Anträge auf Gewerkschaftstagen hatten die Begründung, Mitbestimmung sei ein Kernbestandteil gelebter Demokratie, jahrelang tradiert. Doch die politische Diskussion hatte sich von dieser Ebene gänzlich gelöst: Als im Mai 1998 eine gewerkschaftsnahe Expertenkommission »Empfehlungen zur zukünftigen Gestaltung der Mitbestimmung« an den Bundespräsidenten übergab, kamen die Worte »Demokratie« und »Parität« im Text nicht mehr vor (Bertelsmann Stiftung/Hans-Böckler-Stiftung 1998).

Die Kommission an sich war ein erinnerungspolitischer Akt, denn sie verdankte ihre Entstehung dem runden Geburtstag des Mitbestimmungsgesetzes 1996. Sie würdigte dessen Erfolg als Element nachhaltiger wirtschaftlicher Stabilität und Prosperität. Unternehmen profitierten davon, dass Modernisierungen und Investitionen nicht an den Betroffenen vorbeientschieden würden, und dass Arbeitnehmervertreter auch unangenehme Entscheidungen in die Belegschaften hinein vermittelten. Diese Sichtweise setzte nicht allein in der politischen Debatte lange Zeit den Ton, sondern dank des Wirtschaftshistorikers Werner Abelshauser auch einen nachhaltigen historiografischen Akzent.

Abelshauser stellte heraus, dass die Mitbestimmung die Herausbildung kooperativer Arbeitsbeziehungen ermögliche und dadurch die Voraussetzung für langfristige Produktivitätsgewinne, Wachstum und Wettbewerbsfähigkeit schaffe. Mitbestimmung war in dieser (ganz dem »Modell Deutschland« nachempfundenen) Perspektive ein Element des »Wirtschaftswunders«, ein historisch gewachsenes Aktivum der Deutschland AG (Abelshauser 1999, S. 233 ff.). Abelshauser wurde nicht müde, dieses Argument zu wiederholen, und andere prominente Historiker übernahmen seine Sichtweise (Abelshauser 2004, S. 426–432; Herbert 2014, S. 880 f.).

Dass eine gewerkschaftlich dominierte Kommission allein wirtschaftliche Effizienzkriterien als Wertmaßstab und Zukunftsperspektive der Mitbestimmung akzeptierte, stieß auf Widerspruch (z. B. Müller-Jentsch 2001, S. 359 f.). Doch obwohl es Versuche gab, die Mitbestimmung wieder in den Dienst einer »demokratiepolitischen Erneuerung« (Demirović 2008, S. 391) zu stellen, verlagerte sich die Debatte in Wissenschaft und Politik zusehends darauf, ob das deutsche Mitbestimmungsregime ein Standortvorteil oder -nachteil sei. Das war auch der Angelpunkt, als die Auseinandersetzungen Anfang der 2000er Jahre nochmals aufwallten (Raabe 2011, S. 53 ff.).

Den Anlass dazu bot die nahende Einführung der europäischen Aktiengesellschaften; Hintergrund waren schon länger schwelende Debatten über die vermeintliche Rückständigkeit und Innovationsfeindlichkeit der deutschen Wirtschafts- und Sozialsysteme allgemein und über zeitgemäße »Corporate Governance«-Strukturen im Besonderen; und ihr grundierendes Element bildete der Zug zu Deregulierung und Privatisierung, der ganz Europa erfasst hatte (Ther 2014, S. 47–50, 281 f.; Frei/Süß 2012; Rödder 2015, S. 47–62 und 261 f.). Nachdem das Thema Unternehmensmitbestimmung zwei Jahrzehnte lang ein Schattendasein in der Medienöffentlichkeit geführt hatte, stand es nun kurz wieder im Rampenlicht.

In diesem Zusammenhang versuchte der Bundesverband der Deutschen Industrie, die Mitbestimmung zu musealisieren. In einem Interview mit dem *Stern* nannte Verbandspräsident Michael Rogowski die Unternehmensmitbestimmung einen »Irrweg der Geschichte« (Rogowski 2004). Die Arbeitgeber forderten, das Mitbestimmungsregime des 1976er-Gesetzes zugunsten der Drittelbeteiligung in Aufsichtsräten abzuschwächen, also auf den Standard des Betriebsverfassungsgesetzes von 1952 zurückzuführen.

Wie in den 1970er und 1980er Jahren witterten die Gewerkschaften einen Anschlag auf die Mitbestimmung als Prinzip, indem ihre Feinde ein unzureichendes Surrogat gegen die machtvollere Errungenschaft ins Feld führten – mit dem Unterschied, dass das Mitbestimmungsgesetz von 1976 nun die Position des zu verteidigenden Besitzstandes einnahm. Hatte das mitbestimmungspolitische Mantra der Gewerkschaften jahrelang gelautet, das Gesetz von 1976 müsse grundlegend novelliert werden, wehrten sie nun ängstlich Versuche ab, daran zu rütteln.

Bundeskanzler Gerhard Schröder setzte daraufhin 2005 eine Regierungskommission ein, die Empfehlungen für eine Modernisierung des deutschen Mitbestimmungsrechts erarbeiten sollte. Dass an ihrer Spitze Kurt Biedenkopf stand, der dieselbe Aufgabe bereits 37 Jahre zuvor übernommen hatte, gab dem Unterfangen – wie überhaupt dem Ansatz, politische Entscheidungen auf ein Expertengremium zu verlagern – einen nostalgischen Anstrich. Kaum überraschend kam die Kommission auf keinen gemeinsamen Nenner, und ihr Bericht verschwand binnen kurzer Zeit in der Versenkung.

Doch die Kommission zurrte die regierungsamtliche Wertschätzung der Unternehmensmitbestimmung fest. Denn nachdem Schröder wenige Monate später die Bundestagswahl verloren hatte und die erste Koalition zwischen Union und SPD unter Führung von Angela Merkel gebildet worden war, fand die zweite Biedenkopf-Kommission Aufnahme in den Koalitionsvertrag vom 11. November 2005. Dieser charakterisierte die deutsche Unternehmensmitbestimmung als »Erfolgsmodell« (Koalitionsvertrag 2005, S. 31), was den Manövrierraum der Kommission für Fortentwicklungsvorschläge einschränkte.

Erinnerungspolitisch war dies ein bedeutsamer Schritt, weil die beiden Parteien, die in Fragen der Mitbestimmung regelmäßig konträre Positionen bezogen hatten, erstmals seit fast 40 Jahren zu einer gemeinsamen positiven Bewertung fanden. Sowohl Union als auch Sozialdemokratie konnten dabei an eigene Traditionsstränge anknüpfen: die SPD, weil das Gesetz unter ihrer Ägide entstanden war und so einer langfristigen Erfolgsbilanz sozialdemokratischen Regierungshandelns subsumiert werden konnte; die CDU, weil sie 1976 im Bundestag ebenfalls zugestimmt hatte und, da sie die Unternehmensmitbestimmung gegenüber dem Montanmodell stets als das bessere Verfahren angepriesen hatte, nun behaupten konnte, am Ende recht behalten zu haben. Damit stand das Tor offen, um die Unternehmensmitbestimmung in den Erinnerungskanon einer bundesrepublikanischen Erfolgsgeschichte zu integrieren, die mit Edgar Wolfrums Werk über die »geglückte Demokratie« genau zu diesem Zeitpunkt historiografisch wirkmächtig wurde (Wolfrum 2006).

Angela Merkel durchschritt das Tor, indem sie am 30. August 2006 die Festrede bei den offiziellen Feierlichkeiten zu 30 Jahren Mitbestimmungsgesetz hielt. Dieser erinnerungspolitische Akt erhob die Unternehmensmitbestimmung in den Rang eines gesamtgesellschaftlichen Erbes. In der Laudatio der Bundeskanzlerin klang gleichwohl die vorwiegend ökonomische Begründung dieses Standings an. Sie pries das Gesetz als »große Errungenschaft« und als »nicht wegzudenkenden Teil unserer sozialen Marktwirtschaft« (Merkel 2006, S. 5). In dieser Formulierung spiegeln sich zwei weitere Züge der Erinnerungskultur: Der partizipatorische Anspruch des Mitbestimmungsgesetzes kam darin nur noch verklausuliert vor, eben als das »Soziale« der Marktwirtschaft; und sie bezog sich auf »die« Mitbestimmung, bei der die Unterschiede zwischen deren verschiedenen Ebenen und Ausprägungen unsichtbar wurden.

Die Gewerkschaften setzten dem Mitbestimmungsgesetz nun ihrerseits ein historiografisches Denkmal: Pünktlich zum Jubiläumsjahr erschien das von der Hans-Böckler-Stiftung herausgegebene zweibändige Werk von Karl Lauschke. Es richtete sich – daran ließ allein die großzügige Bildausstattung keinen Zweifel – an ein breiteres Publikum als die Fachwissenschaftler*innen, deren Bedürfnisse es mit einem Dokumententeil ebenfalls befriedigte. Das Vorwort von DGB-Chef Michael Sommer integrierte das Mitbestimmungsgesetz emotional in die gewerkschaftliche Tradition, indem er den Stolz auf das Erreichte mit dem Versprechen verband, für den Erhalt der Unternehmensmitbestimmung gegen alle Anfechtungen zu kämpfen.

Seine Kernbotschaft lautete: »Jede Generation muss neu um die Mitbestimmung der Arbeitnehmer in den Aufsichtsräten kämpfen – so wie es unsere Aufgabe ist, sie in der Europäischen Union zu verankern« (Lauschke 2006, S. 7). Damit attestierte Sommer der Unternehmensmitbestimmung alle Charakteristika, die für die Aufnahme in die Ruhmeshalle der Erinnerungskultur nötig waren: eine konfliktreiche Vergangenheit (umkämpft und erstritten), finstere Gegner, zeitlose Bedeutsamkeit für Grundwerte und Ziele der Gewerkschaften, tagespolitische Relevanz, eine in die Zukunft gerichtete Aufgabe.

Noch war die Versöhnung unvollständig, denn die Arbeitgebervertreter blieben dem Festakt demonstrativ fern, was ihnen einen Seitenhieb von Kanzlerin Merkel eintrug. Doch diese Distanzierung verhinderte nicht, dass der Ritterschlag der Kanzlerin die Anerkennung der Unternehmensmitbestimmung offiziell machte. Diese Akzeptanz ging so weit, dass auch die Veränderung der politischen Kräfteverhältnisse keine Gefahr mehr bedeutete. Als aus den Bundestagswahlen von 2009 eine schwarz-gelbe Koalition hervorging, schien die Zukunft der Mitbestimmung kurzzeitig ungewiss. Doch Merkel schob in ihrer Regierungserklärung allen Spekulationen, die Unternehmensmitbestimmung in Frage zu stellen, einen Riegel vor:

»Viele Länder blicken geradezu bewundernd auf unsere Kultur der Zusammenarbeit zwischen Arbeitgebern und Arbeitnehmern. Ich sage deshalb auch hier ganz klipp und klar: Wir werden die Mitbestimmung und die Betriebsverfassung nicht ändern« (Merkel 2009, S. 9).

In diesem Statement kam zum Ausdruck, wie unumstößlich und damit unbeweglich die Unternehmensmitbestimmung geworden war – in der Erinnerung ebenso wie in der politischen Arena.

Der Preis der Wertschätzung war – und ist – der endgültige Verlust der Anstößigkeit, welche die Mitbestimmung einst charakterisiert hatte. Das Gesetz von 1976 hat das Interesse seiner Gegner verloren, dem es in den meisten Fällen öffentliche Aufmerksamkeit verdankte. Nach wie vor gibt es Aktivitäten wie die »Offensive Mitbestimmung« des DGB von 2016, die eine lange Tradition von Mobilisierungskampagnen und -initiativen fortsetzt (Bolte/Fischer/Thannisch 2016). Ihr Timing – auch dies eine zuverlässige Wiederholung wohlbekannter Muster – orientierte sich am letzten runden Jahrestag des Mitbestimmungsgesetzes.

Zu diesem Anlass ließ die Hans-Böckler-Stiftung die Mitbestimmung noch einmal hochleben. Mit dem Bundespräsidenten als Festredner erklomm das Mitbestimmungsgesetz die höchste protokollarische Rangstufe der Verfassungsorgane und zog in dieser Hinsicht mit der Montanmitbestimmung gleich. In der *Süddeutschen Zeitung* und der *Frankfurter Allgemeinen Zeitung* erschienen am

30. Juni 2016 vierseitige Sonderbeilagen in Farbdruck (Hans-Böckler-Stiftung 2016). Auf den Kanälen der politischen Bildung hielt es ebenfalls Einzug. Die Bundeszentrale und der Bundestag stellten kurze Würdigungen online (bpb 2016; Deutscher Bundestag 2016); einen Wikipedia-Eintrag hatte das Gesetz bereits seit 2004.

Die Unternehmensmitbestimmung ist heute ein Teil des Erinnerungskonsenses, der von politischen Kontroversen entkernt ist. Das beste Beispiel dafür ist ein auf YouTube verbreiteter »Geburtstagsfilm« der Hans-Böckler-Stiftung über den Festakt von 2016. Seine Sequenzen von Sekt trinkenden Gästen zu gefälliger Hintergrundmusik erinnern in keiner Weise mehr an den Demokratisierungsimpuls aus der Frühzeit der Mitbestimmung. Dass die Feier im Deutschen Historischen Museum stattfand, unterstreicht die würdevolle Musealisierung. Nimmt man diesen (vorläufigen) Endpunkt, erscheint der Wandel in gut 40 Jahren Erinnerung an das Mitbestimmungsgesetz nicht nur als eine Geschichte vom Dunkel zum Licht, sondern auch als eine Geschichte des Vergessens bzw. des Verlusts: Die Erinnerung veränderte nicht das Bild der Mitbestimmung, sondern sie veränderte den Gegenstand der Erinnerung selbst.

Der »Ort« der Unternehmensmitbestimmung in der Erinnerungskultur

Das Video, das die Hans-Böckler-Stiftung zum 40. Jahrestag des Gesetzes produzieren ließ, illustriert mit seiner heiteren, staatstragenden und belanglosen Anmutung gut den Stand der Erinnerungskultur der Unternehmensmitbestimmung. Zum Zeitpunkt des ersten Abrufs des Verfassers Anfang Juni 2018 lag seine Klickzahl deutlich unter 200. Die Unternehmensmitbestimmung ist im Erinnerungskanon der Bundesrepublik angekommen, doch ihre Ausstrahlung ist gering. Niemand erkennt in ihr rückblickend einen konstitutiven Bestandteil eines gesamten politisch-sozialen Milieus, der sogar einen »Charakterzug der Mentalität« (Borsdorf 2019, S. 326) prägen konnte, wie Ulrich Borsdorf die Wirkung der Montanmitbestimmung auf die Menschen im Ruhrgebiet beschrieben hat.

Ein großer erinnerungskultureller Unterschied zwischen diesen beiden Ausprägungen des deutschen Mitbestimmungsregimes liegt in der verhältnismäßig großen Stabilität der Bewertung in dem einen Fall und dem deutlichen Wandel im anderen. Die Montanmitbestimmung war lange Zeit unangefochten der normative Standard für Mitbestimmung als regulative Idee. Dagegen hing die Bewertung des Mitbestimmungsgesetzes viel stärker vom Deutungsrahmen ab, in den es gestellt wurde. Neue Interpretationen setzen sich durch Veränderungen solcher Rahmungen durch. Seit den 1960er Jahren war »Demokratie« dieser Bezugspunkt gewesen. In den 1980er Jahren trat dann der »Sozialstaat« stärker in den Vordergrund.

Ab den 1990er Jahren bestimmten Gesichtspunkte der »Corporate Governance« die Einordnung der Unternehmensmitbestimmung, bis sich im ersten Jahrzehnt nach der Jahrtausendwende die Kanonisierung in einer »Nationalkultur« durchsetzte. Für eine Erinnerungskultur der sozialen Demokratie bedeutet das, dass die Unternehmensmitbestimmung nicht nur materiell erklärungsbedürftig ist – ihr Bezug zu demokratischen Grundwerten ist es heute ebenfalls. Auch das ist ein Grund dafür, dass Unternehmensmitbestimmung die Eigenschaft als gesellschaftspolitischer Leitbegriff für Zukunftsentwürfe eingebüßt hat.

Obwohl die Unternehmensmitbestimmung weithin anerkannt ist, trügt der Eindruck eines etablierten Platzes in der Erinnerungskultur. Träger der Erinnerung sind fast ausschließlich Gewerkschaften, die ihr nahestehenden Institutionen und Autor*innen. Die Ausstrahlung ihrer Monografien auf die Historiografie über die Sozial- und Gesellschaftsgeschichte der Bundesrepublik ist gering, das öffentliche Interesse an dem Thema marginal. Hinzu kommt, dass bei den Feieranlässen nicht die Unternehmensmitbestimmung an sich das Interesse auf sich zieht. Das Mitbestimmungsgesetz von 1976 ist nicht Gegenstand der Erinnerung, sondern bietet bei Jubiläen den Anlass, das Prinzip der Mitbestimmung an sich zu würdigen. Dies verweist auf ein Problem vieler kleinschrittiger sozialstaatlicher Verbesserungen, die keine bahnbrechende Innovation brachten: Die entsprechenden Gesetze erscheinen im Vergleich zu Basisinnovationen oder grundlegenden Reformen unscheinbar.

Schließlich kann nicht übersehen werden, wie einseitig die Erinnerung an das Mitbestimmungsgesetz von 1976 ist. Da vor allem gewerkschaftsnahe Akteur*innen die Erinnerung weitertragen, prägt sich ihre Perspektive auch nachdrücklich darin ein. Im Zentrum stehen politische Auseinandersetzungen; es dominieren die Stimmen von Gewerkschaftsfunktionär*innen, Bundestagsabgeordneten und Regierungsvertreter*innen. Es fehlen jedoch weitgehend die Perspektiven von Mitbestimmungsakteuren wie Aufsichtsräten, insbesondere aber die der Arbeitnehmer*innen – hier schreibt sich das sogenannte Mitbestimmungsparadox (Hindrichs et al. 2000, S. 99) in der Erinnerung fort.

Frauen kommen als Mitbestimmungsakteurinnen praktisch nicht vor, obwohl es sie selbstverständlich gab und gibt. Doch dort, wo ihre Stimmen zu finden sind, wie etwa im Portal »Zeitzeugen der Gewerkschaften«, erreichen sie laut Auskunft des Archivs der Friedrich-Ebert-Stiftung an den Verfasser kaum Resonanz, weil das Portal nur wenig genutzt wird. Die Erinnerungskultur ist mithin erdrückend organisationslastig und maskulin – sie folgt dem Muster gewerkschaftlicher »Triumpherzählungen« (Andresen 2014).

Um diesen insgesamt einigermaßen bestürzenden Ort der Unternehmensmitbestimmung in der Erinnerungskultur zu verändern, müssten zunächst die gewerkschaftsnahen Träger der Erinnerung aus dem Muster der Triumpherzählungen ausbrechen. Die Dominanz des Erfolgsnarrativs könnte gemindert werden, wenn ihm andere Perspektiven hinzugesellt würden, etwa von Arbeitnehmer*innen, die das Mitbestimmungsregime von 1976 als etwas Neues erlebt haben. Schließlich könnte die Erinnerungsarbeit verschüttete Spuren freilegen. Insbesondere der Demokratisierungsimpetus, der die Idee der Unternehmensmitbestimmung bis in seine gesetzliche Ausformung getragen hat, bietet sich für einen Brückenschlag in eine Gegenwart an, in der das Soziale in der Demokratie dringend wachgeküsst werden müsste.

Literatur und Quellen

Abelshauser, Werner (1998): Vom wirtschaftlichen Wert der Mitbestimmung. Neue Perspektiven ihrer Geschichte in Deutschland. In: Streeck, Wolfgang/Kluge, Norbert (Hrsg.): Mitbestimmung in Deutschland. Tradition und Effizienz. Expertenberichte für die Kommission Mitbestimmung der Hans-Böckler-Stiftung/Bertelsmann Stiftung. Frankfurt am Main: Campus, S. 224–238.

Abelshauser, Werner (2004): Deutsche Wirtschaftsgeschichte seit 1945. München: C. H. Beck.

Andresen, Knud (2014): Triumpherzählungen. Wie Gewerkschafterinnen und Gewerkschafter über ihre Erinnerungen sprechen. Essen: Klartext.

Bamberg, Ulrich/Bürger, Michael/Mahnkopf, Birgit/Martens, Helmut/Tiemann, Jörg (1987): Aber ob die Karten voll ausgereizt sind… 10 Jahre Mitbestimmungsgesetz 1976 in der Bilanz. Köln: Bund.

Benthien, Dieter (1981): IG Metall erklärt den 30. Januar zum Tag der Mitbestimmung. In: Die Quelle 32, S. 77.

Bertelsmann Stiftung/Hans-Böckler-Stiftung (Hrsg.) (1998): Empfehlungen zur zukünftigen Gestaltung der Mitbestimmung. Gütersloh: Bertelsmann Stiftung.

Beyme, Klaus von (1990): Gewerkschaftliche Politik in der Wirtschaftskrise I – 1973 bis 1978. In: Hemmer, Hans-Otto/Schmitz Kurt Thomas (Hrsg.): Geschichte der Gewerkschaften in der Bundesrepublik Deutschland. Von den Anfängen bis heute. Köln: Bund.

Bolte, Michael/Fischer, Thomas/Thannisch, Rainald (2016): Offensive Mitbestimmung: den mitbestimmungspolitischen Stillstand überwinden. In: WSI-Mitteilungen 69, S. 641–645.

Borsdorf, Ulrich (2019): Einheitsgewerkschaft und Mitbestimmung. Erinnerungsort Hans-Böckler-Straße. In: Berger, Stefan/Borsdorf, Ulrich/Claßen, Ludger/Grütter, Henrich Theodor/Nelles, Dieter (Hrsg.): Zeit-Räume Ruhr. Erinnerungsorte des Ruhrgebiets. Essen: Klartext, S. 313–326.

bpb – Bundeszentrale für politische Bildung (Hrsg.) (2016): Vor 40 Jahren: Bundestag verabschiedet Mitbestimmungsgesetz. In: Hintergrund aktuell, 16.3.2016, www.bpb.de/politik/hintergrund-aktuell/223149/mitbestimmungsgesetz (Abruf am 3.5.2021).

Breit, Ernst (1982a): Mitbestimmungsinitiative: Abbau der Arbeitslosigkeit – Demokratisierung der Wirtschaft. In: Gewerkschaftliche Monatshefte 33, S. 593–602.

Breit, Ernst (1982b): Worum es dem DGB in den nächsten Jahren geht. In: Die Quelle 33, S. 325–331.

Demirović, Alex (2008): Mitbestimmung und die Perspektiven der Wirtschaftsdemokratie. In: WSI-Mitteilungen 61, S. 387–393.

Deutscher Bundestag (Hrsg.) (2016): Vor 40 Jahren: Grünes Licht für Mitbestimmung. Kalenderblatt, 11.3.2016, www.bundestag.de/dokumente/textarchiv/2016/kw10-kalenderblatt-mitbestimmungsgesetz-414734 (Abruf am 28.5.2021).

DGB-Bundesvorstand (1986): Zehn Jahre Mitbestimmungsgesetz '76 – erfolgreiche Mitwirkung, aber keine Ausweitung der Mitbestimmung. In: Die Quelle 37, S. 453 f.

Frei, Norbert/Süß, Dietmar (Hrsg.) (2012): Privatisierung. Idee und Praxis seit den 1970er Jahren. Göttingen: Wallstein.

Gauck, Joachim (2016): Rede beim Festakt »40 Jahre Mitbestimmungsgesetz '76«, http://www.bundespraesident.de/SharedDocs/Reden/DE/Joachim-Gauck/Reden/2016/06/160630-40-Jahre-Mitbestimmungsgesetz.html (Abruf am 19.11.2021).

Gotto, Bernhard (2018): Enttäuschung in der Demokratie. Erfahrung und Deutung von politischem Engagement in der Bundesrepublik Deutschland während der 1970er und 1980er Jahre. Berlin: De Gruyter.

Hans-Boeckler-Stiftung (2016): Anzeigensonderveröffentlichung »Zukunft Mitbestimmung«. In: Frankfurter Allgemeine Zeitung, 30.6.2016, www.boeckler.de/pdf/40_jahre_mitbestimmung_beilage_sz_faz.pdf (Abruf am 5.3.2021).

Hemmer, Hans-Otto (2006): Das große Angebot an die Gesellschaft. In: Die Mitbestimmung 52, www.boeckler.de/20142_20156.htm (Abruf am 28.5.2021).

Herbert, Ulrich (2014): Geschichte Deutschlands im 20. Jahrhundert. München: C. H. Beck.

Hindrichs, Wolfgang/Jürgenhake, Uwe/Kleinschmidt, Christian/Kruse, Wilfried/Lichte, Rainer/Martens, Helmut (2000): Der lange Abschied vom Malocher. Sozialer Umbruch in der Stahlindustrie und die Rolle der Betriebsräte von 1960 bis in die neunziger Jahre. Essen: Klartext.

IG CPK (1976): Protokoll des 10. Ordentlichen Gewerkschaftstages in Hamburg, 19. bis 25. September 1976. Hannover: IG CPK.

IG Metall Vorstand (1980): AdsD IG-Metall 5/IGMA071107, Zweigbüro des Vorstands der IG Metall: Musterreferat »Montanmitbestimmung jetzt sichern!«, 25.8.1980.

IG Metall (Hrsg.) (1983): Geschäftsbericht 1980 bis 1982. Frankfurt am Main.

Jäger, Wolfgang (1986): Die Innenpolitik der sozial-liberalen Koalition 1969–1974. In: Bracher, Karl-Dietrich/Jäger, Wolfgang/Link, Werner (Hrsg.): Republik im Wandel 1969–1974. Die Ära Brandt. Stuttgart: DVA, S. 13–160.

Judith, Rudolf (1978): Erfahrungen mit dem Mitbestimmungsgesetz '76. Vergleich mit dem Montanmitbestimmungsgesetz. In: Gewerkschaftliche Monatshefte 29, S. 726 f.

Judith, Rudolf (1981): »Frontal angreifen mit dem Ziel der Ausweitung der Mitbestimmung in allen Großunternehmen«. Interview in: Das Mitbestimmungsgespräch 27, S. 239–243.

Judith, Rudolf (Hrsg.) (1986): 40 Jahre Mitbestimmung. Erfahrungen – Probleme – Perspektiven. Köln: Bund.

Koalitionsvertrag (2005): Gemeinsam für Deutschland – mit Mut und Menschlichkeit. Koalitionsvertrag zwischen CDU, CSU und SPD, 11.11.2005, https://archiv.cdu.de/artikel/gemeinsam-fuer-deutschland-mit-mut-und-menschlichkeit-koalitionsvertrag-2005 (Abruf am 19.11.2021).

Kramper, Peter (2012): Das Ende der Gemeinwirtschaft. Krisen und Skandale gewerkschaftseigener Unternehmen in den 1980er Jahren. In: AfS 52, S. 111–138.

Lauschke, Karl (2006): Mehr Demokratie in der Wirtschaft. Die Entstehungsgeschichte des Mitbestimmungsgesetzes von 1976. Düsseldorf: Hans-Böckler-Stiftung.

Loderer, Eugen (1977): Brief an Herbert Ehrenberg, BA 149/50863, 30.3.1977.

Martens, Helmut (1990): Mitbestimmung und Demokratisierung. Überlegungen zu einer Bestandsaufnahme des gewerkschaftlichen Reformkonzeptes. In: Gewerkschaftliche Monatshefte 41, S. 481–493.

Merkel, Angela (2006): Rede von Bundeskanzlerin Dr. Angela Merkel auf der Jubiläumsveranstaltung »30 Jahre Mitbestimmungsgesetz« der Hans-Böckler-

Stiftung am 30. August 2006 in Berlin. In: Bulletin der Bundesregierung Nr. 75-1, 31.8.2005.

Merkel, Angela (2009): Regierungserklärung von Bundeskanzlerin Dr. Angela Merkel vor dem Deutschen Bundestag am 10. November 2009 in Berlin. In: Bulletin der Bundesregierung Nr. 112-1 vom 10. November 2009.

Milert, Werner/Tschirbs, Rudolf (2012): Die andere Demokratie. Betriebliche Interessenvertretung in Deutschland 1848 bis 2008. Essen: Klartext.

Mitbestimmung (2004): Vor 25 Jahren – Bundesverfassungsgericht stärkt Mitbestimmung. In: Mitbestimmung 4, www.boeckler.de/19801_19805.htm (Abruf am 28.5.2021).

Müller, Gloria (1981): Strukturwandel und Arbeitnehmerrechte. Die wirtschaftliche Mitbestimmung in der Eisen- und Stahlindustrie 1945–1975. Essen: Klartext.

Müller-Jentsch, Walther (2001): Editorial: Mitbestimmung und Arbeitnehmerpartizipation auf dem Prüfstand I. In: Industrielle Beziehungen 8, S. 359–363.

Niedenhoff, Horst-Udo (1979): Mitbestimmung in der Bundesrepublik Deutschland. Köln: Bund.

Raabe, Nico (2011): Die Mitbestimmung im Aufsichtsrat. Theorie und Wirklichkeit in deutschen Aktiengesellschaften. Berlin: Erich Schmidt.

Rappe, Hermann (1989): Für eine Politik der Vernunft. Beiträge zu Demokratie und Sozialstaat, ausgewählt, herausgegeben und eingeleitet von Hermann Weber. Köln: Bund.

Rehling, Andrea (2011): Konfliktstrategie und Konsenssuche in der Krise. Von der Zentralarbeitsgemeinschaft zur konzertierten Aktion. Baden-Baden: Nomos.

Rödder, Andreas (2015): 21.0. Eine kurze Geschichte der Gegenwart. München: C. H. Beck.

Rogowski, Michael (2004): »Die Mitbestimmung war ein Irrtum der Geschichte«. Interview von Hans-Ulrich Jörges und Lorenz Wolf-Doettinchen mit Michael Rogowski. In: Stern, 14.10.2004, S. 210.

Schneider, Michael (2000): Kleine Geschichte der Gewerkschaften. Ihre Entwicklung in Deutschland von den Anfängen bis heute. 2. Auflage, Bonn: Dietz.

Schönhoven, Klaus (1987): Die deutschen Gewerkschaften. Frankfurt am Main: Suhrkamp.

Schröder, Michael (1983): Verbände und Mitbestimmung. Die Einflußnahme der beteiligten Verbände auf die Entstehung des Mitbestimmungsgesetzes von 1976. Diss., München.

Spieker, Wolfgang (1976): Mitbestimmung in Unternehmen – Idee und Wirklichkeit. Referat auf der Tagung »25 Jahre Mitbestimmungsgesetz« in Recklinghausen, AdsD 5/IGMA090395, 2.6.1976.

Tegtmeier, Werner (1996): Sachgerechte Dynamik. In: Die Mitbestimmung 10, S. 28–31.
Testorf, Christian (2017): Ein heißes Eisen. Zur Entstehung des Gesetzes über die Mitbestimmung der Arbeitnehmer von 1976. Bonn: Dietz.
Ther, Philipp (2014): Die neue Ordnung auf dem alten Kontinent. Eine Geschichte des neoliberalen Europa. Berlin: Suhrkamp.
Vetter, Heinz Oskar (1979): Mitbestimmung – Idee, Wege, Ziel. Beiträge zur Gesellschaftspolitik 1969 bis 1979. Köln: Bund.
Vetter, Heinz Oskar (1980): Montan-Mitbestimmung ist ein Modell für Europa. In: Die Quelle 31, S. 457–460.
Vetter, Heinz Oskar (1982): Gewerkschaft nie so unabhängig. In: Süddeutsche Zeitung, 14.4.1982, S. 1.
Weder, Jörg (1975): Verschriftlichung des Kommentars von Jörg Weder zur Mitbestimmung im Hessischen Rundfunk am 9.12.1975, AdsD 5/IGMA071098.
Wesel, Uwe (2004): Der Gang nach Karlsruhe. Das Bundesverfassungsgericht in der Geschichte der Bundesrepublik. München: Blessing.
Wolfrum, Edgar (2006): Die geglückte Demokratie. Geschichte der Bundesrepublik Deutschland von ihren Anfängen bis zur Gegenwart. Stuttgart: Klett-Cotta.

Europa

»Europa« als Ressource?
Institutionelle Vorbilder, Europa-Ideen und die Europäisierung der Gewerkschaften

Heike Wieters

> »We begin our life as a community of free trade unions five years after the most devastating war in history. We have already made great progress in repairing the ravages and dislocations of war, and we shall promote all measures necessary to finish the task [...]. We recognize as the most urgent initial action immediate constructive steps towards the economic integration and peace, unification of Western Europe, including the incorporation of Germany in the European community.«
>
> *Sturmthal 1952, S. 260f.*

Dieser Beitrag widmet sich der Frage, ob (und wenn ja wie) gewerkschaftliche »Europa-Ideen« und Erinnerungen an die »europäische Tradition« der Arbeiterbewegung eine Rolle für die Herausbildung europäischer Gewerkschaften nach Ende des Zweiten Weltkrieges spielten.

Ein besonderes Augenmerk liegt dabei auf der International Confederation of Free Trade Unions (ICFTU) bzw. ihrer 1950 gegründeten European Regional Organization (ERO). Untersucht wird, wie dieser europäische Gewerkschaftsverband nach dem Ende des Krieges seinen eigenen Auftrag und sein Entwicklungspotenzial in Europa und darüber hinaus imaginierte und wie »Europa« bzw. der Prozess der europäischen Integration konzeptionell gefasst wurde. Auf welche bereits vorhandenen Ideen, Akteure, Praktiken und Erfahrungen wurde sich dabei bezogen – ideologisch, politisch, kulturell und hinsichtlich institutioneller Vorbilder?

Schließlich wird in diesem Beitrag danach gefragt, welche Narrative und Erinnerungen an die eigene »europäische« Vergangenheit die sich neu formierenden internationalen Gewerkschaften mobilisierten, um selbst zentrale Akteure in einer von Systemkonkurrenz und neuer Wohlfahrtsstaatlichkeit geprägten Nachkriegsära zu werden. Dabei geht es explizit auch um Leerstellen der Erinnerungsarbeit, denn konkrete Bezüge auf europäische gewerkschaftliche Traditionen und Europa-Ideen sind insgesamt gesehen relativ rar.

Die Erinnerung an das Europa der Gewerkschaften in der ersten Jahrhunderthälfte war zwar durchaus präsent, bildete jedoch oft einen eher impliziten Deutungshorizont, der die Neuorientierung der Gewerkschaften flankierte.

Dieser Beitrag blickt vor allem auf die Gründungsphase der ICFTU sowie auf die Herausbildung und Entwicklung der Europäischen Regionalorganisation (ERO) während der 1950er Jahre. Analysiert werden Tagungsprotokolle, öffentliche Äußerungen, Pressemeldungen sowie Stimmen prominenter Gewerkschafter, die an der Gründung und strategischen Ausrichtung der ERO in besonderer Weise beteiligt waren. Zunächst wird ein kurzer Abriss der Gründungsgeschichte der internationalen Gewerkschaftsverbände gegeben und zudem das »institutionelle Feld« (Powell/Di Maggio 1983) skizziert, in dem sich ICFTU und ERO nach dem Zweiten Weltkrieg zu etablieren versuchten.

Anschließend werden Motive und Argumente sowie konkrete und implizite Rückgriffe auf »Europa-Ideen« und europäische Traditionen der Gewerkschaften in den Debatten über die Ausgestaltung und organisationale Entwicklung der ICFTU/ERO analysiert. Dafür werden insbesondere Akten und Tagungsprotokolle der ICFTU/ERO herangezogen, die sich im International Institute for Social History in Amsterdam befinden. Zum Schluss erfolgen ein kurzer Ausblick und eine Einordnung der zeitgenössischen Debatten in den politischen und Institutionellen Kontext der Europäischen Integration.

Internationale Gewerkschaften im Kontext der »Europäischen Integration« nach dem Zweiten Weltkrieg

Wie das Eingangszitat unterstreicht, wurde die ICFTU erst 1949 auf dem Treffen einer Vielzahl bereits existierender nationaler Gewerkschaften in London gegründet. Mit dem Niederländer Jacobus Oldenbroek als Generalsekretär und dem Belgier Paul Finet als Präsident übernahmen zwei Männer die Führung, die beide auf lange gewerkschaftliche Karrieren zurückblicken konnten (Reinalda 1998). Fast fünf Jahre nach Ende des Zweiten Weltkrieges entstand damit ein internationaler Gewerkschaftsbund, der sich in seinem Gründungsdokument dezidiert von »kommunistischen«, »totalitären« und »undemokratischen« Tendenzen innerhalb der Gewerkschaftsbewegung abgrenzte (Sturmthal 1952, S. 259 f.). Diesem Gründungsprozess waren seit 1944/45 mehrere gescheiterte Anläufe zur Schaffung einer internationalen Einheitsgewerkschaft vorausgegangen. Die ICFTU entstand entsprechend nicht geordnet und von langer Hand geplant, sondern im Kontext einer über Jahrzehnte hinweg gewachsenen internationalen Verbandslandschaft, die stets von Konflikten, Rivalitäten und Richtungsstreitigkeiten geprägt gewesen war (Carew 2000, S. 189–199): Tatsächlich war der erste internationale Gewerkschaftsbund bereits 1901 als International Federation of Trade Unions (IFTU) gegründet worden.

Der Erste Weltkrieg hatte die Verbandstätigkeit allerdings praktisch zum Erliegen gebracht, sodass es 1919 zur faktischen Neugründung kam. Dieser – aufgrund des Ortes des Gründungskongresses – auch als »Amsterdam International« bekannt gewordene Verband gilt heute in der Forschung meist als erste »Weltgewerkschaft« (Goethem 2006). Diese versammelte sozialistische, kommunistische und sozialdemokratische Spartengewerkschaften und unterhielt an zahlreichen Standorten internationale Sekretariate. Tatsächlich waren nach dem Ausstieg der American Federation of Labor (AFL) allerdings nur noch vier außereuropäische nationale Gewerkschaften Mitglied. In der Folge hatte die IFTU nicht nur hinsichtlich der Mehrheit ihrer Mitglieder (insgesamt ca. 7,4 Millionen), sondern auch durch die geographische Lage ihrer 25 Büros (im Jahr 1936) einen starken europäischen Fokus (Paxton 1977, S. 176).

Im Jahr 1920 wurde als zweiter Verband die International Federation of Christian Trade Unions/World Confederation of Labour (IFCTU/WCL) gegründet. Sie stand eher katholischen, christdemokratischen Parteien nahe, vereinte vor allem Gewerkschaften in Deutschland, Frankreich und Italien und war mit gut drei Millionen Mitgliedern deutlich kleiner als die IFTU.

Für beide Gewerkschaftsverbände war der Zweite Weltkrieg ein massiver Einschnitt. Die bei Kriegsende aus strategischen Gründen erwogene Vereinigung der zwei Verbände scheiterte und die – mittlerweile in World Federation of Trade Unions (WFTU) umbenannte – IFTU spaltete sich schließlich 1949 nach internen Richtungsstreitigkeiten und ideologischen Querelen auf. Die aus diesem Konflikt erstandene ICFTU stieg damit zum dritten gewerkschaftlichen Weltverband auf, neben der christlichen IFCTU/WCL und der sozialistischen und kommunistischen Parteien nahestehenden WFTU, die laut Selbstbekundung die mitgliederstärkste Gewerkschaftsvereinigung war. Zu Beginn der 1950er Jahre existierten also drei internationale gewerkschaftliche Verbandsstrukturen, die sowohl punktuell kooperierten als auch miteinander konkurrierten und jeweils darauf abzielten, ihre Mitglieder auf internationaler Ebene und in zunehmend grenzüberschreitenden Arbeitskämpfen zu vertreten.

Um der sich politisch wie auch wirtschaftlich und sozial schnell wandelnden Situation in Europa adäquat begegnen zu können, entschied sich die ICFTU bereits kurz nach ihrer Gründung für eine Untergliederung ihrer Verbandsstrukturen. 1950 wurde daher die European Regional Organisation (ERO) aufgesetzt, die in zunehmender Eigenständigkeit darauf abzielte, »europäische« Belange vor Ort zu klären.

Bevor im nächsten Kapitel der Frage nachgegangen wird, wie die Gewerkschafter*innen diesen Schritt selbst begründeten und in welcher Weise sie hierbei an ihre eigene europäische Rolle und Tradition als Argument für die Gestaltung der Zukunft erinnerten, zunächst einige erläuternde Sätze zum historischen Kontext:

Wie die Gründung der ERO – lange vor der Unterzeichnung des Elysée-Vertrages und Gründung der Montanunion im Juli 1952 – zeigt, war »Europa« zu Beginn der 1950er Jahre weit davon entfernt, eine feste politische Größe zu sein (Gilbert 2012, S. 33–39). Zwar war mit dem Europarat bereits 1949 eine von zehn Staaten getragene europäische Institution gegründet worden, der im Mai 1950 auch die Bundesrepublik Deutschland beitrat; doch hatten die Zeitgenoss*innen zu diesem Zeitpunkt allenfalls eine vage Ahnung von den Plänen für die spätere Europäische Gemeinschaft für Kohle und Stahl (EGKS). Von der erst 1957 entstandenen Europäischen Wirtschaftsgemeinschaft (EWG) war zu diesem Zeitpunkt überhaupt noch nicht die Rede. Dennoch hatte der »Europäische Integrationsprozess« – auch heute in der Forschung noch oft auf die EU und ihre Vorgängerinstitutionen enggeführt (hierzu Patel 2013) – längst begonnen.

Dabei handelte es sich allerdings weder um einen linearen Entwicklungsprozess noch war er hauptsächlich von staatlichen Akteuren getragen. Stattdessen ist es notwendig, den Blick gerade auch auf transnationale Bewegungen und Parteien, internationale Organisationen, Verbände und Lobbygruppen zu lenken. Denn bereits sehr früh betrachteten diese privaten Akteure »Europa« im weitesten und flexibelsten Sinne als Ort gemeinsamer Bemühungen und als »Bühne« (Zimmermann 2009, S 16 f.) für Interessenpolitik (Kaiser/Schot 2014).

Gerade die Ebene der internationalen Organisationen muss für diese frühe Phase hervorgehoben werden. Neben der seit 1946 nun als UN-Sonderorganisation fungierenden International Labor Organization (ILO, gegründet 1919) und der Economic Commission for Europe der Vereinten Nationen (ECE, 1947) bestimmten auch die Organisation for European Economic Co-operation (OEEC, 1948) und die sicherheitspolitische North Atlantic Treaty Organization (NATO, 1949) das politische und soziale Profil der Nachkriegszeit mit. Innerhalb kurzer Zeit entwickelten sie sich gleichermaßen zu Foren und zentralen Akteuren (Maul 2010, S. 286). Sie boten insbesondere den Verbänden und Interessenorganisationen Anknüpfungspunkte, um Einfluss geltend zu machen, Expertise zur Verfügung zu stellen und Kontakte zu politischen Entscheidern zu etablieren.

Auch wenn sich hier nicht alle europäischen Themenfelder und Auseinandersetzungen aufzählen lassen, ist es dennoch sinnvoll, einige übergeordnete Konfliktlinien zu erwähnen, die die Diskussionen über die Rolle der Gewerkschaften und den Stellenwert »Europas« prägten.

Zum einen verschob der bereits angesprochene Systemkonflikt institutionelle Formationen und geopolitische Zugehörigkeiten in Europe nach Ende des Zweiten Weltkrieges nachhaltig. Die Gründung der ICFTU und die damit manifestierte Spaltung in einen (bzw. mit der WCL zwei) eher westlich und einen eher sozialistisch-kommunistisch orientierten gewerkschaftlichen Weltverband ist nur ein Beispiel von vielen, das auf eine (ideologische) Lagerbildung verweist. Dieser institutionelle Neuanfang und die damit zementierte Trennung einer vormals zwar konfliktreichen, aber eben doch gemeinsam gelebten europäischen Gewerkschaftstradition, mag durchaus auch erste Hinweise darauf geben, warum explizite Anknüpfungspunkte und erinnerungspolitische Bezüge auf die Zeit vor 1945 recht rar blieben.

Ein zweiter, damit im Zusammenhang stehender Trend, der die Frage nach Form und Inhalt eines europäischen Projekts nachhaltig prägte, ist die Herausbildung komplexer und streckenweise hoch expansiver wohlfahrtsstaatlicher Formationen in den meisten europäischen Nationalstaaten (Kaelble 2011). Trotz aller institutionellen Varianzen (Hall/Soskice 2001) und der unterschiedlichen Entwicklungspfade in den einzelnen Wohlfahrtsstaaten (Torp 2017) vereinte diese Wohlfahrtsexpansion Europa. In der Forschung wurde dies in den vergangenen Jahren wiederholt mit dem Begriff des »Europäischen Sozialmodells« gefasst (Kott 2010; Kaelble 2000).

Gleichzeitig sorgte die Wohlfahrtsexpansion – vor allem auch bei den Gewerkschaften – für das Bewusstsein, an Verteilungskämpfen innerhalb der Nationalstaaten in besonderer Weise beteiligt zu sein (und umgekehrt gegebenenfalls auch mehr als andere verlieren zu können). Die Frage nach der Gestaltung sozialer Sicherheit in Europa jenseits des Wohlfahrtsstaates und nach Mitspracherechten in sozialen Belangen spielte somit eine zentrale Rolle bei der Diskussion über die Ausgestaltung eines wie auch immer gearteten europäischen Einigungsprozesses und das »soziale Europa« (Wieters/Fertikh 2019).

Der dritte Kontext lässt sich als (transatlantische) Grenzfrage synthetisieren. Gemeint ist damit einerseits der – im Zusammenhang mit der Systemkonkurrenz stehende – Rekurs auf transatlantische Verflechtungen und Abhängigkeiten ökonomischer, politischer und kultureller Natur. Von Beginn an fungierten die transatlantischen Beziehungen als zentrales Element des europäischen (Neu-)Gründungsnarrativs. Sie wurden jedoch von den westlich ausgerichteten Akteuren sowohl als Friedens- und Existenzgarantie diskutiert als auch als Kontrastfolie und formgebendes Motiv für eine Abgrenzung Europas vom Rest der Welt und insbesondere von den USA.

Insgesamt spielte die Frage nach Europas »Grenzen«, seiner (künftigen) institutionellen und ökonomischen Form sowie seinen kulturellen, sozialen und identitätsstiftenden Wurzeln für die Debatte um Europas Zukunft eine zentrale Rolle (Greiner 2012). Auch wenn sich hier, wie zu zeigen sein wird, durchaus gewisse Anknüpfungspunkte an gewerkschaftliche Erinnerungen und Erfahrungen aus der ersten Jahrhunderthälfte zeigen lassen, war die transatlantische Orientierung und die Neu-Verortung der ICFTU »im Westen« doch auch eine Zäsur, die direkte Rückgriffe auf vergangene Organisationsmodi – wie auch auf einige politische Positionierungen – nicht ohne weiteres erlaubte.

Die drei genannten Dimensionen beeinflussten entsprechend die im Folgenden in den Blick genommenen Diskussionen innerhalb der ICFTU bzw. innerhalb der ERO in besonderer Weise und strukturierten die zahlreichen Konflikte um die Zukunft der organisierten europäischen Gewerkschaftsbewegung mit.

Per aspera ad astra? Die Mobilisierung europäischer Traditionen und Europa-Ideen für die Konstruktion einer Europäischen Gewerkschaft

Die Entscheidung, den Weltgewerkschaftsverband ICFTU durch regionale Sekretariate zu unterstützen und strukturell zu verstärken, war bereits bei seiner Gründung gefallen. Auf den Gründungskonferenzen in Genf und London 1949 und 1950 war daher die Etablierung von »regional machinery« beschlossen worden, zunächst »experimental in character and unfettered by general constitutional provisions« (IISH 1950b, S. 1). Waren erst noch eher kleine Regionalbüros im Gespräch gewesen (die griechischen Gewerkschafter wünschten sich etwa eine »Balkan Organisation« und die Dänen liebäugelten mit einer skandinavischen Regionalorganisation; ebd., S. 2), setzte sich recht schnell die vor allem geographisch strukturierte gesamteuropäische ERO durch.

In der im November 1950 verabschiedeten ERO-Satzung wurde folglich die Errichtung eines europäischen Regionalsekretariats »mit weitgehender Autonomie in Angelegenheiten ihres Wirkungsbereichs« bestätigt, doch dabei betont, dass alle regionalen Sekretariate weiterhin »für ihre Aktionen dem Bund verantwortlich« seien und dass die Autorität der ICFTU »maßgebend« bleibe

(IISH 1950c). Letztlich wurden die Ziele der ERO in der Satzung eher allgemein formuliert. Sie beinhalteten das Bestreben, »zwischen allen Arten von Gewerkschaften, die freie Arbeiterorgane sind, Eintracht und Zusammenarbeit [...] zu erreichen, damit sie den Arbeitern [...] eine größere Verhandlungsstärke und vorteilhaftere Ausnutzung ihrer Mittel verschaffen«; den Wiederaufbau und »die wirtschaftlichen, sozialen und kulturellen Interessen der Völker und der unter den Verwüstungen und Nachwirkungen des Krieges leidenden Länder zu fördern«, sowie »Vollbeschäftigung« und Wohlstand zu schaffen, um das Lebensniveau, den Bildungsstand und den »Fortschritt« der »Völker aller Welt« zu heben (ebd.).

Das betreffende »Gebiet Europa« umfasste »alle Länder des europäischen Kontinents« sowie direkte Anrainerstaaten. Letztere konnten auf eigenen Wunsch beitreten, sofern der Exekutivausschuss der ICFTU die Aufnahme billigte. Diese Ziele sowie das stark geographisch definierte Operationsgebiet begründeten für sich allerdings noch nicht unbedingt, weshalb gerade die ERO als regionale Kraft der ICFTU entstand und was das spezifisch »europäische« war, dem sie sich in Zukunft widmen sollte.

Tatsächlich beschäftigten derartige Fragen die Gewerkschafter*innen innerhalb der ICFTU jedoch immens. Denn einerseits ging es um die Frage tragfähiger bürokratischer Strukturen, der Weiterentwicklung alter und neuer Netzwerke sowie um institutionellen Wandel, der die Schlagkraft der Gewerkschaften als transnationaler europäischer Akteur auch künftig sichern sollte. Andererseits kristallisierte sich »Europa« jedoch früh auch als politischer Denk- und Handlungsraum heraus, der die Erarbeitung von Positionen zu tradierten wie auch ganz neuen wirtschaftlichen, sozialen und geostrategischen Herausforderungen erforderte.

Im Fokus der Debatten stand zunächst die Bewältigung der wirtschaftlichen und sozialen Folgen des Zweiten Weltkrieges in (West-)Europa. Vordergründig herrschte in dieser Frage vollkommene Einigkeit unter den ICFTU-Mitgliederorganisationen: Die Erinnerungen an menschliches Leid und Entbehrungen waren noch ebenso frisch wie jene an die politische und institutionelle Zerstörung gewerkschaftlicher Strukturen und Handlungsspielräume während des Krieges. Allerdings wurden gerade diese (oft ja durchaus sehr persönlichen) Lebensschicksale, Erfahrungen und Erinnerungen in der ICFTU/ERO kaum direkt thematisiert. Ein umfassender Bericht über die Kriegsfolgenbewältigung, der im Mai 1950 erstmals innerhalb der ICFTU debattiert wurde, beschränkte sich vor allem auf eine politische und wirtschaftliche Bestandsaufnahme und widmete der Aufarbeitung der Vergangenheit und der daraus zu ziehenden Lehren für die Zukunft nur wenige Sätze. Neben einer Analyse des Status quo stellte das

Positionspapier vor allem den »Blick nach vorn«, sprich Empfehlungen für die künftige europäische Ausrichtung der ICFTU/ERO zur Debatte.

Die künftige Notwendigkeit zu engerer Kooperation in (West-)Europa wurde vor allem auf makrostrukturelle Entwicklungen zurückgeführt. Westeuropa habe im Kontext des Krieges seine Sicherheitsarchitektur verloren, und die militärische Bedrohung durch einen neuen potenziellen »aggressor of overwhelming military power« – die UdSSR wurde nicht direkt genannt – könne auch durch den Nordatlantikpakt nicht völlig aufgefangen werden.

Daher sei eine politische, wirtschaftliche und militärische Integration der Staaten (West-)Europas eine Frage des Überlebens, an der alle freiheitlichen Kräfte ein großes Interesse haben müssten. Die so betonte Notwendigkeit, politische und militärische Sicherheit sowie wirtschaftliche Stabilität herzustellen, wurde von den Berichterstattern in den Kontext des Systemkonfliktes gestellt. Der zu beobachtende »long-range trend of growing barriers to foreign trade with the East-West split [...] runs straight across Europe and has reduced trade relations between the two halves of this continent to a bare trickle« (IISH 1950a, S. 3). Interessanterweise wurde dieser Trend dann doch in eine längere Perspektive gestellt und bis zur »Großen Depression« der 1930er Jahre zurückgeführt (ebd.). Dies zeigt, dass die Erinnerung an die sozialen und wirtschaftlichen Folgen der »Großen Depression« zu Beginn der 1950er Jahre in Gewerkschaftskreisen sowohl thematisierbar als auch noch lebendig genug war, um als Negativbeispiel für die Folgen einer isolationistischen Handels- und Zollpolitik zu dienen.

Darüber hinaus hielten Berichte über Bewältigungsstrategien dieser historischen Krise – oft unter Bezugnahme auf Ökonomen wie Keynes – zunehmend auch »ein attraktives Theorieangebot bereit, um mit den erwarteten Problemen der Nachkriegszeit zurecht zu kommen« (Hesse/Köster/Plumpe 2014, S. 185). Die Krisenerfahrungen der 1930er Jahre wurden so auch für die europäischen Gewerkschafter zum Argument für europäische Einheitsbemühungen und koordinierte wirtschaftspolitische Planungsanstrengungen jenseits der Nationalstaaten, etwa um die drohende Überproduktion im Stahlsektor in den Griff zu bekommen.

Von Beginn an galten die USA als Maßstab und Kontrastfolie für eine neue europäische »economic union«:

»If Western Europe, instead of being divided into eighteen countries with high trade and currency barriers between them, were to form an economic union and if all problems of transition from the one to the other state were solved satisfactorily, its prospects for economic and social prosperity would doubtless be incomparably more propitious than they are at present [...]. A United Western Europe would constitute a highly industrial area, with a domestic market of a population of 210 million, comparable in size, although not in wealth, with the United States and with a far higher internal purchasing power that the domestic market of the Soviet Union« (IISH 1950a, S. 5).

Isolationismus und nationale Alleingänge, so der Tenor des Papiers, führten auf lange Sicht nicht nur zu ruinöser (Standort-)Konkurrenz der europäischen Nationalstaaten, sondern erhöhten auch die Abhängigkeit (West-)Europas von Nahrungsmittel- und Rohstoffimporten. Um sowohl Importsicherheit herzustellen als auch wichtige Exportmärkte für Industrieerzeugnisse zu sichern, sei daher vor allem die atlantische Gemeinschaft und nicht zuletzt eine Verbesserung der sozialen und wirtschaftlichen Lage in den »unterentwickelten Ländern« notwendig (ebd.).

Gerade Letzteres verweist auf die Bedeutung von Modernisierungs-, Fortschritts- und Entwicklungsnarrativen, die sowohl zur Analyse wirtschaftlicher Prozesse innerhalb Europas und seiner Regionen als zunehmend auch in Bezug auf Gebiete außerhalb Europas und der USA angewandt wurden (Rist 2009; Gilbert 2003). Auch wenn in den frühen gewerkschaftlichen Debatten eher allgemein von »Entwicklungsländern« die Rede war, lässt sich auf die aktuell in der Forschung viel diskutierte These des »Making Europe in Africa« verweisen. So haben etwa die Politikwissenschaftler Peo Hansen und Stefan Jonsson in ihrem durchaus kontrovers diskutierten Buch über »Eurafrika« zeitgenössische Debatten über »Europas Zukunft in Afrika« analysiert. Sie betonen insbesondere für die erste Nachkriegsdekade, dass »Eurafrica, or a joint European management of the colonial territories, was often sold as reforming, even transcending, traditional and even ill-reputed colonial relations« (Hansen/Jonsson 2016, S. 72).

Zwar wurde die von den Berichterstattern der ICFTU zu Beginn der 1950er Jahre hervorgehobene, notwendige »Entwicklung der Ressourcen der unterentwickelten Länder« (IISH 1950a, S. 5, Übers. H. W.) als Prozess charakterisiert, der nicht nur im Interesse Westeuropas und der USA sei, sondern vor allem im Interesse der betreffenden Länder selbst vorangetrieben werden müsse (dazu auch Rempe 2012). Dennoch lassen sich gewisse historisch tradierte Vorstellungen hinsichtlich gegebener Zugriffsrechte von Europäern auf nicht-europäische Märkte und Güter in den gewählten Formulierungen nicht vollends von der Hand weisen. Die Betonung des Wertes von internationaler Solidarität schloss die Forderung, Rohstoffzugänge für Europäer zu sichern, mindestens in den Formulierungen nicht aus.

Im Vordergrund gewerkschaftlicher Debatten standen jedoch zunächst nicht primär die Beziehungen zu den Entwicklungsländern, sondern die Frage, wie der Übergang von den europäischen Nationalstaaten und ihren heimischen Industrien hin zu einem vereinten Europa aussehen könne. Hierbei wurde betont, dass der Prozess nur durch solide Planung und die Festschreibung zahlreicher »social safeguards« für Arbeiter*innen in der Industrie in Angriff genommen werden könne. Denn eine Anpassung von Löhnen, Arbeitsbedingungen und Sozialversicherungsarrangements nach unten wurde mit Verweis auf mögliche katastrophale soziale, politische und ökonomische Folgen strikt abgelehnt (IISH 1950a, S. 5).

Da die zuvor bereits erwähnte Wohlfahrtsexpansion in den europäischen Nationalstaaten bereits in vollem Gange war, sprachen sich die Berichterstatter entsprechend entschieden für die Entwicklung eines auf fundamentalen politischen, sozialen und ökonomischen Prinzipien basierenden europäischen Einigungsplanes aus, der mindestens den Status quo absichern sollte. Sie zeigten sich allerdings überzeugt, dass ein solcher Plan von einer zentralen politischen Autorität vorangetrieben werden müsse, die am einfachsten aus dem dafür mit entsprechendem Mandat versehenen Europarat hervorgehen könne. Auch wenn der Schumann-Plan – das heißt Überlegungen für eine Montanunion – zu diesem Zeitpunkt bereits diskutiert und in einem Zusatzbericht auch schon wohlwollend aufgenommen wurde (IISH 1950d, S. 2), legten die Gewerkschafter zunächst einen eigenen Plan vor.

Der eilig entworfene 12-Punkte-Plan umfasste (1) die Reduktion innereuropäischer Zölle und Handelsbeschränkungen, (2) die Anpassung von europäischen Preisdifferenzen, (3) eine europäische Zahlungs- und Währungskonvertibilitätsstelle, (4) eine gewerkschaftliche Planungskommission, unter anderen mit Arbeitsbereichen für die Schwerindustrie und das Transportwesen, (5) Institutionen für technische Weiterbildung und Forschung, (6) einen Anpassungsfond für Industrie und Landwirtschaft, (7) die »Harmonisierung« der sozialen und wirtschaftlichen Gesetzgebung in den europäischen Staaten, (8) Maßnahmen zur Erhöhung der Mobilität von Arbeitnehmer*innen, (9) die Erarbeitung regionaler Integrationsvereinbarungen, (10) den Ausbau der transatlantischen Beziehungen und deren Festigung durch einen »Atlantic Council«, (11) den Ausbau von Handelsbeziehungen mit außereuropäischen Ländern und den Aufbau einer internationalen Handelsorganisation, sowie (12) die Unterstützung der Entwicklungsländer durch die 1944 gegründete International Bank for Reconstruction and Development (IBRD).

Der Bericht wurde von den Anwesenden auf der ersten Europäischen Regionalkonferenz vom 1. bis 4. November 1950 ausführlich diskutiert und in eine Resolution überführt. Die Vollversammlung empfahl schließlich nur noch zehn Punkte und führte die Vorschläge 9 bis 12 aus dem vorangegangenen Bericht zusammen, indem sie vor allem Nichtabschottung und Zusammenarbeit mit allen freien Weltregionen forderte (IISH 1950e). Die ICFTU/ERO positionierte sich damit zunächst klar für einen umfassenden europäischen Einigungsprozess, der die politische, wirtschaftliche und soziale Ebene erfassen sollte, und unterstrich den Anspruch, diesen Prozess konkret und initiativ mitzugestalten. Diese Motivation beruhte dabei einmal mehr nicht auf expliziten Verweisen auf gewerkschaftliche Erfahrungen oder Erinnerung an bereits Erreichtes, sondern resultierte vor allem aus dem klar formulierten Organisationsanspruch, die Interessen der Werktätigen in Europa auch in Zukunft machtvoll zu vertreten.

Zwischen Organisationsneuaufbau und europäischer Kooperation

Die in Brüssel verabschiedete Resolution diente der ICFTU und der ERO in den nächsten Monaten als Orientierungshilfe. Denn zunächst standen vor allem organisatorische Aufbauarbeiten an. Das Regionalsekretariat musste ausgestattet und personell besetzt werden. Der britische Post-Gewerkschafter C.J. Geddes wurde zum ERO-Vorsitzenden (Chairman) und der Belgier Walter Schevenels zum ersten Generalsekretär der ERO gewählt. Daneben wurden fast ein Dutzend Bürokräfte und Übersetzer*innen eingestellt. Ein zentrales ERO-Büro wurde in der Nähe der ICFTU-Zentrale in Brüssel eingerichtet. Im ersten Jahr der offiziellen Tätigkeit der ERO (1951) beliefen sich die Kosten für Gehälter und Sozialabgaben, Gebäudemieten und Inventar, Konferenz- und Reiskosten sowie alle weiteren Ausgaben auf knapp 1,3 Millionen Belgische Francs (knapp 120.000 DM), die über Mitgliederbeiträge der nationalen Gewerkschaften (mit großer Mühe) gegenfinanziert wurden (IISH 1951).

Rechenschaft über die organisatorischen Schritte und verauslagten Kosten schuldete das Sekretariat nicht nur der ICFTU, sondern auch der ERO-Vollversammlung, die alle zwei Jahre tagte. Nach dem ersten Kongress Ende des Jahres 1950 fand die nächste Vollversammlung im Oktober 1952 in Lugano statt. Nachdem eine zumindest rudimentär arbeitsfähige Struktur vorlag, rückten Elemente der Erinnerung und Rückschau erstmals ein wenig in den Fokus: So beschwor etwa Präsident Geddes in seiner Begrüßungsrede zum Jahreskongress 1952 die große europäische Verantwortung und Tradition der ERO:

»Europe is the birthplace of modern trade unionism, and the delegates, therefore, have wide experience, and are capable of giving mature judgement on the many complex problems facing trade unionists today«.

Geddes betonte weiter, dass Gewerkschafter weltweit »Weltfrieden« als oberstes Ziel verfolgten, und unterstrich im Anschluss daran die Bereitschaft der ERO zur Kooperation und Mitarbeit beim ökonomischen Wiederaufbau Europas.

Interessanterweise beschwor er nicht nur die ehrwürdige europäische Gewerkschaftstradition und die Kontinuität des Kampfes für Frieden und Wohlstand, sondern forderte die ERO-Mitglieder gleichzeitig zur Mäßigung ihrer Erwartungen hinsichtlich konkreter organisatorischer Erfolge auf:

»We are a young organization, and it is not possible in so short a time [...] to do more than clear our minds as to the problems awaiting our consideration. [...] We must not be content with too little, neither must we expect too much« (IISH 1952, S. 3 f.).

Tatsächlich flossen zunächst zahlreiche Ressourcen der ERO in die Sondierung der politischen Lage in Europa und in den Aufbau offizieller Beziehungen mit bereits bestehenden europäischen Gremien und Organisationen. »Europa« war auch Mitte der 1950er Jahre noch ein hoch fluktuatives Gebilde, geprägt von einem sich ständig wandelnden Kreis von Organisationen. Eine der traditionsreicheren Organisationen war die ILO, die aufgrund ihrer tripartistischen Struktur die Gewerkschaften seit ihrer Gründung stets als Partner eingeschlossen hatte (Maul 2019; Guinand 2003). Die ILO blieb zwar auch nach dem Zweiten Weltkrieg ein maßgeblicher Player in Europa, konzentrierte sich jedoch zunehmend auf die Entwicklungsländer und die Etablierung internationaler sozialer Rechte (Moyn 2018, S. 97).

Entsprechend war es vor allem der Europarat, der als potenzieller Kooperationspartner gewonnen werden sollte. Für die ERO-Konferenz in Lugano war es dem Organisationskomitee gelungen, einen Repräsentanten des Europarates für eine Rede vor der Vollversammlung zu verpflichten. Dieser bemühte sich redlich, die Gewerkschaften als Verbündete im Kampf für eine »machtvolle europäische öffentliche Meinung« darzustellen, und wies ihnen einen zentralen Teil der Verantwortung für den »Kampf um die Herzen« der Menschen in Europa zu. Konkrete Kooperationszusagen machte er jedoch explizit nicht. ERO-Generalsekretär Schevenels versicherte dem Abgesandten entsprechend, dass »die Gewerkschaften seit jeher an vorderster Front der Idee eines geeinten Europas, ja einer geeinten Welt« gestanden hätten. Gleichzeitig sprach er jedoch deutlich das Problem an, dass es bisher kaum formalisierte Möglichkeiten gebe, diese Positionen als Gewerkschaftsbund auch offiziell zu Gehör zu bringen (IISH 1952, S. 14).

Schevenels Einlassung verweist auf das übergeordnete Problem, dass die ICFTU/ERO bei den neuen europäischen Organisationen – anders in der tripartistisch organisierten ILO – nur in sehr begrenztem Maße Möglichkeiten der direkten Einflussnahme erringen konnten. So beklagten beispielsweise die niederländischen Gewerkschafter, dass die OEEC das Trade-Union-Advisory Committee des Marshallplans schlicht hatte auslaufen lassen, sodass internationale

Gewerkschaften bei vielen dort verhandelten Fragen von europäischer Tragweite ausgeschlossen waren (ebd., S. 18). Auch mit der NATO bestanden trotz eines frühzeitig etablierten konsultativen Status nur sporadische und formal kaum etablierte Beziehungen (Carew 2000, S. 205 f.).

Dies führte bereits früh zu Unmut, der sich einerseits gegen die schwer zu erreichenden neuen europäischen Institutionen richtete, andererseits jedoch schnell auch die ERO-Führung selbst traf. So wurde ihr bereits in Lugano eine »Bittsteller-Haltung« vorgeworfen und angemerkt, dass sie sich auch gegenüber der ICFTU immer wieder in die Rolle einer Hilfsorganisation drängen lasse, anstatt die »spezifischen europäischen Fragen und Probleme« selbstbewusst anzugehen (IISH 1952, S. 20).

Zu diesen spezifisch »europäischen Fragen« gehörten frühzeitig auch die sich im Verlauf des Jahres 1951 konkretisierenden Verhandlungen über die Errichtung der sogenannten Montanunion. Wie schon erwähnt, hatte die ICFTU selbst eine Vereinigung und Koordinierung der zentralen westeuropäischen Schlüsselindustrien gefordert und konnte den von Robert Schumann vorgelegten Plänen einiges abgewinnen. So hatte etwa der deutsche Vertreter in der ERO, Ludwig Rosenberg (DGB), bereits 1950 betont, dass »die heute als Schumannplan bekannte Idee [...] ein Teil jener großen Konzeption« sei, »die wir als wesentlichste Garantie der Freiheit und des Friedens immer vertreten haben«. Man müsse, so Rosenberg weiter, »bereit sein, politische Souveränität an eine höhere Einheit abzugeben«, wolle man Europa nicht beim Gang in »Chaos und politischen Untergang« zusehen (Rosenberg 1950, S. 243). Entsprechend engagiert und ernsthaft zeigten sich sowohl die nationalen Gewerkschaften der sechs an der Montanunion beteiligten Mitgliedsländer als auch die ICFTU/ERO in den Gesprächen über die Etablierung der Europäischen Gemeinschaft für Kohle und Stahl (EGKS).

Während die nationalen Gewerkschaften allerdings mit am Verhandlungstisch saßen (Cramm 2016; Bühlbäcker 2009), war die Rolle der ERO etwa undefinierter. Unklar war nicht nur die Arbeitsteilung mit der ICFTU (deren Präsident, Paul Finet, 1952 die ICFTU verließ und Mitglied der Hohen Behörde wurde), sondern auch, wie genau die künftige Einflussnahme und thematische Schwerpunktsetzung der ERO im Rahmen der EGKS aussehen sollte.

Dieses Problem kam auch bei der ERO-Vollversammlung 1954 erneut auf die Agenda. Sowohl die französischen Gewerkschaftsvertreter als auch die deutsche Delegation forderten die Erarbeitung einer Resolution, die den Anspruch der ERO auf direkte Repräsentation in OEEC, EGKS und allen relevanten internationalen Verhandlungen forderte. Vor allem der Eindruck, dass es der Arbeitgeberseite zunehmend gelang, direkten Einfluss geltend zu machen, wurde warnend notiert (IISH 1954a, S. 4–5). In der betreffenden Debatte verwies Generalsekretär Schevenels einerseits auf zu Recht kritisierte Effektivitätsprobleme der ERO und rief die nationalen Mitglieder zu mehr Geschlossenheit in europäischen Fragen und beim Aufbau grenzüberschreitenden Drucks auf. Andererseits betonte er, dass es der Gewerkschaftsbewegung in den »nun hundert Jahren ihres Bestehens« noch nie gelungen sei, alle erwünschten Ziele voll zu verwirklichen. Schevenels schloss, die Vereinigung Europas sei – das wisse gerade die internationalen Gewerkschaften aus Erfahrung – eine langwierige Gemeinschaftsarbeit zahlreicher Akteure auf vielen Ebenen, die niemals über Nacht erreicht werden könne (ebd., S. 6).

Die in Lugano verabschiedeten Resolutionen »On Western European Union« und »On Certain Economic and Social Problems in Europe« griffen diese Mahnung auf. Sie bemängelten nicht nur den Ausschluss von den Pariser EGKS-Verhandlungen, sondern forderten engere Kooperation der Nationalstaaten sowie eine Inklusion der Gewerkschaften in Entscheidungsgremien und die Gründung eines tripartistischen »European Economic and Social Council«, um das Problem mangelnder gewerkschaftlicher Repräsentation in Europa aus der Welt zu schaffen (IISH 1954b; IISH 1954c).

Auf dem Weg in die EWG

Tatsächlich gelang es der ERO und ihren Repräsentanten in der Folge, klarere Kante zu zeigen und sichtbarer zu werden. Der ERO-Aktivitätsbericht für den Zeitraum von November 1954 bis März 1956 listete zahlreiche Treffen mit den Generalsekretären der OEEC, der ECE sowie alle Teilnahmen als Beobachter an Sitzungen des Europarats auf (IISH 1956a). Die ERO war als europäischer Verband zunehmend etabliert und funktionierte ohne die Reibungsverluste der Anfangsjahre. Mit knapp 23,9 Millionen Mitgliedern vertrat sie zudem einen wachsenden Teil der westeuropäischen Industriearbeiterschaft und führte dies nicht zuletzt auf die im Jahr 1954 angestoßenen europaweiten Gewerkschaftskampagnen zur Erhöhung des Lebensstandards und zur Verkürzung der Arbeitszeit zurück (ebd, S. 2; IISH 1956b, S. 15–23).

Sinnbildlich für dieses selbstbewusste Auftreten auf europäischer Ebene war sicherlich die im August 1955 von den Gewerkschaften veranstaltete Konferenz zur »Wiederbelebung der Europäischen Idee« in Brüssel. Nicht nur die groß angelegte Einladungspolitik, sondern auch ein gewisses historisches Pathos, mit dem sich dem »Revival« der Europäischen Idee angenähert wurde, war bemerkenswert. Die Konferenz bezog sich ausdrücklich auf die Beschlüsse des Ministerrates von Messina (1. bis 2. Juni 1955) und ließ in einem Statement verlauten:

»Europa« als Ressource?

»Progressive economic and social policies within purely national spheres are no doubt of vital importance but in themselves they are insufficient to solve Europe's pressing problems. New prospects of progress will be opened by creating a larger market and by producing every important commodity where the economic advantages for its production are best. The time has now come for Western Europe to take decisive steps towards closer economic cooperation and the establishment of a common market« (IISH 1955a, S. 2).

Gleichzeitig forderten die Gewerkschaften sehr dezidert sichtbarere Möglichkeiten zur Mitbestimmung und verwiesen darauf, dass gerade die Gewerkschaften in der Lage seien, als Multiplikatoren einer weiterentwickelten demokratischen europäischen Einigung zu fungieren (ebd., S. 4).

Auf der Konferenz selbst stellte Walter Schevenels zum Auftakt die zu verhandelnden Fragen vor und begann seine Ausführungen mit einem historischen Rückblick. Er verwies nicht nur auf Europas »inferiore« Rolle – im Vergleich zu den USA und der UdSSR –, die aus der bisherigen Zerklüftung und Konkurrenz der europäischen Nationalökonomien und Märkte folge, sondern vollzog auch Konjunktur und Krise der europäischen Idee nach dem Zweiten Weltkrieg nach:

»During World War II already, and especially immediately afterwards, the European idea put on a very promising spurt [...] towards European unification. As this endeavor came up against too much nationalistic resistance, it was hoped to reach the final goal via functional or partial integrations« (IISH 1955b, S. 1 f.).

Interessanterweise bezog sich Schevenels hier offenbar gerade nicht auf ältere Europa-Ideen und Traditionen, die in der ersten Hälfte des 20. Jahrhunderts, vor allem in der Zwischenkriegszeit, innerhalb der organisierten Arbeiterbewegung Konjunktur gehabt hatten (Buschak 2009). Europa und die europäische Integration wurden zunehmend, so zeigt etwa diese Formulierung sehr deutlich, auf die institutionelle Landschaft, die sich in den späten Kriegsjahren als Plan abzeichnete und nach Kriegsende dann schrittweise und sehr asymmetrisch geschichtet (und sicher nicht einem Plan entsprechend) entstand, enggeführt.

Entsprechend konkret und auf die Gegenwart bezogen lesen sich auch Schevenels weitere Überlegungen: Während einige Projekte wie die EGKS halbwegs erfolgreich vorangetrieben worden seien, seien andere, wie der Pool Vert oder auch die Europäische Verteidigungsgemeinschaft gescheitert, trotz entschiedener zivilgesellschaftlicher Unterstützung durch Parteien und Gewerkschaften. Schevenels betonte jedoch, dass die Beschlüsse von Messina der gewerkschaftlichen Hoffnung auf »mehr« Europa nun endlich wieder Nahrung gegeben hätten, und rief die Anwesenden zur Diskussion gemeinsamer Leitlinien auf (ebd., S. 3 f.).

Es würde zu weit führen, alle Aspekte der dreitägigen Konferenz aufzugreifen. Zentrale Themen waren neben dem Transport- und Energiesektor auch soziale Fragen sowie der Aspekt der Repräsentation und aktiven Einbindung gewerkschaftlicher Akteure in die neuen europäischen Institutionen. Alle Anwesenden unterstrichen auf der Konferenz die gewerkschaftliche Selbstbeschreibung als Multiplikator »europäischer Ideen und Ideale«, die nicht zuletzt aus der genuinen organisatorischen Struktur der Gewerkschaften folge. Laut Ludwig Rosenberg sei es ohnehin gar nicht möglich, sauber »zwischen nationalen und internationalen Interessen« der Gewerkschaften zu unterscheiden (IISH 1955c). Diese Einlassung zeigt, dass zumindest implizit ein klares Bewusstsein für die historisch-transnationale Dimension und Vergangenheit als grenzüberschreitende »Bewegung« unterstrichen wurde.

ICFTU-Generalsekretär Oldenbroeck betonte darüber hinaus, dass die Frage ohnehin nicht mehr laute, ob eine europäische Integration stattfinden werde, sondern es letztlich nur noch um die genaue Form gehe. Da die Regierungen über Jahre mit der europäischen Idee »gespielt« hätten, müsse man sich zur Not auch mit den Arbeitgebern verbünden, um sicherzustellen, dass alle demokratischen Kräfte am geeinten Europa beteiligt seien (ebd., S. 8).

Das im Anschluss an den Kongress veröffentlichte europäische »Aktionsprogramm« war im Ton entsprechend selbstbewusst: Es bilanzierte, dass die Gewerkschaften einerseits die psychologische Aufgabe hätten, das Vertrauen der Arbeiter in die europäische Sache zu stärken. Darüber hinaus sei es jedoch vor allem notwendig, den Druck auf die Regierungen zu erhöhen »so as to get them to pursue fresh policies likely to produce immediate, practical and concrete results« (IISH 1955d). Im Papier sprach man sich zwar grundlegend für eine funktionale bzw. groß angelegte Integration aus, gleichzeitig wurde aber betont, dass auch regionale Integrationsmaßnahmen zu fördern seien. Neben einer nachhaltigen Demokratisierung von EGKS und OEEC forderte die ERO zudem eine europäisch koordinierte Fiskalpolitik, klarere ethische Handelsstandards und das Bekenntnis zu Arbeitsmigration und Vollbeschäftigung in Europa (ebd.).

Ausblick und Fazit

Der Anlass zur Klage über die mangelnde Bereitschaft der Regierungen, die Gewerkschaftsverbände auf europäischer Ebene tatsächlich einzubinden, sollte sich auch in den folgenden Jahren nicht ändern. Sowohl 1956 auf der Vollversammlung der ERO in Frankfurt als auch auf nachfolgenden Kongressen und Versammlungen wurde das Problem mangelnder demokratischer Teilhabe der

Gewerkschaften thematisiert und kritisch diskutiert (IISH 1956b, S. 31). Weder der 1958 gegründete Europäische Wirtschafts- und Sozialausschuss noch die anderen neuen EWG-Gremien wurden den Wünschen der Gewerkschaften entsprechend als tripartistische Gremien konzipiert.

Während auf nationaler Ebene in fünf von sechs EWG-Mitgliedsländern tripartistische Wirtschafts- und Sozialräte existierten, ließen sich die direkte Einbindung und Konsultation von Arbeitgeber*innen und Arbeitnehmer*innen auf EWG-Ebene (gegen deutschen Druck; Loth 1997, S. 173 f.; Nützenadel 2005, S. 216) schlicht nicht durchsetzen. Damit blieb eine zentrale Forderung der ERO und der nationalen Gewerkschaften nach einem demokratischen Europa der Mitbestimmung ungehört.

Es lag ein Stück weit jedoch in der Struktur und Selbsterzählung der ERO, die Position am europäischen Katzentisch nicht einfach so hinzunehmen. Der historische Bezug darauf, als Teil der Gewerkschaftsbewegung bereits seit mehr als einem halben Jahrhundert Millionen Arbeitnehmer*innen in Europa zu vertreten und entsprechend ein europäischer Akteur der ersten Stunde zu sein (Buschak 2014), war durchaus präsent und funktionierte trotz einer gewissen Abstraktheit als starke Triebkraft und Legitimationsnarrativ. Entsprechend suchte die ERO sich immer wieder proaktiv Aufgaben und agierte so, als sei sie tatsächlich an den Verhandlungen über europäische Sachfragen nicht nur beteiligt, sondern maßgeblich verantwortlich. Denn eine europäische Einigung (im weitesten Sinne) wurde während der 1950er Jahre innerhalb der ERO ganz klar als Prozess diskutiert, über dessen Form man streiten mochte, deren grundsätzliche Notwendigkeit jedoch auf der Hand lag.

»Europäische Integration« galt als probates Mittel zur Überwindung nationaler Egoismen und als Grundstein für einen dauerhaften Frieden und soliden Wohlstand auf dem kriegs- und krisengeschüttelten Kontinent. Stefan Remeke ist daher durchaus zuzustimmen, dass die Gewerkschaften punktuell immer wieder als »Motoren der europäischen Integration« fungierten (Remeke 2009). Wirtschaftliche Entwicklung und notwendige gesellschaftliche Modernisierung, sozialer Zusammenhalt und das Ende ruinöser Standortkonkurrenz – all das erschien den Gewerkschaften in Europa auf lange Sicht nur im Rahmen einer an den Bedürfnissen der Werktätigen orientierten gesamteuropäischen Strategie denkbar. Darüber hinaus waren gerade in den 1950er Jahren noch eine ganze Reihe an polyglotten, durch Krieg und Exil geprägten Gewerkschaftsfunktionären aktiv, deren grenzüberschreitende Biografien und exzellente internationale Vernetzung ihnen ein derart europäisches Engagement erlaubten (Herren 2013).

Während allgemeine Verweise auf die internationale Struktur und europäische gewerkschaftliche Traditionen in den Debatten und Positionspapieren der

ICFTU/ERO also durchaus auftauchten, bilden konkrete Erinnerungen an gewerkschaftliche Europa-Ideen der ersten Jahrhunderthälfte eine frappante Leerstelle: Weder Bezüge auf Denker und Theoretiker noch Verweise auf kontrovers diskutierte Modelle europäischer Politik (jenseits des Tripartismus) spielten nach 1945 noch eine nennenswerte Rolle. Auch autobiografisch inspirierte Diskussionen über die Erfahrungen mit »europäischer« Gewerkschaftsarbeit während der Kriegsjahre (oder über ihr Scheitern) lassen sich kaum nachweisen, selbst wenn dies sicher auch an der Art der hier analysierten Akten liegt.

Die europäische Einigung, so scheint es jedenfalls, wurde nach 1945 im Kontext der ICFTU/ERO sehr schnell zu einem konkreten Projekt, dessen historische Schichtungen und Ideen-Fundamente im Mahlstrom der tagespolitischen Ereignisse nunmehr oft eine marginale Rolle spielten. Während die abstrakte Erinnerung an internationale gewerkschaftliche Traditionen und transnationale Bewegungserfahrungen das gewerkschaftliche Europa-Engagement als Deutungsfolie durchaus weiterhin prägte, spielten konkrete Bezüge auf konzeptionelle Europa-Ideen und europäische Gesellschaftsentwürfe der ersten Jahrhunderthälfte für die ICFTU/ERO in der zweiten Jahrhunderthälfte keine nennenswerte Rolle mehr.

Europa wurde »gemacht«. Und auch dort, wo es »gedacht« wurde, bezogen sich Konzepte, Ideen und Pläne zunehmend auf sehr konkrete Ereignisse und institutionelle Konfigurationen. Erinnerungen an ein Europa der Gewerkschaften der ersten Jahrhunderthälfte, so scheint es, ließen sich nur bedingt in das europäische Projekt der Nachkriegszeit übersetzen.

Literatur und Quellen

Bühlbäcker, Bernd (2009): Debatten um die Montanunion. Gewerkschaften und europäische Integration in den 1950er Jahren. In: Mitteilungsblatt des Instituts für Soziale Bewegungen 42, S. 43–62.

Buschak, Willy (2009) Der große Umbau der europäischen Wirtschaft: Die Arbeiterbewegung der Zwischenkriegszeit und die europäische Einigung. In: Mitteilungsblatt des Instituts für soziale Bewegungen 42, S. 25–42.

Buschak, Willy (2014): Die Vereinigten Staaten von Europa sind unser Ziel. Arbeiterbewegung und Europa im frühen 20. Jahrhundert. Essen: Klartext.

Carew, Anthony (2000): Towards a Free Trade Union Centre. The International Confederation of Free Trade Unions (1949–1972). In: Linden, Marcel van der (Hrsg.): International and Comparative Social History 3, S. 187–339.

Cramm, Severin (2016): Im Zeichen der europäischen Integration. Der DGB und die EGKS-Verhandlungen 1950/51. In: Arbeit – Bewegung – Geschichte 15, H. 2, S. 78–96.

Gilbert, Mark (2008): Narrating the Process: Questioning the Progressive Story of European Integration. In: Journal of Common Market Studies 46, H. 3, S. 641–662.

Gilbert, Mark (2012): European Integration. A Concise History. Lanham, MD: Rowman & Littlefield.

Goethem, Geert van (2006): The Amsterdam International. The world of the International Federation of Trade Unions, 1913–1945. Aldershot: Ashgate.

Greiner, Florian (2012): Der transatlantische Spiegel: Konstruktionen des »Europäischen« in englischen und englischen Printmedien. In: Bösch, Frank/Brill, Ariane/Greiner, Florian (Hrsg.): Europabilder im 20. Jahrhundert. Entstehung an der Peripherie. Göttingen: Wallstein, S. 143–170.

Guinand, Cédric (2003): Die Internationale Arbeitsorganisation (ILO) und die Soziale Sicherheit in Europa (1942–1969). Bern: Peter Lang.

Hall, Peter A./Soskice, David W. (2001): An Introduction to Varieties of Capitalism. In: Hall, Peter A./Soskice, David W. (Hrsg.): Varieties of Capitalism. The Institutional Foundations of Comparative Advantage. Oxford: University Press, S. 1–68.

Hansen, Peo/Jonsson, Stefan (2016): Eurafrica. The Untold History of European Integration and Colonialism. London: Bloomsbury.

Herren, Madeleine (2013): Between Territoriality, Performance, and Transcultural Entanglement (1920–1939). A Typology of Transboundary Lives. In: Comparativ 6, H. 23, S. 100–124.

Hesse, Jan-Otmar/Köster, Roman/Plumpe, Werner (2014): Die Große Depression. Die Weltwirtschaftskrise 1929–1939. Frankfurt am Main: Campus.

IISH – International Institute of Social History (1950a): ICFTU 1307. Report on Problems of the Economic Integration of Western Europe, o. D. [Mai 1950], Amsterdam.

IISH – International Institute of Social History (1950b): ICFTU 1307. Report of the General Secretary, 1ER/5 Agenda Item 5, ERO Conference Brussels, 1.–4. November 1950.

IISH – International Institute of Social History (1950c): ICFTU 1307. Satzung des Europäischen regionalen Sekretariats, Präambel, ID 20.11.1950.

IISH – International Institute of Social History (1950d): ICFTU 1307. Supplement to Report on Economic Integration of Western Europe, Circ 23 Document 2, EB/19.

IISH – International Institute of Social History (1950e): ICFTU 1307. Resolutionsentwurf der Vollsitzung der Konferenz, vom Ausschuss Nr. 2 vorgelegt, ERO Konferenz Brüssel, 1.–4. November 1950, 1ER/9.
IISH – International Institute of Social History (1951): ICFTU 1308. ERO Rechnungsbericht für 1951, ERO Conf. 2/8.
IISH – International Institute of Social History (1952): ICFTU 1308. Summary Report on the Second European Regional Conference, Lugano, 22.–24. Oktober 1952, ERO/Conf/Min. 2.
IISH – International Institute of Social History (1954a): ICFTU 1309. Summary Report of the Third European Regional Conference, Strasbourg, 3.–5. November 1954, ERO/Conf/Min 3.
IISH – International Institute of Social History (1954b): ICFTU Resolution on Certain Economic and Social Problems in Europe (unanimously adopted), ERO/Conf. Min 3, Appendix 3, 5. November 1954.
IISH – International Institute of Social History (1954c): ICFTU Resolution on Western European Union, ERO/Conf. Min 3, Appendix 4, 5. November 1954.
IISH – International Institute of Social History (1955a): ICFTU 1317. Trade Union Conference for the Revival of the European Idea, Draft Statement, ERO/SP Cnf. 55/2 amended.
IISH – International Institute of Social History (1955b): General Aspects of European Integration and the development of a Common Market, Rapporteur W. Schevenels, General Secretary of the ERO, ERO/sp. Cnf 55/6.
IISH – International Institute of Social History (1955c): ICFTU 1317. Summary Report of Trade Union Conference on the Revival of the European Idea, 25.–27. September 1955, ERO/Sp. Cnf 55.Min.
IISH – International Institute of Social History (1955d): ICFTU 1310. Programme of Immediate Trade Union Action Aimed at Facilitating European Cooperation and Economic Integration, ERO/CES.55/1, 10.10.1955.
IISH – International Institute of Social History (1956a): ICFTU 1310. Report on Activities from 1 November 1954 to 31 March 1956, ERO/conf. 4.3.
IISH – International Institute of Social History (1956b): ICFTU 1311. Report on the European Regional Conference in Frankfurt, 22.–24. Mai 1956.
Kaelble, Hartmut (2000): Wie kam es zum europäischen Sozialmodell? In: Aust, Andreas/Leitner, Sigrid/Lessenich, Stephan (Hrsg.): Sozialmodell Europa. Konturen eines Phänomens. Opladen: Leske und Budrich, S. 39–53.
Kaelble, Hartmut (2011): Kalter Krieg und Wohlfahrtsstaat. Europa 1945–1989. München: C. H. Beck.
Kaiser, Wolfram/Schot, Johan W. (2014): Writing the Rules for Europe. Experts, Cartels, and International Organizations. Basingstoke: Palgrave Macmillan.

Kott, Sandrine (2010): Constructing a European Social Model. The Fight for Social Insurance in the Interwar Period. In: Daele, Jasmien van/Rodriguez Garcia, Magaly/Goethem, Geert van (Hrsg.): ILO Histories. Bern: Peter Lang, S. 173–195.

Loth, Wilfried (1997): Deutsche und französische Interessen auf dem Weg zu EWG und Euratom. In: Wilkens, Andreas (Hrsg.): Die deutsch-französischen Wirtschaftsbeziehungen, 1945–1960. Sigmaringen: Thorbecke, S. 171–188.

Maul, Daniel (2010): Die ILO und die Globalisierung der Menschenrechte, 1944–1970. In: Hoffmann, Stefan-Ludwig (Hrsg.): Moralpolitik. Geschichte der Menschenrechte im 20. Jahrhundert. Göttingen: Wallstein, S. 285–310.

Maul, Daniel (2019). The International Labour Organization: 100 Years of Global Social Policy. Berlin: De Gruyter.

Moyn, Samuel (2018): Not Enough. Human Rights in an Unequal World. Cambridge, MA: Harvard University Press.

Nützenadel, Alexander (2005): Stunde der Ökonomen. Wissenschaft, Politik und Expertenkultur in der Bundesrepublik, 1949–1974. Göttingen: Vandenhoeck & Ruprecht.

Patel, Kiran Klaus (2013): Provincialising European Union. Co-operation and Integration in Europe in a Historical Perspective. In: Contemporary European History 22, H. 4, S. 649–673.

Paxton, John (1977): A Dictionary of the European Economic Community. London: Facts on File.

Powell, Walter W./DiMaggio, Paul J. (1983): »The Iron Cage Revisited«: Institutional Isomorphism and Collective Rationality in Organizational Fields. In: American Sociological Review 48, H. 2, S. 147–160.

Reinalda, Bob (1998): Biographischer Eintrag zu OLDENBROEK, Jacobus Hendrik, in: BWSA 7, S. 155–160.

Remeke, Stefan (2009): Gewerkschaften als Motoren der europäischen Integration. Der DGB und das soziale Europa von den Römischen Verträgen bis zu den Pariser Gipfelkonferenzen (1957–1974). In: Mitteilungsblatt des Instituts für soziale Bewegungen 42, S. 141–164.

Rempe, Martin (2012). Entwicklung im Konflikt: Die EWG und der Senegal 1957–1975. Köln: Böhlau.

Rist, Gilbert (2006): The History of Development. From Western Origins to Global Faith. London: Zed Books.

Rosenberg, Ludwig (1950): Eine Idee beschäftigt die Welt. In: Gewerkschaftliche Monatshefte 1, H. 6, S. 241–244.

Schmelzer, Matthias (2016): The Hegemony of Growth. The OECD and the Making of the Economic Growth Paradigm. Cambridge: University Press.

Sturmthal, Adolf (1952): World Labor Manifesto. Industrial and Labor Relations. In: Review 5, H. 2, S. 258–264.

Torp, Cornelius (2015): Gerechtigkeit im Wohlfahrtsstaat: Alter und Alterssicherung in Deutschland und Großbritannien von 1945 bis heute. Göttingen: Vandenhoeck & Ruprecht.

Wieters, Heike/Fertikh, Karim (2019): Ringen um ein soziales Europa. Gewerkschaften auf dem Weg nach Brüssel, 1950er bis 1970er Jahre. In: Eigmüller, Monika/Tietze, Nikola (Hrsg.): Ungleichheitskonflikte in Europa. Jenseits von Klasse und Nation. Wiesbaden: Springer VS, S. 93–111.

Zimmermann, Bénédicte (2006): Arbeitslosigkeit in Deutschland. Zur Entstehung einer sozialen Kategorie. Frankfurt am Main: Campus.

Der DGB, die deutschen Gewerkschaften und Europa
Geschichte einer verlorenen Erinnerung

Willy Buschak

Warum sollte es eine Erinnerung der Gewerkschaften an Europa geben? Europa war doch in den 1920er Jahren eine »Elitenbewegung«! (Frevert 2004, S. 114). Der österreichische Adlige Richard Graf Coudenhove-Kalergi und seine Pan-europa-Union engagierten sich für die europäische Einigung, aber doch nicht die Gewerkschaften! Die hatten ihren Internationalismus 1914 formell zu Grabe getragen und wuchsen »in eine tiefe Symbiose mit den Nationalstaaten hinein« (Streeck 1996).

Tatsächlich setzte sich in den Gewerkschaften immer mehr die Erkenntnis durch, dass die Nationalstaaten überkommen waren. Die Europäisierung des politischen Denkens begann in den deutschen Gewerkschaften schon vor 1914 und setzte sich nach Kriegsende fort. Der Austausch von gewerkschaftlichen Studiengruppen, die sich für die Arbeits- und Organisationsverhältnisse in anderen Ländern interessierten, zeigt das ebenso wie zahlreiche Publikationen (Buschak 2014; Buschak 2018).

Die »Außenpolitik« der deutschen Gewerkschaften drehte sich nach 1918 nicht allein um die Reparationen, sondern auch um die veränderte Stellung Europas in der Welt, um die Entstehung transnationaler Konzerne, die sich jeder Kontrolle durch Nationalstaaten entzogen. Die gewerkschaftliche Praxis begann, sich zu europäisieren. Die deutsche Arbeiter- und Gewerkschaftsbewegung wurde zu einer Massenbewegung für ein vereinigtes soziales Europa. Auch im Widerstand gegen die nationalsozialistische Diktatur blieb Europa ein zentraler Bezugspunkt für die Gewerkschaften. Es hätte also viel zu erinnern gegeben an die Zeit vor 1933. Ob die Erinnerung auch zutage gefördert oder ob der Schatz verschüttet wurde, darum geht es hier.

Willy Buschak

Frühe gewerkschaftliche Erinnerung an Europa

Eines der frühesten Zeugnisse gewerkschaftlicher Erinnerung an Europa ist ein Artikel in der *Stimme der Arbeit*, dem Organ des Freien Gewerkschaftsbundes Hessen, vom 15. Februar 1948. Erwähnt werden der 1914 ermordete französische Sozialistenführer Jean Jaurès sowie Léon Blum, ab 1936 mehrfach sozialistischer Premierminister Frankreichs, Edouard Herriot, radikalsozialistischer Politiker und Premierminister 1924, sowie die Schriftsteller Romain Rolland und André Gide, die durch die Verständigung mit Deutschland ein friedliches Europa erreichen wollten, werden erwähnt. Die *Stimme der Arbeit* sah die deutsch-französische Verständigung zu Recht als Kernproblem der europäischen Einigung an. Interessanterweise erinnerte sie aber nur an deren Wegbereiter aus den Reihen der Sozialistischen Partei Frankreichs, nicht aus denen der SPD und schon gar nicht aus den Reihen der deutschen Gewerkschaften. Immerhin fügte die *Stimme der Arbeit* hinzu, es gebe »vielleicht noch viele unbekannte Namen«, die sich auch für die deutsch-französische Verständigung eingesetzt hätten (Stimme der Arbeit, 15.2.1948).

1948 nahm die Büchergilde Gutenberg ihre Tätigkeit in Deutschland wieder auf – mit einem Titel von Anna Siemsen: »Literarische Streifzüge durch die Entwicklung der europäischen Gesellschaft« (Siemsen 1948). Siemsen wurde in der Mitgliederzeitschrift *Büchergilde* vom September/Oktober 1948 als »europäische Frau« und »deutsche Europäerin« vorgestellt (Haupt 1948, S. 3). Mit der Veröffentlichung knüpfte die Büchergilde an eines der wichtigsten Argumente der Arbeiter- und Gewerkschaftsbewegung für die europäische Einigung an: Europa ist schon längst eine geistig-kulturelle Einheit. Die literarische Erinnerung an Europa spielte in den Gewerkschaften eine große Rolle.

Am 15. Juni 1948 veröffentlichte *Aufwärts*, die Jugendzeitschrift des DGB, einen Text von Kurt Kläber über »Europa«; die *Welt der Arbeit* (WdA), die Wochenzeitung des DGB, brachte am 20. Januar 1950 das Gedicht Walter Bauers, »Ich bin Dein Sohn, Europa« und veröffentlichte am 12. Oktober 1951 einen alten Text von Armin T. Wegner: »Kehre um Europa!«. 1949 veranstaltete die Berliner Gewerkschaftsjugend im Grunewald ein Zeltlager, das sie »Zeltstadt Edo Fimmen« nannte, um »den großen Gewerkschafter« zu ehren (Aufwärts, 27.8.1949). Der Name Edo Fimmens war für die Zeitgenoss*innen noch intensiv mit gewerkschaftlichen Aktivitäten zu Europa und zur Europäisierung verbunden (Buschak 2002, S. 115–132).

Gewerkschaften erinnerten sich in den ersten Jahren nach 1945, wie diese Beispiele zeigen, durchaus an »Europa«. Allerdings ließen sie auch viele Gelegenheiten verstreichen, bei denen es nahegelegen hätte, auf den Kampf der Gewerkschaften für die europäische Einigung vor 1933 zurückzukommen. Am 9. April 1949 beispielsweise informierte der *Aufwärts* über ein Grenzlandtreffen junger Gewerkschafter*innen in Aachen. Dass es solche Treffen zwanzig Jahre vorher schon einmal gegeben hatte, wurde nicht erwähnt. Bei vielen Gelegenheiten blitzte die Erinnerung an die Arbeiter*innengeschichte Europas nur kurz auf. Léon Blum wurde in der *Welt der Arbeit* vom 7. April 1950 fast nebenbei als »aktiver Europäer« bezeichnet.

In einem Artikel vom 2. Januar 1953 über Otto Lehmann-Russbüldt, schon im Ersten Weltkrieg ein entschiedener Fürsprecher der europäischen Einigung, brachte die WdA es fertig, das Thema Europa ganz unter den Tisch fallen zu lassen. Dem europäischen Engagement des Unabhängigen Sozialdemokraten Georg Ledebour, der während des Ersten Weltkrieges im Deutschen Reichstag vehement gegen die Kriegspolitik und für die Vereinigten Staaten von Europa eingetreten war, widmete die WdA am 19. März 1954 einen ganzen Satz: »Er gehörte zu den entschiedensten Vorkämpfern deutsch-französischer Verständigung, der Einigung Europas«.

Diese Artikel erwecken den Eindruck, als hätten sich die Gewerkschaften bei allen mit der Erinnerung an ihr Europaengagement vor 1933 zusammenhängenden Themen Zurückhaltung auferlegt. Tatsächlich gab es eine solche Stimmung, die der hessische Gewerkschafter Paul Kronberger, Mitglied der Landesgewerkschaft Banken und Versicherungen, im April 1947 sehr deutlich in der *Stimme der Arbeit* zum Ausdruck brachte:

»Außerdem ist noch zu sagen, dass wir uns als Deutsche zurückhalten müssen, weil uns vielleicht mit Recht gesagt werden kann, jedesmal, wenn ihr am Boden liegt, dann schreit ihr nach einer Vereinigung [Europas], seid ihr aber oben, dann denkt ihr nur an eine europäische Unterjochung« (Kronberger 1947).

Weil die Gewerkschaften bei niemandem den Eindruck erwecken wollten, »die Deutschen« seien schon wieder dabei, die Entwicklung in Europa bestimmen zu wollen, zog sich der DGB auf eine formelhafte Erinnerung zurück, die in der Grundsatzresolution des DGB-Gründungskongresses 1949 schön zum Ausdruck kommt: »Die Gewerkschaften bekennen sich zur Europäischen Wirtschaftsgemeinschaft [...] Seit ihren Anfängen hat die Gewerkschaftsbewegung diesen hohen Zielen gedient« (DGB 1950, S. 329). Was die Gewerkschaften genau mit den »hohen Zielen« verbunden hatten, rutschte im Gedächtnisspeicher immer tiefer und kam nur auf verschlungenen Wegen wieder an die Oberfläche.

So widmete sich Ludwig Rosenberg, als Mitglied im Geschäftsführenden Bundesvorstand des DGB zuständig für die Hauptabteilungen »Wirtschaft« und »Ausland«, im April 1951 in den *Gewerkschaftlichen Monatsheften* dem »Europa ohne Konzeption«. Nirgendwo ging er auf die historische Diskussion in den Gewerkschaften um Europa ein, verwandte aber einen Schlüsselbegriff aus eben dieser Diskussion: »Wir balkanisieren dieses neue Europa weiter«, sagte er mit Blick auf immer wieder neue Grenzen und subventionierte Industrien im Europa nach dem Zweiten Weltkrieg (Rosenberg 1951, S. 170). In den 1920er Jahren war der Begriff »Balkanisierung« von allen in den Gewerkschaften benutzt worden, um den Zustand Europas zu beschreiben (Buschak 2014, S. 57–65). Rosenberg war in der Weimarer Republik Funktionär im Gewerkschaftsbund der Angestellten und kannte diese Diskussion über Europa, aus der sich offensichtlich Fragmente wie die »Balkanisierung« in sein Gedächtnis eingegraben hatten.

Kampf um die Erinnerung an Europa

Am 18. Mai 1950 wurde der erste Internationale Karlspreis der Stadt Aachen an Richard Graf Coudenhove-Kalergi verliehen. Der Aachener Oberbürgermeister Maas stellte in seiner Laudatio Coudenhove-Kalergi als den geistigen Vater aller Europa-Initiativen der 1920er Jahre dar. Mit der Preisverleihung begann ein »öffentlicher Wettstreit« um die Deutungshoheit über die Erinnerung an Europa. Erinnerungsgeschichten sind nicht einfach da – sie werden erzeugt und sind umkämpft (Wolfrum 2010, S. 15; Langewiesche 2006, S. 13–30).

In diesem Wettstreit hatte Coudenhove-Kalergi gute Karten in der Hand. Seine Geschichte war eingängig und ließ sich besser erzählen als die Erinnerung der Gewerkschaften an Europa. Auf der einen Seite stand die romantische Figur Coudenhove-Kalergi, ein österreichischer Graf mit japanischen Wurzeln, in den 1920er Jahren von der Idee »Paneuropa« ergriffen, auf der anderen Seite befanden sich dagegen etliche Personen, Organisationen, Zeitungen und Zeitschriften, Demonstrationen und Ereignissen. Die Gewerkschaften waren sozialistisch beeinflusst, Coudenhove-Kalergi dagegen war christlich-abendländisch inspiriert und entsprach dem Zeitgeist der frühen Bundesrepublik.

Die *Gewerkschaftlichen Monatshefte* (GMH) versuchten, dem Coudenhove-Mythos mit einem Aufsatz Max Cohens über Joseph Bloch und die von Bloch 1897 bis 1933 herausgegebenen *Sozialistischen Monatshefte* (SM) entgegenzuwirken. In den SM sei »die Forderung nach der Einigung Europas entstanden« (Cohen 1950, S. 360). Joseph Bloch habe dort dargelegt, dass »die europäischen Festlandsstaaten sich ohne Großbritannien und ohne Russland zusammenschließen müssten«. Die europäische Idee schilderte Cohen als »echten geistigen Besitz des deutschen Sozialismus« (ebd., S. 361). Gewerkschaften erwähnte er mit keinem Satz, als hätten sie keinen Beitrag zur Einigung des europäischen Kontinents geleistet. Erinnerung verfolgt bestimmte Absichten, und Cohen wollte keine ausgewogene Darstellung des Engagements der gewerkschaftlichen und politischen Arbeiterbewegung für Europa geben. Er wollte Joseph Bloch als Bezugspunkt für die Europa-Erinnerung der deutschen Arbeiter- und Gewerkschaftsbewegung etablieren.

Felix Stößinger schrieb in den GMH, Europa wäre heute »groß und blühend, wenn wir die große sozialistische Idee der Kontinentalpolitik, für die Joseph Bloch in den ›Sozialistischen Monatsheften‹ von 1905 bis 1933 unermüdlich wirkte, rechtzeitig begriffen hätten«, und behauptete, »dass die heutige Teilung Europas [gemeint war die Teilung in Ost und West] den britischen Wünschen entspricht« (Stößinger 1952, S. 623). 1953 behauptete Stößinger erneut, die Europaidee sei »deutschen sozialistischen Ursprungs« und von den SM ausgegangen (Stößinger 1953, S. 505).

Der Versuch, Joseph Bloch zum zentralen Bezugspunkt für die gewerkschaftliche Erinnerung an die europäischen Einigungsversuche vor 1933 zu machen, scheiterte auf ganzer Linie. Das lag an der Person Joseph Blochs, den kaum noch jemand kannte, an dessen anglophoben Positionen (Rudolph 2018), aber auch an der Person des GMH-Redakteurs Walther Pahl, der diesen Versuch inspirierte. Pahl war vor 1933 Angestellter beim Bundesvorstand des Allgemeinen Deutschen Gewerkschaftsbundes und gelegentlicher Mitarbeiter der SM, nach 1933 dann aber erfolgreicher geopolitischer Autor und überzeugter Vertreter der nationalsozialistischen Europa-Konzeption. 1937 hatte er geschrieben: »Der Bolschewismus versucht, das europäische Wiederaufbauwerk, das in dem nationalsozialistischen Deutschland und in dem faschistischen Italien starke Fundamente erhalten hat, mit allen Mitteln zu stören« (Pahl 1937, S. 6).

Dass Pahl die nationalsozialistische Konzeption des »Neuen Europa« zu einer Zeit vehement verteidigte, als Gewerkschafter im Widerstand sie als Rezept zur Versklavung der europäischen Völker bezeichneten, hatte offensichtlich niemand im DGB-Bundesvorstand bemerkt. Karl Gerold forderte in der *Frankfurter Rundschau* den Rücktritt Pahls, zu dem es, nach langem Zögern des DGB-Bundesvorstandes, im August 1954 kam. Mit Pahl ging auch Felix Stößinger (Linne 1990, S. 39–55).

Nach dem Abgang Pahls und Stößingers wurde jede Verbindung zwischen Gewerkschaften, Arbeiterbewegung, Sozialismus und europäischer Einigung zu einem Tabu, über das in der Presse des DGB nicht mehr geschrieben wurde. Die Unterzeichnung der Römischen Verträge 1957 und die Gründung der EWG

1958 hätten Anlass sein können, eine große Rückschau zu halten auf den jahrzehntelangen Kampf der Gewerkschaften für die europäische Einigung. Nicht so beim DGB. Weder in der *Welt der Arbeit* noch in den *Gewerkschaftlichen Monatsheften* oder in der *Quelle* wurde ein solcher Rückblick gehalten.

Es war, als sei die Erinnerung an den Europa-Enthusiasmus der Gewerkschaften vor 1933 in eine Flasche gestopft worden, aus der sie niemand mehr befreien wollte und später auch nicht mehr konnte – was die folgenden Beispiele deutlich machen: Der WdA-Redakteur Otto Wollenberg veröffentlichte dort am 25. Mai 1962 einen Artikel über den sozialdemokratischen Politiker Richard Hilferding – »Hilferding nahm schon vieles vorweg« – und tat einen »Blick in die Parteitagsprotokolle der Weimarer Zeit«, Berlin 1924 und Kiel 1927. Ausgerechnet der Heidelberger Parteitag 1925, der ein neues Programm mit dem Bekenntnis zu den Vereinigten Staaten von Europa verabschiedete, wurde von Wollenberg übersprungen, obwohl Hilferding Vorsitzender der Programmkommission der SPD war und das Heidelberger Programm Hilferdings Handschrift trug.

Als Max Cohen, einer der bekanntesten Befürworter der europäischen Einigung der Weimarer Republik, 1963 starb, widmete ihm die *Welt der Arbeit* am 29. März 1963 einen Nachruf und schrieb ganz richtig, das deutsch-französische Verhältnis habe Cohen besonders am Herzen gelegen, vermied aber sorgfältig, das Wort »Europa« auch nur zu erwähnen. Wenn sich der DGB an Wegbereiter der europäischen Einigung aus den 1920er Jahren erinnerte, dann an Politiker bürgerlicher Parteien wie Gustav Stresemann. Am 23. Januar 1959 startete die WdA einen Comicstrip über Stresemann, der bis zum 20. Februar fortgeführt wurde. Gewerkschaften spielen in dem Comic keine Rolle (Welt der Arbeit, 23.1.1959, 6.2.1959, 13.2.1959, 20.2.1959).

Die vom DGB 1950 initiierten »Europäischen Gespräche«, die zum festen Programm der Ruhrfestspiele gehörten, brachten für die Erinnerung an das Europa der Arbeiter- und Gewerkschaftsbewegung – nichts. Der Stellvertretende DGB-Vorsitzende Bernhard Tacke markierte bei den 15. Europäischen Gesprächen, 1966, unbewusst einen traurigen Höhepunkt, als er erklärte:

»Die Idee des politisch und wirtschaftlich geeinten Europa ist viel älter, als die Verträge über die Europäische Wirtschaftsgemeinschaft. Die Älteren unter uns haben die Bemühungen nach dem Ersten Weltkrieg um ein Pan-Europa noch miterlebt. Dieser Gedanke war vornehmlich von Coudenhove-Kalergi entwickelt worden« (Braukmann 1966, S. 17).

Der Gedanke an die europäische Einigung war jedoch älter als die Paneuropa-Bewegung, die selbst nur der kleine Teil einer großen Massenbewegung für

Europa war. Bernhard Tacke, vor 1933 Funktionär der christlichen Gewerkschaften, verabsolutierte seine persönliche Erinnerung. Der ebenfalls am Europäischen Gespräch 1966 teilnehmende italienische Sozialist Altiero Spinelli, Mitautor des Manifests von Ventotene (1941), eines der bedeutendsten Zeugnisse des italienischen Arbeiter*innenwiderstandes für die europäische Einigung, und später Mitglied der Europäischen Kommission, wusste es besser. Ob er Tacke widersprach, ist nicht bekannt.

Dass Tacke glaubte, in Coudenhove den eigentlichen »Gründervater« Europas vor sich zu haben, zeigt, dass die Überschreibung der gewerkschaftlichen Erinnerung durch den Mythos Coudenhove-Kalergi schon sehr weit fortgeschritten war. An die Arbeiter*innengeschichte Europas wurde nur noch außerhalb des DGB erinnert, etwa in der von Hermann Brill, Wilhelm Kaisen, Otto Bach und John van Nes Ziegler ab 1955 herausgegebenen Zeitschrift *Europa-Brücke*.

Dabei gibt es eine sehr eindringliche Erzählung zum gewerkschaftlichen Engagement für die europäische Einigung: das Bekenntnis zu Europa, das aus dem Widerstand gegen die nationalsozialistische Diktatur im Konzentrationslager Buchenwald erwuchs und sich verdichtete zum Manifest der demokratischen Sozialisten von Buchenwald (nicht zu verwechseln mit dem »Schwur von Buchenwald«) für »Frieden, Freiheit und Sozialismus«. Das Manifest wurde seit 1943 von deutschen, österreichischen, belgischen und niederländischen Gewerkschaftern und Sozialisten erarbeitet und kurz nach der Befreiung des Lagers, am 16. April 1945, verabschiedet. Oberstes Ziel des Manifests war die Errichtung einer europäischen Staatengemeinschaft unter sozialistischen Vorzeichen. Die deutsch-französische und die deutsch-polnische Kooperation sowie der Eintritt Deutschlands in den angelsächsischen Kulturkreis sollten dabei den Weg weisen. Im Manifest hieß es:

»So wollen wir ein europäisches Gesamtbewusstsein schaffen, das allein den Frieden der Völker tragen kann. Dazu brauchen wir einen neuen Geist. Er soll verkörpert werden durch den neuen Typ des deutschen Europäers« (Brill 1946, S. 100).

In der Erinnerung des DGB an Europa spielte das Manifest der demokratischen Sozialisten aber nie eine Rolle. Weder in der WdA noch in den GMH oder in den anderen von mir durchgesehenen gewerkschaftlichen Publikationen hat sich eine Erinnerung an das von Gewerkschaftern mit unterzeichnete Manifest gefunden. Die bedeutende Rolle der gewerkschaftlichen Buchenwald-Häftlinge, etwa Richard Teichgräbers, sächsischer Bezirksleiter des Deutschen Metallarbeiterverbands (DMV), bei der Erarbeitung des Manifests war dem DGB möglicherweise auch nicht bekannt. In der Erinnerung jedenfalls wurde das Manifest völlig verdrängt vom »Schwur von Buchenwald«.

Die Mühen gewerkschaftlicher Erinnerung

Das deutliche Abflachen der gewerkschaftlichen Erinnerung an Europa war keinesfalls mit mangelndem Interesse an der europäischen Einigung verbunden. WdA und GMH beschäftigten sich in den 1950er und 1960er Jahre intensiv mit der Europäischen Gemeinschaft für Kohle und Stahl und der Europäischen Wirtschaftsgemeinschaft. Dass die Erinnerung an die gewerkschaftlichen Vorläufer*innen der europäischen Einigung verloren ging, lag auch in der Natur der Erinnerung an Europa. Es gab keine alles überwölbende und von allen anerkannte Erzählung, stattdessen nur viele getrennte einzelne Erzählungen, zu Toni Sender vom DMV, zu Wladimir Woytinsky vom ADGB und August Brey vom Fabrikarbeiterverband sowie zu etlichen anderen.

Es gab nicht die eine Zeitung mit dem griffigen Titel »Paneuropa«, wie im Fall der Paneuropa-Union Coudenhove-Kalergis. Artikel über Europa erschienen in vielen verschiedenen Gewerkschaftszeitungen, wie der *Betriebsräte-Zeitschrift*, dem *Proletarier* und anderen. Die Vereinigten Staaten von Europa waren vor 1933 Thema zahlreicher gewerkschaftlicher Versammlungen, aber es gab nie eine Resolution eines Gewerkschaftskongresses für die europäische Einigung. Erinnerung bestand aus einer Vielzahl von Fragmenten, die im DGB und seinen Mitgliedsgewerkschaften nie zu einem »Gruppengedächtnis zusammengeschweißt und vereinheitlicht« wurden (Assmann 1999, S. 44).

Die von den Gewerkschaften in den 1920er Jahren geforderten »Vereinigten Staaten Europas« waren ein dezidiert sozialistisches Projekt mit planwirtschaftlichen Maßnahmen, was in der Adenauer-Ära mit ihrem antikommunistischen Grundkonsens nicht gerade willkommen war und an das sich der DGB offensichtlich auch nicht gern erinnerte. Erinnerung ist das »Ergebnis eines ständigen Überschreibungsprozesses« (Thießen 2008, S. 610) und wird »in Kommunikation, das heißt im Austausch mit Mitwirkenden aufgebaut und verfestigt« (Assmann 1999, S. 43). Von buchstäblich allen Seiten mussten die Gewerkschaften hören, wie wichtig und bedeutend die Leistung anderer für die europäische Einigung war. Der Geschichtswissenschaft zufolge gab es vor 1933 kein nennenswertes Engagement der Gewerkschaften für die europäische Einigung. Kein Wunder, dass die gewerkschaftliche Erinnerung an Europa mehr und mehr verblasste, bis sie schließlich ganz erlosch.

Die Erinnerung des DGB an die eigene Geschichte drehte sich um zwei Fixpunkte: die Besetzung der Gewerkschaftshäuser und das Verbot der Gewerkschaften 1933 sowie die Beteiligung der Gewerkschaften am 20. Juli 1944. Die Besetzung der Gewerkschaftshäuser war eine traumatische Erfahrung, die sich ganz tief in das persönliche und kollektive Gedächtnis eingegraben hatte, etwas, das sich nie wiederholen sollte und an das daher immer wieder erinnert werden musste. Wilhelm Leuschner und Jakob Kaiser gehören zum Gründungsmythos des DGB; mit ihrem gemeinsamen Widerstand gegen die nationalsozialistische Diktatur legten sie das Fundament der Einheitsgewerkschaft – auch daran sollte und musste immer wieder erinnert werden.

Die Erinnerung an den Aufstieg des Nationalsozialismus, an die Mechanismen der nationalsozialistischen Diktatur, an Terror und Gewalt und die Vernichtung der europäischen Jüdinnen und Juden war für den DGB in den 1950er und 1960er Jahren am wichtigsten. Um einen Rückfall in solche Zeiten ein- für allemal auszuschließen, sollte die Erinnerung wachgehalten werden. Die Arbeiter*innenvergangenheit Europas war da weniger wichtig. Der Versuch, die europäische Einigung aus dem Widerstand gegen die nationalsozialistische Diktatur abzuleiten und so eine gemeinsame, verbindende europäische Erzählung zu etablieren, wurde nicht gemacht.

1970er Jahre: Deutsche Gewerkschafter im Europäischen Parlament – aber keine Wende in der Erinnerungsgeschichte

»Die Gewerkschaften haben die europäische Integration von Anbeginn mit uneingeschränkter Energie unterstützt«, schrieb Ludwig Rosenberg 1973 (S. 291). Gewerkschaften seien schon vor 100 Jahren für Handeln über nationale Grenzen hinweg eingetreten, sagte Herbert Stadelmaier, Vorsitzender der Gewerkschaft Nahrung-Genuss-Gaststätten, 1978 in einem Vortrag über Europa (Stadelmaier 1978, S. 412 f.). Mehr europäische Erinnerungsgeschichte gab es bei beiden nicht. Als mit Karl Hauenschild (Vorsitzender der Gewerkschaft Chemie, Papier, Keramik), Karl-Heinz Hoffmann (Stellvertretender Vorsitzender der Gewerkschaft Öffentlicher Dienst, Transport und Verkehr, ÖTV), Eugen Loderer (Vorsitzender der IG Metall) und Walter Schongen (Stellvertretender Vorsitzender der Gewerkschaft Textil-Bekleidung) und dem DGB-Vorsitzenden Heinz Oskar Vetter 1979 führende Gewerkschafter in das Europäische Parlament gewählt wurden, führte das keineswegs zu einer Renaissance der Erinnerung an Europa (Gewerkschafter für Europa 1979, S. 272–280). Heinz Oskar Vetter schrieb noch 1980:

»Nach dem Zweiten Weltkrieg war der Blick zunächst auf Arbeit und Brot, auf Frieden und auf die deutsche Wiedervereinigung gerichtet. Mit dem halben Deutschland nach Europa zu gehen, das war nicht Sache der deutschen Arbeiterbewegung« (Vetter 1980, S. 181).

Um das mit einer Anekdote zu kommentieren: Im Brüsseler Büro des Generalsekretärs des Europäischen Gewerkschaftsbundes (EGB), des Luxemburgers Mathias Hinterscheidt, hing 1991 ein eindrucksvolles Foto. Es zeigte eine Gewerkschaftskundgebung aus dem Jahr 1963 in der vollgepackten Dortmunder Westfalenhalle mit einem riesigen Transparent: »Soziales Europa jetzt!« Hinterscheidt hatte als junger Mann an der Kundgebung teilgenommen und erzählte gern davon. Schon diese eine Aufnahme einer gewerkschaftlichen Großkundgebung zeigt, wie falsch Heinz Oskar Vetter 1980 gelegen hatte. Eigenartigerweise wurde die Erinnerung an das Europa-Engagement der deutschen Gewerkschaften außerhalb des DGB und außerhalb Deutschlands besser aufbewahrt als im DGB selbst.

Gewerkschaftsgeschichte und Erinnerung an Europa

Für die nach 1945 erschienenen offiziösen und offiziellen Gewerkschaftsgeschichten war Europa kein Thema (Fugger 1949; Seidel 1948). In Franz Josef Furtwänglers Geschichte der ÖTV (Furtwängler 1955) fällt das Thema Europa unter den Tisch, und auch in seinem 1956 in »rowohlts deutscher enzyklopädie« erschienenen viel gelesenen Bändchen über die Gewerkschaften spielt Europa keine Rolle (Furtwängler 1956). Dass deutsche Zigarrenarbeiter 1849 mit ihren Luxemburger Kollegen einen Gegenseitigkeitsvertrag abschlossen und damit die Europäisierung gewerkschaftlicher Beziehungen eröffneten, wird in der 1965 von der NGG herausgegebenen Geschichte der Tabakarbeiterbewegung nicht erwähnt (Dahms 1965). In der von Dieter Schuster verfassten und für die Verbreitung im Ausland bestimmten Geschichte des DGB findet sich zu Europa ein dürrer Satz: »Since the founding of the European Economic Community [...] the necessity of co-ordinating trade union action in the domain of economic and social policy became more and more apparent« (Schuster 1973, S. 89). Auf der historischen Konferenz des DGB 1979 gab es zwar einen Beitrag über »Vielfalt in der Gemeinschaft. Gewerkschaften in Europa«, der sich mit der aktuellen Situation von Gewerkschaften in Europa befasste, aber keine Erinnerung an die Europageschichte der Gewerkschaften (Vetter 1980, S. 669–679).

Die Vorstellung, Europa sei eine Angelegenheit der anderen, sei von außen an die Gewerkschaften herangetragen worden, hatte sich weit verbreitet und wurde nicht in Frage gestellt. Das ist umso merkwürdiger, als die Vorsitzenden von DGB, NGG und IG Metall auf dem historischen Gedächtnis ihrer Organisationen saßen. Im Keller des Hamburger NGG-Hauses befand sich eine umfangreiche Sammlung von Broschüren, Zeitungen und Protokollen der Vorläuferorganisationen der NGG. DGB und IG Metall hatten einen ähnlichen Schatz in ihren Vorstandshäusern – und verfügten über Archivare oder Bibliothekarinnen, die den Schatz bestens kannten. Nach Europa wurden diese aber offensichtlich nie gefragt. Dass die Geschichte der europäischen Einigung einen sehr starken gewerkschaftlichen Traditionsstrang hat, blieb so verborgen.

Die Erinnerungslosigkeit änderte sich auch in den 1980er Jahren nicht. Dass Toni Sender eine der wichtigsten Europa-Politikerinnen der deutschen Arbeiterbewegung der 1920er Jahre war, hatte die *Welt der Arbeit*, die am 24. November 1988 einen Artikel zu Senders 100. Geburtstag brachte, völlig vergessen. Erst 1998 hob ein Historiker, der unvergessene Kollege Gerhard Beier, die gewerkschaftliche Erinnerung an Europa wieder ins Bewusstsein.

Zum 150. Jahrestag der Revolution von 1848 erinnerte Beier in den *Gewerkschaftlichen Monatsheften* an die Europavorstellungen des französischen Frühsozialisten Saint Simon und des italienischen Revolutionärs Mazzini. Er wies darauf hin, dass Ludwig Rosenberg, Hans Gottfurcht und Georg Hansen während des Zweiten Weltkriegs in ihrem britischen Exil die Diskussionen von Labour Party, Left Book Club und britischen Gewerkschaften über Europa mitbekamen und davon so beeindruckt waren, dass sie später in Deutschland die »Europäischen Gespräche« gründeten (Beier 1998, S. 235–239). Nach vielen Jahren des Schweigens war Beier der Erste, der in einer Gewerkschaftszeitung darauf hinwies, dass Europa auch eine gewerkschaftliche Geschichte hat.

Die Rückkehr der Erinnerung

Dass sich die Erinnerung an Europa in den 1990er Jahren langsam ihren Weg zurück ins gewerkschaftliche Bewusstsein bahnte, dürfte auch darauf zurückzuführen sein, dass das soziale Gesicht Europas, dank der Anstrengungen des Europäischen Gewerkschaftsbundes (EGB), wieder deutlicher wurde. Unter Gewerkschaften galt das soziale Europa lange Zeit, nicht ganz zutreffend, als »Trauerspiel« (Däubler 1991, S. 314). Ab 1994 wurden in der Europäische Union wichtige Rechte für Arbeitnehmer*innen durchgesetzt: die Richtlinien über Europäische Betriebsräte (1994), über die Beteiligung der Arbeitnehmer in der Europäischen Aktiengesellschaft (2001) und über den allgemeinen Rahmen zur Unterrichtung und Anhörung von Arbeitnehmerinnen und Arbeitnehmern in der Gemeinschaft (2002). Der EGB mobilisierte seine Mitglieder, Zehntausende von Arbeitnehmer*innen gingen in Luxemburg, Porto, Brüssel, Liège und Barcelona seit der Jahrtausendwende für ein soziales Europa auf die Straße.

Vollbeschäftigung wurde aufgrund des öffentlichen Drucks des EGB als Ziel europäischer Politik in den Unionsverträgen verankert. Die Diskussion um Europäische Betriebsräte (EBR) warf die Frage auf, wie Gewerkschaften Unterrichtung und Anhörung »früher« zu regeln versucht hatten, denn transnationale Konzerne waren ja nichts Neues. In der langen Auseinandersetzung um die Verabschiedung der Richtlinie über Europäische Betriebsräte wies das Sekretariat des EGB intern und öffentlich darauf hin, eine wie lange Geschichte die Europäisierung der Arbeitsbeziehungen hatte.

Europäische Betriebsrätekongresse legte das EGB-Sekretariat an für die Gewerkschaften historisch bedeutsame Orte, so den EBR-Kongress 1993 nach Antwerpen, weil sich im dortigen Hafen in den 1930er Jahren eine starke Gruppe belgischer, deutscher und niederländischer Seeleute, protegiert vom Generalsekretär der Internationalen Transportarbeiterföderation Edo Fimmen, zusammengefunden hatte, die für ein Arbeiter*inneneuropa, gegen das nationalsozialistisch dominierte Europa, kämpfte. Das könnte einen bescheidenen Einfluss auf die Wiederbelebung gewerkschaftlicher Erinnerung gespielt und zum Nachdenken über die Rolle von Arbeitnehmer*innen in der Geschichte Europas angeregt haben.

Archiv und Bibliothek der sozialen Demokratie übernahmen in den 1990er Jahren umfangreiche Bestände internationaler Gewerkschaftsorganisationen zur Arbeiter*innengeschichte Europas (Wimmer/Kallus 1994; Rose 1998). Das regte Historiker*innen, aber auch Gewerkschaften selbst an, sich der gewerkschaftlichen Geschichte Europas zuzuwenden.

Der Ver.di Fachbereich Verkehr veranstaltete am 11. Dezember 2002 in Hamburg eine Konferenz über Edo Fimmen. Das Bochumer Institut für soziale Bewegungen förderte die Erinnerung an die Arbeiter*innengeschichte Europas mit Forschungsprojekten, Publikationen und Konferenzen (z. B. Bühlbäcker 2007; Institut für soziale Bewegungen 2009). Rainer Fattmann veröffentlichte 2018 seine im Auftrag der Hans-Böckler-Stiftung durchgeführte Studie über gewerkschaftliche Europapolitik 1945–1970 (Fattmann 2018). 2018, zum 100. Jahrestag der Deutschen Revolution, verband der DGB-Vorsitzende Reiner Hoffmann auf einer Konferenz in Berlin die Erinnerung an die Rolle der Gewerkschaften in der Revolution mit der Erinnerung an das Engagement der Gewerkschaften für Europa in den 1920er und 1930 Jahren.

Offensichtlich bedeutet die Überschreibung einer Erinnerung nicht, dass sie für alle Zeiten rettungslos verloren ist. Erinnerung kann zurückgeholt werden.

Folgen der Erinnerungslosigkeit

Europa war für eine ganze Generation von Gewerkschafter*innen etwas, das von außen an sie herangetragen wurde. Wegen der langen Erinnerungslosigkeit und Verdrängung konnte nie das Gefühl aufkommen, dass die europäische Einigung ein Teil der Geschichte der Gewerkschaften ist. Europa erschien fremd und nicht als etwas, für das die Gewerkschaften schon in der Deutschen Revolution 1918/19 und im Widerstand gegen die nationalsozialistische Diktatur gekämpft hatten. Um das mit einer persönlichen Erinnerung zu verdeutlichen: 1987 fing ich als Referatsleiter in der Hauptverwaltung der Gewerkschaft Nahrung-Genuss-Gaststätten an. Europa erschien uns vor allem unter einem Aspekt: »Die« (in Brüssel) wollen »uns« das Reinheitsgebot (für das deutsche Bier) wegnehmen, weil nach einem Urteil des Europäischen Gerichtshofes auch ausländisches Bier, aus Belgien etwa, das nicht nach dem deutschen Reinheitsgebot hergestellt wurde, in Deutschland verkauft werden durfte. Das Gefühl, dass Europa etwas »Eigenes«, zu uns selbst Gehörendes war, kam nicht auf. Auch wenn die seinerzeitige Politik der Europäischen Kommission dazu beitrug, dieses Europabild zu festigen – die Möglichkeit, grenzüberschreitend eine gemeinsame transnationale europäische Erinnerungskultur der Gewerkschaften aufzubauen, wurde verschenkt.

Die Erinnerungslosigkeit führte zu falschen Einschätzungen. Gewerkschaftliche Debatten wurden schräg geführt, wie etwa die Diskussion im EGB in den 1990er Jahren über die Europäisierung der Tarifpolitik. Das EGB-Sekretariat argumentierte, die Autonomie nationaler Tarifverhandlungen der Gewerkschaften sei eine Fiktion, die Europäisierung der Tarifverhandlungen die gegebene Antwort. Das Sekretariat stieß auf enorme Skepsis des DGB, der immer wieder auf die Tarifautonomie seiner Einzelgewerkschaften pochte und auf die vermeintliche Unmöglichkeit europaweiter Tarifverhandlungen hinwies. Allenfalls unter Nachbarländern schien dem DGB eine begrenzte tarifpolitische Koordinierung möglich, die er mit belgischen, luxemburgischen und niederländischen Gewerkschaften in der »Gruppe von Doorn« – benannt nach dem Tagungsort in den Niederlanden – umzusetzen versuchte. Es wusste im DGB offensichtlich niemand mehr, dass dessen Stellvertretender Vorsitzender Bernard Tacke schon 1962 verkündet hatte: »Das anzustrebende Ziel ist der Tarifvertrag für den räumlichen Bereich der EWG« (Tacke 1962).

Willy Buschak

Wie könnte gewerkschaftliche Erinnerungspolitik aussehen?

Gewerkschaftliche Erinnerung an Europa hat eines zur unabdingbaren Voraussetzung: Gewerkschaften müssen sich zu dem bekennen, was sie selbst in der Europäischen Union schon erstritten haben, vom Sicherheits- und Gesundheitsschutz in den Betrieben bis zur Unterrichtung und Anhörung sowie zur Mitbestimmung von Arbeitnehmer*innen und der Verpflichtung der Europäischen Union auf das Ziel der Vollbeschäftigung. Das soziale Europa muss frau oder man nicht erst für die Zukunft einfordern. Was vom sozialen Europa schon da ist, was seit Beginn der europäischen Einigung von Gewerkschaften erkämpft wurde, kann sich sehen lassen. Eine so veränderte Haltung zu Europa würde auch die gewerkschaftliche Erinnerungsgeschichte fördern. Schließlich verknüpft sich Erinnerung am liebsten mit positiven Eindrücken und Erlebnissen. Erinnerung gälte nicht mehr dem Fremden, Merkwürdigen, das aus Brüssel kommt, sondern dem, was sich Gewerkschafter*innen selbst erkämpft haben.

Das bedeutet nicht, die Hände in den Schoß zu legen und mit dem Erreichten zufrieden zu sein. Wer schon einiges erreicht hat, weiß, dass sich noch mehr erreichen lässt, dass Europa noch viel sozialer und menschlicher werden kann. Erinnerung würde zur frohgemuten Hoffnung führen, die Verhältnisse »zum Tanzen« bringen zu können. Aus dem Bewusstsein, dass Europa eine lange und traditionsreiche Arbeiter*innengeschichte hat und die europäische Einigung sich auch aus dem Kampf der Arbeiter*innenbewegung für Frieden und Demokratie ergeben hat, folgt ein ganz anderes Auftreten von Gewerkschaften gegenüber den europäischen Institutionen und vor allem gegenüber der Europäischen Kommission. Die Erinnerung macht deutlich, dass Gewerkschaften keine »Bittstellerinnen« gegenüber den Nachfolger*innen der »Gründerväter« sind, sondern als selbstbewusste Mitbegründerinnen der europäischen Einigung auftreten. Ganz nebenbei gesagt, würde die Erinnerung an das Arbeiter*inneneuropa auch unterstreichen, dass Frauen eine bedeutende Rolle im Prozess der Europäischen Einigung gespielt haben.

Um die gewerkschaftliche Erinnerung an Europa nicht wieder ins Bodenlose sinken zu lassen, böte es sich an, einen Videoclip zu drehen über die Rolle der Gewerkschaften bei der europäischen Einigung. Der Clip könnte in Seminaren zur aktuellen Europapolitik oder im Rahmen der Ausbildung von Gewerkschaftssekretär*innen gezeigt werden. Für alle, die mehr Informationen haben möchten als in einem kurzen Clip verbreitet werden können, wäre eine virtuelle Ausstellung zur Arbeiter*innengeschichte Europas denkbar, die auf der Webseite des DGB abgerufen werden und auch in der politischen Bildung gezeigt werden könnte. Veranstaltungen, Seminare, Tagungen, Stadtspaziergänge wären denkbar, die europäische Geschichte, die Erinnerung an das Europa der Gewerkschaften und die örtliche Geschichte miteinander verbinden, um deutlich zu machen, dass Europa nicht von »irgendwoher« kommt, sondern dass seine Geschichte um die Ecke beginnt.

Die DGB-Region Dresden-Oberes Elbtal organisierte ab 2010 mit Erfolg Stadtrundgänge durch die Dresdener Gewerkschaftsgeschichte, bei denen »kleine« und »große« Themen miteinander verbunden und aufgezeigt wurde, was Europa und die Globalisierung mit der Geschichte vor Ort zu tun haben und warum Dresdner Gewerkschaften sich schon in der Weimarer Republik für die europäische Einigung engagierten. Arbeiter*innengeschichte Europas und Geschichte vor Ort lassen sich auch anderswo mühelos miteinander verbinden. Gewerkschaftliche Vorkämpfer*innen der europäischen Einigung gibt es an vielen Orten und in vielen Einzelgewerkschaften.

Im Jahr 2024 werden 100 Jahre seit dem Erscheinen von Edo Fimmens Broschüre »Vereinigte Staaten Europas oder Europa AG« (Fimmen 1924) vergangen sein. Es wird 100 Jahre her sein, dass der Hamburger ITF-Kongress die Vereinigten Staaten von Europa forderte. Das wäre ein guter Anlass, umfassend auf die gewerkschaftliche Traditionslinie Europas zurückzublicken.

Erinnerung an Europa kommt ohne professionelle Historiker*innen aber nicht aus. Alleingelassen, schlägt die Erinnerung manchmal merkwürdige Kapriolen. Eine stabile, auf Dauer angelegte Partnerschaft zwischen Geschichtswissenschaft und Gewerkschaften/Hans-Böckler-Stiftung ist im eigenen Interesse der Gewerkschaften unverzichtbar. Es gibt in Deutschland viele regionale Museen der Arbeit und engagierte stadthistorische Zentren, die der Arbeiter- und Gewerkschaftsgeschichte breiten Raum geben, sich nur leider kaum auf Europa beziehen.

Museen könnten das Thema »Gewerkschaften und Europa« in ihre Dauerausstellungen integrieren und ihm Sonderausstellungen widmen. Die Reise der Duisburger Binnenschiffer um Julius Birck zu ihren Antwerpener Kollegen 1929 und ihr Versuch, zwischen Duisburg und Antwerpen einen Raum europäischer Solidarität zu eröffnen, wäre eine Ausstellung wert. Zumal sich 2023 der Tag zum 90. Mal jährt, an dem Birck und seine Kollegen von der SA ermordet wurden. Auch wäre es sehr wünschenswert, dass sich das Brüsseler Haus der Geschichte Europas allen Traditionslinien widmet, die zur europäischen Einigung führten, und Repräsentant*innen der Arbeiter- und Gewerkschaftsbewegung berücksichtigt.

Literatur und Quellen

Assmann, Aleida (1999): Erinnerung als Erregung, Wendepunkte der deutschen Erinnerungsgeschichte. In: Berichte und Abhandlungen. Berlin-Brandenburgische Akademie der Wissenschaften 7, S. 39–58.

Beier, Gerhard (1998): Die europäische Dimension der Revolution von 1848. In: Gewerkschaftliche Monatshefte 4, S. 235–239.

Braukmann, Karl (Hrsg.) (1966): Europa. Wirtschaftliche Notwendigkeit – politische Möglichkeit. Fünfzehntes europäisches Gespräch in der Engelsburg in Recklinghausen. Köln: Bund.

Brill, Hermann (1946): Gegen den Strom. Offenbach: Bollwerk.

Buschak, Willy (2014): Die Vereinigten Staaten von Europa sind unser Ziel. Arbeiterbewegung und Europa im frühen 20. Jahrhundert. Essen: Klartext.

Buschak, Willy (2018): Arbeiterbewegung und Europa im frühen 20. Jahrhundert, Dokumentenband. Essen: Klartext.

Buschak, Willy (2020): British Labour and Europe. In: Socialist History 57, S. 70–93.

Bühlbäcker, Bernd (2007): Europa im Aufbruch. Personal und Personalpolitik deutscher Parteien und Verbände in der Montanunion, 1949–1958. Veröffentlichungen des Instituts für soziale Bewegungen 38. Essen: Klartext.

Cohen, Max (1950): Die Entdeckung Europas. Gewerkschaftliche Monatshefte 1, S. 360–365.

Cohen, Max (1951): Europäische Gedanken. Gewerkschaftliche Monatshefte 9, S. 500–505.

Däubler, Wolfgang (1991): Die soziale Dimension des Binnenmarkts, Realität oder Propagandafigur? In: Däubler, Wolfgang/Lecher, Wolfgang (Hrsg.): Die Gewerkschaften in den 12 EG-Ländern. Europäische Integration und Gewerkschaftsbewegung. Köln: Bund, S. 285–322.

Dahms, Ferdinand (1965): Geschichte der Tabakarbeiterbewegung. Hamburg: Gewerkschaft Nahrung, Genuss, Gaststätten.

DGB (1950): Protokoll Gründungskongress des Deutschen Gewerkschaftsbundes 12.–14.10.1949. Köln: Bund.

Fattmann, Rainer (2018): Das Europa der Arbeiter. Leitbilder der gewerkschaftlichen Europa-Politik bis in die Mitte der 1970er Jahre. Düsseldorf: Hans-Böckler-Stiftung.

Fimmen, Edo (1924): Vereinigte Staaten Europas oder Europa AG. Jena: Thüringer.

Frevert, Ute (2004): Eurovisionen. Ansichten guter Europäer im 19. und 20. Jahrhundert. Frankfurt am Main: Fischer.

Fugger, Karl (1949): Geschichte der deutschen Gewerkschaftsbewegung. Eine kurzgefasste Darstellung. Berlin.

Furtwängler, Franz-Josef (1955): ÖTV. Die Geschichte einer Gewerkschaft. Stuttgart: C. Habel.

Furtwängler, Franz-Josef (1956): Die Gewerkschaften. Ihre Geschichte und internationale Auswirkung. Hamburg: Rowohlt.

Gewerkschafter für Europa (1979): Gewerkschaftliche Monatshefte 5, S. 272–280.

Institut für soziale Bewegungen (2009): Deutsche Gewerkschaften und europäische Integration im 20. Jahrhundert, Mitteilungsblatt 42.

Kronberger, Paul (1947): Vereinigte Staaten von Europa! In: Stimme der Arbeit, 15.4.1947.

Linne, Karsten (1999): Walter Pahl – Eine Gewerkschafter-Karriere. In: Zeitschrift für Sozialgeschichte des 20. und 21. Jahrhunderts 3, S. 39–55.

Pahl, Walther (1937): Wetterzonen der Weltpolitik. Bonn: Buchgemeinde.

Rose, Gabriele (1998): IUL und IBV. Ein Bestandsverzeichnis der Bibliothek der Friedrich-Ebert-Stiftung. Bonn: FES.

Rosenberg, Ludwig (1951): Europa ohne Konzeption. Gewerkschaftliche Monatshefte 4, S. 169–172.

Rosenberg, Ludwig (1973). Sinn und Aufgabe der Gewerkschaften. Düsseldorf: Econ.

Rudolph, Moritz (2018): Joseph Blochs Idee von Kontinentaleuropa und der Krieg. In: Schöler, Uli/Scholle, Thilo (Hrsg.): Weltkrieg, Spaltung, Revolution, Sozialdemokratie 1916–1922. Bonn: Dietz, S. 62–72.

Seidel, Richard (1948): Die deutschen Gewerkschaften. Geschichte, Aufgaben, Leistungen. Ein ABC der Gewerkschaftskunde. Frankfurt am Main: Büchergilde Gutenberg.

Siemsen, Anna (1948): Literarische Streifzüge durch die Entwicklung der europäischen Gesellschaft. Frankfurt am Main: Büchergilde Gutenberg.

Stadelmaier, Herbert (1978): Wir wollen ein Europa der sozialen Gerechtigkeit. In: Die Quelle, Juli/August, S. 412–413.

Stößinger, Felix (1952): Der Europäer Hugo. In: Gewerkschaftliche Monatshefte 10, S. 621–623.

Stößinger, Felix (1953): Für und gegen Europa. In: Gewerkschaftliche Monatshefte 8, S. 502–505.

Streeck, Wolfgang (1996): Gewerkschaften zwischen Nationalstaat und Europäischer Union. MPIFG Working Papers 96/1.

Tacke, Bernard (1962): Das nächste Ziel: EWG-Tarifvertrag. In: Welt der Arbeit, 1.5.1962.
Thießen, Malte (2008): Gedächtnisgeschichte. Neue Forschungen zur Entstehung und Tradierung von Erinnerung. Archiv für Sozialgeschichte 48, S. 607–634.
Vetter, Heinz Oskar (1980): Gleichberechtigung und Klassenkampf, Gewerkschaftspolitik für die achtziger Jahre. Köln: Bund.
Wimmer, Walter/Kallus, Felicitas (1994): Die Eiserne Internationale. Periodikaverzeichnis des Bestandes Internationaler Metallgewerkschaftsbund (IMB) in der Bibliothek der Friedrich-Ebert-Stiftung. Bonn: Bibliothek der FES.
Wollenberg, Otto (1962): Hilferding nahm schon vieles vorweg. In: Welt der Arbeit, 25.5.1962.

Neue soziale Bewegungen

Das Vergessen der Lehrlingsbewegung
Anmerkungen zur Erinnerungsarbeit in Gewerkschaften

Knud Andresen

Zum 1. Mai 2015 hatte sich die DGB-Jugend in Hamburg eine besondere Aktion überlegt. Auf dem Kundgebungsplatz der gewerkschaftlichen Mai-Veranstaltung ließ sie Luftballons steigen, an die Karten mit ausgewählten historischen Ereignissen der Gewerkschaftsbewegung gehängt waren. Auf einer Karte hieß es, dass die Lehrlingsbewegung nach Auseinandersetzungen am 1. Mai 1969 auf dem Hamburger Rathausmarkt anfing, gegen Missstände in der Berufsausbildung zu protestieren. Noch wenige Jahre zuvor wäre eine Erinnerung an die konfliktträchtigen Ereignisse – Lehrlinge und Studierende störten die Rede von Willy Brandt an dem Tag und es kam zu Prügeleien mit gewerkschaftlichen Ordnern – kaum denkbar gewesen.

Die Lehrlingsbewegung, die in den Jahren 1969 bis 1972 die Gewerkschaften herausgefordert hatte, wurde in den historischen Narrativen der Organisationen nur selten erwähnt. Aus heutiger Sicht erscheint das überraschend, war doch die in den 1970er Jahren nachrückende Funktionärsgeneration von den Ereignissen durchaus geprägt, ja gelten die 1970er Jahre nicht zu Unrecht als Konfliktjahrzehnt innerhalb der Gewerkschaften. Die Politisierung gerade jüngerer Haupt- und Ehrenamtlicher auf lokaler, regionaler oder bundesweiter Ebene gehörte zu den prägenden Einflüssen in dem Jahrzehnt (Klecha 2010, S. 21 f). Die Lehrlingsbewegung gehört dabei zum Demokratisierungsbegehren im Zuge der Jugendrevolte um 1968 und markiert den Ausgangspunkt für Politisierungs- und Radikalisierungsprozesse in der Gewerkschaftsjugend.

Als Begriff und positive Referenz war sie innerhalb der gewerkschaftlichen Organisationen aber fast 40 Jahre lang mehr oder weniger verschwunden. Dies gilt nicht allein für gewerkschaftliche Publikationen, sondern auch für die Erinnerungs- oder Generationsbildungsnarrative. Diesem Befund soll im vorliegenden Beitrag über mehrere Ebenen nachgegangen werden.

Zuerst ist die Frage zu diskutieren, wie Erinnerungen, Organisationen und Gewerkschaften zusammenhängen und wie in Gewerkschaften historische Narrative entfaltet werden. Danach wird die Lehrlingsbewegung als historisches Phänomen konturiert und die Konflikte innerhalb der Gewerkschaften werden herausgearbeitet. Anschließend wird diskutiert, warum sich nicht ein Generationsnarrativ ehemals Beteiligter in den Gewerkschaften entwickelte. Systematischer wird nach den Schwierigkeiten organisationaler Erinnerung an die Lehrlingsbewegung, und damit auch an soziale Bewegungen, gefragt (vgl. Teichmann in diesem Band).

Mechanismen gewerkschaftlicher Vergangenheitsthematisierungen

Der Titel dieses Beitrags enthält eine harte These – im »Vergessen« einer historischen Konstellation schwingt mit, dass etwas aktiv marginalisiert und die Bedeutung von Ereignissen heruntergespielt wird. Es geht aber weder um eine Enthüllungsgeschichte noch darum, Ereignissen nun im Rahmen einer »countermemory« oder Erinnerungskultur »von unten« wieder zu ihrem Recht zu verhelfen. Vielmehr stimme ich Jenny Wüstenberg sehr zu, die angesichts der Vielfalt von Thematisierungen historischer Ereignisse dafür plädiert, »Erinnerungskulturen in ihrer breiten Pluralität und auch Ambivalenz zu ergründen« (Wüstenberg in diesem Band). Daher will dieser Beitrag anhand des Fallbeispiels der Lehrlingsbewegung den organisationalen Mechanismen nachgehen, die zur Präsenz oder zum Verblassen von Ereignissen beitragen.

Michael Schneider hat für die Gewerkschaften ein Spektrum von Begriffen aufgefächert, mit denen Vergangenheitsthematisierungen mit unterschiedlichen Zielen und Vorstellungen beschrieben werden können. Neben der »Erinnerungskultur« als Verständigung innerhalb von Organisationen über »Eigenart und Zusammengehörigkeit«, der er die bewusster eingesetzte »Geschichts- und Vergangenheitspolitik« beiordnet, und den eher konzeptionellen »Erinnerungsorten« ist ihm vor allem die »Erinnerungsarbeit« wichtig. Mit diesem Begriff lassen sich die in demokratischen Organisationen – und dazu gehören Gewerkschaften unzweifelhaft – beständige und auf Konsens in der Mitgliedschaft ausgerichtete Aushandlungen von als wichtig erachteten historischen Ereignissen und Entwicklungen als in gewissem Rahmen offener Prozess beschreiben (Schneider in diesem Band). Schneider weist zudem auf eine Pluralisierung der Gewerkschaftsgeschichte seit den 1980er Jahren hin. Diese ergab sich aus den konflikträchtigen Auseinandersetzungen zwischen sozialdemokratischen und marxistischen Geschichtsdeutungen ebenso wie aus den Deutungskontroversen über den 2. Mai 1933 (zeitgenössisch Beier 1979; systematisch Berger 2015).

Der DGB-Vorsitzende Heinz Oskar Vetter hob 1978 gegenüber der Historischen Kommission zu Berlin hervor, dass die Gewerkschaften sehr wohl über Fehler und Erfolge der Arbeiterbewegung lernen wollen, aber es kein »verbindliches Geschichtsbild« geben dürfe (Vetter 1979, S. 256). Insbesondere die größere Nähe zu geschichtswissenschaftlicher Expertise, die sich mit dem Aufschwung einer kritischen Sozialgeschichte auch seitens der historischen Zunft und nicht nur bei den Gewerkschaften abzeichnete, führte mit zu einer größeren Offenheit gegenüber kritischen Anfragen an die Geschichte der Gewerkschaften. Dies war angesichts der viele Jahrzehnte lang eher als »Jubiläumsliteratur« aufgefassten Gewerkschaftsgeschichte, wie Gerhard Beier sie spöttisch nannte, bereits ein erkennbarer Fortschritt. Aber, so insistierte Beier 1979, die Gewerkschaften hätten auch Interesse, Lehren aus der Vergangenheit zu ziehen – faktisch Orientierungen für die Gegenwart zu erhalten. Beier erachtete dieses Bedürfnis als legitim und hielt die »arrogante Verweigerung von Antworten« seitens der historischen Zunft für falsch (Beier 1979, S. 22).

Es ist daher auch im Pluralisierungsprozess ein Spannungsfeld zu erkennen, das für gewerkschaftliche Organisationen bis heute gilt: einerseits ein instrumentelles und pragmatisches Organisationsinteresse – nützt die Forschung den Mitgliedern, welche Lehren für Gegenwart und Zukunft können vermittelt werden, und tragen die Erkenntnisse zur Festigung einer organisationalen Zusammengehörigkeit bei? Die ubiquitäre Parole »Aus der Geschichte lernen« steht paradigmatisch dafür. Andererseits historisch-differenzierte Darstellungen, die Gewerkschaften kritisch beleuchten und über organisationsgeschichtliche Fragen weit hinausgehen (Swiniartzki 2017).

Historisch differenzierte Forschungen wirken in die gewerkschaftliche Bildungsarbeit und die Organisation durchaus zurück und werden in der Bildungsarbeit rezipiert. Dies lässt sich am Umgang mit dem 2. Mai 1933 und dem vorherigen Anpassungskurs der ADGB-Gewerkschaften an die nationalsozialistische Herrschaft zeigen: Nachdem erinnerungspolitisch in der Bundesrepublik lange ein Organisationsnarrativ dominiert hatte, mit dem der Anpassungskurs der Gewerkschaften als notwendige Maßnahme zur Sicherung der Organisation gerechtfertigt wurde und fehlende Handlungsoptionen herausgestellt wurden, ist seit den 1980er Jahren eine differenzierte und kritische Sicht auch im gewerkschaftlichen Rahmen üblich geworden (Andresen 2015).

Diese Entwicklung spiegelte sich auch in einem Wandel der Formen bei der Erinnerungsarbeit, worauf Michael Schneider ebenfalls aufmerksam macht: Nicht mehr allein Reden und Broschüren zu besonderen Jahrestagen, sondern auch Ausstellungen, Filme oder Aktionen wie die der DGB-Jugend 2015 mit kritischem Unterton prägen zunehmend das Feld der gewerkschaftlichen Erinnerungsarbeit (Schneider in diesem Band). Vergangenheitsthematisierungen sind stärker als zuvor partizipativ angelegt.

Das Spannungsfeld zwischen Forschungs- und Organisationsinteressen kann jedoch nicht einfach aufgehoben werden, dafür sind die Funktionslogiken zu unterschiedlich. Denn trotz intensiver Debatten um die Poetik und Ausrichtung gewerkschaftsgeschichtlicher Forschung (Welskopp 2002) wird Erinnerungskultur und -politik in Organisationen weiterhin überwiegend nach instrumentellen und pragmatischen Kriterien gestaltet. Dies sollte im Prinzip nicht überraschen: Denn trotz aller Wechselbeziehungen zwischen Forschung, differenzierten Geschichtsdeutungen und kritischer Aneignung geht es bei »kollektiver Erinnerung« in Organisationen um »Parteinahme, Identitätsstiftung und Orientierung in der Gegenwart« (Mittag/Unfried 2011, S. 24).

Peter Birke hat bei der Behandlung der Septemberstreiks 1969 auf zwei dominierende Setzungen für die IG Metall hingewiesen, die als die tragenden Säulen der gewerkschaftsgeschichtlichen Meistererzählung für die Bundesrepublik gelten dürfen: die Betonung der Einheit sowie der sozialen Errungenschaften (oder abstrakter: des Fortschritts) der Gewerkschaften (Birke in diesem Band). Ulf Teichmann hat für die Geschichte des 1. Mai gezeigt, wie der höchste gewerkschaftliche Feiertag seit den 1960er Jahren nicht nur seinen sozialen Charakter änderte, sondern auch zur Kontaktzone zwischen »alten« und neuen sozialen Bewegungen wurde. Daher plädiert er für mehr »gemeinsame Erzählungen«, die sich von der früheren gewerkschaftlichen Fokussierung auf das »erinnerungskulturelle Erbe der Arbeiterbewegung« etwas wegbewegen sollten (Teichmann in diesem Band).

Aber – und darauf weisen nicht nur die zitierten Beiträge hin, sondern auch alle Erfahrungen aus gewerkschaftsgeschichtlichen Förderungs- und Antragsdiskussionen – trotz Erweiterungen bei Formen und Inhalten in der Erinnerungsarbeit bleiben die Narrative von Einheit und sozialem Fortschritt bis heute die entscheidenden Fluchtpunkte gewerkschaftlicher Erinnerungskulturen, und damit auch der Erinnerungsarbeit. Mitgliederbasierte Organisationen sind eben auch Interessenvertretungen und damit an gegenwärtigen Nutzfragen interessiert.

Die in den letzten Jahrzehnten stärker pluralisierte Gewerkschaftsgeschichte ist auch Ergebnis gesellschaftlicher Veränderungen, so der Akademisierung des gewerkschaftlichen Personals oder einer allgemein kritischeren Haltung gegenüber historischen Idealisierungen bei Ehrregimen und Traditionsbildungen (Reeken/Thießen 2015; zum Streit in der Hamburger GEW um den Anpassungskurs 1933: Bois 2020). Insofern ist es kein Vorwurf, sondern eine sachliche Feststellung, dass Geschichte in einer Organisation meist mit einer instrumentellen und pragmatischen Orientierung auf die Gegenwart verhandelt wird.

Für Kontroversen um frühere Konflikte in den Gewerkschaften ist es vor allem wichtig, ob die Geschichte noch »qualmt« und ob sie mit gegenwärtigen Deutungskämpfen verbunden ist. Dabei spielen auch biografische Konflikte eine Rolle. Während die scharfen geschichtspolitischen Auseinandersetzungen über die Novemberrevolution und auch den 2. Mai 1933 einerseits ideologische, andererseits auch biografische Hintergründe hatten, sind diese in den letzten drei Jahrzehnten stark zurückgegangen (Führer et al. 2013).

Bei lebensgeschichtlichen Erzählungen von Gewerkschafter*innen lässt sich beobachten, dass Konflikte innerhalb der Organisation das kommunikative Gedächtnis, wie allgemein emotionale Wahrnehmungen, stärker bestimmen als grundsätzliche Fragen wie Solidarität oder Tarifverträge (Andresen 2014, S. 163–180). Diese personale Erinnerung an Konflikte spiegelt sich aber in gewerkschaftlichen Publikationen, gerade bei lokalen Anlässen, eher selten wider. So wird ein manifester Konflikt beim VW-Betriebsrat Salzgitter in den 1980er Jahren in einem auf Interviews mit ehemaligen Akteur*innen beruhenden Schriftstück unter der Überschrift »Richtungskampf um die beste Vertretung der Belegschaftsinteressen« behandelt (Eckhardt 2003, S. 154; allgemein Andresen 2014, S. 27–36).

Die Integration von Konflikten innerhalb der Organisation, wie es auch für die Lehrlingsbewegung zu zeigen ist, erfolgt meist über zwei Muster: über eine Harmonisierungstendenz und über ein Integrationsbemühen gegenüber allen Akteur*innen. Der Fluchtpunkt organisationaler Erinnerungsnarrative, so lässt sich resümieren, besteht nahezu immer in dem behaupteten einheitlichen Ziel, für die Beschäftigten aktiv zu sein und den so gemeinsam erkämpften sozialen Fortschritten, die zugleich immer auch gefährdet sind. Persönliche, emotionale Empfindungen von Individuen wie auch Konflikte innerhalb der Organisationen spielen dabei eine nachgeordnete Rolle.

Die Lehrlingsbewegung als historisches Phänomen

Das Fallbeispiel, um sich diese Mechanismen genauer anzuschauen, ist die Lehrlingsbewegung. Um was für ein historisches Phänomen handelte es sich dabei? Sie gehörte in einem weiten Verständnis zu den Auswirkungen der Jugendrevolte um 1968 – ein im ersten Moment vielleicht überraschender Befund. In der Forschungsliteratur wurde lange betont, dass das Bündnis gegen die Notstandsgesetze zwischen Gewerkschaften und APO bzw. Studentenbewegung im Mai 1968 scheiterte (einschlägig: Tolomelli 2001; Schneider 1986; ausgewogener: Siegfried 2018, S. 183–190). Der Blick auf diese Zusammenarbeit fokussiert stark auf die Ereignisse um 1968 als studentische Revolte und auf die Führungsgruppen der Gewerkschaften. Es war jedoch vor allem eine jugendliche Unruhe, in der sich Demokratisierungsbegehren und Konflikte mit überkommenen Autoritäten zeigten und jugendkulturelle Aspekte wie Musikkonsum und distinkter Kleidungsstil wichtig waren (grundlegend: Siegfried 2018; Frei 2018).

Diese Entwicklungen waren auch in den Betrieben zu beobachten. Insbesondere die gewerkschaftliche Jugendbildungsarbeit und die Gewerkschaftsjugend waren dabei wichtige Vermittlungsinstanzen. Aktive Gewerkschaftsjugendliche rechneten sich häufig der Außerparlamentarischen Opposition zu. Auf der IG-Metall-Jugendkonferenz im Mai 1968 erklärten viele Delegierte, dass sie zur Demonstration gegen die Notstandsgesetze am 11. Mai nach Bonn gehen würden und nicht zur DGB-Kundgebung nach Dortmund. Die beiden unterschiedlichen Kundgebungsorte gelten gemeinhin als endgültiger Bruch des Bündnisses zwischen Studierenden und den Gewerkschaften. Aber übersehen wird dabei, dass in der Gewerkschaftsjugend Sympathien mit der Revolte und auch Radikalisierungen weiterhin erfolgten, ja danach eher zunahmen.

Auf lokaler Ebene waren viele Gewerkschaftsjugendliche in APO-Aktivitäten eingebunden (folgende Angaben basierend auf Andresen 2016; auf Einzelbelege wird verzichtet). Es gab innerhalb der Gewerkschaftsjugend aber nur wenige eigenständige linksradikale Gründungsversuche, so die in Hamburg und Schleswig-Holstein aktive »Arbeitsgemeinschaft junger Gewerkschafter«, die Anfang 1969 antiautoritäre Positionen in den Gewerkschaften verbreiten wollte, doch bald mit Funktionär*innen in Konflikte geriet und auseinanderfiel.

Unruhe unter den Auszubildenden entzündete sich aber nicht nur als Folge politischer Radikalisierungen, sondern vor allem an der reformbedürftigen Berufsausbildung. Deren Modernisierung war ein integraler Bestandteil der Bildungsreformdebatten der 1960er Jahre; ein Berufsbildungsgesetz wurde jedoch erst im Juni 1969 verabschiedet (Busemeyer 2009). An Nebentätigkeiten, mangelnder pädagogischer Qualifikation der Ausbilder*innen und Ausbeutung in Handwerkerlehren entzündete sich die Kritik.

Im September 1968 störten Hamburger Metalllehrlinge – in Zusammenarbeit mit gewerkschaftlichen Studierenden – eine Freisprechungsfeier mit Flugblättern und organisierten eine Demonstration für die Reform der Berufsausbildung. Auch in anderen Städten folgten bald ähnliche Aktionen zur Berufsausbildung. Getragen wurden sie von unterschiedlichen Gruppen, zum Teil von Basisgruppen, die von Studierenden mitinitiiert wurden, häufig auch von der neu gegründeten Sozialistischen Deutschen Arbeiterjugend (SDAJ), der Nachwuchsorganisation der Deutschen Kommunistischen Partei, sowie anderen linken Gruppen und Zirkeln. Aber sie wirkten nicht allein von außen in die Gewerkschaftsjugend, sondern Gewerkschaftsjugendliche wuchsen in die politischen Gruppen in einem Politisierungsprozess hinein.

In Hamburg kam es 1969 zur erwähnten Prügelei zwischen Demonstrant*innen und gewerkschaftlichen Ordner*innen auf der Ersten-Mai-Kundgebung. Die rund 3.000 Störer*innen waren zwar von der Universität losgezogen, aber es gingen viele Lehrlinge mit. Daher reagierte die örtliche DGB-Leitung mit einem Aktionsprogramm für Gewerkschaftsjugendliche. Kern war die Einrichtung eines offenen Treffens für Jugendliche im Gewerkschaftshaus außerhalb der etablierten Gremienstruktur, welches als Jour fixe bald bundesweit bekannt wurde. Auf Treffen mit teils über hundert Personen planten Jugendliche Demonstrationen zu Missständen in einzelnen Betrieben und brachten sich in die gewerkschaftliche Tarifpolitik ein.

Die Reaktionen der gewerkschaftlichen Funktionär*innen waren unterschiedlich. Insbesondere die Verantwortlichen für Jugendarbeit, sowohl im DGB als auch in manchen Einzelgewerkschaften, sahen in den Mobilisierungserfolgen und im offenen Angebot des Jour fixe eine Chance, die teils brachliegende Gewerkschaftsjugendarbeit neu zu beleben. Daher wurden »Lehrlingszentren« als Aktionsform mit großem strategischen Mobilisierungspotenzial vom DGB-Bundesjugendausschuss gefördert (DGB-Bundesjugendausschuss 1970). Bis 1973 entstanden mehr als 140 Lehrlingszentren in der Bundesrepublik, häufig von lokalen Gruppen der SDAJ, Jusos, maoistischen und anderen linken Gruppen getragen und als offenes Angebot für Jugendliche konzipiert, aber auch initiiert von DGB-Sekretär*innen.

Ab Ende 1969 erhielt die Lehrlingsbewegung bundesweite mediale Aufmerksamkeit. Symbole wurden Bierflasche und Besen, mit denen die Nebentätigkeiten kritisiert wurden. Eine Bewegungsdynamik entwickelte sich vor allem aus betrieblichen Konflikten, die auch gegen Ausbilder oder Gesellen gerichtet waren, welche zumindest in größeren Betrieben oft auch Gewerkschaftsmitglieder waren. Dabei ging es vor allem um hierarchische Konflikte wie lange Haare, das Duzen oder Rauchen von Lehrlingen, allgemein um als entwürdigend empfundene Praktiken im alltäglichen Umgang. »Die Lehrlinge der Arbeitsgemeinschaft wünschen zunächst nichts anderes, als nicht mehr ›letzter Mann‹ im Betrieb zu sein«, hatten Unterstützer der Essener Lehrlingsbewegung festgehalten (Weiler/Freitag 1971, S. 209). Viele überkommene Vorschriften wie das Reinigen von Sanitärräumen oder Rauchverbote wurden nach Protesten oft schnell beendet.

Für die Gewerkschaften war die Protestdynamik zweischneidig. Einerseits wurde die Jugendarbeit wieder attraktiver und es waren beachtliche Mitgliederzuwächse zu verzeichnen, andererseits wuchs ein kritisches Potenzial heran, das sich zum Teil auch gegen gewerkschaftliche Funktionäre richtete und mit dem Anspruch auf autonome Strategiefindung auftrat. Von Mitgliedern des Hamburger Jour fixe wurde ab 1970 eine Lehrlingszeitung herausgegeben, in der eine stärker basisorientierte Gewerkschaftsarbeit mit linker und klassenkämpferischer Ausrichtung gefordert wurde. Die bundesweite Auflage betrug 6.000 Exemplare (Haug/Maessen 1971, S. 207). Die »Politisierung« der Gewerkschaftsjugend und die Überwindung der jugendpflegerischen Verbandsarbeit wurden im DGB positiv gesehen (Balke 1971). Andererseits wurden die Einflüsse von linksradikalen Gruppierungen auf die Gewerkschaftsjugend als problematisch eingeschätzt, vor allem aber die Konflikte zwischen älteren und jüngeren Gewerkschaftsmitgliedern. Auf dem IGM-Jugendkongress 1971 eskalierte dieser Konflikt innerhalb der IG Metall. Ein Antrag, in dem es hieß, die »gewählten Funktionäre« würden um ihre »Autorität [...] im Sinne autoritärer Verhaltensnormen« fürchten, wurde nach hitziger Debatte in »manche Funktionäre« abgeändert (IG-Metall-Vorstand 1971, S. 264).

Zwar gab es 1971 ein Treffen von rund 40 Lehrlingszentren mit Unterstützung des DGB, aber die Hoffnung, diese Zentren als offenes Angebot neben den Gremien dauerhaft zu etablieren, zerschlug sich bald. Dafür gab es mehrere Gründe. Zuerst war auf den gewerkschaftlichen Funktionärsebenen die Skepsis verbreitet, dass eine unkontrollierte und radikale Jugendarbeit die Gewerkschaftsjugend bestimmen könnte. Besonders die IG Metall, deren junge Mitglieder in den Lehrlingszentren häufig eine tragende Rolle spielten, blieb reserviert. Lehrlingszentren sollten sich nicht neben den bestehenden Gremien der verschiedenen Jugendausschüsse als eigenständige Kraft etablieren und die Jugendarbeit sollte vorrangig im Betrieb, nicht außerhalb in Lehrlingszentren stattfinden.

Auch DGB-Bundesfunktionär*innen schwenkten 1972 auf diese Linie um. Der IG-Metall-Jugendkongress hatte 1971 nach hitziger Debatte eine Eigenständigkeit der Jugendarbeit abgelehnt, und auf dem DGB-Bundeskongress 1972 wurde mit dem »Antrag 300« jeder Bestrebung nach organisatorischer Eigenständigkeit der Gewerkschaftsjugend eine Absage erteilt (DGB-Bundesvorstand 1972, S. 253–258). Aus Sicht der Organisation war die Lehrlingsbewegung damit erfolgreich in die gewerkschaftlichen Strukturen integriert. Es gab zwar noch lokale Initiativen, aber vorwiegend in kleineren Städten, die oft in Verbindung mit Jugendzentrumsinitiativen standen und sich eher von den Gewerkschaften wegbewegten (Herrenknecht 2008, S. 73–80).

Das Vergessen der Lehrlingsbewegung

Die Gründe für das Auslaufen der Lehrlingsbewegung waren vielfältiger Natur. Die Skepsis meist älterer Funktionär*innen spielte gewiss eine wichtige Rolle, aber es wäre verkürzt, das Ende vorrangig auf einen Konflikt zwischen bürokratischen Gewerkschaften und eigenständiger jugendlicher Organisierung zu begrenzen. Diese Deutung wurde von einigen Akteur*innen bald aufgebracht und ist in der Forschungsliteratur verbreitet (mit weiterführender Literatur: Bierhoff 2004). Es kamen aber noch andere Faktoren hinzu. War die Lehrlingsbewegung überhaupt eine Bewegung? Die Selbstbezeichnung ist ein Quellenbegriff, der sich an den zeitgenössisch populären Begriffen »Studentenbewegung« und »Schülerbewegung« orientierte. Schon damals gab es Diskussionen um die Bezeichnung.

1970 wurde es bei Teilen der Akteur*innen populärer, den Begriff »Arbeiter-Jugendbewegung« zu verwenden, da sich auch junge Facharbeiter*innen und Angestellte engagierten (SDAJ-Bundesvorstand 1970). Darüber hinaus rief der dezentrale Charakter analytische Skepsis an dem Bewegungsbegriff hervor (Terhorst 1979, S. 18). Der Begriff »Lehrlingsbewegung« erscheint deshalb sinnvoll, weil die wesentliche Agenda die Reform und Modernisierung der beruflichen Bildung war und damit ein verbindendes Anliegen formuliert wurde. Aufgrund der starken Bindung an die Gewerkschaften und den transitorischen Charakter der Ausbildung hatte die Lehrlingsbewegung jedoch keine dauerhafte Perspektive, eine eigenständige Strategie zu entwickeln.

Die Form der Integration in die Gewerkschaft war vielleicht umstritten, wurde aber prinzipiell nur von wenigen Aktivist*innen abgelehnt. Zwar gab es Kritik an bürokratischen Führungsstilen – entsprechend wurden mehr basisdemokratische Entscheidungswege gefordert. Einen eigenständigen »Jugendsektor« forderten schließlich aber nur einige wenige trotzkistische Gruppen. Folge der manchmal scharfen Auseinandersetzungen war jedoch, dass junge Gewerkschaftsmitglieder mit Skepsis gegen gewerkschaftliche Bürokratie sozialisiert wurden. Aber die Einheit der Gewerkschaft beziehungsweise – in einer größeren Perspektive und damals ein häufiges Argument – der Arbeiterklasse zu erhalten, wurde von den meisten politischen Gruppen befürwortet. Das führte bei einigen Gruppen zur Absetzung gegenüber der dynamischen Protestphase.

SDAJ und maoistische Gruppen sahen in den Gewerkschaften die größte Organisation der Arbeiterklasse, die klassenkämpferischer auftreten sollte. Dafür sollte die Zusammenarbeit mit der Gesamtorganisation gesucht werden und analytisch nicht von einem generationellen Konflikt, sondern von der Ausbeutung der Arbeiterklasse im Kapitalismus ausgegangen werden. Daher versuchten sie, sich in den Gremien der Jugendarbeit zu verankern, die SDAJ zudem mit einer ausgeprägten Loyalität gegenüber gewerkschaftlichen Führungsgremien.

Die Einheitsforderung funktionierte zudem in zwei Richtungen. Älteren Mitgliedern ermöglichte sie, auf die Jugend und ihre Forderungen zuzugehen, und den jungen Aktivist*innen, die Notwendigkeit der Zusammenarbeit mit den älteren Funktionär*innen zu akzeptieren. Einen Generationskonflikt innerhalb der Gewerkschaften und der Betriebe leugneten fast alle – für Missstände seien Arbeitgeber*innen und der Kapitalismus verantwortlich zu machen. So argumentierte der DGB-Bundesjugendsekretär Oswald Todtenberg 1971 in einer populären Schrift (Todtenberg/Ploog 1971). Die »Unruhe der Jugend« sei Ausdruck betrieblicher und gesellschaftlicher Missstände, nicht von Konflikten innerhalb der Gewerkschaften. Es wurde betont, dass die Ausbilder*innen und Gesellen in den Betrieben, mit denen die jungen Auszubildenden meist Konflikte über lange Haare, lässigeres Verhalten oder Rauchen am Arbeitsplatz austrugen, nicht die Feinde seien (Hendrich 1970).

Dass allein die Arbeitgeber*innen für das autoritäre Klima in den Betrieben verantwortlich sein sollten, stand jedoch oft im Widerspruch zu den alltäglichen Erfahrungen der Auszubildenden. Konflikte um Hierarchien und jugendkulturelle Distinktionen fanden vor allem in der eigenen sozialen Klasse statt. Eine generationelle Frontlinie wurde dennoch selten von den Akteur*innen betont: So hieß es etwa in der Hamburger *Lehrlingszeitung*, dass Jugendliche unter der doppelten Unterdrückung durch ihre Eltern und durch die Arbeitgeber*innen litten (Lehrlingszeitung 1970, S. 2). Ein wesentlicher Impuls der Lehrlingsbewegung war schließlich, die Hierarchie in den Betrieben aufzubrechen, in der junge Auszubildende auf der untersten Ebene standen. Die Modernisierung der beruflichen Bildung sollte die Chancen auf dem Arbeitsmarkt verbessern.

Es mag zunächst überraschen, dass der Einfluss der Jugendkulturen keine massive Kritik an der Arbeit selbst hervorrief. Aber zum einen verließen nicht wenige Lehrlinge die Betriebe und begannen, als Drop-Outs in alternativen Szenen zu leben oder nutzten den zweiten Bildungsweg für soziale Aufstiege (biografisch gut nachvollziehbar an der aus der Lehrlingsbewegung stammenden Band Ton Steine Scherben, vgl. die autobiografische Skizze Ka 2008). Zum anderen zielten Forderungen der Lehrlingsbewegung auf mehr Freizeit und orientierten sich an Lebensstilen von Schüler*innen und Studierenden. So waren etwa das Ausfüllen der Berichtshefte während der Arbeitszeit, zusätzlicher Unterricht in Berufsschulen oder die Bezahlung des Arbeitsweges Forderungen zur Erweiterung der Freizeit. Die Lehrlingsbewegung kennzeichnete zudem eine dezentrale Mobilisierungsdynamik, in der es um die Modernisierung der beruflichen Bildung und gegen das hierarchische und autoritäre Klima in den Betrieben ging. Diese erfolgte unter politisierten Deutungen auch von Alltagskonflikten, aber erhielt keine bundesweit verbindende Bewegungsstruktur.

Das Nachwirken der Lehrlingsbewegung in den Gewerkschaften

Arp Kreßin, der 1968 die Störung der Freisprechungsfeier in Hamburg mitorganisiert und die Lehrlingsbewegung mitaufgebaut hatte, resümierte 1995 rückblickend in einer lokalen Geschichte der IG-Metall-Verwaltungsstelle Hamburg:

»Teilweise verschreckt durch den verbalen Radikalismus und das oft respektlose Verhalten gegenüber verdienten, manchmal auch nur verständnislosen Funktionsträgern, wurde diese Bewegung mißtrauisch beobachtet, teilweise nur widerwillig unterstützt, zum Teil auch offen bekämpft. Suspekt war eben auch, daß sich die enormen Aktivitäten von der Basis entwickelten und nicht vom Gewerkschaftsapparat initiiert und kaum zu kontrollieren waren« (Kreßin 1995, S. 168).

Eine habituelle und inhaltliche Distanz älterer Gewerkschaftsfunktionär*innen trug sicher dazu bei, dass die Lehrlingsbewegung nicht als positives Ereignis in Gewerkschaftserzählungen einfließen konnte. Aber ein »Vergessen« hat mehr Ursachen als eine Abwehr auf der Führungsebene. Insbesondere die Beteiligten trugen ja Erinnerungen an Proteste mit sich, die als Ereignisse in formativen Jugendjahren häufig stark erinnernd auserzählt werden (Apel 2014). Die Lehrlingsbewegung hatte jedoch zu kurz agiert und war von den politischen Ausrichtungen zu different, um einflussreiche Erzählgemeinschaften in den Gewerkschaften auszubilden.

Peter Birke hat darauf hingewiesen, dass in den Betrieben selbst Erinnerungen an wilde Streiks häufig verloren gehen, etwa aufgrund von Fluktuation der Beschäftigten (Birke 2007, S. 337f.). Dies ist auch für die Lehrlingsbewegung anzunehmen. Viele ihrer Akteur*innen verließen die Betriebe. Kreßin selbst ist dafür ein gutes Beispiel: Nach seiner Metallarbeiter-Lehre studierte er auf dem zweiten Bildungsweg und arbeitete im karitativen Bereich, blieb dabei aber den Gewerkschaften verbunden. In einem Gespräch erzählte er, dass von den in Hamburg aktiven Lehrlingen keine*r im Betrieb blieb, sondern nahezu alle später studierten (Interview mit Arp Kreßin, Forschungsstelle für Zeitgeschichte in Hamburg, 14.11.2008).

Die Lehrlingsbewegung hatte zudem kein herausragendes Ereignis, sondern war von lokalen und regionalen Ereignissen und Gruppen geprägt. Das einzige bundesweite Zusammentreffen war im Juni 1969 in Köln, als die Gewerkschaften eine Kundgebung mit rund 10.000 Personen zur Berufsausbildung organisierten, auf der es auch Auseinandersetzungen mit linken Gruppierungen gab. Hinzu kam ein Gendergap: Die Bewegung wurde von männlichen Aktivisten dominiert, der Anteil aktiver Frauen kann auf rund zehn Prozent geschätzt werden (Andresen 2016, S. 176). Eine kollektive Identität, wie sie für die Persistenz von Bewegungen eine wichtige Rolle spielt (Haunss 2004), bildete sich bei der Lehrlingsbewegung nicht dauerhaft aus. Zudem wirkten die Unvereinbarkeitsbeschlüsse, die die Gewerkschaften 1973 gegenüber maoistischen K-Gruppen fassten, als weiteres Hemmnis.

Die genauen Dimensionen der Unvereinbarkeitsbeschlüsse sind bis heute nicht abschließend erforscht. Aber rund 2.000 Gewerkschaftsmitglieder, anfänglich oft aus dem Jugendbereich, wurden in den 1970er Jahren aufgrund kommunistischer Aktivitäten ausgeschlossen (Andresen 2016, S. 350; als neue Studie zur GEW in Hamburg: Jaeger 2020). Viele verließen die Betriebe, doch es gibt Hinweise darauf, dass bei einem Verbleib im Betrieb zu späteren Zeitpunkten Betriebsrats- und Gewerkschaftstätigkeiten wiederaufgenommen wurden (Moitra 2007).

Dies waren scheinbar objektive Faktoren, die zu einem Verblassen der Lehrlingsbewegung beitrugen – kurze Dauer, dezentrale Struktur, Integration in die Gewerkschaften und Ausschluss oder Ausstieg ehemaliger Beteiligter aus den Betrieben. Generationsbildungsnarrative bilden sich jedoch oft erst nach einiger Zeit, auch bei anderen politischen Generationen lässt sich eine »Generationsrede« oft erst später beobachten und kann nicht primär auf eine gemeinsame Erfahrung zurückgeführt werden. Es handelt sich vielmehr um einen »Kommunikations- und Erinnerungsmodus« (Möckel 2014, S. 26).

Aufgrund des Zusammenhangs mit »1968« wäre es denkbar gewesen, dass eine Erinnerungsarbeit zu diesen Ereignissen Generationsreden innerhalb der Gewerkschaften hervorgebracht hätte. Dies war jedoch nicht zu beobachten – die Lehrlingsbewegung schien in eine Lücke zwischen »1968« und den Neuen Sozialen Bewegungen zu fallen. Die starke Fokussierung auf Studierende in der Jugendrevolte um 1968 separierte die Lehrlingsbewegung von der Jugendrevolte. Zudem galten und gelten die Ereignisse um 1968 innerhalb der Gewerkschaften als etwas Äußeres. Der zeitweilige SPD-Vorsitzende Kurt Beck markierte 2008 diese Distanz: Er sei durch Aktionen und Demonstrationen der Gewerkschaftsjugend politisch sozialisiert worden, aber nie auf einer Studentendemonstration gewesen (Beck 2008).

Die Lehrlingsbewegung, gewissermaßen im Dunkelfeld zwischen 1968 und der Gewerkschaftsjugend zu verorten, fiel daher aus Erzählreferenzen heraus. Dies wurde bereits 1978 in einem Sammelband festgestellt, der nach dem Zusammenhang von »APO und Gewerkschaften« fragte (Küsel 1978a). Die Journalistin und Herausgeberin Gudrun Küsel nahm ihre Erfahrungen als Teamerin für gewerkschaftliche Bildungseinrichtungen zum Ausgangspunkt des Bandes: Was war aus jenen Jugendfunktionär*innen geworden, die Schulungen durchlaufen und gegen Vorstände rebelliert hatten (Küsel 1978b, S. 180)? Ihrer Aufforderung waren vor allem gewerkschaftsverbundene Sozialwissenschaftler wie Fritz Vilmar und Jürgen Seifert gefolgt sowie Akteur*innen der gewerkschaftlichen Bildungsarbeit. Hauptamtliche Gewerkschaftssekretär*innen hätten Küsels Anfragen meist abschlägig beschieden. Ein IG CPK-Sekretär aus Frankfurt schrieb ihr:

»Insgesamt gesehen kann man wohl auch sagen, daß die damaligen Ereignisse weitestgehend in Vergessenheit geraten sind. Auf die heutige Gewerkschaftsarbeit sind jedenfalls keine Auswirkungen spürbar« (ebd., S. 184).

Der Fokus der Beiträge lag im damals üblichen Sprachduktus auf dem Verhältnis von »Intelligenz und Gewerkschaften« (ebd., S. 180), und meist wurde über Konflikte mit der gewerkschaftlichen Funktionärsebene berichtet. Über die Lehrlingsbewegung schrieben Manfred Wilke und Reinhard Crusius. Als Studenten an der gewerkschaftsnahen Akademie für Wirtschaft und Politik hatten sie die Hamburger Lehrlingsbewegung mitaufgebaut. Als prominente Vertreter einer basisorientieren Linie vertraten sie ihre These der »Zerschlagung der Lehrlingsbewegung« durch die Gewerkschaftsbürokratie mit Unterstützung der SDAJ. Als echte Basisbewegung, in der sich tausende junge Lehrlinge politisierten, sei sie nicht »antigewerkschaftlich« gewesen, sondern hätte sich als attraktive Erweiterung von Gewerkschaftsjugendarbeit verstanden. Für den »Gewerkschaftsapparat« sei die offene Jugendarbeit aber zu wenig kontrollierbar gewesen, daher sei die Bewegung zerschlagen worden (Crusius/Wilke 1978).

Ihr Beitrag – wie der Sammelband insgesamt – markierte deutlich die Distanz, die zwischen den eher abstrakt gedachten Polen von »Intelligenz« und »Gewerkschaften« bestand. »1968« war etwas den Gewerkschaften Äußerliches, und der starke Impuls der Lehrlingsbewegung war integriert in ein gewerkschaftliches Narrativ einer Unruhe in der berufstätigen Jugend, mit der die Gewerkschaftsjugendarbeit politisiert und reaktiviert wurde. Deutungen wie die von Crusius und Wilke galten daher ebenfalls als äußerlich, wenn Demokratiedefizite, generationelle Konflikte oder die Selbstorganisierung in den Gewerkschaften hervorgehoben wurden.

Nachhall fanden diese Deutungen nur in Teilen der gewerkschaftlichen Bildungsarbeit. In diesem Feld schwelte zwischen den Einzelgewerkschaften und dem DGB ein Konflikt um erfahrungs- oder leitfadengestützte Bildungsarbeit. Viele Einzelgewerkschaften, insbesondere die IG Metall, nutzten einen leitfadengestützten Ansatz, um junge Mitglieder mit Tarif- und Arbeitsrecht vertraut zu machen. Die DGB-Bundesjugendschule in Oberursel propagierte hingegen den Erfahrungsansatz, bei dem die Seminarteilnehmenden aufgrund ihrer eigenen Erfahrungen die Lerninhalte entwickeln und gestalten sollten. Es war kein rein didaktischer, sondern ein eminent politischer Konflikt. Der Erfahrungsansatz zielte auch auf die Selbstorganisierung der Teilnehmer*innen und schloss damit inhaltlich an Themen der Lehrlingsbewegung an.

Dieser Konflikt eskalierte mit dem Vorwurf einer »kommunistischen Unterwanderung« der Gewerkschaftsjugend, nun wiederum gegen die moskautreue und organisationsloyale SDAJ gerichtet. Nach der Bundesjugendkonferenz des DGB 1977 erhob Karl Schwab, zuständiges DGB-Bundesvorstandsmitglied, Kritik an einer Dominanz von SDAJ-Positionen innerhalb der Gewerkschaftsjugend. Hingegen wiesen die Verantwortlichen der IG Metall den Vorwurf einer »kommunistischen Unterwanderung« entschieden zurück. Der in der Öffentlichkeit ausgetragene Konflikt zog sich über Jahre hin und führte zwischen den Einzelgewerkschaften zu Misstrauen und anhaltenden Verwerfungen (Andresen 2016, S. 430–462). Vor allem die Bundesjugendschule in Oberursel formulierte eine linke Kritik an den orthodox-kommunistischen Gruppen, deren Dominanz und Organisationsloyalität, und gewerkschaftsnahe Sozialwissenschaftler kritisierten die Akzeptanz der gewerkschaftsloyalen SDAJ und DKP (Flechtheim et al. 1980).

Diese Konflikte trugen dazu bei, dass die Lehrlingsbewegung als Vorgeschichte einer innergewerkschaftlichen Fraktion verstanden wurde und entsprechend marginalisiert blieb. In der IG Metall wurde sie, sofern erwähnt, als Element der Mobilisierung verstanden, mit der die gewerkschaftliche Gremienarbeit gestärkt werden konnte. So hieß es in einer 1977 erstellten Ausstellung zur Geschichte der Arbeiterjugendbewegung:

»Eine sich verselbständigende Lehrlingsbewegung ist jedoch, da sie nur allzu schnell von den älteren Kollegen zu isolieren ist, genauso unproduktiv wie eine Jugend, die ständig gegängelt wird und kein Feld zur eigenen Meinung und Willensbildung hat«.

Peter Stelzer, der im hessischen Bebra ein Lehrlingszentrum mit aufgebaut hatte und im DGB aktiv war, schrieb Ende der 1970er Jahre, es sei nahezu unmöglich, sich innerhalb der Gewerkschaften positiv auf die Lehrlingsbewegung zu beziehen; man müsse sich immer gleich distanzieren. Die Lehrlingsbewegung galt bald nach ihrem Auslaufen als »eine notwendige Phase der gewerkschaftlichen Jugendarbeit und ein wichtiger Faktor für die Politisierung der Gewerkschaftsjugend«, so der DGB-Bundesjugendsekretär Walter Haas Anfang 1973. Die Lehrlingsbewegung fand ihre organisationsinterne Vollendung eben erst in der Integration in die gewerkschaftliche Gremienstruktur und einer besseren Betriebsarbeit. So wurde ihre Geschichte erzählbar, da in die Erzählung die gewerkschaftsgeschichtlichen Fluchtpunkte integriert werden konnten (Andresen 2016, S. 212 f.).

Die beiden konträren Deutungen von notwendiger Mobilisierung und bürokratischer Zerstörung der Lehrlingsbewegung waren im Konfliktjahrzehnt vor allem Positionierungen in innergewerkschaftlichen Auseinandersetzungen. Historische Validität konnte keine Seite für sich beanspruchen. Denn bezüglich der Akteur*innen waren viele SDAJ-Mitglieder, aber auch Maoist*innen, Teil der Lehrlingsbewegung gewesen und hatten andere politische Schlüsse gezogen als die von Crusius und Wilke wortstark vertretenen. Die Konflikte versperrten jedoch eine unbefangene Erinnerungsarbeit um die Lehrlingsbewegung – sie war noch zu sehr qualmende Geschichte, die keinen positiven Referenzrahmen für eine Generationsrede bilden konnte.

Während Ende der 1970er Jahre die Studierendenbewegung zunehmend auch als Generation in Medien und Literatur thematisiert wurde, fehlten solche Referenzen für eine Generationsrede an die Lehrlingsbewegung nahezu vollständig. Ein Übergang von einem sowieso in den Gewerkschaften marginalisierten kommunikativen Gedächtnis in ein kollektives Gedächtnis war lange gar nicht zu erkennen. Erst Anfang der 2000er Jahre gab es vereinzelte autobiografische Rückblicke (Kreßin 1995; Hitzelberger 2003; Ka 2008), dann erste historiografische Arbeiten (Andresen 2009; Templin 2011) und schließlich auch Generationsreden im gewerkschaftlichen Zusammenhang. Diese Entwicklungen haben dazu beigetragen, dass die Hamburger DGB-Jugend 2015 die Lehrlingsbewegung als bedeutsames gewerkschaftsgeschichtliches Ereignis nutzen konnte.

Vom Vergessen in Organisationen

Das Fallbeispiel der Lehrlingsbewegung zeigt vor allem die Schwierigkeiten, die bei Erinnerungsarbeit in Gewerkschaften aufkommen, wenn das Ereignis politisch weiterhin umstritten bleibt. Die anfangs genannten Fluchtpunkte von Einheit und sozialem Fortschritt sind bei qualmender Geschichte nicht immer einfach einzuhalten. Als Traditionsbildung diente die Lehrlingsbewegung lange eher kritischen Strömungen innerhalb der Gewerkschaften als der gesamten Organisation.

Fortgesetzte politische Konflikte führen eher zur Marginalisierung historischer Konstellationen, da sich keine tragfähige gemeinsame Deutung herausbildet. Dies hat erhebliche Folgen für die Erinnerungsarbeit, da sich Erzählungen über Ereignisse als nicht zustimmungsfähig in der Gesamtorganisation zeigen.

Geschichtspolitische Debatten dienten im gewerkschaftlichen Konfliktjahrzehnt in erstaunlich starkem Maße der Legitimation politischer Positionierungen in der jeweiligen Gegenwart. Dies betraf vor allem die Auseinandersetzungen um die »Marburger Gewerkschaftsgeschichte« und damit zwischen sozialdemokratisch-pluralen und eher orthodox-marxistischen Positionen. Zwar fanden sich in der SDAJ ehemalige Akteur*innen der Lehrlingsbewegung, aber analytisch sahen sie diese ebenfalls als Mobilisierung für eine gremienbezogene Gewerkschaftsarbeit, nicht als erinnerungswürdigen Impuls mit eigenem Recht.

In den ideologischen Grundkonflikt passte die Lehrlingsbewegung nur bedingt, da sie Elemente von sozialer Protestdynamik auch innerhalb der Gewerkschaften hatte. Gudrun Küsel erwähnte, dass der Beitrag eines Mitglieds der Sozialistischen Einheitspartei Westberlin (SEW) für ihr Buch auf Wunsch der Partei zurückgezogen wurde, da dort über ein Ausschlussverfahren gegen IG-Metall-Jugendliche geschrieben wurde und dies als politisch nicht opportun erschien (Küsel 1978b, S. 183). Die Lehrlingsbewegung als eruptives und sozial dynamisches Aufbegehren innerhalb der Gewerkschaftsjugend war für organisationsbezogene Narrative schwer verdaulich.

Dies gilt auch für andere Ereignisse, die sperrig sind hinsichtlich Erzählungen über die Bedeutung der Organisation. Der Septemberstreik 1969 war ein dynamisches Moment, das für die Gewerkschaftsgeschichte einen Platz hatte als Unruhe unter Beschäftigten, aber nicht als Erfolgsgeschichte der Gewerkschaften. Bei Interviews mit Beteiligten an den Septemberstreiks versuchte eine Autorengruppe, prägende Erfahrung von Konflikten mit älteren oder autoritären Betriebsräten auf den Begriff der »Generation von 1969« zu bringen (Hindrichs et al. 2000, S. 105). Die Interviewten waren später selbst in Betriebsräten aktiv.

Bis Mitte der 1970er Jahre war in diesem Bereich ein »Generationswechsel« zu beobachten, als die oft schon seit den 1950er Jahren amtierenden Betriebsratsvorsitzenden von Jüngeren abgelöst wurden. Dies erfolgte unter den erweiterten Einflussmöglichkeiten des neuen Betriebsverfassungsgesetzes von 1972, das einen Professionalisierungsschub von Betriebsarbeit auslöste, aber von vielfachen Konflikten um Kandidatenaufstellungen und Postenverteilungen geprägt war (Milert/Tschirbs 2012, S. 479). Aber es verweist auch darauf, dass soziale Mobilisierungen biografisch oft eher kurzfristige Ereignisse sind, während der Aufstieg in gewerkschaftliche Basiseliten, als Betriebsrat oder in den Gewerkschaften eine langfristige Anpassung erfordert.

Der frühere IG-Metall-Vorsitzende Berthold Huber begann 1971 als Mitglied einer maoistischen K-Gruppe seine Werkzeugmacherlehre und nahm bald Abstand von utopischen Vorstellungen:

»Ich wollte die Weltrevolution, das ist doch klar. Aber das können Sie ja in einer Fabrik nicht bewerkstelligen. Das hat sich dann schnell gegeben, ich hab' begonnen, die Lehrlinge für die IG Metall zu organisieren« (Hagelüken/Öchsner 2011).

Diese charakteristische Sequenz verweist auf die Anpassungsleistungen und Entradikalisierungen, die viele junge Revolutionär*innen wie auch Beteiligte an sozial dynamischen Protesten in den Gewerkschaften durchliefen. Dies ging einher mit einer zunehmenden Akzeptanz gewerkschaftsgeschichtlicher Narrative.

Die These von der »Zerschlagung der Lehrlingsbewegung« durch die Gewerkschaftsführung ist daher zu eindimensional. Eine der wesentlichen Sperren für organisationsbezogene Erinnerung an die Lehrlingsbewegung lag in deren sozialer Bewegungsdynamik. In Gewerkschaften sind solche kurzzeitigen und für Beteiligte mit emotionaler Energie verbundenen Ereignisse nur schwer in die Narrative von Einheit und Fortschritt zu integrieren. Die in der Lehrlingsbewegung ausgedrückte Unzufriedenheit zeigt aus organisationsbezogener Perspektive allein die Notwendigkeit von konzentrierter, verbindlicher und organisierter gemeinsamer Arbeit aller in den Gewerkschaften, nicht gegen sie. Der jugendliche Aufbruch, auch die Selbstermächtigung gegenüber behäbig scheinenden Betriebsräten, lässt sich in das gewerkschaftsgeschichtliche Narrativ daher nur bedingt einfügen. Dieser strukturelle Aspekt ist einer der wesentlichen Gründe, warum die Lehrlingsbewegung erst wieder Eingang in die Gewerkschaftsgeschichte gefunden hat, als sie auch mit ihren Nachwirkungen nicht mehr qualmende Geschichte war.

Für eine Berücksichtigung gerade auch sperriger historischer Komplexe wie Lehrlingsbewegung, wilder Streik oder Rassismus gegenüber Arbeitsmigrant*innen sprechen aber noch gewichtigere Gründe als mit zeitlicher Distanz verlöschende Feuer. Gewerkschaftliche Erinnerungsarbeit sollte sich nicht nur, aber auch an der Konfliktgeschichte innerhalb der Organisation orientieren. Die Lehrlingsbewegung war ein dynamischer Konflikt um jugendkulturelle Aufbrüche und linke Politisierung, mit denen sich ein Demokratisierungsbegehren verband – Überschießendes war durchaus zu beobachten. Dies haben manche Akteur*innen der Lehrlingsbewegung betont, die über ihre Anpassung oder ihren jugendlichen Selbstermächtigungsüberschwang berichteten. Aber für die Erinnerungsarbeit demokratischer Organisationen sind solche Momente als Teil der Geschichte von Partizipation, gegenseitiger Anerkennung und Beeinflussung eben vor allem über Konflikte zu erzählen. In diesem Sinne ist das Vergessen zwar organisationssoziologisch gut zu erklären, demokratiepolitisch aber dauerhaft schädlich.

Literatur und Quellen

Andresen, Knud (2009): Die bundesdeutsche Lehrlingsbewegung von 1968 bis 1972. Konturen eines vernachlässigten Phänomens. In: Birke, Peter/Hüttner, Bernd/Oy, Gottfried (Hrsg.): Alte Linke – Neue Linke? Die sozialen Kämpfe der 1968er Jahre in der Diskussion. Berlin: Dietz, S. 87–102.

Andresen, Knud (2014): Triumpherzählungen. Wie Gewerkschafter über ihre Erinnerungen sprechen. Essen: Klartext.

Andresen, Knud (2015): Die Anpassung vergessen? Zur gewerkschaftlichen Debatte in der Bundesrepublik um den 2. Mai 1933. In: Berger, Stefan (Hrsg.): Gewerkschaftsgeschichte als Erinnerungsgeschichte. Der 2. Mai 1933 in der gewerkschaftlichen Erinnerung und Positionierung nach 1945. Essen: Klartext, S. 227–244.

Andresen, Knud (2016): Gebremste Radikalisierung. Die IG Metall und ihre Jugend 1968 bis in die 1980er Jahre. Göttingen: Wallstein.

Apel, Linde (2015): Gefühle in Bewegung. Autobiographisches Sprechen über die Jugend. In: Andresen, Knud/Apel, Linde/Heinsohn, Kirsten (Hrsg.): Es gilt das gesprochene Wort. Oral History und Zeitgeschichte heute. Göttingen: Wallstein, S. 59–77.

Balke, Holger (1971): Jahr des jungen Arbeitnehmers. Eine Zwischenbilanz. In: Gewerkschaftliche Monatshefte 11, S. 673–676.

Beck, Kurt (2008): Bebel, Brandt, Beck. Interview mit Kurt Beck. In: Süddeutsche Zeitung Magazin 17, 25. April 2008, S. 18–24.

Beier, Gerhard (1979): Die Wiederentdeckung der Gewerkschaftsgeschichte. Ein aktueller Streit und seine historischen Hintergründe. In: Aus Politik und Zeitgeschichte 41, S. 19–36.

Berger, Stefan (Hrsg.) (2015): Gewerkschaftsgeschichte als Erinnerungsgeschichte. Der 2. Mai 1933 in der gewerkschaftlichen Erinnerung und Positionierung nach 1945. Essen: Klartext.

Bierhoff, Oliver (2004): Organisation und generationale Ordnung. Zur Organisationsgeschichte der Gewerkschaftsjugend. Diss., Münster.

Birke, Peter (2007): Wilde Streiks im Wirtschaftswunder. Arbeitskämpfe, Gewerkschaften und soziale Bewegungen in der Bundesrepublik und Dänemark. Frankfurt am Main: Campus.

Bois, Marcel (2020): Volksschullehrer zwischen Anpassung und Opposition. Die »Gleichschaltung« der Gesellschaft der Freunde des vaterländischen Schul- und Erziehungswesens in Hamburg (1933–1937). Weinheim: Beltz Juventa.

Busemeyer, Marius R. (2009): Wandel trotz Reformstau. Die Politik der beruflichen Bildung seit 1970. Frankfurt am Main: Campus.

Crusius, Reinhard/Wilke, Manfred (1978): Von der Lehrlingsbewegung zur Jugendarbeitslosigkeit. In: Küsel, Gudrun (Hrsg.): APO und Gewerkschaften. Von der Kooperation zum Bruch. Berlin-West: Olle & Wolter, S. 85–95.

DGB-Bundesjugendausschuss (1970): Strategie-Seminar des Bundes-Jugendausschusses des DGB. Ergebnisprotokoll des Seminars vom 20.–24.4.1970. Archiv der sozialen Demokratie, 5/IGMA-22-0220.

DGB-Bundesvorstand (Hrsg.) (1972): Protokoll 9. Ordentlicher Bundeskongreß Berlin, 25. bis 30. Juni 1972. Düsseldorf.

Eckardt, Andrea (2003): Diskutieren, Streiten, Mitgestalten! 30 Jahre Kampf um Arbeit im weltgrößten Motorenwerk Volkswagen Salzgitter. Hamburg: VSA.

Flechtheim, Ossip K./Rudzio, Wolfgang/Vilmar, Fritz/Wilke, Manfred (1980): Der Marsch der DKP durch die Institutionen. Sowjetmarxistische Einflußstrategien und Ideologien. Frankfurt am Main: Fischer.

Frei, Norbert (2018): 1968. Jugendrevolte und globaler Protest. München: dtv.

Führer, Karl Christian/Mittag, Jürgen/Schildt, Axel/Tenfelde, Klaus (Hrsg.) (2013): Revolution und Arbeiterbewegung in Deutschland 1918–1920. Essen: Klartext.

Hagelüken, Alexander/Öchsner, Thomas (2011): Reden wir über Geld: Berthold Huber. »Ich wollte die Weltrevolution«. In: Süddeutsche Zeitung, 11.2.2011, www.sueddeutsche.de/geld/reden-wir-ueber-geld-berthold-huber-ich-wollte-die-weltrevolution-1.1058429 (Abruf am 28.5.2021).

Haug, Hans-Jürgen/Maessen, Hubert (1971): Was wollen die Lehrlinge? Frankfurt am Main: Fischer.

Haunss, Sebastian (2004): Identität in Bewegung. Prozesse kollektiver Identität bei den Autonomen und in der Schwulenbewegung. Wiesbaden: Springer VS.

Hendrich, Klaus (1970): Lehrlinge und Politik. In: Aus Politik und Zeitgeschichte 41, S. 3–48.

Herrenknecht, Albert (2008): »Kleinstadt 1968«. Die Politischen Jugendbewegungen in der Provinz von den 1950er bis 1970er Jahren. In: Pro-Regio-Online. ZeitSchrift für den Ländlichen Raum 5, www.pro-regio-online.de/downloads/klein1968.pdf (Abruf am 28.5.2021).

Hindrichs, Wolfgang/Jürgenhake, Uwe/Kleinschmidt, Christoph (2000): Der lange Abschied vom Malocher. Sozialer Umbruch in der Stahlindustrie und die Rolle der Betriebsräte von 1960 bis in die neunziger Jahre. Essen: Klartext.

Hitzelberger, Otmar (2003): Schritt für Schritt ins Paradies. Frankfurt am Main: Büchergilde Gutenberg.

IG-Metall-Vorstand (1971): Protokoll 9. Ordentliche Jugendkonferenz der IG Metall für die Bundesrepublik Deutschland. Frankfurt am Main.

Jaeger, Alexandra (2020): Abgrenzungen und Ausschlüsse. Die Unvereinbarkeitsbeschlüsse in der GEW Hamburg in den 1970er Jahren. Weinheim: Beltz Juventa.

Ka, Bernhard (2008): … denn die Freiheit ist unser Ziel. Eine autobiographische Dokumentation eines Gründungsmitgliedes des proletarischen Lehrlingstheaters Rote Steine Berlin über die Ereignisse zwischen 1969–74. Norderstedt: Books on Demand.

Klecha, Stephan (2010): Die IG Metall und ihre Jugendarbeit. Generationskonflikte, Netzwerke, Wirkungen. Berlin: Vorwärts-Buch.

Kreßin, Arp (1995): Mit uns die Zukunft? Die Jugendarbeit. In: IG Metall Verwaltungsstelle Hamburg (Hrsg.): »Wartet nicht auf andere, packt jetzt selbst mit an«: Texte, Dokumente und Fotos der IG Metall in Hamburg 1945 bis 1995. Hamburg: VSA, S. 160–169.

Küsel, Gudrun (Hrsg.) (1978a): APO und Gewerkschaften. Von der Kooperation zum Bruch. Berlin-West: Olle & Wolter.

Küsel, Gudrun (1978b): Nachwort. In: Küsel, Gudrun (Hrsg.): APO und Gewerkschaften. Von der Kooperation zum Bruch. Berlin-West: Olle & Wolter, S. 180–184.

Lehrlingszeitung (1970): Alles kaputt? LZ – Zeitung für Lehrlinge und Jungarbeiter 4, Hamburg, S. 2.

Milert, Werner/Tschirbs, Rudolf (2012): Die andere Demokratie. Betriebliche Interessenvertretung in Deutschland 1848–2008. Essen: Klartext.

Mittag, Jürgen/Unfried, Berthold (2011): Arbeiterbewegungen als Akteure und als Objekte kollektiver Erinnerungsprozesse in globaler Perspektive. In: Mittag, Jürgen/Unfried, Berthold (Hrsg.): Arbeiter- und soziale Bewegungen in der öffentlichen Erinnerung. Eine globale Perspektive. ITH-Tagungsberichte 45. Wien: Akademische Verlagsanstalt, S. 11–30.

Möckel, Benjamin (2014): Erfahrungsbruch und Generationsbehauptung. Die »Kriegsjugendgeneration« in den beiden deutschen Nachkriegsgesellschaften. Göttingen: Wallstein.

Moitra, Stefan (2007): Oppositionelle Betriebsratsarbeit bei Bayer: Zwischen parteipolitischer, persönlicher und struktureller Konfrontation. In: Tenfelde, Klaus/Czikowsky, Karl-Otto/Mittag, Jürgen/Moitra, Stefan/Nitzard, Rolf (Hrsg.): Stimmt die Chemie? Mitbestimmung und Sozialpolitik in der Geschichte des Bayer-Konzerns. Essen: Klartext, S. 217–243.

Reeken, Dietmar von/Thießen, Malte (Hrsg.) (2015): Ehrregime. Akteure, Praktiken und Medien lokaler Ehrungen in der Moderne. Göttingen: Vandenhoeck und Ruprecht.

Schneider, Michael (1986): Demokratie in Gefahr? Der Konflikt um die Notstandsgesetze. Bonn: Verlag Neue Gesellschaft.

SDAJ-Bundesvorstand (Hrsg.) (1970): Jugend contra Monopole. Dortmund: Weltkreis.

Siegfried, Detlef (2018): 1968. Protest, Revolte, Gegenkultur. Ditzingen: Reclam.

Swiniartzki, Marco (2017): Der Deutsche Metallarbeiter-Verband 1891–1933. Eine Gewerkschaft im Spannungsfeld zwischen Arbeitern, Betrieb und Politik. Köln: Böhlau.

Templin, David (2011): »Lehrzeit – keine Leerzeit!« Die Lehrlingsbewegung in Hamburg 1968–1972. München: Dölling und Galitz.

Terhorst, Hermann (1979): Initiatoren politischer Arbeiterjugendgruppen. Ein Beitrag zur Analyse der sog. Lehrlingsbewegung 1968–1972. Diss., München.

Todtenberg, Oswald/Ploog, Arno (1971): Du gehörst dir und nicht den Bossen. Ein Buch für Lehrlinge. Frankfurt am Main: Europäische Verlagsanstalt.

Tolomelli, Marica (2001): »Repressiv getrennt« oder »organisch verbündet«. Studenten und Arbeiter 1968 in der Bundesrepublik Deutschland und in Italien. Opladen: Leske + Budrich.

Vetter, Heinz Oskar (1979): Geschichte und Gewerkschaften. In: Internationale wissenschaftliche Korrespondenz zur Geschichte der deutschen Arbeiterbewegung 2, S. 253–259.

Weiler, Joachim/Freitag, Rolf (1971): Ausbildung statt Ausbeutung. Der Kampf der Essener Lehrlinge. Reinbek: Rowohlt.

Welskopp, Thomas (2002): Mißglückte Bildungsromane, Naturgeschichten, inverse Heldenepen und Reiseberichte aus dem Land der »guten Wilden«. Zur »Poetik« der älteren Arbeitergeschichte. In: Hesse, Jan-Otmar/Kleinschmidt, Christian/Lauschke, Karl (Hrsg.): Kulturalismus, Neue Institutionenökonomik oder Theorievielfalt. Eine Zwischenbilanz der Unternehmensgeschichte. Essen: Klartext, S. 87–116.

Gemeinsame Traditionen?
Erinnerungspolitik zwischen Gewerkschaften und
Neuen sozialen Bewegungen

Ulf Teichmann

Der zeithistorischen Forschung gelten Gewerkschaften und Neue soziale Bewegungen gemeinhin als Antipoden (Raphael 2019, S. 168f.; Rödder 2004, S. 66–69). Doch offenbart ein genauerer Blick erhebliche Schnittmengen und Grauzonen (Teichmann/Wicke 2018a; Berger 2014, S. 28, 40). Inwiefern Erinnerungspolitik bei den Begegnungen beider Felder eine Rolle spielte, ist Gegenstand dieser Untersuchung.

Im Grunde fand Erinnerungspolitik schon bei der Prägung des Begriffs »Neue soziale Bewegungen« statt. Diejenigen, die als Aktive und Beobachtende den diversen Mobilisierungen Anfang der 1980er Jahre diesen Namen gaben, betonten damit nicht nur das (vermeintlich) Innovative ihrer eigenen Bewegungen, sondern erklärten zugleich Arbeiterbewegung und Gewerkschaften zu etwas Vergangenem und Abgeschlossenem (Teichmann/Wicke 2018b, S. 13f.). Damit konservierten sie ein Bild von Gewerkschaften in der kollektiven Erinnerung, in dem der andauernde Wandel der Organisationen keinen Platz fand (Andresen 2016). Solch erinnerungspolitisches Abgrenzen konstituiert immer zugleich eine Zusammengehörigkeit nach innen. Soziales Erinnern ist für soziale Bewegungen auch eine Methode der Identitätsstiftung (Eyerman 2016, S. 79).

Dies deutet schon darauf hin, dass die Verwendung des Konzepts Neue soziale Bewegungen als analytisches Instrument für die Zeitgeschichte problematisch ist, da in ihm ein Interesse zeitgenössischer Akteure aufgehoben ist. Ich verwende es daher in seinem breiten Verständnis als Gesamtheit vielfältiger sozialer Bewegungen und Mobilisierungen seit 1968, ohne die damit verbundenen Zuschreibungen vermeintlicher Gemeinsamkeiten zu übernehmen, die sich auf die Schlagworte »Wertewandel«, »Dezentralität«, »Politisierung des Privaten« und »Mittelschicht« herunterbrechen lassen.

Mein Fokus liegt dabei auf in den Neuen sozialen Bewegungen aktiven Akteuren aus dem linken Feld, wodurch auch dogmatische, traditionalistische Gruppen in den Blick geraten, die den erwähnten Verkürzungen zufolge eher Antipoden der Neuen sozialen Bewegungen sein müssten. Hier dient also in erster Linie die durch das Konzept beschriebene Wahrnehmung eines neuen Gegensatzes als heuristischer Ausgangspunkt, um deren erinnerungspolitische Ausprägung nachzuvollziehen (Teichmann/Wicke 2018b, S. 11–17).

Dafür werde ich erinnerungspolitische Aktivitäten von Neuen sozialen Bewegungen und Gewerkschaften um den 1. Mai sowie an den Schnittstellen von Gewerkschaften und Friedensbewegung in den Blick nehmen. Mein Interesse gilt vorrangig der Frage, ob und wie Erinnerungen an den Schnittstellen der Felder Gewerkschaften und soziale Bewegungen genutzt wurden. Überwiegen tatsächlich abgrenzende Narrative oder finden sich auch Erzählungen von Gemeinsamkeit, die gemeinsame Mobilisierungen ermöglichten? Welche Akteure nutzten Erinnerungen wann zu welchem Zweck?

Der 1. Mai als Ressource für das linke Feld

Der 1. Mai bietet sich für einen diachronen Blick auf Erinnerungspolitiken von Gewerkschaften und Neuen sozialen Bewegungen geradezu an, da er als immer auch erinnerndes, sinnstiftendes Ritual eine »Invented Tradition« der Arbeiterbewegung war (Hobsbawm 1983, S. 283–288; Eyerman 2015, S. 80; Stachow 1995), aber auch für viele Akteur*innen der Neuen sozialen Bewegungen seit 1968 ein Datum von großer Bedeutung wurde (Thamm o. J.; Andresen 2012, S. 153–159; Rucht 2001, S. 155, 166–169). Dies betrifft vor allem die hier aktiven Linken diverser Schattierungen, denen es aller Differenz zum Trotz also lohnend erschien, sich die Tradition der Arbeiterbewegung zu eigen zu machen. Erinnerungspolitik bedient sich der Elemente, die einen feldspezifischen Gewinn an Legitimation versprechen (Troebst 2014).

Ob und wie Linke in sozialen Bewegungen ab 1968 versuchten, die Erinnerung an den 1. Mai als Ressource für sich selbst zu nutzen, also symbolisches Kapital aus ihr zu schlagen, fragen die folgenden Absätze anhand einiger lokaler Beispiele.

Klasse, Tradition und Zugehörigkeit – Auseinandersetzungen um den 1. Mai 1968 als Konflikt sozialer Gruppen

In besonders gespannter Atmosphäre fand der 1. Mai 1968 statt, etwa drei Wochen nach den Schüssen auf Rudi Dutschke und den anschließenden Unruhen

(Tolomelli 2001, S. 196f.; Siegfried 2018, S. 164). Fragen des Veranstaltungsformats – Demonstrationsmarsch, Familienfest oder Saalveranstaltung –, die in den Jahren zuvor schon Teil einer Auseinandersetzung um Tradition gewesen waren (Andresen 2012, S. 150–153), wurden nun als Sicherheitsproblem diskutiert. So empfahl der DGB-Vorsitzende Ludwig Rosenberg in einem Rundschreiben an alle DGB-Kreise einen umfangreichen Ordnerdienst, »da wir verhindern wollen, daß es durch die aufgeputschte Stimmung zu Schlägereien zwischen Studenten und Arbeitern kommt«. Auch untersagte er, »Studentenvertreter« auf den Kundgebungen sprechen zu lassen, und behielt dies explizit »Gewerkschaftern« vor (Rosenberg/Hansen 1968; Rosenberg/Stephan 1968).

In diesem Zusammenhang wurde die Erinnerung an den Feiertag der Arbeiter genutzt, um Studierende, die pauschal als Vertreter einer anderen sozialen Gruppe wahrgenommen wurden, außen vor zu halten. Maikundgebungen seien ausschließlich Veranstaltungen des DGB und seiner Gewerkschaften, hielt der DGB-Kreisvorstand Bochum nach einer Diskussion über einen möglichen studentischen Redebeitrag fest.

»Bei aller Sympathie für die Anliegen der Studenten [...] würde bei einem Eingehen auf ihre Wünsche auch ein Präzedenzfall geschaffen, der es anderen politischen und gesellschaftspolitischen Gruppen erlauben würde, mit gleichem Recht ein ebenso gleiches Ansinnen zu stellen« (DGB-Kreis Bochum 1968).

Gegenüber der Lokalpresse vertrat diese Linie Walter Arendt, Vorsitzender der in Bochum ansässigen IG Bergbau und Energie:

»Es gibt Maifeiern seit 1890 – ohne Studenten-Redner. Und ich glaube, daß die Arbeitnehmer auch heute noch selbst am besten wissen, wie sie ihre Interessen zu formulieren und durchzusetzen haben« (Dr 1968).

Erinnerungen an Zeiten mit vermeintlich klaren Verhältnissen dienten also zur Abgrenzung, während die Zusammensetzung des linken Feldes und auch der Gewerkschaftsmitgliedschaft sich immer weiter ausdifferenzierte. Der vergleichsweise junge Bochumer DGB-Vorsitzende, der den zitierten Beschluss seines Kreisvorstandes gegen studentische Beteiligung nicht mitgetragen hatte, insistierte daher – vergeblich – gegenüber Rosenberg darauf, dass die Studenten aus der gewerkschaftlichen Studentengruppe auch Gewerkschafter gewesen seien (Janzen 1968a, 1968b).

1968 war die Konstellation also noch so, dass die Linke in der Studentenbewegung – ohne selbst konkret erinnerungspolitisch zu argumentieren – aus dem traditionellen Feiertag der Arbeiterbewegung politisches Kapital schlagen wollte. Zugleich konnten die Gewerkschaften jedoch in der Abwehr dieser Versuche noch mit der Erinnerung an den 1. Mai als Feiertag der Arbeiterklasse argumentieren.

Was ist die wahre Tradition? Linke in der Gewerkschaftsjugend 1971

Im Rahmen der »Proletarischen Wende« der Studentenbewegung gerieten die Gewerkschaften in den Fokus der Kritik vieler Gruppen im sich neu sortierenden linken Feld; über die Lehrlingsbewegung und Versuche vergleichsweise offener Jugendarbeit der Gewerkschaften hielten diese Konflikte auch Einzug in die Organisationen (Templin 2011; Andresen 2016, S. 114–217).

Im Zentrum kritischer Auszubildender der DGB-Jugend in Essen wurde aus den inhaltlichen Auseinandersetzungen zwischen Jungsozialisten, Sozialistischer Deutscher Arbeiterjugend und der trotzkistischen Kommunistischen Jugendorganisation (KJO) – Spartacus ein regelrechter Machtkampf. Dieser schlug sich unter anderem in der Frage nieder, wie der 1. Mai 1971 richtig zu begehen sei. Anfang des Jahres gründete sich im Zentrum kritischer Auszubildender ein Mai-Komitee der Gewerkschaftsjugend, um durchzusetzen, dass am 1. Mai – im Gegensatz zu den Jahren zuvor, in denen es nur Saalveranstaltungen gegeben hatte – wieder auf der Straße demonstriert wurde (Zentrum kritischer Auszubildender 1970, 1971a; DGB-Kreis Essen 1971).

In einem Brief klärten die jungen Gewerkschafter*innen die Essener Gewerkschaftsführung darüber auf, wie die Tradition der Arbeiterbewegung richtig zu verstehen sei: Die letzten Jahre hätten gezeigt, dass die Arbeitnehmer wenig Interesse an Festveranstaltungen gehabt hätten. »Deshalb«, schrieb das Zentrum kritischer Auszubildender an den DGB Kreisvorstand, »fordern wir Euch als Gewerkschafter auf, den 1. Mai so zu gestalten, wie wir ihn aus der Tradition der Arbeiterbewegung heraus verstehen«. Das heiße, dass Forderungen auch an die Öffentlichkeit getragen werden müssten, um zu zeigen, dass die Gewerkschaften auch bereit seien zu kämpfen. Dies gehe nur mit einer öffentlichen Demonstration und Kundgebung: »Nur so können wir den Anspruch als Kampftag der Arbeiterklasse – denn als solcher ist der 1. Mai nach wie vor zu verstehen – wirklich gerecht werden [sic]« (Zentrum kritischer Auszubildender o. J., 1971b, 1971c).

Nachdem auch eine Unterschriftenaktion des ZKA keinen Erfolg gehabt hatte (Zentrum kritischer Auszubildender 1971d; Zentrum kritischer Auszubildender 1971e), veröffentlichte das Mai-Komitee der Gewerkschaftsjugend – ein Gremium, das die Satzung nicht vorsah und das keinerlei organisatorische Legitimität besaß – einen eigenen Aufruf, vorfinanziert von der Kommunistischen Jugendorganisation (KJO) – Spartacus und gegen den erklärten Willen des SDAJ-nahen Ortsjugendausschusses der IG Metall (DGB-Jugend Essen 1971; IG-Metall-Jugend Essen 1971; Zentrum kritischer Auszubildender 1971f).

Dieser Aufruf mobilisierte zum Demonstrationszug der Bergleute der Zeche Emil, die am 1. Mai gegen die drohende Schließung ihrer Zeche demonstrierten, um anschließend einen »oppositionellen Gewerkschaftsblock« auf der Saalveranstaltung des DGB zu bilden: »Wir müssen uns dagegen wehren«, begründeten die Gewerkschaftsjugendlichen ihren Aufruf, »daß unser Kampftag durch die Führung unserer Gewerkschaften zu einer Festveranstaltung abgewürgt wird«. Die Aufgabe der Tradition der Maifeiern korrespondierte in dieser Perspektive mit dem Verrat an den politischen Zielen der Arbeiterbewegung: Wer wie die Führung der Gewerkschaften bereits Frieden mit Staat und Unternehmen geschlossen habe, so lässt sich die Argumentation zusammenfassen, der führt auch am 1. Mai eine Festveranstaltung im Saalbau durch (Mai-Komitee der Gewerkschaftsjugend Essen o.J.).

Wurde die Erinnerung an die lange Tradition des 1. Mai als Feiertag der Arbeiter 1968 noch genutzt, um andere linke Akteure auszuschließen, stellten jetzt linke Gruppen die Gewerkschaftsorganisationen außerhalb der Tradition, um ihre eigenen Forderungen zu legitimieren. Je mehr sich das linke Feld – nicht zuletzt infolge der Auflösung sozialer Milieus – diversifizierte, desto wichtiger wurde die Selbstinszenierung als historische Erben der wahren Arbeiterbewegung. Überspitzt formuliert: Die eben immer seltener proletarischen linken Akteur*innen eigneten sich die Kultur ihrer Zielgruppe an, um eine vermeintlich legitime Sprecher*innenposition einzunehmen.

Auch im Zentrum kritischer Auszubildender befasste man sich parallel zum eben beschriebenen Konflikt anhand einer vom DGB-Bundesvorstand herausgegebenen Broschüre mit der Geschichte der Gewerkschaftsbewegung (Schuster 1971). Am 4. Mai 1971 führte eine Debatte über das Verhalten der Gewerkschaften in den Jahren zwischen 1914 und 1918, das übrigens scharf verurteilt wurde, zu einer Parallelisierung des Umgangs mit Kommunisten im DGB in den 1950er Jahren mit den eigenen Erfahrungen am 1. Mai 1971, also drei Tage zuvor. Dabei wurde sehr deutlich, dass die Beschäftigung mit der Geschichte der einhelligen Abgrenzung von SPD und DGB-Führung diente, auch wenn nicht in allen Punkten Einigkeit herrschte. Das Protokoll hielt schließlich fest:

»Die Diskussion über das Verhalten der Gewerkschaftsjugend am internationalen Kampftag der Arbeiterklasse ergoß sich in die Frage, ob der Sozialismus in den Ostblockstaaten, besonders in der DDR, zu befürworten ist. Die Debatte wurde jedoch wegen Beginn des Plenums abgebrochen« (Zentrum kritischer Auszubildender 1971g).

Ulf Teichmann

Das Gleiche in Grün? »Alternativer 1. Mai« in den 1980er Jahren

Eine neue Ausrichtung bekamen die erinnerungspolitischen Auseinandersetzungen um den 1. Mai noch einmal ab etwa 1977, als sich innerhalb des linken Feldes eine alternative oder ökologische Wende vollzog und zugleich auch die DGB-Gewerkschaften sich wieder an neuen Rezepten für den 1. Mai versuchten. Die Maikundgebungen »gewerkschaftlich und kulturell« auszurichten, war für Oswaldt Todtenberg von der Abteilung Kulturpolitik des DGB-Bundesvorstandes die Lösung des Problems nachlassender Beteiligung. Denn bisher sei übersehen worden, so Todtenberg, »daß sich Arbeitnehmer nicht nur über den Verstand, sondern auch über das Gefühl gewerkschaftlich organisieren und am gewerkschaftlichen Leben teilnehmen«. Kulturfeste im Anschluss an Demonstration und Kundgebung standen demnach nicht im Widerspruch zur Tradition des 1. Mai, der für Todtenberg »Kampf- und Feiertag zugleich« war (Todtenberg 1977, S. 278f.).

Im Unterschied zu den 1968er Jahren wurde diese Entwicklung im linken Feld inzwischen eher positiv aufgenommen. Zwar war der Status quo der Gewerkschaftspolitik noch immer scharfer Kritik ausgesetzt, doch wurde mit nachlassender Bedeutung dogmatisch-orthodoxer Strömungen auch nicht mehr ein idealisierter Urzustand der Arbeiterbewegung zum Ziel auserkoren. Dies zeigt etwa die Kommentierung der Maifeierlichkeiten 1980 in der *Revier*, einer undogmatisch-linken Duisburger Zeitschrift: »›Kampftag der Arbeiterklasse‹ – das war's einmal. Als Arbeiter vor 90 Jahren an diesem Tag ihre Kundgebung abhielten. Gegen Unternehmer und ihren Staat«, ist dort sicher noch mit einem Rest Wehmut zu lesen. Denn in der Bundesrepublik sei der Feiertag ein Geschenk des Staates gewesen und, so heißt es weiter:

»Kleine Geschenke erhalten die Partnerschaft. Und so hat der 1. Mai sich dann auch entwickelt: Als Feier der Partnerschaft, des sozialen Friedens und eines Staates, der einmal im Jahr wenigstens als Staat auch der Arbeiter erscheinen möchte«.

Die Reflexion der Entwicklung des 1. Mai in der Bundesrepublik diente also dazu, das Fehlen einer Perspektive jenseits des tripartistisch-korporatistischen Modells zu bemängeln. Anschließend warf der Autor den Gewerkschaften vor, die Erinnerung an die Ursprünge von Arbeiterbewegung und 1. Mai nur zur Festigung dieses sozialpartnerschaftlichen Modells zu nutzen:

»zum Denkmal ist der ›Kampftag der Arbeiterklasse‹ in der heutigen Gewerkschaftsbewegung dieser Republik geworden. ›Denkmal, wie schlecht es den Arbeitern damals ging. Wie sie sich abstrampeln mußten um ein bißchen Existenzsicherung. Heute ist das alles geregelt für sie! Anerkannte Gewerkschaften. Anerkannte Gewerkschaftsführer, die mit Helmut Schmidt, Franz-Josef Strauß und Rodenstock Kaffee trinken. Sozialstaat, Mitbestimmung. Denk mal, was wir alles geschafft haben!« Staatsfeier und Traditionspflege machen die tödliche Mischung aus Pflicht und Langeweile, die heute den 1. Mai kennzeichnet«.

Die kulturelle Erweiterung des 1. Mai – hier mit Bezugnahme auf Recklinghausen – wird daher nicht als Entpolitisierung zurückgewiesen, sondern als Möglichkeit gesehen, auch die Inhalte der Maifeiern vielfältiger zu gestalten. Türkische Folkloregruppen, Betriebsjugendgruppen, die Theater spielen, und alternative Maifeiern erschienen da als Hoffnungsschimmer: »Eigeninitiativen«, so der Autor, »– das ist das wichtige daran. Neues Leben! Nicht krampfhafter Versuch, einen Kampftag wiederzubeleben« (o. V. 1980b).

Tatsächlich gaben die DGB-Gewerkschaften mit der kulturellen Öffnung der Maifeiern einen Teil der Deutungshoheit ab, die 1968 noch mit dem historisch begründeten Alleinvertretungsanspruch gerechtfertigt worden war. Dass das neue Probleme mit sich brachte, zeigt die Entwicklung des »Alternativen 1. Mai« in Dortmund. Nachdem die DGB-Jugend 1976 und 1977 einen »Jugendtreff« mit Kulturprogramm und in Kooperation mit der gesamten Dortmunder Linken veranstaltet hatte, bekam der überwiegende Teil linker Initiativen 1978 vom DGB-Kreisvorstand nicht mehr die Erlaubnis, sich bei der DGB-Veranstaltung zu präsentieren. Dies hatte zur Folge, dass sich ab 1979 ein »Alternativer 1. Mai« entwickelte. Denn auch für die Linksalternativen und die Initiativen aus den Neuen sozialen Bewegungen, die den »Jugendtreff« immer mitgeprägt hatten, war das Begehen des 1. Mai selbstverständlich. Dieser wurde inzwischen als Erbe der gesamten Linken und nicht nur der Gewerkschaften betrachtet (o. V. 1979 f; o. V. 1980a). Das machten Slogans wie »Der 1. Mai gehört uns allen« deutlich (o. V. 1979d; Dortmunder Initiativen o. J.), doch bemerkenswert ist, dass die Erinnerung an Traditionen in den Auseinandersetzungen kaum eine Rolle spielte.

1981 – inzwischen explizit gegen den DGB gerichtet – wollte die alternative Dortmunder Stadtzeitung *Klüngelkerl* »aus den letzten arbeiterkrampftagen endlich wieder einen arbeiterkampftag« machen. Und auch wenn die zitierte Formulierung darauf hindeutet, dass sich Teile der Linken auch nach ihrer alternativ-ökologischen Wende noch immer auf einen in der Vergangenheit der Arbeiterbewegung liegenden Idealzustand des Arbeiterkampftages bezogen, waren die historischen Referenzen doch deutlich weniger geworden.

Statt in der unterschiedlichen Auslegung der vermeintlich gemeinsamen Vergangenheit lag der Fokus nun auf unterschiedlichen Zukunftsvorstellungen, die seit den späten 1970er Jahren nahezu immer an der mutmaßlichen Unvereinbarkeit von Ökologie und Ökonomie auseinanderbrachen. So war der entscheidende Knackpunkt für den *Klüngelkerl* dann auch der Umgang mit dem Strukturwandel des Ruhrgebiets, der in Dortmund gerade die drohende Schließung der Hoesch-Stahlwerke auf die Agenda der Gewerkschaften gebracht hatte: Das Motto des DGB werde in diesem Jahr »›Mehr Hoesch für uns alle‹ oder so ähnlich lauten«, vermuteten die Autoren Andreas und Armin, und hielten dem entgegen:

»Da heißt es für uns ganz klar: ›Nix mehr Hoesch für Bonzen‹ und auch ›schluß mit der dreckigen luft – menschen müssen atmen‹. Tja, und da wird's schwierig. [...] Wie kann man jemandem beibringen, daß sein materielles bedürfnis nach wohlstand zurückzustellen ist, wenn es darum geht, weiterleben zu können!?« (Andreas/Armin 1981).

Selbst Werner vom Kommunistischen Bund hatte für diese Belehrung der Arbeiterklasse zwar nur Spott über, hielt seine eigenen »wohl eher traditionalistischen Gedanken« aber betont pragmatisch und ging in der historischen Reflexion nicht hinter das Jahr 1976 zurück (Werner 1981).

Von einer Tradition der Arbeiterklasse zum Feiertag der Linken?

Erinnerungen an die Arbeiterbewegung wurden am 1. Mai praxisrelevant – das haben die Beispiele gezeigt. Sie dienten der Selbstverortung und damit auch Abgrenzung innerhalb des linken Feldes und der Gewerkschaften und waren mitunter Statements zur zukünftigen Gestaltung von Gewerkschaftsarbeit. Und auch wenn es an längeren Abhandlungen zur Entstehung und Geschichte des Tages nicht mangelte, entwickelten diese Erinnerungen ihre Praxisrelevanz fast ausschließlich in Form von verkürzten Kampfbegriffen, in denen eine spezifische Interpretation der Geschichte eingeschrieben war.

Auch wenn es durchaus Bezüge auf den ersten 1. Mai 1890, auf den sogenannten Blutmai 1929 oder auf den 1. Mai 1933 gab, war es vor allem die Formel vom »Arbeiterkampftag«, mit der sich Linke gegen die DGB-Führungen und in eine meist sehr unscharf bleibende Tradition stellten.

Dass es – zumindest nach 1968 – gerade die außergewerkschaftliche Linke war, die sich auf Tradition berief, lässt sich auch darauf zurückführen, dass der 1. Mai immer stärker vom Feiertag der Arbeiter zum Feiertag der Linken, die häufig keine Arbeiter mehr waren, wurde (Andresen 2012, S. 158). Dass die Auseinandersetzung mit der Geschichte der Gewerkschaften eine »Kompensation der verlorenen Arbeiterklasse« war, wie Knud Andresen (2016, S. 547–556) für die Gewerkschaftsjugend geschrieben hat, gilt vielleicht noch stärker für die akademische Linke der 1970er Jahre, die sich die historische Legitimation, sich zu Fragen der Arbeiterbewegung zu äußern, erst erarbeiten musste.

Erinnerung als verbindende Ressource? Erinnerungspolitik von Gewerkschaften und Friedensbewegung

Anschluss durch Erinnerung?
Der Antikriegstag 1979 als gewerkschaftlicher Beitrag zur Friedensbewegung

Seit den späten 1970er Jahren ließ das Interesse vieler Akteure der Neuen sozialen Bewegungen an den Gewerkschaften und ihren Traditionen nach. Das Erstarken der Friedensbewegung an der Wende zu den 1980er Jahren führte zu einer weiteren Verschiebung, da nun – wie bald auch die Gewerkschaften merken mussten – die für die Politisierung der Jugend zentralen Themen von Neuen sozialen Bewegungen gesetzt wurden (Hennig 1979a; Bleicher 1979; Andresen 2016, S. 483–490). Die Gewerkschaften, und hier federführend die DGB-Jugend, nahmen sich des Themas Frieden ebenfalls verstärkt an und veranstalteten bereits 1979 wieder einen Antikriegstag als bundesweit beworbene Veranstaltung, nachdem sie 1969 aufgehört hatten, diesen Tag regelmäßig zu begehen (DGB o.J., S. 23f.).

Auffallend an diesem gewerkschaftlichen Beitrag zur Friedensbewegung ist seine erinnerungspolitische Prägung, während die Friedensbewegung sich – erst recht nach dem Ende 1979 gefassten »Doppelbeschluss« der NATO – zunächst mit aktuellen rüstungspolitischen Fragen auseinandersetzte. Dies lässt sich damit erklären, dass die Erinnerungspolitik für die Gewerkschaften eine Möglichkeit darstellte, das die Jugend umtreibende Thema Frieden aufzugreifen, ohne zu den organisationsintern umstrittenen Rüstungsfragen Stellung beziehen zu müssen.

In der Aktionswoche, die der Großveranstaltung am 1. September 1979 in der Dortmunder Westfalenhalle voranging, veranlassten lokale Gruppen der Gewerkschaftsjugend beispielsweise die Umbenennung von Straßen nach Widerstandskämpfern (B.U. 1979a; o.V. 1979e; DGB-Landesbezirk Nordrhein-Westfalen 1979b, S. 11, 13). Die Dortmunder Gewerkschaftsjugend veröffentlichte eine für den Antikriegstag werbende Ausgabe ihrer Zeitschrift *Durchblick*, die ihre jugendlichen Leser*innen auf vier Seiten über den Weg der Nationalsozialisten zur Macht, die Zeit ihrer Herrschaft und die »traurige Bilanz« des Zweiten Weltkrieges aufklärte (o.V. 1979g) und auch die Ausstrahlung der US-amerikanischen TV-Produktion »Holocaust« als Aufhänger für die Auseinandersetzung mit der deutschen Geschichte nutzte (o.V. 1979a), wohingegen das Thema Abrüstung nur auf einer Seite ausführlicher behandelt wurde (o.V. 1979b).

Auffallend war eine für die Friedensbewegung, aber auch für die Geschichtswerkstätten typische Nahraumorientierung (Schregel 2011; Wüstenberg 2017,

S. 130; Grottian 2017, S. 18). Beispielsweise führte die DGB-Jugend in Dortmund zum Antikriegstag 1979 »alternative Stadtrundfahrten« ein, die zu Stätten nationalsozialistischer Verfolgung und des Widerstandes führten (DGB-Landesbezirk Nordrhein-Westfalen 1979b, S. 24). Da die entsprechenden lokalen Geschichten jedoch bis dahin kaum bekannt waren, forderte die DGB-Jugend in Nordrhein-Westfalen von ihren Gruppen deren Erforschung nach dem Motto »Grabe, wo du stehst« (Lindqvist 1989; Grottian 2017, S. 15 f.) und wurde so eine Pionierin der Geschichte von unten des folgenden Jahrzehnts (Hennig 1979a; o. V. 1979c; DGB-Landesbezirk Nordrhein-Westfalen 1979b, S. 13 f.). Die Liste der Aktivitäten ließe sich auch mit Blick auf andere Orte fortsetzen. Verwiesen sei noch darauf, dass die zentralen Veranstaltungen am 1. September 1979 mit einer Kundgebung am Mahnmal für Opfer der Kriegsendphaseverbrechen in der Dortmunder Bittermark begannen (DGB-Kreis Dortmund 1979).

Dieser Fokus der Gewerkschaftsjugend auf die kritische Erinnerung an den Zweiten Weltkrieg – gipfelnd in der Forderung, den 1. September zu einem offiziellen Feiertag zu machen –, die Zeit des Nationalsozialismus im Allgemeinen und die »Verbindung von Faschismus und Krieg« (o. V. 1979c; DGB-Landesbezirk Nordrhein-Westfalen 1979b, S. 9) verweist auf meist implizit bleibende Deutungsmuster, die Faschismus und Krieg beinahe gleichsetzten und beides als Folge des Kapitalismus interpretierten. Auch wenn es nie so deutlich ausformuliert wurde, war auch die DGB-Jugend hier maßgeblich geprägt von den zuweilen recht simplen neomarxistischen Faschismustheorien der 1960er und 1970er Jahre. Entsprechend dürfte die im Nachhinein geäußerte Kritik der Jugend der IG Bergbau und Energie, dass der Antikriegstag sich eher wie ein Antifa-Tag angefühlt habe, für viele Gewerkschaftsjugendliche kaum nachvollziehbar gewesen sein (Hennig 1979b).

Das deutet schon darauf hin, dass dieser Versuch der Gewerkschaftsjugend, den Anschluss an eine wachsende Neue soziale Bewegung erinnerungspolitisch herzustellen, andere Erinnerungsimpulse mitintegrierte. Dass die zunehmende Sichtbarkeit rechtsradikaler Gruppen in der Bundesrepublik, verbunden mit der Wirtschaftskrise und der Popularität eines autoritär auftretenden Politikers wie Franz-Josef Strauß, viele junge Menschen Parallelen zu der Spätphase der Weimarer Republik ziehen ließ (Frei et al. 2019, S. 140–150), erklärt ebenfalls diese Verbindung von Antikriegstag und antifaschistischem Erinnern (o. V. 1979h; B. U. 1979b; o. V. 1979a; Löw-Beer 1979; o. V. 1979c).

In diesen über das Friedensthema hinausgehenden Gegenwartsimpulsen lagen jedoch Konfliktlinien, die dem Ziel der Organisatoren, durch den Antikriegstag nicht nur das jugendliche Mobilisierungspotenzial der Gewerkschaften zu vergrößern, sondern insbesondere durch die Beschäftigung mit der

Geschichte auch eine generationenübergreifende Einigung der Organisationen anzustoßen, zuwiderliefen (DGB-Landesbezirk Nordrhein-Westfalen 1979b, S. 3).

Auslöser einer größeren Kontroverse war eine Broschüre, die in der DGB-Jugend Nordrhein-Westfalen zur Vorbereitung des Antikriegstages erstellt worden war. Diese sollte nach Ansicht des zuständigen Landesjugendsekretärs »Kenntnisse über die Geschichte unseres Landes, über Rüstungsangelegenheiten, über friedenspolitische Initiativen, über internationale Zusammenhänge, über Abrüstungsvorschläge und Fragen der Alternativproduktion« bieten (DGB-Landesbezirk Nordrhein-Westfalen 1979b, S. 7). Der Schwerpunkt lag jedoch eindeutig auf der deutschen Geschichte (DGB-Landesbezirk Nordrhein-Westfalen 1979a).

Als schon ein erster Entwurf verfasst worden war, prüfte der DGB-Bundesvorstand, ob dieser sich auch für eine geplante bundesweite Veröffentlichung eignete. Stattdessen aber untersagte er die weitere Verteilung der Broschüre und schickte zwei Historiker zur DGB-Jugend NRW, die neun Änderungen im Text veranlassten. Diese konnten allerdings erst bei einer viel größeren zweiten Auflage, nun vom Bundesvorstand herausgegeben, berücksichtigt werden. Ausschlaggebend war bei dieser Intervention wohl, dass der erste Entwurf den designierten Kanzlerkandidaten von CDU/CSU, Strauß, als Faschisten bezeichnet hatte. Das war angesichts scharfer Auseinandersetzungen um den Fortbestand der Einheitsgewerkschaft, an denen sich ausgerechnet Strauß mit Angriffen auf die DGB-Gewerkschaften beteiligt hatte, brisant (Schneider 1989, S. 363). Darüber hinaus sollten die Historiker das dem Bundesvorstand schief erschienene Geschichtsbild wieder geraderücken. Wichtig für die kommende Debatte war dabei, dass eine Stelle der Einleitung, die besagte, dass Deutschland bereits zwei Weltkriege ausgelöst hatte, folgende Ergänzung fand:

»Der deutsch-sowjetische Nichtangriffsvertrag vom 23. August 1939 hat den Beginn des zweiten Weltkrieges beeinflußt, weil Deutschland über Polen herfallen konnte, ohne mit einem russischen Gegenschlag zu rechnen« (Falkenhain 1979; siehe auch Benz 1979).

Das Ganze blieb kein interner Vorgang, sondern wurde öffentlich diskutiert und war auch in den Gewerkschaften höchst umstritten. Während sich die Jugend der IG Bergbau und Energie auf die Seite des Vorstandes stellte und sich »gegen eine bestimmte Art von einseitiger Geschichtsschreibung« aussprach (Wichert 1979), kündigte die IG Metall nach dem Antikriegstag öffentlich an, sich für eine Aufhebung des Verbotes der Broschüre einzusetzen (DGB-Landesbezirk Nordrhein-Westfalen 1979b, S. 65).

So wurde der Versuch, erinnerungspolitisch Anschluss an die Neuen sozialen Bewegungen zu finden, zu einem Bumerang. Nach außen schien das Bild eines autokratischen Gewerkschaftsapparates, das in der alternativen Linken verbreitet war, durch diesen Vorgang vermeintlicher Zensur bestätigt zu werden. Auch die Großveranstaltung am 1. September 1979 in der Dortmunder Westfalenhalle, bei der unter anderem Eric Burdon ein Konzert gab, wurde davon überschattet. Die Rede des DGB-Vorsitzenden Vetter wurde immer wieder von lauten Pfiffen übertönt, unter anderem als er sagte, dass falsch liege, wer Strauß einen Faschisten nennt, oder als er den »Hitler-Stalin-Pakt« erwähnte (Vetter 1979; o. V. 1979h).

Regionale Protesterinnerung: Eine gemeinsame Geschichte von Gewerkschaften und Friedensbewegung?

Auffällig ist mit Blick auf den Antikriegstag 1979 auch, dass die Gewerkschaften ihre Beteiligung an der Friedensbewegung zwar erinnerungspolitisch gestalteten, jedoch nicht ihre eigene Rolle in vorherigen Mobilisierungsphasen der Friedensbewegung erwähnten. Vermutlich hätten die Gewerkschaften auch hierzu keine gemeinsame Erzählung anbieten können. Die Mobilisierungen der 1950er Jahre (»Ohne mich« und »Kampf dem Atomtod«) wurden zwar von den Gewerkschaften angeführt, doch in den Augen einiger Kritiker nicht konsequent ausgefochten (Andresen 2008).

Der Ostermarsch stand in den 1960er Jahren unter »Kommunismusverdacht« und wurde eher von linken Gewerkschaftern auf regionaler oder betrieblicher Ebene getragen (DGB 1963a/2005), und auch der Antikriegstag, in den späten 1970er Jahren als fester Bestandteil gewerkschaftlicher Tradition betrachtet, wurde dem DGB in den 1960er Jahren eher von links und aus der Jugend aufgedrängt (DGB 1962/2005; DGB 1962/2005; DGB 1963b/2005; DGB 1963c/2005; DGB 1965a/2006; DGB 1965b/2006; DGB 1966/2006; DGB 1967/2006). Dennoch wurde in der Friedensbewegung der 1980er Jahre versucht, diese Traditionen erinnerungspolitisch zu nutzen. Doch kam diese Initiative aus der Bewegung, beziehungsweise von Aktivist*innen, die in Gewerkschaften und Friedensbewegung aktiv waren.

Schon die Wiedereinführung der Ostermärsche hatte an eine Tradition aus den 1960er Jahren angeknüpft, die gerade im Ruhrgebiet zu großen Teilen von Arbeiter*innen und Gewerkschafter*innen getragen worden war (Otto 1982). Durch die Bekanntmachung dieser Geschichte der Aktionsform und die Hervorhebung von schon in den 1960er Jahren beteiligten Gewerkschaftern wurde diese Tradition betont (Aehnelt/Schwamborn 1982; Wienecke/Krause 1982; o. V. 1982; Hansel 1982). Auch in den 1980er Jahren wurde der Ostermarsch Ruhr schnell ein Mobilisierungserfolg, doch waren die Organisator*innen enttäuscht, als unter den 60.000 Teilnehmenden 1982 kaum Arbeiter zu finden waren und die Gewerkschaften ihre Unterstützung versagten, da der Aufruf nicht auch die sowjetische Aufrüstung kritisierte. Eine stärkere Verbindung von »Frieden und Arbeit« sollte das in den kommenden Jahren ändern (Ostermarsch-Komitee o.J.a; DGB-Jugend 198; Schrade 1982; Ostermarsch-Komitee o.J.b.).

Diese Verbindung wurde hergestellt über Deutungsangebote, die Rüstungskosten mit der Krise des Arbeitsmarktes und des Sozialstaats verbanden, sowie mit einer Bildsprache, die eine auf industrielle Arbeit aufbauende regionale Identität ansprach und gezielt Arbeiter (männlich, mit Helm und Blaumann) integrierte (Teichmann 2018, S. 96–102). Konkret erinnerungspolitisch wurden die Bemühungen um die Arbeiterschaft der Region, als es darum ging, eine vermeintlich milieubedingte Trennung nach Aktionsform zu überwinden.

Die alternative Linke, die Grünen und die sogenannte autonome Friedensbewegung versuchten bereits 1982 mit der Blockade eines britischen Militärstützpunktes in Holzwickede-Opherdicke bei Dortmund, wo Atomraketen vermutet wurden, den zivilen Ungehorsam in das offizielle Programm des Ostermarsches Ruhr zu integrieren. Die im Ruhrgebiet einflussreiche kommunistische Strömung in der Friedensbewegung verhinderte dies mit der Begründung, dass radikale Aktionsformen eine Beteiligung der Arbeiterklasse an den Protesten verhindern würden (Landesverband der Grünen Nordrhein-Westfalen 1982; Bünnig 1982).

Der 1983 gefundene Kompromiss vermied das Wort »Blockade« und rief stattdessen zu einer »Friedensversammlung vor dem Raketengelände« auf (o.V. o.J.). Um die Brücke zu Gewerkschaftern und Arbeitern zu schlagen, wurde diese Aktion in die Tradition einer Sitzblockade vor einem britischen Armeestützpunkt in Dortmund-Brackel 1959 gestellt, die als erster Akt des zivilen Ungehorsams in Deutschland gilt. Anlass dieser Blockade war eine geplante Stationierung von Atomraketen gewesen – eine augenscheinliche Parallele zu 1983 (Delkus 2014).

Personifiziert wurde diese Kontinuität von Kurt Schrade, der angab, 1959 als Jugendlicher beteiligt gewesen zu sein, und nun als Betriebsratsvorsitzender der Westfalenhütte, des größten Hoesch-Werkes, eine wichtige Person des regionalen Gewerkschaftsfeldes war. Seine persönliche Geschichte betonend rief er nun im Werbematerial des Ostermarsches zur geplanten Aktion auf (o.V. o.J.; o.V. 1983). Bemerkenswert an dieser Rekonstruktion ist allerdings, dass die Gewerkschaften an den Protesten gegen die Stationierung 1959 zwar maßgeblich beteiligt gewesen waren, eine Verbindung zum Sitzstreik jedoch nicht dokumentiert ist (Söder 2001, S. 60 ff.; Delkus 2014).

Große Mobilisierungskraft unter Arbeitern scheint dieser erinnerungspolitische Versuch nicht entfaltet zu haben, auch wenn die Betriebliche Friedensinitiative Hoesch bei der Aktion vertreten war (Schrader 1982). Doch wurde zumindest erreicht, dass sich die Friedensbewegung strömungsübergreifend auf die Blockade als Aktionsform einigen konnte. Beachtenswert ist zudem, dass sich hier eine Neue soziale Bewegung als Teil einer mit der Arbeiterbewegung geteilten Geschichte regionaler Widerständigkeit inszenierte und damit auch versuchte, ihr zugeschriebene soziale Grenzen zu überwinden.

Fazit

Diese Einblicke in die Erinnerungspolitik an den Schnittstellen zwischen Neuen sozialen Bewegungen und Gewerkschaften zwischen 1968 und 1983 zeigen, dass das gegenseitige Verhältnis nicht nur von Abgrenzung, sondern auch von der Suche nach Gemeinsamem geprägt war. Offensichtlich bezogen sich viele Akteure im linken Feld, allen Spaltungen zum Trotz, auf die gleiche, wenn auch unterschiedlich interpretierte, Geschichte von Bewegung und Protest, was sich jedoch gleichsam als Ressource für Bündnispolitik (1983) nutzen ließ wie für Abgrenzung (1971).

Unter Rückgriff auf die Tradition des 1. Mai und gewerkschaftliche Aktivitäten in der Friedensbewegung suchten soziale Bewegungen das Bündnis mit Gewerkschaften und Arbeiterschaft, wobei die Frage nach der richtigen Aneignung der Tradition durchaus Konfliktpotenzial barg. Eine Ausnahme ist der anhand des Antikriegstags 1979 untersuchte Versuch der Gewerkschaften, durch einen Fokus auf Erinnerungsarbeit zwar bündnisfähig zu Neuen sozialen Bewegungen zu werden, zugleich aber Stellungnahmen zu aktuellen politischen Fragen zu umgehen.

Erinnern ist jedoch immer gegenwartsbezogen, was die Auseinandersetzungen um den Faschismusbegriff und den Kriegsbeginn 1939 zeigen. Alles in allem verweist diese auf regionale Beispiele begrenzte Studie darauf, dass eine erinnerungsgeschichtliche Erforschung von Bündnissen und Abgrenzungen im linken Feld bzw. bei Cross-Movement-Mobilization (Zajak et al. 2020), noch viel Potenzial hat.

Lassen sich aus diesen Beispielen erinnerungspolitische Schlüsse für die Gegenwart ziehen? Da die Gewerkschaften als gesellschaftspolitische Akteure immer stärker auf Bündnisse angewiesen sind und noch weniger als in den frühen 1980er Jahren das Feld darstellen, in dem junge Menschen politisch sozialisiert werden, hat die Frage, wie Brücken zwischen Gewerkschaften und sozialen

Bewegungen geschlagen werden können, jedenfalls einige Bedeutung (Negt 2004, S. 158 f.; Herberg 2018; Greer 2008). Gerade angesichts der Klimakrise ist die Notwendigkeit »breite[r] Mehrheiten in der Zivilgesellschaft« auch in den Gewerkschaften kaum umstritten (IG Metall 2019). Erfolgreiche Bündnispolitik braucht gemeinsame Erzählungen. Das Fortwirken der inzwischen vierzig Jahre alten Erzählungen vom Gegensatz zwischen alten, verkrusteten, hierarchischen dem Status quo verpflichteten sozialen Bewegungen und neuen, innovativen, demokratischen, zukunftsorientierten Bewegungen ist dabei sicher nicht hilfreich.

Die Gewerkschaften können nicht mehr, wie noch in den 1960er und 1970er Jahren, vom erinnerungskulturellen Erbe der Arbeiterbewegung zehren, das allein Anziehungskraft auf andere Akteure hatte. Doch ließe sich die Geschichte von Arbeit, Protest und Mitbestimmung nicht auch so erzählen, dass Gewerkschaften, Klimabewegung, Mietrechtsinitiativen und antirassistische Kampagnen sich darin wiedererkennen können? Müssten die Gewerkschaften sich dafür, wie es Jürgen Kocka (2003, S. 615) formulierte, »mehr auf ihre soziale Bewegungstradition besinnen als auf ihre Staatsnähe und ihre bürokratische Macht«?

Voraussetzung wäre eine Vielstimmigkeit, die einem Alleinvertretungsanspruch der »richtigen« Geschichte zuwiderläuft (Neuheiser et al. 2016, S. 31 f.). Das – nach feldimmanenter Logik durchaus nachvollziehbare – Bestreben der Gewerkschaften, eine einheitliche Erzählung ihrer Geschichte zu forcieren (vgl. Andresen in diesem Band), das am 1. Mai 1968 ebenso sichtbar wurde wie beim Antikriegstag 1979, lässt wenig Raum für ambivalente Erfahrungen. Ironischerweise wurden gerade dadurch auch plurale Traditionen der Gewerkschaftsgeschichte verdrängt und ein einförmiges Bild der Organisationen gezeichnet, das wiederum den Erfindern der Neuen sozialen Bewegungen zur Abgrenzung diente.

Literatur und Quellen

Aehnelt, Reinhard/Schwamborn, Winfried (Hrsg.) (1982): Wege zum Frieden. Die Ostermärsche. Dortmund: Weltkreis.

Andreas & Armin (1981): 1. Mai. In: Klüngelkerl, H. Januar, S. 16.

Andresen, Knud (2008): Zwischen Protest und Mitarbeit. Die widersprüchlichen Potentiale gewerkschaftlicher Friedenspolitik 1950–1955. In: Bald, Detlef/Wette, Wolfram (Hrsg.): Alternativen zur Wiederbewaffnung. Friedenskonzeptionen in Westdeutschland. Essen: Klartext, S. 53–69.

Andresen, Knud (2012): Wandel einer sozialen Bewegung. Gewerkschaftliche Mai-Kundgebungen in Hamburg. In: Forschungsstelle für Zeitgeschichte in Hamburg (Hrsg.): 19 Tage Hamburg. Ereignisse und Entwicklungen der Stadtgeschichte seit den fünfziger Jahren. München: Dölling und Galitz, S. 144–159.

Andresen, Knud (2016): Gebremste Radikalisierung. Die IG Metall und ihre Jugend 1968 bis in die 1980er Jahre. Göttingen: Wallstein.

B. U. (1979a): Antikriegstag '79. Stoppt das Wettrüsten in Ost und West. In: Solidarität 5–6, S. 8.

B. U. (1979b): Holocaust. Runterspielen – tun als wäre nichts? In: Solidarität 2–3, S. 10.

Benz, Georg (1979): Georg Benz an die Mitglieder des Vorstandes und des Jugendausschusses der IG Metall, 7.9.1979, LAV NRW R, RW 0527 Nr. 465.

Berger, Stefan (2014): Social Movement in Europe since the End of the Second World War. In: Hesse, Jan-Otmar/Kleinschmidt, Christian/Reckendrees, Alfred/Stokes, Ray (Hrsg.): Perspectives on European Economic and Social History. Perspektiven der europäischen Wirtschafts- und Sozialgeschichte. Baden-Baden: Nomos, S. 15–46.

Bleicher, Siegfried (1979): Kurzprotokoll des Gesprächs zwischen dem Kollegen Bleicher und der Abteilung Jugend am 27.09.1979 in der Landesbezirksverwaltung, LAV NRW R, RW 0527 Nr. 606.

Bünnig, Jens (1982): Unser Marsch ist eine gute Sache… Doch der Gründungsakt war MIESe Mache. In: Revier 3, S. 32 f.

Delkus, Horst (2014): Der erste Sitzstreik in Deutschland fand in Dortmund statt! Eine neue Protestform macht Karriere. In: Heimat Dortmund 1, S. 46–47.

DGB (1962/2005): 24. Juli 1962: Protokoll der 10. Sitzung des Bundesausschusses. In: Hildebrandt, Jens/Schwitzer, Boris (Hrsg.): Der Deutsche Gewerkschaftsbund, 1956–1963. Bonn: Dietz, S. 827–836.

DGB (1962/2005): Protokoll der 31. Sitzung des Bundesvorstandes, 7. August 1962. In: Hildebrandt, Jens/Schwitzer, Boris (Hrsg.): Der Deutsche Gewerkschaftsbund. Bonn: Dietz, S. 837–849.

DGB (1963a/2005): Protokoll der 4. Sitzung des Bundesvorstandes, 5. Februar 1963. In: Hildebrandt, Jens/Schwitzer, Boris (Hrsg.): Der Deutsche Gewerkschaftsbund. Bonn: Dietz, S. 894–898.

DGB (1963b/2005) Protokoll der 8. Sitzung des Bundesvorstandes, 11. Juni 1963. In: Hildebrandt, Jens/Schwitzer, Boris (Hrsg.): Der Deutsche Gewerkschaftsbund. Bonn: Dietz, S. 911–917.

DGB (1963c/2005): Protokoll der 11. Sitzung des Bundesvorstandes, 1. Oktober 1963. In: Hildebrandt, Jens/Schwitzer, Boris (Hrsg.): Der Deutsche Gewerkschaftsbund. Bonn: Dietz, S. 925–929.

DGB (1965a/2006): Protokoll der 24. Sitzung des Bundesvorstandes, 2. Februar 1965. In: Kieseritzky, Wolther von (Hrsg.): Der Deutsche Gewerkschaftsbund. Bonn: Dietz, S. 155–163.

DGB (1965b/2006): Protokoll der 25. Sitzung des Bundesvorstandes, 4. März 1965. In: Kieseritzky, Wolther von (Hrsg.): Der Deutsche Gewerkschaftsbund. Bonn: Dietz, S. 173–178.

DGB (1966/2006): Protokoll der 1. Sitzung des Bundesvorstandes, 7. Juni 1966. In: Kieseritzky, Wolther von (Hrsg.): Der Deutsche Gewerkschaftsbund. Bonn: Dietz, S. 276–292.

DGB (1967/2006): Protokoll der 13. Sitzung des Bundesvorstandes, 13. Juli 1967. In: Kieseritzky, Wolther von (Hrsg.): Der Deutsche Gewerkschaftsbund. Bonn: Dietz, S. 476–490.

DGB (o.J.): Nie wieder Krieg. Kurze Geschichte des Antikriegstages. Friedens- und Sicherheitspolitik: Materialien zur gewerkschaftlichen Bildungsarbeit. Düsseldorf.

DGB-Jugend (1982): Ostern '82: Für Frieden durch Abrüstung, Solidarität mit allen unterdrückten Völkern und deshalb auch: Solidarität mit Polen. Aufruf der Gewerkschaftsjugend. In: Solidarität 1–2.

DGB-Jugend Essen (1971): Protokoll der außerordentlichen KJA-Sitzung am 24.5.1971, Stadtarchiv Essen.

DGB-Kreis Bochum (1968): Protokoll der DGB-Kreisvorstandssitzung am Dienstag, dem 16. April 1968, LAV NRW W, RW 177 Nr. 115.

DGB-Kreis Dortmund (1979): Flugblatt: Kommt zur Großveranstaltung, LAV NRW R, RW 0527 Nr. 313.

DGB-Kreis Essen (1971): Protokoll der DGB-Kreisvorstandssitzung am 1.2.1971, Stadtarchiv Essen.

DGB-Landesbezirk Nordrhein-Westfalen (1979a): Abteilung Jugend, Antikriegstag. Nie wieder Krieg! Abrüstung – Gewinn für uns!. Düsseldorf.

DGB-Landesbezirk Nordrhein-Westfalen (1979b): Abteilung Jugend, Antikriegstag 1979. Dokumentation. Düsseldorf.

Dortmunder Initiativen (o.J.): 10 Jahre alternativer 1. Mai. Dortmunder Initiativen (Broschüre), Archiv der Geschichtswerkstatt Dortmund.

Dr (1968): Wer Maifeiern stört, muß wissen was er tut. Wir sprachen mit Walter Arendt. In: Ruhr-Nachrichten (Bochum), 26.4.1968.

Eyerman, Ron (2015): Social Movements and Memory. In: Tota, Anna Lisa/Hagen, Trever (Hrsg.): International Handbook of Memory Studies. London: Routledge, S. 79–83.

Falkenhain, Gregor (1979): Gregor Falkenhain an DGB-Landesbezirk, Geschäftsführender Landesbezirksvorstand, 10.9.1979, LAV NRW R, RW 0527 Nr. 465.

Frei, Norbert/Maubach, Franka/Morina, Christina/Tändler, Maik (2019): Zur rechten Zeit. Wider die Rückkehr des Nationalismus. Berlin: Ullstein.

Greer, Ian (2008): Von sozialen Bewegungen lernen. Ein Impuls für deutsche Gewerkschaften. In: WSI-Mitteilungen 4, S. 205–211.

Grottian, Etta (2017): Vorgeschichte, Vorbild oder Sackgasse? Zur Historisierung der »neuen Geschichtsbewegung« der Bundesrepublik der späten 1970er und 1980er Jahre. In: Werkstatt Geschichte 75, S. 15–24.

Hansel, Günter (1982): Damals jedenfalls, 1962. Eine Episode aus der Geschichte der Ostermarschbewegung. In: elan 4, S. 4.

Hennig, Klaus-Peter (1979a): Klaus-Peter Hennig an den Geschäftsführenden Landesbezirksvorstand: Vorläufige Einschätzung der Aktionen zum Antikriegstag 1979 in NRW, 7.9.1979, LAV NRW R, RW 0527 Nr. 465.

Hennig, Klaus-Peter (1979b): Aktenvermerk, Betr. DGB-Bundesjugendausschuß-Sitzung am 13.14. September 1979, Antikriegstag 1979, Dortmund, Düsseldorf, 20.9.1979, LAV NRW R, RW 0527 Nr. 313.

Herberg, Mirko (2018): Gerechtigkeit für die Arbeit der Zukunft. In: gegenblende, 18.7.2018, https://gegenblende.dgb.de/artikel/++co++7bbeb7e0-8a90-11e8-ae46-52540088cada (Abruf am 28.4.2021).

Hildebrandt, Jens/Schwitzer, Boris (Hrsg.) (2005): Der Deutsche Gewerkschaftsbund, 1956–1963. Bonn: Dietz.

Hobsbawm, Eric (1983): Mass-Producing Traditions: Europe, 1870–1914. In: Hobsbawm, Eric/Ranger, Terence (Hrsg.): The Invention of Tradition. Cambridge: University Press, S. 263–307.

IG Metall (2019): Gemeinsam Druck machen – Für einen sozialen, ökologischen und demokratischen Wandel, 26.8.2019, www.igmetall.de/download/20190826_20190826_Erkl_rung_FFF_Demo_20_09__GfVM_final_ea1179dd0c1173bf313a45b4b88e27c9ffa3cb5f.pdf (Abruf am 28.4.2021).

IG Metall-Jugend Essen (1971): Protokoll der Sitzung des Ortsjugendausschusses der IGM, VST Essen vom 3.5.1971, Stadtarchiv Essen.

Janzen, Rudolf (1968a): Rudolf Janzen an Ludwig Rosenberg, 17.4.1968, LAV NRW W, RW 177 Nr. 259.

Janzen, Rudolf (1968b): Rudolf Janzen an Ludwig Rosenberg, 18.4.1968, LAV NRW W, RW 177 Nr. 259.

Kieseritzky, Wolther von (Hrsg.) (2006): Der Deutsche Gewerkschaftsbund, 1964–1969. Bonn: Dietz.

Kocka, Jürgen (2003): Gewerkschaften und Zivilgesellschaft. Dimensionen eines Konfliktverhältnisses. In: Gewerkschaftliche Monatshefte 54, S. 610–616.

Landesverband der Grünen Nordrhein-Westfalen (1982): Offener Brief an die Friedensbewegung anläßlich der Ostermärsche '82, Privatarchiv Margret Ullrich, Friedensinitiative Ost, allg. Flugblätter.

Lindqvist, Sven (1991): Grabe wo du stehst. Handbuch zur Erforschung der eigenen Geschichte. Bonn: Dietz.

Löw-Beer, Nele (1979): »Holocaust«. Oder: Haben wir es nicht gewusst? In: Metall 3, S. 20f.

Maikomitee der Gewerkschaftsjugend Essen (o. J.): Flugblatt: 1. Mai, internationaler Kampftag der Arbeiterklasse, hrsg. v. Maikomitee der Gewerkschaftsjugend Essen, Stadtarchiv Essen.

Meyer, Malte (2017): Lieber tot als rot. Gewerkschaften und Militär in Deutschland seit 1914. Münster: edition assemblage.

Negt, Oskar (2004): Wozu noch Gewerkschaften? Eine Streitschrift (Steidl Streitschrift 193). Göttingen: Steidl.

Neuheiser, Jörg/Bartlitz, Christine/Rudolf, Violetta (2016): Mehr Geschichte wagen. Plädoyer für einen mutigeren Umgang der Gewerkschaften mit ihrer (Zeit-)Geschichte. Düsseldorf: Hans-Böckler-Stiftung, www.boeckler.de/pdf/p_fofoe_WP_018_2016.pdf (Abruf am 28.5.2021).

o. V. (1979a): »Holocaust«. Ein Schlagwort bewegt Millionen. Oder »die unbewältigte Vergangenheit«. In: Durchblick. Zeitung der Dortmunder Gewerkschaftsjugend 2/3, S. 10f.

o. V. (1979b): Abrüstung. Gewinn für uns. In: Durchblick. Zeitung der Dortmunder Gewerkschaftsjugend 2/3, S. 8.

o. V. (1979c): Antikriegstag '79. In: Solidarität 10, S. 2.

o. V. (1979d): Bist du auch dabei am 1. Mai? DGB-Kreisvorstand verbietet Initiativen die Teilnahme am 1. Mai-Jugendtreff. In: Klüngelkerl, Mai, S. 1.

o. V. (1979e): DGB-Jugend mit mehr Geschichtsbewußtsein. In: Solidarität 10, S. 4.

o. V. (1979f): Gemeinsam zum 1. Mai! Der Jugendtreff ist eine gute Sache! In: Klüngelkerl, April, S. 1.

o. V. (1979g): Wie war das eigentlich? Krieg, Nationalsozialismus. In: Durchblick. Zeitung der Dortmunder Gewerkschaftsjugend 2/3, S. 4–7.

o. V. (1979h): Erfahrungsbericht über den Antikriegstag der DGB-Gewerkschaftsjugend Nordrhein-Westfalen am 01. September 1979 in Dortmund, LAV NRW R, RW 0527 Nr. 313.

o. V. (1980a): Jugendmai im Revierpark? In: Klüngelkerl, April, S. 13.

o. V. (1980b): Denkmalschutz und neues Leben. 1. Mai im Revier. In: Revier 6, S. 20.

o. V. (1982): Geschichte des Ostermarschs. In: Ent-Rüstung, April, S. 7.

o. V. (1983): Zum Beispiel: 13. März 1959. Erste direkte gewaltfreie Aktion in Dortmund-Brackel. In: Ostermarsch Ruhr Rundbrief, H. 6/1983, Afas, 58.III.34.

o. V. (o. J.): Lieber 'ne Taube auf'm Dach, als 'ne Bombe im Vorgarten. Keine Atomraketen im Revier. Opherdicke atomwaffenfrei! (Flugblatt), Fritz-Hüser-Institut, Archiv (FHI), 201–610.

Ostermarsch-Komitee (o. J.a): Erklärung des Ostermarsch-Komitees zum Ostermarsch Ruhr '82 (Entwurf), LAV NRW R, RW 0527 Nr. 426.

Ostermarsch-Komitee (o. J.b): Diskussionspapier, LAV NRW R, RW 0527 Nr. 426.

Otto, Karl A. (1982): Vom Ostermarsch zur APO. Geschichte der außerparlamentarischen Opposition in der Bundesrepublik 1960–1970. 3. Auflage. Frankfurt am Main: Campus.

Raphael, Lutz (2019): Jenseits von Kohle und Stahl. Eine Gesellschaftsgeschichte Westeuropas nach dem Boom. Berlin: Suhrkamp.

Rödder, Andreas (2004): Die Bundesrepublik Deutschland. 1969–1990. München: Oldenbourg.

Rosenberg, Ludwig/Hansen, Werner (1968): Ludwig Rosenberg und Werner Hansen an die DGB Bezirke und Kreise, 3.4.1968, LAV NRW W, RW 177 Nr. 259.

Rosenberg, Ludwig/Stephan, Günter (1968): Ludwig Rosenberg und Günter Stephan an die DGB-Landesbezirke und Kreise, den Mitgliedern des Vorstandes der Gewerkschaften und Industriegewerkschaften zur Kenntnis, 17.4.1968, LAV NRW W, RW 177 Nr. 259.

Rucht, Dieter (2001): »Heraus zum 1. Mai!«. Ein Protestritual im Wandel. In: Rucht, Dieter (Hrsg.): Protest in der Bundesrepublik. Strukturen und Entwicklungen. Frankfurt am Main: Campus, S. 143–172.

Schneider, Michael (1989): Kleine Geschichte der Gewerkschaften. Ihre Entwicklung in Deutschland von den Anfängen bis heute. Bonn: Dietz.

Schrade, Kurt (1982): »Nehmt die Milliarden verdammt noch 'mal aus dem Rüstungsetat«. Interview mit Kurt Schrade. In: Ent-Rüstung, Mai, S. 3.

Schrader, Wilhelm (1982): Im Regen durchs Revier – für den Frieden gegen die Raketen. In: Westfälische Rundschau (Dortmund), 13.4.1982.

Schregel, Susanne (2011): Der Atomkrieg vor der Wohnungstür. Eine Politikgeschichte der neuen Friedensbewegung in der Bundesrepublik 1970–1985. Frankfurt am Main: Campus.

Schuster, Dieter (1971): Die deutsche Gewerkschaftsbewegung. Düsseldorf.

Siegfried, Detlef (2018): 1968. Protest, Revolte, Gegenkultur. Ditzingen: Reclam.

Söder, Ernst (2001): Dein Leben ist mehr als Arbeit. Von den Anfängen bis ins Jahr 2000. Mehr als 50 Jahre Gewerkschaftsjugend in Dortmund. Essen: Klartext.

Stachow, Helga (1995): Rituale der Erinnerung. Die Maifeiern der Hamburger Arbeiterbewegung zwischen 1890 bis 1914. Marburg: AVK.

Teichmann, Ulf (2018): Neue soziale Bewegung im Stahlwerk? Proteste für Frieden und Arbeit im Ruhrgebiet (1981–1984). In: Arbeit Bewegung Geschichte 17, H. 3, S. 91–106.

Teichmann, Ulf/Wicke, Christian (Hrsg.) (2018a): Arbeit Bewegung Geschichte 17, H. 3.

Teichmann, Ulf/Wicke, Christian (2018b): Alte und Neue soziale Bewegungen. Einleitende Anmerkungen. In: Arbeit Bewegung Geschichte 17, H. 3, S. 11–19.

Templin, David (2011): »Lehrzeit – keine Leerzeit!«. Die Lehrlingsbewegung in Hamburg 1968–1972. München: Dölling und Galitz.

Thamm, Lutz (o.J.): Der 1. Mai einmal anders! Im Spannungsfeld zwischen Neuen Sozialen Bewegungen und Arbeiterbewegung. In: Braun, Horst Dieter (Hrsg.): Vergangene Zukunft. Mutationen eines Feiertages. Berlin: Transit, S. 132–153.

Todtenberg, Oswald (1977): Der 1. Mai in neuen (kulturellen) Formen. In: Gewerkschaftliche Monatshefte 28, S. 278–280.

Tolomelli, Marica (2001): »Repressiv getrennt« oder »organisch verbündet«. Studenten und Arbeiter 1968 in der Bundesrepublik Deutschland und in Italien (Forschung Politikwissenschaft). Opladen: Leske & Budrich.

Troebst, Stefan (2014): Geschichtspolitik. In: Docupedia-Zeitgeschichte, 4.8.2014, http://docupedia.de/zg/troebst_geschichtspolitik_v1_de_2014 (Abruf am 28.4.2021).

Vetter, Heinz Oskar (1979): In Freiheit leben – in Frieden arbeiten. In: Welt der Arbeit, 13.9.1979.

Werner (1981): 1. Mai. In: Klüngelkerl, Februar, S. 16.

Wichert, Udo (1979): Udo Wichert an Heinz Oskar Vetter, 4.9.1979, LAV NRW R, RW 0527 Nr. 465.

Wienecke, Jan/Krause, Fritz (1982): Unser Marsch ist eine gute Sache. Ostermärsche damals – heute. Frankfurt am Main: Marxistische Blätter.

Wüstenberg, Jenny (2017): Civil Society and Memory in Post-War Germany. Cambridge: University Press.

Zajak, Sabrina/Jansson, Jenny/Pleyers, Geoffrey/Lenz, Ilse (2020): Cross-Movement Mobilization and New Modes of Solidarity in Times of Crisis in the Global North and South. In: Moving the Social 63, S. 5–12.

Zentrum kritischer Auszubildender (1970): Protokoll der Koordinationsgruppe vom 28.12.1970, Stadtarchiv Essen.

Zentrum kritischer Auszubildender (1971a): Protokoll der Projektgruppen im Zentrum vom 5.1.1971, Stadtarchiv Essen.

Zentrum kritischer Auszubildender (1971b): Protokoll der Projektgruppen im Zentrum vom 12.1.1971, Stadtarchiv Essen.

Zentrum kritischer Auszubildender (1971c): Protokoll der Projektgruppen im Zentrum vom 19.1.1971, Stadtarchiv Essen.

Zentrum kritischer Auszubildender (1971d): Protokoll der Projektgruppen im Zentrum vom 26.1.1971, Stadtarchiv Essen.

Zentrum kritischer Auszubildender (1971e): Protokoll der Projektgruppen im Zentrum vom 2.2.1971, Stadtarchiv Essen.

Zentrum kritischer Auszubildender (1971f): Protokoll der Projektgruppen im Zentrum am 13.4.1971, Stadtarchiv Essen.

Zentrum kritischer Auszubildender (1971g): Protokoll der Projektgruppe Bildung am 1.5.1971, Stadtarchiv Essen.

Zentrum kritischer Auszubildender (o.J.): ZKA, DGB-Kreis Essen, an den Kreisvorstand des DGB-Kreises Essen, Stadtarchiv Essen.

DDR/Transformation

Zwischen Straße, Hinterzimmer und Betrieb
Gewerkschaften und Treuhandanstalt nach 1990 in Praxis und Erinnerung

Marcus Böick, Christian Rau

Das Verhältnis von Treuhandanstalt (nachfolgend: THA) und Gewerkschaften war und bleibt schwierig. Sowohl in den zeitgenössischen Verhandlungen als auch in den erinnerungskulturellen Kontroversen erschien das (Nicht-)Agieren von Gewerkschaftsvertretern beim krisengeschüttelten Wirtschafts- und Betriebsumbau als widersprüchlich. Der nach 1990 in Ostdeutschland vollzogene abrupte, ja disruptive Übergang von einer zentral gesteuerten Plan- in eine sich bereits damals rasch globalisierende Marktwirtschaft (Berghoff 2019) war weder strukturell noch mental »vorbereitet«; er überforderte die zeitgenössischen Akteure aus Ost und West. Die Umstellungsschocks machten sich besonders in den mittelosteuropäischen Umbruchsgesellschaften unmittelbar bemerkbar. Aber sie betrafen letztlich auch das über Jahrzehnte feinjustierte Verhältnis von Arbeit und Kapital im Westen Europas und Deutschlands.

Während manche, gerade auf Seiten der Linken, das praktische wie ideelle Wegbrechen der sozialistischen Systemalternative sowie das Scheitern möglicher »Dritter Wege« zwischen Markt und Plan erstaunlich frühzeitig beklagten (Schneider 1990; dazu insg. Scharrer 2011), bot der dramatische Crash des Realsozialismus auf der konservativ-liberalen Seite des politischen Spektrums reichlich Anlass zu Jubel, da die Geschichte nun vermeintlich an ihr viel zitiertes Ende gekommen sei – und in kapitalistischer Marktwirtschaft und liberaler Demokratie ihre teleologische Vollendung gefunden hätte (exemplarisch die verschiedenen Stimmen bei: Nötzold 1990; Siebert 1992).

Bekanntlich kam es anders. Mit drei Jahrzehnten Distanz lassen sich im Blick auf die verwickelte Praxis des Wirtschaftsumbaus nach 1990 Licht und Schatten in scharfen Kontrasten sowie vielfältigen Mischverhältnissen ausmachen. Gerade Ostdeutschland erscheint als bemerkenswerter Sonderfall, regelrecht eingeklemmt zwischen westeuropäischen und osteuropäischen Transformationen: Die intensiven Verflechtungen, Transfers und Wahrnehmungen zwischen Akteuren aus Ost- und Westdeutschland muten im mittelosteuropäischen Kontext außerordentlich an – und boten und bieten sowohl Anlass für materiellen Neid (über finanzielle bzw. Sozialtransfers) als auch kulturelles Mitleid (über kulturelle Unter- bzw. Überordnungen) (Ther 2019). Die von vielen Menschen in der unmittelbaren Euphorie des überraschenden Mauerfalls zu Jahresbeginn 1990 noch erhoffte schnelle Überwindung der Teilung sowie rasche Vollendung der »inneren Einheit« in der Praxis auszugestalten erwies sich aus strukturellen wie mentalen Gründen oft als viel schwieriger.

Während die staatliche Einheit in einem atemberaubenden Tempo binnen weniger Monate zum 3. Oktober 1990 kurzfristig erreicht wurde, erschienen mittelfristig vor allem die wirtschaftlichen Umstellungsprobleme in den Unternehmen und Regionen als eine zentrale Herausforderung. Langfristig beschäftigen die kulturellen und sozialen Folgewirkungen der 1989/90 eingeschlagenen Wege in Deutschland und Europa Politik, Wissenschaft und Öffentlichkeit unter dem Eindruck populistischer Wahlerfolge sowie autoritärer Regime mehr denn je (Krastev/Holmes 2019; Kowalczuk 2019).

Ob man die Vorgänge heute als vorzeigbaren wie nachahmenswerten Erfolg der sozialen Marktwirtschaft oder aber als abschreckenden Misserfolg eines neoliberalen Kapitalismus identifiziert, hängt stark von der jeweiligen (Zeitzeugen-)Perspektive ab. Das turbulente und erst allmählich historisierte Geschehen der »Transformationszeit« bietet reichlich Material, das sich in beide Großerzählungen einfügen lässt: Auf der einen Seite der Bilanz stehen gelungene individuelle Aufbrüche, neuartige Aufstiegschancen und vielfältige Konsummöglichkeiten sowie umfassende politische wie gesellschaftliche Freiheiten. Auf der anderen Seite bestimmten jedoch zahlreiche individuelle Enttäuschungen, kollektive Frustrationen sowie regelrecht endemische gesellschaftliche Ängste vor »Abwicklung«, »De-Industrialisierung«, Arbeitslosigkeit und Abwanderung die Szenerie im krisengeschüttelten Osten, während ein scheinbar unerschütterter Westen vielmehr angesichts der horrenden »Kosten der Einheit« erschauderte oder sich angesichts der vermeintlichen »Undankbarkeit« vieler Ostdeutscher ernüchtert vom ohnehin bald kaum noch überschaubaren Krisengeschehen abwandte (als Kontraste im Laufe der Zeit Panitz/Huhn 1992; Dümcke/Vilmar 1996; Roethe 1999; Müller 2005; Baale 2008).

Mitten in diesen oft chaotischen Umbrüchen agierten die Gewerkschaften und ihre Vertreter aus Ost und West in unterschiedlichen Rollen, auf verschiedenen Ebenen und in vielfältigen Konstellationen. Einerseits taten sie sich als

Wortführer des Widerstands hervor: Sie führten den wütenden Protest von Belegschaften an, die die »Abwicklung« ihrer Betriebe fürchteten. Sie deckten korrupte Machenschaften und Betrügereien von Managern und Investoren auf. Sie unterbreiteten Vorschläge für alternative Privatisierungsansätze jenseits des im Sommer 1990 etablierten, auf rasche Verkäufe an westdeutsche Investoren setzenden THA-Modells. Zugleich zeugen auf der anderen Seite zahlreiche Zeitzeugen-Berichte und neu zugängliche Akten von einem ausgesprochenen Pragmatismus zahlreicher Gewerkschaftsvertreter in den oft verwickelten Verhandlungen. Hier erkannten sie ihre Aufgabe insbesondere darin, so viele Arbeitsplätze wie möglich zu erhalten und zugleich die drohenden Folgen von Entlassungen durch Sozialauswahl sowie Sozialplanregelungen abzumildern.

Im Folgenden soll es darum gehen, auf der Grundlage neuester zeithistorischer Forschungen und neu zugänglicher Archivbestände (Loewenich 2018) die Rolle von Gewerkschaftsakteuren in den Auseinandersetzungen in der und um die THA exemplarisch herauszuarbeiten. Deutlich wird dabei, erstens, dass die Geschichte der THA nicht ohne die in der »alten« Bundesrepublik geprägten Wahrnehmungsmuster und damit verbundene gewerkschaftsinterne Konfliktlagen verstanden werden kann. Zweitens wird gezeigt, dass ostdeutsche, insbesondere betriebliche Akteure nicht ohnmächtig und passiv agierten, sondern eingeübte westdeutsche Krisenbewältigungsmuster herausforderten. Und drittens wird nach Tendenzen, Deutungshoheiten und Lücken in der gewerkschaftlichen Erinnerungskultur mit Blick auf die THA gefragt.

Besonders aussichtsreich erscheint uns eine Perspektive, die den ohne Frage scharfen Zäsurcharakter von 1989/90 bewusst relativiert und dabei insbesondere auf personelle, strukturelle sowie mentale Kontinuitätslinien abhebt. Die nach 1990 beim Wirtschaftsumbau handelnden Figuren, vor allem aus Westdeutschland, entstammten nämlich meist den dort langfristig ausgebildeten Netzwerken, Arrangements und Mindsets des bundesdeutschen »Strukturwandels«. Dieses Marschpaket brachten viele West-Experten – ob als Manager, Berater, Politiker oder Gewerkschafter – nach dem Mauerfall mit in den im Umbruch befindlichen Osten. Dergestalt erweist sich 1989/90 nicht als bloße »Stunde null« und der anschließende Transformationsprozess als etwas völlig Neuartiges; er erscheint vielmehr langfristig eingebettet in übergreifende Diskurse und Praktiken wirtschaftlicher Umgestaltungsprozesse – freilich in einem neuen, in vielerlei Hinsicht extremen Krisen-Setting.

Marcus Böick, Christian Rau

In der Nebenrolle? Die Gewerkschaften und der Wirtschaftsumbau im Frühjahr 1990

Es ist keineswegs so, dass Gewerkschaftsvertreter völlig abseits des (ideen-)politischen Spielfeldes standen, das sich im Herbst 1989 auftat. Denn die nun einsetzenden Debatten über die Zukunft einer reformierten DDR als gesellschaftlichem Projekt erstreckten sich auch auf das Feld der Zentralplanwirtschaft. Gerade ökonomische Motive hatten bei der »Friedlichen Revolution« eine entscheidende Rolle gespielt. Und angesichts der ökologischen wie ökonomischen Defizite, ständiger Versorgungsmängel sowie technologischer Rückstände stand den Akteuren in der DDR ein Reformbedarf tagtäglich vor Augen (Pirker et al. 1995; Thießen 2001).

In etlichen Betrieben und »Kollektiven« wurden nun intensiv mögliche Zukunftsaussichten, aber auch drohende Gefährdungen diskutiert. In die optimistischen Zukunftshoffnungen und Aufbruchsvisionen mischten sich von Anfang an auch Ängste vor drohender Arbeitslosigkeit, neuen Ungleichheiten sowie dem Verlust von gesellschaftlichem Zusammenhalt, sofern man sich auf den kapitalistischen Pfad des Westens begeben würde, der jedoch mit seinen breiten Konsum- und Karrieremöglichkeiten lockte (Wenzel 2019).

Die nominellen Vertreter der Staatsgewerkschaft FDGB litten dabei, wie gleichsam alle Funktionseliten des SED-Regimes, unter massivem Vertrauensverfall und Autoritätsverlust. Dieser materialisierte sich im Spätherbst in etlichen Austritten und heftigen Auseinandersetzungen in den Belegschaften (Steiner 2007). Entsprechend überrascht es wenig, dass aus den Reihen des FDGB kaum Stimmen laut wurden, wie eine künftige Wirtschafts- und Arbeitswelt denn aussehen könnte. Dies war noch am ehesten im Kontext der ab November ins Amt gelangten SED-Regierung von Hans Modrow und seiner Wirtschaftsministerin Christa Luft der Fall, die um den Jahreswechsel 1989/90 unter Hochdruck Konturen einer »sozialistischen Marktwirtschaft« entwickelte (Treuhandanstalt 1994, Bd. 1, S. 7–14).

Zur gleichen Zeit tobten auch am seit Ende November tagenden Zentralen Runden Tisch Debatten zwischen Vertretern verschiedener Oppositionsgruppen sowie einer gegen ihren Autoritätsverfall ankämpfenden Modrow-Regierung. In den Sitzungen dieses Übergangsgremiums erschienen Wirtschaftsfragen allerdings eher als Nebensache, da der Umgang mit dem MfS sowie die freien Wahlen die Agenda dominierten (Thaysen 2000, VII–XLIV). Als Mitte Februar der Kirchenhistoriker Wolfgang Ullmann die Gründung einer neuartigen Treuhand-Behörde vorschlug, die das »volkseigene Vermögen« vor dem Zugriff westlichen Kapitals sowie östlicher Seilschaften bewahren und über Anteilsscheine an die ostdeutsche Bevölkerung verteilen sollte, spielten gewerkschaftliche Akteure dabei aber keine Rolle (Kemmler 1994). Ullmanns Vorschlag war eine unmittelbare Reaktion auf einen Strategieschwenk der Bonner Bundesregierung, die der DDR kurz zuvor eine sofortige »Währungsunion« in Aussicht gestellt hatte, sofern sie zugleich das Modell der »sozialen Marktwirtschaft« vollständig übernehmen würde (Seibel 2005).

Der Wahlkampf für die Volkskammer erschien damit vollends entbrannt. Nun griffen auch zahlreiche westdeutsche Berater und Parteien umfassend in die Auseinandersetzungen mit ein. Die Debatten spitzten sich dabei auf die Frage zu, ob eine Einigung nach westdeutschem Modell anzustreben sei, wie sie konservativ-liberale Kräfte forderten, oder aber eine fortbestehende, jedoch reformierte DDR einen dritten Weg in die Zukunft suchen sollte, wie linke und grüne Vertreter propagierten (Sziedat 2019).

Während der Wahlkampf tobte, griff die Modrow-Regierung Ullmanns Vorschlag Anfang März in Teilen auf: Man gründete eine neue Treuhand-Behörde, der man das industrielle Staatsvermögen mit 8.500 Betrieben und vier Millionen Beschäftigten übertrug. Allerdings nahmen die Regierungsvertreter, zu Ullmanns Unmut, von der Ausgabe von Anteilsscheinen Abstand. Die Gründung der THA sollte sich dabei als eine der letzten Maßnahmen dieser Regierung erweisen, endete die Wahl doch mit einem unerwartet triumphalen Sieg der konservativen Einigungsbefürworter der »Allianz für Deutschland« (Richter 2009).

Zumindest innenpolitisch standen die Zeichen damit auf eine schnelle Einigung. Die neue Regierung unter dem CDU-Politiker Lothar de Maizière, der noch bis April eine große Koalition mit Liberalen und Sozialdemokraten gebildet hatte (Stuhler 2010), trat nun in Verhandlungen mit der Bundesregierung ein. In dieser »Stunde der Exekutive« (Beyme 2004, S. 425) erschien die Rollenverteilung klar: Während die von CDU und FDP getragene Bundesregierung als starke Partnerin auftrat und die Rahmenbedingungen vorgab, blieb der frisch ins Amt gelangten DDR-Regierung wenig mehr, als sozialpolitische Aspekte in den eilig konstruierten Staatsvertrag hineinzuverhandeln. Abermals konnten gewerkschaftliche Akteure, aber auch sozialdemokratische oder grüne Politiker das Geschehen bestenfalls aus der Distanz verfolgen, kommentieren oder kritisieren, als es wirklich maßgeblich mitzugestalten. Die Marschrichtung schien ohnehin eindeutig – es ging in Bonn und Ost-Berlin nun um eine schnelle wie vollständige Übernahme des westdeutschen Wirtschaftsordnungsmodells durch die DDR, die im Gegenzug die D-Mark erhielt und zugleich zusicherte, ihr von der THA gehaltenes »Volksvermögen« rasch zu privatisieren (Seibel 2012).

Obschon den Gewerkschaften bis zum Sommer 1990 bestenfalls eine Nebenrolle zukam, mangelte es keineswegs an Vorschlägen oder Engagement. Viele

Arbeitnehmervertreter brachen in Euphorie gen Osten auf, um dort als Berater die Sache ihrer Kollegen zu unterstützen und organisatorische Aufbauarbeit zu leisten (vgl. dazu im Überblick die Beiträge bei Brunner/Kuhnhenne/Simon 2018). Die IG Metall (West) hatte bereits am 6. Dezember 1989 mit ihrer ostdeutschen »Schwester« den Aufbau von Betriebspartnerschaften vereinbart, um zu verhindern, »daß die Wirtschaftsbeziehungen der Betriebe zu Nachteilen für die Metaller beider Staaten entwickelt werden« (Böhm 2019, S. 512 f.; IG Metall o. J.). Die IG Chemie-Papier-Keramik (IG CPK), deren Vorsitzender Hermann Rappe sich schon im Dezember 1989 zum Fürsprecher einer schnellen Wiedervereinigung stilisiert hatte (Rappe 1989a; Weigert 1989; Rappe 1989b; o. V. 1990), ließ bereits Mitte Februar 1990 ein erstes Beratungsbüro für die ostdeutsche IG Chemie-Glas-Keramik (IG CGK) eröffnen (IG CPK 1990a).

Die Denkhorizonte der West-Gewerkschaften waren klar von den Auseinandersetzungen der 1980er Jahre bestimmt – also von seinerzeit geführten Debatten über Privatisierungen, Tariferhöhungen und Eigentumsformen; auch Diskussionen über die Bewältigung eines (post-)industriellen Strukturwandels hatten diese Zeit geprägt. IG Metall und IG CPK hatten sich dabei als Antipoden herauskristallisiert: Galt Erstere tendenziell als offen für Verstaatlichungen oder staatliche Holdings, pflegte Letztere einen arbeitgeberfreundlichen Kurs mit Fokus auf Standortsicherung und Bereitschaft zur Lohnzurückhaltung.

Hierbei spielten unterschiedliche Gewerkschaftskulturen und -traditionen eine wichtige Rolle (Kädtler/Hertle 1997). So waren die Diskurse in der IG Metall vor allem von den Kämpfen um die Werften- und Stahlstandorte seit Mitte der 1970er Jahre geprägt. Besonders der Arbeitskampf um das Stahlwerk Rheinhausen im Jahr 1987 war den Strategen noch präsent (Hordt 2018). Dabei war in der »Stahlkrise« die Bedeutung der Wirtschaftsabteilung für die Gewerkschaftspolitik erheblich gewachsen. Sie übernahm zunehmend Zentralfunktionen für die wirtschaftliche Krisenbewältigung. Die Erarbeitung von Branchenkonzepten wurde damit zum Markenkern der IG Metall (Rau 2018, S. 13).

Schon Ende März 1990 veröffentlichte die Gewerkschaft auf dieser Grundlage ein Positionspapier zur »Neuordnung des Produktivvermögens« in der DDR. Darin lehnte es die Gewerkschaft ab, das »Volksvermögen« komplett in Privateigentum zu überführen, und forderte stattdessen die Einrichtung von »gesellschaftlichen Holdinggesellschaften«. Während »Schlüsselbranchen« im Energie-, Transport- und Postsektor weiterhin im Staatsbesitz verbleiben sollten, forderte die IG Metall (West) zugleich die Bildung von »Belegschaftsfonds«, durch die in der DDR letztlich genossenschaftliche Eigentumsformen aufgebaut werden sollten (o. V. 1990b).

Die Entdeckung der Treuhand: Mitbestimmungs- und Konzeptdebatten in der zweiten Jahreshälfte 1990

Die Erfahrung, von den politischen Entscheidungsprozessen weitgehend ausgeschlossen zu sein, wirkte auf viele Gewerkschafter in den Vorstandszentralen zunehmend frustrierend. Lediglich auf informeller Ebene gab es Gespräche zwischen DGB-Chef Ernst Breit und Bundeskanzler Helmut Kohl (Ritter 2006, S. 288). Zudem nahm Breit zusammen mit dem Vorsitzenden der Deutschen Angestellten-Gewerkschaft (DAG) Roland Issen seit Februar 1990 an einem informellen Gesprächskreis mit Repräsentanten der deutschen Wirtschaft teil. Dazu gehörten auch der spätere Verwaltungsratsvorsitzende und Präsident der THA, Detlev Karsten Rohwedder – hier noch als Hoesch-Chef – und Jens Odewald, Vorstandsvorsitzender der Kaufhof-AG und unter Rohwedder und Birgit Breuel später THA-Verwaltungsratsvorsitzender (Bundeskanzleramt 1990–1994).

Dieses Gesprächsformat schloss an die politische Kultur der 1980er Jahre an, in denen Kohl stets den Austausch mit den Spitzen der wichtigsten Gewerkschaften bzw. deren Dachverbände gesucht hatte. Auf diese Gespräche ist auch die Aufwertung der DAG zurückzuführen, obwohl die Angestellten-Gewerkschaft vom DGB als Konkurrentin betrachtet wurde und deutlich weniger Mitglieder hatte (Ver.di 2017, S. 53 f.). Im Herbst 1990 wurde der DAG-Vorsitzende Roland Issen neben Spitzenvertretern des DGB, der IG Metall und der IG CPK in den THA-Verwaltungsrat berufen.

Die Kontinuität derartiger informeller Bonner Netzwerke erschien umso bedeutsamer, nachdem die Volkskammer der DDR am 17. Juni 1990 das THA-Gesetz verabschiedet hatte, das die Behörde als »unternehmerisches Sondermodell« mit dem Ziel einer möglichst schnellen Privatisierung der Betriebe neu aufstellte (Böick 2018, S. 229 ff.). Dies THA geriet nun erstmals ins Zentrum gewerkschaftsinterner Debatten.

Der DGB wies der Behörde in seinem nur drei Tage später veröffentlichten »Brückenkonzept zur Beschäftigungssicherung« eine »zentrale Bedeutung« hierfür zu (DGB 1990a). Diese Überlegungen gingen zunächst aber vor allem auf Avancen der DDR-Regierung zurück, zu der der DGB ebenfalls informelle Kontakte über ein in Berlin eingerichtetes Verbindungsbüro unterhielt. Von dort wurde Ende Juni von einer Sitzung ost- und westdeutscher Vertreter des CDU-Arbeitnehmerflügels berichtet, dass diese nicht müde wurden zu betonen, dass der »Notwendigkeit starker Gewerkschaften« verstärkt Rechnung getragen werden müsse (DGB-Verbindungsstelle 1990a). Zudem sei es auf deren Idee zurückgegangen, der THA einen »strukturpolitischen Beraterkreis« zuzuordnen (DGB-Verbindungsstelle 1990b). Und schließlich bot auch das neue Gesetz selbst

Anknüpfungspunkte: So regelte Paragraph 7 die Bildung von THA-Aktiengesellschaften, in denen die Mitbestimmungsgesetze der Bundesrepublik Anwendung finden sollten (Seibel 2005, S. 107).

Zur gleichen Zeit wurden beim DGB Überlegungen angestellt, wie sich die Gewerkschaften in die Arbeit der neuen, zwischen Staat und Markt changierenden »Sonderbehörde« einbringen sollten. Schnell griff man dabei auf etablierte Strukturen und Denkmuster zurück: Die Koordination der gewerkschaftlichen THA-Arbeit wurde bei der erst in den 1980er Jahren geschaffenen Abteilung Strukturpolitik angesiedelt, wo der versierte Ökonom Dieter Hockel für diese Aufgabe zuständig wurde. Allein dies zeigt, wie hoch man die Relevanz des in der »alten« Bundesrepublik geformten Politikfeldes im Gewerkschaftslager auch für die Lösung der ostdeutschen Probleme veranschlagte (DGB-Bundesvorstand 1990).

Umstritten war dagegen die Form der eigenen Beteiligung an der THA. Eine Schlüsselrolle spielte hierbei Hermann Rappe. Dieser war seit Mai 1990 an einem Sachverständigenrat beteiligt, der vom West-Berliner CDU-Wirtschaftssenator (und seit Juni 1990 Ost-Berliner Stadtrat für Wirtschaft) Elmar Pieroth gebildet worden war und Ministerpräsident de Maizière in wirtschaftspolitischen Fragen beraten sollte. Dieser Kreis arbeitete auch mit am Text für das THA-Gesetz (IG CPK 1990b). Während der Debatten hatte sich Rappe für eine Beteiligung der Gewerkschaften am Verwaltungsrat, dem Aufsichtsgremium der THA, stark gemacht, und obwohl vor allem Hockel die »Neben- und Parallelaktivitäten« Rappes kritisierte (DGB 1990b), war kaum ein Gewerkschafter näher am politischen Geschehen und damit einflussreicher als der IG-CPK-Vorsitzende.

Als Rappe jedoch mit seinen Versuchen scheiterte, Gewerkschaftsvertreter in den kommenden THA-Gremien zu verankern, zog er sich enttäuscht aus den informellen Gesprächen zurück (DGB 1990c). Dennoch wurde die nun verbliebene Einflussnahme über die THA-AGs allenfalls noch formell verfolgt. Denn bereits zuvor war deutlich geworden, dass diese Frage nicht nur mit rechtlichen Unwägbarkeiten verbunden war, sondern auch heftige gewerkschaftsinterne Konflikte provozierte: So diskutierte man mit Blick auf die zu besetzenden Mandate, ob es besser sei, ökonomische Fachexperten oder politische Repräsentanten zu entsenden, wie viele Ost- und Westdeutsche vertreten sein sollten, wie das Verhältnis von DGB- und Einzelgewerkschaften zu gestalten sei und schließlich, ob auch die DAG eine Rolle spielen sollte (IG Metall 1990a).

Bei all diesen Diskussionen manifestierte sich der alte Konflikt zwischen Theoretikern und Pragmatikern, der das Feld der »Strukturpolitik« bereits lange vor 1989/90 geprägt hatte: Sollte dieses konzeptionell gestaltet sein oder sich durch pragmatische Arrangements auszeichnen?

Angesichts dieser Binnenkonflikte war man auf Seiten der Gewerkschaften nicht allzu unglücklich, dass man auch in den Bonner Regierungszentrale über die Pläne der DDR-Regierung wenig begeistert war und es bald klar wurde, dass vor allem die geplanten THA-AGs kaum langfristig bestehen würden. Vor allem das CSU-geführte Bundesfinanzministerium, dem die THA nach dem 3. Oktober 1990 unterstellt wurde, witterte mit Blick auf die AGs die »Gefahr von Branchenegoismus mit bekannten negativen Folgen«. In der Forderung, den neuen Ländern später weitere Kompetenzen zu übertragen, erkannte das Ministerium darüber hinaus das Risiko, »daß sich die Länder aus regionalen Interessen heraus gegen eine schnelle Privatisierung bzw. gegen die Liquidierung nicht sanierungsfähiger Unternehmen wenden würden« (BMF 1990a; BMF 1990b).

Auch in Bonn spielte somit der Erfahrungsraum der »alten« Bundesrepublik, insbesondere die zähen Verhandlungen mit den Gewerkschaften, aber auch mit den Bundesländern in strukturpolitischen Angelegenheiten, eine wesentliche Rolle – und dies schien letztlich ausschlaggebender zu sein als neoliberale oder gar markteuphorische Theoreme.

Als der neue THA-Präsident Rohwedder schließlich Ende August 1990 – gestützt auf Gutachten der Berater von McKinsey und Roland Berger – die fünf THA-AGs durch fünfzehn Niederlassungen in den Bezirksstädten ersetzte, für die die Mitbestimmungsregeln nicht gelten würden, blieb gewerkschaftlicher Protest aus. Vielmehr nutzten die Gewerkschaftsvorstände, allen voran der erst im Mai 1990 gewählte DGB-Chef Heinz-Werner Meyer sowie Hermann Rappe, die neue Situation, um bei der Bundesregierung auf eine eigene Vertretung im Verwaltungsrat zu drängen – mit Erfolg. Anfang Oktober 1990 wurde Rappe als erster Gewerkschafter in den Verwaltungsrat berufen, ihm folgten Ende November Heinz-Werner Meyer (DGB), Roland Issen (DAG) und Horst Klaus (IG Metall). Eine wichtige Rolle hierfür mag auch gespielt haben, dass die THA bereits zwei Wochen zuvor erleben musste, wozu Gewerkschaften im Konfliktfall in der Lage waren: Am 13. September 1990 war es zu einer spektakulären Besetzung der Interhotel-Gruppe unter Beteiligung von Gewerkschaftern gekommen. Die taktische Einbindung von arbeitgeberfreundlich gesinnten Vertretern (Rappe, Issen, Meyer) erschien für die neue THA-Spitze damit als kluger Schachzug.

Es bedurfte aber eines Verstoßes gegen die im Gesetz festgeschriebenen Mitbestimmungsregeln, um den Gewerkschaften den Weg zu ebnen. Im 23-köpfigen, seit dem Herbst 1990 nun mehrheitlich mit bundesdeutschen Wirtschaftsvertretern umbesetzten Verwaltungsrat waren sie allerdings erheblich in der Minderheit. Gleichwohl verbuchte besonders der pragmatische Teil des Gewerkschaftslagers die erkämpfte Mitbestimmung als Erfolg.

Eskalationen und Normalisierungen zwischen 1991 und 1993

Nicht alle Gewerkschaftschefs waren glücklich über die relativ beschränkten Einflussmöglichkeiten. Vor allem in der IG Metall gärte es gewaltig. Am 20. September 1990 machte Franz Steinkühlers Referent Karlheinz Blessing seinem Unmut über derlei diskrete »Mauscheleien« mit der Bundesregierung in einem Brief an seinen Chef Luft: »Kohl braucht sich vor den Gewerkschaften nicht zu fürchten, solange er mit dem DGB-Vorsitzenden und dem Vorsitzenden der IG Chemie gut kann« (Blessing 1990). Auch bei Steinkühler selbst lagen die Nerven blank. Seiner Berufung in den THA-Verwaltungsrat erteilte er postwendend eine Absage und schickte stattdessen mit Horst Klaus einen Vertreter aus der »zweiten Reihe«, der jedoch Anfang April 1992 erschöpft das Handtuch warf. Für ihn rückte Dieter Schulte nach, der Mitte 1994 nach dem plötzlichen Tod Heinz-Werner Meyers dessen Nachfolge als DGB-Chef antrat. Dadurch gelangte mit Joachim Töppel im Sommer 1994 erstmals auch ein ostdeutscher Gewerkschafter in den Verwaltungsrat.

Steinkühler schlüpfte nach der Ablehnung im Frühjahr 1991 endgültig in die Rolle eines wortgewaltigen Hauptkritikers der THA. Wo immer möglich, warb er für deren Umbildung in eine Industrieholding. Auch hierbei war die Wirtschaftsabteilung der IG Metall federführend. Bei den Überlegungen wirkten der Problemdruck in der ostdeutschen Metall- und Stahlindustrie sowie die westdeutsche »Stahlkrise« zusammen: So befürchtete die Wirtschaftsabteilung bereits im Februar 1990 die Abwanderung eines »Arbeitslosenheeres« gen Westen, wo die Metallunternehmen die Gunst nutzen würden, um die Löhne zu drücken. Dies wiederum habe »unvermeidliche Rückwirkungen [...] auf die gesellschaftliche Entwicklung und das soziale Klima in der Bundesrepublik« (IG Metall 1990b). Entsprechend sähen viele westdeutsche IG-Metall-Mitglieder in den ostdeutschen Kollegen potenzielle Billiglohnarbeiter, welche die Errungenschaften der größten Einzelgewerkschaft gefährden könnten, vor allem den Kampf um die 35-Stunden-Woche (o. V. 1990c).

Neben derlei Ost-West-Spannungen flossen weitere Erfahrungshintergründe ein. So zog die Wirtschaftsabteilung der IG Metall aus Erfahrungen in der »alten« Bundesrepublik auch den Schluss, dass das Grundproblem weniger die THA an sich darstellte, sondern das Fehlen einer staatlichen Industriepolitik insgesamt. Vor allem die sektorale Strukturpolitik sei gescheitert und es müsse daher zu einer Neujustierung des Verhältnisses von Markt und Staat auf diesem Gebiet kommen (IG Metall 1990c). Die IG Metall wollte nicht nur ein Erfolgsmodell für den Wirtschaftsumbau Ost schaffen, sondern zugleich eine Blaupause für eine gesamtdeutsche Industriepolitik mit Zukunft. So sollte der THA-Zentra-

Gewerkschaften und Treuhandanstalt nach 1990 in Praxis und Erinnerung

le eine Industrieholding unterstellt werden, die unabhängige Unternehmenssanierungen auf der Basis privatwirtschaftlicher Initiativen betrieb, während der Staat die Kontrolle ausübte und die Finanzierung regelte (IG Metall 1991a, 1991b). Weil die Bonner Regierung jedoch (noch) zu keinen Abstrichen bei der Privatisierungspolitik bereit war, lief die Debatte stets aufs Neue ins Leere.

Dementsprechend verlieh Steinkühler seinen Holding-Plänen auch durch Kundgebungen und Protestaktionen lautstark Nachdruck. Eine Großkundgebung sollte am 4. März 1991 stattfinden: Elektrisiert durch massenhafte Eintritte von Metallarbeitern in die Gewerkschaft, beabsichtigte Steinkühler, die sich verschärfende wirtschaftliche Lage zu nutzen. Anlass bot der bevorstehende Beschluss des Bundestags über ein milliardenschweres Entwicklungsprogramm für die ostdeutschen Bundesländer (»Gemeinschaftswerk Aufschwung Ost«). Steinkühler schwebte ein zentraler DGB-Aktionstag vor, bei dem »die Gewerkschaften während des parlamentarischen Beratungsprozesses ihre Alternativen unüberhörbar verdeutlichen« sollten. Kernstück sollte eine zentrale Kundgebung vor der THA-Zentrale auf dem Berliner Alexanderplatz unter dem Motto »Gegen wirtschaftlichen Kahlschlag – für eine soziale Zukunft« sein, wo man den Versuch unternehmen würde, »die Landesregierungen der O-Länder und die Kommunen als Bündnispartner zu gewinnen« (Steinkühler 1991).

Steinkühler dockte damit auch an die seit dem Frühjahr 1991 durch Ostdeutschland rollende Protestwelle desillusionierter und um ihre Zukunft fürchtender Arbeitnehmer an (Dathe 2018). Doch die Lage eskalierte: Am 15. März wurde Steinkühler in der Presse mit einer drastischen Bemerkung zitiert, die während eines Gewerkschaftstreffens in Westdeutschland gefallen sei – die THA sei der »Schlachthof« des Ostens (o. V. 1991a). Als nur wenige Tage später die »Montagsdemonstrationen« in Leipzig, auch unter Beteiligung von IG-Metallern und der Nachfolgerin der SED, der PDS, wiederbelebt wurden und rund 80.000 Menschen auf die Straße gingen, nutzte Steinkühler auch dies, um der Bundesregierung medienwirksam die Misere im Osten anzulasten und den Rücktritt Kohls zu fordern (o. V. 1991b). Am 17. März sprach Steinkühler selbst auf dem Alexanderplatz. Gewerkschafter in der Region folgten seinem Beispiel und riefen zu landesweiten Demonstrationen gegen die THA auf. Am 30. März wurde die THA-Niederlassung in Berlin mit Brandbomben attackiert, einen Tag später ermordeten RAF-Terroristen THA-Chef Rohwedder.

Dem Tsunami folgte Erstarrung. Die Protestwelle ebbte schlagartig ab und auch für Steinkühler wendete sich das Blatt. Die Ereignisse verdichteten sich in der öffentlichen Wahrnehmung zu einem Narrativ der »geistigen Mittäterschaft«. Aus der Unionsfraktion ereilten die IG Metall Vorwürfe, mit diesen Aktionen ostdeutsche Arbeitnehmer verhöhnt, der »SED/PDS« den Boden bereitet und westdeutsche Gewerkschaftsmitglieder verprellt zu haben (Bohl 1991). Gegen den IG-Metall-Chef persönlich richtete sich eine Welle von Drohbriefen aus dem Westen, die ihn der Beihilfe zum Mord bezichtigten, aber auch von ostdeutschen Arbeiternehmern, die ihm eine Mitschuld an der Vernichtung von Arbeitsplätzen gaben – etwa durch unrealistische Lohnforderungen (vgl. die Drohbriefe in: IG Metall Vorstand 1991–1992).

Das Attentat verschob weiter die Grenzen des Sagbaren: Alternativkonzepte, die in der aufgeheizten Öffentlichkeit vor Ostern 1991 auf erhebliche Resonanz gestoßen waren, galten nun als Teil des Problems. Auch innerhalb des Gewerkschaftslagers erhielt Steinkühler starken Gegenwind: Vor allem von der IG CPK wurde dessen Holding-Konzept als »riesiger Brocken« rigoros abgelehnt. Vielmehr müsse man jetzt konstruktiv die »THA unterstützen« (IG CPK 1991). Selbst in der SPD-Bundestagsfraktion fand sich niemand mehr, der das Modell unterstützte. Auch hier war man einhellig der Überzeugung, dass es nun weitere Verzögerungen beim Wirtschaftsumbau zu vermeiden gelte (IG Metall 1991c).

Initiativen hierzu waren aus der THA selbst gekommen: Deren Abteilung »Arbeitsmarkt und Sozialpolitik« hatte schon Ende August 1990, als die Zahl der Arbeitslosen im Osten noch überschaubar war, umfangreiche Vorschläge für arbeitsmarktpolitische Maßnahmen und deren Koordinierung gemacht. Der THA-Vorstand stimmte den Vorschlägen zu, jedoch unter der Maßgabe, dass alle damit verbundenen Leistungen freiwillig erfolgten (Treuhandanstalt 1990, Bl. 72–76).

Allerdings wurden die Konsequenzen dieses Beschlusses nicht einkalkuliert, war hiermit doch die Frage verknüpft, inwiefern die Behörde als faktischer Konzern bzw. arbeitsrechtlich als Sozialpartnerin anzusehen war. Eine Vereinbarung mit den Gewerkschaften wurde damit unvermeidlich. Ein weiterer Konflikt ebnete diesen Weg: Im Dezember 1990 hatte Rohwedder den THA-Betrieben untersagt, Abfindungen über 25 Prozent eines Monatsgehalts pro Beschäftigungsjahr abzuschließen (DGB-Bundesvorstand 1991). Da die Aushandlung von Sozialplänen aber in die Kompetenz der betrieblichen Akteure fiel, war Ärger mit der Arbeitnehmerseite vorprogrammiert. So schlug der zuständige THA-Personalvorstand Alexander Koch im Februar 1991 vor, »im Rahmen einer konzertierten Aktion von THA, Bundesregierung, Wirtschaft, Gewerkschaften und Regierungen der neuen Bundesländer eine generalisierende Lösung« zu finden (Koch 1991, Bl. 239–243).

Aus dieser bewusst an korporatistische Handlungsmuster aus den 1960er und 1970er Jahren (Rehling 2011) anknüpfenden Konstellation gingen schließlich zwei gemeinsame Vereinbarungen hervor: die Sozialplanrichtlinie vom 13. April 1991 sowie die »Vereinbarung über die Bildung und Finanzierung von

Trägergesellschaften für Beschäftigungsmaßnahmen« vom 17. Juli 1991. Während diese Kooperationen zwar keineswegs künftigen Protest verhinderten, hatten sie für das künftige Zusammenwirken zwischen Gewerkschaften und THA eine wichtige Signalwirkung. So zeigte sich nun auch die IG Metall kompromissorientierter und schwächte ihr Industrieholding-Modell zu einer offeneren Strategie zum Erhalt »industrieller Kerne« ab, mit der sich die Gewerkschaft schließlich 1993 durchsetzte.

In der Wirtschaftsabteilung der IG Metall hielt man bereits am 1. Dezember 1992 mit Genugtuung fest, dass es zwar weiterhin kein »Einschwenken« seitens der Bundesregierung »auf die IG Metall-Linie« einer Industrieholding gebe, sich aber im Kontext der Diskussionen um den Erhalt »Industrieller Kerne« eine positive Entwicklung abzeichne. Diese Strategie beinhaltete stärker industrie- und strukturpolitisch ausgerichtete Zugeständnisse bei Sanierungsfristen, -mitteln und -kriterien sowie eine Empfehlung der Bundesregierung zur Übernahme des sächsischen Sanierungs-Modells ATLAS (»Ausgesuchte Treuhandunternehmen vom Land angemeldet zur Sanierung«) auf weitere ostdeutsche Bundesländer (IG Metall 1992).

Gemessen an den eigenen Zielen, war die schwierige Kooperation aus Sicht der IG Metall sicher ein Tiefpunkt in der mit viel Stolz gepflegten »Fortschrittsgeschichte« der größten Einzelgewerkschaft der Welt, weshalb ihr in der gewerkschaftlichen Erinnerungslandschaft kein Platz eingeräumt wird (Hofmann/Benner 2019). Steinkühler erklärte in einem 2013 geführten Interview, den »Misserfolg« zurechtbiegend, dass angesichts des Zustands der ostdeutschen Betriebe für ihn im Grunde schon vor dem Mauerfall feststand, »dass es im Osten nicht gutgehen konnte« (Steinkühler 2013, S. 18). Nicht die Gewerkschaftsbewegung habe eine politische Niederlage erlitten – vielmehr habe man angesichts der Lage der Dinge wenig tun können. Entsprechend kommt der THA in der gewerkschaftlichen Erinnerungskultur bestenfalls die Rolle eines negativen Erinnerungsortes zu. Dass ihre Vertreter aber auch pragmatisch und durchaus erfolgreich mit der Behörde verhandelten, wird dabei weitgehend ausgeblendet.

Für Hermann Rappe markierte das eigene Engagement für den Erhalt des mitteldeutschen Chemiedreiecks und den Bau einer neuen Raffinerie in Leuna dagegen »meinen Haupterfolg«. Diesen sieht er rückblickend als Höhepunkt in einer Linie mit Erfolgen der westdeutschen kooperativen Sozialpartnerschaft (Hasel/Meiners 2009, S. 22). In dieser Narration erscheint die intensive Transformationsphase der frühen 1990er Jahre keineswegs zwangsläufig als Phase eines beschleunigten Niedergangs gewerkschaftlicher Einflussnahme.

Vielmehr setzte sich in dieser Zeit ein bestimmter Modus gewerkschaftlicher Politik durch, der sich in der »alten« Bundesrepublik bereits seit Mitte der

1970er Jahre als Antwort auf die Herausforderungen eines industriellen Strukturwandels herausgebildet hatte (Rappe 1989c). Somit offenbart sich auch am Beispiel der THA, dass es nicht »die« eine gewerkschaftliche Erinnerungskultur gibt, sondern diese je nach Perspektive und Erfahrung eine große Vielfalt an Varianten und Abstufungen aufweisen kann (Berger 2015).

Skandalisierungen und hybride Protestkulturen: 1993–1994

Mit dieser Normalisierung der Beziehungen zwischen Gewerkschaften und THA seit 1992 ging allerdings eine zunehmende Skandalisierung der Behörde und ihrer »dunklen Machenschaften« einher, welche auch die Gewerkschaften einzuholen drohte. Denn gerade vor Ort waren es oft Betriebsräte, die sich in umstrittenen Einzelfällen auch öffentlich gegen mögliche Abwicklungsbeschlüsse oder Investorenentscheidungen wandten. Im ab Frühjahr 1993 aufbrechenden Korruptionsskandal um die bereits feierlich geschlossene Niederlassung in Halle war es sogar ein Gewerkschaftsfunktionär, der IG-Metall-Bevollmächtigte Günter Lorenz, der die Vorgänge ins Rollen brachte. Gemeinsam mit Medienvertretern deckte er ein kriminelles Netzwerk um einen schwäbischen Unternehmer auf, der führende THA-Manager bestochen und sodann widerrechtlich fast zwei Dutzend Unternehmen übernommen hatte. Derlei Eskalationen belasteten das ohnehin schwierige Verhältnis zwischen THA und Gewerkschaften in der Praxis weiter (o. V. 1993, S. 12).

Im Sommer 1993 kulminierten zudem die nie abgeklungenen Proteste im aufsehenerregenden Hungerstreik der Kalikumpel von Bischofferode im katholisch geprägten Eichsfeld, der sogar im Vatikan aufmerksam verfolgt wurde. Die Trägerstruktur der Proteste im Osten unterschied sich stark von den traditionellen westdeutschen Arbeitskämpfen. Vertreter von Gewerkschaften oder Parteien fanden sich kaum noch an der Spitze der Proteste, die zunehmend von kampfbereiten ostdeutschen Betriebsräten »von unten« angeführt wurden. Hierin tritt eine Grundspannung zwischen west- und ostdeutschen Streikkulturen zutage: Hatte sich im Westen über Jahrzehnte hinweg eine regulierte Kultur legaler Arbeitskämpfe etabliert, die politische Proteste ausschloss (Lesch 2002), gestaltete sich dies in der sich selbst als »Arbeiter- und Bauernstaat« begreifenden DDR völlig anders.

Zum einen gab es dort nach der gewaltsamen Niederschlagung des als Arbeitskampf begonnenen Protests vom 17. Juni 1953 keine Streiks mehr (Kleßmann 2007, S. 757), jedoch betriebliche Konflikte und kleinere Proteste, vor allem um Löhne, Normen und Arbeitszeiten (Grashoff 2012). Dass diese aber selten größere Ausmaße annahmen, ist vor allem Resultat des auf Deeskalation gepolten Konfliktmanagements im SED-Staat (Hübner 1995), der sich verstärkt seit den 1970er Jahren als paternalistisch regierende »Fürsorgediktatur« um die Alltagssorgen der Arbeiterschaft kümmerte (Jarausch 1998).

Individuelle Streikgedächtnisse und kollektive Erinnerungskultur der DDR wirkten in die Friedliche Revolution hinein, die nur oberflächlich weitgehend ohne Arbeiterschaft und ihre Vertretungen vonstattenging. Schon vor der Revolution hatte es vielerorts angesichts sich verschlechternder Arbeitsbedingungen in den 1980er Jahren Proteste und Betriebsbesetzungen gegeben (Kowalczuk 2014). Die sich auftuende Möglichkeit der Öffnung nach Westen mit der Option auf eine zügige Wiedervereinigung spielte eine wichtige Rolle bei diesen Betriebsprotesten um die Jahreswende 1989/90, bei denen es vor allem darum ging, alte Funktionäre abzulösen, um Platz für Strukturveränderungen zu machen. Auch vor diesem Hintergrund muss die hohe Zustimmung der Arbeiterschaft für die CDU während der Volkskammerwahlen im März 1990 begriffen werden (Kowalczuk 2014, S. 597f.). Durch ihre lokalen Selbstermächtigungen aber begriffen sich die Arbeiter in vielen Fällen als natürliche »Eigentümer« ihrer zuvor von der SED als »Volkseigentum« deklarierten Betriebe.

Allein in der Zeit vom August 1989 bis April 1990 registrierten die DDR-Behörden 206 Streiks und zwölf Betriebsbesetzungen (Gehrke 2001, S. 247). Als im Sommer 1990 infolge der Währungsunion etliche Betriebe in enorme Schieflage gerieten, ereigneten sich erstmals wieder größere lokale Proteste gegen die Regierung unter Lother de Maizière. Besonderes Aufsehen erregten die Proteste in der Thüringer Kaliregion vom August 1990, bei denen die Belegschaften gemeinsam mit lokalen Gewerkschaftern gegen die Entlassung von 15.000 Beschäftigten demonstrierten (Dathe 2018, S. 12). An diese Protestkultur schloss sich später auch der Hungerstreik der Bischofferöder Kalikumpel von 1993 an.

Nach der Wiedervereinigung schlüpfte die THA in die Rolle einer politischen Gegenspielerin, gegen die es Interessen und Ansprüche durchzusetzen galt. So verfingen auch Parolen wie »Treuhand in die Produktion«, die an das Erbe der Demonstrationen vom Herbst 1989 anschlossen und auf den Plakaten der PDS bei einer Kundgebung vor der THA-Zentrale am 25. März 1991 prangten (Böick 2018, S. 311). Auch wenn Gewerkschaftsführer wie Steinkühler öffentlich mit an der Spitze der Proteste standen, bedeutete dies keineswegs, dass sich die ostdeutschen Mitglieder auch wirklich von ihnen vertreten fühlten. So erhielt Steinkühler im Frühjahr 1991 zahlreiche Briefe ostdeutscher Gewerkschaftsmitglieder, welche die hohen Tariflöhne, nicht aber die THA, für die »Arbeitsplatzvernichtung« verantwortlich machten. Eine ostdeutsche Einheitsfront gegen die THA waren die Massenkundgebungen vom Frühjahr 1991 damit kaum.

Aber auch ostdeutsche Betriebsräte schafften es nicht, eine dauerhafte überregionale Initiative jenseits der Gewerkschaftsorganisation zu etablieren. Die meisten von ihnen stammten aus den ehemaligen Kombinaten selbst, hatten sich dort bereits vor 1989 als SED-kritische Mitglieder lokal engagiert und standen nunmehr selbst unter dem Druck der Belegschaften, sich für den Erhalt ihrer Betriebe einsetzen zu müssen, während die THA von ihnen die Zustimmung zum Abbau von Kapazitäten einforderte. In zahlreichen Betrieben gerieten Betriebsräte und THA immer wieder massiv aneinander, was zum Auslöser lokaler Proteste wurde. Seit Frühjahr 1992 unternahmen (Ost-)Berliner Betriebsräte erstmals den Versuch, sich überregional zu vernetzen, und formten die »ostdeutsche Betriebsräteinitiative« (1992–1993).

Dieser folgten das »Thüringer Aktionsbündnis 5 vor 12«, das »Arbeitstreffen der Betriebsräte-Ost der pharmazeutischen Industrie«, der »Arbeitskreis der Betriebsräte der ostdeutschen feinkeramischen Industrie« und der »Betriebsräte-Viererkreis in T« (Kädtler/Kottwitz/Weinert 1997, S. 207–252). In diesen neuen Mikrostrukturen bildeten sich vielfach kooperative, aber auch konfligierende ost-westdeutsche Hybride: Die Berliner Betriebsräteinitiative etwa erhielt starken Zulauf durch West-Berliner »Altlinke« aus dem Umfeld der »68er«, die in der Initiative eine neue Gewerkschaftsbewegung im Entstehen begriffen sahen, was den sehr praxisbezogenen Intentionen der Ost-Betriebsräte aber widersprach.

An diesem inneren Zwiespalt zerbrach nicht nur die Initiative im Jahr 1993. Auch ergaben sich dadurch mitunter heftige Grundsatzkonflikte mit den etablierten Gewerkschaften, die sich an die Unterwanderung ihrer Organisationen durch kommunistische Basisgruppen in den 1970er Jahren erinnert fühlten, aber auch mit anderen ostdeutschen Initiativen wie dem »Aktionsbündnis 5 vor 12«, welche die zunehmende Ideologisierung der Berliner Initiative ebenso ablehnten (Frese 1993). Doch nicht nur diese Konfliktlinien brachten die Berliner Initiative zum Scheitern. Dazu kam die geringe Resonanz bei den Belegschaften, die um ihre Arbeitsplätze bangten und deshalb eskalative Proteste häufig mieden. In vielen Fällen harmonisierte die übergreifende Protestkultur kaum mit dem Streikgedächtnis der Belegschaften, deren Erfahrungs- und Aktionsraum zumeist auf den eigenen Betrieb fokussiert blieb.

Auch das Thüringer Aktionsbündnis, das sich während des Hungerstreiks der Kalikumpel in Bischofferode im Sommer 1993 formiert hatte, stellte ein west-ostdeutsches Amalgam dar. Die Schließung der Kaligrube konnte das Aktionsbündnis zwar nicht verhindern, aber es wurde zum Ausgangspunkt langfristiger Netzwerkbildung. Unterstützt wurden die Betriebsräte durch westdeutsche Gewerkschafter, die nach Thüringen gegangen waren, um dort Gewerkschaftsstrukturen und strukturpolitische Netzwerke aufzubauen, dabei jedoch zahlreiche Misserfolge erlitten hatten. Zudem fehlte es den vor Ort agierenden Gewerkschaftern oft an Unterstützung durch die Vorstände. Dieser grundsätzliche Konflikt zwischen Zentralen und Regionen zog sich durch die gesamte Geschichte des gewerkschaftlichen Aufbaus in Ostdeutschland.

Als im Juli 1993 der Hungerstreik der Kalikumpel von Bischofferode gegen die Schließung ihrer Grube durch die THA begann und eine bislang ungekannte Solidarisierungswelle auslöste, wandte sich der Thüringer DGB-Landesbezirksvorsitzende Frank Spieth hilfesuchend an den Düsseldorfer Bundesvorstand, warnend, »daß sich diese Solidarisierungswelle zu einem ähnlichen Problem ausweitet, wie es die Betriebsräte-Initiative zum Jahreswechsel darstellte« (DGB 1993). Als DGB-Chef Meyer diese Warnung lakonisch in den Wind schlug, wurde dies für Spieth selbst zum Wendepunkt. Er rief zusammen mit dem Thüringer HBV-Vorsitzenden Bodo Ramelow und anderen Thüringer Betriebsräten das »Aktionsbündnis 5 vor 12« ins Leben. Gleichwohl stellte dieses kein reines, gegen die THA gerichtetes Protestbündnis dar. Vielmehr vermischten sich dort traditionelle westdeutsche Strukturpolitik und ostdeutsche Protestkultur. So organisierte das Bündnis etwa im Herbst 1993 einen »Gegenzug«: Mit einem »Traditionszug« fuhren die Veranstalter zu »verschiedenen Orten« in Thüringen, um dort »auf die extremen Strukturprobleme im Zusammenhang mit dem Transformationsprozeß in Thüringen« aufmerksam zu machen (DGB Thüringen 1993).

Zu den unterstützenden westdeutschen Gewerkschaftsfunktionären zählte auch der damalige Thüringer Landeschef der Gewerkschaft Handel, Banken und Versicherungen und heutige Thüringer Ministerpräsident Bodo Ramelow. Entsprechend spielen gemeinsame Auftritte Ramelows mit den Bischofferöder Betriebsräten und die (negative) Erinnerung an die THA noch heute eine zentrale Rolle für die Inszenierung des anpackenden »Landesvaters« (siehe die Internetpräsenz www.bodo-ramelow.de). Eine wichtige Rolle spielt auch das Kalimuseum in Bischofferode, das seit 1996 auf dem Grundstück des ehemaligen Werks von einem Verein früherer Bergleute ehrenamtlich betrieben wird. Immer wieder zeigt sich Ramelow als Förderer des Vereins und des Museums, das ihm auch zur Inszenierung seiner Politik dient, die sich abgrenzt von einer Politik des radikalen Wandels ohne Berücksichtigung der Menschen vor Ort. Ein gewerkschaftlicher Erinnerungsort aber ist das Kalimuseum damit nicht, obwohl neben Ramelow auch viele weitere Gewerkschafter zu den einstigen Unterstützern der Kumpel zählten.

Fazit

Die wieder aufgeflammte Debatte um das ökonomisch-materielle wie ideell-kulturelle »Erbe« der THA hat die besondere Situation der Gewerkschaften nochmals verdeutlicht – sie nahmen an den jüngsten Diskussionen bislang kaum Anteil. Dies verwundert weniger, wenn man sich abschließend die enorme Widersprüchlichkeit gewerkschaftlichen Agierens nach 1990 vor Augen führt: Nach dem Jahreswechsel 1989/90 hatten die Gewerkschaften das Geschehen lediglich aus einer Nebenrolle verfolgt und waren auch an den entscheidenden wirtschaftspolitischen Weichenstellungen wie der Wirtschafts- und Währungsunion oder der Neuausrichtung der THA im Sommer 1990 wenn überhaupt nur mittelbar beteiligt gewesen.

Auf diese relative Nichtbeteiligung folgten ab 1991 überaus gegensätzliche Strategien, Praktiken und Wahrnehmungen: Auf der einen Seite machte die IG Metall um Franz Steinkühler massiv gegen die »neoliberale« THA und den »ungerechten« Wirtschaftsumbau Front; auf der anderen Seite agierten er und andere Gewerkschaftsvertreter als pragmatische Kooperationspartner der Behörde. Dieses widersprüchliche Wechselspiel aus externer Konfrontation und interner Kooperation verkomplizierte sich nach 1993 nochmals, als die THA in einem kaum enden wollenden Reigen medialer Skandale und industriepolitischer Debatten ihrer am 31. Dezember 1994 vollzogenen »Selbstauflösung« entgegentaumelte.

Es verwundert kaum, dass der Wirtschaftsumbau markante Spuren und zugleich auffällige Leerstellen in den Erinnerungskulturen hinterlassen hat. Die jeweilige Bewertung und Beurteilung der Umbruchszeiten hängt dabei maßgeblich von den jeweiligen Positionen der Zeitzeugen ab. Um es zuzuspitzen: Während hohe westdeutsche Spitzenfunktionäre ihren unideologischen, ja patriotischen Pragmatismus in der »Vereinigungskrise« oft im Stillen lobten, fühlten sich viele ostdeutsche Gewerkschaftsvertreter in der Etappe in ihrem existenziellen Überlebenskampf gegen die THA von ihren »Spitzengenossen« in den fernen »alten Ländern« oft alleingelassen. Damit erscheinen die unterschiedlichen Perspektiven innerhalb der gewerkschaftlichen Erinnerungskulturen verstreut über die verschiedenen »Lager« des gegenwärtigen THA-Gedenkens: Hier stehen sich – im Jahr 2019 wieder so scharf sichtbar wie viele Jahre nicht – meist liberal-konservative Verteidiger sowie meist linke oder grüne Kritiker der THA-Privatisierungen unversöhnlich gegenüber (Goschler/Böick 2017).

Die gewerkschaftlichen Konfliktlinien und Spannungsfelder verliefen natürlich auch – Stichworte: Arbeitsplatzrettung vs. Hochlohnstrategie – zwischen Ost und West, aber eben nicht nur. Sie verliefen nicht selten auch zwischen organisatorischer Zentrale bzw. Spitzenfunktionären verschiedener Branchen und den jeweiligen lokalen Gewerkschaftsvertretern bzw. Betriebsräten in den Betrieben vor Ort. Zudem wirkten ältere westdeutsche Konflikte über den Umgang mit Strukturwandelprozessen in den innergewerkschaftlichen Debatten über die THA nach.

Wenn Gewerkschaften heute offiziell an die THA erinnern, dann nur insofern, als sich diese in ältere, westdeutsch geprägte gewerkschaftliche Erfolgsnarrative einfügt. Davon abweichende Erfolgsgeschichten, aber auch spezifisch ostdeutsche Erinnerungsnarrative, in denen sich Überreste der DDR-offiziellen Erinnerungskultur um das »Volkseigentum« und lebensweltliche Erfahrungen aus der krisenhaften Zeit des Umbruchs vermischen, fügen sich in diese Narrative schwerlich ein.

Die widersprüchliche Praxis im gewerkschaftlichen Erinnern kann damit aber größere zeithistorische Sachverhalte aufschließen, die auch über den meist sehr enggeführten deutsch-deutschen »Fall« perspektivisch wie methodisch hinausweisen. So ist das Verhältnis zwischen Kontinuitäten (westdeutsche »Mindsets« der 1980er) sowie Disruptionen (ostdeutsche Umbrüche der 1990er) in der Praxis noch kaum ausdiskutiert.

Wie sich langfristiger industrieller »Strukturwandel« West sowie kurzfristiger post-sozialistischer »Strukturbruch« Ost nach 1990 zueinander verhielten, ist – mit Blick auf personelle, ideelle wie praktische Transfers, Verflechtungen und Wahrnehmungen – keine rein theoretische, sondern eine zugleich auch praktisch-konkrete Frage, wenn etwa Gewerkschaftsfunktionäre meist kurzfristig aus dem krisengeplagten, aber oft kooperativ organisierten »Stahlbad« an der Ruhr oder der Saar nach 1990 in ein ganz anderes, oft sehr konfliktbeladenes Setting im Osten gelangten.

In einer übergeordneten Perspektive lassen sich derlei Vorgänge schließlich auch jenseits der nationalen Perspektive als intensive Konflikte um verschiedene Modelle und Zukünfte von postindustrieller Arbeit im sich globalisierenden Kapitalismus verstehen: Dabei wären westliche Prozesse »nach dem Boom« (Lutz Raphael) und östliche »(Ko-)Transformationen« (Philipp Ther) nicht antagonistisch als einander ausschließende Konkurrenzmodelle zu betrachten, sondern vielmehr in ihrer Verschränkung und Verwirbelung als komplexe Beziehungsgeschichten mit vielfältigen Kontrasten, Ungleichzeitigkeiten, Gegensätzen und Widersprüchen zu beschreiben. Und als eine solche erscheint letztlich auch das Verhältnis von Gewerkschaften und THA (dazu als Antipoden in der Diskussion: Raphael 2019; Ther 2014). Dieses bislang kaum aufgearbeitete Kapitel der deutschen Gewerkschaftsgeschichte gilt es künftig stärker mit besser erforschten Aspekten wie Tarif- und Organisationspolitik zu verknüpfen sowie auf Potenziale für eine differenzierte Erinnerungspolitik abzuklopfen. Erste Schneisen auf diesem Weg hat dieser Beitrag geschlagen.

Literatur und Quellen

Baale, Olaf (2008): Abbau Ost. Lügen, Vorurteile und sozialistische Schulden. München: dtv.

Berger, Stefan (2015): Gewerkschaftsgeschichte als Erinnerungsgeschichte – einige einleitende Bemerkungen. In: Berger, Stefan (Hrsg.): Gewerkschaftsgeschichte als Erinnerungsgeschichte. Der 2. Mai 1933 in der gewerkschaftlichen Erinnerung und Positionierung nach 1945. Essen: Klartext.

Berghoff, Hartmut (2019): Die 1990er Jahre als Epochenschwelle? Der Umbau der Deutschland AG zwischen Traditionsbruch und Kontinuitätswahrung. In: Historische Zeitschrift 308, H. 2, S. 364–400.

Beyme, Klaus von (2004): Das politische System der Bundesrepublik Deutschland. Eine Einführung. 10. Auflage. Wiesbaden: Springer VS.

Blessing, Karlheinz (1990): Brief an Franz Steinkühler, 20.9.1990, Archiv der sozialen Demokratie, 5/IGMZ100573.

BMF (1990a): I B 6, an Staatsekretär Horst Köhler, Vermerk: Treuhandgesetz, hier: Kritische Punkte bei Umsetzung des Gesetzes, 20.6.1990, Bundesarchiv Koblenz, B 126, 145464.

BMF (1990b): UAL I C, an Staatsekretär Horst Köhler, Betr.: Treuhandgesetz, hier: Ihr Gespräch mit Staatsekretär Krause am 20. Juni 1990, 20.6.1990, Bundesarchiv Koblenz, B 126, 145464.

Bohl, Friedrich (1991): Parlamentarischer Geschäftsführer der CDU/DSU-Fraktion im Bundestag, Telefax an die Vorsitzende der Gewerkschaft ÖTV, Monika Wulf-Mathies, 16.4.1991, Archiv der sozialen Demokratie, 5/DGAI002219.

Böhm, Michaela (2019): Der Weg in die Gewerkschaftseinheit. Staatliche Einigung und die Zusammenführung der IG Metall Ost und West. In: Hofmann, Jörg/Benner, Christiane (Hrsg.): Geschichte der IG Metall. Frankfurt am Main: Bund, S. 511–524.

Böick, Marcus (2018): Die Treuhand. Idee – Praxis – Erfahrung 1990–1994. Göttingen: Wallstein.

Brunner, Detlev/Kuhnhenne, Michaela/Simon, Hartmut (Hrsg.) (2018): Gewerkschaften im deutschen Einheitsprozess. Möglichkeiten und Grenzen in Zeiten der Transformation. Bielefeld: transcript.

Bundeskanzleramt (1990–1994): Akte Besprechungen des Bundeskanzlers mit Wirtschaftsverbänden und Gewerkschaften, 1990–1994, Bundesarchiv Koblenz, B 136, 26498.

Dathe, Dietmar (2018): Streiks und soziale Proteste in Ostdeutschland 1990–1994. Eine Zeitungsrecherche. Berlin: Arbeitskreis Geschichte sozialer Bewegungen Ost-West.

DGB (1990a): Brückenkonzept zur Beschäftigungssicherung und Forderungen zur Strukturentwicklung in der DDR, 20.6.1990, Archiv für soziale Bewegungen, IG CPK, 306.

DGB (1990b): Abt. Strukturpolitik: Dieter Hockel, an Michael Geuenich, Vermerk: Organisatorische Vorschläge zur Koordination der gewerkschaftlichen Arbeit der Treuhandanstalt und der Treuhand-AGs, 29.6.1990, Archiv der sozialen Demokratie, 5/DGAN001097.

DGB (1990c): Gesprächsnotiz: Arbeitskreis Mitbestimmungs-Sachbearbeiter der Hauptvorstände der Gewerkschaften beim DGB-Bundesvorstand am 1.8.1990, Archiv für soziale Bewegungen, IG CPK, 302.

DGB (1990d): Heinz-Werner Meyer, an Bundeskanzler Helmut Kohl, 31.8.1990, Archiv der sozialen Demokratie, 5/DGAI002102.

DGB (1990e): Abt. Vorsitzender: Ergebnisprotokoll der Sitzung des Arbeitskreises Deutsch-deutsche Beziehungen am 31.8.1990, 6.9.1990, Archiv der sozialen Demokratie, 5/DGBG000135A.

DGB (1993): Abt. Vorsitzender: Günther Horzetzky, an Heinz-Werner Meyer, Aktionstag in Bischofferode, 13.7.1993, Archiv der sozialen Demokratie, 5/DGAI002269.

DGB-Bundesvorstand (1990): Abt. Wirtschaftspolitik, Protokoll über die 5. Sitzung des Geschäftsführenden Bundesvorstandes am 25.6.1990 in Düsseldorf, Archiv der sozialen Demokratie, 5/DGAN001097.

DGB-Bundesvorstand (1991): stellv. Vorsitzende, Ursula Engelen-Kefer, an Hauptvorstände der Gewerkschaften und IG, nachrichtlich an DGB-Landesbezirke/Landessekretariate der neuen Bundesländer, DGB-Rechtsstellen (Ost) und GBV-Mitglieder zur Kenntnis, 11.1.1991, Archiv der sozialen Demokratie, 5/DGAI002158.

DGB-Verbindungsstelle (1990a): Vermerk: 1. Delegiertenversammlung der CDSA/ADA am 30.6.90 in Magdeburg, 1.7.1990, BA-B, DY 34, 29760.

DGB-Verbindungsstelle (1990b): Vermerk für das Gespräch mit DDR-Ministern am 19.6.1990, 14.6.1990, Privatarchiv Werner Milert, Ordner Vermerke.

DGB Thüringen (1993): Frank Spieth, an die Präsidentin der Treuhand, Birgit Breuel, 30.9.1993, BA-B, B 412, 10640.

Dümcke, Wolfgang/Vilmar, Fritz (Hrsg.) (1996): Kolonialisierung der DDR. Münster: Agenda.

Frese, Alfons (1993): Aufgerieben zwischen Linken und Gewerkschaften: Ostdeutsche Initiative von Betriebsräten zerfällt. In: Der Tagesspiegel, 18.12.1993.

Goschler, Constantin/Böick, Marcus (2017): Studie zur Wahrnehmung und Bewertung der Arbeit der Treuhandanstalt, im Auftrag des Bundesministeriums für Wirtschaft und Energie. Bochum.

Grashoff, Udo (2012): Leuna im Streik? Mythos und Realität einere Zeitungsmeldung vom Sommer 1962. In: Deutschland Archiv 7, www.bpb.de/geschichte/zeitgeschichte/deutschlandarchiv/139646/leuna-im-streik (Abruf am 28.5.2021).

Hasel, Margarete/Meiners, Kay (2009): Ich bin den Weg allein gegangen. Interview mit Hermann Rappe über die Treuhandpolitik. In: Magazin Mitbestimmung, H. 10, S. 20–22.

Hickel, Rudolf/Priewe, Jan (1994): Nach dem Fehlstart. Ökonomische Perspektiven der deutschen Einigung. Frankfurt am Main: Fischer.

Hofmann, Jörg/Benner, Christiane (Hrsg.) (2019): Geschichte der IG Metall. Zur Entwicklung von Autonomie und Gestaltungskraft. Frankfurt am Main: Bund.

IG CPK (1990a): Protokoll des geschäftsführenden Hauptvorstandes der IG CPK vom 15.1.1990, Archiv für soziale Bewegungen, IG CPK, 194.

IG CPK (1990b): Hauptvorstand, Abt. Vorstand, Protokolle der Sitzungen des geschäftsführenden Hauptvorstandes, Archiv für soziale Bewegungen, IG CPK, 701.

IG CPK (1991): Handschriftliches Papier zu einem undatierten Gespräch über die THA-Industrieholding-Idee der IG Metall, Archiv der sozialen Demokratie, 5/IGMZ220207.

IG Metall (o.J.): Zum Sofortprogramm zwischen Zentralvorstand IG Metall/DDR und Vorstand IG Metall/BRD, BA-B, DY 46, 4683.

IG Metall (1990a): Abt. BR/BVR/M'76, Bernhard Wurl, Aktennotiz: Sitzung Arbeitskreis Mitbestimmung beim DGB-Bundesvorstand am 1.8.1990, 8.8.1990, Archiv der sozialen Demokratie, 5/IGMZ100766.

IG Metall (1990b): Wirtschaftsabteilung, Währungsunion mit der DDR und Tarifbewegung in der Metallindustrie. Eine Stellungnahme der IG Metall, Februar 1990, Archiv der sozialen Demokratie, 5/IGMZ100573.

IG Metall (1990c): Abt. Wirtschaftspolitik, Toni Engberding, (unabgestimmter) Entwurf zur Sanierung von DDR-Unternehmen, 17.7.1990, Archiv der sozialen Demokratie, 5/DGAN001088.

IG Metall (1991a): Abt. Wirtschaft, Horst Neumann, Betr.: Einrichtung einer Treuhand-Industrieholding, 1.3.1991, Archiv für soziale Bewegungen, IG CPK, 706.

IG Metall (1991b): Abt. Wirtschaft, Treuhand-Industrieholding AG, 6.5.1991, Archiv für soziale Bewegungen, IG CPK, 706.

IG Metall (1991c): Wirtschaftsabteilung, Nikolaus Schmidt, an Franz Steinkühler, Betr.: Treuhand-Industrieholding/Gespr. mit Mitarbeitern der SPD-Bundestagsfraktion, 27.5.1991, Archiv der sozialen Demokratie, 5/IGMZ220339.

IG Metall (1992): Abt. Wirtschaft: Rudolf Kuda an Franz Steinkühler, Betr.: Vorbereitungsgespräch Bundesregierung/Treuhandanstalt/DGB im Bundeskanzleramt vom 27.11.1992, 1.12.1992, Archiv der sozialen Demokratie, 5/IGMZ220209.

IG Metall Vorstand (1991–1992): Vorstandssekretariat/Büro Vorsitzender, Akte Korrespondenzen, Archiv der sozialen Demokratie, 5/IGMZ100702 und 5/IGMZ101142.

Kädtler, Jürgen/Kottwitz, Gisela/Weinert, Rainer (1997): Betriebsräte in Ostdeutschland. Institutionenbildung und Handlungskonstellationen 1989–1994. Wiesbaden: Springer VS.

Kädtler, Jürgen/Hertle, Hans-Hermann (1997): Sozialpartnerschaft und Industriepolitik. Strukturwandel im Organisationsbereich der IG Chemie-Papier-Keramik. Wiesbaden: Springer VS.

Kemmler, Marc (1994): Die Entstehung der Treuhandanstalt. Von der Wahrung zur Privatisierung des DDR-Volkseigentums. Frankfurt am Main: Campus.

Koch, Alexander (1991): Vorstandsmitglied der Treuhandanstalt (Vorstandsressort Personal), an Staatssekretär Horst Köhler, Staatssekretär Dieter von Würzen, Ministerialdirektor John von Freyend, Ministerialdirigent Ollig, Ministerialdirigent Sarrazin, 1.2.1991, BA-B, B 412, 2562.

Kowalczuk, Ilko-Sascha (2014): Revolution ohne Arbeiter? Die Ereignisse 1989/90, in: Hübner, Peter (Hrsg.): Arbeit, Arbeiter und Technik in der DDR 1971 bis 1989. Bonn: Dietz, S. 539–610.

Kowalczuk, Ilko-Sascha (2019): Die Übernahme. Wie Ostdeutschland Teil der Bundesrepublik wurde. München: C. H. Beck.

Krastev, Ivan/Holmes, Stephen (2019): The Light that Failed. A Reckoning. London: Penguin.

Loewenich, Maria von (2018): 45 km ungeordnetes Schriftgut, und was nun? Die Bewertung der Überlieferung der Treuhandanstalt bzw. der Bundesanstalt für vereinigungsbedingte Sonderaufgaben. In: Massenakten – Massendaten. Rationalisierung und Automatisierung im Archiv. 87. Deutscher Archivtag 2017. In: Wolfsburg. Fulda: Verband deutscher Archivarinnen und Archivare e. V., S. 67–74.

Müller, Uwe (2005): Supergau Deutsche Einheit. Berlin: Rowohlt.

Nötzold, Günter (Hrsg.) (1990): Die Stunde der Ökonomen. Prioritäten nach der Wahl in der DDR und die Zukunft der europäischen Wirtschaftsbeziehungen. Essen: Klartext.

o. V. (1990a): IG-Rappe: Ich will die Wiedervereinigung. In: Bild, 4.1.1990.

o. V. (1990b): Die Belegschaften sollen die Eigentümer der umgewandelten Unternehmen werden. In: Handelsblatt, 26.3.1990.

o. V. (1990c): Wir sind in einer Zwickmühle. IG Metall-Chef Franz Steinkühler über die Probleme der Gewerkschaften in der DDR. In: Der Spiegel 25.

o. V. (1991a): Treuhand versteht sich als Schlachthof. In: Süddeutsche Zeitung, 15.3.1991.

o. V. (1991b): Bundeskanzler weg – Neuwahlen! In: Neues Deutschland, 26.3.1991.

o. V. (1993): Die Paten von Halle. In: taz, 18.10.1993.

Panitz, Eberhard/Huhn, Klaus (1992): Mein CHEF ist ein WESSI. Berlin: Spotless.

Pirker, Theo/Lepsius, Rainer M./Weinert, Rainer/Hertie, Hans-Hermann (Hrsg.) (1995): Der Plan als Befehl und Fiktion. Wirtschaftsführung in der DDR. Opladen: Springer.

Raphael, Lutz (2019): Jenseits von Kohle und Stahl. Eine Gesellschaftsgeschichte Westeuropas nach dem Boom. Berlin: Suhrkamp.

Rappe, Hermann (1989a): Am Verfassungsauftrag zur deutschen Einheit festhalten. In: Hildesheimer Allgemeine Zeitung, 2.12.1989.

Rappe, Hermann (1989b): Kein Gegensatz zwischen nationaler und sozialer Frage. In: Hannoversche Allgemeine Zeitung, 28.12.1989.

Rappe, Hermann (1989c): Für eine Politik der Vernunft. Beiträge zu Demokratie und Sozialstaat. Köln: Bund.

Rau, Christian (2018): Interview mit Dieter Scholz am 5.12.2018. Transkript im Besitz des Autors.

Richter, Sebastian (2009): Der Weg zur freien Volkskammerwahl am 18. März 1990. In: Henke, Klaus-Dietmar (Hrsg.): Revolution und Vereinigung 1989/90. Als in Deutschland die Realität die Phantasie überholte. München: dtv, S. 329–342.

Ritter, Gerhard A. (2006): Der Preis der deutschen Einheit. Die Wiedervereinigung und die Krise des Sozialstaats. München: C. H. Beck.

Roethe, Thomas (1999): Arbeiten wie bei Honecker, leben wie bei Kohl. Ein Plädoyer für das Ende der Schonfrist. Frankfurt am Main: Eichborn.

Scharrer, Manfred (2011): Der Aufbau einer freien Gewerkschaft in der DDR 1989/90. ÖTV und FDGB-Gewerkschaften im deutschen Einigungsprozess. Berlin: De Gruyter.

Schneider, Michael (1990): Die abgetriebene Revolution. Von der Staatsfirma in die DM-Kolonie. Berlin: Elefanten Press.

Seibel, Wolfgang (2005): Verwaltete Illusionen. Die Privatisierung der DDR-Wirtschaft durch die Treuhandanstalt und ihre Nachfolger 1990–2000. Frankfurt am Main: Campus.

Seibel, Wolfgang (2012): Wenn ein Staat zusammenbricht. Über die Frühgeschichte und Funktion der Treuhandanstalt. In: Frei, Norbert/Süß, Dietmar (Hrsg.): Privatisierung. Idee und Praxis seit den 1970er Jahren. Göttingen: Wallstein, S. 184–207.

Siebert, Horst (1992): Das Wagnis der Einheit. Eine wirtschaftspolitische Therapie. Stuttgart: Deutsche Verlags-Anstalt.

Steiner, André (2007): Von Plan zu Plan. Eine Wirtschaftsgeschichte der DDR. Berlin: Aufbau.

Steinkühler, Franz (1991): Vorlage für die Sitzung der geschäftsführenden Vorstandsmitglieder, 4. März 1991, Betr.: Zentraler Aktionstag in den fünf neuen Bundesländern »Gegen wirtschaftlichen Kahlschlag – für eine soziale Zukunft«, Archiv der sozialen Demokratie, 5/IGMZ210780.

Steinkühler, Franz (1992): Interview mit Anne Klein und Christian Testorf, 27.5.2013, Archiv der sozialen Demokratie, 6/VIDZ000019.

Stuhler, Ed (2010): Die letzten Monate der DDR. Die Regierung de Maizière und ihr Weg zur deutschen Einheit. Bonn: bpb.

Sziedat, Konrad (2019): Erwartungen im Umbruch. Die westdeutsche Linke und das Ende des »real existierenden Sozialismus«. Berlin: De Gruyter.

Thaysen, Uwe (Hrsg.) (2000): Der Zentrale Runde Tisch der DDR. Wortprotokoll und Dokumente, Band 1: Aufbruch. Wiesbaden: Westdeutscher Verlag.

Ther, Philipp (2014): Die neue Ordnung auf dem alten Kontinent. Eine Geschichte des neoliberalen Europa. Berlin: Suhrkamp.

Ther, Philipp (2019): Die deutsche Schocktherapie. Der deutsche Sonderweg und die Transformation Ostmitteleuropas. In: Blätter für deutsche und internationale Politik 64, H. 11, S. 85–96.

Thießen, Friedrich (Hrsg.) (2001): Zwischen Plan und Pleite. Erlebnisberichte aus der Arbeitswelt der DDR. Köln: Böhlau.

Treuhandanstalt (Hrsg.) (1994): Dokumentation 1990–1994, 15 Bde. Berlin: Treuhandanstalt, Direktorat Kommunikation.

Treuhandanstalt (1990): Protokoll über die Vorstandssitzung der Treuhandanstalt am 30.8.1990, Überlegungen zum Einsatz arbeitsmarktpolitischer Hilfen durch die Treuhandanstalt, 28.8.1990, BA-B, B 412, 2540.

Weigert, Peter (1989): Mit Solidarität zur Wiedervereinigung. In: Kölnische Rundschau, 7.12.1989.

Wenzel, Jan (Hrsg.) (2019): Das Jahr 1990 freilegen. Remontage der Zeit. Leipzig: Spector Books.

Erinnerungskultur und Erinnerungspolitik
Der FDGB vor und nach 1990

Detlev Brunner

Am 15. Juni 1945 veröffentlichte der »Vorbereitende Gewerkschaftsausschuß für Groß-Berlin« einen Aufruf zur Errichtung freier Gewerkschaften. Obwohl sein Aktionsradius auf Berlin begrenzt war und die ersten zentralen Delegiertenkonferenzen für Berlin und für die Sowjetische Besatzungszone (SBZ) erst im Februar 1946 stattfanden, gilt der 15. Juni 1945 gemeinhin als Gründungstag des Freien Deutschen Gewerkschaftsbundes (FDGB) (Brunner 2000, S. 38–95).

Tatsächlich nahm der Berliner Gründungsausschuss mit seinen programmatischen Vorgaben zum Aufbau einer in 17, dann 18 Verbände untergliederten Einheitsorganisation entscheidenden Einfluss auf den Gewerkschaftsaufbau in der SBZ. Bei allen frühzeitig zutage tretenden Besonderheiten der Entwicklung in Berlin und in der SBZ, vor allem was den kommunistischen Einfluss anlangt, gruppierten sich die Gewerkschaftsgründungen in den östlichen Regionen des besetzten Deutschlands in eine allgemeine Entwicklung seit Kriegsende ein. Überall in Deutschland entstanden gewerkschaftliche Gründungskreise; Gewerkschaften mit unterschiedlichen Namen wurden ins Leben gerufen, als erste der »Freie Deutsche Gewerkschaftsbund« in Aachen schon am 18. März 1945, also noch knapp zwei Monate vor der deutschen Kapitulation.

Der Gedanke der Einheitsgewerkschaft war allgemein verbreitet, auch wenn damit unterschiedliche politische Strategien verbunden waren. Zunächst diskutierten die Gewerkschaften aus Ost und West in »Interzonenkonferenzen« noch über das Ziel einer gesamtdeutschen Gewerkschaftsbewegung; nach der letzten gescheiterten Konferenz vom 17./18. August 1948 wurde dieses Ziel aber illusorisch (Interzonenkonferenzen 2007). Die Wege, die die Gewerkschaftsorganisationen der Westzonen einerseits und der SBZ andererseits in den unterschiedlichen, sich bald feindlich gegenüberstehenden Staats- und Gesellschaftssystemen einschlugen, waren bis auf Weiteres nicht mehr miteinander vereinbar.

Die vom FDGB geprägten Erinnerungskulturen und die Erinnerungen an den FDGB können unter den Bedingungen der Teilung Deutschlands und des Niedergangs des FDGB im Zuge des demokratischen Umbruchs in der DDR unter sehr unterschiedlichen, ja, gegensätzlichen Perspektiven beschrieben werden. Dieser Beitrag versucht sowohl Erinnerungspolitik und Erinnerungskulturen des FDGB als auch Erinnerungen an den FDGB zu thematisieren. Angesichts des sehr lückenhaften Forschungsstandes kann dies nur aspekteweise geschehen.

75 Jahre

Im Jahr 2020 jährte sich nicht nur das Ende des Zweiten Weltkrieges zum 75. Mal, sondern auch die Wiedergründung der Gewerkschaften nach zwölf Jahren Verbot und Verfolgung durch die Nazi-Diktatur in den Jahren 1933 bis 1945. Angesichts der durch die Corona-Pandemie bedingten Einschränkungen konnten zahlreiche Gedenk- und Jubiläumsveranstaltungen nur in reduzierter, oft digitaler Form stattfinden oder sie fielen gänzlich aus. Die sehr spärliche Erinnerung an die Gewerkschaftsgründungen lässt sich jedoch kaum mit der wegen Covid-19 begrenzten Öffentlichkeit allein begründen. Es scheint, als wäre vor allem die Erinnerung an die Gründungsgeschichte des FDGB aus dem Blickfeld geraten. Ein stichprobenhafter Blick in die Medien offenbart vor allem Leerstellen.

Gunter Lange hat am 24. April 2020 auf der Website des DGB einen Beitrag veröffentlicht, der die Entwicklung in allen Besatzungszonen beschreibt (Lange 2020). In lokalen Medien erinnerten Artikel an die Gründungen des Jahres 1945, neben den *Aachener Nachrichten* beispielsweise auch die *Main-Post* zur Gründung des »Freien Gewerkschaftsbundes« im fränkischen Schweinfurt im November 1945 (Aachener Nachrichten 2020; Eichler 2020). Aber wie steht es mit der Erinnerung an 75 Jahre FDGB?

Am 13. Juni 2020 erschien im *Neuen Deutschland* ein Interview mit Annelis Kimmel, 1979 bis 1989 Vorsitzende des FDGB-Bezirksvorstands (Ost-)Berlin und im November/Dezember 1989 kurzzeitig Vorsitzende des FDGB (Vesper 2020). Mit ihr hat das Blatt eine Gesprächspartnerin gewählt, die auf den FDGB einen apologetischen Blick wirft. Kimmel ist Vorsitzende des Vereins Freie Deutsche Gewerkschaften e. V., der bislang mit Leistungsbilanzen des FDGB aufgewartet hat und die »Zerschlagung« der Gewerkschaften respektive des FDGB im Jahre 1990 beklagt (Schneider 2013, S. 1; Koch 2017). In einer Stellungnahme zu 75 Jahre Gewerkschaftsgründung stellt der Verein fest:

»Die Gewerkschaften im Osten Deutschlands in den Jahren 1945 bis 1990 waren und bleiben ein bedeutendes Phänomen, eine in ihrer Vielfalt und Wirkungskraft einmalige gewerkschaftliche Errungenschaft sowie eine Bereicherung und Fortschreibung der Geschichte der deutschen Gewerkschaftsbewegung« (Koch 2017, S. 14).

Die mediale und wissenschaftliche Wirksamkeit dieser von ehemaligen FDGB-Funktionären getragenen Vereinigung ist beschränkt. Aber wer erinnert sich sonst noch an den FDGB? Und wie? Und welche Erinnerungskultur prägte der FDGB selbst?

Bestandsaufnahme

Seit den 1990er Jahren setzte in der Zeitgeschichtswissenschaft ein Boom der ehemals eher peripheren DDR-Forschung ein. Schwerpunkte waren zunächst Themen des Herrschaftssystems, der Institutionen der Diktatur und Repression. Der FDGB als Forschungsgegenstand war von diesem Boom nur am Rande berührt. Gleichwohl sind die allgemeinen Linien der Geschichte des FDGB und seiner Industriegewerkschaften und Gewerkschaften bekannt. Auch zur Funktionsweise des FDGB im politischen Feld wie im Bereich der Lohn- und Sozialpolitik sowie in seinem Wirken auf Betriebsebene liegen seit geraumer Zeit Studien vor (z. B. Hübner 1995; Kleßmann 2007; Hürtgen 2005; Gill 1989; Stadtland 2001; Hildebrandt 2010; Schuhmann 2006; Brunner 2000).

Welche Erinnerungskultur der FDGB selbst geprägt hat und welche Bedeutung er in der Wahrnehmung und Erinnerung der Beschäftigten und Mitglieder einnahm, ist jedoch weitgehend unerforscht (erste Ansätze in Brunner/Hall 2014; das dieser Veröffentlichung zugrunde liegende Interviewprojekt war auf die Zeit ab 1989/90 konzentriert; die DDR-Vergangenheit der Befragten war ein Aspekt; zur gewerkschaftlichen Erinnerungsgeschichte sowie zum Forschungsstand siehe Brunner/Hall 2014, bes. S. 13 f.; Berger 2015, S. 13–43). Dies ist angesichts der umfassenden sozialen und kulturellen Aufgaben der DDR-Gewerkschaften ein erstaunlicher Befund.

Erinnerungspolitik des FDGB

»Einheit« war der Gründungsmythos des FDGB. Angesichts der Verfolgung in der Nazi-Diktatur und des Widerstandskampfes, an dessen Spitze die KPD gestanden habe, und in den sich sozialdemokratische, christliche und parteilose Gewerkschafter eingereiht hätten, sei die »antifaschistische Einheit« geboren und gewachsen, der Gedanke der Einheitsgewerkschaft sei eine der »Lehren«, die aus der Spaltung der Arbeiterbewegung gezogen worden sei. Diese Spaltung wurde – übrigens keineswegs nur seitens der KPD – als ein Grund für die Machtübernahme der Nationalsozialisten gesehen. Für den Aufbau eines neuen Deutschlands wurde die »Einheit« der Arbeiterbewegung und der Gewerkschaften als Fundament schlechthin angesehen.

Bei allem kommunistischen Dominanzanspruch zeigte sich in der frühen Formierungsphase des FDGB eine erinnerungspolitische Offenheit. Schon der Gründungsaufruf vom 15. Juni 1945 war das Ergebnis eines Kompromisses zwischen den kommunistischen Mitgliedern des Vorbereitenden Gewerkschaftsausschusses und den sozialdemokratischen und christdemokratischen Vertretern dieses Gremiums. Wenn es nach den KPD-Funktionären gegangen wäre, wäre die Schuldzuweisung an die Gewerkschaftsführung des Jahres 1933 wegen ihres Aufrufs zur Teilnahme an dem unter Nazi-Regie veranstalteten 1. Mai deutlich stärker ausgefallen, als es die Formulierung vom 1. Mai 1933 als den »schwärzesten Tag in der Geschichte der Arbeiterbewegung« zum Ausdruck brachte (Brunner 2000, S. 43–47).

In den vom FDGB herausgegebenen Schulungsmaterialien und Rednerdispositionen der Jahre 1945/46 waren keine einseitigen Schuldzuweisungen für die Niederlage der Arbeiterbewegung 1933 enthalten, wie sie üblicherweise von kommunistischer Seite gegen die »rechten« Gewerkschaftsführer vorgebracht wurden. Die zweite Ausgabe dieser Materialien vom September 1945 zitierte ausgerechnet die Zeitung der CDU, *Neue Zeit*, die in ihrer Ausgabe vom 2. August 1945 die Verantwortung der gesamten organisierten Arbeiterschaft für die NS-Machtübernahme hervorgehoben hatte (FDGB 1945, S. 2f.). Dies schloss auch die Kommunisten mit ein. Kritik an der kommunistischen Gewerkschaftsopposition vor 1933 wurde ebenfalls geübt – so in Schulungsmaterialien im Juli 1946. Darin hieß es, die Gewerkschaftsopposition sei zwar ehrlich bemüht gewesen, habe es aber durch ihr Verhalten erschwert, »die unerläßlichen Voraussetzungen einer Gewerkschaftseinheit zu schaffen«. Dass sie »in ihrer praktischen Arbeit [...] den Hauptstoß nicht immer gegen die kapitalistische Klasse«, sondern »manchmal« gegen »die reformistischen und sozialdemokratischen Führer der Gewerkschaftsbewegung« geführt habe, hätten viele »fortschrittliche Gewerkschaftler« instinktiv als falsch erkannt (FDGB 1946, S. 22).

Diese Gedanken stammten von Karl Fugger, KPD-Mitglied seit 1919, Leiter der Abteilung Schulung beim FDGB-Bezirksvorstand Berlin und ab Oktober 1948 in gleicher Funktion beim Bundesvorstand. Diese Einschätzungen, die Fugger in seinem 1949 erschienenen Buch zur Geschichte der Gewerkschaftsbewegung wiederholte, waren auch der Grund dafür, dass er im Sommer 1950 wegen »ideologischer Schwächen« seine Position aufgeben musste und zu einem Besuch der Parteihochschule delegiert wurde. Danach wurde er als stellvertretender Direktor der FDGB-Gewerkschaftsschule in Bernau eingesetzt (Brunner 2000, S. 367; Fugger 1949, S. 189–195).

Die relative Offenheit in der frühen Erinnerungspolitik des FDGB ging mit jener Entwicklung zu Ende, in der sich die Gewerkschaft zur »Massenorganisation« der mittlerweile stalinistisch gewendeten SED deformierte. Spätestens seit Beginn der 1950er Jahre pflegte der FDGB ein dogmengleiches Narrativ. Von einer Mitverantwortung der KPD war keine Rede mehr; nun galt, dass die aus dem »Verrat« der »rechten« Gewerkschaftsführungen 1932/33 und dem von der KPD dominierten Widerstandskampf resultierende »Einheit« der Arbeiter- und Gewerkschaftsbewegung in Form der SED und des FDGB die historische Mission sei, die in der DDR umgesetzt worden war.

Zum Ende der 1980er Jahre zeigten sich allerdings Modernisierungstendenzen in der Geschichtsvermittlung, wobei das Fundament des Narrativs nicht grundsätzlich in Zweifel gezogen wurde. Ausgehend von der Bernauer Gewerkschaftshochschule, namentlich dem Leiter der Forschungsgruppe Geschichte, Heinz Deutschland, wurden 1987 Vorschläge einer Modernisierung der »Geschichtspropaganda« unterbreitet. Es ging um die Abkehr von bisherigen Agitationsformen und um die Vermittlung an eine Generation, die sich von den Traditionsbezügen der Arbeiterbewegung nur noch unzureichend angesprochen fühlte. Durch eine adäquate Schilderung der Vergangenheit sollte das Erreichte hervorgehoben und der FDGB als jene Organisation wahrgenommen werden, die den Sozialismus in der DDR mit aufgerichtet hatte.

Verbunden mit diesen Forderungen nach didaktischer Neuerung war auch eine – vorsichtige – Abkehr von bisherigen »Verengungen«: Der »Reformismus« der Gewerkschaften vor 1933 sollte nicht mehr a priori als Klassenverrat gebrandmarkt werden, wie Deutschland 1986 formulierte. All dies sollte auch den Kontakt mit den bundesrepublikanischen Gewerkschaften erleichtern beim Bemühen, »in brennenden Fragen der Gegenwart zu Übereinstimmungen zu gelangen« (Brunner 2015a, S. 185). Eingebettet war diese Wendung in die schließlich gescheiterten Bemühungen von SED und SPD, zu einem Dialog jenseits ideologischer Verkrustungen zu gelangen (»Streitpapier« 1987). Der von Heinz Deutschland in diesem Zusammenhang anvisierte dauerhafte Dialog von Gewerkschaftshistorikern beider deutscher Staaten kam aufgrund der Ereignisse des Jahres 1989 nicht mehr zustande.

Detlev Brunner

Der »westliche« Blick und die Entspannung

In den Gewerkschaften der Westzonen gab es frühzeitig die Einschätzung, dass es sich beim FDGB und seinen Industriegewerkschaften und Gewerkschaften um Instrumente der sowjetischen Besatzungsmacht und der SED handele (Brunner 2000, S. 203). Spätestens als der FDGB auf seinem dritten Kongress 1950 die Führungsrolle der SED anerkannt und sich in den Dienst der Planerfüllung gestellt hatte, war in der Gewerkschaftsbewegung der Bundesrepublik die Haltung verbreitet, dass der FDGB und seine Industriegewerkschaften den Anspruch einer Interessenvertretung der arbeitenden Menschen aufgegeben hatten.

Der FDGB wurde als »Staatsgewerkschaft« gesehen, die die Aufgabe hatte, die Politik der SED umzusetzen – kommunistische Massenorganisation statt unabhängige Interessenvertretung. Vor allem die sich zum Aufstand steigernden Streiks im Juni 1953 unterstrichen diese Sicht. Der FDGB hatte die SED-Politik der Normenerhöhung, die den Anlass der Arbeiterproteste bot, ohne Wenn und Aber vertreten. Es waren hingegen Stimmen aus den Industriegewerkschaften, insbesondere aus der IG Bau-Holz und der IG Metall, die hier gewerkschaftliche Akzente der Interessenvertretung setzten und dafür gemaßregelt wurden. Dies war ein weiterer Beleg dafür, dass der Einsatz für die Belange der Beschäftigten mit Repression beantwortet wurde (Hildebrandt 2010, S. 77 f.).

Im Zuge der Entspannungspolitik seit den 1970er Jahren und der damit einhergehenden Intensivierung der deutsch-deutschen Beziehungen veränderte sich der westdeutsche Gewerkschaftsblick auf die DDR-Gewerkschaften wie auch umgekehrt die Einschätzung der Westgewerkschaften durch den FDGB.

»Im FDGB, seinen IG/Gew[erkschaften]. wurde immer mehr von der absurden Einschätzung abgerückt, daß der DGB und die Einzelgewerkschaften in der BRD reformistische Organisationen und somit keine echten Interessenvertreter seien. Im DGB und den Einzelgewerkschaften wiederum gewann die Erkenntnis an Boden, daß der FDGB, seine IG/Gew., nicht schlechthin ›Staatsgewerkschaften‹, der ›verlängerte Arm der Partei‹, ›Nichtgewerkschaften‹ sind, sondern unter den konkreten gesellschaftlichen Bedingungen durchaus aktive Interessenvertretung betreiben« (Deutschland 1993).

Die gewerkschaftliche Entspannungspolitik führte zu vermehrten Kontakten vor allem in den 1980er Jahren, bis ins Jahr 1989 hinein (Müller 2018). Den Schlusspunkt bildete der Besuch des FDGB-Vorsitzenden Harry Tisch beim DGB-Vorsitzenden Ernst Breit vom 12. bis 15. September 1989, ein zwar lange geplantes, doch angesichts der politischen und gesellschaftlichen Entwicklung groteskes Zusammentreffen, bei dem Tisch Reformen in der DDR abgelehnt und sich abfällig über die Ausreisenden aus der DDR geäußert hatte. Von Journalisten auf die Ausreisewelle angesprochen, sprach Tisch am 12. September 1989 von einer »Schlammschlacht«, an der er sich nicht beteilige; Gespräche mit ausgereisten DDR-Bürgern lehnte er ab – sie hätten ja in der DDR mit ihm sprechen können (Lausch/Holler 1989; Eckelmann/Hertle/Weinert 1990, S. 116). In der abschließenden Erklärung betonten beide Delegationen, dass sich »die Beziehungen zwischen dem DGB und dem FDGB gemäß der Vereinbarung von 1987 positiv entwickelt« hätten (Fichter/Kurbjuhn 1993, S. 70).

Diese Vereinbarung hatten DGB und FDGB im Mai 1987 geschlossen, und sie betraf die Einladung einer FDGB-Delegation in die Bundesrepublik im Jahr 1989, diverse Delegationsaustausche sowie kulturellen Austausch (Ruhrfestspiele/Arbeiterfestspiele) (FDGB/DGB 1987). Ernst Breit hatte vor dem DGB-Bundesvorstand am 2. Juni 1987 das Verhältnis zum FDGB positiv eingeschätzt: »Mir scheint, daß zwischen DGB und FDGB gute und solide Beziehungen herangewachsen sind«. Es habe sich gezeigt, dass auch über »strittige oder sensible Punkte« wie die Berlin-Frage offen diskutiert werden könne (Breit 1987).

Ein neues Narrativ?

Im Dezember 1989 betonte Ernst Breit, keine Gesellschaftsordnung könne für sich beanspruchen, demokratisch zu sein, wenn sie freie und unabhängige Gewerkschaften mit dem Recht auf Streik nicht zulasse. Gerade in der sich anbahnenden Phase wirtschaftlicher Umgestaltung seien freie und unabhängige Gewerkschaften für den Schutz der arbeitenden Menschen notwendig. Was diese nicht gebrauchen könnten, »sind parteiabhängige Überbürokratien, die sich aufs Jasagen und auf die Vergabe von Ferienplätzen und die Verwaltung sozialer Leistungen beschränken«. Es werde sich zeigen, »ob die organisatorischen Gebilde, die sich Gewerkschaften nennen, zu funktionierenden wirklichen Gewerkschaften umgestaltet werden können« (Breit 1989/2010, S. 109).

Wie sich die von Heinz Deutschland vorgeschlagene Öffnung der FDGB-Geschichtspolitik – auch im Dialog mit westlichen Gewerkschaftsforschern – gestaltet hätte, bleibt spekulativ. Unter den Bedingungen der Friedlichen Revolution und den in den Gewerkschaften der DDR einsetzenden demokratischen Reformbestrebungen wandelte sich die Wahrnehmung des FDGB. Was zu Zeiten der Entspannungspolitik im geteilten Deutschland von bundesrepublikanischer Seite als erfolgreiche Schritte des Dialogs und der Annäherung gedeutet worden war, war nun angesichts der rasanten Entwicklungen keine Handlungsoption mehr.

Eine bislang pragmatisch geprägte, positive Sicht auf den FDGB wich der Wahrnehmung eines alter Macht verhafteten, reformunfähigen Apparates – der

FDGB also doch eine parteiabhängige »Staatsgewerkschaft«, die keine Interessenvertretung der arbeitenden Menschen gewährleisten konnte. Das Agieren seiner führenden Funktionäre in den Herbstmonaten des Jahres 1989 bestätigte diese Wahrnehmung. Bei den Reformkräften, die aus den Betrieben und auch in den sich vom FDGB emanzipierenden Industriegewerkschaften und Gewerkschaften entstanden, geriet dieser zur Negativfolie – ein in Agonie erstarrter Koloss, der dem Untergang geweiht war und im September 1990 schließlich aufgelöst wurde.

Angesichts dieser Geschichte des Scheiterns war eine wie auch immer positiv geprägte Erinnerungskultur kaum vorstellbar. Das Narrativ ab 1990 lautete: Die Übernahme des westdeutschen Gewerkschaftsmodells ist das einzig Erfolg versprechende Modell unter den Bedingungen sozialer Marktwirtschaft. Die Beurteilung der FDGB-Vergangenheit fiel dagegen ausnahmslos negativ aus: der FDGB als Erfüllungsgehilfe der SED-Diktatur, personalisiert durch Harry Tisch, Mitglied des Politbüros, der wegen Veruntreuung 1990 in Haft kam und auch verurteilt wurde (Dowe/Kuba/Wilke 2009).

Differenzierte Sichten

Der FDGB als zentralistische Organisation steht für die strukturelle Hierarchie, bildet jedoch die Vielfalt gewerkschaftlichen Handelns in der DDR nicht ab. Seitens der Industriegewerkschaften und Gewerkschaften, die dem FDGB mangels finanzieller Autonomie und aufgrund des Prinzips des demokratischen Zentralismus untergeordnet waren, zeigten sich bereits zu Zeiten der DDR Bestrebungen, gegen dieses zentralistische Prinzip zu handeln. Beispiele sind die Stellungnahmen von Industriegewerkschaften und Gewerkschaften zu den Streiks und Protesten in den Juni-Tagen des Jahres 1953 (Eckelmann/Hertle/Weinert 1990, S. 18–34); auch die Proteste der IG Bergbau gegen das mit unzumutbarer Mehrarbeit verbundene, nach dem Mauerbau 1961 propagierte »Produktionsaufgebot« zählen zu diesen Beispielen gewerkschaftlicher Interessenvertretung (Brunner 2018, S. 122).

Im Zuge der Emanzipation der Industriegewerkschaften/Gewerkschaften vom FDGB seit Ende 1989 ist ein Prozess erkennbar, in dem die Einzelgewerkschaften verstärkt auf die eigene Geschichte und gewerkschaftliche Tradition blickten. Insbesondere die IG Bau-Holz und deren langjähriger Vorsitzender Lothar Lindner waren bemüht, ein Bild zu zeichnen, das bei aller politischen und ideologischen Einbindung gewerkschaftliche Arbeit im Interesse der Beschäftigten dokumentiert. Das Gewerkschaftsleben habe auch eine andere Seite gehabt:

Die Sorgen der Mitglieder, persönliche Belange, Auseinandersetzung mit Bürokratismus. »Doch es ging auch um das gesellige und kollegiale Zusammensein in den Gewerkschaftsgruppen der Arbeitskollektive, wofür die Industriegewerkschaft eintrat« (Lindner/Hunger 1997, Bd. 1, S. 10).

Für eine differenzierte Sicht warb auch Peter Witte, Vorsitzender der IG Bergbau, Energie und Wasserwirtschaft in der DDR, von 1991 bis 1996 Mitglied des geschäftsführenden Vorstandes der gesamtdeutschen IG Bergbau und Energie, im Jahr 1996 auf einer Gewerkschaftskonferenz zur FDGB-Geschichte. Man dürfe »nicht alles schwarz und/oder weiß malen, es gibt auch sehr viele gemischte Farbtöne, die das Gesamtbild ausmachen«. Der FDGB und seine Mitglieder, der FDGB-Bundesvorstand oder die Zentralvorstände der IGs und die Vertrauensleute in den Betrieben seien »nicht ein und dasselbe« gewesen (IG Chemie-Papier-Keramik/IG Bergbau und Energie/Gewerkschaft Leder 1996, S. 12). Peter Witte kam aus der betrieblichen Gewerkschaftsarbeit; für ihn und »für viele von uns im Energiekombinat« sei es »völlig belanglos« gewesen, wer da an der Spitze des FDGB gestanden habe, »ob da nun Harry Tisch oder Annelis Kimmel oder wer auch immer da residierte«.

»Wir hatten unseren BKV [Betriebskollektivvertrag], den haben wir heiß diskutiert, wenn die Vertrauensleutevollversammlung war, oder haben es im Vorfeld versucht zu machen. Über den RKV [Rahmenkollektivvertrag] haben wir [uns] schon kaum mehr den Kopf zerbrochen, weil der wurde irgendwo da oben beschlossen und der war dann da. Viel Spielraum gab es sowieso nicht« (Brunner/Hall 2014, S. 56).

Die Gewerkschaften im DGB haben sich in ihren seit 1990 publizierten Jubiläumsbänden der Geschichte ihrer Pendants in der DDR in sehr unterschiedlichem Ausmaß zugewandt. Am intensivsten tat dies die IG Bau-Steine-Erden anlässlich 125 Jahre Baugewerkschaften; ein ausführliches Kapitel des Jubiläumsbands war der Entwicklung der IG Bau-Holz in der DDR von ihren Anfängen bis zur »Wende« im Herbst 1989 und zur Einheit der Baugewerkschaften im Oktober 1990 gewidmet. Tenor auch hier: Jenseits der Bevormundung und ideologischen Gängelung durch den FDGB habe das Gewerkschaftsleben in der DDR unterhalb der politischen Ebene eine weit wichtigere Funktion für die Werktätigen gehabt, »die Regelung der täglichen Probleme rund um den Arbeitsplatz und Betrieb« (Kohl 1993, S. 260). Dass sich die Industriegewerkschaften in der DDR vom FDGB distanzierten und auf ein eigenständiges Profil bedacht waren, stand natürlich mit jener Entwicklung in direktem Zusammenhang, in der der FDGB im Laufe des Jahres 1990 von den Industriegewerkschaften Zug um Zug entmachtet und schließlich aufgelöst wurde.

Andere Gewerkschaften wie die IG Chemie-Papier-Keramik und die Gewerkschaft Holz und Kunststoff gingen auf die Entwicklung in der SBZ/DDR immerhin, wenn auch kurz, ein (Grebing/Hemmer/Christmann 1993; Weber 1990). In einer jüngst erschienenen Geschichte der IG Metall heißt es hingegen apodiktisch: »In Ostdeutschland kam es nie zu einer ›Gewerkschaftsgeschichte‹, die diesen Namen verdient« (Kittner 2019, S. 161). Eine derartige Sicht blendet die Realität gewerkschaftlichen Handelns in der DDR aus, die zweifelsohne nicht mit dem Charakter gewerkschaftlicher Arbeit in westlichen, kapitalistischen Ländern vergleichbar war. Der begrenzte Einfluss auf Fragen der Lohn- und Arbeitsbedingungen war offenkundig und wurde im Zuge der demokratischen Revolution ab 1989 schonungslos kritisiert, am radikalsten von jener bürgerbewegten »Initiative für unabhängige Gewerkschaften« (IUG), die dem FDGB in ihrem von dem Dramatiker Heiner Müller auf der Großdemonstration in Berlin am 4. November 1989 verlesenen Aufruf bescheinigte, als Interessenvertretung 40 Jahre lang komplett versagt zu haben (Initiative für unabhängige Gewerkschaften 1989).

Gewerkschafterinnen und Gewerkschafter aus der DDR erinnerten sich in Interviews der Jahre 2012 und 2013 an eine gewisse Bedeutungslosigkeit ihrer Arbeit. Peter Praikow, Vorsitzender der neu gegründeten Postgewerkschaft in der DDR, fiel es in einem Gespräch am 30. November 2012 schwer, zu rekonstruieren, was er in seiner Funktion als Jugendsekretär in der IG Transport und Nachrichtenwesen überhaupt gemacht hatte: »Das ging in Richtung der Bedeutungslosigkeit« (Brunner/Hall 2014, S. 54). Gewerkschaftsarbeit sei »Selbstzweck« gewesen, »Schmoren im eigenen Saft«, so die rückblickende Einschätzung von Sieglinde Merbitz, bis 1989 Mitarbeiterin im Büro des Vorsitzenden des FDGB-Bezirksvorstandes Leipzig und anschließend stellvertretende Vorsitzende des Bezirksvorstandes der IG Metall (Leipzig). Man habe sich den »Mund fusselig« geredet, aber »im Prinzip stand die Beschlussvorlage, so und so ist abzustimmen, sowieso schon fest« (ebd., S. 55).

Die Möglichkeiten, auf betrieblicher Ebene Interessen zu vertreten, werden im Rückblick unterschiedlich eingeschätzt. Der Betrieb wird als eine Ebene geschildert, auf der die gewerkschaftlichen Funktionäre Druck ausüben konnten. »Man konnte also auch, wenn ein Bauleiter die Leute schlecht behandelt hat, dann konnte man selbst die Initiative ergreifen, konnte die vor die Konfliktkommission zerren, das war so ein betriebliches Gericht, ja. Und da haben die auch Bammel vor gehabt, das wollten die nicht« (Interview Peter Schulze, 23.5.2013, Transkript S. 37 ff.; Brunner/Hall 2014, S. 51; Schulze war 1982 Vertrauensmann einer Brigade, ab 1983 Mitglied der BGL, ab 1985 Vorsitzender der BGL des Kombinatsbetriebes Industriebau Wernigerode. 2007–2015 Regionalleiter der IG

BAU Sachsen-Anhalt/Thüringen). Diese Erinnerung an gewerkschaftliche Interessenvertretung auf Betriebsebene ist – bei allen Begrenzungen – kein Einzelfall:

»Also ich sage mal, der durchschnittliche Vertrauensmann oder die durchschnittliche Vertrauensfrau in der DDR, die hat Gewerkschaft so ähnlich verstanden, obwohl sie von Staats wegen die Möglichkeiten überhaupt nicht hatte, wie der Vertrauensmann im Westen. Der hat die Gewerkschaft auch nicht verstanden als Transmissionsriemen der Partei oder so, sondern war immer der Meinung: ›Ich bin jetzt hier euer Vertrauensmann, oder ich bin hier euer BGLer, und ich kümmer mich jetzt da mal drum. Und wenn die Norm zu hoch ist, dann gehe ich jetzt mal zum Meister und sag: ›So geht das nicht! Ihr werdet hier ausgebeutet‹, oder so in dieser Richtung, ja. Dass dann in dem Moment, wenn der Meister abgeblockt hat, seine Rechte zu Ende waren, dann hat er gesagt: ›So, geht nicht anders, Leute, ja.‹ Und dann war er genauso viel gefrustet wie seine Mitglieder« (Interview Jutta Schmidt, 25.10.2012, Transkript S. 39; Brunner/Hall 2014, S. 56; Schmidt war 1989 Mitglied des »Neuen Forums« und BGL-Vorsitzende des Instituts für Halbleiterphysik/Frankfurt/Oder, ab 1992 stellvertretende Vorsitzende der ÖTV).

Gewerkschaft als lebensweltliche Erfahrung

Der FDGB und seine IGs und Gewerkschaften waren in die offizielle Hierarchie von Partei und Massenorganisationen fest eingebunden. Dass sich jenseits der damit verbundenen Funktionsbeschreibungen Wege des Interessenausgleichs ergaben, etwa in der Festlegung und Erfüllung der Pläne auf Betriebsebene, ist beschrieben worden (Brunner 2018, S. 126 ff.). FDGB und Gewerkschaften bedeuteten in der DDR jedoch weit mehr als die Aushandlung von Arbeitsbedingungen und Tarifen. Die Rolle als Organisator und Förderer gesellschaftlichen und kulturellen Lebens ging darüber weit hinaus. Das bedeutete nicht, dass an Traditionen angelehnte Rituale und der Bezug auf eine ideologisch konstruierte Arbeiterbewegungsgeschichte obsolet geworden wären. Im Gegenteil. Doch nicht nur in der offiziellen »Geschichtspropaganda«, sondern auch im Erinnern haben die Rituale ihren Platz.

»Ich sage mal, wichtig war eben für mich, dass die Gewerkschaft ja eigentlich ihren festen Platz in der Gesellschaft hatte, auch wenn es manchmal ein bisschen anders gesehen wurde, weil ja mehr oder weniger auch so eine hundertprozentige Mitgliedschaft fast gegeben war, weil es gab ja auch, und das ist für mich immer noch ein bewegender Hintergrund, dass man ja zu Lehrbeginn den [...] Lehrlingen in einer Feierstunde auch die Gewerkschaftsbücher feierlich übergeben hat« (Transkript Interview Gerhard Weise, 23.5.2013, S. 5 f.; Brunner/Hall 2014, S. 52; Weise war ab 1984 Vorsitzender der BGL im Bau- und Montagekombinat Magdeburg).

Die FDGB-Mitgliedschaft als fester Bestandteil der Gesellschaft – aus westlicher Sicht häufig als totalitäres Element der DDR-Gesellschaft gesehen – war für das Funktionieren der DDR-Gesellschaft eine sehr grundsätzliche Voraussetzung. Dies galt für die vom FDGB verwaltete Sozialversicherung, die in anderen Systemen staatlichen oder selbstverwalteten Institutionen vorbehalten blieb und bleibt, und die sich deshalb als erinnerungskultureller Gegenstand womöglich weniger eignet. Wer pflegt schon die Erinnerung an bürokratische Abläufe?

Anders verhält es sich bei den anderen vielfältigen Aufgabenbereichen des FDGB:

»Das hatte ja auch andere Seiten, also die Gewerkschaften waren ja zu DDR-Zeiten auch, unter anderem, in die Wohnungsvergabe mit involviert, in die Vergabe von Ferienplätzen mit involviert, sodass man also auch als Gewerkschaftsmitglied nicht nur seinen Beitrag bezahlt hat und an den Gewerkschaftsversammlungen teilgenommen hat, sondern eben auch in diesem sozialen Kontext ja mit partizipiert hat« (Interview Eva-Maria Stange, 6.6.2013, Transkript S. 6; Brunner/Hall 2014, S. 53; Stange war 1989 Lehrerin an einer Polytechnischen Oberschule, ab 1991 an einem Gymnasium, 1997–2005 Vorsitzende der GEW).

Der FDGB war umfassend in Freizeit, Kultur und Sport engagiert. Er vergab die nationalen Pokale im Fußball sowie in anderen sportlichen Disziplinen (darunter Handball). Wie weit all dies von den Sport- und Kulturbegeisterten mit dem FDGB verbunden wurde, ist bislang nicht erforscht.

Am stärksten in der Erinnerung präsent ist der FDGB-Feriendienst, der am 20. März 1947 als gewerkschaftliche Sozialeinrichtung zur Vermittlung von Urlaubsreisen gegründet wurde und damit unter anderem an Tourismusvereinigungen der Arbeiterbewegung vor 1933 anknüpfte (Naturfreunde). Parallelen zur nationalsozialistischen Freizeit- und Urlaubsorganisation »Kraft durch Freude« (KdF) werden in der wissenschaftlichen Rezeption kontrovers beurteilt. Die spärlich vorliegende Literatur zum FDGB-Feriendienst spart die erinnerungsgeschichtliche Perspektive weitgehend aus (Schaufuß 2011), konzentriert sich auf die politische Funktion des Feriendienstes und zieht dabei einen unkritischen und unzutreffenden Vergleich mit der NS-Tourismus-Organisation »Kraft durch Freude« (Hachtmann 2012; Spode 1996). Am 20. März 2017 präsentierte der Deutschlandfunk Kultur einen Beitrag anlässlich der Gründung des FDGB-Feriendienstes vor 70 Jahren (Heckmann-Janz 2017). Auch im Mitteldeutschen Rundfunk (MDR) waren 2020 diverse Beiträge zum Thema sowie historische Ausschnitte aus DDR-TV-Sendungen zu sehen (MDR 2020).

Der FDGB war darüber hinaus der mit Abstand größte Förderer des Internationalen Solidaritätsfonds der DDR. Seine internationale Solidarität war zweifellos ritualisiert, aber offenbar dennoch für das Selbstverständnis der Mitglieder wesentlich. So gab es 1982 gegen einen Beschluss des ZK der SED, internationale Spenden des FDGB zu reduzieren, erheblichen Unmut unter den Gewerkschaftsmitgliedern – die Mitglieder wollten nicht weniger spenden –, mit der Folge, dass dieser Beschluss zurückgenommen wurde (Brunner 2015b, S. 72). Welche Bedeutung derartige Vorgänge für die Erinnerungsgeschichte des FDGB haben, ist unerforscht.

Ausblick

Erinnerungskultur und Erinnerungsgeschichte des FDGB und der Gewerkschaften in der DDR sind bislang weitgehend unerforschte Gebiete. Vor allem der FDGB scheint als historischer Gegenstand des Scheiterns der Erinnerung allenfalls im Negativen wert. Seine unstrittige Funktion als einer Gewerkschaft in einem von einer Partei geleiteten politischen und gesellschaftlichen System sollte jedoch nicht den Blick auf die gewerkschaftlich mitgestaltete, lebensweltliche Realität verstellen. Die Forschung unter einer solchen Perspektive steht auch 30 Jahre nach dem Ende der DDR am Anfang.

Literatur und Quellen

Aachener Nachrichten (2020): Wiedergeburt in einer völlig zerstörten Stadt. Aachener Nachrichten, 17.3.2020, www.aachener-nachrichten.de/wirtschaft/wiedergeburt-in-einer-voellig-zerstoerten-stadt_aid-49606061 (Abruf am 3.5.2021).
Berger, Stefan (2015): Gewerkschaftsgeschichte als Erinnerungsgeschichte – einige einleitende Bemerkungen. In: Berger, Stefan (Hrsg.): Gewerkschaftsgeschichte als Erinnerungsgeschichte. Der 2. Mai 1933 in der gewerkschaftlichen Erinnerung und Positionierung nach 1945. Essen: Klartext, S. 13–43.
Breit, Ernst (1987/2010): Ernst Breit zum TOP 8: Verschiedenes der 10. Sitzung des DGB-Bundesvorstandes am 2. Juni 1987 in Düsseldorf über den Besuch der Delegation des DGB in der DDR. In: Hemmer, Hans-Otto (Hrsg.): Ausgleich mit Augenmaß. Düsseldorf: Hans-Böckler-Stiftung.
Breit, Ernst (1989/2010): Rede bei der 13. Ordentlichen Bundesjugendkonferenz des DGB am 5. Dezember 1989 in Berlin. In: Hemmer, Hans-Otto (Hrsg.): Ausgleich mit Augenmaß. Düsseldorf: Hans-Böckler-Stiftung.
Brunner, Detlev (2000): Sozialdemokraten im FDGB. Von der Gewerkschaft zur Massenorganisation, 1945 bis in die frühen 1950er Jahre. Essen: Klartext.

Brunner, Detlev (2015a): Mythos »Einheit«. 1933 und die Erinnerungspolitik des FDGB. In: Berger, Stefan (Hrsg.): Gewerkschaftsgeschichte als Erinnerungsgeschichte. Der 2. Mai 1933 in der gewerkschaftlichen Erinnerung und Positionierung nach 1945. Essen: Klartext, S. 175–189.

Brunner, Detlev (2015b): DDR »transnational«. Die internationale Solidarität der DDR. In: Gallus, Alexander/Schildt, Axel/Siegfried, Detlef (Hrsg.): Deutsche Zeitgeschichte – transnational. Göttingen: Wallstein, S. 64–80.

Brunner, Detlev (2018): »Plane mit, arbeite mit, regiere mit«. Planung und Gewerkschaften in der DDR. In: Seefried, Elke/Hoffmann, Dierk (Hrsg.): Plan und Planung. Deutsch-deutsche Zugriffe auf die Zukunft. Berlin: De Gruyter, S. 118–130.

Brunner, Detlev/Hall, Christian (2014): Revolution, Umbruch, Neuaufbau. Erinnerungen gewerkschaftlicher Zeitzeugen der DDR. Berlin: Bebra.

Deutschland, Heinz (1993): Gedanken/Bemerkungen zur Aufarbeitung der Geschichte des FDGB, seiner IG/Gew., Bö. 8.2.1993/überarbeitete u. erweiterte Fassung, 13.2.93 (Manuskript 5 Seiten, Privatarchiv D. Brunner).

Dowe, Dieter/Kuba, Karlheinz/Wilke, Manfred (2009): Eintrag Tisch, Harry. In: FDGB-Lexikon, http://library.fes.de/FDGB-Lexikon/rahmen/lexikon_frame.html (Abruf am 28.5.2021).

Eckelmann, Wolfgang/Hertle, Hans-Hermann/Weinert, Rainer (1990): FDGB Intern. Innenansichten einer Massenorganisation der SED. Berlin: Treptower Verlag.

Eichler, Uwe (2020): Gedenken an »eine Gewerkschaft für alle«. Main-Post, 5.11.2020, www.mainpost.de/regional/schweinfurt/gedenken-an-eine-gewerkschaft-fuer-alle-art-10524511 (Abruf am 28.5.2021).

FDGB (1945): »Die Gewerkschaftseinheit und unsere Zukunft«. In: Schulungs- und Referentenmaterial 2.

FDGB (1946): »Einige Lehren aus der Geschichte der deutschen Gewerkschaftsbewegung«. In: Schulungs- und Referentenmaterial 20.

FDGB/DGB (1987): Vereinbarung zur Weiterführung der Beziehungen zwischen dem FDGB und dem DGB, Berlin, den 29. Mai 1987. In: BArch-SAPMO DY 34/13271, Bl. 93 f.

Fichter, Michael/Kurbjuhn, Maria (1993): Spurensicherung. Der DGB und seine Gewerkschaften in den neuen Bundesländern 1989–1991. Düsseldorf: Hans-Böckler-Stiftung.

Fugger, Karl (1949): Geschichte der deutschen Gewerkschaftsbewegung. Eine kurzgefasste Darstellung. Berlin: Die Freie Gewerkschaft.

Gill, Ullrich (1989): Der Freie Deutsche Gewerkschaftsbund (FDGB). Theorie, Geschichte, Organisation. Opladen: Leske + Budrich.

Grebing, Helga/Hemmer, Hans-Otto/Christmann, Gottfried (Hrsg.) (1993): Das Holzarbeiterbuch. Die Geschichte der Holzarbeiter und ihrer Gewerkschaften. Köln: Bund-Verlag.

Hachtmann, Rüdiger (2012): Rezension von: Thomas Schaufuß: Die politische Rolle des FDGB-Feriendienstes in der DDR. Sozialtourismus im SED-Staat, In: sehepunkte 12, H. 9, www.sehepunkte.de/2012/09/21250.html (Abruf am 28.5.2021).

Heckmann-Janz, Kirsten (2017): FDGB-Feriendienst vor 70 Jahren gegründet. Deutschlandfunk Kultur, Kalenderblatt, 20.3.2017, www.deutschlandfunk kultur.de/fdgb-feriendienst-vor-70-jahren-gegruendet-staatlich.932.de.html?dram%3Aarticle_id=381653 (Abruf am 28.5.2021).

Hildebrandt, Jens (2010): Gewerkschaften im geteilten Deutschland. Die Beziehungen zwischen DGB und FDGB vom Kalten Krieg bis zur Neuen Ostpolitik 1955 bis 1969. St. Ingbert: Röhrig.

Hübner, Peter (1995): Konsens, Konflikt und Kompromiß. Soziale Arbeiterinteressen und Sozialpolitik in der SBZ/DDR 1945–1970. Berlin: Akademie Verlag.

Hürtgen, Renate (2005): Zwischen Disziplinierung und Partizipation. Vertrauensleute des FDGB im DDR-Betrieb. Köln: Böhlau.

IG Chemie-Papier-Keramik/IG Bergbau und Energie/Gewerkschaft Leder (1996): Gewerkschaften in der SBZ/DDR 1945–1950 (1996). Anspruch und Wirklichkeit. Arbeitstagung am 1. März 1996. Hannover.

Initiative für unabhängige Gewerkschaften (1989): Aufruf, www.ddr89.de/iug/aufruf.html (Abruf am 28.5.2021).

Kittner, Michael (2019): Autonome Handlungs- und Konfliktfähigkeit von DMV und IG Metall. In: Hofmann, Jörg/Benner, Christiane (Hrsg.): Geschichte der IG Metall. Frankfurt am Main: Bund, S. 101–226.

Kleßmann, Christoph (2007): Arbeiter im »Arbeiterstaat« DDR. Deutsche Traditionen, sowjetisches Modell, westdeutsches Magnetfeld (1945–1971). Bonn: Dietz.

Koch, Werner (2017): Der FDGB – ein Bund von über 9 Millionen – 2,5 Millionen davon in ehrenamtlichen Funktionen aktiv. Das war der FDGB. Berlin: Verein Freie Deutsche Gewerkschaften e. V. (VFDG), www.gewerkschaften-in-deutschland.de/app/download/7097828211/Gewerkschaften+in+der+DDR.pdf (Abruf am 9.9.2021).

Kohl, Heribert (1993): Auf Vertrauen bauen. 125 Jahre Baugewerkschaft. Köln: IG Bau-Steine-Erden.

Lange, Gunter (2020): Kriegsende 1945. Neubeginn ohne Stunde Null. Wiederaufbau der Gewerkschaften, www.dgb.de/themen/++co++4c4c71cc-8611-11ea-99c0-52540088cada (Abruf am 28.5.2021).

Lausch, Walter/Holler, Ulrike (1989): RIAS-Reportage zum Besuch von Harry Tisch in der Bundesrepublik, 12. September 1989, Archiv Deutschlandradio, Spätreport, www.chronik-der-mauer.de/chronik/_year1989/_month9/?month =9&year=1989&opennid=171903&moc=1 (Abruf am 28.5.2021).

Lindner, Lothar/Hunger, Hermann (1997): Die Industriegewerkschaft Bau in der sowjetischen Besatzungszone 1945 bis 1949. Die Industriegewerkschaft Bau-Holz in der Deutschen Demokratischen Republik 1950 bis 1990. Frankfurt am Main: Industriegewerkschaft Bauen-Agrar-Umwelt.

MDR (2020): Der Feriendienst des FDGB, 9. Oktober 2020, www.mdr.de/zeit reise/stoebern/damals/feriendienst-des-FDGB100.html (Abruf am 28.5.2021).

Müller, Stefan (2018): Deutschlandpolitik der Gewerkschaften in den 1980er Jahren. In: Brunner, Detlev/Kuhnhenne, Michaela/Simon, Hartmut (Hrsg.): Gewerkschaften im deutschen Einheitsprozess. Möglichkeiten und Grenzen in Zeiten der Transformation. Bielefeld: transcript, S. 17–43.

Müller, Werner (Hrsg.) (2007): Interzonenkonferenzen der deutschen Gewerkschaften 1946–1948. Bonn: Dietz.

Schaufuß, Thomas (2011): Die politische Rolle des FDGB-Feriendienstes in der DDR. Sozialtourismus im SED-Staat. Zeitgeschichtliche Forschungen, Bd. 43. Berlin: Duncker & Humblot.

Schneider, Horst (2013): Auflösung des FDGB, Oktober 1989 bis September 1990. In: Podiumsgespräch: Der Prozess der Auflösung des FDGB, Herbst 1989 bis September 1990. Berlin: Verein Freie Deutsche Gewerkschaften e. V. (VFDG).

Schuhmann, Annette (2006): Kulturarbeit im sozialistischen Betrieb. Gewerkschaftliche Erziehungspraxis in der SBZ/DDR 1946 bis 1970. Köln: Böhlau.

Spode, Hasso (1996): Tourismus in der Gesellschaft der DDR. Eine vergleichende Einführung. In: Spode, Hasso (Hrsg.): Goldstrand und Teutonengrill. Kultur- und Sozialgeschichte des Tourismus in Deutschland 1945 bis 1989. Berlin: Moser, S. 11–34.

Stadtland, Helke (2001): Herrschaft nach Plan und Macht der Gewohnheit. Sozialgeschichte der Gewerkschaften in der SBZ/DDR 1945–1953. Essen: Klartext.

Vesper, Karlen (2020): Es ist an der Zeit zu kämpfen. Annelis Kimmel über die Gründung der Gewerkschaften vor 75 Jahren, die Auflösung des FDGB und die Attacken auf soziale Errungenschaften heute. In: Neues Deutschland, 12.6.2020, www.neues-deutschland.de/artikel/1137830.es-ist-an-der-zeit-zu-kaempfen.html (Abruf am 28.5.2021).

Weber, Hermann (1990): 100 Jahre Industriegewerkschaft Chemie, Papier, Keramik. Von den Verbänden der ungelernten Fabrikarbeiter, der Glas- und Porzellanarbeiter zur modernen Gewerkschaftsorganisation. Köln: Bund.

Abschlussempfehlungen der Kommission »Erinnerungskulturen der sozialen Demokratie«

a) Die Kommission und ihr Auftrag

Ausgangspunkt der Arbeit der Kommission war die Beobachtung, dass Ideen und Werte sozialer Demokratie und die Erfolge der Gewerkschaften in öffentlichen Erinnerungskulturen unterrepräsentiert sind. Dabei gehören diese Ideen und Werte zu den handlungstreibenden Kräften für die Gestaltung des Sozialstaates und somit zu den Grundpfeilern moderner Demokratien überhaupt.

Angesichts der Bedrohung der Demokratie durch einen neuen Autoritarismus, international wie in der deutschen Parteienlandschaft, sowie der Geringschätzung von Mitbestimmung und Workers' Voice auf europäischer Ebene gilt es, die soziale Demokratie als historische Errungenschaft zu würdigen und neu zu begründen. Die Gewerkschaften wissen aus ihrer Geschichte, dass freie Gewerkschaftsarbeit nur in der Demokratie möglich ist, und dass Demokratie zu schätzen lernt, wer sie praktiziert.

Daher hat die Kommission »Erinnerungskulturen der sozialen Demokratie« in ihrer dreijährigen Arbeit wesentliche Aspekte einer Erinnerungsgeschichte der sozialen Demokratie aufgearbeitet. Soziale Demokratie wird verstanden als eine Idee, die Freiheit, Gleichheit und soziale Gerechtigkeit miteinander verbindet, und als soziale Bewegung, die diese Idee umsetzen möchte. Als Erinnerungskulturen gelten die vielfältigen und vielstimmigen Formen, durch die Vergangenes in den öffentlichen Bewertungshorizont der Gegenwart eingeordnet wird und Identifikationsmöglichkeiten bietet. Die Erinnerungsgeschichte widmet sich der Entwicklung von Erinnerungskulturen im Zeitverlauf.

Aufbauend auf der Erforschung der Erinnerungsgeschichte sollten Erinnerungskulturen befördert werden, die das Soziale der Demokratie stärker sichtbar machen. Dadurch kann auch das Bild der Gewerkschaften als wesentliche Gestalterinnen von Demokratie und sozialer Marktwirtschaft stärker hervortreten. Es ging darum, die Voraussetzungen für Interventionen zu erarbeiten, die von den Träger*innen der sozialen Demokratie als Orientierungs- und Handlungswissen in ihrer Erinnerungsarbeit genutzt werden können. Die Geschichte als wichtige Ressource der sozialen Demokratie sollte gestärkt und für die Zukunft nutzbar gemacht werden. Da Gewerkschaften als Akteurinnen und zugleich Gegenstand dieser Erinnerungskulturen dabei eine besondere Bedeutung zukommt, stehen sie im Fokus der folgenden Schlussfolgerungen und Empfehlungen der Kommission.

b) Forschungsergebnisse der Kommission

Ausgehend von der Annahme einer Unterrepräsentation sozialer Demokratie in Erinnerungskulturen haben wir deren Entwicklung anhand beispielhafter Themen erinnerungsgeschichtlich untersucht. Diese Themen waren die Sozialversicherung, Gewerkschaften, Tarifverträge, Gleichheit, Mitbestimmung, die Gleichstellung der Geschlechter, Migration, die Europäische Idee, Repräsentation sozialer Demokratie in Museen, gewerkschaftliche Erinnerungen an den Nationalsozialismus, die Treuhandanstalt sowie »Alte« und »Neue« soziale Bewegungen.

Eine breit angelegte Untersuchung der gegenwärtigen Repräsentation sozialer Demokratie in den zentralen historischen Museen Deutschlands bestätigte die eingangs genannte Grundannahme. Neben der Meistererzählung der gelungenen politischen Demokratie finden Aspekte der sozialen Demokratie in der Arbeitswelt kaum Erwähnung.

Werden soziale Errungenschaften erwähnt, fehlt häufig der Verweis auf die sozialen Kämpfe, die zu ihrer Erreichung geführt werden mussten (Jäger; hier und im Folgenden verweisen Autor*innen-Nennungen ohne weitere Angaben auf Beiträge in diesem Band). Dies deckt sich mit der Beobachtung, dass schrittweise erreichte Verbesserungen, Einflüsse auf Sozialreformen und Erfolge des gewerkschaftlichen Kerngeschäfts der Tarifpolitik leicht in Vergessenheit geraten. Dies liegt zum einen an der umstrittenen Zuschreibung von Verantwortlichkeiten (Sozialversicherung) und zum anderen an der Komplexität der Gegenstände (Tarifpolitik). So wird die Durchsetzung sozialer Rechte erinnerungskulturell eher dem deutschen Sozialstaat als den Gewerkschaften zugeschrieben (Tschirbs; Rudloff; Lorke; Kott).

Ebenso unterrepräsentiert ist die betriebliche Mitbestimmung. Dies liegt vor allem an ihrem nicht öffentlichen bzw. lokal wirksamen Charakter, aber auch daran, dass die von Gewerkschaften formal unabhängigen Gremien von diesen früher durchaus kritisch betrachtet wurden (Milert). Dabei stehen gewerkschaftliche Erinnerungen immer auch im Wechselverhältnis zu anderen Sozialformationen als Erinnerungsträgerinnen, beispielsweise regionalen Kollektiven. Ein Einschreiben der Erinnerungen – etwa an Arbeitskämpfe – in regionale Erinnerungskulturen kann deren Rezeption stärken und längerfristig sichern (Kellershohn).

Bei all den Themen fällt auf, dass sie wesentlich durch langwierige reformerische Prozesse vorangetrieben wurden. Dies trägt vermutlich dazu bei, dass so wenig an die soziale Demokratie erinnert wird; denn im Gegensatz zu revolutionären Ereignissen spiegeln sich soziale Reformen nicht in gesamtgesellschaftlich verankerten Narrativen wider, weil sie keine Held*innen bzw. Verlierer*innen zu bieten haben, wie es die medial geformte öffentliche Aufmerksamkeitsökonomie fordert (Richter).

Die gewerkschaftseigene Erinnerungsarbeit ist nach einem Boom in den 1970er und 1980er Jahren deutlich zurückgegangen, was auch neuerliche Versuche zur Wiederbelebung seit etwa zehn Jahren nicht grundsätzlich ändern konnten (Schneider). Zudem lässt sich eine Tendenz in Erfolgsgeschichten feststellen, die hauptsächlich etablierte männliche Industriearbeiter im Blick hat und andere Perspektiven vernachlässigt (Birke; Kellershohn; Gotto).

So ist die vielfältige Geschichte der Aktivitäten von Frauen in Gewerkschaften noch weitgehend unerforscht und noch kaum Teil von Erinnerungen (Fuhrmann). Ähnliches gilt für migrantische Perspektiven (Goeke) und für Erinnerungen an soziale Kämpfe und soziale Rechte in der DDR und der Transformationszeit, obgleich diese eine bis in die Gegenwart reichende Nachwirkung haben (Brunner; Lorke). Auch stellen verbandsgeschichtliche Narrative nicht selten eigenes Handeln als erfolgreich dar, während dies zum Ereigniszeitpunkt selbst in Mitgliedschaft und Vorstand unterschiedlich bewertet wurde.

Neben diesen Themen ist die Auseinandersetzung mit der Geschichte von Zerschlagung, Anpassung und Widerstand im Nationalsozialismus ein besonderer Bestandteil gewerkschaftlicher Erinnerungskulturen. Allerdings fehlt dabei weitgehend eine Perspektive auf die Gesellschafts- und Gewaltgeschichte des »Dritten Reiches« und die Folgen der Durchdringung großer Teile der Arbeiterschaft mit der Ideologie des Nationalsozialismus. Noch immer wird vorrangig an wenige Ereignisse und herausragende Persönlichkeiten des Widerstands erinnert (Meyer).

c) Thesen zum Status quo und zur Zukunft von Erinnerungskulturen sozialer Demokratie und der Gewerkschaften

Die Gewerkschaften können auf zahlreiche Erfolge in ihrer Geschichte zurückblicken. Verständlicherweise liegt hier auch ein Fokus gewerkschaftlicher Erinnerungskulturen: Arbeitszeitverkürzungen, Teilhabe am materiellen Wohlstand und soziale Leistungen sind nicht vom Himmel gefallen. Daher halten wir es für richtig und wichtig, dass Gewerkschaften die Öffentlichkeit verstärkt auf ihre Rolle in der Ausbildung unserer sozialen Demokratie hinweisen.

Der Blick auf sozialpolitische Errungenschaften darf jedoch nicht die bislang häufig vernachlässigten Perspektiven von Minderheiten in den Gewerkschaften verstellen. Unterbelichtet geblieben sind bisher auch Erfolge, die sich nicht an ein konkretes politisches Vorhaben rückbinden lassen. Beispiele solcher in der Erinnerungskultur ausgeblendeten Erfolge sind die Aufstiegs- und Bildungsgeschichten von Arbeiter*innen und Migrant*innen in den Gewerkschaften, Erfahrungen mit demokratischen Mitbestimmungs- und Aushandlungsprozessen oder die Bedeutung betrieblicher Interessenvertretungen für die Herausbildung eines Selbstwertgefühls als Bürger*innen in einem demokratischen Gemeinwesen.

Diese Befunde verdeutlichen, dass eine Intensivierung etablierter Maßnahmen nicht ausreicht, um das oben formulierte Ziel zu erreichen. Um den Stellenwert des Sozialen in der Demokratie im öffentlichen Bewusstsein nachhaltig zu verankern und die Wertschätzung für die Gewerkschaften als Antriebskräfte der sozialen Demokratie zu steigern, sollte sich die Erinnerungsarbeit der Gewerkschaften neuen Ansätzen öffnen.

Die Kommission sieht sechs Anforderungen an den zukünftigen Umgang mit Geschichte:

1. **Gewerkschaftliche Erinnerungskulturen schaffen Identifikationsmöglichkeiten für (potenzielle) Mitglieder. Diese können erweitert werden, wenn weibliche, migrantische, ostdeutsche und andere marginalisierte Perspektiven ebenso stärker berücksichtigt werden wie die Erfahrungen »atypisch« Beschäftigter.**

Der historisch beständigen organisationspolitischen Prägung der Arbeiterbewegung durch Männer entsprechend fokussieren auch gegenwärtige Erinnerungen eine männlich geprägte industrielle Arbeitswelt und die männliche Funktionärsschaft der Gewerkschaften. Die Existenz von Frauen, nicht-binären und queeren Personen in der Geschichte wird dadurch überdeckt.

Vielfältige Perspektiven hingegen ermöglichen einer Mitgliedschaft, die sich immer mehr vom Idealtypus des »Malochers« entfernt hat, in den Erzählungen zur Geschichte der Gewerkschaften Verbindungen zu der eigenen Biografie zu entdecken. Das bedeutet, dass nicht nur die Sichtweisen von Frauen sowie von Migrant*innen auf Gewerkschaftsgeschichte in weit höherem Maße als bisher berücksichtigt werden sollten, sondern auch die Perspektiven von nicht-binären und queeren Personen.

Zudem schlagen wir vor, die Vielstimmigkeit gewerkschaftlicher Erinnerungskulturen zu erweitern, indem Funktionsträger*innen unterer Gliederungen und an der »Basis« aktive Mitglieder auch bei Erinnerungsanlässen mit überregionalem Charakter stärker berücksichtigt werden.

Darüber hinaus gilt es, »atypische« Beschäftigungsformen und damit zusammenhängende Kämpfe zu thematisieren. Schließlich könnte durch eine stärkere Auseinandersetzung mit den Erfahrungen und auch den Hindernissen beim Aufbau einer sozialen Demokratie in Ostdeutschland eine noch weitgehend bestehende erinnerungskulturelle Lücke geschlossen werden.

2. Zu einer offenen Erinnerungsarbeit gehören auch die Ambivalenzen in der Gewerkschaftsgeschichte, die von den Erfolgsgeschichten der Modernisierung und der sozialen Marktwirtschaft verdeckt werden.

Demokratische Erinnerungskulturen leben von der Konkurrenz und Akzeptanz unterschiedlicher Sichtweisen. Dazu gehört auch weiterhin der Verweis auf errungene Erfolge. Die Erinnerungsarbeit ist aber eine Chance, sich aus der zeitgenössischen Perspektive zu lösen, die sich einer Selbstrechtfertigung im politischen Wettbewerb verpflichtet sieht. Erst in der Rückschau werden die zuweilen ambivalenten Konsequenzen sichtbar, die gewerkschaftliches Handeln nach sich gezogen hat.

Wir empfehlen daher einen offeneren Umgang mit der eigenen Geschichte, der berücksichtigt, dass gewerkschaftliche Entscheidungen Gewinner*innen und Verlierer*innen hatten. Der inklusiven Solidarität der Gewerkschaften entspricht es, diesem Aspekt Raum in der eigenen Erinnerungsarbeit zu geben.

3. In der Geschichte der sozialen Demokratie liegen vergessene Potenziale, die Gestaltungsideen für die Zukunft klarere Konturen geben können.

Die Geschichte der sozialen Demokratie bietet neben den erreichten Erfolgen auch nicht verwirklichte Ideen demokratischen Lebens, Wirtschaftens und Arbeitens. Dies gilt für genossenschaftliche und gemeinwirtschaftliche Ideen und Praktiken, eine demokratischere Ausgestaltung der sozialen Sicherung, für Mitbestimmung und Demokratie in der Arbeitswelt, für die Transformation der ostdeutschen Bundesländer nach 1989 und für Entfaltungsräume von Frauen in der frühen Gewerkschaftsgeschichte.

Auch wenn historische Erfahrungen keine Handlungsanweisungen für die Gegenwart sein können, kann eine Neubesinnung auf solche in Vergessenheit geratenen Ansätze gewerkschaftliche Werte in aktuellen Auseinandersetzungen stärken.

4. Erinnerungspolitische Zusammenarbeit erhöht die Reichweite und Nachhaltigkeit gewerkschaftlicher Erzählungen.

Wir empfehlen, Ideen und Erfolge sozialer Demokratie in Erzählungen zu vermitteln, die nicht ausschließlich mit Gewerkschaftsgeschichte und gewerkschaftlicher Erinnerungskultur zusammenhängen: Wo ein Streik Teil regionaler Erinnerungskultur geworden ist, kann er auch für (Noch-)Nicht-Gewerkschafter*innen identitätsstiftend sein.

Beispielsweise sollte der gewerkschaftliche Einsatz für Equal Pay stärker in den Erinnerungskulturen der Frauenbewegungen verankert werden, damit frauenpolitische Aktivitäten der Gewerkschaften auch von denjenigen Personen wahrgenommen werden können, die ihnen bislang fernstanden. Ein solches Vorgehen ermöglicht eine Zusammenarbeit mit Akteur*innen aus anderen Bereichen wie – um bei den Beispielen zu bleiben – regionalen Museen oder Träger*innen feministischer Erinnerungskulturen und der Frauengeschichte.

Für diesen Ansatz ist es zudem notwendig, sich wieder stärker auf die Gewerkschaftsgeschichte »vor Ort« zu besinnen. Regionale und lokale Zugänge können dazu beitragen, Gewerkschaften zu zeigen als in der Gesellschaft breit verankerte Akteurinnen, die zusammen mit Partner*innen der Zivilgesellschaft das Soziale in der Demokratie nachhaltig vorantreiben.

5. Gewerkschaftliche Erinnerungsarbeit sollte mediale Aufmerksamkeitsökonomie nutzen, ohne sich von dieser einschränken zu lassen.

Die mediale Aufmerksamkeit für historische Themen zu Jahrestagen ist kalkulierbar und muss von Gewerkschaften stärker genutzt und langfristig geplant werden. Dennoch dürfen die Erinnerungsanlässe nicht auch die Gegenstände der Erinnerung festlegen. Für Themen, die sich nicht mit einem konkreten Datum assoziieren lassen, bedarf es daher eigener Formate und einer besonderen Agenda.

6. Kritische Perspektiven auf die eigene Geschichte unterstützen eine offene gewerkschaftliche Erinnerungskultur.

Die Kommission empfiehlt, kritische Perspektiven auf die eigene Geschichte zu fördern. Beispiele dafür sind die Gewerkschaftsausschlüsse in den 1970er Jahren, die Skandale um die gewerkschaftseigenen Unternehmen und der Umgang mit Migrant*innen. Ein (selbst-)kritischer Umgang mit eigenen Fehlern und Irrwegen in der Vergangenheit zeugt nicht nur von einer offenen Erinnerungskultur, sondern erweitert darüber hinaus kommunikative Anschlussmöglichkeiten in gesellschaftlichen Diskursen, die die Gestaltung einer sozialen Demokratie zum Gegenstand haben.

d) Was erinnern? Zukünftige Herausforderungen und historische Erfahrungen

Es ist immer die Gegenwart, von der Erinnerungen ausgehen. Gewerkschaftliche Erinnerungsarbeit, die gegenwärtig Handelnden aufzeigen will, dass Wirtschaft und Gesellschaft mit den Werten Freiheit, Gleichheit sowie soziale Gerechtigkeit gestaltbar sind, sollte sich daher auf Themen fokussieren, die drei Kriterien entsprechen: Sie müssen erstens einen Bezug zur Lebenswelt der Zielgruppen haben, zweitens Politikfelder berühren, die die Gewerkschaften gegenwärtig oder in naher Zukunft bearbeiten, und drittens gesellschaftliche Debatten aufgreifen. Vor diesem Hintergrund schlagen wir vor, Schwerpunkte auf folgende Themenkomplexe zu legen, die sich aus den oben skizzierten Thesen ableiten:

1. Demokratische Beteiligung und Mitbestimmung

Demokratische Beteiligung und Mitbestimmung bleiben angesichts ihrer Bedeutung für die soziale Demokratie und der andauernden Bedrohungen bestehender Mitbestimmungsregelungen zentrale Themenfelder gewerkschaftlicher Erinnerungskultur. Allerdings sammeln immer weniger Personen eigene Erfahrungen mit Mitbestimmung in der Arbeitswelt.

Demokratische Beteiligung jenseits der Arbeitswelt – in der Politik, in Bewegungen, Initiativen, Vereinen usw. – sollte daher in der Erinnerungsarbeit mit betrieblicher und Unternehmensmitbestimmung verbunden werden. Auf diese Weise können die Erfolge der Demokratie in der Arbeitswelt wachgehalten und mit den Erfahrungen jüngerer Generationen verbunden werden.

Wichtig wäre auch, an die jeweiligen Möglichkeiten und Grenzen von Beteiligung, nicht zuletzt in Gewerkschaften, zu erinnern: Wie stand und steht es beispielsweise um die Beteiligung von Migrant*innen und Frauen? Zudem empfehlen wir, an Demokratisierungsansprüche in noch nicht umgesetzten vergangenen Mitbestimmungsforderungen zu erinnern, die den Blick auf gegenwärtige Herausforderungen erweitern können (worauf die Erinnerung an betriebliche und Unternehmensmitbestimmung aufbauen kann, siehe insb. Milert; Gotto; Goeke; Fuhrmann).

2. Tarifpolitik und Arbeitskämpfe

Durch Arbeitskämpfe und Tarifpolitik errungene Erfolge bilden ein Kernelement gegenwärtiger gewerkschaftlicher Erinnerungskulturen. In Zeiten sinkender Tarifbindung und sich verändernder Voraussetzungen für Arbeitskämpfe kann eine

Stärkung und Erweiterung dieser Erinnerung helfen, die Relevanz kollektiven Handelns ins Bewusstsein zu heben und sich in eine Tradition von Interessenvertretung zu stellen.

Beispiele für solche Themen sind die gewerkschaftliche Arbeitsvermittlung (»Arbeitsnachweis«) als Arbeitskampfmittel, vor allem in nicht streikfähigen, oft weiblich dominierten Branchen im Kaiserreich, die Allgemeinverbindlicherklärung von Tarifverträgen in der Weimarer Republik, Streiks außerhalb von Tarifrunden, Auseinandersetzungen um Arbeitszeit sowie die geschlechterpolitische Dimension von Streiks (eine umfangreiche Erinnerungsgeschichte des Tarifvertrages bietet Tschirbs; mit der Erinnerung an Streiks beschäftigen sich Kellershohn und Birke).

3. Gewerkschaften in der Vereinigungs- und Transformationszeit

Gewerkschaftliche Erinnerungskulturen sind bisher weitgehend westdeutsch geprägt. Die in den letzten Jahren verstärkte erinnerungskulturelle Auseinandersetzung mit der DDR, ihrem Ende, der Transformationszeit und den Folgen für heute, sollte von den Gewerkschaften aufgegriffen werden.

Das Wirken der DGB-Gewerkschaften in den sozialen und wirtschaftlichen Umwälzungsprozessen, die Kämpfe ostdeutscher Beschäftigter gegen Werkschließungen, der Umgang des DGB mit den Gewerkschaften in der DDR und ihren Traditionen sowie mit arbeitsspezifischen Geschlechtervorstellungen ab 1990 sind Themen von gesamtdeutscher Relevanz und zudem zentral, wenn Gewerkschaften ihre Situation in den Bundesländern auf dem ehemaligen Gebiet der DDR verstehen wollen (siehe Böick/Rau).

4. Wandel der Arbeitswelt

Diskussionen um die Arbeit der Zukunft prognostizieren einen grundlegenden Wandel von Arbeitsverhältnissen, der auch die Demokratie in der Arbeitswelt und gewerkschaftliche Vertretung in ihrer jetzigen Form in Frage zu stellen scheint. Doch seit der Entstehung von Kapitalismus und freier Lohnarbeit waren Arbeit und ihre politische Vertretung immer im Wandel.

Wir empfehlen, frühere Automatisierungs- und Rationalisierungsauseinandersetzungen und Ideen einer Humanisierung der Arbeitswelt auch erinnerungspolitisch stärker in den Blick zu nehmen. Dafür lassen sich die Ergebnisse der von der HBS geförderten Forschungen zur Humanisierung der Arbeit nutzen.

Zudem hatte und hat der Wandel der Arbeitswelt eine enorme geschlechterpolitische Bedeutung. Debatten um Telearbeit als Modell für arbeitende Mütter in den 1980er Jahren erinnern nicht zufällig an aktuelle Diskussionen um das

Homeoffice. Darüber hinaus empfiehlt sich angesichts des Gender Pay Gap und der häufig schlechten Bezahlung in »systemrelevanten Frauenberufen« ein kritischer Blick darauf, welche Berufe und Branchen bei Debatten um die Zukunft der Arbeit im Mittelpunkt standen und stehen – und welche, auch retrospektiv, eine stärkere Beachtung verdienen.

Nicht zuletzt beinhalten viele der in der Vergangenheit diskutierten Ideen und Überlegungen zur Zukunft der Arbeit Demokratisierungs- und Gerechtigkeitspotenziale, die dem gegenwärtigen, oft negativ geführten Zukunftsdiskurs positive Perspektiven verleihen könnten.

5. Ökologie und Klimaschutz

Ökologie ist in den letzten Jahrzehnten ein zentrales gesellschaftliches Konfliktfeld geworden, das auch innerhalb der Gewerkschaften immer mehr an Bedeutung gewonnen hat. Von welchen Erfahrungen kann eine sozialökologische Transformation zehren, die gegenwärtig unter dem Vorzeichen des Klimaschutzes steht? Wie reagierten die Gewerkschaften in den 1970er Jahren auf die »Grenzen des Wachstums«, die in der Klimakrise wieder diskutiert werden? Wie wurde der DGB zur ersten Großorganisation, die sich die Forderung nach einem Atomausstieg zu eigen machte?

Wie schlagen sich Spannungen zwischen Umweltschutz- und Arbeitsplatzinteressen in der Entwicklung gewerkschaftlicher Beschlusslagen nieder? Welchen Einfluss hatte die Umweltbewegung dabei auf die Gewerkschaften und wie beeinflussten die Gewerkschaften die Umweltbewegung?

Eine Berücksichtigung dieser Fragen in Forschung und Erinnerung könnte zu einem differenzierteren Blick führen, als es die noch verbreitete Gegenüberstellung von Umweltschutz und Gewerkschaften ermöglicht.

e) Maßnahmen: Vorschläge zur Revitalisierung der Erinnerungskulturen sozialer Demokratie

Die Kommission ist überzeugt, dass es neuer Vermittlungswege bedarf, um aktuelle Forschungsergebnisse zur Geschichte sozialer Demokratie und der Gewerkschaften in die Gesellschaft und insbesondere die Gewerkschaften zu vermitteln. Nur wenn diese Wege nachhaltig genutzt und neue Formate erprobt werden, und wenn der DGB und die Gewerkschaften die Vermittlungsangebote annehmen, können die Ergebnisse der Kommissionsarbeit langfristig zu neuem gewerkschaftlichen Orientierungs- und Handlungswissen werden.

Die Kommission hat daher ausführlich beraten, wie die unter c) aufgestellten Thesen und die unter d) vorgeschlagenen thematischen Schwerpunkte in konkreten Maßnahmen aufgegriffen werden können. Wichtig erscheint uns jedoch, zunächst die Aufbereitung, Vermittlung und Koordination von Gewerkschaftsgeschichte und Erinnerungspolitik strukturell zu stärken.

In diesem Sinne zielen die Vorschläge 1. bis 4. auf die Stärkung verschiedener Aspekte gewerkschaftlicher Erinnerungsarbeit unter Berücksichtigung der bisherigen Empfehlungen. Die Vorschläge 5. und 6. benennen darüber hinaus konkrete Projekte, die die Umsetzung der Thesen anstreben.

1. Ausbau und kontinuierliche Pflege des Portals www.gewerkschaftsgeschichte.de

Für die Umsetzung der vorgeschlagenen Thesen und auch zur erinnerungskulturellen Bearbeitung der unter d) genannten Themen ist ein Zugang zu allgemeinverständlichen historiografischen Texten, Originalquellen und einer lexikalischen Aufbereitung von Biografien und organisationsgeschichtlicher Rahmendaten aus der Gewerkschaftsgeschichte notwendig. Das Portal gewerkschaftsgeschichte.de bietet hierfür eine hervorragende Grundlage, die trotz ansehnlicher Nutzer*innenzahlen noch besser beworben werden kann.

Mit einem Ausbau und einer kontinuierlichen Bearbeitung des Portals verbinden sich folgende Zielvorstellungen: zum einen die Vielfalt der Gewerkschaftsgeschichte erkennbar zu machen (These 1), zum anderen das Angebot an pluralen Narrativen zu erhöhen (These 2). Darüber hinaus eröffnen sich damit Möglichkeiten, über erinnerungspolitisch kaum wahrgenommene oder gar verschüttete Alternativen in der Geschichte zu informieren (These 3). Zudem kann mit erleichtertem Wissenszugang, der durch den Ausbau und die kontinuierliche Pflege des Portals erreicht werden soll, die historische Rolle von Gewerkschaften in medialen Auseinandersetzungen und in der – nicht zuletzt gewerkschaftseigenen – politischen Bildung gestärkt werden. Schließlich ist ein zeitgemäßes und regelmäßig aktualisiertes Online-Portal unabdingbar für eine erfolgreiche erinnerungspolitische Social-Media-Arbeit.

Hierzu regen wir eine Erweiterung an, die aktuelle erinnerungspolitische Interessen und die Entwicklung der Forschung berücksichtigt. Als Autor*innen ließen sich Stipendiat*innen der HBS sowie einschlägige Historiker*innen gewinnen.

2. Einbindung gewerkschaftlicher Erinnerungskulturen in neue Medien

Angesichts des Wandels der Mediennutzung, vor allem in jüngeren Altersgruppen, bedarf es der Etablierung gewerkschaftlicher Erinnerungskulturen in neuen Medien. Diese erfordern andere Formen des Erzählens und Darstellens. Welche Potenziale bieten die Kanäle der Gewerkschaften auf Instagram, YouTube und Twitter? Wie kann die historisch-politische Bildung der Gewerkschaften auf die veränderte Mediennutzung reagieren? Bietet sich hier die Gelegenheit, vielfältige Perspektiven auf die Geschichte der Gewerkschaften (These 1) sichtbar zu machen?

Um mögliche Handlungsbedarfe zu eruieren, empfiehlt die Kommission einen Workshop, der Vertreter*innen der gewerkschaftlichen Bildungsarbeit sowie die Social-Media-Redaktionen von DGB und Gewerkschaften mit Expert*innen für die Digitalisierung politischer Bildung, Historiker*innen und Geschichtsdidaktiker*innen (Public History) zusammenbringt. Die Erfahrungen der Social-Media-Arbeit der Kommission sollten ebenfalls einbezogen werden.

3. Arbeitskreis »Gewerkschaftliche Erinnerungspolitik«

Um die gewerkschaftliche Erinnerungsarbeit nachhaltig zu gestalten, empfehlen wir, ein beim DGB angesiedeltes Gremium (Arbeitskreis) zur Koordination gewerkschaftlicher Erinnerungspolitik zu etablieren. Dieses kann auf dem Forschungs-Praxis-Transfer des Kooperationsprojekts Jüngere und Jüngste Gewerkschaftsgeschichte (HBS/AdsD) aufbauen.

Dieses Gremium kann die Erinnerungspolitik der Gewerkschaften koordinieren und damit Synergien schaffen. Die Bereitstellung von Ressourcen zur Organisation des Gremiums und die kontinuierliche Mitarbeit aller DGB-Mitgliedsgewerkschaften sehen wir als Voraussetzungen für einen möglichen Erfolg des Gremiums an. Als potenzielle Tätigkeitsfelder schlagen wir vor:

- Koordination erinnerungspolitischer Aktivitäten zu Jahrestagen
- Systematisierung und Stärkung bestehender Kontakte zu Museen, um eine angemessene Repräsentation der Institutionen, Werte und Akteure sozialer Demokratie zu erwirken
- Austausch bzgl. Jubilarehrungen (Rededispositionen usw.)

4. Förderung regionaler Erinnerungsorte für (den Kampf um) soziale Rechte

Eine Möglichkeit, die angestrebte Vielstimmigkeit in Erinnerungskulturen sozialer Demokratie (Thesen 1 und 2) zu stärken, sieht die Kommission in der Förderung lokaler/regionaler Erinnerungsorte. Wir schlagen vor, lokale Gewerkschaftsgremien, betriebliche Akteure u.a. dabei zu unterstützen, ihre Perspektiven auf die Geschichte der sozialen Demokratie in verschiedenen Formen (Interviewprojekten, Denkmälern, Erinnerungstafeln, kleinen [Online-]Veröffentlichungen usw.) sichtbar zu machen.

In Kooperation mit lokalen und regionalen Museen und unter koordinierender Trägerschaft des Arbeitskreises »Gewerkschaftliche Erinnerungspolitik« sehen wir regionale Gewerkschaftsstrukturen und die Bildungseinrichtungen von DGB und Gewerkschaften in der idealen Position, eine solche Erinnerung zu fördern.

5. Pilotprojekt: Route der Mitbestimmung (Reiseführer Print/App)

Die Route der Mitbestimmung ist ein im Haus der Geschichte des Ruhrgebiets, in Verbindung mit der Kommission Erinnerungskulturen der sozialen Demokratie, angelaufenes Pilotprojekt, das jüngere Generationen mit den Leistungen der Gewerkschaften bei der Durchsetzung sozialer Rechte vertraut machen will. Dazu werden regionale Erinnerungskulturen um die Geschichte sozialer Konflikte und der Mitbestimmung ergänzt und somit die vorgeschlagene Verbindung gewerkschaftlicher Erzählungen mit Erzählungen regionaler Erinnerungskulturen (These 4) umgesetzt. Anhand von Orten, Personen und Ereignissen aus der Arbeitswelt wird die Konflikt- und Demokratiegeschichte der Region vor Ort über Smartphones erlebbar gemacht.

Als Vorbild dient der gewerkschaftshistorische Reiseführer »Zerschlagung der Gewerkschaften 1933« des DGB aus dem Jahr 2013. Durch eine Zusammenarbeit mit dem Lehrstuhl Public History der Ruhr-Universität Bochum wird eine zeitgemäße Aufbereitung der Inhalte sichergestellt. Das inhaltlich-methodische Konzept und die digitale Infrastruktur können auf andere Räume übertragen werden und so mittelfristig deutsche Erinnerungsorte der Mitbestimmung der sozialen Demokratie und der Gewerkschaften im kollektiven Gedächtnis verankern.

6. Erforschung der Erinnerungsgeschichte sozialer Demokratie stärken

Die Forschungen der Kommission haben deutlich gemacht, dass die Erinnerungsgeschichte sozialer Demokratie ein fruchtbares Forschungsfeld ist, dessen Bearbeitung sich noch in vielerlei Hinsicht vertiefen lässt. Daher empfehlen wir, gemeinsam mit der Hans-Böckler-Stiftung und mit den themenfeldverbundenen parteinahen Stiftungen nach Abschluss der Kommission zu überlegen, wie und in welchem Zeitrahmen diese Forschung intensiviert werden kann.

Autorinnen und Autoren

Maria Alexopoulou ist wissenschaftliche Mitarbeiterin am Zentrum für Antisemitismusforschung der Technischen Universität Berlin als Projektleiterin im »Forschungsinstitut Gesellschaftlicher Zusammenhalt«, Standort Berlin. Zudem habilitiert sie sich am Historischen Institut der Universität Mannheim mit der Schrift »Rassistisches Wissen in der Transformation Deutschlands zur Einwanderungsgesellschaft (1945–1999)«. Als Mitglied einer Migrant*innen-Selbstorganisation und im Rahmen ihrer universitären Tätigkeiten hat sie darüber hinaus migrationshistorische Ausstellungen mitgestaltet und Oral-History-Projekte durchgeführt.

Knud Andresen ist wissenschaftlicher Mitarbeiter an der Forschungsstelle für Zeitgeschichte und Privatdozent an der Universität Hamburg. Seine Forschungsinteressen liegen in der Sozial- und Kulturgeschichte des 20. Jahrhunderts, vor allem in der Geschichte der Arbeitswelten und Gewerkschaften, Neuer sozialer Bewegungen und der Jugend sowie Oral History. Zu seinen Veröffentlichungen zählen unter anderem: Dissidente Kommunisten. Das sowjetische Modell und seine Kritiker, hrsg. mit Mario Kessler und Axel Schildt (2018); Repräsentationen der Arbeit. Bilder – Erzählungen – Darstellungen, hrsg. mit Michaela Kuhnhenne, Jürgen Mittag und Stefan Müller (2018); A European Youth Revolt in 1980/81? European Perspectives on Youth Protest and Social Movements in the 1980s, hrsg. mit Bart van der Steen (2016); Gebremste Radikalisierung. Die IG Metall und ihre Jugend 1968 bis in die 1980er Jahre (2016).

Stefan Berger ist Professor für Sozialgeschichte und Direktor des Instituts für soziale Bewegungen der Ruhr-Universität Bochum sowie Vorstandsvorsitzender der Stiftung Geschichte des Ruhrgebiets (alles seit 2011) und Honorary Professor, Cardiff University (seit 2016). Zuvor Professor für vergleichende Geschichte Europas an der Universität Manchester (2005–2011). Aktuelle Publikationen: Frauen in der chemischen Industrie, hrsg. mit Andrea Hohmeyer (2021); Zur

Erinnerung: das Aufschreibbuch von Paul Maik, hrsg. mit Janosch Steuwer und Klaus Wisotzky (2021); A Cultural History of Memory, 6 Bände, hrsg. mit Jeffrey K. Olick (2020); Constructing Industrial Pasts: Heritage, Historical Culture and Identity in Regions Undergoing Structural Economic Transformation (2020); Zeit-Räume Ruhr: Erinnerungsorte des Ruhrgebiets, hrsg. mit Ulrich Borsdorf, Ludger Classen, Theo Grütter und Dieter Nelles (2019).

Peter Birke ist wissenschaftlicher Mitarbeiter am Institut für Soziologie der Georg-August-Universität Göttingen. Zu seinen Arbeitsschwerpunkten gehören (historische) Arbeitssoziologie, Arbeit und Migration, Stadtsoziologie und urbane soziale Bewegungen.

Marcus Böick ist Akademischer Rat am Historischen Institut der Ruhr-Universität Bochum. Er arbeitet derzeit an einer Geschichte des privaten Bewachungs- und Sicherheitsgewerbes im 19. und 20. Jahrhundert. Arbeitsschwerpunkte sind die Geschichte der postsozialistischen Transformationen nach 1989/90, Organisationsgeschichte sowie die Sicherheitsgeschichte im europäischen Kontext. Aktuelle Publikationen: Die Treuhand. Idee – Praxis – Erfahrung (2018); Kriegsverbrechen, Restitution, Prävention. Aus dem Vorlass von Benjamin B. Ferencz, hrsg. mit Constantin Goschler und Julia Reus (2019); Im Kreuzfeuer der Kritik. Umstrittene Organisationen in zeithistorischer Theorie und Praxis, hrsg. mit Marcel Schmeer (2020).

Detlev Brunner, Dr. phil., ist apl. Professor am Historischen Seminar der Universität Leipzig. Seine Arbeitsgebiete sind die Geschichte sozialer Bewegungen, die Transformationsgeschichte und deutsch-deutsche Zeitgeschichte. Zu seinen Publikationen zählen: Der Schein der Souveränität. Landesregierung und Besatzungspolitik in Mecklenburg-Vorpommern 1945–1949 (2006); Asymmetrisch verflochten? Neue Forschungen zur gesamtdeutschen Nachkriegsgeschichte, hrsg. mit Udo Grashoff und Andreas Kötzing (2013); Revolution, Umbruch, Neuaufbau. Erinnerungen gewerkschaftlicher Zeitzeugen der DDR, mit Christian Hall (2014); Leipzig im Nationalsozialismus. Beiträge zu Zwangsarbeit, Verfolgung und Widerstand, hrsg. mit Alfons Kenkmann (2016); Gewerkschaften im deutschen Einheitsprozess. Möglichkeiten und Grenzen in Zeiten der Transformation, hrsg. mit Michaela Kuhnhenne und Hartmut Simon (2018).

Willy Buschak hat an der Ruhr-Universität Bochum Geschichte studiert und promoviert. 1987–1991 Referatsleiter in der Hauptverwaltung der Gewerkschaft Nahrung-Genuss-Gaststätten in Hamburg, 1991–2003 Bundessekretär des Europäischen Gewerkschaftsbundes in Brüssel. Anschließend war er bei der Europäischen Stiftung zur Verbesserung der Lebens- und Arbeitsbedingungen in Dublin und beim DGB Bezirk Sachsen in Dresden tätig. Er lebt jetzt als Historiker in Bochum. Forschungsschwerpunkte: Geschichte Europas, der internationalen Arbeiter*innenbewegung, der Deutschen Revolution, des Widerstands gegen die nationalsozialistische Diktatur, Geschichte Dresdens.

Uwe Fuhrmann ist Historiker und lebt in Berlin. Sein Interesse für Gewerkschaftsgeschichte fand unter anderem Niederschlag in einem Buch über die Berliner Gewerkschafterin Paula Thiede (2019) und in seiner Dissertation zur Entstehung der »Sozialen Marktwirtschaft« (2017). Im August 2021 erscheint von ihm ein Band zum »Feminismus in der frühen Gewerkschaftsbewegung«.

Simon Goeke arbeitet seit 2017 als Migrationsforscher und Kurator am Münchner Stadtmuseum. Er studierte Sozial- und Wirtschaftsgeschichte, Soziologie und Recht (LMU München), lehrte und forschte für das interdisziplinäre Ausstellungsprojekt »Crossing Munich. Orte, Bilder und Debatten der Migration«, das 2009 in der Münchner Rathausgalerie gezeigt wurde. Seine Doktorarbeit, gefördert von der Hans-Böckler-Stiftung, erschien 2020: »Wir sind alle Fremdarbeiter! Gewerkschaften, migrantische Kämpfe und soziale Bewegungen in der Bundesrepublik Deutschland der 1960er und 1970er Jahre«. Er arbeitete in der Vermittlungsarbeit der KZ-Gedenkstätte Dachau, kuratierte eine Ausstellung über die Entrechtung und Enteignung der jüdischen Bevölkerung im Stadtteil Sendling, war Teil des künstlerisch-aktivistischen Kollektivs, das ein interaktives Web-Archiv zur (post-)kolonialen Geschichte Münchens veröffentlichte, und ist Mitglied des Netzwerks kritische Migrations- und Grenzregimeforschung (kritnet.org).

Bernhard Gotto ist wissenschaftlicher Mitarbeiter am Institut für Zeitgeschichte München–Berlin und Lehrbeauftragter an der Ludwig-Maximilians-Universität München. Seine Forschungsschwerpunkte sind die Erfahrungsgeschichte von politischer Herrschaft im 20. Jahrhundert, Geschlechtergeschichte, Kulturgeschichte der Verwaltung und Gefühlsgeschichte. Sein laufendes Forschungsprojekt beschäftigt sich mit dem Zusammenhang von demokratischer Kultur und NS-Vergangenheit am Beispiel der bayerischen Finanzverwaltung von 1945 bis 1975.

Ulrich Heinemann ist Sachbuchautor und Lehrbeauftragter an den Universitäten Bochum, Duisburg/Essen und Tübingen und war bis Ende 2015 Abteilungsleiter im nordrhein-westfälischen Schulministerium. Seine Arbeitsschwerpunkte sind Bildungsforschung, deutsche Zeitgeschichte des 20. Jahrhunderts und Geschichtskultur.

Kirsten Heinsohn, Prof. Dr. phil., ist stellvertretende Direktorin der Forschungsstelle für Zeitgeschichte in Hamburg und Professorin an der Universität Hamburg. Zu ihren Veröffentlichungen zählen: Konservative Parteien in Deutschland 1912 bis 1933. Demokratisierung und Partizipation in geschlechterhistorischer Perspektive (2010); Germany 1916–1923. A Revolution in Context, hrsg. mit Klaus Weinhauer und Anthony McElligott (2015); Geschlechtergeschichte, mit Claudia Kemper, in: Frank Bösch/Jürgen Danyel (Hrsg.): Zeitgeschichte. Konzepte und Methoden (2012).

Wolfgang Jäger, Dr. phil., ist Research Fellow am Institut für soziale Bewegungen und Lehrbeauftragter der Ruhr-Universität Bochum. Von 2004 bis 2017 war er Geschäftsführer der Hans-Böckler-Stiftung. Zu seinen aktuellen Publikationen zählen: Mitbestimmung im Zeichen von Kohle und Stahl. Debatten um die Montanmitbestimmung im nationalen und europäischen Kontext, hrsg. mit Karl Lauschke und Jürgen Mittag (2020); Gewerkschaften in revolutionären Zeiten. Deutschland in Europa 1917 bis 1923, hrsg. mit Stefan Berger und Anja Kruke (2020); Soziale Bürgerrechte im Museum. Die Repräsentation sozialer Demokratie in neun kulturhistorischen Museen (2020); Soziale Sicherheit statt Chaos. Beiträge zur Geschichte der Bergarbeiterbewegung an der Ruhr (2018). Online ist er bei Twitter (@dr_wjaeger) und Facebook (drwjaeger) zu finden.

Jan Kellershohn ist Referent für Neueste Geschichte und Zeitgeschichte der Abteilung Landesgeschichte des Landesamts für Denkmalpflege und Archäologie Sachsen-Anhalt. Von 2016 bis 2020 war er Promotionsstipendiat der Stiftung Geschichte des Ruhrgebiets und Doktorand am Institut für soziale Bewegungen. Er wurde 2020 an der Ruhr-Universität Bochum mit der Arbeit »Der Wille zur Umstellung. Strukturwandel, Wissenspolitik und die Anthropologie der Arbeit (1953–1979)« promoviert. Seine Forschungsinteressen umfassen die Geschichte der Gewerkschaften, die Kulturgeschichte des Streikens, der Arbeit und der Arbeitswelt sowie die Wissensgeschichte des Strukturwandels.

Sandrine Kott ist Professorin für europäische Zeitgeschichte an der Universität Genf. Zu ihren Forschungsfeldern gehören die Geschichte der Sozialpolitik in Frankreich und Deutschland seit Ende des 19. Jahrhunderts sowie die Geschichte der internationalen Arbeitsorganisation. Sie hat zudem die Arbeitsbeziehungen in den Ländern des »Realsozialismus«, insbesondere der DDR studiert.

Karl Lauschke, PD Dr., ist Wirtschafts- und Sozialhistoriker. Er studierte Geschichte, Politikwissenschaft und Soziologie und lehrte an verschiedenen deutschen Universitäten. Zu seinen zahlreichen Veröffentlichungen zur Regional-, Unternehmens- und Arbeitergeschichte gehören: Die halbe Macht. Mitbestimmung in der Eisen- und Stahlindustrie 1945 bis 1989 (2007); Widerstand lohnt sich! Die Geschichte der Bremer Hütte – oder: Wieso wird heute noch Stahl in Bremen produziert? (2017). Seit 2015 ist er Vorsitzender der Freunde des Hoesch-Museums e. V.

Christoph Lorke studierte Geschichtswissenschaft, Germanistik, Psychologie und Pädagogik an der Otto-von-Guericke-Universität Magdeburg, 1. Staatsexamen für das Lehramt an Gymnasien. Von 2009 bis 2013, unterbrochen von Auslandsaufenthalten in Washington, D. C., London und Plovdiv (Bulgarien), war er Doktorand und wissenschaftlicher Mitarbeiter an der Westfälischen Wilhelms-Universität Münster. Er habilitierte 2019 und erlangte die Venia Legendi für die Geschichte des 19. und 20. Jahrhunderts. Seine Forschungsschwerpunkte umfassen die Sozial- und Kulturgeschichte von Armut und sozialer Ungleichheit, die Teilungsgeschichte der beiden deutschen Staaten sowie Migrationsgeschichte.

Kristina Meyer ist seit April 2020 wissenschaftliche Mitarbeiterin bei der Bundeskanzler-Willy-Brandt-Stiftung in Berlin. Zuvor war sie viele Jahre wissenschaftliche Geschäftsführerin des »Jena Center Geschichte des 20. Jahrhunderts« an der Universität Jena, wo sie 2013 mit einer Arbeit über »Die SPD und die NS-Vergangenheit 1945–1974« promovierte. Für das bis 1990 erweiterte Buch wurde sie mit dem Willy-Brandt-Preis für Zeitgeschichte 2015 ausgezeichnet. Sie ist Co-Sprecherin des SPD-Geschichtsforums und gehört dem Beirat des Forschungsprojekts »Eine neue Geschichte der Arbeiter- und Gewerkschaftsbewegung« am Leibniz-Institut für jüdische Geschichte und Kultur »Simon Dubnow« in Leipzig an.

Werner Milert war von 1981 bis 1991 Mitarbeiter des DGB-Bundesvorstandes und hat danach von 1991 bis 2009 verschiedene Leitungsfunktionen in Unternehmen der Energie- und Chemieindustrie wahrgenommen. Seitdem hat er als freischaffender Historiker zahlreiche Veröffentlichungen zur deutschen Wirtschafts- und Sozialgeschichte des 20. Jahrhunderts publiziert, darunter: Die andere Demokratie. Betriebliche Interessenvertretung in Deutschland, 1848 bis 2008

(2012); »Der gute Wille zur Zusammenarbeit«. Geschichte der Mitbestimmung bei der Allianz (2017); Für ein Europa der Arbeitnehmer. Die Europäische Mitbestimmung bei der Allianz 1978–2018 (2021), alle zus. mit Rudolf Tschirbs.

Patrice G. Poutrus ist seit 2019 wissenschaftlicher Mitarbeiter am Lehrstuhl für Neuere und Zeitgeschichte und Geschichtsdidaktik der Universität Erfurt im vom BMBF geförderten Forschungsverbund »Diktaturerfahrung und Transformation – Partizipative Erinnerungsforschung« mit dem Projekt »Familienerinnerung an Alltag und Herrschaftswirklichkeit in der SED-Diktatur«. Er ist promovierter Historiker, mit den Schwerpunkten deutsch-deutsche Nachkriegsgeschichte, Geschichte des Kommunismus in Europa und europäische Migrationsgeschichte mit einem besonderen Fokus auf Flucht und Asyl im Kalten Krieg. Seine letzte größere Veröffentlichung: Umkämpftes Asyl. Vom Nachkriegsdeutschland bis zur Gegenwart (2019).

Christian Rau ist wissenschaftlicher Mitarbeiter am Institut für Zeitgeschichte München–Berlin und forscht dort aktuell über Gewerkschaften und Arbeitskämpfe im ostdeutschen Transformationsprozess. Weitere Forschungsschwerpunkte: Raum und Geschichte im 19. und 20. Jahrhundert, Verflechtungen im Kalten Krieg und die Geschichte der DDR in der deutschen und europäischen Geschichte des 20. Jahrhunderts. Zu seinen Publikationen zählen: Stadtverwaltung im Staatssozialismus. Kommunalpolitik und Wohnungswesen in der DDR am Beispiel Leipzigs (1957–1989) (2017); »Nationalbibliothek« im geteilten Land. Die Deutsche Bücherei 1945–1990 (2018).

Hedwig Richter ist Professorin für Neuere und Neueste Geschichte an der Universität der Bundeswehr in München. Zu ihren Forschungsschwerpunkten gehören Demokratie, Nationsbildung, Migration, Religion und Geschlecht. Für ihre Forschung erhielt sie den Anna Krüger Preis des Wissenschaftskollegs zu Berlin. Zuletzt erschien ihre Publikation: Aufbruch in die Moderne. Reform und Massenpolitisierung im Kaiserreich (2021).

Wilfried Rudloff, Dr., studierte Neuere Geschichte und Politische Wissenschaft in Freiburg im Breisgau, München, Florenz und Siena. Von 1989 bis 1996 war er wissenschaftlicher Mitarbeiter am Institut für Neuere und Neueste Geschichte an der Ludwig-Maximilians-Universität München und an der Deutschen Hochschule für Verwaltungswissenschaften Speyer. Von 2005 bis 2020 arbeitete er als wissenschaftlicher Mitarbeiter an der Akademie der Wissenschaften und der Literatur Mainz; seit 2020 ist er wissenschaftlicher Mitarbeiter bei der Dokumentations- und Forschungsstelle der Sozialversicherungsträger (sv:dok). Seine aktuellen Hauptforschungsinteressen sind die Geschichte des Sozialstaats und die Geschichte der Bildungspolitik.

Jürgen Schmidt war wissenschaftlicher Mitarbeiter am Internationalen Geisteswissenschaftlichen Kolleg »Arbeit und Lebenslauf in globalgeschichtlicher Perspektive« (re:work) der Humboldt-Universität zu Berlin sowie am Institut für die Geschichte und Zukunft der Arbeit (IGZA). Im Juli 2021 übernahm er die Leitung des Karl-Marx-Hauses in Trier. Seine Forschungsschwerpunkte liegen in der Geschichte der Arbeit, Arbeiter und Arbeiterbewegungen im 19. und 20. Jahrhundert sowie in der Kolonialgeschichte. Zu seinen Veröffentlichungen zählen unter anderem: Brüder, Bürger und Genossen. Die deutsche Arbeiterbewegung zwischen Klassenkampf und Bürgergesellschaft 1830–1870 (2018); Arbeiter in der Moderne. Arbeitsbedingungen, Lebenswelt, Organisationen (2015); August Bebel. Kaiser der Arbeiter. Eine Biografie (2013, englische Übersetzung 2019).

Michael Schneider war bis zum Sommer 2009 Leiter des Archivs der sozialen Demokratie der Friedrich-Ebert-Stiftung und ist Honorarprofessor am Institut für Politische Wissenschaft und Soziologie der Universität Bonn. Er hat zahlreiche Bücher und Aufsätze zur deutschen Sozial- und Zeitgeschichte des 19. und 20. Jahrhunderts sowie speziell zur Gewerkschaftsgeschichte geschrieben, darunter: Kleine Geschichte der Gewerkschaften. Ihre Entwicklung in Deutschland von den Anfängen bis heute (2000); zuletzt erschienen: In der Kriegsgesellschaft. Arbeiter und Arbeiterbewegung 1939 bis 1945 (2014) sowie das Portal »gewerkschaftsgeschichte.de« der Hans-Böckler-Stiftung.

Ulf Teichmann war von 2018 bis 2020 wissenschaftlicher Mitarbeiter der Kommission Erinnerungskulturen der sozialen Demokratie am Institut für soziale Bewegungen der Ruhr-Universität Bochum. Seine Arbeitsfelder sind die extreme Rechte, soziale Bewegungen, Gewerkschaften und Erinnerungskulturen. Aktuell arbeitet er als Bildungsreferent beim DGB Bildungswerk BUND.

Rudolf Tschirbs war Studiendirektor am Goethe-Gymnasium in Bochum. Seit 1972 ist er kontinuierlich in der gewerkschaftlichen Bildungsarbeit tätig. Veröffentlichungen zur Tarifpolitik im Ruhrbergbau, zur Sozial- und Wirtschaftsgeschichte des Ruhrgebiets, zur Geschichte der Betriebsverfassung, zur Mitbestimmung bei der Allianz SE, zur Arbeitsverfassung des NS-Staates und zum Film als Erinnerungsort.

Manfred Wannöffel ist Geschäftsführer der Gemeinsamen Arbeitsstelle RUB/IGM und lehrt an den Fakultäten Maschinenbau und Sozialwissenschaft der Ruhr-Universität Bochum. Sein Arbeitsschwerpunkt ist die inter- und transdisziplinäre Mitbestimmungsforschung.

Heike Wieters ist seit Herbst 2019 Juniorprofessorin für Historische Europaforschung am Institut für Geschichtswissenschaften der Humboldt-Universität zu Berlin. Sie promovierte 2013 mit einer organisations- und unternehmenshistorischen Arbeit über die Internationalisierung und entwicklungspolitische Profilierung der NGO CARE und leitete danach gemeinsam mit Karim Fertikh eine deutsch-französische Nachwuchsgruppe im BMBF-Projekt »Saisir l'Europe«. In diesem Kontext war sie Mitherausgeberin und Autorin mehrerer Beiträge im Band Ein Soziales Europa als Herausforderung (2018). Ihre Forschungsinteressen liegen im Feld der europäischen Wohlfahrts- und Sozialgeschichte, insbesondere »private Akteure« (Unternehmen, NGOs und Gewerkschaften) zwischen Staat und Markt in Europa und den USA.

Jenny Wüstenberg ist Associate Professor of Twentieth-Century History, Direktorin des Centre for Public History, Heritage and Memory an der Nottingham Trent University in England sowie Mitbegründerin und Co-Vorsitzende der Memory Studies Association. Zu ihren aktuellen Publikationen zählen: Zivilgesellschaft und Erinnerungspolitik in Deutschland seit 1945 (2020); Agency and Transnational Memory Politics (2020); Routledge Handbook of Memory Activism (2022). Ihre Forschungsschwerpunkte sind Erinnerungsaktivismus, Erinnerung und Resilienz angesichts »kriechender«, aber fundamentaler Transformationen wie Klimawandel und neue Technologien, sowie der Umgang mit Familientrennung und institutioneller Gewalt gegen Kinder im internationalen Vergleich.

Politikwissenschaft

Extinction Rebellion Hannover
»Hope dies – Action begins«:
Stimmen einer neuen Bewegung

2019, 96 S., kart.
7,99 € (DE), 978-3-8376-5070-9
E-Book: kostenlos erhältlich als Open-Access-Publikation
PDF: ISBN 978-3-8394-5070-3
EPUB: ISBN 978-3-7328-5070-9

Jan Brunner, Anna Dobelmann, Sarah Kirst, Louisa Prause (Hg.)
Wörterbuch Land- und Rohstoffkonflikte

2019, 326 S., kart., Dispersionsbindung, 1 SW-Abbildung
24,99 € (DE), 978-3-8376-4433-3
E-Book:
PDF: 21,99 € (DE), ISBN 978-3-8394-4433-7

Chris Piallat (Hg.)
Der Wert der Digitalisierung
Gemeinwohl in der digitalen Welt

August 2021, 440 S., kart.,
Dispersionsbindung, 5 SW-Abbildungen, 3 Farbabbildungen
29,50 € (DE), 978-3-8376-5659-6
E-Book: kostenlos erhältlich als Open-Access-Publikation
PDF: ISBN 978-3-8394-5659-0
EPUB: ISBN 978-3-7328-5659-6

**Leseproben, weitere Informationen und Bestellmöglichkeiten
finden Sie unter www.transcript-verlag.de**

Politikwissenschaft

Dean Caivano, Sarah Naumes
The Sublime of the Political
Narrative and Autoethnography as Theory

July 2021, 162 p., hardcover
100,00 € (DE), 978-3-8376-4772-3
E-Book:
PDF: 99,99 € (DE), ISBN 978-3-8394-4772-7

BICC Bonn International Center for Conversion,
HSFK Leibniz-Institut Hessische Stiftung Friedens- und Konfliktforschung, IFSH Institut für Friedensforschung und Sicherheitspolitik an der Universität Hamburg,
INEF Institut für Entwicklung und Frieden
Friedensgutachten 2021
Europa kann mehr!

Juni 2021, 160 S., kart.,
Dispersionsbindung, 22 Farbabbildungen
15,00 € (DE), 978-3-8376-5786-9
E-Book: kostenlos erhältlich als Open-Access-Publikation
PDF: ISBN 978-3-8394-5786-3

Simon Strick
Rechte Gefühle
Affekte und Strategien des digitalen Faschismus

Mai 2021, 480 S., kart.,
Dispersionsbindung, 170 SW-Abbildungen, 6 Farbabbildungen
34,00 € (DE), 978-3-8376-5495-0
E-Book:
PDF: 33,99 € (DE), ISBN 978-3-8394-5495-4

Leseproben, weitere Informationen und Bestellmöglichkeiten finden Sie unter www.transcript-verlag.de